# Informe Final de la Trigésima Sexta Reunión Consultiva del Tratado Antártico

REUNIÓN CONSULTIVA
DEL TRATADO ANTÁRTICO

# Informe Final de la Trigésima Sexta Reunión Consultiva del Tratado Antártico

Bruselas, Bélgica
del 20 al 29 de mayo de 2013

Volumen II

---

Secretaría del Tratado Antártico
Buenos Aires
2013

**Publicado por:**

Secretariat of the Antarctic Treaty
Secrétariat du Traité sur l' Antarctique
Секретариат Договора об Антарктике
Secretaría del Tratado Antártico

Maipú 757, Piso 4
C1006ACI Ciudad Autónoma
Buenos Aires - Argentina
Tel: +54 11 4320 4260
Fax: +54 11 4320 4253

Este libro también está disponible en: *www.ats.aq* (versión digital) y para compras en línea.

ISSN 2346-9889 ISBN 978-987-1515-59-2

# Índice

## VOLUMEN I

## VOLUMEN II

## SEGUNDA PARTE. MEDIDAS, DECISIONES Y RESOLUCIONES (cont.)

## TERCERA PARTE. INFORMES Y DISCURSOS DE APERTURA Y CIERRE



## CUARTA PARTE. DOCUMENTOS ADICIONALES DE LA XXXVI RCTA

# Acrónimos y siglas

| | |
|---|---|
| ACAP | Acuerdo sobre la Conservación de Albatros y Petreles |
| API | Año Polar Internacional |
| ASOC | Coalición Antártica y del Océano Austral |
| CAML | Censo de Vida Marina Antártica |
| CC–CCRVMA | Comité Científico de la CCRVMA |
| CCFA | Convención para la Conservación de las Focas Antárticas |
| CCRVMA | Convención para la Conservación de los Recursos Vivos Marinos Antárticos |
| CEE | Evaluación Medioambiental Global |
| CIUC | Consejo Internacional de Uniones Científicas |
| CMNUCC | Convención Marco de las Naciones Unidas sobre el Cambio Climático |
| COI | Comisión Oceanográfica Intergubernamental |
| COMNAP | Consejo de Administradores de Programas Nacionales Antárticos |
| CPA | Comité para la Protección del Medio Ambiente |
| EIA | Evaluación del Impacto Ambiental |
| GCI | Grupo de Contacto Intersesional |
| GIECC | Grupo Intergubernamental de Expertos sobre el Cambio Climático |
| GT | Grupo de Trabajo |
| HCA | Comité Hidrográfico sobre la Antártida |
| IAATO | Asociación Internacional de Operadores Turísticos en la Antártida |
| IEE | Evaluación Medioambiental Inicial |
| IP | Documento de información |
| IUCN | Unión Internacional para la Conservación de la Naturaleza y los Recursos Naturales |
| OHI | Organización Hidrográfica Internacional |
| OMI | Organización Marítima Internacional |
| OMM | Organización Meteorológica Mundial |
| OMT | Organización Mundial del Turismo |
| OPI-API | Oficina del Programa del Año Polar Internacional |
| ORGP | Organización Regional de Gestión de la Pesca |

| | |
|---|---|
| PCTA | Parte Consultiva del Tratado Antártico |
| PNUMA | Programa de las Naciones Unidas para el Medio Ambiente |
| RCETA | Reunión Consultiva Especial del Tratado Antártico |
| RCTA | Reunión Consultiva del Tratado Antártico |
| SCALOP | Comité Permanente de Logística y Operaciones Antárticas |
| SCAR | Comité Científico de Investigación Antártica |
| SMH | Sitio y Monumento Histórico |
| SP | Documento de la Secretaría |
| STA | Sistema del Tratado Antártico o Secretaría del Tratado Antártico |
| WP | Documento de Trabajo |
| ZAEA | Zona Antártica Especialmente Administrada |
| ZAEP | Zona Antártica Especialmente Protegida |
| ZEP | Zona Especialmente Protegida |

# PARTE II

## Medidas, Decisiones y Resoluciones (Cont.)

# 4. Planes de Gestión

# Plan de gestión para la

# Zona Antártica Especialmente Protegida (ZAEP) Nº 108

# ISLA GREEN, ISLAS BERTHELOT, PENÍNSULA ANTÁRTICA

## Introducción

El motivo principal por el cual se designó isla Green, islas Berthelot, Península Antártica (Lat. 65°19'S, Long. 64°09'O; superficie de 0,2 km$^2$) como Zona Antártica Especialmente Protegida (ZAEP) fue la preservación de sus valores medioambientales, especialmente las capas de turba *Chorisodontium-Polytrichum* presentes en la Zona.

La isla Green fue designada originalmente Zona Especialmente Protegida (ZEP) Nº 9 mediante la Recomendación IV-9 (1966) a raíz de una propuesta presentada por el Reino Unido. Fue designada en vista de que la vegetación "es excepcionalmente rica [y] probablemente sea la más exuberante de todo el lado occidental de la Península Antártica". En la Recomendación se señala "que en algunos lugares, el humus tiene dos metros de espesor y que esta zona, por revestir especial interés científico, debería ser protegida porque probablemente sea uno de los ecosistemas antárticos más diversos". El Reino Unido preparó un plan de gestión para el sitio que fue aprobado en virtud de la Recomendación XVI -6 (1991). Los motivos originales de la designación fueron ampliados y elaborados, aunque tras comparaciones posteriores con otros sitios de las proximidades se llegó a la conclusión de que la isla Green no era especialmente diversa. Sin embargo, la vegetación de la isla es extensa en las laderas orientadas al norte, con bancos de musgo bien desarrollados formados por *Chorisodontium aciphyllum* y *Polytrichum strictum* que, en gran parte de su extensión, están sobre capas de turba de más de un metro de profundidad. El pasto antártico (*Deschampsia antarctica*), una de solamente dos plantas vasculares autóctonas que crecen dentro de la zona del Tratado Antártico, se observó con frecuencia en parcelas pequeñas cerca de una colonia de cormoranes de ojos azules (*Phalacrocorax atriceps*). Esta colonia, situada en la esquina noroeste de la isla, que es rocosa y escarpada, posiblemente sea una de las mayores de la Península Antártica. El Plan de Gestión fue modificado según la Medida 1 (2002).

La Zona pertenece al sistema más amplio de Zonas Antárticas Protegidas por la protección de las capas de turba que no son frecuentes en la zona occidental de la Península Antártica y que, a diferencia de los bancos de musgo presente en las Zonas Antárticas Especialmente Protegidas del norte, no han sufrido daños como consecuencia de las focas peleteras antárticas (*Arctocephalus gazella*). La Resolución 3 (2008) recomendaba usar el "Análisis ambiental de dominios para el continente antártico" como modelo dinámico para identificar las Zonas Antárticas Especialmente Protegidas dentro del marco ambiental-geográfico sistemático a que se refiere el Artículo 3(2) del Anexo V del Protocolo (véase también Morgan et al., 2007). Siguiendo este modelo, la ZAEP Nº 108 está incluida en el Dominio ambiental B (geológico de latitudes del norte medio de la Península Antártica). Otras zonas protegidas que contienen un Dominio ambiental B incluyen las ZAEP Nº 115, 134, 140 y 153 y la ZAEA Nº 4. La ZAEP Nº 108 está incluida en la Región Biogeográfica de Conservación Antártica (RBCA) Nº 3, Noroeste de la Península Antártica.

## 1. Descripción de los valores que requieren protección

Los valores especificados en la designación anterior fueron reafirmados de acuerdo con las visitas de gestión a la ZAEP en febrero de 2011 y enero de 2013. Se define dichos valores de la siguiente manera:

- El principal valor de protección especial está conformado por los bancos de musgo *Polytrichum strictum*, cuando están asociados a *Chorisodontium aciphyllum*, que puede ser uno de los ejemplos más extensos de esta vegetación en la región occidental de la Península Antártica, ya que ocupan más de media hectárea. Asimismo, en los últimos años, varios bancos de musgo comparables situados en islas ubicadas más al norte han sufrido daños como consecuencia del aumento de la población de focas peleteras antárticas. Hasta ahora, la vegetación de la isla Green ha escapado a daños importantes.

- Además, *Chorisodontium aciphyllum* está cerca del límite austral de su distribución en las islas Berthelot.
- La zona contiene un gran número de cormoranes de ojos azules (*Phalacrocorax atriceps*) reproductores, que representarían una de las mayores poblaciones reproductoras conocidas dentro de la Península Antártica.
- La isla Green ha estado protegida durante la mayor parte del período de actividad científica en la región, expidiéndose permisos únicamente para los fines científicos más urgentes. La isla no ha estado sometida a visitas, investigaciones o muestreos intensivos, y podrá servir de sitio de referencia para estudios futuros.

## 2. Finalidades y objetivos

La finalidad de la gestión de la isla Green es la siguiente:

- evitar la degradación de los valores de la Zona o los riesgos considerables para los mismos previniendo las perturbaciones innecesarias causadas por los seres humanos;
- evitar o reducir al mínimo la introducción de plantas, animales y microbios no autóctonos en la Zona;
- reducir al mínimo la posibilidad de introducción de patógenos que puedan causar enfermedades en las diversas poblaciones de fauna de la Zona;
- permitir investigaciones científicas siempre que sean necesarias y no se puedan desarrollar en otro sitio y sin poner en peligro los valores ecológicos naturales de la Zona; y
- preservar el ecosistema natural de la Zona por su potencial como zona de referencia para futuros estudios.

## 3. Actividades de gestión

Deberán desarrollarse las siguientes actividades de gestión a fin de proteger los valores en la Zona:

- Las embarcaciones y las aeronaves que planeen visitar las proximidades de la Zona deberán disponer de copias de este Plan de Gestión.
- Los indicadores, señalizadores u otras estructuras (como los mojones) erigidos en la Zona con fines científicos o de gestión deberán estar bien sujetos y en buen estado, y deberán ser retirados cuando ya no se necesiten.
- El Plan de Gestión deberá ser revisado una vez cada cinco años como mínimo y actualizado según sea necesario.
- En la Estación Akademik Vernadsky (Ucrania, Lat. 65°15'S, Long. 64°16'O) se deberá disponer de una copia de este Plan de Gestión.
- Todas las actividades científicas y de gestión desarrolladas en la Zona estarán sujetas a una evaluación de impacto ambiental, de acuerdo con los requisitos estipulados en el Anexo I del Protocolo al Tratado Antártico sobre Protección del Medio Ambiente.
- Los programas antárticos nacionales que operen en la Zona deberán realizar consultas entre ellos a fin de cerciorarse de que se implementen dichas medidas de gestión.

## 4. Período de designación

La designación abarca un período indeterminado.

## 5. Mapas y fotografías

Mapa 1. Mapa general que muestra la ubicación de la isla Green en la Península Antártica. Especificaciones cartográficas: Protección polar antártica estereográfica WGS84. Meridiano central: -55°, Paralelo estándar: -71°.

Mapa 2: Mapa local de la zona que muestra la ubicación de la ZAEP Nº 108 isla Green, isla Berthelot, respecto de las estaciones y otras Zonas protegidas en las proximidades. Especificaciones cartográficas: Protección polar antártica estereográfica WGS84. Meridiano central: -64°, Paralelo estándar: -71°.

Mapa 3. Mapa topográfico de la ZAEP Nº 108 isla Green, islas Berthelot, Península Antártica. Mapa obtenido tras la inspección al terreno del 24 de febrero de 2001 y la ortofotografía digital (fotografía aérea fuente tomada el 14 de febrero de 2001 por el British Antarctic Survey). Especificaciones cartográficas - Proyección: Zona 20S de UTM; esferoide: WGS84; Datum: nivel del mar (EGM96)

## 6. Descripción de la Zona

### *6(i) Coordenadas geográficas, indicadores de límites y características naturales*

Descripción general

La isla Green (Lat. 65°19'S, Long. 64°09'O, aproximadamente de 0,2 km$^2$; mapa 1) es una isla pequeña situada a 150 m al norte de la mayor de las islas del grupo Berthelot, en el canal Grandidier, a unos 3 Km. de la costa de Graham en la Península Antártica (mapa 2). La isla Green mide 520 m de norte a sur y 500 m de este a oeste, elevándose en un pico redondeado de 83 m de altura. Todo el perímetro de la isla es escarpado, con acantilados altos y cortados a pico en los lados sur y este. El mayor terreno plano se encuentra en la costa norte y consiste en una plataforma rocosa de pendiente poco pronunciada. Hay varios parches de nieve permanente; los mayores están alrededor, al sur y al este de la cima. No hay cursos de agua dulce permanente en la isla.

Límites

La Zona designada abarca la totalidad de la isla Green, considerándose como límite el nivel de la marea baja. Los islotes y las rocas situados frente a la costa no están incluidos en la Zona. No se han instalado marcadores de límites. La costa en sí es un límite claramente definido y visualmente obvio.

Clima

No se dispone de datos sobre el clima de la isla Green, pero cabe suponer que las condiciones sean similares a las de la estación Akademik Vernadsky (Ucrania) en la isla Galindez, islas Argentine, a 8 Km. al norte. En verano, la temperatura media en Vernadsky es 0 °C y la extrema máxima es 11,7 °C. En invierno, la temperatura media es -10 °C y la extrema mínima es -43,3°C. La velocidad media del viento es de 7,5 nudos.

Características geológicas y edafológicas

La isla Green, así como el resto de las islas Berthelot, se compone de gabro del jurásico inferior a la era terciaria inferior (British Antarctic Survey, 1981). Sin contar los grandes depósitos de turba, el suelo es delgado y rara vez tiene más de 20 cm. de profundidad, excepto ocasionalmente en depresiones de las rocas y en barrancos. Se trata predominantemente de un suelo de mineral ahúmico grueso formado por el desgaste de la roca madre. En las salientes y los barrancos próximos a la colonia de cormoranes de ojos azules, el suelo tiene un alto contenido de materia orgánica derivada en parte de la descomposición de musgos y guano. En gran parte de las laderas septentrionales empinadas, los musgos *Chorisodontium aciphyllum* y *Polytrichum strictum* han formado un césped profundo de musgo vivo sobre un metro como mínimo de turba de musgo apenas alterado o descompuesto (Smith, 1979, Fenton y Smith, 1982). La turba de musgo es útil para determinar características climáticas en el Holoceno final (Royles et al., 2012). La capa de permafrost está a 20-30 cm. debajo del suelo. En otras zonas de la isla, especialmente en el nordeste, hay zonas pequeñas de sedimento clástico. No hay accidentes periglaciales muy marcados, aunque se observan algunos círculos de piedras.

Vegetación

La característica más importante de la vegetación es el extenso nodal continuo de *Polytrichum strictum* en las pendientes meridionales de la isla (mapa 3). Este nodal, de alrededor de 140 m de ancho, se extiende desde una elevación de aproximadamente 25 m hasta 70 m y abarca más de media hectárea (Bonner y Smith, 1985). Crece con exuberancia y, en algunos lugares, la turba permanentemente congelada llega a tener dos metros de profundidad. La superficie del musgo compacto duro está escalonada, lo cual se cree que se debe al desmoronamiento de la capa activa en la pendiente pronunciada. En algunos sitios se presentan signos de erosión extensiva de los bancos de musgo que, aparentemente, serían consecuencia de la profundidad máxima alcanzada por los bancos de turba en la pendiente pronunciada, y no del daño causado por las focas peleteras antárticas, tal como se observa en los bancos de las ZAEP más al norte (por ejemplo, ZAEP N° 113). *Chorisodontium aciphyllum* abunda en los bordes del banco y en la periferia de pequeños barrancos cubiertos por el banco, donde hay abrigo y humedad derivada de nieve arrastrada por el viento. Ambos tipos de musgo alto, que forman céspedes, suelen estar estrechamente entremezclados en comunidades de este tipo más al norte en la Antártida marítima; sin embargo, en la región del canal Grandidier, el musgo *P. strictum,* que es más xérico, suele crecer solo. *C. aciphyllum* se acerca al límite más al sur de la isla Green (Smith, 1996). Entre *C. aciphyllum*, *Pohlia nutans* aparece con frecuencia, junto con las agrimonias *Barbilophozia hatcheri* y *Cephaloziella varians*. Los líquenes epifíticos no abundan en los nodales vivos de *Polytrichum* y *Chorisodontium*, pero suele haber *Sphaerophorus globosus* en la zona noroeste. Varias especies de *Cladonia* están ampliamente distribuidas en los bancos de musgo. La epífita incrustante blanca *Ochrolechia frigida* está presente pero no abunda; en musgos moribundos se encuentran especies crustosas negras.

En hondonadas húmedas entre las rocas y arroyos de deshielo hay nodales pequeños de los musgos *Warnstorfia fontinaliopsis*, *Brachythecium austro-salebrosum* y *Sanionia uncinata*. En otros lugares predominan los líquenes. En las piedras y rocas alejadas de la costa y de la influencia de las aves marinas prevalece una comunidad con predominio de *Usnea antarctica*, así como de especies de *Umbilicaria* (*U. antarctica*, *U. decussate*, *U. hyperborea* y *U. umbilicarioides*), con los musgos *Andreaea depressinervis* y *A. regularis* y diversos líquenes crustosos asociados. Los acantilados presentan las comunidades más diversas y heterogéneas, compuestas principalmente de líquenes. Estas constituyen una variante de la comunidad de *Usnea-Umbilicaria,* de la cual difieren por la inclusión de varios grupos taxonómicos nitrófilos, especialmente cerca de los nidos de aves marinas, entre ellos especies de *Acarospora*, *Buellia*, *Caloplaca*, *Lecanora*, *Mastodia*, *Omphalodina*, *Physcia* y *Xanthoria*. Los registros obtenidos sobre las plantas de la Zona se utilizaron en estudios a los fines de predecir la diversidad de especies de musgo y líquenes en la Península Antártica a nivel local y regional (Casanovas et al., 2012). La única planta con flores que se ha encontrado hasta ahora en la isla Green es el pasto antártico (*Deschampsia antarctica*), que crece con frecuencia en parcelas situadas más arriba de la colonia de cormoranes y en salientes rocosas en el lado occidental de la isla. El alga verde *Prasiola crispa* está ampliamente distribuida en las zonas húmedas de la isla.

### Aves reproductoras

En el flanco noroeste de la isla (Lat. 65°19'21"S, Long. 64°09'11"O; mapa 3), rocoso y empinado, hay una gran colonia de cormoranes de ojos azules (*Phalacrocorax atriceps*). Es una de las colonias más grandes que se conocen en la Península Antártica (Bonner y Smith, 1985), aunque el número de cormoranes varía considerablemente de un año a otro (Casaux y Barrera-Oro, 2006). En 1971 se calculaba que había alrededor de 50 casales (Kinnear, 1971), mientras que se observaron 112 aves en 1973 (Schlatter y Moreno, 1976). En una visita en marzo de 1981, se encontraron 500-600 individuos (de los cuales 300-400 eran inmaduros). Harris (2001) encontró 71 pichones el 24 de febrero de 2001, y el 15 de febrero de 2011 se registraron 100 pájaros y, el 22 de enero de 2013, entre 200 y 250, de los cuales aproximadamente 100 eran adultos. Hay numerosas skúas pardas (*Catharacta loennbergi*) en una gran parte de la isla, especialmente en los bancos de musgo más extensos. También hay skúas antárticas (*C. maccormicki*), así como algunos posibles híbridos. En marzo de 1981 se observaron más de 80 aves, pero se confirmó la presencia de diez casales solamente, que en su mayoría estaban criando dos pichones. No se observaron otras aves reproductoras.

### Invertebrados

Hay poca información sobre la fauna de invertebrados en la isla Green, aunque se señalan 15 especies en un estudio que indica que la fauna de invertebrados en la isla Green es comparativamente diversa para la región (Usher y Edwards, 1986). Las especies más abundantes eran *Cryptopygus antarcticus*, *Belgica antarctica* y *Nanorchestes gressitti*. B. *antarctica* en estado larval abundaba en la isla Green en comparación con la vecina isla Darboux. Otras especies encontradas en la Zona son *Alaskozetes antarcticus*, *Ereynetes macquariensis*, *Eupodes minutus*, *Eupodes parvus grahamensis*, *Friesea grisea*, *Gamasellus racovitzai*, *Halozetes belgicae*, *N. berryi*, *Oppia loxolineata*, *Parisotoma octo-oculata*, *Rhagidia gerlachei* y *Stereotydeus villosus*.

### Actividades e impacto de los seres humanos

Se han notificado pocas visitas a la isla Green. El primer desembarco del cual se tiene noticia fue el de la Primera Expedición Antártica Francesa, de 1903 a 1905. En el marco de la Segunda Expedición Antártica

Francesa se realizaron varias visitas a la isla Green durante el invierno de 1909. Los integrantes de la Expedición Terrestre Británica de Graham desembarcaron en la isla el 18 de marzo de 1935. En 1981 Smith inició estudios de la vegetación de la isla Green (Bonner y Smith, 1985) y Komárková realizó estudios en 1982 y 1983 (Komárková, 1983). Un equipo de inspectores que llegó a la isla en enero de 1989 (Heap, 1994) encontró varios trozos de alambre de hierro de 30 cm. de largo y de 2,5 mm de diámetro que marcaban las esquinas de cuadrados de 50 m² de césped del musgo *Polytrichum strictum* sobre los bancos de turba (y los dejó in situ). No se sabe con exactitud cuándo se instalaron esos indicadores. Se desconoce el número de indicadores, su distribución y la índole de cualquier contaminación que pudieran haber causado sobre el musgo. En enero de 2013 se encontró una varilla de metal de aproximadamente 20 cm. de largo de origen desconocido en el banco de musgo en Lat. 65°19'23"S, Long. 64° 09'02"O.

En los últimos años, varios sitios importantes con vegetación en la Península Antártica han sido dañados como consecuencia del enriquecimiento por nutrientes y el desplazamiento de una cantidad creciente de focas peleteras antárticas (*Arctocephalus gazella*). Aunque en una visita realizada el 24 de febrero de 2001 no se observaron focas peleteras antárticas en la isla Green, se encontraron indicios de desplazamientos recientes y enriquecimiento por nutrientes en los bancos de musgo inferiores. Sin embargo, los daños parecían ser limitados y la mayor parte de los extensos bancos de musgo permanecían intactos. No se encontró evidencia de mayores daños ocasionados por focas durante las visitas de febrero de 2011 y enero de 2013.

### *6(ii) Acceso a la Zona*

- Se ingresará a la Zona en lancha o, sobre hielo marino, en vehículo o a pie. No se aplican restricciones especiales a las rutas utilizadas para ir y venir de la Zona en embarcaciones o por el hielo marino.
- El sitio recomendado para desembarque de botes es el flanco norte de la isla, rocoso, ubicado exactamente en una pequeña caleta en Lat. 65°19'17,6"S, Long. 64°08'46,0"O (mapa 3). Está permitido el acceso en bote a los demás sitios de la costa, siempre que coincida con los propósitos autorizados en el permiso expedido.
- Cuando el acceso sobre hielo marino es viable, no hay restricciones especiales en los sitios a los cuales se puede acceder por vehículo o a pie, aunque se prohíbe el acceso de los vehículos a la tierra.
- Se prohíbe el aterrizaje de aeronaves en la Zona.
- Los tripulantes de lanchas y otras personas que lleguen en lancha no podrán avanzar a pie más allá de las inmediaciones del sitio de desembarco a menos que tengan un permiso que les autorice específicamente a hacerlo.

### *6(iii) Ubicación de las estructuras internas y adyacentes a la Zona*

No hay ninguna estructura en la Zona. La estación científica más cercana es la estación Akademik Vernadsky (Ucrania) (Lat. 65°15'S, Long. 64°16'O), aproximadamente a 8 Km. al norte de la Zona en isla Galindez.

### *6(iv) Ubicación de otras áreas protegidas en las cercanías*

Las zonas protegidas más cercanas son las siguientes:

- ZAEP Nº 113, Isla Litchfield, Puerto Arthur, isla Anvers, archipiélago Palmer, Lat. 64°46'S, Long. 64°06'O, a 62 Km. al norte.
- ZAEP Nº 139, Punta Biscoe, isla Anvers, archipiélago Palmer, Lat. 64°48'S, Long. 63°46'O, a 60 Km. al norte.
- ZAEP Nº 146, Bahía Sur, isla Doumer, archipiélago Palmer, Lat. 64°51'S, Long. 63°34'O, a 60 Km. al noroeste.

Las ZAEP Nº 113 y 139 están situadas dentro de la Zona Antártica Especialmente Administrada Nº 7 Sudoeste de la Isla Anvers y Cuenca Palmer.

### *6(v) Áreas especiales dentro de la Zona*

No hay áreas especiales dentro de la Zona.

## 7. Condiciones para la expedición de permisos

### *7(i) Condiciones generales de los permisos*

Está prohibido el ingreso a la Zona a excepción de un permiso expedido por las autoridades nacionales competentes. Las condiciones para expedir un permiso de ingreso a la Zona son las siguientes:

- el permiso se expedirá para un propósito científico apremiante que no se pueda llevar a cabo en ninguna otra parte, o por cuestiones vitales para la gestión de la Zona;
- las actividades autorizadas son compatibles con el Plan de Gestión;
- toda actividad de gestión deberá ceñirse a los objetivos del Plan de Gestión;
- las actividades permitidas no pondrán en peligro los valores ecológicos naturales de la Zona;
- las actividades autorizadas deberán respetar el proceso de evaluación de impacto ambiental a fin de preservar continuamente el medioambiente o los valores científicos de la Zona;
- el permiso expedido será válido por un período delimitado; y
- dentro de la Zona se deberá portar el permiso o una copia autorizada.

### *7(ii) Acceso a la Zona y circulación dentro de la misma*

- Se prohíbe la circulación de vehículos en la Zona, dentro de la cual todo desplazamiento se efectuará a pie.
- La operación de aeronaves sobre las Zonas deberá realizarse conforme lo establecido en las *"Guías propuestas para la operación de aeronaves cerca de las concentraciones de aves"* incluidas en la Resolución 2 (2004), como requisito mínimo.
- Todos los visitantes deberán desplazarse con cuidado para reducir a un mínimo las perturbaciones del suelo, la vegetación y las aves que estén presentes, caminando sobre terreno nevado o rocoso si es posible.
- El tráfico de peatones deberá mantenerse al nivel mínimo necesario de conformidad con los objetivos de las actividades autorizadas y deberá tenerse especial cuidado para reducir los efectos de los pisoteos.

### *7(iii) Actividades que se pueden llevar a cabo dentro de la Zona*

Las actividades que se pueden llevar a cabo dentro de la Zona son las siguientes:

- Actividades esenciales de gestión, incluidas las de observación;
- Las investigaciones científicas apremiantes que no se puedan desarrollar en otro sitio que no pongan en peligro el ecosistema de la Zona; y
- El muestreo, que deberá reducirse al mínimo posible para servir los programas de investigación permitidos.

### *7(iv) Instalación, modificación o retiro de estructuras*

- Están prohibidas las estructuras o instalaciones permanentes.
- No se erigirán estructuras en la Zona, ni se instalará equipos científicos, excepto para un propósito científico o gestión apremiante y por un período predeterminado, de conformidad con lo especificado en un permiso.
- Los indicadores, las estructuras o los equipos científicos instalados en la Zona deberán estar aprobados en el permiso y llevar claramente el nombre del país, el nombre del investigador principal o de la agencia, el año de instalación y la fecha esperada para su retiro.
- Todos estos artículos deberán estar hechos de materiales que presenten un riesgo mínimo de contaminación de la Zona y deben estar libres de organismos, propágalos (por ejemplo: semillas, huevos, esporas) y suelo no árido (véase la *Sección 7(vi)*).
- La autoridad que haya expedido el permiso original será responsable del retiro del equipo o de las estructuras específicas cuyo permiso haya vencido; y dicho retiro será condición para el permiso.

### *7(v) Ubicación de los campamentos*

Cuando sea necesario para los fines especificados en el permiso, se permitirá acampar temporalmente en la Zona en la plataforma baja de la costa septentrional (Lat. 65°19'18''S, Long. 64°08'55''O; mapa 3). Los campamentos deberán instalarse preferiblemente en superficies con nieve, que generalmente persiste en este lugar, o sobre grava o roca en los casos en que no haya nieve. Se prohíbe acampar en superficies con vegetación continua.

### *7(vi) Restricciones aplicables a los materiales y organismos que se pueden introducir en la Zona*

Se prohíbe la introducción deliberada de animales, plantas o microorganismos vivos en la Zona. Para preservar los valores ecológicos y florísticos de la Zona se deberán tomar precauciones especiales para evitar la introducción accidental de microbios, invertebrados o plantas de otras regiones antárticas, incluso de estaciones, o de regiones extraantárticas. Los equipos de muestreo o indicadores que se introduzcan en la Zona deben estar limpios o esterilizados. Antes de ingresar a la Zona, los visitantes deberán limpiar minuciosamente el calzado y otros equipos que vayan a usarse en la Zona (incluyendo mochilas, bolsos y carpas). Para más información, véase el *"Manual de especies no autóctonas"* del CPA (CPA, 2011) y el *"Código de Conducta de SCAR para trabajo de campo en la investigación científica terrestre"* (SCAR, 2009). En vista de la presencia de colonias de aves reproductoras en la Zona, no podrán verterse en la Zona ni en sus alrededores productos derivados de aves, incluidos aquellos que contengan desechos de tales productos, ni productos que contengan huevos desecados crudos.

No se podrán introducir herbicidas o pesticidas en la Zona. Cualquier otro producto químico, incluidos los radionúclidos e isótopos estables, que se introduzca con fines científicos o de gestión especificados en el permiso deberá ser retirado de la Zona cuando concluya la actividad para la cual se haya expedido el permiso, o con anterioridad. Se debe evitar verter radionúclidos e isótopos estables directamente al medioambiente de modo tal que no sea posible su recuperación. No se podrá almacenar combustible u otros químicos en la Zona salvo lo autorizado por el permiso. Deberán ser almacenados y manipulados de forma tal que se reduzca a un mínimo el riesgo de introducción accidental en el medio ambiente. Todos los materiales introducidos podrían permanecer en la Zona únicamente durante un período determinado y deberán ser retirados cuando concluya dicho período. Si se producen vertimientos que puedan comprometer los valores de la Zona, se recomienda extraer el material únicamente si no es probable que el impacto de dicho retiro sea mayor que el de dejar el material in situ. Se deberá avisar a las autoridades pertinentes sobre todo material vertido que no se haya retirado en los casos en que ello no estuviera incluido en el permiso.

### *7(vii) Recolección de flora y fauna autóctonas o intromisión perjudicial*

Se prohíbe la toma de ejemplares de la flora o la fauna autóctona y la intromisión perjudicial en ellas, excepto con un permiso otorgado de conformidad con las disposiciones del Anexo II del Protocolo al Tratado Antártico sobre Protección del Medio Ambiente. En los casos que impliquen la toma de ejemplares o intromisión perjudicial, se deberá cumplir, como mínimo, con el *"Código de Conducta de SCAR para el uso de animales con fines científicos en la Antártida"* (2011). El muestreo de suelo o especies vegetales debe ser el mínimo necesario para fines científicos o de gestión y deberán emplearse técnicas que reduzcan a un mínimo las perturbaciones del suelo, las estructuras de hielo y la biota.

### *7(viii) Toma o traslado de cualquier cosa que el titular del permiso no haya llevado a la Zona*

Se podrá recolectar o retirar material de la Zona únicamente de conformidad con un permiso y dicho material debería limitarse al mínimo necesario para fines de índole científica o de gestión. Todo material de origen humano que no haya sido llevado a la Zona por el titular del permiso pero que probablemente comprometa los valores de la Zona podrá ser retirado salvo que el impacto de su extracción probablemente sea mayor que el efecto de dejar el material in situ: en tal caso, se deberá notificar a las autoridades nacionales pertinentes para obtener la aprobación necesaria.

### *7(ix) Eliminación de desechos*

Deberán retirarse de la Zona todos los desechos, incluidos todos los desechos de origen humano. Los desechos humanos podrán verterse en el mar.

***7(x) Medidas que podrían requerirse para garantizar el continuo cumplimiento de los objetivos y las finalidades del plan de gestión***

- Se podrán conceder permisos para ingresar en la Zona a fin de realizar actividades de vigilancia e inspección que abarquen la recolección en pequeña escala de muestras para análisis o examen o para medidas de protección.
- Todo sitio que se utilice para actividades de vigilancia a largo plazo deberá estar debidamente marcado y los indicadores o señalizadores deberán mantenerse erigidos.
- Las actividades científicas deberán desarrollarse en conformidad con el *"Código de Conducta de SCAR para trabajo de campo en la investigación científica terrestre"* (SCAR, 2009).

***7(xi) Requisitos relativos a los informes***

El titular principal del permiso expedido para cada visita a la Zona deberá presentar a las autoridades nacionales pertinentes un informe lo antes posible dentro de los seis meses posteriores a la finalización de la visita. Dicho informe deberá incluir, según corresponda, la información señalada en el *"Formulario de visitas de Zonas Antárticas Especialmente Protegidas"* contenido en la *"Guía para la preparación de los planes de gestión para las Zonas Antárticas Especialmente Protegidas"* (Apéndice 2). Se deberá avisar a las autoridades pertinentes sobre todas las actividades realizadas o medidas tomadas que no estuvieran incluidas en el permiso. De ser necesario, la autoridad nacional también deberá enviar una copia del informe de visitas a la parte que haya propuesto el plan de gestión, para prestar asistencia en la gestión de la Zona y en la revisión del plan de gestión. Siempre que sea posible, las partes deberían depositar esos informes originales o copias en un archivo al cual el público tenga acceso, a fin de llevar un registro del uso que pueda utilizarse en las revisiones del plan de gestión y en la organización del uso científico de la Zona.

***8. Documentación de apoyo***


Bonner, W. N., and Smith, R. I. L. (Eds.). (1985). *Conservation areas in the Antarctic.* SCAR, Cambridge: 73-84.

Booth, R. G., Edwards, M., and Usher, M. B. (1985). Mites of the genus *Eupodes* (Acari, Prostigmata) from maritime Antarctica: a biometrical and taxonomic study. Journal of Zoology 207: 381-406.

British Antarctic Survey. (1981). Geological Map (Scale 1:500 000). Series BAS 500G Sheet 3, Edition 1. Cambridge: British Antarctic Survey.

Casanovas, P., Lynch, H. L., and Fagan, W. F. (2012). Multi-scale patterns of moss and lichen richness on the Antarctic Peninsula. Ecography 35: 001–011.

Casaux, R., and Barrera-Oro, E. (2006). Review. Shags in Antarctica: their feeding behaviour and ecological role in the marine food web. Antarctic Science 18: 3-14.

Committee for Environmental Protection (CEP). (2011). Non-native species manual – 1st Edition. Manual prepared by Intersessional Contact Group of the CEP and adopted by the Antarctic Treaty Consultative Meeting through Resolution 6 (2011). Buenos Aires, Secretariat of the Antarctic Treaty.

Corner, R. W. M. (1964). Biological report (interim) for Argentine Islands. Unpublished report, British Antarctic Survey Archives Ref AD6/2F/1964/N1.

Fenton, J. H. C, and Smith, R. I. L. (1982). Distribution, composition and general characteristics of the moss banks of the maritime Antarctic. British Antarctic Survey Bulletin 51: 215-236.

Greene, D. M, and Holtom, A. (1971). Studies in *Colobanthus quitensis* (Kunth) Bartl. and *Deschampsia antarctica* Desv.: III. Distribution, habitats and performance in the Antarctic botanical zone. British Antarctic Survey Bulletin 26: 1-29.

Harris, C. M. (2001). *Revision of management plans for Antarctic protected areas originally proposed by the United States of America and the United Kingdom: Field visit report.* Internal report for the National Science Foundation, US, and the Foreign and Commonwealth Office, UK. *Environmental Research and Assessment*, Cambridge.

Heap, J. (Ed.). (1994). *Handbook of the Antarctic Treaty System.* 8th Edition. U.S. Department of State, Washington.

Kinnear, P. K. (1971). *Phalacrocorax atriceps* population data cited in BAS internal report — original reference unavailable.

Komárková, V. (1983). Plant communities of the Antarctic Peninsula near Palmer Station. Antarctic Journal of the United States 18: 216-218.

Royles, J., Ogée, J., Wingate, L., Hodgson, D. A., Convey, P., and Griffiths, H. (2012). Carbon isotope evidence for recent climate-related enhancement of $CO_2$ assimilation and peat accumulation rates in Antarctica. Global Change Biology 18: 3112-3124.

SCAR (Scientific Committee on Antarctic Research). (2009). Environmental code of conduct for terrestrial scientific field research in Antarctica. ATCM XXXII IP4.

SCAR (Scientific Committee on Antarctic Research). (2011). SCAR code of conduct for the use of animals for scientific purposes in Antarctica. ATCM XXXIV IP53.

Schlatter, R. P., and Moreno, C. A. (1976). Habitos alimentarios del cormoran Antartico, *Phalacrocorax atriceps bransfieldensis* (Murphy) en Isla Green, Antartica. Serie Cientificia, Instituto Antártico Chileno 4(1): 69-88.

Smith, M. J., and Holroyd, P. C. (1978). 1978 Travel report for Faraday. Unpublished report, British Antarctic Survey Archives Ref AD6/2F/1978/K.

Smith, R. I. L. (1979). Peat forming vegetation in the Antarctic. In: *Proceedings of the International Symposium on Classification of Peat and Peatlands Finland, September 17-21, 1979.* International Peat Society: 58-67

Smith, R. I. L. (1982). Farthest south and highest occurrences of vascular plants in the Antarctic. Polar Record 21:170-173.

Smith, R. I. L. (1996). Terrestrial and freshwater biotic components of the western Antarctic Peninsula. In: Ross, R.M., Hofmann, E.E., and Quetin, L.B. (Eds.) *Foundations for ecological research west of the Antarctic Peninsula.* Antarctic Research Series 70: 15-59.

Smith, R. I. L., and Corner, R.W. M. (1973). Vegetation of Arthur Harbour — Argentine Islands Region. British Antarctic Survey Bulletin 33&34: 89-122.

Stark, P. (1994). Climatic warming in the central Antarctic Peninsula area. Weather 49(6): 215-220.

Usher, M. B., and Edwards, M. (1986). The selection of conservation areas in Antarctica: an example using the arthropod fauna of Antarctic islands. Environmental Conservation 13(2):115-122.

Mapa 1. Mapa general que muestra la ubicación de la isla Green en la Península Antártica. Especificaciones cartográficas: Protección polar antártica estereográfica WGS84. Meridiano central: -55°, Paralelo estándar: -71°.

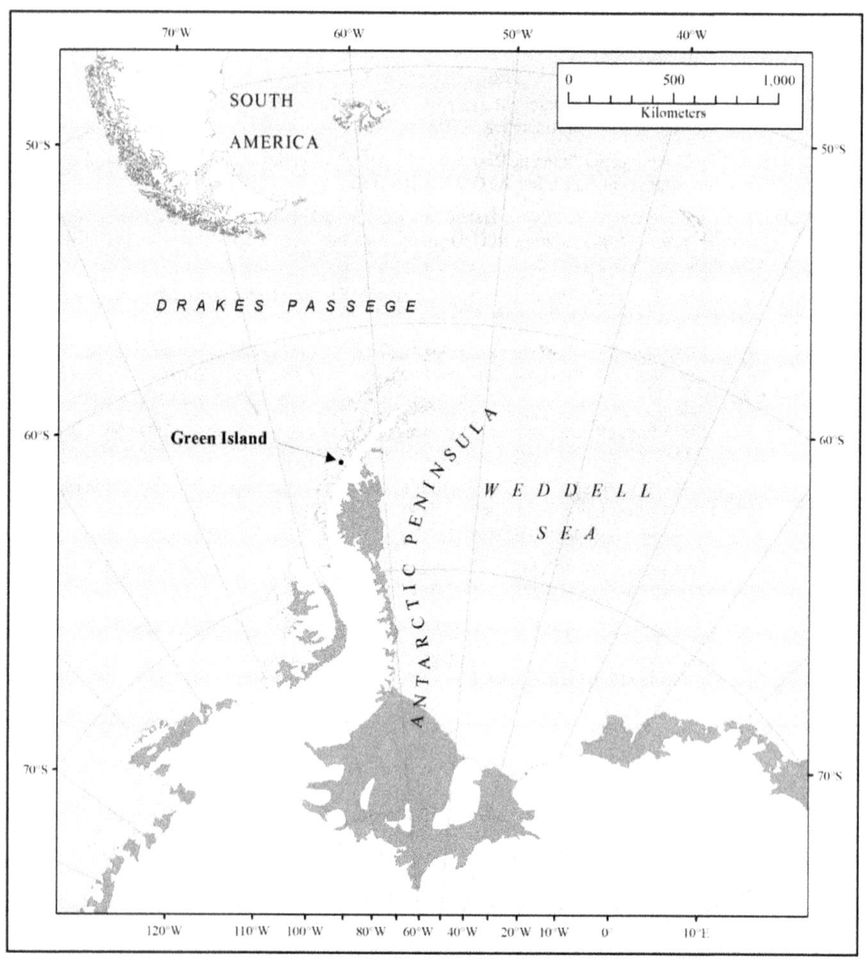

Mapa 2: Mapa local de la zona que muestra la ubicación de la ZAEP Nº 108 isla Green, isla Berthelot, respecto de las estaciones y otras Zonas protegidas en las proximidades. Especificaciones cartográficas: Protección polar antártica estereográfica WGS84. Meridiano central: -64°, Paralelo estándar: -71°.

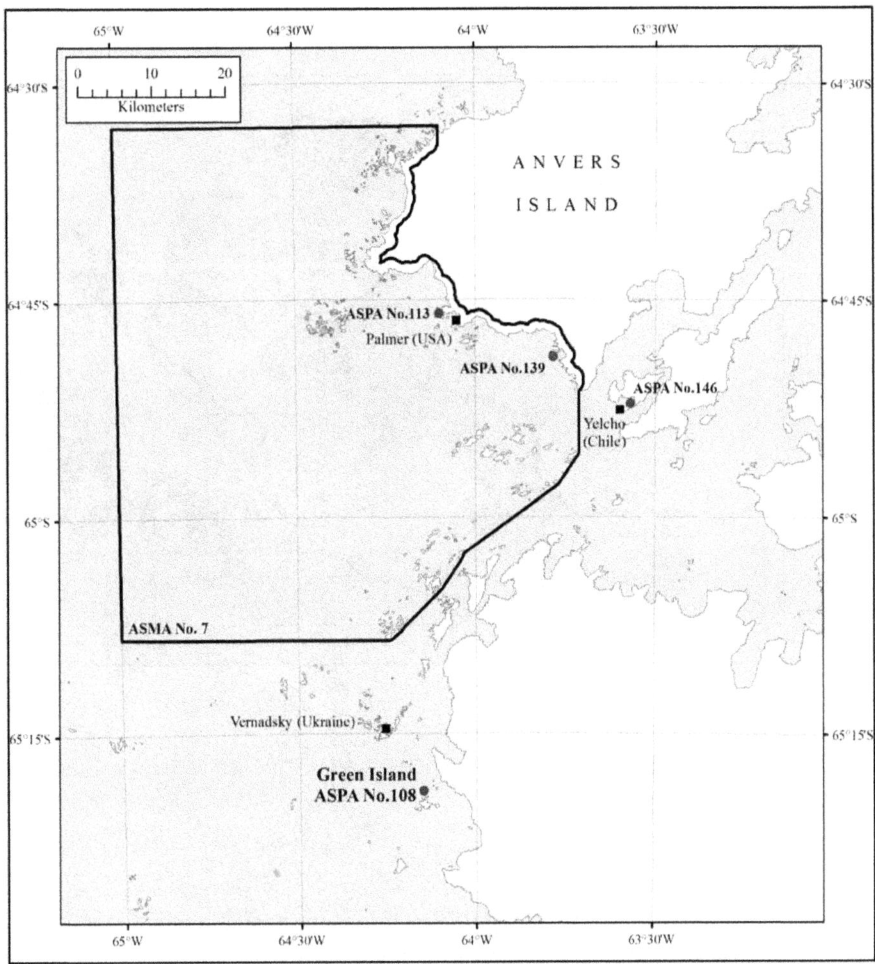

Mapa 3. Mapa topográfico de la ZAEP N° 108 isla Green, islas Berthelot, Península Antártica. Mapa obtenido mediante los datos arrojados por la inspección al terreno el 24 de febrero de 2001 y la ortofotografía digital (fotografía aérea fuente tomada el 14 de febrero de 2001 por el British Antarctic Survey). Especificaciones cartográficas - Proyección: Zona 20S de UTM; esferoide: WGS84; Datum: nivel del mar (EGM96)

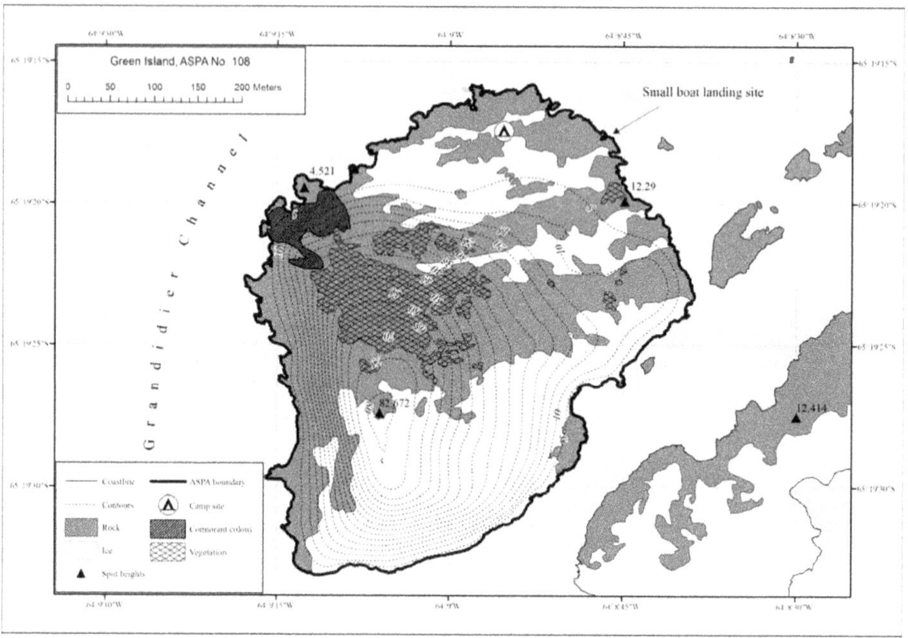

# Plan de Gestión para la Zona Antártica Especialmente Protegida (ZAEP) Nº 117

# ISLA AVIAN, BAHÍA MARGUERITE, PENÍNSULA ANTÁRTICA

## Introducción

La razón principal para la designación de Isla Avian, Bahía Margarita, Península Antártica (67 ° 46'S, 68 ° 54'O; 0,49 km2) como Zona Antártica Especialmente Protegida (ZAEP) es proteger los valores ambientales y sobre todo la abundancia y diversidad de cría de aves marinas en la isla.

La Isla Avian está situada al Noroeste de Bahía Marguerite, a 400 m al Sur de Isla Adelaide en el lado este del centro de la Península Antártica. La isla fue designada como Sitio de Especial Interés Científico (SSSI, por sus siglas en inglés) Nº 30 bajo la Recomendación XV-6 en 1989, tras una propuesta del Reino Unido.

La isla estaba incluida junto con su zona litoral, pero se excluyó una pequeña zona cerca de un refugio en la costa noroeste de la isla. Los valores protegidos bajo la designación original se describen como la abundancia y diversidad de aves marinas reproductoras presentes en la isla, como la colonia del petrel gigante del sur (*Macronectes giganteus*) que es la población reproductora más meridional conocida de esta especie y el hecho de que los cormoranes de ojos azules (*Phalacrocorax atriceps*) se crían cerca del límite sur de su hábitat. El Área se consideró de importancia ornitológica excepcional, por lo que merece la protección de la perturbación humana innecesaria.

La designación como SEIC (SSSI, por sus siglas en ingles) terminó con la re-designación de la Isla Avian como Zona Especialmente Protegida (SPA, por sus siglas en inglés) mediante la Recomendación XVI-4 (1991, ZEP No. 21), tras una propuesta del Reino Unido. Los límites eran similares a la SEIC original, pero incluye toda la isla y la zona litoral sin la zona de exclusión cerca del refugio en la costa noroeste. Después de volver a su designación como ZAEP 117 a través de la Decisión 1 (2002), el Plan de Gestión de ZAEP fue aprobado a través de la Medida 1 (2002).

El área se inscribe en el contexto más amplio del sistema de zonas protegidas antárticas mediante la protección del lugar de reproducción de siete especies de aves marinas, incluyendo los petreles gigantes del sur que son vulnerables a las perturbaciones. Ninguna otra ZAEP en la región protege tan gran diversidad de especies de aves reproductoras. La Resolución 3 (2008) recomienda que el análisis de dominios ambientales para el continente antártico se utilice como un modelo dinámico para la identificación de Zonas Antárticas Especialmente Protegidas dentro del marco del criterio ambiental y geográfico sistemático previsto en el artículo 3 (2) del Anexo V del Protocolo (véase también Morgan et al., 2007). Utilizando este modelo, Isla Avian se describe como Dominio E (Península Antártica y principales campos de hielo de Isla Alexander), que también se encuentra en las ZAEP (ASPA) 113, 114, 126, 128, 129, 133, 134, 139, 147, 149, 152 y ZAEA (ASMA) 1 y 4. Sin embargo, dado que la isla Avian está predominantemente libre de hielo, este dominio puede no ser plenamente representativo del medio ambiente incluido dentro del Área. Aunque no se describe específicamente como tal en Morgan et al., Isla Avian puede estar mejor representada por el Dominio B ( Geológico de las latitudes medias septentrionales de la Península Antártica ). Otras áreas protegidas que contienen el Dominio B incluyen ZAEP (ASPAs) 108, 115, 129, 134, 140 y 153 y ZAEA (ASMA) 4. La ZAEP se encuentra dentro de la Región Biogeográfica de Conservación Antártica (ACBR) 3 Península Antártica Noroeste (Terauds et al., 2012).

## 1. Descripción de los valores a proteger

El extraordinario valor ambiental de la zona, que es la razón primordial de la designación como ZAEP, se basa en lo siguiente:

- la colonia de pingüinos Adelia, (*Pygoscelis adeliae*) que contiene alrededor de 77.515 parejas reproductoras, es una de las mayores de Palmer Land ;
- la colonia del cormorán de ojos azules (Phalacrocorax atriceps) es uno de los mayores sitios de cría conocidos en la Antártida y está cerca del límite sur del área de reproducción de esta especie;
- el atributo excepcional y único de ser el único sitio conocido en la Península Antártica donde siete especies de aves marinas se reproducen tan cerca unas de otras, en el espacio cerrado de una sola isla pequeña y con densidades de población inusualmente altas, estando prácticamente toda la isla ocupada por aves reproductoras durante todo el verano;
- la colonia de petrel gigante del sur (*Macronectes giganteus*) es una de las dos más grandes de la Península Antártica;
- la colonia de la gaviota cocinera (*Larus dominicanus*) también es grande y se reproduce cerca de la parte sur de su hábitat, y
- el musgo *Warnstorfia fontinaliopsis* en Isla Avian está cerca del límite sur de su distribución conocida.

## 2. Metas y objetivos

Las metas y objetivos del Plan de Gestión son:

- evitar la degradación o los riesgos importantes para los valores del Área, evitando la perturbación humana innecesaria de la zona;
- prevenir o minimizar la introducción en el Área de plantas, animales y microbios no nativos ;
- reducir al mínimo la posibilidad de introducción de patógenos que puedan causar enfermedades en las poblaciones de fauna dentro del Área;
- permitir otras investigaciones científicas siempre que sean por razones imperiosas que no puedan ser suplidas en otro lugar y que no pongan en peligro el sistema ecológico natural del Área;
- preservar el ecosistema natural del Área, como área de referencia para futuros estudios.

## 3. Actividades de Gestión

Para proteger los valores del Área, se realizarán las siguientes actividades de gestión:

- Una copia de este Plan de Gestión estará disponible en la Estación Teniente Luis Carvajal (Chile, 67 ° 46'S, 68 ° 55'O), la Estación de Investigación Rothera (Reino Unido, 67 ° 34 'S, 68 ° 07'O) y la Estación General San Martín (Argentina, 68 ° 08 'S, 67 ° 06'O).
- El plan de gestión será revisado por lo menos una vez cada cinco años y actualizado cuando sea necesario.
- Las visitas a las partes sobre el terreno serán informadas en su totalidad por la autoridad nacional sobre los valores que deben ser protegidos dentro del Área y las precauciones y medidas de mitigación que se detallan en este Plan de Gestión.
- Todas las actividades científicas y de gestión llevadas a cabo dentro de la zona deberán ser objeto de una evaluación de impacto ambiental, de acuerdo con los requisitos del Anexo I del Protocolo sobre Protección del Medio Ambiente del Tratado Antártico.
- Habrá copias de este plan de gestión puestas a disposición de los buques y aeronaves que planeen visitar los alrededores de la zona.

- Todos los pilotos que operen en la región deberán ser informados de la ubicación, límites y restricciones aplicables para la entrada y el sobrevuelo en la zona.
- Los postes indicadores, carteles o estructuras instaladas en el Área con fines científicos o de gestión deberán estar bien sujetos y en buen estado y serán retirados cuando ya no sean necesarios;
- De acuerdo con los requisitos del Anexo III del Protocolo sobre Protección del Medio Ambiente del Tratado Antártico, los equipos o materiales abandonados serán eliminados en la mayor medida posible, siempre que ello no tenga efectos adversos en el medio ambiente y los valores del Área.
- Los Programas Nacionales Antárticos que operen en la región se pondrán de acuerdo con el fin de garantizar que las actividades de gestión antedichas sean implementadas.

## 4. Período de designación

Designado para un período indefinido.

## 5. Mapas y fotografías

Mapa 1: Isla Avian, ZAEP No. 117, en relación a la Bahía Marguerite, que muestra las ubicaciones de las estaciones Teniente Luis Carvajal (Chile), Rothera (Reino Unido) y General San Martín (Argentina). También se muestra la localización de otras zonas protegidas en Bahía Marguerite (ZAEP No. 107 en Isla Emperor (Islas Dion), ZAEP No. 115 en Lagotellerie Island, y ZAEP N ° 129 en la punta Rothera). Recuadro: ubicación de la isla Avian en la Península Antártica.

Mapa 2: Isla Avian, ZAEP N° 117, mapa topográfico. Especificaciones del mapa - proyección: Cónica Conforme de Lambert; Paralelos estándar: primero 67° 30 'S; segundo 68° 00' S; meridiano central: 68° 55 'E; latitud de origen: 68° 00' 00"S; esferoide: WGS84 datum: por encima del nivel promedio del mar; equidistancia vertical 5 m, precisión horizontal +/- 5 m; precisión vertical ±1.5 m.

Mapa 3: Isla Avian, **ZAEP N°** 117, croquis de reproducción de la fauna. Las posiciones de los nidos y colonias tienen una precisión de ± 25 m. La información se deriva de Poncet (1982). Especificaciones del mapa - proyección: Cónica Conforme de Lambert; Paralelos estándar: primero 67° 30 'S; segundo 68° 00' S; Meridiano Central: 68° 55 'E; Latitud de origen: 68° 00' 00"S; esferoide: WGS84 datum: por encima del nivel promedio del mar; equidistancia vertical 5 m, precisión horizontal: 5 m; precisión vertical ±1.5 m.

## 6. Descripción del Área

### *6 (i) Coordenadas geográficas, indicadores de límites y características naturales*

Descripción general

La Isla Avian (67°46'S, 68°54'O, 0.49 km$^2$) está situada en el noroeste de la Bahía Marguerite, a 400 m al sur del extremo sudoeste de la Isla Adelaida (Mapa 1). La isla mide 1,45 km de largo por 0,8 km en su parte más ancha, y es de forma aproximadamente triangular. Es rocosa, con un bajo relieve generalmente inferior a 10 m en el norte, llegando a unos 30 metros en el centro, y 40 m en el sur donde varias rocas y pendientes de hielo de hasta 30 m caen abruptamente sobre el mar. La costa es irregular y rocosa, con numerosos islotes, aunque hay varias playas accesibles en las costas del norte y del este. La isla está generalmente libre de hielo en verano. Contiene un hábitat particularmente adecuado para una gran variedad de aves reproductoras: bien drenado, con pistas orientadas al norte adecuadas para cormoranes de ojos azules (*Phalacrocorax atriceps*); piedra fragmentada y rocas con grietas adecuadas para pequeñas aves de anidación como petreles de Wilson (*Oceanites oceanicus*); elevadas alturas rocosas adecuadas para los petreles gigantes (*Macronectes giganteus*); extensiones amplias de terreno sin nieve para los pingüinos Adelia (*Pygoscelis adeliae*). La presencia de este último atrae skúas (*Catharacta maccormicki, C. loennbergi*) y gaviotas cocineras (*Larus dominicanus*).

Límites

La zona designada comprende toda la Isla Avian y la zona litoral, islotes, rocas y una zona de amortiguamiento del ambiente marítimo circundante (incluyendo el hielo del mar cuando está presente) a menos de 100 m de la costa de la isla principal (Mapa 2). No se han instalado indicadores de límites porque la costa forma una referencia visual obvia del límite marino.

El clima y el hielo marino

No hay registros meteorológicos extensos disponibles para la Isla Avian, pero los registros desde 1962-74 de la Base Adelaide (antes Reino Unido, pero ahora Teniente Luis Carvajal, Chile) a 1,2 km de distancia, muestran un promedio diario de la temperatura máxima de 3 ° C en febrero (extremo máximo 9 ° C) y una mínima media diaria de -8 ° C en agosto (extremo mínimo -44 ° C). Se contempló el mismo patrón general durante todo el año en las observaciones realizadas en la isla en 1978-79 (Poncet y Poncet, 1979). Las precipitaciones en la isla en ese año fueron por lo general en forma de nieve, la mayoría de la cual cayó entre agosto y octubre, pero con nevadas ocasionales y algo de lluvia en verano.

La Bahía Margarita puede congelarse en invierno, aunque el alcance y el carácter de los hielos marinos muestran una considerable variación entre las estaciones. A pesar de la extensión y frecuente persistencia de los hielos marinos regionales, se ha observado una polinia recurrente cerca de la Isla Avian, que puede proporcionar condiciones libres de hielo localmente desde octubre en adelante. Además, las fuertes corrientes de marea alrededor de Isla Avian ayudan a mantener las aguas circundantes sin hielo durante gran parte del año, lo que facilita el acceso a la alimentación para varias especies. La isla no es muy ventosa, con un promedio anual de 10 nudos en 1978-79. Sin embargo, los fuertes vientos catabáticos que descienden de la Isla Adelaida reducen la acumulación de nieve en la isla, tal vez durante 1 a 3 días un par de veces cada mes y empujan el hielo marino de la costa, ayudando a formar la polinia. Las condiciones relativamente libres de nieve son importantes para la colonización de las aves.

Geología, geomorfología y suelos

El lecho de roca de la isla Avian forma parte de un bloque en falla hacia abajo en el extremo suroeste de la Isla Adelaida y está compuesto por intercalaciones de areniscas volcanoclásticas ricas en líticos y ricas en feldespatos. También se dan lechos de areniscas tufáceas, arenisca de guijarros ricos en líticos volcánicos y brechas de gránulo volcánico. Esta última es probablemente un depósito volcánico primario, mientras que el resto de la secuencia se compone en gran parte de material volcánico re-elaborado. La secuencia forma parte de la Formación Mount Liotard de la Isla Adelaida y es probablemente del Cretácico tardío en cuanto a edad (Griffiths, 1992; Moyes et al, 1994; Riley et al, 2012). Aparte del afloramiento de roca, la superficie se compone principalmente de rocas destrozadas por la helada con permahielo. Los suelos ornitogénicos están muy extendidos, especialmente en el norte; el suelo de turba orgánica está prácticamente ausente, pero cuando está presente no está bien desarrollado y se asocia con el crecimiento de musgo. Se han observado varias playas elevadas en la Isla Avian, pero por lo demás, la geomorfología no ha sido descrita.

Los arroyos y lagos

La Isla Avian tiene varios estanques de agua dulce efímeros de hasta 10.000 $m^2$ y de unos 40 cm de profundidad, siendo más numerosos en la costa este, a unos 5 m de altitud y en la costa norte occidental cerca del nivel del mar. Se desarrollan numerosos pequeños estanques y canales de agua de deshielo a partir del deshielo estacional de la nieve y pequeños arroyos drenan los valles en los alrededores de los estanques. Tanto los estanques como los remansos del deshielo se solidifican por congelación en invierno. Los cuerpos de agua dulce de la isla están orgánicamente enriquecidos con guano, una fuente de nutrientes y en verano una serie de estanques muestran una rica flora y fauna bentónica de algas, Phyllopoda, Copepoda, Nematoda, Protozoos, Rotíferos y Tardígrados. Se han observado un gran número de crustáceos *Branchinecta* sp.(Poncet and Poncet, 1979). La ecología de agua dulce de la isla no se ha estudiado en detalle.

Aves reproductoras

Se reproducen siete especies de aves en la isla Avian, lo que es un número alto en comparación con otros sitios de la Península Antártica. Varias especies tienen poblaciones inusualmente altas, siendo algunas de las más grandes de su especie en la región de la Península Antártica (Mapa 3). Se reunieron datos detallados durante todo el año de todas las especies en 1978-79 (Poncet y Poncet, 1979), aunque los datos son en cualquier caso esporádicos. Por tanto, las descripciones de abajo se basan a menudo en observaciones de una sola temporada y hay que destacar que estos datos no son necesariamente representativos de las tendencias demográficas a largo plazo. Sin embargo, esta es la mejor información actualmente disponible.

La colonia de pingüinos Adelia de la Isla Avian (*Pygoscelis adeliae*) ocupa la mitad norte y la costa centro-oriental de la isla (Mapa 3) El plan de gestión inicial se refirió a la colonia de pingüinos Adelia como "la más grande de la Península Antártica [conteniendo] un tercio de la población reproductora total de la región". Si bien esto no se fundamenta en datos recientes (por ejemplo, una colonia Península Antártica tiene más de 120.000 pares (Woehler 1993), la colonia de la Isla Avian sigue siendo una de las mayores poblaciones reproductoras de Tierra de Palmer. Investigaciones recientes sugieren que el número de pingüinos Adelia están disminuyendo en casi todos los lugares de la Península Antártica (Lynch et al., 2012). Sin embargo, los datos más recientes disponibles para los pingüinos adelia en la isla Avian indican que se registró una población de 77.515 parejas reproductoras (± 5%, enero de 2013) (W. Fraser, comunicación personal 2013. Sailley et al, en prensa), lo que se compara a sólo 36.500 parejas reproductoras registradas el 11 de noviembre de 1978 (Poncet y Poncet, 1979; Woehler, 1993). Una estimación del número de pingüinos Adelia, a partir de fotografías aéreas tomadas en diciembre de 1998, reveló 87.850 aves (± 0,16 SD).

En 1978-79 los pingüinos Adelia fueron registraron en la isla desde octubre hasta finales de abril, con la puesta de huevos ocurrida durante octubre y noviembre y la primera eclosión de los polluelos alrededor de mediados de diciembre. Se observaron guarderías de polluelos a mediados de enero y los primeros polluelos fueron independientes cerca del final de enero. La mayoría de los adultos en muda y de polluelos independientes habían partido de la isla en la tercera semana de febrero, aunque los grupos volvieron periódicamente a lo largo de marzo y abril.

Una gran colonia de cormoranes de ojos azules (*Phalacrocorax atriceps*) ha sido registrada en tres grupos ubicados en el extremo sur de la costa occidental de la isla (Mapa 3). Sin embargo, durante una visita los días 26-27 de enero de 2011, se observó que los dos lugares de colonias más al norte no estaban ocupados y los montículos de anidación se encontraban en mal estado, lo que sugiere que estos sitios pueden haber sido abandonados por algún tiempo. Stonehouse (1949) reportó cerca de 300 aves presentes en octubre de 1948; un número similar de aves se registró a mediados de noviembre de 1968, siendo de cría la mayoría de ellas (Willey 1969). Poncet y Poncet (1979) observaron 320 parejas en 1978 y aproximadamente 670 parejas el 17 de enero de 1989 (Poncet, 1990). Un recuento del 23 de febrero de 2001 registró 185 polluelos, aunque es probable que algunos hubieran partido en el momento del recuento; fueron contados alrededor de 250 nidos. Un recuento de mediados a finales de enero 2013 registró 302 parejas reproductoras (W. Fraser, com. Pers., 2013). En 1968, se observó que los cormoranes de ojos azules estaban presentes en la isla a partir del 12 de agosto, con la puesta de huevos ocurrida a partir de noviembre y la eclosión los polluelos en diciembre (Willey 1969). En 1978-79 se observó desde septiembre hasta junio, con la puesta de huevos ocurrida entre noviembre y enero, cuando los primeros polluelos eclosionaron y polluelos comenzaron a ser independientes en la tercera semana de febrero (Poncet y Poncet, 1979).

De las colonias conocidas de petreles gigantes (Macronectes giganteus) del Sur de las Islas Shetland, Isla Avian es uno de las dos más grandes y puede comprender una proporción sustancial de la población reproductora de la región sur de la Península Antártica (estimada en 1.190 parejas en 1999 / 2000; Patterson et al, 2008). En 1979, los petreles gigantes del sur ocupaban principalmente los afloramientos rocosos elevados de la mitad central y sur de la isla en cuatro grupos principales (Mapa 3). Los datos sobre el número de aves presentes en la isla se muestran en la Tabla 1.

**Tabla 1:** Número de petreles gigantes del sur (Macronectes giganteus) en la isla Avian.

| Año | Número de aves | Cantidad de parejas | Número de polluelos | Fuente |
|---|---|---|---|---|
| 1948 | 100 | N/A | N/A | Stonehouse, 1949 |
| 1968 | 400 | 163 | N/A | Willey, 1969 |
| 1979 | N/A | 197 | N/A | Poncet and Poncet, 1979 |
| 1989 | N/A | 250 | N/A | Poncet, 1990 |
| 2001 | N/A | N/A | 237 | Harris, 2001 |
| 2013 | N/A | 470 | N/A | W. Fraser, com. pers.., 2013 |

n/a - no disponible.

En 1978-79 las aves estuvieron presentes en la isla Avian desde mediados de septiembre hasta tan tarde como junio. En esta temporada, la puesta de huevos ocurrió desde finales de octubre hasta finales de noviembre, la eclosión ocurrió a lo largo de enero y los polluelos en general lograron la independencia en abril. En el verano austral de 1978/79 se observaron hasta 100 ejemplares no reproductores en la isla durante el periodo de cortejo en octubre, con la disminución de estos números a tan solo algunos no reproductores conforme avanzaba la temporada.

En la Isla Avian fueron registradas aproximadamente 200 gaviotas cocineras adultas (*Larus dominicanus*) en 1978-79, de las cuales más de 60 parejas eran reproductoras. Estas aves se distribuyeron ampliamente, pero principalmente en las partes altas del centro y sur de la isla (Poncet y Poncet 1979) (Mapa 3). En el verano austral de 1978-1979 la mayoría de los reproductores llegaron a principios de octubre, seguido por la puesta de huevos a mediados de noviembre y la eclosión un mes más tarde. Los datos detallados no están disponibles debido a la preocupación de que la perturbación humana por la recolección de datos menoscabara gravemente el rendimiento reproductivo de esta especie. Sin embargo, no más de 12 polluelos fueron observados en la isla cerca de finales de enero de 1979, lo que sugeriría que el rendimiento reproductivo en esta temporada fue bajo: la causa exacta - si fue por las perturbaciones humanas o por factores naturales - no se pudo determinar. En 1967 se registraron 19 parejas y 80-120 aves (Barlow, 1968).

En 1978-79 se hizo una estimación de al menos varios cientos de parejas de petreles de Wilson (*Oceanites oceanicus*) reproductores (Poncet y Poncet, 1979). Se observaron petreles de Wilson en la isla a partir de la segunda semana de noviembre, ocurriendo la puesta e incubación, probablemente, hasta mediados de diciembre. La salida de adultos y polluelos independientes se completó en gran medida a finales de marzo. La mayor parte de los afloramientos rocosos en la mitad norte de la isla y en todas las laderas rocosas estables en el sur son el hábitat ideal para esta especie.

En 1978-79, se reprodujeron unas 25-30 parejas de skúas antárticas (*Catharacta maccormicki*) en la isla Avian. Los nidos de skúas se distribuyeron ampliamente en la isla, aunque la mayoría estaban en la parte central y oriental de la isla, especialmente en laderas con vistas a la colonia de pingüinos

Adelia (Mapa 3). Se observó que grandes grupos de no reproductores (alrededor de 150 aves; Poncet y Poncet 1979) se congregaban alrededor del lago poco profundo en el lado oriental de la isla. Barlow (1968) reportó aproximadamente 200 aves no reproductoras en 1968. En 2004, se registraron 880 parejas de skúas antárticas (W. Fraser, com. Pers., En el Ritz et al., 2006). En el verano austral de 1978-79, las skúas antárticas se instalaron a finales de octubre, con la puesta de huevos a principios de diciembre y la eclosión completa a finales de enero. Los polluelos independientes y los adultos partieron en general a finales de marzo, habiendo algunos reproductores tardíos que se quedaron hasta mediados de abril. En el verano austral de 1978-79 se registró un éxito en la reproducción de un polluelo por nido. Barlow (1968) informó de 12 parejas reproductoras de skúas marrones (= subantárticos) (*Catharacta loennbergi*), aunque este número podría incluir skúas polares. Una pareja reproductora de skúas se registró en el suroeste de la isla en el verano austral de 1978-79. Este es el registro más meridional de reproducción de esta especie a lo largo de la Península Antártica. En la misma temporada, se registraron también varios skúas marrones no reproductores.

Varias otras especies de aves, conocidas por reproducirse en otras partes de la Bahía Margarita, son visitantes frecuentes de la Isla Avian, principalmente gaviotines antárticos (*Sterna vittata*), petreles blancos (*Pagodroma nivea*) y fulmares australes (*Fulmarus glacialoides*). Estas especies no han sido observadas anidando en la isla Avian. En algunas ocasiones ha sido visto un pequeño número de petreles antárticos (*Thalassoica antarctica*). El Petrel del Cabo (*Daption capense*) se observó en Isla Avian en octubre de 1948 (Stonehouse, 1949). Varios individuos solitarios de pinguinos rey (*Aptenodytes patagonicus*) y pingüinos de Barbijo (*Pygoscelis antarctica*) fueron observados en 1975 y 1989, respectivamente.

Biología terrestre

La vegetación en la isla Avian es generalmente escasa y la flora no ha sido descrita en detalle. Las fanerógamas están ausentes en la isla y hay una gama limitada de criptógamas, aunque existe una rica flora de líquenes. Hasta la fecha, se han identificado en la zona nueve especies de musgo y de 11 líquenes.

Los musgos descritos son *Andreaea depressinervis, Brachythecium austro-salebrosum, Bryum argenteum, B. pseudotriquetrum, Ceratodon purpureus, Pohlia cruda, P. nutans, Sanionia georgico-uncinata, S. uncinata, Syntrichia magellanica* y *Warnstorfia fontinaliopsis*. Esta última especie se encuentra en el límite sur de su distribución conocida en la isla Avian (Smith, 1996). El desarrollo del musgo se limita a aquellas partes de la isla que están ocupadas por pingüinos Adelia reproductores o cormoranes de ojos azules y se produce en las depresiones húmedas o junto a remansos del deshielo. Los parches de musgo de hasta 100 $m^2$ rodean la orilla de un pequeño remanso en la colina en el sur del Área, a alrededor de 30 m de altitud. El alga verde foliosa *Prasiola crispa* está generalizada en las zonas húmedas de la isla y una agrimonia, *Cephaloziella varians,* ha sido también identificada.

Los líquenes identificados en la Isla Avian son *Acarospora macrocyclos, Cladonia fimbriata, C. gracilis, Dermatocarpon antarcticum, Lecanora dancoensis, Lecidea brabantica, Physcia caesia, Rinodina egentissima, Siphulina orphnina, Thamnolecania brialmontii,* y *Usnea antarctica*. Las comunidades más extensas se encuentran en los afloramientos rocosos del sur de la isla.

La fauna de micro-invertebrados, hongos y bacterias en la isla Avian aún no se ha investigado en detalle. Hasta ahora sólo se ha descrito un ácaro mesostigmatid (*Gamasellus racovitzai*) (BAS Base de datos de invertebrados, 1999), aunque un Collembollan (colémbolo) y varias especies de Acari (ácaros) han sido observados, no se han identificado (Poncet, 1990). Se han registrado en la isla un número de especies de nematodos (dominados por *Plectus* sp.) (Spaull, 1973) y un hongo (*Thyronectria hyperantarctica*) (BAS Base de datos de invertebrados, 1999).

Mamíferos reproductores y medio ambiente marino

Las focas de Weddell (Leptonychotes weddellii) fueron comunes en y alrededor de la isla Avian en 1978-79. Durante el invierno, más de una docena permanecía descansando en el hielo costero (Poncet,

1990). En la última semana de septiembre de 1978 nacieron varias crías en las orillas de la isla. Se informó de un elefante marino (*Mirounga leonina*) criando en la costa noreste de la isla Avian el 10 de octubre de 1969 (Bramwell, 1969). La fotografía aérea tomada el 15 de diciembre de 1998 reveló182 elefantes marinos descansando en grupos, en su mayoría cerca de los remansos. Las focas leopardo (*Hydrurga leptonyx*) se han observado alrededor de la línea de la costa y una fue observada en tierra en el invierno de 1978. Un número focas peleteras de la Antártida (*Arctocephalus gazella*) no reproductoras fueron reportadas en la isla en marzo de 1997 (Gray y Fox, 1997), a finales de enero de 1999 (Fox, com. Pers., 1999) y en enero de 2011. Había por lo menos varios centenares el 23 de febrero de 2001 (Harris, 2001), especialmente en las playas y terrenos bajos, en las partes central y norte de la isla. Las focas cangrejeras (*Lobodon carcinophagus*) se ven regularmente en la Bahía Margarita, pero no han sido reportadas en la Isla Avian. El medio marino que rodea la isla Avian no ha sido investigado.

Actividades humanas / impactos

La actividad humana en la Isla Avian ha sido esporádica: El primer registro de una visita se realizó en octubre de 1948, cuando los miembros de la expedición británica Isla Stonington descubrieron la gran colonia de pingüinos Adelia en la Isla Avian (entonces conocida como una de las islas Henkes). Las visitas posteriores han sido una mezcla de ciencia, recreación del personal de la base, turismo y actividad logística (encuesta, etc.) 6 (iii)). Se construyeron refugios en la isla en 1957 y 1962 por parte de Argentina y Chile, respectivamente (véase la sección *6(iii)*).

Un equipo de campo geológico de dos personas acampó durante 10 días en el sureste de la isla en noviembre de 1968 (Elliott, 1969). En el mismo año, un equipo de levantamiento hidrográfico Naval del Reino Unido acampó en la costa oriental de la Isla Avian durante el verano. Se instalaron cadenas y anillos permanentes para cables de amarre de la embarcación de levantamiento en una pequeña bahía en la costa noroeste y todavía estaban presentes en 1989 (Poncet, 1990).

En 1969, un equipo de campo acampó en la isla durante un mes realizando investigaciones sobre el virus del resfriado común: los perros acompañantes fueron inoculados con un virus y luego regresaron a la base (Bramwell, 1969). Los perros ha acompañado a menudo al personal en las visitas regulares a la isla Avian durante el período de funcionamiento de la base británica en la Isla Adelaida, pero los efectos son desconocidos.

Un equipo de dos personas pasó un año en la isla en 1978-79, con base en el yate *Damien II*, haciendo observaciones detalladas de la avifauna y otros aspectos de la biología y el entorno natural de la isla (Poncet y Poncet, 1979; Poncet, 1982; Poncet, 1990). El barco estaba anclado en una pequeña cala de la costa noroeste. Este equipo de yate visitó regularmente la isla durante la siguiente década, antes de la designación como SPA.

Se llevó a cabo trabajo de estudio de mapas y fotografía aérea en y sobre la isla en 1996-98 (Fox y Gray, 1997, Gray y Fox, 1997) y 1998-99 (Fox, com. Pers., 1999).

Los impactos de estas actividades no se han descrito y no se conocen, pero se cree que han sido relativamente menores y se limitan a la perturbación transitoria de las aves reproductoras, campamentos, pisadas, basura ocasional, desechos humanos, muestreo científico y marcadores. A pesar de la probable naturaleza transitoria de la mayoría de las perturbaciones, se ha informado de que las visitas humanas han causado pérdidas de huevos y polluelos, ya sea a través de abandono de nidos o por la depredación oportunista. Varias especies, como los petreles gigantes y las gaviotas cocineras son particularmente vulnerables a las perturbaciones y se ha observado que abandonan los nidos en períodos específicos del ciclo de anidación, tal vez al ver a la gente a 100 m de distancia (Poncet, 1990). Se informó que aproximadamente 140 personas, incluyendo un barco de 100 personas, visitaron la isla Avian en el verano 1989-90. La creciente preocupación por el número y la naturaleza no regulada de las visitas provocó la designación como SPA.

Los impactos más duraderos y evidentes visualmente se asocian a los dos refugios y a las dos estructuras de balizas descritas en la sección *6(iii)*, que se encuentran cerca de las aves reproductoras.

Ambos refugios se encontraban en mal estado en febrero de 2001 y durante una visita de gestión ambiental en enero de 2011 se observó un mayor deterioro ten los mismos. Las aves y las focas fueron observadas entre la basura alrededor de los refugios en febrero de 2001 y enero de 2011. El refugio construido en la costa este (67 ° 46'26 "S, 68 ° 53'01" O) en 1957 se abrió a la intemperie; la puerta, después de haber salido de sus goznes, yacía en el suelo y la base de la pared sur del refugio tenía un gran agujero (c. 0,25 $m^2$). Se encontraron en el suelo latas oxidadas y vidrios rotos. Las piezas de metal estaban oxidadas, (incluido el chapado, corrugado, estacas y cuerdas tensoras), había fragmentos de madera en descomposición y se encontraron vidrios rotos en el área inmediata alrededor del refugio. Al sur de la cabaña había un barril de combustible vacío de 205 L corroyéndose.

El refugio más grande construido en la costa noroeste (67 ° 46'08 "S, 68 ° 53'29" O) en 1962 también estaba en mal estado de conservación. El refugio mostraba un deterioro significativo debido a la humedad, con deformaciones de las maderas y con extensas áreas de moho y algas en las paredes y en el material del techo. Una gran parte del techo se había derrumbado mostrando el tejado de arriba. La puerta ya no cerraba bien y fue atada. En el momento de la visita en enero de 2011, había un gran fardo de madera aserrada cubierto con una lona azul almacenado dentro de la cabaña, cuyo fin se desconocía. Parte de la madera y de la carpintería metálica yacían en el suelo en la parte oriental de la cabaña.

La más antigua de las dos estructuras de balizas está en desuso y su estructura de hierro, aunque aun en pie, se está oxidando y deteriorando. El nuevo faro, construido en febrero de 1998, parecía estar en buenas condiciones en enero de 2011.

*6 (ii) Acceso al Área*

- Deben hacerse pequeños desembarcaderos en los lugares indicados en el noroeste de la costa central (67 ° 46'08 .1 "S, 68 ° 53'30 .1" O) o en la costa centro-oriental de la isla (67 ° 46'25 .5 "S , 68 ° 52'57 .0 "O) (Mapa 2). Si las condiciones del mar o del hielo lo hacen poco práctico, los desembarques de barcos pequeños se pueden hacer en otros lugares a lo largo de la costa según las condiciones lo permitan.
- Para el acceso en vehículo hasta la costa también se deben utilizar estos puntos de acceso, cuando haya hielo marino presente y los vehículos deberán ser estacionados en la orilla.
- Los viajes en barco o en vehículo por la parte marina de la zona no se limitan a las rutas específicas, pero deberán ser por la ruta más corta, consistente con los objetivos y requisitos de las actividades permitidas.
- La tripulación del vehículo o barco, u otras personas en vehículos o embarcaciones, no podrá avanzar a pie más allá de las inmediaciones del sitio de desembarco, a menos que esté específicamente autorizado en el permiso.
- Los aviones deben evitar el aterrizaje en la zona durante todo el año.
- Se puede otorgar un permiso para el uso de helicópteros cuando se considere necesario por razones esenciales y cuando no haya una alternativa práctica, como por ejemplo para la instalación, mantenimiento o retiro de estructuras. En estos casos, la necesidad de acceso de helicópteros, incluidas las alternativas y la perturbación potencial para las aves de cría, deberá ser adecuadamente evaluada antes de que un permiso pueda ser concedido. Dicho permiso deberá definir claramente las condiciones para el acceso de helicópteros sobre la base de las conclusiones de la evaluación.

*6 (iii) Ubicación de estructuras dentro de la zona y adyacentes*

Dos pequeños refugios abandonados y dos estructuras de balizas están presentes en la zona. Hay un refugio construido por Chile en 1962 situado en la costa noroeste de la isla, a 67 ° 46'08 "S, 68 ° 53'29" O. Un refugio construido por Argentina en el año 1957 está a 650 m al SE de esta posición, en la costa oriental a 67 ° 46'26 "S, 68 ° 53'01" O. Ambos refugios se encontraban en mal estado de conservación, en enero de 2011. Un mayor deterioro de las cabañas tiene el potencial de tener un impacto sobre las aves que anidan.

La estructura de hierro de un viejo marco, que se cree que fue construido por el Reino Unido durante la operación de la Base Adelaide y que se utiliza como ayuda a la navegación, se encuentra a unos 38 m ,cerca del punto más alto de la isla (67 ° 46'35 .5 "S, 68 ° 53'25 .2 "O). La estructura se mantiene en pie, aunque se está oxidando.

Un nuevo faro fue construido por Chile en febrero de 1998 en un sitio adyacente a una altura similar (67 ° 46'35 .3 "S, 68 ° 53'26, 0" O). Esta estructura es una torre cilíndrica maciza de hierro pintado de aproximadamente 2 m de diámetro y 2,5 m de altura, situada en una plataforma de concreto de aproximadamente 2,5 x 2,5 m. Un faro encendido, rieles de protección y paneles solares están fijados a la parte superior de la estructura. No se sabe que existan en la isla otras estructuras.

Se instalaron cuatro marcadores de control de medición en la isla el 31 de enero de 1999 (Mapa 2). El marcador más al sur se encuentra adyacente a la baliza de navegación y consiste en un clavo de medición en la roca cubierto por un montón de piedras. Hay un marcador similar instalado en el punto más alto de la loma, en la costa noreste de la isla, también cubierto por un montículo de piedras. Los otros dos marcadores son clavos de medición fijados al tejado de cada uno de los refugios.

La estación de investigación científica más cercana está a 1,2 km al noroeste en Teniente Luis Carvajal (Chile), en el sur de la Isla Adelaida (latitud 67 ° 46'S, 68 ° 55'O). Desde 1982 este lugar se ha utilizado solamente como un centro de verano, abierto desde octubre hasta marzo. Durante este período, la estación ha acomodado en general a hasta 10 personas. Anteriormente, esta instalación fue establecida y operada continuamente por el Reino Unido desde 1961 hasta 1977.

*6 (iv) Ubicación de otras zonas protegidas en las cercanías*

Otras áreas protegidas en las cercanías incluyen:

- ZAEP 107, Isla Emperor, Islas Dion, Bahía Margarita, Península Antártica, 67 ° 52'S, 68 ° 42'O, 12,5 km al sur-sureste;
- ZAEP 129, Punta Rothera, Isla Adelaida, 67 ° 34'S, 68 ° 08'O, 40 km al noreste y
- ZAEP 115, Lagotellerie Island, Bahía Margarita, Tierra de Graham, 67 ° 53'20 "S, 67 ° 25'30" O, 65 km al este (Mapa 1)

*6 (v) Áreas especiales dentro de la Zona*

Ninguna

## 7. Condiciones de los permisos

*7 (i) Condiciones de autorización generales*

La entrada al Área está prohibida excepto de conformidad con un Permiso expedido por una autoridad nacional pertinente. Las condiciones para otorgar un Permiso para entrar en el Área son las siguientes:

- se expedirán permisos para estudios científicos del ecosistema de la foca Weddell, o por razones científicas urgentes que no puedan realizarse en otro lugar o por motivos esenciales para la gestión del Área;
- las acciones permitidas han de ser compatibles con este Plan de Gestión;
- toda actividad de gestión es en apoyo de los objetivos del presente plan de gestión;
- las actividades permitidas no deberán poner en peligro el sistema ecológico natural del Área;

- las actividades permitidas otorgarán la debida consideración a través del proceso de evaluación de impacto ambiental para la protección continua de los valores ambientales, ecológicos y científicos del Área;
- el permiso se expedirá por un período determinado;
- el permiso, o una copia, se llevará cuando se encuentre en la zona;

*7 (ii) El acceso y movimiento dentro o sobre el Área*

- Los vehículos terrestres (motos de nieve, quads, etc) están prohibidos por tierra en el Área.
- Todos los movimientos por tierra dentro del Área serán a pie. El tráfico de vehículos y peatones debe mantenerse en el mínimo necesario en consonancia con los objetivos de las actividades permitidas y se debe hacer todo lo posible para minimizar los efectos de las pisadas.
- El movimiento a pie dentro de la zona se hará por rutas que reduzcan al mínimo cualquier perturbación de las aves de cría y para ello puede ser necesario tomar una ruta más larga hacia el destino de lo que lo sería en otro caso.
- Las rutas a pie han sido designadas con la intención de evitar los sitios de cría de aves más sensibles y se deben utilizar cuando sea esencial atravesar la isla (Mapa 2). Los visitantes deben tener en cuenta que los sitios de nidos específicos pueden variar de año en año y pueden ser preferibles algunas variaciones en la ruta recomendada. Las rutas se ofrecen como guía y los visitantes deben ejercer el buen juicio para minimizar los efectos de su presencia. En otras áreas y cuando sea posible y seguro, por lo general es preferible adoptar un camino que bordee el litoral de la Zona. Hay res rutas designadas (mapa 2): La Ruta 1 atraviesa la parte central de la isla, que une los refugios chileno y argentino. La Ruta 2 facilita el acceso a las balizas en el sur de la isla y se extiende desde la costa centro-oriental hasta el lado este de la colina. Sin embargo, durante una visita de gestión en el año 2011 se encontró que esta ruta estaba colonizada por las aves. En consecuencia, la Ruta 3 también ha sido designada, la cual se extiende directamente hacia el este desde el refugio argentino hasta un acceso estrecha en el lado occidental de la isla y luego procede al suroeste hasta un barranco / pendiente hasta una zona plana por encima de la abandonada (en enero de 2011 ) por las colonias de cormoranes de ojos azules. A partir de este punto la ruta prosigue hacia el este hasta las balizas. Se debe tener cuidado para evitar pisar los parches de musgo en las proximidades de una piscina de agua fundida. 70 m al norte de las balizas.
- El acceso a las zonas donde anidan petreles gigantes (Mapa 3) sólo se llevará a cabo para los fines especificados en el Permiso. Cuando el acceso a la baliza sea necesario (por ejemplo, para mantenimiento), los visitantes deberán seguir la ruta más apropiada designada para el acceso en la mayor medida posible, tratando de evitar a las aves que anidan. Gran parte del área que conduce hasta el faro y sus alrededores está ocupada por petreles de cría, por tanto se debe tener un gran cuidado.
- Los movimientos deben ser lentos, el ruido mantenido al mínimo y debería ser mantenida la máxima distancia posible de las aves que anidan.
- Los visitantes deberán observar cuidadosamente en busca de signos de agitación y preferiblemente cesar el acercamiento si se observa una alteración significativa.
- La operación de aeronaves sobre las zonas debe llevarse a cabo, como mínimo, de acuerdo con las '*Directrices para las operaciones de aeronaves cerca de concentraciones de aves*' que figuran en la Resolución 2 (2004).

*7 (iii) Actividades que pueden llevarse a cabo dentro del Área*

Las actividades que pueden llevarse a cabo dentro del Área incluyen:

- ctividades de gestión esenciales, incluida la vigilancia y la inspección.

- investigaciones científicas urgentes que no puedan realizarse en otro lugar y que no pongan en peligro el ecosistema del Área y
- muestreo, que debería limitarse al mínimo necesario para los programas de investigación aprobados.

Se aplican restricciones acerca de los momentos en que las actividades pueden ser llevadas a cabo en el Área y se especifican en las secciones pertinentes del presente Plan de Gestión.

*7 (iv) Instalación, modificación o desmantelamiento de estructuras / equipos*

- Cualquier estructura o instalación permanente nueva o adicional está prohibida.
- Las estructuras existentes abandonadas o deterioradas deben ser retiradas o renovadas.
- La instalación, modificación, mantenimiento o retiro de estructuras deberá efectuarse de una manera que minimice la perturbación para las aves reproductoras. Estas actividades se llevarán a cabo entre el 1 de febrero y el 30 de septiembre, ambos inclusive, para evitar la temporada principal de reproducción.
- No se erigirá ninguna estructura dentro del Área, ni se instalará equipo científico, excepto por razones científicas o de gestión y por un período preestablecido, según lo especificado en un permiso.
- Todas las estructuras, equipo científico o señalizadores instalados en el Área deben estar autorizados expresamente y claramente identificados por país, nombre del investigador principal, año de instalación y fecha prevista de eliminación.
- Todos estos artículos deberán estar libres de organismos, propágulos (por ejemplo semillas, huevos) y suelo no estéril y estarán fabricados en materiales que puedan soportar las condiciones ambientales y planteen un riesgo mínimo de contaminación del Área;
- La eliminación de estructuras / equipos específicos para los cuales ha vencido el Permiso será responsabilidad de la autoridad que haya expedido el Permiso original y será una condición para el Permiso.

*7 (v) Ubicación de las estaciones de campo*

Debe evitarse la acampada dentro del Área. Sin embargo, cuando sea necesario para los fines especificados en el permiso, se permitirá acampar temporalmente en dos campamentos designados: uno en la costa centro-oriental de la isla (67 ° 46'25 .8 "S, 68 ° 53'00 .8" O) y el otro en la costa noroeste central de la Zona (67 ° 46'08 .2 "S, 68 ° 53'29 .5" O) (Mapa 2).

*7 (vi) Restricciones de materiales y organismos que puedan introducirse en el Área*

No se podrá introducir en el Área deliberadamente ningún animal vivo, planta o microorganismo. Para asegurarse de que los valores florísticos y ecológicos de la zona se mantengan, se tomarán precauciones especiales en contra de introducir accidentalmente microbios, invertebrados o plantas de otros lugares de la Antártida, incluidas las estaciones, o de regiones de fuera de la Antártida. Todo el equipo de muestreo y los señalizadores que se lleven al Área deberán limpiarse o esterilizarse. En la medida de lo posible, el calzado y demás equipo utilizado o llevado a la zona (incluidas las mochilas, los bolsos y las carpas) deberán limpiarse minuciosamente antes de entrar en el Área. Se puede encontrar orientación adicional en el *Manual de especies no nativas CEP* (CEP, 2011) y el *Código de Conducta Ambiental para la investigación terrestre área científica en la Antártida* (SCAR, 2009). En vista de la presencia de colonias de aves reproductoras en la Zona, no se deben dejar en el Área productos avícolas, incluyendo desechos de tales productos y los productos que contengan huevos secos e incluyendo el componente marino de la zona.

No se introducirán en el Área herbicidas o pesticidas. Cualquier otro producto químico, incluidos los radionúclidos o isótopos estables, que se introduzca con los fines científicos o de gestión especificados en el Permiso deberá ser retirado del Área cuando concluya la actividad para la que se concedió el Permiso o antes.

Debe evitarse la liberación de los radionúclidos o isótopos estables directamente en el medio ambiente de manera que los haga irrecuperables. No se almacenarán en la zona combustibles u otros productos químicos, salvo autorización expresa de las condiciones del Permiso.

Estos deberán ser almacenados y manipulados de manera que se minimice el riesgo de su introducción accidental en el medio ambiente. Todos los materiales introducidos podrán permanecer durante un período determinado únicamente y deberán ser retirados al final de dicho período y

Si se producen escapes que puedan comprometer los valores del Área, se recomienda extraer el material únicamente donde el impacto de la eliminación no sea probable que sea mayor que el de dejar el material in situ. Se deberá notificar a la autoridad apropiada cualquier actividad /medida llevada a cabo que no esté incluida en la autorización expresa.

*7 (vii) Recolección de ejemplares o interferencia perjudicial en la flora y fauna autóctonas*

La recolección de ejemplares de la flora y fauna autóctonas está prohibida, salvo de conformidad con el Anexo II del Protocolo sobre Protección del Medio Ambiente del Tratado Antártico. En caso de toma o intromisión perjudicial con los animales se debería usar como norma mínima, el *Código de conducta del SCAR para el uso de animales con fines científicos en la Antártida* (2011). Cualquier muestreo del suelo o de la vegetación se debe mantener al mínimo necesario requerido para fines científicos o de gestión, y llevado a cabo utilizando técnicas que reduzcan al mínimo las perturbaciones para el suelo circundante y la biota.

*7 (viii) Toma o traslado de cualquier cosa que no haya sido llevada al Área por el titular del Permiso*

Se podrá recolectar o retirar material de la Zona únicamente de conformidad con un permiso y debe limitarse al mínimo necesario para fines de índole científica o de gestión.

El material de origen humano que probablemente comprometa los valores del Área, que no haya sido llevado al Área por el titular del permiso o autorización correspondiente, se puede quitar a menos que sea probable que el impacto de su eliminación sea mayor que dejar el material in situ: si este es el caso, la autoridad competente deberá notificarlo y obtener su aprobación. Los permisos no se concederán si existe una preocupación razonable de que el muestreo propuesto pudiera tomar, retirar o dañar ciertas cantidades de suelo, flora y fauna autóctonas de manera que su distribución o abundancia en la Isla Avian se viese seriamente afectada. Las muestras de flora o fauna que se hallen muertas dentro de la zona podrán ser retiradas para su análisis o auditoría sin la autorización previa del Permiso.

*7 (ix) Eliminación de desechos*

Todos los desechos, incluidos los desechos humanos, serán retirados del Área. Preferiblemente, todos los desechos humanos deben ser retirados de la zona, pero si esto no es posible pueden ser eliminados en el mar.

*7 (x) Medidas que pueden ser necesarias para continuar cumpliendo con los objetivos del Plan de Gestión*

1. Se podrán conceder permisos para entrar en el Área para llevar a cabo investigación científica, vigilancia y actividades de inspección de sitios que abarquen la recolección de un número reducido de muestras para su análisis o para llevar a cabo medidas de protección.

2. Todos los sitios de monitoreo a largo plazo deberá estar debidamente marcados y mantener los marcadores o señales.
3. Las actividades científicas se realizará de acuerdo conel *Código de conducta ambiental para la investigación terrestre área científica en la Antártida* (SCAR, 2009).

*7 (xi) Requisitos para los informes*

El principal titular del permiso para cada visita al Área presentará un informe a la autoridad nacional competente en cuanto sea posible, y no más tarde de seis meses después de que la visita se haya completado; Dichos informes deberán incluir, según corresponda, la información señalada en el contenido en el *Formulario de informe de la visita* de la *guía para la Elaboración de Planes de Gestión para las Zonas Antárticas Especialmente Protegidas.* Se deberá notificar a la autoridad apropiada cualquier actividad /medida llevada a cabo que no esté incluida en la autorización expresa. Si procede, la autoridad nacional también debe enviar una copia del informe de la visita a la Parte que propone el Plan de Gestión, para ayudar en la gestión del Área y la revisión del Plan de Gestión. Las Partes deberán, siempre que sea posible, depositar los originales o las copias de tales informes originales en un archivo públicamente accesible para mantener un registro del uso que pueda utilizarse tanto en las revisiones del Plan de Gestión como en la organización del uso científico del Área.

## 8. Documentación de Apoyo

Barlow, J. (1968). Biological report. Adelaide Island. 196768. Unpublished British Antarctic Survey report, BAS Archives Ref. AD6/2T/1967/N.

Bramwell, M.J. 1969). Report on elephant seal pupping on Avian Island. Unpublished British Antarctic Survey report, BAS Archives Ref. AD6/2T/1969/N.

Bramwell, M.J. 1970). Journey report: Avian Island 7 Oct – 4 Nov 1969. Unpublished British Antarctic Survey report, BAS Archives Ref. AD6/2T/1969/K3.

Committee for Environmental Protection (CEP) 2011. 2011). Non-native Species Manual – 1st Edition. Manual prepared by Intersessional Contact Group of the CEP and adopted by the Antarctic Treaty Consultative Meeting through Resolution 6 (2011). Secretariat of the Antarctic Treaty.

Elliott, M.H. 1969). Summer geological camp on Avian Island 26 Nov – 4 Dec 1968. Unpublished British Antarctic Survey report, BAS Archives Ref. AD6/2T/1968/K3.

Fox, A., and Gray, M. (1997). Aerial photography field report 1996-97 Antarctic field season. Unpublished British Antarctic Survey report, BAS Archives Ref. AD6/2R/1996/L2.

Gray, M., and Fox, A. (1997). GPS Survey field report 1996-97 Antarctic field season. Unpublished British Antarctic Survey report, BAS Archives Ref. AD6/2R/1996/L1.

Griffiths, C. (1992). Geological fieldwork on Adelaide Island 1991-92. Unpublished British Antarctic Survey report, BAS Archives Ref. AD6/2R/1991/GL1.

Harris, C.M. 2001). Revision of management plans for Antarctic protected areas originally proposed by the United States of America and the United Kingdom: Field visit report. Internal report for the National Science Foundation, US, and the Foreign and Commonwealth Office, UK. Environmental Research and Assessment, Cambridge.

Lynch, H. J., Naveen, R., Trathan, P. N., and Fagan, W. F. (2012). Spatially integrated assessment reveals widespread changes in penguin populations on the Antarctic Peninsula. Antarctic 93:1367-1377.

Moyes, A. B., Willan, C. F. H., Thomson, J. W., et al. 1994). Geological map of Adelaide Island to Foyn Coast, BAS GEOMAP Series, Sheet 3, Scale 1:250,000, with supplementary text. British Antarctic Survey, Cambridge.

Patterson, D. L., Woehler, E. J., Croxall, J. P., Cooper, J., Poncet, S., Peter, H.-U., Hunter, S., and Fraser, W. R. (2008). Breeding distribution and population status of the northern giant petrel *Macronectes halli* and the southern giant petrel *M. giganteus*. Marine Ornithology 36: 115-124.

Poncet, S., and Poncet, J. (1979). Ornithological report, Avian Island, 1978-79. Unpublished British Antarctic Survey report, BAS Archives Ref. AD6/2R/1978/Q.

Poncet, S. (1982). Le grand hiver: Damien II base Antarctique. Les Éditions Arthaud, Paris.

Poncet, S., and Poncet, J. (1987). Censuses of penguin populations of the Antarctic Peninsula, 1983-87. British Antarctic Survey Bulletin 77: 109-129.

Poncet, S. (1990). ISLA AVIAN, BAHÍA MARGUERITE, PENÍNSULA ANTÁRTICA Unpublished report to the SCAR Group of Specialist on Environmental Affairs and Conservation, 1990.

Riley, T. R., Flowerdew, M. J. and Whitehouse, M. J. (2012). Litho- and chronostratigraphy of a fore-to intra-arc basin: Adelaide Island, Antarctic Peninsula. Geological Magazine 149: 768-782.

Ritz, M. S., Hahn, S., Janicke, T., and Peter, H.-U. (2006). Hybridisation between South Polar Skua (*Catharacta maccormicki*) and Brown Skua *(C. antarctica lonnbergi*) in the Antarctic Peninsula region. Polar Biology 29: 153-159.

Sailley, S. F., Ducklow, H. W., Moeller, H. V., Fraser, W. R., Schofield, O. M., Steinberg, D. K., Price, L. M., and Doney, S. C. (2013). Carbon fluxes and pelagic ecosystem dynamics near two western Antarctic Peninsula Adélie penguin colonies: an inverse model approach. Marine Ecology Progress Series, in press.

SCAR (Scientific Committee on Antarctic Research) 2009. 2009). Environmental Code of Conduct for terrestrial scientific field research in Antarctica. ATCM XXXII IP4.

SCAR (Scientific Committee on Antarctic Research) 2009. 2011). SCAR code of conduct for the use of animals for scientific purposes in Antarctica. ATCM XXXIV IP53.

Smith, H. G. 1978. The distribution and ecology of terrestrial protozoa of sub-Antarctic and maritime Antarctic islands. BAS Scientific Report 95, British Antarctic Survey, Cambridge.

Smith, R. I. L. (1996). Terrestrial and freshwater biotic components of the western Antarctic Peninsula. In Ross, R. M., Hofmann, E. E. and Quetin, L. B. *Foundations for ecological research west of the Antarctic Peninsula*. Antarctic Research Series 70: American Geophysical Union, Washington DC. 15-59.

Stonehouse, B. (1949). Report on biological activities at Base E 1948-49. Unpublished British Antarctic Survey report, BAS Archives Ref. AD6/2E/1948/N1.

Stonehouse, B. (1950). Preliminary report on biological work Base E 1949-50. Unpublished British Antarctic Survey report, BAS Archives Ref. AD6/2E/1949/N.

Terauds, A., Chown, S. L., Morgan, F., Peat, H. J., Watt, D., Keys, H., Convey, P., and Bergstrom, D. M. (2012). Conservation biogeography of the Antarctic. Diversity and Distributions 18: 726-41.

Willey, I. M. (1969). Adelaide Island bird report 1968. Unpublished British Antarctic Survey report, BAS Archives Ref. AD6/2T/1968/Q.

Woehler, E. J. (ed). 1993). The distribution and abundance of Antarctic and sub-Antarctic penguins. SCAR, Cambridge.

Mapa 1: Isla Avian, ZAEP No. 117, en relación a la Bahía Marguerite, mostrando las ubicaciones de las estaciones Teniente Luis Carvajal (Chile), Rothera (Reino Unido) y General San Martín (Argentina). También se muestra la localización de otras zonas protegidas en Bahía Marguerite (ZAEP No. 107 en Isla Emperor (Islas Dion), ZAEP No. 115 en Lagotellerie Island, y de la ZAEP N ° 129 en la punta Rothera). Recuadro: localización de la Isla Avian en la Península Antártica.

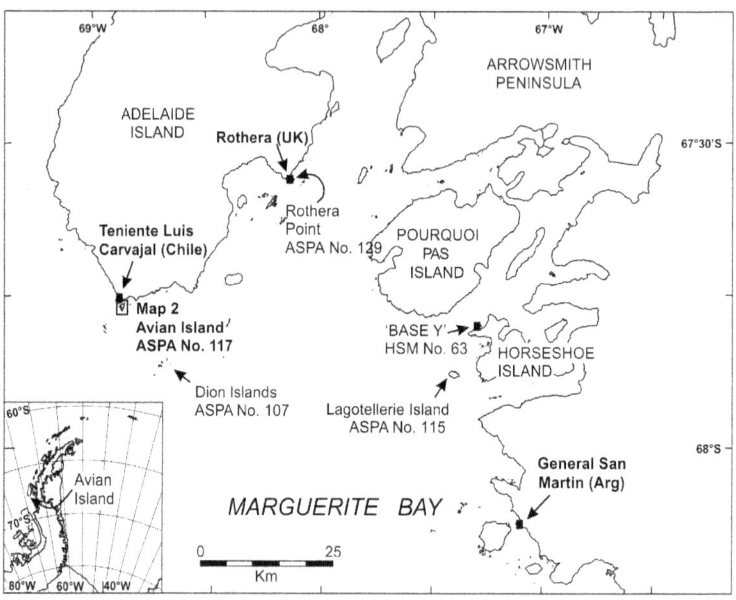

Mapa 2: Isla Avian, ZAEP N° 117, mapa topográfico. Especificaciones del mapa - proyección: Cónica Conforme de Lambert; Paralelos estándar: primero 67° 30 'S; segundo 68° 00' S; Meridiano Central: 68° 55 'E; Latitud de origen: 68° 00' 00"S; esferoide: WGS84 datum: por encima del nivel promedio del mar; equidistancia vertical 5 m, precisión horizontal: ±5 m; precisión vertical ±1.5 m. 1

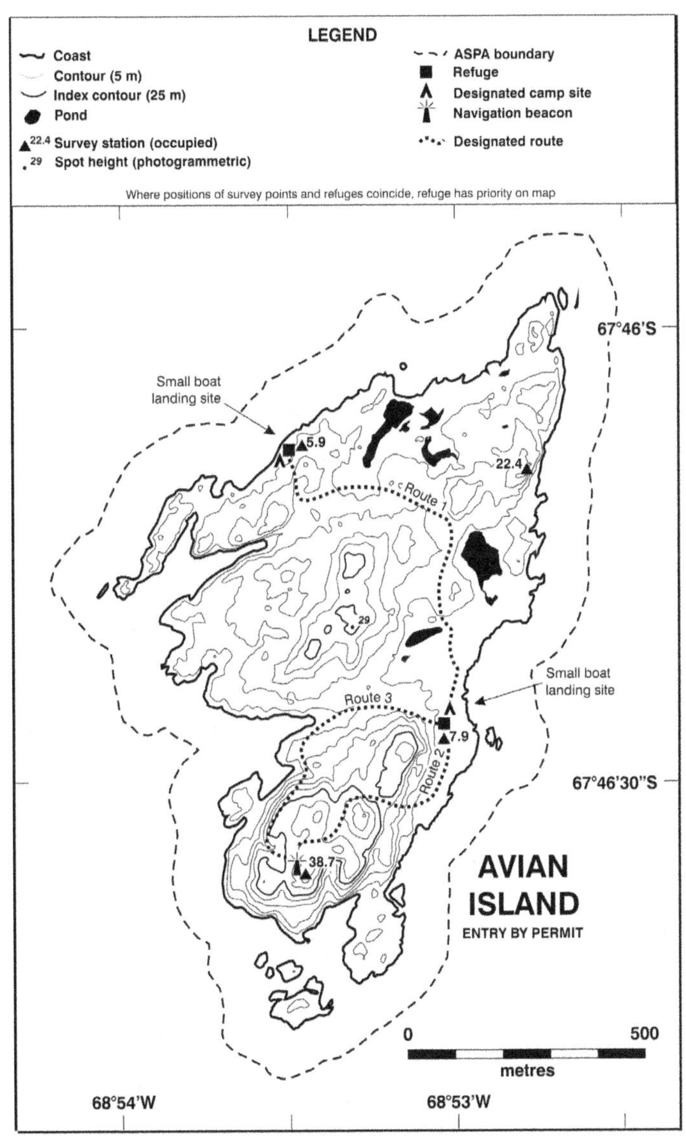

Mapa 3: Isla Avian, ZAEP N° 117, croquis de reproducción de la fauna. Las posiciones de los nidos y colonias tienen una precisión de ± 25 m. La información se deriva de Poncet (1982). Especificaciones del mapa - proyección: Cónica Conforme de Lambert; Paralelos estándar: primero 67° 30 'S; segundo 68° 00' S; Meridiano Central: 68° 55 'E; Latitud de origen: 68° 00' 00"S; esferoide: WGS84 datum: por encima del nivel promedio del mar; equidistancia vertical 5 m, precisión horizontal: ±5 m; precisión vertical ±1.5 m. □1,5 m.

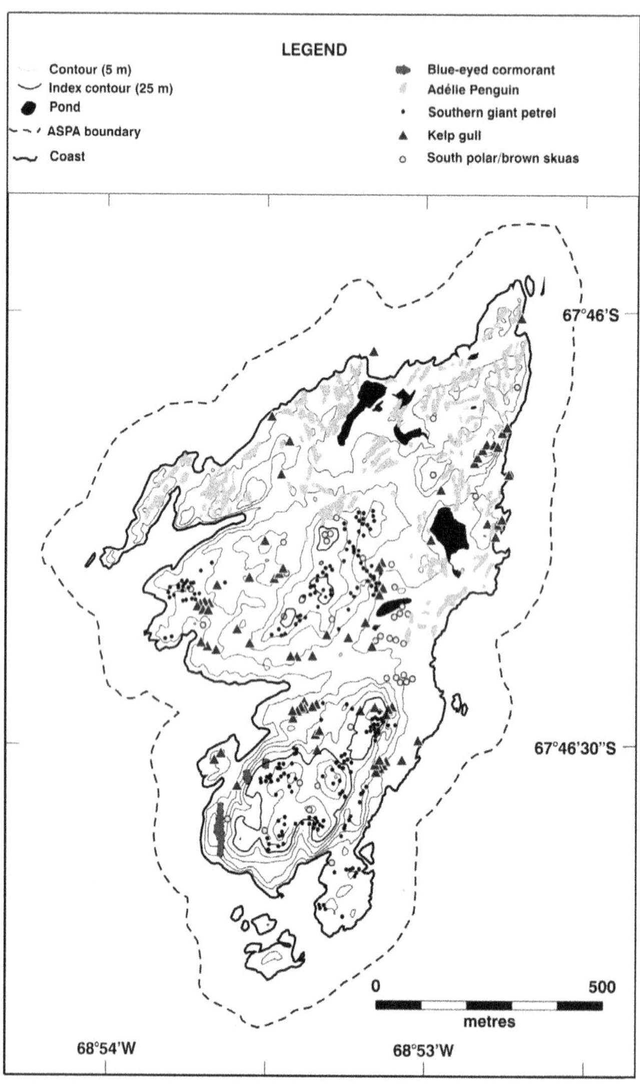

# Plan de gestión para Zona Antártica Especialmente Protegida (ZAEP) N.º 123

# VALLES BARWICK Y BALHAM, SUR DE LA TIERRA VICTORIA

## Introducción

Los valles Barwick y Balham están situados en la Zona Antártica Especialmente Administrada (ASMA) N.º 2 valles secos de McMurdo, Tierra Victoria, Mar de Ross. La Zona está centrada a 160° 57' E, 77° 21' S y su extensión en el área es de aproximadamente 423 km$^2$. Los valles Barwick y Balham no son muy visitados y son una referencia importante para comparar cambios en otros ecosistemas de valles secos que son visitados regularmente con fines científicos. La Zona contiene muestras de una amplia variedad de ambientes encontrados en el ecosistema desierto polar. Algunos de los mejores ejemplos de los rasgos de las superficies físicas asociadas con este medio único y extremo se encuentran en los fondos de los valles, donde también existen buenos ejemplos de vida microbial, líquenes, así como microflora del suelo y del lago.

Los valles Barwick y Balham originalmente estaban designados Sitio Especial de Interés Científico (SIEC) N.º 3 mediante la Recomendación VIII.4 (1975) después de una propuesta de Estados Unidos de América. Una serie de Recomendaciones ampliaron las fechas de vencimiento del plan de gestión (Recomendación X-6 (1979), Recomendación XII-5 (1983), Recomendación XIII-7 (1985) y Resolución 7 (1995)). La Medida 2 (2000) avanzó la fecha de vencimiento del plan de gestión del 31 de diciembre de 2000 hasta 31 de diciembre de 2005. La Decisión 1 (2002) renombró y reenumeró SIEC N.º 3 como Zona Antártica Especialmente Protegida N.º 123. Medida 1 (2002) designó la Zona durante un periodo indefinido, amplió el área original para que incluyese más cuencas del valle Balham y la racionalizó para excluir la cuenca de captación del curso superior del glaciar Victoria. Medida 6 (2008) modificó el plan de gestión para incluir provisiones adicionales para reducir el riesgo de introducciones microbiales y vegetales de los suelos en otros sitios Antárticos o de regiones fuera de la Antártida. La revisión de 2013 actualizó el texto, confirmó los valores que aún eran válidos, mejoró el mapa de la Zona y realizó pequeños ajustes a las provisiones sobre el acceso de aeronaves. La mejora de la cartografía permitió refinar los límites para que sigan las cuencas de captación de Barwick/Balham de una forma más precisa.

La Zona está clasificada como "Ambiente S": Geológico de McMurdo y el sur de la Tierra Victoria, basado en el Análisis de dominios ambientales para el continente antártico y está clasificado como sur de la Tierra Victoria/valles secos en el sistema Regiones biogeográficas de conservación de la Antártida.

## 1. Descripción de los valores para proteger

Un área de 325 km$^2$ del valle Barwick, que incluye una parte del contiguo valle Balham, fue designada originalmente SEIC No 3 mediante la Recomendación VIII-4 (1975), a raíz de una propuesta presentada por Estados Unidos de América porque era "uno de los valles secos menos perturbados y contaminados de la Tierra Victoria" y era importante como punto de referencia para medir los cambios en ecosistemas comparables de los otros valles secos donde se estaban llevando a cabo investigaciones regularmente. El sitio está lejos de las estaciones científicas y no ha sido objeto de intensas visitas o investigaciones. La primera visita del valle tuvo lugar en 1958. Se realizaron varias expediciones subsiguientes en los años sesenta y hasta 1975, pero después las visitas fueron pocas debido a la designación del SEIC. Aunque en 1993-1994 se veían en la región signos del impacto humano de esas primeras expediciones, se cree que los valles Barwick y Balham siguen siendo una de las zonas menos afectadas de los valles secos de la Tierra Victoria en la Antártida.

Los límites del área original se designaban en la Medida 1 (2002) para seguir cuenca de captación del valle de Barwick y Balhman de forma más fidedigna, resultando en un área total de 418 km$^2$ (corregido de los 480 km$^2$, un error en la Medida 1 (2002)), que fue de nuevo adoptada sin cambios en la Medida 6 (2008). El plan de gestión actual ha redefinido los límites de las cuencas de captación a partir de cartografía mejorada, cuyo resultado es un ligero aumento en el área total de 418 km$^2$ a 423 km$^2$.

Los valles secos de la Tierra Victoria tienen un ecosistema de desierto polar extremo muy poco común. La Zona contiene ejemplos de una gran variedad de los ambientes que se encuentran en este ecosistema, entre ellos pavimentos desérticos, dunas, suelo estructurado, rasgos glaciales y de morrenas, arroyos, lagos de agua dulce y lagos salinos, valles y terreno sin hielo a gran altitud. Algunos de los mejores ejemplos de pavimentos con ventifactos y doleritas meteorizadas se encuentran en el fondo de los valles, junto con ejemplares de líquenes casmolíticos, comunidades estratificadas de líquenes endolíticos, hongos, algas y bacterias asociadas, y poblaciones de microflora en los suelos y los lagos. La protección especial de la Zona ofrece una oportunidad de conservar un ejemplo relativamente prístino de este ecosistema como una línea de base para referencias futuras. La protección de las cuencas de captación proporciona una mayor representación de las características del ecosistema, y también facilita la gestión de la Zona como un sistema ecológico geográficamente distinto e integrado. Los grandes valores ecológicos, así como los valores científicos, estéticos y silvestres derivados del aislamiento y el impacto relativamente bajo de los seres humanos, son razones importantes para conferir protección especial a los valles Barwick y Balham.

## 2. Finalidades y objetivos

La gestión de los valles de Barwick y Balham pretende:

- evitar la degradación de la Zona y los riesgos importantes para sus valores, previniendo las perturbaciones innecesarias de la Zona causadas por los seres humanos;
- conservar el ecosistema natural como área de referencia que en gran medida no ha sido perturbada directamente por las actividades humanas;
- permitir las investigaciones científicas del ecosistema natural y el medio físico de la Zona siempre que sean urgentes y que no puedan realizarse en otro lugar;
- reducir al mínimo las perturbaciones de la Zona causadas por los seres humanos evitando el muestreo innecesario;
- prevenir o reducir al mínimo la introducción de plantas, animales y microbios no autóctonos en la Zona; y
- permitir las visitas con fines de gestión como ayuda a la finalidad del plan de gestión.

## 3. Actividades de gestión

Las siguientes actividades de gestión deben ser realizadas para proteger los valores de la Zona:

- Las señales que muestran la ubicación de la Zona (indicando las restricciones especiales que se aplican) deben ser presentadas de forma visible, y debe estar disponible una copia de este plan de gestión en estaciones científicas permanentes situadas dentro de la región del Mar de Ross.
- Todos los pilotos que operan en la región deben estar informados de la ubicación, límites y restricciones que se aplican a la entrada, sobrevuelo y aterrizaje dentro de la Zona.
- Los programas nacionales deben seguir pasos para garantizar los límites de la Zona y las restricciones que se aplican a la misma están marcadas en los respectivos mapas y en las cartas marinas/aeronáutica.

- Los marcadores, señales o estructuras erguidas en la Zona con fines científicos o de gestión deben estar asegurados y conservados en buenas condiciones, y deben ser retirados cuando ya no sean necesarios.
- Cualquier equipamiento abandonado, debe ser retirado en la máxima medida posible, ya que al hacerlo no tendrá un impacto negativo en el medio ambiente y en los valores de la Zona.
- Deben realizarse las visitas que sean necesarias para garantizar si la Zona sigue siendo útil con los fines para los que ha sido designada y para garantizar que la gestión y las medidas de mantenimiento son adecuadas.
- Los programas antárticos nacionales en activo en la región deben tenerse en cuenta con vistas a garantizar que se implementan las actividades de gestión anteriores.

## 4. Periodo de designación

La designación abarca un período indeterminado.

## 5. Mapas

Mapa 1: ZAEP N.º 123 valles Barwick y Balham: topografía y límites

Especificaciones cartográficas: Proyección: cónica conforme de Lambert
Paralelos estándar: 1.º 77° 15' S; 2.º 77° 25' S
Meridiano central: 161° 10' E
Latitud de origen: 78° 00' S
Esferoide y datum: WGS84

*Recuadro 1:* Región del Mar de Ross, muestra la localización de los valles secos McMurdo y el recuadro 2.

*Recuadro 2:* Valles secos McMurdo e Isla Ross, muestra la ubicación de la Estación McMurdo (Estados Unidos de América) y la Base Scott (Nueva Zelandia), Zona Antártica Especialmente Administrada N.º 2 de los valles secos McMurdo (ZAEA N.º 2).

## 6. Descripción de la Zona

*6(i) Coordenadas geográficas, indicadores de límites y características naturales*

El valle Barwick (161° 57' E, 77° 21' S) está situado a unos 65 km tierra adentro desde la costa el Mar de Ross, en el sur de Tierra Victoria (Mapa 1 y recuadros). La Zona abarca los valles Barwick y Balham y sus respectivas cuencas de captación. Limita al sur con el valle McKelvey, al oeste con la cordillera Willet y al norte con la divisoria entre los valles Victoria y Barwick.

El límite de la Zona se extiende varios kilómetros hacia el sur desde el extremo oriental en el bajo valle Barwick (alrededor de la confluencia de los valles Barwick, Victoria y McKelvey), hacia la cresta que va en dirección sudoeste hasta la cima del monte Insel (1.345 m, 161 30.74' E, 77 23.50' S). Desde allí, el límite sigue los puntos altos de la cresta de la cordillera Insel durante 5,5 km antes de descender a un paso bajo entre los valles McKelvey y Balham en el lugar donde se encuentra el lago Bullseye. (722 m, 161° 14.41' E, 77° 24.78' S). El límite cruza el lago antes de subir por la cresta hasta un punto elevado en la cordillera Insel (aproximadamente a 1.250 m) y continúan sobre Green Mesa siguiendo el espolón Rude hacia el monte Cassidy (1.917 m) para seguir hacia el alto valle Balham. A medida que el terreno se vuelve menos accidentado en el alto Balham y aproximadamente a 6,5 km al sureste de la montaña Shapeless (2.763 m), los límites se extienden hacia el norte en una elevación entre 1.800 – 1.900 m hacia el glaciar Huka Kapo y los picos Apocalypse. El límite sigue en dirección noroeste desde el glaciar Huka Kapo unos 9 km hacia una cresta prominente que va hasta la cima del monte Bastion (2.477 m, 160°29.39' E, 77°19.18' S). Esta cresta continúa en dirección norte hasta la parte superior del espolón McSaveney, desde allí continúa la línea de riscos que contienen el circo glaciar Webb hasta la cima del pico Vishniac (2.280 m, 160° 31.82'E, 77° 14.71' S). El límite sigue desde aquí en dirección noreste 5 km hasta la cumbre del pico Skew (2.537 m, 160° 42.07'E, 77° 13.16' S), situado en la cabecera del valle Barwick. Después baja a lo largo de la cresta oriental del pico Skew más arriba del glaciar Webb, antes de seguir el límite de la cuenca de captación en una dirección más hacia el sur, hacia Parker Mesa. Desde aquí desciende más para seguir la cumbre más alta de The Fortress y Cruzon Range que es la cresta divisoria de las cuencas de captación del curso superior del glaciar Victoria y el valle Barwick. Los límites se extienden hacia el este a lo largo de esta cadena ~12 km hacia el pico Peak (1.539 m) y el pico Shulman (1.400 m) hasta el pico Sponsors (1.454 m, 161°24.4' E, 77°18.2' S). El límite desciende en dirección sudeste la cresta del pico Sponsors y el pico Nickell (aproximadamente 1.400 m, 161° 28.25' E 77° 19.21' E) hasta el bajo Barwick, en el extremo oriental de la Zona, que está unos 4 km al noroeste del lago Vida en el valle Victoria.

Un extenso ventisquero situado al sur del pico Skew alimenta al glaciar Webb en el alto valle Barwick. Muy poco hielo de la meseta polar fluye sobre la escarpa y llega al valle Barwick: los vectores de flujo y la configuración de la cobertura de detritos del glaciar Webb en este lugar indican que esta parte del glaciar se mantiene casi estacionaria. Los valles Barwick y Balham se unen en el sudeste de la Zona, a 9 km del lugar donde el valle Barwick se une al valle Victoria. En el valle Barwick se encuentran una serie de lagos, el mayor de ellos es el lago Webb (a una elevación de 650 m, aproximadamente), en el morro del glaciar Webb. El lago Vashka (a una elevación de 507 m, aproximadamente), que llena en parte una depresión circular extraordinariamente profunda, es el segundo en tamaño y está a 5,7 km valle abajo del lago Webb. Le sigue en tamaño el lago Hourglass (a una elevación de 625 m, aproximadamente), más o menos a mitad de camino entre el lago Webb y el lago Vashka. Un arroyo intermitente que conecta esta serie de lagos termina en el lago Vashka, cuyo nivel está muy por debajo del umbral de desbordamiento. De las primeras observaciones de la superficie lisa de los lagos Webb y Vashka se dedujo que consistían en "bloques de hielo" sin mucha agua en estado líquido (Chinn 1993). Sin embargo, en diciembre de 1993 se encontró agua en estado líquido de varios metros de profundidad en el perímetro del lago Vashka. No se han hecho estudios recientes de las características físicas de ninguno de los lagos del valle Barwick. El lago Balham, un pequeño lago situado en una depresión (a 671 m de elevación) por debajo de los picos Apocalypse, es el único lago del valle Balham (que en general tiene alrededor de 800 m de elevación).

Las múltiples glaciaciones que se produjeron principalmente entre 13 Ma y 3,5 Ma atrás han dejado una morrena de fondo de gran espesor en el fondo de ambos valles (Péwé 1960). Estos depósitos están cubiertos por capas de solifluxión en la cabecera del valle Balham. Además, en los valles hay un número pequeño de lagos de agua dulce y lagos salinos en la superficie de la deriva. En muchos casos, los lagos se han evaporado, dejando extensos depósitos de sal. Las laderas de los valles Barwick y Balham presentan restos de terrazas glaciales entre los 800 m y los 1,200-1,500 m de altura (Bull *et al.* 1962). Los suelos cerca del lago Vashka consisten en detritos de morrenas derivados principalmente de dolerita y arenisca, pero en algunos lugares hasta 35% de los bloques están formados por granitos, gneis y esquistos (Claridge 1965). La meteorización suele manifestarse en forma de manchas de color rojo oscuro causadas por la oxidación de compuestos de hierro, generalmente erosionadas por la arena que lleva el viento en el lado de barlovento de las rocas grandes (Claridge & Campbell 1984). El fondo de los valles tiene extensos suelos estructurados de polígonos de cuña de arena, típicos de las áreas de permafrost de los valles secos (Campbell & Claridge 1987). En su mayoría polígonos antiguos (de centro alto), habiéndose encontrado polígonos jóvenes (de centro hueco) en lechos torrenciales recientes, ambos generalmente de 20 m de ancho.

No se han encontrado invertebrados en los suelos secos del valle Barwick y hay poca vegetación evidente (Freckman & Virginia 1998). Hay capas y tapetes de algas que bordean los lagos y arroyos, pero la flora observada es básicamente microbiana: hay líquenes casmolíticos en los pedregales irregulares de la cordillera Apocalypse, y ocasionalmente se encuentran densas comunidades estratificadas de líquenes endolíticos, hongos, algas y bacterias asociadas en bloques de arenisca Beacon (Edwards *et al.* 1998, 2005). Se han observado rodales de líquenes negros bien desarrollados en áreas de arenisca del fondo del valle Balham (Russell *et al.* 1998). Se han encontrado importantes poblaciones de bacterias heterotróficas en muestras arenosas del valle Barwick. La población contenía bacterias fermentadoras de lactosa, reductoras de nitrato y fijadoras de nitrógeno, así como levaduras y algas, pero no había hongos filamentosos o protozoos perceptibles (Cowan *et al.* 2002).

Aunque los valles Barwick y Balham son unas de las zonas más alejad as de los valles secos, se sabe que hasta allí llegan skúas antárticas (*Catharacta maccormicki*), habiéndose encontrado alrededor de40 aves muertas en el lago Vashka en 1959-1960. Cerca del morro de glaciar Webb se encontraron dos focas momificadas y siete más, en su mayoría focas cangrejeras (*Lobodon carcinophagus*), cerca de la unión de los valles Balham y Barwick (Dort 1981).

Una inspección de los valles Barwick y Balham realizada en diciembre de 1993 desde el lago Bullseye hasta el lago Vashka reveló indicios de actividad humana anterior, particularmente alrededor del lago Vashka, donde en los años sesenta se instalaron campamentos para investigaciones científicas. Entre los signos observados en el lago Vashka se encuentran círculos de piedras para tiendas de campaña en los lugares usados para acampar, calicatas y una fosa, restos de un cajón de madera, una caja de madera con piedras y un afiche de papel, y una caja rota de víveres parcialmente sumergida en el lago (Harris 1994). Hay postes de bambú cerca del morro del glaciar Webb y en el peñasco Vashka. En las proximidades del lago Vashka y por lo menos en otro lugar desconocido del valle Barwick se han usado cargas de dinamita. En 1995-1996, un equipo de Nueva Zelandia llevó a cabo tareas de remediación del sitio.

La única visita a la Zona desde la última revisión del plan de gestión (2008) fue realizada por un equipo de Nueva Zelandia compuesto por dos personas entre el 6 y el 13 de enero de 2012 para realizar un mapa de la distribución de los suelos en los valles Barwick y Balham. El equipo realizó pequeñas excavaciones poco profundas para determinar las propiedades del suelo, estas fueron rápidamente remediadas y sus posiciones se registraron en GPS (Antarctica NZ 2012). El equipo acampó en un campamento previamente establecido cerca del lago (161° 09.284' E, 77° 20.931' S) (Mapa 1). Las rutas peatonales y los sitios de acampada se mantuvieron en el mínimo necesario para lograr objetivos y se evitaron áreas sensibles. Se tomaron precauciones para minimizar el riesgo de introducción de especies no autóctonas limpiando el equipamiento, y retirando todos los desechos. El equipo realizó observaciones de antiguas excavaciones en el suelo en tres localizaciones (161° 08.822' E, 77° 20.951' S; 161° 09.078' E, 77° 20.989' S; y 161° 09.085' E, 77° 20.989' S). No se observaron estructuras dentro de la Zona y el equipo señaló que los lugares visitados parecían mantenerse prístinos. Se ha retirado de la Zona un cartel unido al rollo de un mapa en el lago Vashka (con el registro de nombres de visitantes del lago Vashka y visto en diciembre 1993 (Harris 1994)) porque deterioraba.

*6 (ii) Acceso a la zona*

Se puede acceder a la Zona atravesando sobre tierra o hielo, o por aire. Los accesos concretos a las rutas no han sido diseñados para acceder a la Zona. Se aplican restricciones de acceso a la Zona, las condiciones de las mismas se establecen en la Sección 7 (ii) más adelante.

*6(iii) Ubicación de las estructuras dentro y adyacentes a la Zona*

No existen estructuras dentro o cerca de la Zona.

*6(iv) Localización de otras zonas protegidas en las cercanías*

Los valles Barwick y Balham están dentro de la Zona Antártica Especialmente Administrada (ZAEA) N.º 2, valles secos McMurdo. Las zonas protegidas más cercanas a los valles Barwick y Balham son la terraza Linnaeus (ZAEP N.º 138), a 35 km al sur en el valle Wright, y el glaciar Canada (ZAEP N.º 131) y el glaciar bajo Taylor y las cataratas Blood (ZAEP N.º 172), ambas están aproximadamente a 45 km al sudeste, en el valle Taylor (recuadro 2, mapa 1).

*6 (v) Áreas especiales en la Zona*

No hay áreas especiales en la Zona.

## *7. Términos y condiciones para permisos de entrada*

*7 (i) Condiciones generales de permisos*

Se prohíbe el ingreso a la Zona excepto con un permiso expedido por una autoridad nacional pertinente. Las condiciones para la expedición de permisos para entrar en la Zona son las siguientes:

- Se expide solo para actividades científicas urgentes que no puedan realizarse en otro lugar o con fines de gestión de la Zona.
- Las acciones permitidas son compatibles con este plan de gestión.
- Las actividades permitidas darán consideración debida a través de la evaluación del impacto medioambiental para la protección continua del medio ambiente, ecológico, científico, estético y los valores naturales de la Zona, incluido el valor prístino de la Zona y su potencial como zona de referencia amplia muy poco afectada.
- El permiso será expedido por un período determinado.
- Se deberá llevar el permiso o una copia dentro de la Zona.

*7(i) Acceso a la Zona y circulación dentro de la misma*

El acceso a la Zona y el desplazamiento en la misma deberán efectuarse a pie o en aeronave. Se prohíben los vehículos en la Zona.

*Acceso a pie*

- Se recomienda que los peatones entren en la Zona en un punto practicable cerca de los lugares de estudio a fin de reducir a un mínimo la superficie de la Zona que es preciso atravesar.
- Las rutas peatonales deberían evitar los lagos, las lagunas, los lechos de arroyos, los terrenos húmedos y las áreas de sedimentos blandos o dunas.
- La circulación de peatones debería limitarse al mínimo necesario para alcanzar los objetivos de las actividades autorizadas y se debería hacer todo lo posible para reducir al mínimo los efectos.

*Acceso en aeronave*

- Los aterrizajes de aeronaves en la Zona están prohibidos excepto con autorización para fines permitidos por el plan de gestión.
- Están prohibidos los sobrevuelos de aeronaves por debajo de 2.000 pies (~610 m) excepto con autorización para fines permitidos por el plan de gestión.

*7 (iii) Actividades que pueden llevarse a cabo dentro de la Zona*

- Las investigaciones científicas obligatorias que no puedan ser realizadas en otra ubicación y que no pongan en peligro los valores de la Zona, o su valor prístino y potencial como zona de referencia.
- Actividades esenciales de gestión que incluyen supervisión e inspección.

*7 (iv) Instalación, modificación o desmantelamiento de estructuras*

- No se podrán erigir estructuras en la Zona excepto por las que se especifiquen en un permiso.
- Se prohíben las estructuras permanentes.
- Todo el equipo científico que se instale en la Zona deberá estar autorizado en un permiso y llevar claramente el nombre del país, el nombre del investigador principal, año de instalación y fecha estimada de desmantelamiento. Todos estos artículos deberían estar sin organismos, propágulos, (ej.: semillas, huevos) y tierra no estéril, y deben estar hechos de materiales que puedan soportar las condiciones medioambientales y presenten un riesgo mínimo de contaminación de la Zona.

- La instalación (incluida la elección del sitio), mantenimiento, modificación o desmantelamiento de estructuras o equipamiento debe ser realizada en una forma que reduzca la afectación a los valores de la Zona.
- El desmantelamiento de estructuras específicas/equipamientos cuyo permiso haya expirado, será responsabilidad de la autoridad que ha concedido el permiso original, y será una condición del permiso.

*7(v) Ubicación de los campamentos*

En general se debe tratar de no acampar en la Zona. Fuera de los límites oriental y meridional, pero cerca, hay dos lugares para acampar desde los cuales se puede llegar a la Zona. Uno está en la confluencia del bajo valle Barwick y el bajo valle Victoria (161° 41' 15" E, 77° 21' 45" S), y el otro está cerca del lago Bullseye, en el lago McKelvey (161° 13' 08" E, 77° 25' 40" S) (véase el mapa 1). Si es indispensable acampar, deben ocuparse los lugares que muestran signos de uso anterior, preferiblemente en terreno cubierto de nieve o hielo, si lo hay. Existe un campamento previamente establecido en las laderas ~150 m sobre la orilla sudoeste del lago Vashka (161° 09.284' E, 77° 20.931' S) (Mapa 1), que está marcado por un círculo de piedras, y este campamento debe ser utilizado para responder adecuadamente a las necesidades de los investigadores. Los investigadores deberían consultar con las autoridades nacionales apropiadas a fin de obtener información actualizada sobre los sitios donde sea preferible acampar.

*7(v) Restricciones relativas a los materiales y organismos que puedan introducirse en la Zona*

Además de los requisitos del Protocolo de Protección del Medio Ambiente del Tratado Antártico, las restricciones sobre los materiales y organismos que se pueden introducir en la Zona son:

- Se prohíbe la introducción deliberada de animales vivos, material de plantas o microorganismos en la Zona. Deben tomarse precauciones para prevenir la introducción accidental de animales, material de plantas, microorganismos y tierra no estéril de otras zonas distintas biológicamente (dentro o fuera de la zona del Tratado Antártico).
- Los visitantes deben garantizar que el equipamiento científico, el equipo de muestreo y los señalizadores introducidos en la Zona están limpios. En la medida de lo posible, el calzado y otros equipamientos utilizados o introducidos en la zona (incluidas mochilas, bolsos, y tiendas de campaña) deben estar totalmente limpias antes de ser introducidas en la Zona. Los visitantes también deben consultar y seguir adecuadamente las recomendaciones incluidas en el Manual de especies no autóctonas del Comité para la Protección del Medio Ambiente (CPA 2011), y el Código de conducta ambiental para investigación terrestre científica de campo (SCAR 2009).
- Para reducir lo máximo posible en la práctica el riesgo de la contaminación microbial, las superficies expuestas de calzado, el equipo de muestreo y los señalizadores deberán esterilizarse antes de usarlos en la Zona. La esterilización debería efectuarse con un método aceptable, como lavado con una solución de etanol al 70% en agua o una solución disponible en el mercado como 'Virkon'.
- No se podrán llevar herbicidas o plaguicidas a la Zona.
- El uso de explosivos está prohibido en la Zona.
- No se debe almacenar combustible, comida, productos químicos u otros materiales en la Zona, a no ser que esté específicamente autorizado por un permiso y debe ser almacenado y manipulado de forma que reduzca el riesgo de su introducción accidental en el medio ambiente.
- Todos los materiales introducidos deben permanecer solo durante un periodo de tiempo y deben ser retirados al final de dicho periodo.
- Si se producen vertimientos que puedan comprometer los valores de la Zona, se recomienda extraer el material únicamente si no es probable que el impacto de dicho retiro sea mayor que el de dejar el material *in situ*.

*7(vi) Recolección de flora y fauna autóctonas o intromisión perjudicial*

Se prohíbe la toma de ejemplares de la flora o la fauna autóctonas y la intromisión perjudicial en ellas, excepto con un permiso separado otorgado de conformidad con el Anexo II del Protocolo de Protección del Medio Ambiente del Tratado Antártico.

Si afecta a animales o interfiere perjudicialmente con animales, debería, como norma mínima, respetar el Código de conducta del SCAR para el uso de animales con fines científicos en la Antártida.

*7(viii) Toma o traslado de cualquier cosa que el titular del permiso no haya llevado a la zona*

Se podrá recolectar o retirar material de la Zona únicamente de conformidad con un permiso y dicho material deberá limitarse al mínimo necesario para fines de índole científica o de gestión. El material de origen humano que pueda comprometer los valores de la Zona y que no haya sido llevado a la Zona por el titular del permiso o que no esté comprendido en otro tipo de autorización podrá ser retirado salvo que el impacto de su extracción probablemente sea mayor que el efecto de dejar el material *in situ*. En tal caso se deberá notificar a las autoridades nacionales pertinentes para obtener un permiso.

*7(viii) Eliminación de desechos*

Todos los desechos, incluida el agua de uso humano y todos los desechos de origen humano, deberán ser retirados de la Zona.

*7(ix) Medidas necesarias para que se puedan seguir cumpliendo los objetivos y las finalidades del plan de gestión*

Se podrán expedir permisos para entrar en la Zona para:

- realizar actividades científicas de monitoreo e inspecciones, que podrían incluir la recolección limitada de muestras o datos para análisis o revisión;
- instalar o realizar el mantenimiento de señalizadores, marcadores, estructuras o equipamiento científico;
- llevar a cabo medidas de protección.

*7(x) Requisitos relativos a los informes*

- El principal titular de un permiso para cada visita a la Zona debe entregar un informe a la autoridad nacional pertinente, tan pronto como sea posible, y no más tarde de seis meses después de haber completado la visita.
- Estos informes deben incluir, según corresponda, la información señalada en el formulario para informes de visitas incluido en la Guía para la preparación de los planes de gestión para las Zonas Antárticas Especialmente Protegidas. Si se aplica, la autoridad nacional también debe remitir una copia del informe de la visita a la Parta que ha propuesto el plan de gestión, como ayuda en la gestión de la Zona y revisión del plan de gestión.
- Las Partes deben, cuando sea posible, entregar los informes originales o copias de dichos originales en un archivo público accesible para mantener un registro de uso, para cualquier revisión del plan de gestión y para organizar el uso científico de la Zona.
- Debe notificarse a la autoridad correspondiente sobre cualquier actividad/medida llevada a cabo y/o de cualquier material publicado y no retirado que no estuviese incluido en el Permiso autorizado.

## 8. Documentación de apoyo

Antarctica New Zealand 2012. Antarctic Specially Protected Area Visit Report. Unpublished report by M. McLeod on visit made to Barwick and Balham Valleys in January 2012. Antarctica NZ, Christchurch.

Bull, C., McKelvey, B.C. & Webb, P.N. 1962. Quaternary Glaciations in Southern Victoria Land, Antarctica. *Journal of Glaciology* **4** (31): 63-78.

Campbell, I.B. & Claridge, G.G.C. 1987. *Antarctica: Soils, weathering processes and environment. Developments in Soil Science* **16**. Elsevier Science Publishers, Amsterdam.

Chinn, T.J. 1993. Physical Hydrology of the Dry Valley Lakes. In Green, W.J. & Friedmann, E.I. (eds) Physical and biogeochemical processes in Antarctic Lakes. *Antarctic Research Series* **59**:1-51. American Geophysical Union, Washington, D.C.

Claridge, G.G.C. 1965. The clay mineralogy and chemistry of some soils from the Ross Dependency, Antarctica. *New Zealand Journal of Geology and Geophysics* **8** (2):186-220.

Claridge, G.G.C. & Campbell, I.B. 1984. Mineral transformations during the weathering of dolerite under cold arid conditions. *New Zealand Journal of Geology and Geophysics* **27**: 533-45.

Committee for Environmental Protection (CEP) 2011. *Non-native Species Manual – 1st Edition.* Manual prepared by Intersessional Contact Group of the CEP and adopted by the Antarctic Treaty Consultative Meeting through Resolution 6 (2011). Buenos Aires: Secretariat of the Antarctic Treaty.

Cowan, D.A., Russell, N.J., Mamais, A. & Sheppard, D.M. 2002. Antarctic Dry Valley mineral soils contain unexpectedly high levels of microbial biomass. *Extremophiles* **6** (5): 431-36.

Dort, W., Jr. 1981. The mummified seals of southern Victoria Land, Antarctica. In Parker, B., Ed. Terrestrial Biology III, *Antarctic Research Series* **30**: 123-54. American Geophysical Union, Washington, D.C.

Edwards, H.G.M., Moody, C.D., Jorge Villar, S.E. & Wynn-Williams, D.D. 2005. Raman spectroscopic detection of key biomarkers of cyanobacteria and lichen symbiosis in extreme Antarctic habitats: Evaluation for Mars lander missions. *Icarus* **174**: 560-71.

Edwards, H.G.M., Russell, N.C. & Wynn-Williams, D.D. 1997. Fourier Transform Raman spectroscopic and scanning electron microscopic study of cryptoendolithic lichens from Antarctica. *Journal of Raman Spectroscopy* **28** (9): 685–90.

Freckman, D.W. & Virginia, R.A. 1998. Soil Biodiversity and Community Structure in the McMurdo Dry Valleys, Antarctica. In Priscu, J., Ed.. Ecosystem Dynamics in a Polar Desert, The McMurdo Dry Valleys, Antarctica. *Antarctic Research Series* **72**: 323–35. American Geophysical Union, Washington, D.C.

Harris, C.M. 1994. Ross Sea Protected Areas 1993/94 Visit Report. Unpublished report on inspection visits to protected areas in the Ross Sea. International Centre for Antarctic Information and Research, Christchurch.

Péwé, T.L. 1960. Multiple glaciation in the McMurdo Sound region, Antarctica – A progress report. *Journal of Geology* **68** (5): 498-514.

Russell, N.C., Edwards, H.G.M. and Wynn-Williams, D.D. 1998. FT-Raman spectroscopic analysis of endolithic microbial communities from Beacon sandstone in Victoria Land, Antarctica. *Antarctic Science* **10** (1): 63-74.

SCAR (Scientific Committee on Antarctic Research) 2009. *Environmental Code of Conduct for terrestrial scientific field research in Antarctica.* Cambridge, SCAR.

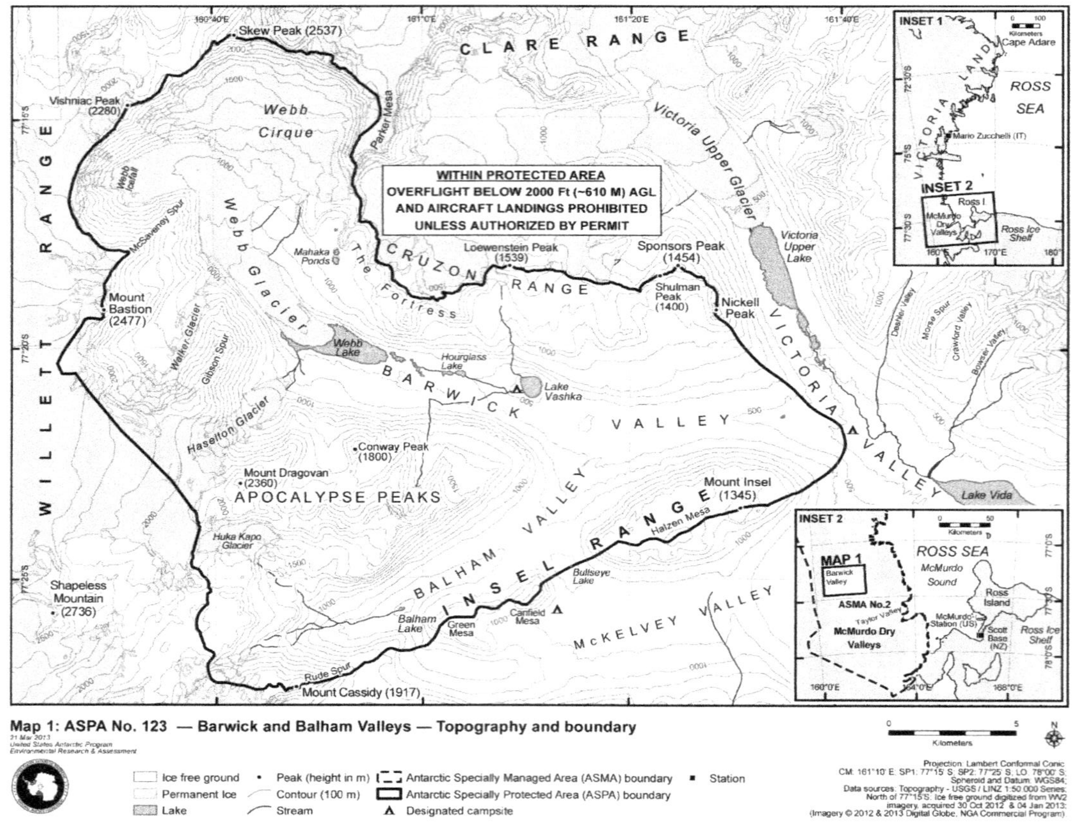


**Map 1: ASPA No. 123 — Barwick and Balham Valleys — Topography and boundary**

# Plan de Gestión para la Zona Antártica Especialmente Protegida (ZAEP) Nº 132

# PENINSULA POTTER

## Introducción

Esta zona fue designada originalmente como Sitio de Especial Interés Científico No. 1 (Recomendación XIII-8, RCTA XIII, Bruselas, 1985) a propuesta de Argentina, por su vegetación y fauna diversas y extensas, lo que constituye una muestra representativa del ecosistema de la Antártida.

En 1997, el Plan de Gestión fue adaptado a los requisitos del Anexo V del Protocolo sobre Protección del Medio Ambiente del Tratado Antártico y aprobado por la Medida 3 (1997). Esta versión es la revisión del Plan de Gestión aprobada de conformidad con la Medida 2 (2005) y es la segunda revisión desde la entrada en vigor del Anexo V.

Los objetivos originales para la designación de esta zona siguen siendo pertinentes. La Península Potter se designa como Zona Antártica Especialmente Protegida para proteger sus sobresalientes valores ambientales y facilitar las investigaciones científica en curso o prevista. La perturbación antrópica podría poner en peligro los estudios a largo plazo realizados en la zona, especialmente durante la época de reproducción.

La razón principal para la designación como ZAEP es que Península Potter constituye una muestra representativa de conjuntos de especies del ecosistema Antártico. Las zonas costeras albergan importantes colonias de aves, áreas de reproducción de mamíferos marinos y diversas especies vegetales. Tiene un gran valor científico, ya que se pueden realizar en la zona diversos estudios acerca de los impactos del cambio climático en los factores bióticos y abióticos, así como sus consecuencias en la cadena alimentaria (p. ej. Carlini *et al.* 2009, Carlini *et al.* 2010, Casaux *et al.* 2006, Daneri and Carlini 1999, Rombolá *et al.* 2010, Torres *et al.* 2012). Es crucial mantener estas actividades científicas, como el programa de monitoreo que se está llevando a cabo desde 1982, entre ellos el Programa de Seguimiento del Ecosistema de la CCRVMA, ya que puede producir datos científicos inestimables para este propósito.

Hay varias características que hacen de esta zona particularmente susceptible a la interferencia humana, como la configuración de la zona, es decir, un área costera relativamente estrecha, encerrado entre el mar y un acantilado, donde no hay un área de movimiento que no interfiera con las colonias de reproducción. La alta concentración de actividades, las estaciones científicas y la fácil accesibilidad a la zona por mar y por tierra, aunque sea con pequeñas embarcaciones, representan una amenaza potencial para los valores biológicos y las actividades de investigación.

La situación del medio ambiente en las Islas Shetland del Sur, de acuerdo con estudios recientes, demuestra que la parte del Océano Austral cercana a la Península Potter ha sido severamente alterada, primero por la extracción casi completa de la una vez casi inimaginable abundancia de focas peleteras (*Arctocephalus* spp.) que se alimentan de peces y krill, seguidas de ballenas con barbas. Más recientemente, las focas peleteras se han recuperado en gran medida y las ballenas están empezando a hacerlo (Ainley *et al.* 2010), pero el cambio climático está alterando cada vez más los procesos ecológicos a través de cambios físicos en la temperatura, circulación del agua y extensión del hielo marino, entre otros. Como resultado de la reducción de presas, no sólo a por elcambio climático y la recuperación de los competidores, sino también por otros factores actualmente desconocidos, las poblaciones de pingüinos están disminuyendo (Ducklow *et al.* 2007, Ainley and Blight 2009, Ainley *et al.* 2010, Trivelpiece *et al.* 2010). En este sentido, actualmente, la ZAEP 132 ha adquirido especial relevancia, dado que el estudio de las colonias de pingüinos de Adelia presentes en la zona ofrece respuestas a los cambios ambientales observados en la Península Antártica, especialmente la menor frecuencia de años fríos asociados a la reducción las extensiones de hielo del mar y a sus efectos en la abundancia de krill.

La Península Potter también ofrece oportunidades excepcionales para otros estudios científicos de comunidades biológicas terrestres y marinas.

Entre las invertigaciones que se están llevando a cabo actualmente en la ZAEP 132, se encuentran:

- Biomonitoreo costero: efecto del cambio climático global y los xenobióticos en las especies clave de redes alimentarias de la Antártida.
- Los contaminantes orgánicos persistentes y las trazas de elementos en matrices bióticas y abióticas del medio ambiente Antártico.
- Adquisición de Energía, el tipo de presa y las posibles respuestas de los Pinnípedos a las anomalías climáticas y a la extensión del hielo marino en la Península Antártica y en el Arco de Escocia.
- Respuesta de las poblaciones de aves antárticas a la variabilidad interanual de sus presas en las zonas con evidentes efectos del calentamiento global
- Filogeografía de la *Deschampsia Antartica,* basada en estudios moleculares, morfológicos y cariológicos
- Distribución y estado nutricional de Skúas Pardas y Skúas Polares del Sur.

## 1. Descripción de los valores a proteger

Las zonas costeras albergan importantes colonias de aves, colonias de reproducción de mamíferos marinos y profusa vegetación (enormes alfombras de musgo en las zonas costeras y bosques de líquenes en zonas rocosas). Se han desarrollado programas de investigación científica sobre la ecología reproductiva de elefantes marinos desde 1982, como de elefantes marinos (*Mirounga leonina*), del pinguino Adelia(*Pygoscelis adeliae)* y pinguínos Papúa *(Pygoscelis papua*), incluyendo el Programa de Seguimiento del Ecosistema de la CCRVMA, entre otros. Las colonias de reproducción se localizan en un lugar costero en particular. La zona se compone principalmente de playas elevadas, en gran parte cubiertas de piedras de tamaño mediano, estructuras basálticas y morrenas laterales y terminales. La costa es muy irregular y tiene una serie de pequeñas bahías formadas entre los promontorios rocosos. Las razones anteriores, da a la zona un valor científico y estético excepcional.

Según Morgan *et al.* (2007), la ZAEP 132 representa al Dominio Ambiental de las "Islas cercanas a la costa de la Península Antártica". También, de acuerdo con Terauds *et al.* (2012), el área representa la región "Noroeste de la Península Antártica" de la "Regiones Biogeográficas de Conservación Antártica".

Para obtener características más detalladas, consulte la sección 6.

## 2. 2. Metas y objetivos

- Preservar el ecosistema natural y evitar las perturbaciones humanas innecesarias;
- Permitir el desarrollo de cualquier investigación científica, siempre que no ponga en peligro los valores de la adjudicados de protección de la zona;
- Evitar cambios importantes en la estructura y composición de las comunidades de flora y fauna; ;
- prevenir o minimizar la introducción en Zona de plantas, animales y microbios no nativos ;
- Reducir al mínimo la posibilidad de introducción de patógenos que puedan causar enfermedades en las poblaciones de fauna dentro de la zona.

## 3. Actividades de Gestión

- El personal destinado a la Base Carlini (antigua Base Jubany, la base argentina junto a la ZAEP) y en particular, el personal autorizado a entrar en la ZAEP, serán formados específicamente sobre las condiciones del Plan de Gestión;
- Las copias de este Plan de Gestión deberán estar disponibles en la Base Carlini.
- Las distancias de aproximación a la fauna deben ser respetadas, salvo cuando los proyectos científicos lo requieran de otra forma y siempre que los permisos pertinentes hayan sido expedidos.
- La recogida de muestras se limitará al mínimo necesario para el desarrollo de los planes de investigación científica aprobados.
- Todos los marcadores y las estructuras erigidas dentro de la ZAEP para fines científicos o de gestión deberán estar bien sujetos y ser mantenidos en buenas condiciones.
- De acuerdo con los requisitos del Anexo III del Protocolo sobre Protección del Medio Ambiente del Tratado Antártico, los equipos o materiales abandonados serán eliminados en la mayor medida posible, siempre que ello no tenga efectos adversos en el medio ambiente y los valores de la Zona.
- El Plan de Gestión será revisado por lo menos una vez cada cinco años y actualizado cuando sea necesario.
- Todos los pilotos que operen en la región deberán ser informados de la ubicación, límites y restricciones aplicables para la entrada y el sobrevuelo en la zona.

## 4. Período de designación

Designado para un período indefinido.

## 5. Mapas

El mapa 1, incluido al final de este Plan de Gestión, muestra la ubicación de la ZAEP132 (en líneas diagonales) en relación con la Península Potter (Isla Rey Jorge (25 de Mayo)).

## 6. Descripción del Área

*6 (i) Coordenadas geográficas, límites y características naturales*

*Coordenadas geográficas y límites*

Esta zona se encuentra en la costa este de la Bahía Maxwell, al suroeste de la Isla Rey Jorge (25 de Mayo), entre el extremo sur de Punta Mirounga (Noroeste de la Península Potter) y el afloramiento conocido como "Peñón 7", en la frontera noreste de Punta Stranger. El área se extiende a lo largo de la franja costera hacia los niveles de agua de marea baja y hasta el borde del acantilado, que alcanza alturas de 15 a 50 metros. La parte delantera del borde del acantilado se incluye dentro de la ZAEP. Esta franja costera tiene una anchura variable, que se extiende hasta 500 metros de la costa a niveles de agua de marea baja. La zona se compone principalmente de playas elevadas, en gran parte cubiertas de guijarros de tamaño mediano, estructuras basálticas y morrenas laterales y terminales. La costa es muy irregular y tiene una serie de pequeñas bahías formadas entre los cabos rocosos.

Esta topografía constituye una frontera natural para el asentamiento de las colonias reproductoras de mamíferos marinos y pingüinos, que justifican la extensión de la ZAEP.

*6 (ii) Las características naturales*

El área abarca valores científicos importantes debido a la presencia de colonias de reproducción de elefantes marinos *(Mirounga leonina)*, grupos no reproductores de lobos finos antárticos *(Arctocephalus gazella)* y, ocasionalmente, de focas de Weddell *(Leptonychotes weddelli)*, focas cangrejeras *(Lobodon carcinophagus)* y leopardos marinos *(Hydrurga leptonyx)*. La época de reproducción agrupa a alrededor de 400 elefantes marinos y entre 200 y 600 durante el período de muda. Los grupos no reproductores de lobos finos antárticos pueden sumar hasta 300 individuos, aunque esa cifra puede variar considerablemente de un año a otro.

También están presentes importantes colonias de pingüinos Papúa *(Pygoscelis papua)* y pinguinos Adelia *(Pygoscelis adeliae)*, con 3800 y 3000 parejas, respectivamente. La población de petreles (mayormente *Oceanites oceanicus* y, en mucha menor medida, la *Fregetta tropica)* alcanza unas 200 parejas. También se reproducen en la zona gaviotas cocineras (*Larus dominicanus*), Palomas Antárticas *(Chionis alba)*, Gaviotines Antárcticos *(Sterna vittata)*, petreles gigantes del sur *(Macronectes giganteus)* y skuas *(Catharacta sp.)*. Teniendo en cuenta que algunos de los sitios de anidación alrededor de la Península Potter cambian su posición con el tiempo, los datos de poblaciones son considerados estimaciones.

Los pingüinos Papúa y Adelia se distribuyen alrededor de la Punta Stranger, entre el refugio Elefante y el Peñón 7. Las concentraciones mamíferos se distribuyen a lo largo de la costa, entre el Peñón 1 y el Peñón 7 y los nidos de petreles gigantes suelen distribuirse entre el Peñón 7 el Peñón 4 (ver mapa 1). En la Zona hay un desarrollo abundante de comunidades vegetales dominadas por líquenes y musgos, en las laderas rocosas y en las superficies planas de las paleoplayas, respectivamente.

*Características naturales. Flora*

El patrón espacial de la vegetación es la combinación de variables relacionadas: el tipo de sustrato, la exposición, la estabilidad de los taludes y el drenaje (disponibilidad de agua). La Península Potter comprende un área de varios kilómetros cuadrados, libre de nieve y de cobertura de hielo permanentes. Se encuentra un sustrato relativamente estable alrededor del Cerro Tres Hermanos. Las morrenas cercanas al glaciar están escasamente cubiertas de plantas, mientras que la cobertura vegetal y la riqueza de especies aumenta con la distancia de las morrenas. Una meseta ubicada al sur-oeste del Cerro Tres Hermanos está cubierta por una rica vegetación excepcional. Consiste en dos capas de plantas que pueden alcanzar una cobertura del 100%. Varias de las especies de musgos y líquenes que se encuentran en la Península Potter se limitan a esa zona. Es probable encontrar las dos plantas vasculares nativas antárticas *Colobanthus quifensis* y *Deschampsia antarctica* cerca de la costa o en lugares con alto suministro de nutrientes.

Dominan los musgos pleurocárpicos como el *Sanionia uncinata* y el *Calliergon sarmentosum*, mientras que las rocas están comúnmente cubiertas por líquenes incrustantes *Lecidea sciatrapha.* Más arriba en la ladera, donde el suelo está más drenado y el tiempo con cobertura de nieve es más corto, dominan los musgos que forman colchones como *Andreaea regularis* y *Andreaea gainii* , a menudo junto con *Himantormia lugubris.* También se encuentran con frecuencia asociaciones de líquenes briófilos como el *Psoroma hypnorum* y también se encuentran frecuentemente algunos musgos acrocárpicos. Cuando la cobertura de nieve supera los 10 cm, lo que sucede rara vez incluso en invierno, se forma un follaje de capa doble de líquenes y musgo.

La capa superior es discontinua y consiste en líquenes fruticosos tales como *Usnea aurantiaco-atra, U. antarctica* y *Pseudephebe pubescens.* La capa inferior se compone de un conjunto de varias especies de musgos y hepáticos. A menudo se entrelazan tapices de *U. aurantiaco-atra* y *Himantormia lugubris* de forma postrada sin apotecia. En las aberturas están presentes musgos dicranoides como *Chorisodontium aciphyllum* y líquenes fruticosos que forman colchones como *Sphaerophorus globosus.* El líquen briófilo más abundante es el*Ochrolechia frigida.* (Wiencke *et al.* 1998)

*6 (iii) Acceso al Área*

Salvo excepciones autorizadas, el acceso a la zona será a pie, desde el extremo norte, cerca del helipuerto de la base de Carlini (62 ° 14' 17´´. S; 58 ° 40´42´´ O), o desde detrás de la ladera norte del Cerro Tres Hermanos (ver mapa 1) El acceso a la zona por mar a las playas debe ser evitado cuando hay fauna presente, sobre todo entre octubre y diciembre, ya que es concomitante con los períodos de mayor actividad de la puesta de huevos y con la lactancia de los elefantes marinos.

La información complementaria se encuentra en la sección 7 (ii).

6(iii) *Ubicación de estructuras dentro de la zona y adyacentes*

*Estructuras dentro de la zona*

Refugios: El refugio argentino Elefante está situado a unos 150 m de la costa, 1.000 metros al noreste de Punta Stranger. De marzo a octubre es utilizado por grupos de investigación que realizan actividades en la ZAEP. El refugio tiene capacidad para un máximo de 6 personas (véase la sección 7 (ix) sobre la Eliminación de Residuos).

Señales: las señales de alerta acerca de la entrada a la zona protegida se encuentran en: La Punta Mirounga (cerca de la pista de aterrizaje), en la base norte del Cerro Tres Hermanos y en la zona de playa cerca del Peñón I. Las señales muestran información sobre la existencia de la ZAEP y sobre la obligación de llevar un Permiso de acceso.

*Estructuras adyacentes a la zona*

Carlini es una estación argentina permanente situada a 62 ° 14 'Lat. S y 58 ° 39 'Long. O, en la Caleta Potter, Península Potter, en la parte SO de la Isla Rey Jorge (25 de Mayo). Cuenta con varias instalaciones, como el laboratorio Argentino-Alemán *Dallmann* que es una iniciativa empresarial entre el Instituto Alfred Wegener (AWI) y el Instituto Antártico Argentino (IAA).

El Albatros es un refugio argentino situado a 62 ° 15'09 "Lat. S y 58 ° 39'23 "Long. O / -62.2525, -58.65639en la Caleta Potter, Península Potter.

Otras estaciones cercanas son Rey Sejong, de Corea (62 ° 13 '394" S / 58 ° 47'190" O) y Arctowsky de Polonia, (62 ° 9' 586" S / 58 ° 28 '399" O)

*6 (iv) Ubicación de otras Zonas Protegidas a muy corta distancia*

- ZAEP N° 125, Península Fildes, Isla Rey Jorge (25 de Mayo), las Islas Shetland del Sur se encuentran a unos 20 kilometros al este.
- ZAEP N°. 128, costa occidental de la Bahía del Almirantazgo, Isla Rey Jorge (25 de Mayo), las Islas Shetland del Sur se encuentran a unos 10 km al noreste.
- ZAEP N ° 171 Punta Narębski (sureste de la costa de la Península Barton, Isla Rey Jorge (25 de Mayo)
- ZAEP N° 133, Punta Armonía Isla Nelson, se encuentra a unos 30 kilómetros al oeste-suroeste.

*6 (v) Áreas especiales dentro de la Zona*

No han sido designadas áreas especiales dentro de la Zona.

**7. *Términos y condiciones para los permisos de entrada***

*7 (i) Condiciones de autorización generales*

El Acceso a la Zona está prohibido excepto de conformidad con un Permiso expedido por la autoridad nacional competente.

Condiciones para la expedición de un Permiso de acceso a la Zona:

- la actividad sirve a un propósito científico, de gestión de la ZAEP o de divulgación, en consonancia con los objetivos del Plan de Gestión, que no puede ser satisfecho en cualquier otro lugar y todas las actividades de gestión (inspección, mantenimiento o revisión) están de acuerdo con el Plan de Gestión,
- el permiso es portado por personal autorizado para acceder a la Zona

- se entrega un informe posterior a la visita a la autoridad nacional competente mencionada en el Permiso al término de la actividad, en los términos establecidos por las autoridades nacionales de emisión del Permiso.

No está permitido el turismo, ni cualquier otra actividad recreativa.

*7 (ii) El acceso y movimiento dentro del Área*

Siempre que sea posible, los movimientos dentro de la zona serán a pie, a lo largo de las pistas existentes conocidas por el personal familiarizado con la zona y los visitantes regulares a la misma. Se trata de la zona de playa y el límite superior de la Zona, al noreste del Cerro Tres Hermanos.

Están prohibidos los vehículos de cualquier tipo dentro de la zona, a excepción de aquellos esenciales para el mantenimiento del refugio, lo que sólo será operado por personal de logística y de conformidad con un Permiso de acceso. En tal caso, el acceso a la ZAEP será a través de una leve pendiente que hay junto al refugio Albatros y los vehículos deben ser conducidos evitando las zonas con vegetación, así como las concentraciones de aves y mamíferos (véase el Mapa 1).

Las operaciones de aeronaves sobre la Zona se efectuarán, como norma mínima, siguiendo las disposiciones contenidas en la Resolución 2 (2004), "Directrices para la operación de aeronaves cerca de concentraciones de aves". Por regla general, ninguna aeronave deberá volar sobre la ZAEP a menos de 610 metros (2000 pies). Se debe mantener una separación horizontal de 460 m (1/4 milla náutica) de la costa en lo posible. Las operaciones de aterrizaje de aeronaves en la zona están prohibidas, excepto en casos de emergencia o de seguridad aérea.

*7 (iii) Actividades que pueden llevarse a cabo dentro del Área*

- Investigaciones científicas que no puedan realizarse en otro lugar y que no pongan en peligro el ecosistema del Área;
- Actividades de gestión esenciales, incluyendo visitas para evaluar la eficacia del plan de gestión y de las actividades de gestión;
- Actividades con propósitos educativos o de divulgación, que contribuyan a dar a conocer las actividades científicas, en virtud de los Programas Antárticos Nacionales.
- El mantenimiento del refugio Elefante, excepto entre octubre y diciembre. Durante este período, se debe evitar el mantenimiento del refugio o, en su caso, reducirlo en la medida de lo posible y las tareas siempre se deben realizar de conformidad con un Permiso.Este período es considerado especialmente sensible, ya que es concomitante con los momentos de mayor actividad de la puesta de huevos y de la lactancia de los elefantes marinos.

*7 (iv) Instalación, modificación o desmantelamiento de estructuras / equipos*

No se erigirá ninguna estructura dentro del Área, ni se instalará equipo científico, excepto por razones científicas o de gestión imperiosas y sujeto al Permiso pertinente.

Cualquier equipo científico que se instale en la zona, así como cualquier marcador de investigación, deberá ser aprobado por un Permiso y estar claramente etiquetado, indicando el país, el nombre del investigador principal y el año de instalación. Todos estos materiales deben ser de tal naturaleza que supongan un riesgo mínimo de contaminación de la Zona, de riesgo de interferencia con la fauna o de dañar la vegetación.

Las estructuras e instalaciones deberán ser retiradas cuando ya no sean necesarias o en fecha de vencimiento del permiso, según lo que ocurra primero. Las marcas de la investigación no deberán permanecer después de que el Permiso haya expirado. Si un proyecto específico no puede ser concluido dentro del plazo especificado en el Permiso, tal circunstancia deberá ser informada en el informe posterior a la visita y se solicitará una prórroga de la validez del Permiso autorizando que cualquier material permanezca en la Zona.

Se permitirán tiendas de campaña con el único fin de almacenar los instrumentos o equipos científicos o para ser utilizadas como puesto de observación.

*7 (v) Ubicación de los campamentos*

Para evitar importantes perturbaciones a la fauna, y teniendo en cuenta que existen alternativas de lugares para alojar, no está permitido acampar en la ZAEP 132. Los proyectos autorizados a trabajar en la ZAEP pueden solicitar alojamiento en la Base Carlini, sujeto a disponibilidad. Cuando sea necesario por razones científicas, se pueden usar el refugio Elefante (ubicado dentro de la zona) o el refugio Albatros (fuera de la zona, aunque muy cercano). El uso del refugio Elefante con fines científicos, por personal que no sea el personal del Programa Antártico Argentino, se acordará de antemano con dicho Programa.

La ubicación de campamentos en las inmediaciones de la ZAEP, es responsabilidad del Programa Antártico Nacional correspondiente, pero por razones de seguridad, se recomienda informar al jefe de la Estación Carlini.

*7(vi) Restricciones de materiales y organismos que pueden introducirse en la Zona*

- No se podrá introducir en la ZAEP deliberadamente ningún animal vivo o material vegetal. Se adoptarán todas las precauciones razonables contra la introducción no intencionada de especies extrañas en la zona. Debe tenerse en cuenta que las especies extrañas son introducidas con mayor frecuencia y más efectivamente por los seres humanos. La ropa (bolsillos, botas, fijaciones de velcro en la ropa) y el equipo personal (bolsos, mochilas, bolsas de cámara, trípodes), así como los instrumentos científicos y las herramientas de trabajo pueden llevar larvas de insectos, semillas, propágulos, etc. Para obtener más información, consulte el "Manual de especies no nativas - CEP 2011"
- No se introducirán en la Zona productos de granja crudos;
- No se introducirán en la Zona herbicidas o pesticidas; Cualquier otro producto químico, que se introducirá con el correspondiente Permiso, deberá ser retirado de la Zona cuando concluya la actividad para la que se concedió el Permiso. Deberá documentarse el propósito y el tipo de productos químicos con tanto detalle como sea posible, para obtener información de otros científicos.
- No se debe almacenar en la Zona combustible, alimentos o cualquier otro material, salvo que sea necesario para fines indispensables relacionados con la actividad para la que se haya expedido el Permiso, siempre que se almacenan en el

interior del refugio Elefante o cerca del mismo, para su eliminación al finalizar la actividad. Cualquier combustible utilizado en el refugio Elefante se manejará de conformidad con el plan de contingencia establecido por el Programa Antártico Argentino para la Estación de Carlini.

*7 (vii) Recolección o interferencia perjudicial en la flora y fauna autóctonas*

La recolección o interferencia perjudicial en la flora y fauna nativas está prohibidas, salvo de conformidad con un Permiso.

Las distancias de aproximación a la fauna deben ser respetadas, salvo cuando los proyectos científicos lo requieran de otra forma y siempre que los permisos pertinentes hayan sido expedidos.

La distancia recomendada con respecto a los pingüinos es de 10 m durante los periodos de reproducción y muda y de 5 m para los jóvenes. Se recomienda mantener una distancia de 100 m de los nidos de los petreles gigantes, mientras que en el caso de los lobos finos antárticos, las focas de Weddell, las focas leopardo y las focas cangrejeras se debe mantener una distancia mínima de 10 m. Es importante tener en cuenta que el propósito de estas distancias es orientativo y éstas pueden variar y ser mayores si la respuesta a la proximidad humana estresa claramente al animal.

Cuando una actividad involucre toma o interferencia perjudicial, debería llevarse a cabo de conformidad con el Código de Conducta del SCAR para el Uso de Animales con Fines Científicos en la Antártida, como norma mínima.

La información sobre la toma y la interferencia perjudicial será debidamente intercambiada a través del sistema de Intercambio de Información Tratado Antártico y su registro será efectuado, como norma mínima, en el Directorio Maestro Antártico, o en Argentina, en el Centro de Datos Nacionales Antárticos.

Los científicos que tomen muestras de cualquier tipo harán mención en el EIES (Sistema Electrónico de Intercambio de Información) y / o se pondrán en contacto con los Programas Antárticos Nacionales competentes a fin de minimizar el riesgo de una posible duplicación.

*7 (viii) La recolección o traslado de cualquier cosa que no haya sido llevada al Área por el titular del permiso*

Se podrá recolectar o retirar material de la Zona únicamente de conformidad con un Permiso. La recolección de especímenes muertos con fines científicos se analizará caso por caso con el fin de no superar los niveles que puedan conllevar el deterioro de la base nutricional de los carroñeros locales. Esto dependerá de las especies que han de recogerse y, si fuera necesario, se debe requerir el asesoramiento de especialistas antes de la extensión del Permiso.

*7 (ix) Eliminación de desechos*

Todos los desechos no fisiológicos serán retirados de la Zona. Las aguas residuales y los residuos líquidos domésticos podrán ser descargados en el mar, de conformidad con el artículo 5 del Anexo III del Protocolo de Madrid.

Los residuos de las actividades de investigación realizadas en el Área se pueden almacenar temporalmente junto al refugio Elefante a la espera de su remoción. Estos residuos deben ser eliminados de conformidad con el Anexo III del Protocolo de Madrid, marcados como basura y debidamente sellados para evitar fugas accidentales.

7(x) *Medidas que pueden ser necesarias para continuar cumpliendo con los objetivos del Plan de Gestión*

Los Permisos de acceso a la Zona podrán concederse con el fin de llevar a cabo el monitoreo biológico e inspección de los sitios, incluyendo la recolección de material vegetal y muestras de animales con fines científicos, la construcción o el mantenimiento de señales, y otras medidas de gestión.

*7(xi) Requisitos para los informes*

El titular principal de cada permiso expedido deberá presentar un informe de las actividades realizadas en la Zona, una vez que la actividad se haya completado. Dicho informe debe respetar la forma establecida anteriormente, junto con el Permiso y ser enviado a la autoridad que expide el Permiso.

La información de los informes se utilizará a los efectos de las revisiones del Plan de Gestión y en la organización del uso científico de la Zona.

Los registros de los permisos de la ZAEP y los informes posteriores a las visitas se intercambiarán con las otras Partes Consultivas, en el marco del Sistema de Intercambio de Información, tal como se especifica en el artículo 10.1 del Anexo V.

Dichos informes deberán ser almacenados y puestos a disposición para la inspección de todas las Partes interesadas, SCAR, la CCRVMA y COMNAP, así como para proporcionar información sobre las actividades humanas en la zona necesaria para garantizar una gestión correcta.

## 8. Documentación de apoyo

Ainley, D.G., Ballard,G.., Blight, L.K., Ackley, S., Emslie, S.D., Lescroël, A., Olmastroni, S., Townsend, S.E., Tynan, C.T., Wilson, P., Woehler, E. 2010. Impacts of cetaceans on the structure of southern ocean food webs. *Mar. Mam. Sci.* **26**: 482-489.

Ainley, D.G., Blight, L.K. 2009. Ecological repercussions of historical fish extraction from the Southern Ocean. *Fish Fisheries* **10**: 13-38.

Atkinson, A., Siegel, V., Pakhomov, E., Rothery, P. 2004. Long-term decline in krill stock and increase in salps within the Southern Ocean. *Nature* **432**:100–103.

Carlini A.R., Coria N.R., Santos M.M., Negrete J., Juares M.A., Daneri G.A. 2009. Responses of *Pygoscelis adeliae* and *P. papua* populations to environmental changes at Isla 25 de Mayo (King George Island). *Polar Biology* **32**:1427–1433.

Carlini A.R., Daneri G.A., Márquez M.E.I., Negrete J., Mennucci J., Juares M. 2010. Food consumption estimates of southern elephant seal females at Isla 25 de Mayo (King George Island), Antarctica. XXXI Scientific Committee on Antarctic Research and Open Science Conference. Buenos Aires, Argentina.

Casaux, R. J., Barrera-Oro, E.R. 2006. Shags in Antarctica: their feeding behaviour and ecological role in the marine food web. *Antarctic Science* **18**: 3-14.

Daneri G.A., Carlini A.R.1999. Spring and summer predation on fish by Antarctic fur seal, *Arctocephalus gazella*, at King George Island, South Shetland Islands. *Canadian J. of Zoology* **77:** 1165-1170.

Ducklow, H. W., Baker, K., Martinson, D.G., Quetin, L.B., Ross, R.M., Smith, R.C., Stammerjohn, S.E., Vernet, M., Fraser. W. 2007. Marine pelagic ecosystems: the west Antarctic Peninsula. Phil. *Trans. Roy. Soc. Lond. Ser. B* **362**: 67–94.

Guidelines for the Operation of Aircrafts. Resolution 2. 2004 – ATCM XXVII - CEP VII, Cape Town (available at http://www.ats.aq/documents/recatt/Att224_e.pdf)

Marschoff, E.R., Barrera-Oro, E.R., Alescio, N.S., Ainley, D. G. 2012. Slow recovery of previously depleted demersal fish at the South Shetland Islands, 1983-2010. *Fisheries Research.*, **125**–126, pp:: 206–213.

Montes-Hugo, M., Doney, S.C., Ducklow, H.W., Fraser, W., Martinson, D., Stammerjohn, S.E., Schofield, O. 2009. Recent changes in phytoplankton communities associated with rapid regional climate change along the western Antarctic Peninsula. *Science* **323**: 1470–1473.

Morgan, F., Barker, G., Briggs, C., Price, R. and Keys H. 2007. Environmental Domains of Antarctica version 2.0 Final Report, Manaaki Whenua Landcare Research New Zealand Ltd, pp. 89.

Non-Native Species Manual. Resolution 6 (2011) – ATCM XXXIV - CEP XIV , Buenos Aires (available at http://www.ats.aq/documents/atcm34/ww/atcm34_ww004_e.pdf)

Rambolá, E. F., Marschoff, E., Coria, N. 2010. Inter-annual variability in Chinstrap penguin diet at South Shetland and South Orkneys Islands. *Polar biology*. **33** (6), 799-806

Russell, J.L., Dixon, K.W., Gnanadesikan, A., Stouffer, R.J., Toggweiler, D.J.R., 2006. The Southern Hemisphere westerlies in a warming world: propping open the door to the deep ocean. *J. Clim.* **19**: 6382–6390.

Stammerjohn, S.E., Martinson, D.G., Smith, R.C., Yuan, X., Rind, D., 2008. Trends in Antarctic annual sea ice retreat and advance and their relation to El Niño–Southern Oscillation and Southern Annular Mode variability. *J. Geophys. Res.*, **113**:C03S90.

Terauds, A., Chown, S., Morgan, F., Peat, H., Watts, D., Keys, H., Convey, P. and Bergstrom, D. 2012. Conservation biogeography of the Antarctic. *Diversity and Distributions*, 22 May 2012, DOI: 10.1111/j.1472-4642.2012.00925.x

Thompson, D.W.J., Solomon, S., 2008. Interpretation of recent Southern Hemisphere climate change. *Science* **296**: 895-899.

Torre, L., Servetto, N., Eöry, L. M., Momo, F., Abele, D., Sahade, R. 2012.Respiratory responses of three Antarctic ascidians and a sea pen to increased sediment concentrations.

*Polar biology* **35**(11): 1743-1748.

Trivelpiece, W.Z., Hinke, J.T. Miller, A.K. Reiss, C.S. Trivelpiece, S.G., Watters, G.M., 2010. Variability in krill biomass links harvesting and climate warming to penguin population changes in Antarctica. *Proc. Natl. Acad. Sci.*, doi/10.1073/pnas.1016560108.

Wiencke, C., Ferreyra, C., Arntz, W. and Rinaldi, C. 1998. The Potter Cove coastal ecosystem, Antarctica. Synopsis of research performed within the frame of the Argentinean - German Cooperation at the Dallmann Laboratory and Jubany Station (King George Island, Antarctica, 1991 -1 997). *Ber. Polarforsch,* **299,** pp: 342.

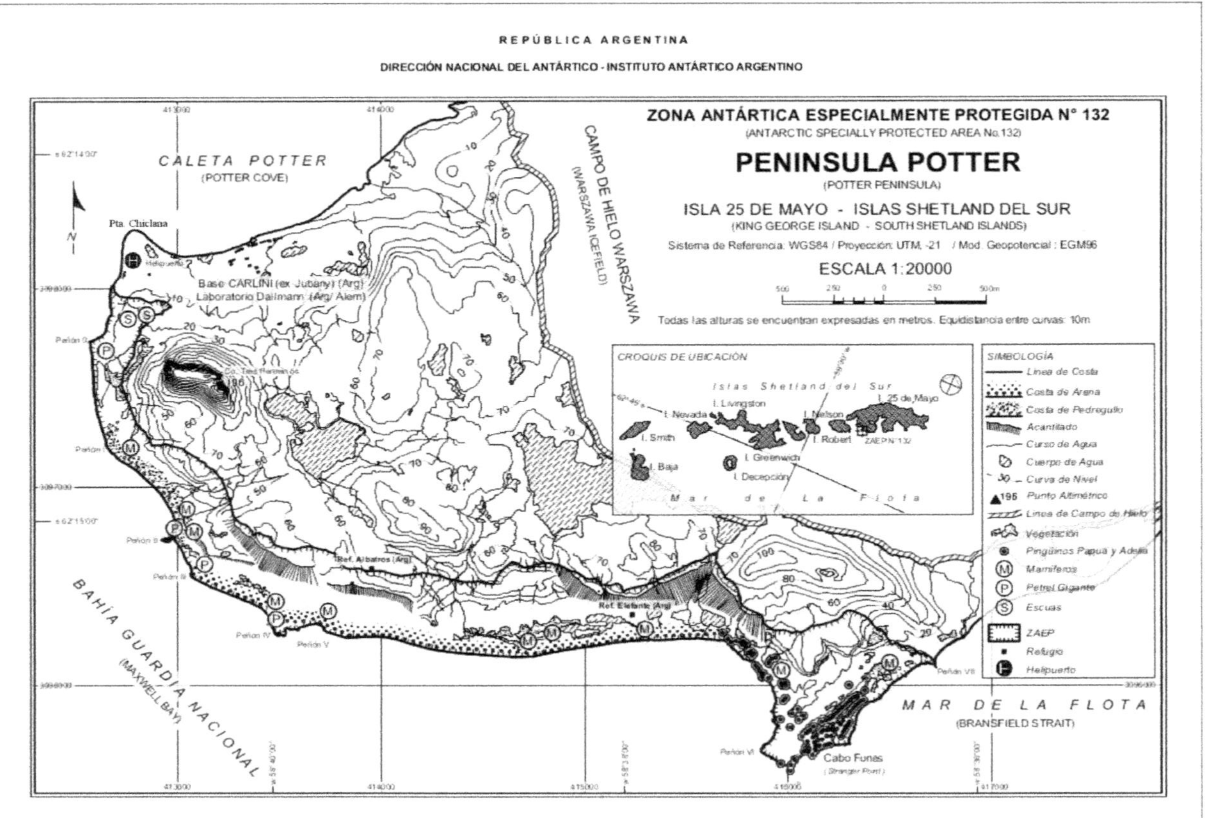


Map 1: Management Plan for Antarctic Specially Protected Area No. 132 in relation to the Potter Peninsula. Permanent water bodies are shown in broken diagonal lines.

# Plan de Gestión para la Zona Antártica Especialmente Protegida No. 134

# PUNTA CIERVA E ISLAS FRENTE A LA COSTA, COSTA DANCO, PENÍNSULA ANTÁRTICA

**Introducción**

Esta Zona fue originariamente designada como SEIC No. 15 bajo la Recomendación RCTA XIII-8 de la XIII ATCM (1985), después de una propuesta de Argentina, debido a su gran diversidad vegetal y al hecho de que posee colonias reproductivas de al menos diez especies de aves.

Durante la XXI Reunión Consultiva del Tratado Antártico (Christchurch 1997), se adoptó el Plan de Gestión revisado de la Zona, conforme al formato establecido por el Anexo V del Protocolo de Madrid, y según lo dispuesto por la Medida 3 (1997). Durante la XXV Reunión Consultiva del Tratado Antártico (Varsovia 2002), y una vez que el Anexo V entrara en vigencia, el entonces *Sitio de Especial Interés Científico* Nro. 15 se transformó, mediante la Decisión 1 (2002), en la *Zona Antártica Especialmente Protegida* Nro. 134. El Plan de manejo fue posteriormente revisado y en la XXIX Reunión Consultiva del Tratado Antártico, (Edimburgo, 2006), la Medida 1 (2006) aprobó la nueva versión del mismo, ahora reemplazado por el presente.

Las razones originales para su designación siguen vigentes y a estas se le han sumado, en los últimos años, otras que le han otorgado mayor relevancia.

Esta área posee un gran valor científico debido a su inusual biodiversidad, que incluye numerosas especies de aves, de flora, y de invertebrados. La singular topografía de la zona, junto a la abundancia y diversidad de vegetación, ofrece condiciones muy favorables para la formación de numerosos microhábitats, los cuales favorecen a su vez el desarrollo de una alta biodiversidad y le otorgan un valor paisajístico excepcional a la Zona

En la actualidad, existe la necesidad de aumentar el volumen de estudios relacionados a la abundancia y reproducción de aves marinas y mamíferos, dado que los mismos tienen la potencialidad de ser utilizados como indicadores ecológicos de procesos a escala global (Croxall *et al* 1998). A este respecto, la ubicación geográfica de la ZAEP 134 resulta clave para la realización de este tipo de estudios y otros comparativos entre su fauna y la que habita otras zonas antárticas. Las variabilidades climáticas y oceanográficas han mostrado tener efectos en las poblaciones de aves marinas, generalmente con consecuencias profundas, como reducción en el éxito reproductivo y alteraciones en los ciclos de apareamiento de algunas especies (Chambers *et al.* 2011). La región de la Península Antártica es uno de los sitios del planeta donde se ha verificado los mayores efectos del cambio climático global, el cual ha incidido de manera directa en la formación y duración del hielo marino y, como consecuencia, está afectando al conjunto de la cadena alimentaria. La estabilidad en el estado positivo del SAM (Modo Anular del Sur) ha impactado en los vientos, la circulación de agua y la extensión del hielo marino (Stammerjohn *et al.* 2008; Thompson y Solomon 2002) y ha repercutido sobre la flora y fauna antártica.

En este contexto, la ZAEP 134 posee características que permiten estudios comparativos entre poblaciones que habitan áreas con frecuente disturbio humano (acumulación de basura, contaminación, turismo y pesca) y aquellas con poco disturbio (Woehler *et al.* 2001, Patterson *et al.* 2008) como es el caso de la ZAEP 134. En los últimos años se ha registrado una tendencia hacia el aumento en la abundancia de algunas poblaciones que habitan la ZAEP, como es el caso de los pingüinos, en contraposición a lo observado en otras áreas, donde la frecuencia de disturbio humano esta en correspondencia con la disminución en la abundancia de algunas poblaciones (Woehler *et al* 2001, Lynch *et al.* 2008, Gonzalez-Zeballos *et al.* 2013).

Su designación como ZAEP garantiza que los actuales programas de investigación a largo plazo no se vean perjudicados por interferencia humana accidental, destrucción de vegetación y suelo, polución de cuerpos de agua y perturbación sobre aves, especialmente en épocas coincidentes con los períodos reproductivos.

Entre las investigaciones científicas que actualmente se llevan a cabo en ZAEP N° 134 se pueden mencionar:

1) Proyecto "*Mamíferos Primavera*": Estudio de los posibles efectos del cambio climático sobre 3 pinnípedos antárticos con diferente afinidad al hielo marino: *Arctocephalus gazella, Leptonychotes weddellii, Hydrurga leptonyx* en relación con la cobertura de hielo en el área y fenómenos globales tales como el Niño Oscilación del Sur (ENSO) a traves de la evaluación del impacto de estos predadores en los recursos marinos, sus estrategias de alimentación y su relación con la disponibilidad de presas. Proyecto en cooperación entre Argentina y Australia.

2) Proyecto "*Respuesta de las poblaciones de aves antárticas en relación a la variabilidad interanual de sus presas en áreas con efectos evidentes del calentamiento global*" cuya meta es la realización, durante los periodos de incubación, de censos de aves con el fin de conocer el tamaño poblacional de sus colonias, determinar la cronología reproductiva y el éxito reproductivo en distintos sectores de las mismas. Estos estudios incluyen: (1) el anillado de petreles gigantes y eskuas, tanto adultos como pichones cercanos a la emancipación, a fin de continuar con el programa de marcación y seguimiento de estas aves (2) La obtención de muestras dietarias in vivo (3) La colocación de equipo para el registro de duración y profundidad de buceo (TDR) y (4) La colecta de endoparásitos en aves halladas muertas y en heces y de ectoparásitos en aves vivas.

3) "Proyecto filogeografía de *Deschampsia antártica* en base a estudios moleculares, morfológicos y cariológicos: una ventana al pasado bajo escenarios de cambio" cuyo fin es evaluar la estructura y diversidad genética de *Deschampsia antártica* y otras especies vegetales.

**Descripción de los valores a ser protegidos**

El área costera alberga una importante cantidad de colonias de aves, colonias reproductivas de mamíferos marinos y una extensa vegetación. La cobertura de líquenes, musgos y comunidades dominadas por gramíneas es muy extensa en Punta Cierva. Los valores de la Zona se encuentran asociados a su alta diversidad biológica en términos de flora y fauna y a sus características topográficas, a las que se suman un alto valor paisajístico.

Adicionalmente, su particular localización geográfica en el noroeste de la península antártica le da, a los numerosos programas de investigación científica que se desarrollan en la zona, una importancia crucial a fin de explicar, al menos parcialmente, alteraciones en los ecosistemas antárticos producto del cambio climático y/o disturbios humanos.

De acuerdo con Morgan et al. (2007) la ZAEP 134 representa el dominio ambiental "Geológico de las latitudes medias septentrionales de la Península Antártica" y de acuerdo con Terauds *et al.* (2012) el área se encuentra en la región biogeográfica "Noroeste de la Península Antártica".

Para mas detalles sobre las características del área remitirse al punto 6 del presente documento.

**2. Metas y objetivos**

La gestión de la ZAEP 134 está orientada a:

- Proteger la biodiversidad de la Zona, evitando cambios importantes en la estructura y composición de las comunidades de fauna y flora.

- Evitar disturbio humano innecesario.
- Permitir el desarrollo de investigación científica que no puede llevarse a cabo en otros lugares, y la continuidad de los estudios biológicos a largo plazo en curso establecidos en el área, así como el desarrollo de cualquier otra investigación científica siempre y cuando no comprometa los valores por los cuales la Zona se encuentra protegida.
- Evitar o minimizar la introducción involuntaria de propágulos, plantas, animales o microbios, así como de patógenos potencialmente dañinos de la fauna y flora.
- Permitir el desarrollo de estudios y tareas de control para estimar los efectos directos e indirectos producidos por la actividad de la base científica cercana (Base Primavera)

## 3. Actividades de gestión

Las siguientes actividades de gestión serán llevadas a cabo para proteger los valores del área:

- El personal destinado a Base Primavera (Argentina) será instruido particularmente sobre las condiciones del Plan de Gestión.
- Se facilitaran copias del plan de manejo de esta zona en Base Primavera.
- Se circulará sólo por sectores libres de vegetación, y evitando la aproximación a la fauna, salvo cuando los proyectos científicos así lo establezcan y si se cuenta con los permisos de intromisión perjudicial correspondientes.
- La toma de muestras se limitará al mínimo requerido para el desarrollo de los planes de investigación científica aprobados.
- Se realizarán visitas a fin de asegurar que las medidas de gestión y mantenimiento sean las adecuadas.
- Todos los carteles, así como otras estructuras erigidas en la Zona con objetivos científicos o de gestión serán adecuadamente asegurados, y mantenidos en condiciones.
- Podrán demarcarse senderos de tránsito a pie hacia sitios de investigación, con el objeto de limitar la circulación.
- De acuerdo a los requerimientos del Anexo III del Protocolo de Protección ambiental del Tratado Antártico, todo equipo o material abandonado o en desuso debe ser removido siempre y cuando ello no impacte de manera adversa sobre el ambiente.
- El plan de manejo debe ser revisado no menos que una vez cada cinco años y actualizado de ser necesario.
- Todos los responsables de aeronaves que operen en el área deben ser informados de la ubicación, límites y restricciones que aplican a la entrada y sobrevuelo del área.
- Se implementarán medidas preventivas para evitar la introducción de especies no nativas y para la erradicación de la especie introducida registrada (ejemplar de *poa pratensis*)

## 4. Período de designación

Designado por tiempo indefinido.

## 5. Mapas

El mapa 1 muestra la ubicación general de la ZAEP 134. En el mapa 2 se observa la ZAEP en relación a la costa de Danco. En sombreado, el conjunto de áreas que forma la ZAEP 134 (el ambiente marino submareal entre los distintos sectores continental e insulares no está incluido en la ZAEP). El mapa 3 muestra en detalle el área en los alrededores de Base Primavera, (excluida de la ZAEP Nro. 134).

## 6. Descripción del Área

*6(i) Coordenadas geográficas, límites y características naturales*

*Coordenadas geográficas y límites*

Punta Cierva (Lat. 64°10'1.05"S, Lon. 60°56'38.06"O) está localizada sobre la costa sur de caleta Cierva, al norte de bahía Hughes, entre las costas de Danco y de Palmer, en el sector noroeste de la península Antártica. El sitio comprende el área libre de hielo entre la costa sudoeste de caleta Cierva y la costa noreste de la caleta Santucci. También están incluidas las islas Apéndice (Lat. 64°11'41.99"S, Long. 61° 1'3.25"O) y José Hernández (Lat. 64°10'10.06"S, Long. 61° 6'11.34"O) y los islotes Musgo (Lat. 64°10'2.22"S, Long. 61° 1'49.43"O) y Pingüino (Lat. 64° 8'35.90"S, Long. 60°59'11.43"O), que se encuentran hacia el oeste/sudoeste de Punta Cierva. Aunque la zona intermareal de cada una de estas áreas está incluida en el Área, el ambiente marino submareal no lo está.

La Base Primavera (Argentina) y sus instalaciones asociadas, así como el área de playa utilizada como acceso a la misma están excluidas de la Zona.

*Características Naturales*

La Zona es rica en especies, tanto animales como vegetales, y la abundancia de algunas de ellas es, en algunos casos, excepcional.

Asimismo, la Zona posee un alto valor paisajístico debido a la gran variedad de relieves y formas de costas, la presencia de diferentes litologías y un marcado sistema de fracturas. A lo anterior se suma una extensa y variada cobertura vegetal que da como resultado una diversidad escénica inusual para el ámbito antártico.

Punta Cierva muestra un diseño estructural relativamente simple. Se halla dominada por tres cumbres: El cerro Mojón, el cerro Escombrera y el cerro Chato, alineados en dirección Este-Oeste, definiendo una ladera de pendiente fuerte hacia el sur, cubierta permanentemente por nieve, y otra ladera de pendiente moderada a suave hacia el norte, libre de nieve durante el verano. En esta última se observa un gran desarrollo de vegetación, con áreas de cobertura continua de gramíneas briofitas y líquenes asociados, y numerosas especies de aves, incluyendo el asentamiento de una colonia de pingüinos *Papua* (Novatti 1978, Agraz *et al*, 1994). Estas características dan al área un valor científico y estético excepcional.

En estudios previos, Agraz *et al.* (1994) dividieron Punta Cierva en dos zonas ambientales según el tipo de sustrato y cobertura de vegetación, (1) paredón rocoso (o zona costera) y (2) ladera expuesta. El paredón rocoso es una franja costera con pendientes abruptas, una superficie rocosa con escombros de distintos tamaños. En algunos sectores este sustrato es inestable y se encuentra atravesado por numerosos cañones. La mayor parte está libre de nieve durante el verano austral. La vegetación es muy escasa, con líquenes y gramíneas. Muchas cavidades naturales es encuentran entre las rocas. Esta primera zona constituye el sitio de nidificación de cinco especies de aves. El segundo sitio, la ladera expuesta, comprende desde la costa hasta las cumbres, una gran variedad de ambientes y exposiciones. Las pendientes son moderadas a abruptas y las rocas de tamaño variable, consolidadas o no, cuya superficie está libre de hielo durante la época estival austral. Las áreas altas presentan glaciares que en verano dan origen a numerosos chorrillos. Estos alimentan las zonas más bajas, donde está el mayor desarrollo de la vegetación.

En la Zona anidan 10 especies de aves: Pingüino Barbijo (*Pygoscelis antarctica),* Pingüino Papúa (*P. papua),* Petrel Gigante del Sur (*Macronectes giganteus),* Petrel Pintado o Damero (*Daption capense),* Petrel de las Tormentas de Wilson (*Oceanites oceanicus),* Cormorán antártico (*P. bransfieldensis*), Paloma Antártica (*Chionis alba),* Escúas (especie predominante *Catharacta maccormickii),* Gaviota Cocinera (*Larus dominicanus)* y Gaviotín Antártico *(Sterna vittata).*

Las colonias más numerosas corresponden a las de Pingüino Barbijo (*Pygoscelis antarctica)*, Pingüino Papúa (*P. papua)*, Petrel de las Tormentas de Wilson (*Oceanites oceanicus)*, Escúa polar (*Catharacta maccormickii)* y Gaviota Cocinera (*Larus dominicanus)*.

Un resumen del número estimado de parejas anidantes por especie y sitio de anidación se presenta en las tablas 1, 2 y 3.

Tabla 1. Número de parejas reproductivas por localidad para *Pygoscelis papua*. Entre paréntesis se indica el año en que se realizó la estimación. (datos extraídos de Gonzalez-Zeballos *et al.* 2013)

| Localidad | Novatti (1978) | Poncet & Poncet (1987) | Quintana et al. (1998) | Favero et al. (2000) | **Gonzalez-Zeballos et al. (2013)** |
|---|---|---|---|---|---|
| **Punta Cierva** | 559-614 (1954-58) | 600 (1984) | 800-1041 (1991-96) | 593 (1998) | 2680 |
| **Isla Apéndice** | | 450 (1987) | | 905 (1998) | 2795 |

Tabla 2. Número de parejas reproductivas por localidad para *Pygoscelis antarctica*. Entre paréntesis se indica el año en que se realizó la estimación. (datos extraídos de Gonzalez-Zeballos *et al.* 2013)

| Localidad | Muller-Schwarze (1975) | Poncet & Poncet (1987) | Woehler (1993) | Favero et al. (2000) | **Gonzalez-Zeballos et al. (2013)** |
|---|---|---|---|---|---|
| Ite. Pingüino o Mar | | 500 (1984) | | 1553 (1998) | 2763 |
| I. José Hernández | 2060 (1971) | 200 (1987) | | 546 (1998) | 180 |
| I. Apéndice | | 1100 (1987) | | 152 (1998) | 33 |

Tabla 3. Número de parejas reproductivas por especie y localidad. PB: Phalacrocorax bransfieldensis, MG: Macronectes giganteus, DP: Daption capense, CA: Chionis alba, SM: Stercorarius maccormicki, LD: Larus dominicanus, SV: Sterna vittata Entre paréntesis se indica el año en que se realizó la estimación. (datos extraídos de Gonzalez-Zeballos et al. 2013)

| Localidad | PB | | | MG | | | DP | | | CA | | | SM | | | LD | | | SV | | |
|---|---|---|---|---|---|---|---|---|---|---|---|---|---|---|---|---|---|---|---|---|---|
| | Ns1 | Ns2 | λ | Ns1 | Ns2 | λ | Ns1 | Ns2 | λ | Ns1 | Ns2 | λ | Ns1 | Ns2 | λ | Ns1 | Ns2 | λ | Ns1 | Ns2 | λ |
| Punta Cierva | 0 | 0 | - | 0 | 0 | - | 7 | 3 | 0.94 | 2 | 1 | 0.95 | 145 | 166 | 1.01 | 158 | 73 | 0.94 | 45 | 57 | 1.02 |
| Ite. Pingüino o Mar | 9 | 0 | 0 | 0 | 0 | - | 1 | 0 | 0 | 3 | 1 | 0.92 | 3 | 3 | 1 | 8 | 10 | 1.02 | 0 | 3 | - |
| Ite. Musgo | 0 | 0 | - | 35 | 42 | 1.01 | 28 | 17 | 0.96 | 3 | 4 | 1.02 | 10 | 26 | 1.08 | 120 | 70 | 0.96 | 15 | 19 | 1.02 |
| José Hernández | 21 | 21 | 1 | 0 | 7[b] | - | 0 | 0 | - | 1 | 1 | 1 | 3 | 17 | 1.14 | 15 | 9 | 0.96 | 35 | 11[b] | 0.91 |
| I. Apéndice | 0 | 0 | - | 5[b] | 41 | 1.17 | 23 | 11 | 0.94 | 1[b] | 2 | 1.05 | 2[b] | 12 | 1.15 | 68 | 12 | 0.87 | 15 | 12 | 0.98 |

La flora es muy abundante y se localiza tanto en zonas húmedas como secas. En las zonas húmedas dominan musgos bajo la forma de carpetas (*Drepanocladus uncinatus*) y colchones (*Polytrychum alpestre*). En los lugares secos, sobre las rocas, dominan líquenes de los géneros *Usnea* y *Xanthoría*. También abunda la gramínea *Deschampsia Antarctica.*

La cobertura de musgos, líquenes y gramíneas es muy extensa. Las comunidades vegetales más conspicuas son las asociaciones de líquenes dominantes, el colchón de musgo dominado por *Polytrichum alpestre y Chorisodontium aciphillum* y la subformación de *Deschampsia-Colobanthus.* El colchón de musgos cubre áreas de más de cien metros cuadrados, con una profundidad promedio de cerca de 80 cm. La flora presente incluye las dos especies antárticas de plantas con flores, unas 18 especies de musgos, unas 70 de líquenes, dos hepáticas, así como unas 20 especies de hongos. Las microalgas no marinas, especialmente en los islotes Musgo y Pingüino, son muy abundantes y con registros poco usuales. La fauna de artrópodos terrestres es también muy numerosa, en ocasiones asociada a las fosas de marea presentes en el área litoral de la Zona.

Un dato relevante es el registro de una gramínea no nativa, la *Poa pratensis.* La misma fue introducida inadvertidamente en Punta Cierva durante experimentos de trasplante de *Nothofagus antarctica* y *N. pupilo* entre 1954-1955 (Ross *et al* 1996, Corte 1961, Smith 1996), A partir de 1995, se ha registrado un aumento en el área de cobertura de esta especie. Es probable que su reciente expansión este en relación con los cambios ambientales que se registran en el área, lo que incrementa el interés científico en la misma. Por lo anterior, se han retomado los estudios sobre *Poa pratensis* y las comunidades a las que esta se encuentra asociada, a fin de definir la estrategia de erradicación que menos impacto genere en el ecosistema (ver Documento de Información 13, presentado a la XXXV Reunión Consultiva del Tratado Antártico). Asimismo, existe un único registro de un ejemplar artrópodo no nativo encontrado en el área (Convey y Quintana 1997)

*6(ii) Acceso a la Zona.*

Sólo en caso de excepciones autorizadas, el acceso al área debe realizarse a pie desde la base primavera

El acceso a las islas adyacentes se realizará mediante embarcaciones menores. Este acceso marino está permitido por cualquier punto de las islas incluidas en la Zona.

El acceso al área a través de las playas se debe evitar siempre que la fauna animal este presente, especialmente durante época reproductiva.

Para más información véase la sección *7 (ii).*

*6(iii) Estructuras situadas dentro de la Zona y en sus proximidades.*

*Ubicación de estructuras dentro del Área*

Dentro de la Zona no se encuentran estructuras.

*Estructuras adyacentes al Área*

Contigua a la ZAEP; pero fuera de los límites de la Zona se encuentra la Base Primavera (Argentina. 64°09'S 60°58'W), localizada al noroeste de punta Cierva y contigua a la Zona. La misma permanece abierta sólo durante los meses de verano. Se compone de ocho edificios y un área delimitada para aterrizaje de helicópteros. Los edificios se encuentran interconectados mediante pasarelas a los fines de evitar el daño a la vegetación.

*6.(iv) Ubicación de otras Áreas Protegidas cercanas*

- *ZAEP Nro. 152 , sector occidental del Mar de la Flota, frente a la Isla Baja, Islas Shetland del Sur, a unos 90 kilómetros al noroeste de la ZAEP 134. Se encuentra ubicada frente a la costa oeste y sur de la isla Low entre 63°15'S y 63°30'S y entre 62°00'O y 62°45'O.*

- *ZAEP 153, Sector oriental de la Bahía Dallmann, frente a la costa occidental de la Isla Brabante, Archipiélago de Palmer, a unos 90 km al oeste de la ZAEP 134. Se encuentra ubicada entre las latitudes 64°00'S y 64°20'S y desde 62°50'W hacia el este hasta la costa oeste de la isla Brabant, (aproximadamente 520 km2)*

*6(v)Áreas especiales dentro del área.*

No hay áreas especiales dentro del área.

**7. Términos y condiciones de Permiso de entrada**

*7(i) Condiciones generales de permisos.*

El ingreso a la Zona está prohibido excepto mediante un permiso otorgado por Autoridades nacionales apropiadas.

Las condiciones para otorgar un permiso para el ingreso a la Zona son que:

- *sea otorgado para un propósito científico, concordante con los objetivos del Plan de Gestión, y que no pueda ser llevado a cabo en otro sitio.*
- *las acciones permitidas no perjudiquen al sistema ecológico natural del Área.*
- *sea otorgado para cualquier actividad de gestión (inspección, mantenimiento o revisión), en apoyo de los objetivos del presente Plan de Gestión.*
- *las acciones permitidas estén de acuerdo con este Plan de gestión*
- *el Permiso, o una copia autorizada, sea portado por el investigador principal autorizado al ingresar a la Zona.*
- *un informe post-visita sea suministrado a la Autoridad Nacional competente mencionada en el Permiso.*
- *el turismo y cualquier otra actividad recreativa no será permitida*

*7(ii). Acceso y movimientos dentro del Área*

Cualquier acceso a la Zona será posible mediante un permiso otorgado por una autoridad competente, y sólo será otorgado para actividades que estén de acuerdo con este Plan de Gestión.

El único acceso para helicópteros se encuentra fuera de los límites de la Zona, en el área adyacente a Base Primavera. Los helicópteros pueden aterrizar sólo en la zona especificada al este-sud-este de la Base. La ruta de vuelo a utilizar está limitada a una aproximación y partida hacia el norte. La operación de aeronaves sobre la Zona se efectuará, como mínimo estándar, según lo establecido en la Resolución 2 (2004), "Lineamientos para la Operación de Aeronaves sobre concentraciones de aves". Como regla general, ninguna aeronave deberá volar sobre la ZAEP a menos de 610 metros (2000 pies), salvo en casos de emergencia o de seguridad aérea.

Los movimientos dentro de la Zona se realizarán evitando perturbar a la fauna y flora, especialmente durante la estación reproductiva.

No se permite la circulación de vehículos de ningún tipo.

*7(iii) Actividades que se llevan a cabo o pueden llevarse a cabo dentro de la Zona*

- *Actividades de investigación científica que no puedan realizarse en otros lugares y que no pongan en peligro al ecosistema del Área.*
- *Actividades esenciales de gestión, incluyendo monitoreo.*
- *Si en base a razones de índole científica o de conservación, se considerara necesario, el acceso a determinados sitios de nidificación de aves y colonias de mamíferos podría incluir*

*mayores restricciones entre fines de Octubre y principios de Diciembre. Este período es considerado especialmente sensible porque coincide con los picos de puesta de huevos de las aves anidantes en la Zona.*

*7(iv). Instalación, modificación o remoción de estructuras*

No deben construirse estructuras adicionales o instalarse equipos dentro del Área, excepto para actividades científicas o de gestión esenciales y con el adecuado permiso.

Cualquier equipo científico instalado en la Zona, así como cualquier marca de investigación, deberá ser aprobado por permiso y claramente rotulado, indicando el país, nombre del investigador principal y año de instalación. Todos los materiales instalados deberán ser de naturaleza tal que impongan un mínimo riesgo de contaminación en la Zona, o de causar daño a la vegetación o disturbio sobre fauna.

Las marcas de investigación no deberán permanecer luego de que expire el permiso. Si algún proyecto específico no puede ser concluido dentro del plazo permitido, deberá solicitarse una extensión que autorice la permanencia de cualquier elemento en la Zona.

*7(v) Ubicación de campamentos*

Las Partes que utilicen el Área, normalmente tendrán disponible la Base Primavera para su alojamiento, previa coordinación con el Programa Antártico Argentino. Sólo se permitirá la instalación de carpas con el objeto de alojar instrumental o material científico, o para ser empleadas como base de observación.

*7(vi) Restricciones de materiales y organismos que pueden ser introducidos en el Área*

- No pueden ser deliberadamente introducidos en el Área animales vivos ni material vegetal. Se deben adoptar todas las recomendaciones necesarias en contra de la introducción intencional de especies no nativas en el área. A este respecto, cabe considerar que estas especies son frecuentemente introducidas por humanos. Tanto la ropa como el equipo personal o los instrumentos científicos y herramientas de trabajo pueden introducir larvas de insectos, semillas, propágulos, etc. Para mas información ver el Manual de Especies no Nativas- CEP 2011.
- No deberán ser introducidos productos de granja no cocidos.
- No se deben introducir en la Zona herbicidas ni pesticidas. Cualquier otro producto químico, el cual deberá ser introducido con el permiso correspondiente, tendrá que ser removido de la Zona al finalizar la actividad que fuera llevada a cabo con el permiso adecuado. Se deberá documentar de la mejor manera posible el uso y tipo de productos químicos para el conocimiento de otros investigadores.
- No deberán ser depositados dentro de la Zona combustible, alimentos y otros materiales, a menos que sean requeridos en forma esencial por la actividad autorizada en el Permiso correspondiente.

*7(vii). Toma o interferencia perjudicial de flora y fauna*

Está prohibida cualquier toma o interferencia perjudicial, excepto en concordancia con un Permiso. Cuando una actividad autorizada mediante un permiso, involucre toma o interferencia perjudicial, éstas deberán ser consistente con el *Código de Conducta del SCAR para el Uso de Animales con Fines Científicos en la Antártida*, como un mínimo estándar.

La información sobre toma e intromisión prejudicial será debidamente intercambiada a través del Sistema de Intercambio de Información del Tratado Antártico, y su registro deberá ser incorporado, como mínimo, en el *Antarctic Master Directory* o, en la Argentina, en el *Centro de Datos Nacionales Antárticos*.

Los científicos que tomaran muestras de cualquier tipo deberán consultar el sistema electrónico de intercambio de información del Tratado Antártico (EIES) y/o comunicarse con los correspondientes programas antárticos nacionales que pudieran estar involucrados en la toma de muestras en la Zona, a fin de minimizar el riesgo de una posible duplicación.

*7(viii). Recolección o remoción de cualquier elemento no introducido al Área por el poseedor de un permiso*

Cualquier material de la Zona podrá ser recolectado o removido del Área sólo con el Permiso adecuado. La recolección de especimenes muertos con fines científicos no deberá exceder un nivel tal, que deteriore la base nutricional de las especies carroñeras locales. Lo último dependera de la especie que haya que recolectar y de ser necesario se solicitara asesoramiento de un experto previo a la extensión del permiso.

*7(ix). Disposición de desechos*

Cualquier desecho no fisiológico deberá ser removido de la Zona.

Para el caso de las aguas residuales y los residuos líquidos domésticos, se encontrarán disponibles las instalaciones sanitarias de la Base Primavera (Argentina), siempre que la misma se encuentre abierta. En el caso de realizarse tareas en las islas adyacentes, las aguas residuales podrán ser descargadas en el mar, de acuerdo con lo establecido por el Artículo 5 del Anexo III del Protocolo de Madrid.

Los desechos resultantes de las actividades de investigación en la Zona pueden ser almacenados temporariamente en Base Primavera, a la espera de su remoción. Dicho almacenamiento debe ser realizado conforme a lo establecido por el Anexo III del Protocolo de Madrid, rotulado como basura y debidamente cerrado para evitar pérdidas accidentales.

*7(x). Medidas que pueden ser necesarias para asegurar que las metas y objetivos del Plan de Gestión continúen vigentes*

Pueden otorgarse permisos de entrada a la Zona para llevar a cabo actividades de monitoreo biológico e inspección, las que podrán incluir la toma de muestras de vegetación o animales para fines de investigación, así como la erección y mantenimiento de los carteles o cualquier otra medida de gestión. Todas las estructuras y marcas instaladas en la Zona con fines científicos, incluyendo señales, deberán ser aprobadas en el Permiso y claramente identificadas por país, señalando el nombre del investigador principal y año de instalación.

*7(xi). Requerimientos de informes sobre visitas al Área*

El principal poseedor del Permiso, para cada Permiso y una vez que la actividad haya finalizado, deberá elevar un informe de las tareas llevadas a cabo en la Zona, utilizando el formato previamente entregado junto con el Permiso. Este informe deberá ser enviado a la autoridad otorgante del permiso.

Los registros de permisos e informes post-visita relativos a la ZAEP serán intercambiados con las demás Partes Consultivas, como parte del Sistema de Intercambio de Información, según lo establece el Art. 10.1 del Anexo V.

Los permisos e informes deberán ser archivados para el libre acceso a los mismos por cualquier Parte interesada, SCAR, CCRVMA y COMNAP, de modo de proveer la información necesaria de actividades humanas en la Zona para asegurar una gestión adecuada.

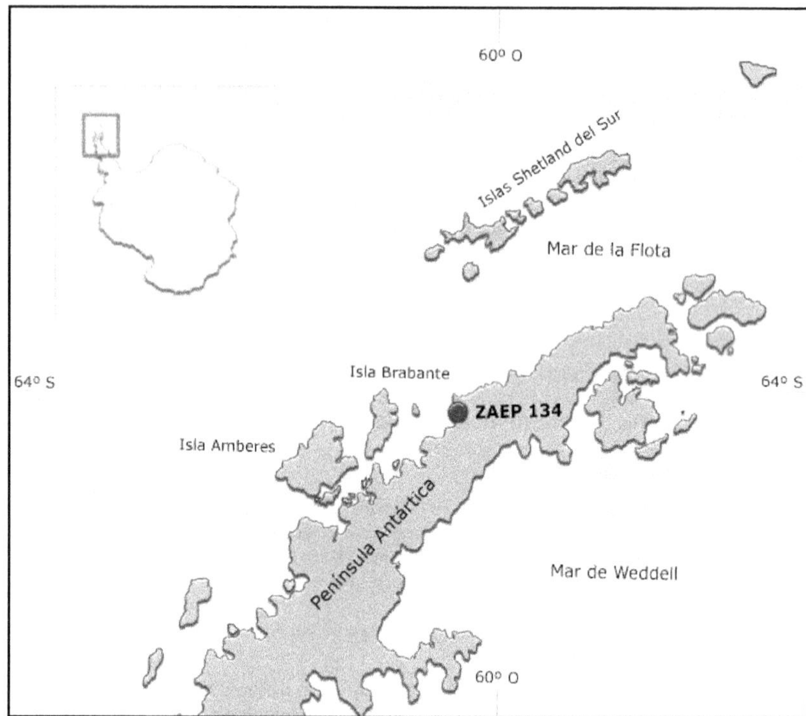


Figura 1: Ubicación general de la Zona Antártica Especialmente Protegida Nro. 134, Punta Cierva e islas frente a la costa, Costa Danco, Península Antártica.

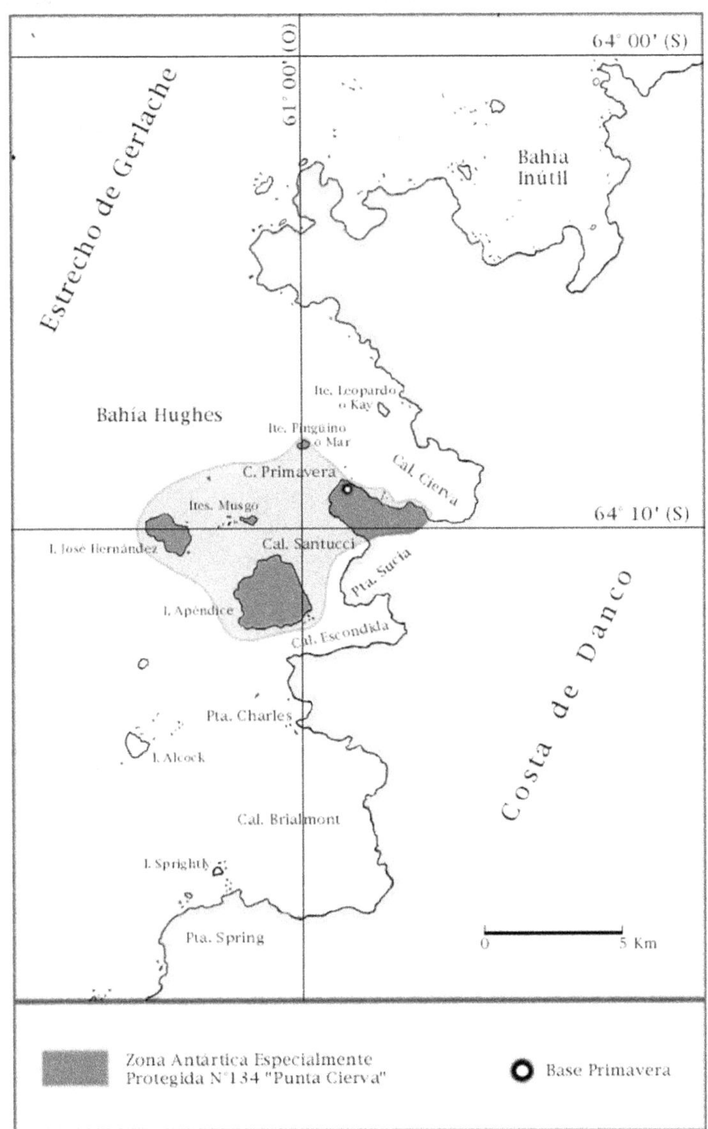


Figura 2: Zona Antártica Especialmente Protegida Nro. 134, Punta Cierva e islas frente a la costa, Costa Danco, Península Antártica. En sombreado, el conjunto de áreas que forma la ZAEP 134 (el ambiente marino submareal entre los distintos sectores continental e insulares no está incluido en la ZAEP).

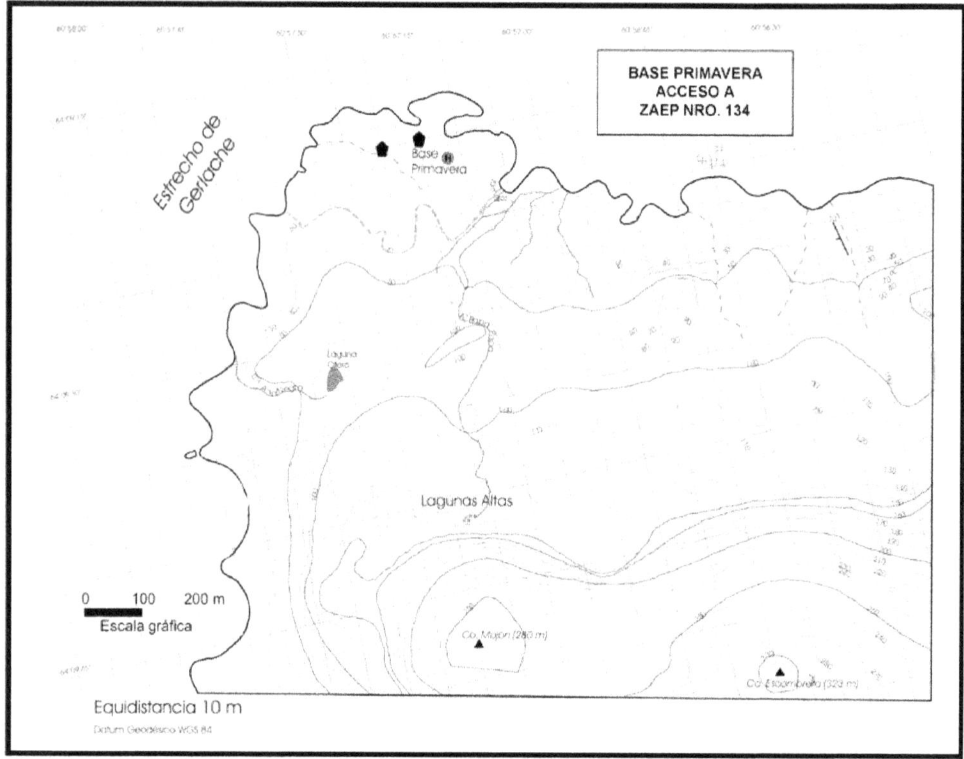


Figura 3: Sector de Punta Cierva que incluye a Base Primavera (la línea gris de puntos sobre la curva de nivel de 40 m indica el área de la base, excluida de la ZAEP 134).

**8. Bibliografía**


Agraz, J. L., Quintana, R.D. y Acero, J. M. 1994. Ecología de los ambientes terrestres en Punta Cierva (Costa de Danco, Península Antártica). *Contrib. Inst. Ant. Arg.*, **439**, 1-32.

ATCM XXXV IP 13. Colonisation status of the non-native grass Poa pratensis at Cierva Point, Danco Coast, Antarctic Peninsula.

Chambers L.E., Devney C.A., Congdon B.C., Dunlop N., Woehler E.J. & Dann P. 2011. Observed and predicted effects of climate on Australian seabirds. *Emu* **111**: 235-251.

Convey P. y Quintana. R.D.1997. The terrestrial arthropod fauna of Cierva Point SSSI, Danco Coast, northern Antartic Peninsula. *European Journal of Soil Ecology*, 33 (1): 19-29.

Corte, A . 1961. La primera fanerogama adventicia hallada en el continente Antartico. *Contribucion del Instituto Antártico Argentino* 62, 1–14.

Croxall, J.P., Prince, P.A. Rothery, P. & Wood, A.G. 1998. Population changes in albatrosses at South Georgia. In: Robertson, G. & Gales, R. (Eds). Albatross biology and conservation. Chipping Norton: Surrey Beatty. pp. 69–83.

Favero M., Coria N.R. & Beron M.P. 2000. The status of breeding birds at Cierva Point and surroundings, Danco Coast, Antarctic Peninsula. *Polish Polar Research* **21**, 181_187.

González-Zevallos, D., Santos, M., Rombola, E. F. Juáres, M., Coria, N. 2013. Abundance and breeding distribution of seabirds in the northern part of the Danco Coast, Antarctic Peninsula. Polar Research, 32, 11133, http://dx.doi.org/10.3402/polar.v32i0.11133

Guidelines for the Operation of Aircrafts. Resolution 2. 2004 – ATCM XXVII - CEP VII, Cape Town (available at *http://www.ats.aq/documents/recatt/Att224_e.pdf*)

Lynch H.J., Naveen R. & Fagan W.F. 2008. Censuses of penguin, blue-eyed shag *Phalacrocorax atriceps* and southern giant petrel *Macronectes giganteus* populations on the Antarctic Peninsula, 2001_2007. *Marine Ornithology* **36:** 83-97.

Morgan, F., Barker, G., Briggs, C., Price, R. and Keys H. 2007. Environmental Domains of Antarctica version 2.0 Final Report, Manaaki Whenua Landcare Research New Zealand Ltd, pp. 89.

Muller-Schwarze C. & Muller-Schwarze D. 1975. A survey of twenty-four rookeries of pygoscelid penguins in the Antarctic Peninsula region. In B. Stonehouse (ed.): The biology of penguins. Pp. 309_320. London: Macmillan.

Novatti R. 1978. Notas ecolo´gicas y etolo´gicas sobre las aves de Cabo Primavera, Costa de Danco, Península Antártica. (Ecological and ethological notes on birds in Spring Point, Danco Coast, Antarctic Peninsula.) Contribución Instituto Antártico Argentino 237. Buenos Aires: Argentine Antarctic Institute.

Patterson D.L., Woehler E.J., Croxall J.P., Cooper J., Poncet S., Peter H.-U., Hunter S. & Fraser W.R. 2008. Breeding distribution and population status of the northern giant petrel *Macronectes halli* and the southern giant petrel *M. Giganteus*. *Marine Ornithology* **36:** 115-124.

Poncet S. & Poncet J. 1987. Censuses of penguin populations of the Antarctic Peninsula, 1983_87. *British Antarctic Survey Bulletin* 77, 109_129.

Quintana R.D., Cirelli V. & Orgeira J.L. 1998. Abundance and spatial distribution of bird populations at Cierva Point, Antarctic Peninsula. Marine Ornithology 28, 21_27.

Rogers, T., Ciaglia, M., O'Connell, T., Slip, D., Meade, J., Carlini, A., Márquez, M.2012. WAP Antarctic top predator behaves differently: whiskers reveals WAP leopard seals are krill-feeding specialist. XXXII SCAR Open Science Conference and XXIV COMNAP AGM, Portland, Oregon.

Ross M.R., Hofmann E.E., Quetin L. B. 1996. Foundations for Ecological Research West of the Antartic Peninsula. *American geophysical union*. 448 pp.

SCAR's Code of Conduct for the Use of Animals for Scientific Purposes (available at *http://www.scar.org/treaty/atcmxxxiv/ATCM34_ip053_e.pdf*).

Smith, R. I. L. 1996. Introduced plants in Antarctica: potential impacts and conservations issues. *Biological Conservation*, 76, 135–146.

Stammerjohn, S.E., Martinson, D.G., Smith, R.C., Yuan, X., Rind, D., 2008. Trends in Antarctic annual sea ice retreat and advance and their relation to El Niño–Southern Oscillation and Southern Annular Mode variability. *J. Geophys. Res.*, **113**:C03S90.

Terauds, A., Chown, S., Morgan, F., Peat, H., Watts, D., Keys, H., Convey, P. and Bergstrom, D. 2012. Conservation biogeography of the Antarctic. *Diversity and Distributions*, 22 May 2012, DOI: 10.1111/j.1472-4642.2012.00925.x

Trivelpiece, W.Z., Hinke, J.T. Miller, A.K. Reiss, C.S. Trivelpiece, S.G., Watters, G.M., 2010. Variability in krill biomass links harvesting and climate warming to penguin population changes in Antarctica. *Proc. Natl. Acad. Sci.*, doi/10.1073/pnas.1016560108.

Thompson, D. W. J. y Solomon, S. 2002. Interpretation of recent Southern Hemisphere climate change. *Science* **296:**895–899.

Woehler E.J. 1993. The distribution and abundance of Antarctic and Subantarctic penguins. Cambridge: Scientific Committee on Antarctic Research.

Woehler E.J., Cooper J., Croxall J.P., Fraser W.R., Kooyman G.L., Millar G.D., Nel D.C., Patterson D.L., Peter H.-U., Ribic C.A., Salwicka K., Trivelpiece W.Z. &Weimerskirch H. 2001. A statistical assessment of the status and trends of Antarctic and Subantarctic seabirds. Cambridge: Scientific Committee on Antarctic Research.

# Plan de Gestión de la Zona Antártica Especialmente Protegida (ZAEP) nº 135

# NORDESTE DE LA PENÍNSULA DE BAILEY, COSTA BUDD, TIERRA DE WILKES

## *Introducción*

El Nordeste de la península Bailey (66°16'59.9"S, 1110°31'59.9"E) se encuentra a unos 200 m al este de la estación australiana de Casey, en la región de las islas Windmill de la Costa Budd, Tierras de Wilkes, Antártida Oriental. Fue designada Sitio de Especial Interés Científico (SEIC) Nº 16 en virtud de la recomendación XIII-8 (1985), tras una propuesta presentada por Australia. Según la decisión 1 (2002), se volvió a designar y a numerar como Zona Antártica Especialmente Protegida (ZAEP) Nº 135. Los Planes de Gestión Revisados para la Zona se adoptaron con la Medida 2 (2003) y la Medida 8 (2008). La ZAEP ha sido designada principalmente como sitio de referencia científica que, desde principios de los 80, ha apoyado una serie de estudios de las distintas colecciones de vegetación que se encuentran en la zona. La cercanía de la Zona a la estación Casey permite el fácil acceso para estudios de campo, aunque también da lugar a la posible perturbación de las zonas de estudio.

## *1. Descripción de los valores para proteger*

La Zona Antártica Especialmente Protegida Nordeste de la península Bailey (la Zona) representa una colección variada de la flora de la región de las Islas Windmill. Como tal, la Zona tiene un valor ecológico intrínseco además de importancia científica, sobre todo para botánicos, microbiólogos, científicos del suelo y geomorfólogos glaciales.

La Zona contiene tres campos de musgos extensos y contrastantes que han sido objeto de estudios taxonómicos, ecológicos y fisiológicos desde el verano de 1982-1983. Otros estudios han abarcado la ecología demográfica de los invertebrados asociados a la vegetación y la química de los suelos y del agua. Hay sitios permanentes para la observación del crecimiento de los líquenes, así como sitios para monitorear los incrementos del crecimiento anual de los musgos (véase el Mapa E). Otros estudios de la flora se han concentrado en la determinación de los atributos relacionados con la biodiversidad, la fisiología y la bioquímica, las interacciones de los componentes, el impacto de los contaminantes antrópicos y los efectos potenciales del cambio climático mundial.

Como parte de los estudios de los cambios mundiales se realizó una investigación, que abarcó varias temporadas, del impacto del agua y los nutrientes en diversos componentes de la vegetación, así como estudios conexos de la tolerancia de los musgos al sumergimiento y la desecación, y un examen de la tolerancia de tres especies de musgos a la intensificación de la radiación UV-B como consecuencia del agotamiento de la capa de ozono. Se han hecho análisis en escala detallada para comparar la diversidad genética de una especie cosmopolitana de musgo, *Ceratodon purpureus*, en este lugar y en otros de la región. Utilizando C14 e isótopos de carbono estable de ramitas de musgo se ha determinado la edad de muestras de musgos, algo que aporta un testimonio de los cambios en la disponibilidad de agua en la Zona.

La Zona está incluida en el ámbito geográfico del indicador 72 del estado del medio ambiente del Programa Antártico Australiano denominado "dinámica de la vegetación terrestre de las islas Windmill", que abarca el análisis cuantitativo de una serie de transecciones permanentes de áreas de vegetación seleccionadas, con la finalidad de controlar los efectos del cambio climático en las comunidades criptogámicas antárticas. Este indicador se actualizó en 2008 y en 2012.

Las comunidades de musgos y líquenes se usan como indicadores del impacto ambiental de la estación Casey. La Zona proporciona datos de referencia para comparar los cambios en comunidades vegetales similares de las inmediaciones de la estación Casey. La Zona es también un sitio valioso para las comparaciones con comunidades vegetales similares de la ZAEP No 136 de la península Clark que están sujetas a un grado menor de estrés y perturbación medioambiental debido a su menor proximidad con humanos.

## 2. Finalidades y objetivos

La gestión de la Zona tiene las siguientes finalidades:

- evitar la degradación de los valores de la Zona o los riesgos considerables para los mismos previniendo las perturbaciones innecesarias causadas por los seres humanos y el muestreo en la Zona;
- conservar una parte del ecosistema natural como Zona de referencia para estudios comparativos futuros y para evaluar los efectos directos e indirectos de la estación Casey;
- disponer lo necesario para la realización de investigaciones científicas urgentes que no puedan realizarse en otro lugar;
- reducir al mínimo la introducción de plantas, animales y microbios no autóctonos en la Zona; y
- posibilitar la continuación de las tareas de mantenimiento y el funcionamiento de las instalaciones de comunicaciones fundamentales, incluidas las torres, antenas, líneas de suministro, racks de almacenamiento y otras instalaciones conexas sin deteriorar los valores de la Zona.

## 3. Actividades de gestión

Las siguientes actividades de gestión deben ser realizadas para proteger los valores de la Zona:

- colocar letreros con ilustraciones del lugar y sus límites, que indiquen claramente las restricciones de entrada, en lugares apropiados de los límites de la Zona a fin de evitar el acceso accidental;
- mostrar información sobre la ubicación de la Zona (con una indicación de las restricciones especiales que se apliquen), así como una copia de este Plan de Gestión, en la estación Casey. Asimismo, se proporcionarán copias de esta información a los buques que visiten las proximidades;
- los señalizadores, carteles o estructuras instalados en la Zona con fines científicos o de gestión deberán estar bien sujetos y en buen estado, y deberán retirarse cuando ya no se necesiten;
- en la medida de lo posible se deberán retirar el equipo y los materiales abandonados, siempre que eso no tenga efectos adversos en los valores de la Zona.
- se confeccionarán mapas detallados de los sitios donde están llevándose a cabo experimentos científicos a fin de que no sufran perturbaciones;
- se realizarán las visitas necesarias (por lo menos una vez cada cinco años) para determinar si la Zona continúa sirviendo a los fines para los que fue designada y para garantizar que las medidas de gestión son apropiadas; y
- el Plan de Gestión será revisado por lo menos una vez cada cinco años y será modificado cuando sea necesario.

## 4. Periodo de designación

La designación abarca un período indeterminado.

## 5. Mapas

- Mapa A: Zonas Antárticas Especialmente Protegidas, Islas Windmill, Antártida Oriental
- Mapa B: Zonas Antárticas Especialmente Protegidas Nº 135, Nordeste de la península Bailey: Topografía y distribución de aves
- Mapa C: Zonas Antárticas Especialmente Protegidas Nº 135, Nordeste de la península Bailey: Vegetación
- Mapa D: Zonas Antárticas Especialmente Protegidas Nº 135, Nordeste de la península Bailey: Geología
- Mapa E: Zonas Antárticas Especialmente Protegidas Nº 135, Nordeste de la península Bailey: Sitios de control científico a largo plazo

Especificaciones cartográficas:

Proyección: Cónica Conforme de Lambert (Mapa A)

Proyección: UTM Zona 49 (Mapas B, C D y E)

Datum horizontal: WGS84 (todos los mapas)

## 6. Descripción de la Zona

### 6(i) Coordenadas geográficas, indicadores de límites y características naturales

*Descripción general*

La Zona está ubicada en la península Bailey, en la región de las islas Windmill de la Costa Budd, Tierra de Wilkes, Antártida oriental (mapa A). La península Bailey es una zona de afloramientos rocosos y terrenos con nieve y hielos permanentes situada entre las bahías Newcomb y O'Brien, a dos kilómetros al sur de la península Clark.

La Zona está en el nordeste de la península Bailey, a unos 200 m al este de la estación Casey (66°16'59,9"S, 110°31'59,9"E), y abarca una superficie de aproximadamente 0,28 km2. El límite es irregular y se extiende en el norte hasta unos 70 m al sur de la bahía Brown. Las coordenadas de los límites de la Zona se muestran en el Anexo 1.

Topográficamente, la península Bailey incluye afloramientos rocosos bajos, redondeados, sin hielo (altitud máxima aproximada: 40 m), que se elevan desde la costa hacia las morrenas Løken (altitud aproximada: 130 metros). Los valles intercalados están cubiertos de nieve o hielo permanentes, o de morrenas glaciales y restos exfoliados, y contienen áreas con cuencas de captación de aguas. La topografía de la península Bailey aparece en el mapa B.

*Clima*

El clima de las islas Windmill es frígido antártico. Los registros climatológicos de la cercana estación Casey (altitud: 32 m) muestran temperaturas medias para los meses más cálidos y más fríos de 2,2 y –11,4°C, respectivamente, temperaturas extremas que oscilan entre 9,2 y -34°C y temperaturas anuales máximas y mínimas de –5,9 y -12,5°C, respectivamente, en promedio. El clima es seco, con nevadas anuales medias de 219 mm (equivalente de precipitaciones pluviales); en verano, las precipitaciones son en forma de lluvia y así se han registrado recientemente, en julio de 2008 y julio de 2009.

La velocidad media anual del viento es de 25 km por hora. Los vendavales soplan predominantemente del este, desde el casquete polar. Pueden producirse tempestades repentinas, un fenómeno frecuente especialmente durante el invierno. Las nevadas son frecuentes durante el invierno, pero los vientos extremadamente fuertes barren la nieve de los afloramientos de la península. En la mayoría de las crestas de las colinas de la Península Bailey, la nieve se acumula en el lado de sotavento de los afloramientos rocosos y en las depresiones del substrato. En las partes más bajas de las laderas, los ventisqueros son más profundos.

*Análisis ambiental de dominios*

Según el Análisis Ambiental de Dominios para la Antártida (Resolución 3 (2008)) el Nordeste de la Península Bailey se encuentra en la geología de la costa antártica oriental, Ambiente D.

*Regiones Biogeográficas de Conservación de la Antártida*

Según las Regiones Biogeográficas de Conservación de la Antártida (Resolución 6 (2012)) el Nordeste de la Península Bailey se encuentra en la Región Biogeográfica 7, *Antártida Oriental.*

*Características geomorfológicas y edafológicas*

REGIÓN DE LAS ISLAS WINDMILL

Las región de las islas Windmill representa uno de los afloramientos más orientales de un terreno Mesoproterozoico de baja presión con facies granulíticas que se extiende en dirección oeste hacia los cerros Bunger y, más allá, hacia los complejos arqueanos de la Tierra de la Princesa Isabel, luego hacia afloramientos menores al este, en la zona Dumont D'Urville y en la bahía Commonwealth. Los afloramientos no exceden unos pocos kilómetros cuadrados. El afloramiento Mesoproterozoico de las Islas Windmill y los complejos arqueanos de la Tierra de la Princesa Isabel son dos de las pocas zonas principales de la Antártida oriental que, al hacer la reconstrucción de Gondwana, se pueden correlacionar directamente con un equivalente en Australia. El terreno de facies mesoproterozoicas abarca una serie de metapelitas y metapsamitas migmatíticas intercaladas con secuencias máficas, ultramáficas y félsicas, con silicatos calcíferos raros, grandes cuerpos de fusión parcial (supracrustales de las islas Windmill), granito sin deformar, charnoquita, gabro, pegmatita y aplitas, con contravetas de dolerita de aparición tardía orientadas hacia el este.

PENÍNSULA BAILEY

La península Bailey forma parte de la gradación norte de una transición de grado metamórfico que separa la parte septentrional de la región de las islas Windmill de la parte meridional. El grado metamórfico abarca desde facies anfibolíticas y silimanita-biotita-ortoclasa al norte en la península Clark, así como granulita biotita-cordierita-almandina, hasta granulita hornablenda-ortopiroxena en la península Browning al sur. La charnoquita Ardery del sur es propensa a un desgaste profundo a la intemperie y se desintegra fácilmente debido a su composición mineral, mientras que la secuencia metamórfica de las partes septentrionales de la región tiene una composición mineral y una estructura cristalina mucho más estables. Esta diferencia ejerce una influencia significativa en la distribución de la vegetación en la región de las Islas Windmill, con tipos de rocas en el norte que ofrecen un substrato más propicio para los líquenes de crecimiento lento.

El gneis granítico leucocrático, que constituye el principal afloramiento de la Península Bailey, puede subdividirse en leucogénesis y en dos tipos distintos de gneis granate. El afloramiento en la Península Bailey se ha descrito como gneis granate tipo 1: blanco, de grano medio y foliado. La foliación se define por la alineación de una generación temprana de biotita, con pliegues que van de cerrados a abiertos, con granate y una generación tardía de biotita que se le forma encima. En la península Bailey hay contravetas de dolerita sin metamorfosis y sin deformación, como en "Penguin Pass" (66°17'18"S,110°33'16"E), al sur de la Zona. En la península hay pequeñas afloraciones de metapelita, metamsimita y gneis leucocrático. La geocronología reciente de las rocas de la región de las islas Windmill sugiere dos fases importantes de metamorfismo, la primera cerca de 1400-1310 Ma, un evento de facies anfibolíticas superiores, seguido de una sobreimpresión de facies granulíticas cerca de 1210-1180 Ma. Las características geológicas de la península Bailey aparecen en el Mapa D.

GLACIACIÓN

La glaciación de la región de las islas Windmill ocurrió durante el Pleistoceno tardío. La desglaciación de la región austral de las islas Windmill concluyó unos 8.000 años antes del Paleoceno, y la desglaciación de la región septentrional, incluida la península Bailey, unos 5.500 años antes del Paleoceno. El levantamiento isostático se ha producido a un ritmo de 0,5 a 0,6 m por cada 100 años, observándose en la península Bailey un límite marino superior medio, caracterizado por crestas empujadas por el hielo, a 30 m aproximadamente, donde se extienden en hileras continuas a partir del nivel actual del mar.

SUELOS

Los suelos de la península Bailey derivan de gneis desgastados por la intemperie, depósitos de morrenas y gravillas de aguas de fusión emanadas de episodios glaciales. Las aves marinas tienen gran impacto en la formación de los suelos de todo el paisaje. Los suelos están congelados gran parte del año y durante el verano los 30-60 cm superiores se descongelan y los primeros centímetros se vuelven a congelar durante la noche. Los suelos se forman principalmente por crioturbación y desgaste crioclástico. En las cercanías de la estación Casey, la mayoría de los suelos fueron clasificados por Blume, Kuhn y Bölter (2002) como criosoles con subunidades líticas, lépticas, esqueletales, túrbicas y estágnicas. Otros suelos de la Zona son subunidades gélicas de histosoles, podsoles y regosoles; las piedras y afloramientos rocosos con flora ectolítica y endolítica han sido clasificados como litosoles. La ZAEP 135 fue lugar de una colonia de pingüinos abandonada, aislada debido al levantamiento isostático de entre hace entre 3 y 8.000 años, y que supone una fuente de nutrientes rica en guano para la vegetación actual.

*Lagos*

En toda la región de las islas Windmill hay lagos y lagunas monomícticos fríos, en las depresiones del lecho rocoso, que generalmente no tienen hielo durante enero y febrero. Se encuentran lagos con abundancia de nutrientes cerca de la costa, junto a colonias de pingüinos activas o abandonadas; tierra adentro hay lagos estériles alimentados por agua de deshielo y precipitaciones locales. Varios de estos lagos y lagunas se encuentran a lo largo de la península Bailey, con dos grandes lagos situados a 500 m al oeste de la Zona. Hay dos lagunas dentro de la Zona protegida: la más grande mide aproximadamente 75 m por 50 m y la más pequeña tiene alrededor de 25 m de diámetro. La distribución de los lagos y las lagunas en la península Bailey aparece en el mapa B.

*Vegetación y comunidades microbianas*

REGIÓN DE LAS ISLAS WINDMILL

La Zona de las islas Windmill acoge algunas de las comunidades vegetales mas amplias y mejor desarrolladas de la Antártida oriental. La región es florísticamente diversa, con ricas asociaciones de macrolíquenes y briofitas que ocupan nichos ecológicos muy específicos. La flora de la región de las islas Windmill comprende por lo menos 36 especies de líquenes, seis especies de briofitas (tres musgos y una agrimonia), 150 algas no marinas y no menos de 120 taxones de hongos. En la agrimonia *Cephaloziella varians* se ha observado un hongo ascomiceto micorriza.

Los líquenes constituyen la mayor parte de la flora de la región de las islas Windmill, con predominio de briofitas en las áreas más húmedas. Se han identificado por lo menos 11 tipos de comunidades criptogámicas. Estos grupos de vegetación existen en un conjunto continuo de variaciones ecológicas en función de gradientes ambientales en los que influyen la humedad y la química de los suelos, además del microclima. En las penínsulas de la región, los principales tipos de comunidades se distinguen por el predominio de tres líquenes bipolares: *Usnea sphacelata, Pseudephebe minuscula* y *Umbilicaria decussata*. En las comunidades vegetales de las islas predominan especies de algas tales como *Prasiola crispa*, con un desarrollo mucho menor de briofitas y líquenes que en las penínsulas. En los sitios eutróficos, cerca de las colonias de aves, casi no hay musgos ni líquenes pero prevalecen las algas clorofitas *Prasiola crispa, Prasiococcus calcareus y Desmococcus olivaceus*.

La vegetación de la península Bailey está excepcionalmente bien desarrollada y es sumamente diversa, por lo que la Zona representa uno de los más importantes acervos botánicos de la Antártida continental. En las comunidades vegetales relativamente complejas y los contrastantes hábitats que se encuentran en la península Bailey hay por lo menos 23 líquenes, tres musgos y una agrimonia. Hay rodales densos y extensos de macrolíquenes y, en las áreas más húmedas y abrigadas, las briofitas forman rodales tupidos de 25 a 50 m2 con césped de hasta 30 cm de profundidad. Junto con los líquenes *Umbilicaria decussata, Pseudephebe minuscula* y *Usnea sphacelata*, las briofitas entremezcladas predominan en la cubierta vegetal de la mayoría de las áreas sin hielo, particularmente en el nordeste y el centro de la península, donde hay comunidades densas similares a las que se encuentran en la península Clark. Las comunidades briofíticas más complejas se limitan a pequeñas hondonadas locales húmedas, junto a las charcas de deshielo y a los arroyos del centro y del centronordeste de la península. En las áreas sin hielo de la costa austral de la península, la vegetación es inexistente o está poco desarrollada. El Anexo 2 contiene una lista de briofitas y líquenes encontrados en la Zona. En muchos lugares, los musgos parecen estar moribundos, sucumbiendo a la competencia de los líquenes que van cubriéndolos. El análisis de isótopos estables de retoños de musgo muestra que los niveles de crecimiento han perdido velocidad desde los años 80 y este resultado está asociado con la desecación de los lechos de musgo.

Se reconocen dos subformaciones criptogámicas principales: una asociación en la cual predominan líquenes, que ocupa diversos substratos barridos por el viento, desde lecho rocoso hasta grava, y una subformación de almohadillas cortas y césped de musgo que comprende cuatro asociaciones en las cuales predominan los musgos. La vegetación de la península Bailey aparece en los mapas C y E. Se han encontrado por lo menos 150 taxones de algas no marinas y cianobacterias, entre ellos 50 cianobacterias, 70 clorofitas y 23 cromofitas en la nieve, el hielo, el suelo, rocas, lagunas efímeras y lagos pequeños y grandes, incluidas 24 especies de algas y cianobacterias en la nieve. Las algas en la nieve son abundantes y frecuentes en los corredores helados entre los afloramientos rocosos y en los ventisqueros semipermanentes. En el Anexo 3 aparece una lista de las especies de algas y cianobacterias de la Zona de la península Bailey y la región de las islas Windmill.

Los suelos con vegetación de la península Bailey contienen hifas micóticas, levaduras, propágulos micóticos y diversas algas, cianobacterias y protozoos, lo cual representa un hábitat de gran importancia para la microfauna de los suelos, como nematodos, acáridos, rotíferos y tardígrados. La diversidad micótica es relativamente menor en la región de las islas Windmill, con 35 grupos taxonómicos que representan 22 géneros de hongos encontrados en el suelo, los musgos, las algas y los líquenes. En los suelos de las cercanías de la estación Casey se han detectado 30 taxones de hongos, de los cuales 12 se limitan a los suelos con influencia antrópica en torno a la estación, lo que sugiere que podría haber un elemento no autóctono en esa flora; la especie *Penicillium* predomina en estos sitios. En la región de las islas Windmill se han encontrado 21 taxones de hongos en los musgos, con 12 taxones aislados de algas y seis de líquenes. También se han encontrado varios hongos asociados a animales de la región. El Anexo 4 presenta detalles de los taxones y su fuente.

En la actualidad se está investigando el análisis genómico de la flora microbial del suelo. Ha habido análisis genómicos de musgos, sobre todo *C. purpureus*.

*Aves*

Se sabe de cuatro especies de aves que anidan en las cercanías de la península Bailey, entre ellas el pingüino Adelia (*Pygoscelis adeliae*), la especie de ave más abundante de la Zona. La colonia reproductora más cercana se encuentra en la isla Shirley, a unos 1,5 km al oeste de la estación Casey. Los petreles de las nieves (*Pagodroma nivea*) se avistan todo el año y se reproducen en la región de las islas Windmill, incluidos el cerro Reeve, que se encuentra a 750 m al oeste de la Zona, y el cerro Budnick, a 600 m al noroeste. El petrel de Wilson (*Oceanites oceanicus*) se reproduce en toda la región de las islas Windmill y anida en la Zona. La skúa antártica (*Catharacta maccormicki*) se reproduce en todas las islas Windmill en sitios de anidamiento muy dispersos, mayormente cerca de las colonias de pingüinos Adelia. Las skúas utilizan el lago de la ZAEP para bañarse.

Otras aves que se reproducen en la región de las islas Windmill, pero no en las inmediaciones de la península Bailey, son el petrel gigante del sur (*Macronectes giganteus*), el petrel damero (*Daption capense*), el fulmar austral (*Fulmarus glacialoides*) y el petrel antártico (*Thalassoica antarctica*). El pingüino emperador (*Aptenodytes forsteri*) es un visitante frecuente de la región de las islas Windmill, y cerca de la zona de Peterson Bank, a 65 km al noroeste de la estación Casey, se ha instalado una colonia reproductora de aproximadamente 2.000 parejas.

*Invertebrados terrestres y comunidades microbianas*

Se ha encontrado la pulga antártica *Glaciopsyllus antarcticu* en nidos de fulmares. El piojo anopluro *Antarctophthirus ogmorhini* se encuentra en las focas de Weddell (*Leptonychotes weddellii*). También se han encontrado en las aves varias especies de piojos malófagos. El acárido *Nanorchestes antarcticus* se ha encontrado en la península Bailey en sitios con suelos arenosos o gravillosos, sin cubiertas extensas de musgos o líquenes, húmedos pero no anegados.

En la península Bailey se han recolectado ejemplares de cinco especies de tardígrados: *Pseudechiniscus suillus, Macrobiotus sp., Hypsibius antarcticus, Ramajendas frigidus* y *Diphascon chilenense*. Se han encontrado asociaciones positivas significativas entre las briofitas y las especies más comunes de tardígrados, *P. suillus, H. antarcticus* y *D. chilenense*, y asociaciones negativas fuertes entre dichas especies y las algas y los líquenes. Aún no se han publicado recuentos sistemáticos o ecológicos de nematodos de la región de las islas Windmill.

Se han estudiado los protozoos de varios sitios de la península Bailey, y las amebas ciliadas y testáceas son comunes en la Zona. Se han encontrado 27 especies ciliadas y 6 especies testáceas (véase el Anexo 5).

**6(ii) Acceso a la Zona**

El límite noroeste de la Zona se encuentra a unos 200m al este de la estación Casey y se puede llegar fácilmente a pie. El acceso en vehículo a la Zona y el desplazamiento en su interior se aborda en la sección 7(ii) de este Plan.

**6(iii) Ubicación de las estructuras dentro y adyacentes a la Zona**

La estación Casey (Australia) se encuentra a unos 200 m al oeste de la Zona. Antes de la designación de la Zona en 1986, se habían instalado allí progresivamente desde 1964 una serie de radiotransmisores. Durante los veranos de 2001-2002 y 2007-2008 se retiraron las antenas y la infraestructura redundantes. Quedan varias estructuras en la Zona: un pequeño bastidor de almacenamiento en la parte noroeste de la Zona, el edificio del transmisor (que también puede utilizarse como refugio de emergencia), un mástil de antenas delta en tándem de 45 metros de altura y una antena baliza no direccional en la parte sureste (Mapa E). En la Zona hay otro mástil de 35 metros ubicado aproximadamente a 100 metros al sur. Todo ello conforma la base de la instalación de transmisiones de alta frecuencia de Casey.

**6(iv) Localización de otras Zonas Protegidas en las cercanías**

Las otras Zonas Protegidas de las proximidades son (véase el Mapa A):

ZAEP Nº 136, península Clark, a 2,5 km al noreste, frente a la bahía de Newcomb.

ZAEP Nº 103, islas Ardery y la isla Odbert, se encuentra a unos 11km al sur, al oeste de la cresta Robinson.

ZAEP Nº 160, islas Frazier, se encuentra en la parte oriental de la bahía Vincennes, a unos 16 km al oestenoroeste.

### 6(v) Áreas especiales en la Zona

No hay áreas especiales en la Zona.

## *7. Términos y condiciones para permisos de entrada*

### 7(i) Condiciones generales para la expedición de permisos

Se prohíbe el acceso a la Zona excepto con un permiso expedido por una autoridad nacional competente. Las condiciones para la expedición de permisos para acceder a la Zona son las siguientes:

- se expide para investigaciones científicas urgentes, mantenimiento de la instalación de comunicaciones y demás instalaciones asociadas, la retirada de estructuras/materiales obsoletos, o con fines puramente de gestión que sean compatibles con los objetivos y las disposiciones del Plan de Gestión;
- las acciones permitidas son compatibles con este Plan de Gestión;
- las actividades permitidas deberán tomar en consideración, mediante el proceso de evaluación del impacto medioambiental, la protección continuada del medio ambiente o de los valores científicos de la Zona o la interferencia con estudios científicos existentes;
- el permiso será expedido por un período determinado; y
- se deberá llevar el permiso dentro de la Zona.

La autoridad que expida el permiso podrá imponer otras condiciones acordes con los objetivos y las disposiciones del Plan de Gestión.

### 7(ii) Acceso a la Zona y circulación dentro de la misma

Se prohíbe el aterrizaje de helicópteros en la Zona.

Se prohíbe el acceso de vehículos a la Zona, excepto cuando sea para el mantenimiento continuado del edificio de transmisiones, de los edificios y antenas asociados, o para retirar estructuras/materiales. El acceso al edificio de transmisiones cercano al límite sureste de la Zona deberá hacerse a través de la ruta de acceso sobre la nieve a Law Dome, varios kilómetros al sur. En la Zona, los vehículos deberán seguir el camino practicable más directo entre los límites de la Zona y las instalaciones de comunicaciones, evitando la vegetación y los cables. El uso de vehículos en la Zona deberá mantenerse en un mínimo y sólo se utilizará la ruta indicada en el permiso.

El límite noroeste de la Zona se encuentra a unos 200m al este de la estación Casey y se puede llegar fácilmente a pie. Los visitantes deberán abstenerse de caminar sobre la vegetación visible. Se debe tener suma cautela en las áreas de suelos húmedos, en las cuales el tráfico peatonal puede fácilmente dañar los suelos delicados, las plantas o las comunidades de algas y degradar la calidad del agua. El tráfico peatonal deberá ser el mínimo necesario para llevar a cabo las actividades permitidas y se deberá realizar todo lo posible para caminar sobre rocas desnudas y reducir a un mínimo el impacto.

### 7(iii) Actividades que se pueden llevar a cabo en la Zona

Las actividades que se pueden llevar a cabo en la Zona son las siguientes:

- Investigaciones científicas urgentes que no puedan realizarse en otro lugar y que no pongan en peligro el ecosistema de la Zona.
- Actividades esenciales de gestión, incluida la vigilancia, la instalación de señales y la retirada de estructuras/materiales.
- Recogida de muestras, que serán el mínimo requerido para los programas de investigación aprobados.
- Funcionamiento, mantenimiento y demás actividades básicas asociadas con la instalación de comunicaciones: el edificio de transmisión, torres, antenas, líneas de alimentación, bastidor de almacenamiento e instalaciones asociadas.

**7(iv) Instalación, modificación o desmantelamiento de estructuras**

- Toda estructura que se erija o instale en la Zona deberá especificarse en un permiso. Los carteles indicadores y los equipos científicos deberán estar bien sujetos, mantenerse en buen estado y llevar claramente el nombre del país autorizante, el nombre del investigador principal y el año de instalación. Todos estos artículos deberán estar hechos de materiales que presenten un riesgo mínimo de contaminación de la Zona. Los marcadores y equipos deberán estar hechos de materiales que no presenten un impacto en el entorno próximo.
- La instalación (incluida la elección del sitio), mantenimiento, modificación o desmantelamiento de estructuras o equipamiento debe se realizada en una forma que reduzca la afectación a los valores de la Zona.
- Los equipos asociados con investigaciones científicas deberán retirarse antes de que caduque el permiso (o autorización) para esa investigación, como condición de dicho permiso (o autorización). Se deberá proporcionar a la autoridad que expida el permiso información detallada sobre los carteles indicadores y los equipos que se dejen in situ. Esa información deberá incluir una descripción, la fecha de caducidad esperada, una ubicación GPS exacta con la longitud y la latitud en grados decimales con hasta 6 decimales (cuando sea posible también se dará información del datum horizontal utilizado, el modelo de GPS, datos de la estación base y precisiones horizontales y verticales).
- El permiso se expedirá con la condición de que el equipo o las estructuras para investigaciones científicas sea retirado antes de que venza el permiso.
- Están prohibidas las estructuras o instalaciones permanentes, a excepción de los marcadores permanentes de los lugares donde se han hecho reconocimientos.
- Todos estos artículos deberían estar sin organismos, propágulos, (ej.: semillas, huevos) y tierra no estéril, y deben estar hechos de materiales que puedan soportar las condiciones medioambientales y presenten un riesgo mínimo de contaminación de la Zona.
- Todas las estructuras e instalaciones temporales deberán retirarse cuando no sean necesarios, o cuando caduque el permiso, lo que acontezca antes, siempre y cuando ello no genere más perjuicio que beneficio a la vegetación y/o los valores de la Zona.

**7(v) Ubicación de los campamentos**

Se prohíbe acampar dentro de la Zona.

**7(vi) Restricciones relativas a los materiales y organismos que puedan introducirse en la Zona**

- Se prohíbe la introducción deliberada de animales, plantas o microorganismos vivos en la Zona. A fin de ayudar a mantener los valores ecológicos y científicos de las comunidades vegetales de la Zona, las personas que accedan a la Zona deberán tomar precauciones especiales para evitar introducciones no deseadas. Resulta especialmente preocupante la introducción de microbios o plantas de suelos de otros lugares de la Antártida, como estaciones, o de regiones de fuera de la Antártida. A fin de reducir a un mínimo el riesgo de introducciones, antes de acceder en la Zona se deberán limpiar minuciosamente el calzado y el equipo que se vayan a utilizar (maletines, equipos para recogida de muestras y marcadores).

- Tampoco se introducirán en la Zona ni herbicidas ni pesticidas, a menos que se consideren necesarios para controlar o erradicar especies exóticas. Podrán introducirse productos químicos con los fines científicos o de gestión especificados en el permiso, y se retirarán de la Zona cuando concluya dicha actividad permitida o con anterioridad.
- Se prohíben los depósitos de combustible permanentes. Podrá almacenarse combustible temporalmente en la Zona con fines fundamentales relacionados con una actividad para la cual se ha expedido un permiso. Dicho combustible se almacenará en contenedores sellados y aislados.
- Todo el material introducido para un periodo de tiempo determinado deberá ser retirado cuando concluya dicho período o con anterioridad y deberá ser almacenado y manipulado de forma tal que se reduzca a un mínimo el riesgo de repercusiones ambientales.

**7(vii) Recolección de flora y fauna autóctonas o intromisión perjudicial**

La toma de ejemplares de la flora y fauna autóctonas o la intromisión perjudicial están prohibidas, excepto de conformidad con un permiso. Si afecta a animales o interfiere perjudicialmente con animales, debería, como norma mínima, respetar el *Código de conducta del SCAR para el uso de animales con fines científicos en la Antártida.*

**7(viii) Toma o traslado de cualquier cosa que el titular del permiso no haya llevado a la zona**

Se podrá recolectar o retirar material de la Zona únicamente de conformidad con un permiso y dicho material deberá limitarse al mínimo necesario para fines de índole científica o de gestión.

El material de origen humano que pueda comprometer los valores de la Zona y que no haya sido llevado a la Zona por el titular del permiso o que no esté comprendido en otro tipo de autorización podrá ser retirado salvo que el impacto de su extracción probablemente sea mayor que el efecto de dejar el material *in situ*, en cuyo caso se deberá notificar a la autoridad competente y obtener su aprobación.

**7(ix) Eliminación de desechos**

Todos los desechos, incluidos todos los de origen humano, deberán ser retirados de la Zona.

**7(x) Medidas necesarias para que se puedan seguir cumpliendo los objetivos y las finalidades del plan de gestión**

Se podrán conceder permisos para acceder a la Zona a fin de llevar a cabo las siguientes mediciones, siempre que eso no tenga efectos adversos en los valores de la Zona:

- control biológico e inspección de la Zona y actividades de gestión que puedan implicar la recogida de pequeñas muestras para su análisis o estudio;
- erigir o mantener señalizaciones;
- mantenimiento o retirada de bastidores de almacenamiento, construcciones, mástiles de antenas y demás elementos asociados que se encuentren al noroeste de la Zona; y
- otras medidas de protección que resulten necesarias.

**7(xi) Requisitos relativos a los informes**

El titular principal de cada permiso deberá enviar a la autoridad nacional competente un informe en el que se describan las actividades llevadas a cabo. Estos informes deben incluir, según corresponda, la información señalada en la formulario para informes de visitas incluido en la *Guía para la preparación de los Planes de gestión para las Zonas Antárticas Especialmente Protegidas*. Las Partes deberán llevar un registro de dichas actividades y, en el intercambio anual de información, presentar resúmenes de las actividades realizadas por personas bajo su jurisdicción, que deberán ser suficientemente detallados para que se pueda evaluar la eficacia del Plan de Gestión. También siempre que sea posible las Partes deberán depositar el informe original o copias en un archivo de acceso público, a fin de llevar un registro de su uso en vistas a cualquier revisión del Plan de Gestión y para la organización del uso científico de la Zona.

## 8. Bibliografía

Adamson, E., and Seppelt, R. D. (1990) A comparison of airborne alkaline pollution damage in selected lichens and mosses at Casey Station, Wilkes Land, Antarctica. In: Kerry, K. R. and Hempel, G. (eds.) *Antarctic Ecosystems: Ecological Change and Conservation* Springer-Verlag, Berlin, pp. 347-353.

Azmi, O. R., and Seppelt, R. D. (1997) Fungi in the Windmill Islands, continental Antarctica. Effect of temperature, pH and culture media on the growth of selected microfungi. *Polar Biology* **18**: 128-134.

Azmi, O. R., and Seppelt, R. D. (1998) The broad scale distribution of microfungi in the Windmill Islands region, continental Antarctica. *Polar Biology* **19**: 92-100.

Bednarek-Ochyra, H., Váòa, J., Ochyra, R., Lewis Smith, R. I. (2000) *The Liverwort Flora of Antarctica*. Polish Academy of Sciences, Institute of Botany, Cracow.

Bergstrom D. and Robinson, S (2010) Casey: the Daintree of Antarctica. http://www.antarctica.gov.au/about-antarctica/fact-files/plants/casey-the-daintree-of-antarctica

Beyer, L., (2002) Properties, Formation and Geography of Soils in a Coastal Terrestrial Ecosystem of East Antarctica (Casey Station, Wilkes Land) [cited 26 November 2012]. Available from internet: http://books.google.com.au/books?hl=en&lr=&id=m-MB7TZrwg0C&oi=fnd&pg=PA3&dq=Beyer,+L.,+(2002)+Properties,+Formation+and+Geography+of+Soils+in+a+Coastal+Terrestrial+Ecosystem+of+East+Antarctica&ots=snaw67pzBU&sig=xU4CR0XzXafitWuROLhm1nR1FT0#v=onepage&q&f=false

Beyer, L., Pingpank, K., Bölter, M. and Seppelt, R. D. (1998) Small-distance variation of carbon and nitrogen storage in mineral Antarctic cryosols near Casey Station (Wilkes Land). *Zeitschrift fur Pflanzenahrung Bodendunde* **161**: 211-220.

Beyer, Lothar, Kristina Pingpank, Manfred Bölter and Rod D. Seppelt (2002): Soil organic matter storage on soil profile and on landscape level in permafrost affected soils in the coastal region of East Antarctica (Casey Station, Wilkes Land). In: Tarnocai et al. (Eds.). *Cryosols - Permafrost-Affected Soils*. Lewis Publishers, Boca Raton (in press).

Blight, D. F. (1975) The Metamorphic Geology of the Windmill Islands Antarctica, Volume 1 and 2, PhD thesis, University of Adelaide.

Blight, D. F. and Oliver, R. L. (1982) Aspects of the Geological history of the Windmill Islands, Antarctica. In: Craddock, C. (Ed.) *Antarctic Geoscience*, University of Wisconsin Press, Madison, WI, pp. 445-454.

Blight, D. F. and Oliver, R. L. (1997) The metamorphic geology of the Windmill Islands Antarctica: a preliminary account. *Journal of the Geological Society of Australia.* **24** (5): 239-262.

Block, W. (1992) *An Annotated Bibliography of Antarctic Invertebrates (Terrestrial and Freshwater)*.British Antarctic Survey, Natural Environmental Research Council, Cambridge.

Block, W. (2002) A dataset of Antarctic and sub-Antarctic invertebrates. [www site], [cited 26 November 2012]. Available from internet: http://gcmd.nasa.gov/KeywordSearch/Metadata.do?Portal=amd_au&KeywordPath=Parameters%7C%28%5BFreetext%3D%27invertebrates%27%5D+AND+%5BFreetext%3D%27sub-antarctic%27%5D%29&OrigMetadataNode=AADC&EntryId=block_invertebrates&MetadataView=Full&MetadataType=0&lbnode=mdlb5

Blume, H-P., Kuhn, D. and Bölter, M. (2002) Soils and landscapes. In: Beyer, L. and Bölter, M. (eds.) *Geoecology of Antarctic Ice-Free Coastal Landscapes.* Springer-Verlag, Berlin, pp. 94-98, 105-108.

Bramley-Alves, J. *King, DH, Miller, RE & Robinson SA. (2013) Dominating the Antarctic Environment: bryophytes in a time of change. In Photosynthesis of Bryophytes and Seedless Vascular Plants. Eds Hanson DT & Rice SK. Volume in series Advances in Photosynthesis and Respiration. Springer (in press).

Bureau of Meteorology (2004) Climate and History, Climate of Casey [www site], [cited 22 June 2004] Available from internet: *http://www.bom.gov.au/weather/ant/casey/climate.shtml*

Clarke, L.J., Robinson, S.A., Ayre, D.J. (2008) Somatic mutation and the Antarctic ozone hole Journal of Ecology 96 378-385. Editor's choice article for March 2008.

Clarke, L.J., Robinson, S.A. Cell wall-bound UV-screening pigments explain the high UV tolerance of the Antarctic moss, Ceratodon purpureus (revised submission to New Phytologist Feb 2008)

Clarke, L.J., Robinson, S.A., Ayre, D.J. Genetic structure of Antarctic populations of the moss Ceratodon purpureus. Antarctic Science 21 51-58

Clarke, L.J., Robinson, S.A., Hua, Q., Ayre D.J. & Fink, D. (2012) Radiocarbon bomb spike reveals biological effects of Antarctic climate change. Global Change Biology, **18** 301-310 plus front cover.

Cowan, A. N. (1979) Giant petrels at Casey, Antarctica. *Australian Bird Watcher.* **8** (2): 66-67. Cowan, A. N. (1981). Size variation in the Snow petrel (Pagodroma nivea). *Notornis* **28**: 169-188. Dunn, J. (2000) Seasonal variation in the pigment content of three species of Antarctic bryophytes Honours thesis University of Wollongong .; [Ref:10167]; AAS Projects 941, 1310

Dunn, J.L., Robinson, S.A. (2006) Ultraviolet B screening potential is higher in two cosmopolitan moss species than in a co-occurring Antarctic endemic moss: implications of continuing ozone depletion. Global Change Biology 12. 2282-2296; [Ref:12830]; AAS Projects 1310, 2542

Dunn, J.L., Robinson, S.A. (2006) UV-B screening potential is higher in two cosmopolitan moss species than in a co-occurring Antarctic endemic moss - implications of continuing ozone depletion Global Change Biology 12 (12). 42pp; [Ref:12867]; AAS Projects 1310, 2542

Dunn, JL, *Turnbull, JD & Robinson, SA (2004) Comparison of solvent regimes for the extraction of photosynthetic pigments from leaves of higher plants. Functional Plant Biology 31: 195-202.

Giese, M. (1998) Guidelines for people approaching breeding groups of Adélie penguins (Pygoscelis adeliae). *Polar Record.* **34** (191): 287-292.

Goodwin, I. D. (1993) Holocene deglaciation, sea-level change, and the emergence of the Windmill Islands, Budd Coast, Antarctica. *Quaternary Research.* **40**: 70-80.

Hallingbäck, Tomas and Hodgetts, Nick. (Compilers) (2000) *Mosses, Liverworts, and Hornworts: Status Survey and Conservation Action Plan for Bryophytes.* IUCN/SSC Bryophyte Specialist Group.

Heatwole, H., Saenger, P., Spain, A., Kerry, E. and Donelan, J. (1989) Biotic and chemical characteristics of some soils from Wilkes Land Antarctica. *Antarctic Science.* **1**(3): 225-234.

Hogg ID, Stevens MI (2002) Soil Fauna of Antarctic Coastal Landscapes. In: Beyer L and Bölter M (eds). Geoecology of Antarctic Ice-Free Coastal Landscapes. Ecological Studies Volume 154, pp 265-282. Springer-Verlag, Berlin

Hovenden, M. J. and Seppelt, R. D. (1995) Exposure and nutrients as delimiters of lichen communities in continental Antarctica. *Lichenologist* **27**(6): 505-516.

Leslie, S. (2003) The Combined Effects of Desiccation and UV-B Radiation on the Accumulation of DNA Damage, Pigment Composition and Photosynthetic Efficiency in three species of Antarctic moss. Thesis. Bachelor of Biotechnology (Honours) Degree, University of Wollongong. 1-87; [Ref:11456]; AAS Project 1310

Ling, H. U. (1996) Snow algae of the Windmill Islands region, Antarctica. *Hydrobiologia* 336: 99-106. Ling, H. U. (2001) Snow Algae of the Windmill Islands, Continental Antarctica: *Desmotetraaureospora*, sp. nov. and D. antarctica, comb. nov. (Chlorophyta). *Journal of Phycology* **37**: 160-174.

Ling, H. U. and Seppelt, R.D. (1990) Snow algae of the Windmill Islands, continental Antarctica. esotaenium berggrenii (Zygnematales, Chlorophyta) the alga of grey snow. *Antarctic Science* 2(2): 143-148

Ling, H. U. and Seppelt, R.D. (1993) Snow algae of the Windmill Islands, continental Antarctica. 2. Chloromonas rubroleosa sp. nov. (Volvocales, Chlorophyta), an alga of red snow. *European Journal of Phycology* : 77-84.

Ling, H. U. and Seppelt, R.D. (1998) Non-marine algae and cyanobacteria of the Windmill Islands region, Antarctica, with descriptions of two new species. *Archiv für Hydrobiologie Supplement 124, Algological Studies* 89: 49-62.

Ling, H. U. and Seppelt, R.D. (1998) Snow Algae of the Windmill Islands, continental Antarctica 3. Chloromonas polyptera (Volvocales, Chlorophyta) *Polar Biology* 20: 320-324.

Ling, H. U. and Seppelt, R.D. (2000) Snow Algae of the Windmill Islands Region, Adaptations to the Antarctic Environment. Davison, W., Howard-Williams, C., Broady, P. (eds.) *Antarctic Ecosystems: Models for Wider Ecological Understanding.* pp. 171-174.

Longton, R. E. (1988) *Biology of polar bryophytes and lichens.* Cambridge University Press, Cambridge. 307-309.

Lovelock, C.E., Robinson, S.A. (2002) Surface reflectance properties of Antarctic moss and their relationship to plant species, pigment composition and photosynthetic function. Plant, Cell and Environment. 25. 1239-1250; [Ref:10869]; AAS Projects 941, 1310

Lucieer, A, Robinson, S and Bergstrom D. (2010) Aerial 'OktoKopter' to map Antarctic moss *Australian Antarctic Magazine*, Issue 19. pp. 1-3 http://www.antarctica.gov.au/about-antarctica/australian-antarctic-magazine/issue-19-2010/aerial-oktokopter-to-map-antarctic-moss.

Melick, D. R., Hovenden, M. J., and Seppelt, R. D. (1994) Phytogeography of bryophyte and lichen vegetation in the Windmill Islands, Wilkes land, Continental Antarctica. *Vegetatio* 111: 71-87.

Melick, D. R., and Seppelt, R. D. (1990) Vegetation patterns in Relation to climatic and endogenous changes in Wilkes Land, continental Antarctica. *Journal of Ecology* 85: 43-56.

Miller, W. R., Miller, J. D. and Heatwole, H. (1996) Tardigrades of the Australian Antarctic Territories: the Windmill Islands, East Antarctica. *Zoological Journal of the Linnean Society* 116: 175-184.

Murray, M. D., and Luders, D. J. (1990) Faunistic studies at the Windmill Islands, Wilkes Land, East Antarctica, 1959-80. *ANARE Research Notes* **73**, Antarctic Division, Kingston.

Orton, M. N. (1963) A Brief Survey of the fauna of the Windmill Islands, Wilkes Land, Antarctica. *The Emu* **63** (1): 14-22.

Øvstedal, D. O. and Lewis Smith, R. I. (2001) Lichens of Antarctica and South Georgia: A Guide to their Identification and Ecology. Cambridge University Press, Cambridge.

Paul, E., Stüwe, K., Teasdale, J. and Worley, B. (1995) Structural and metamorpohic geology of the Windmill Islands, East Antarctica: field evidence for repeated tectonothermal activity. *Australian Journal of Earth Sciences* **42**: 453-469.

Petz, P. (1997) Ecology of the active microfauna (Protozoa, Metazoa) of Wilkes Land, East Antarctica. *Polar Biology* 18: 33-44.

Petz, P. and Foissner, W. (1997) Morphology and infraciliature of some ciliates (Protozoa, Ciliophora) from continental Antarctica, with notes on the morphogenesis of *Sterkiella histriomuscorum*. *Polar Record* **33**(187): 307-326.

Robinson, S.A., Wasley, J., Popp, M., Lovelock, C.E. (2000) Desiccation tolerance of three moss species from continental Antarctica. Australian Journal of Plant Physiology 27. 379-388; [Ref:9083]; AAS Projects 941, 1087, 1313

Robinson, S.A., Dunn, J., Turnbull, D., Clarke, L. (2006) UV-B screening potential is higher in two cosmopolitan moss species than in a co-occurring Antarctic endemic ? implications of continuing ozone depletion. Abstracts of the Combio 2006 Conference, Brisbane Sept 24-28th 2006. p. 101; [Ref:12837]; AAS Projects 1310, 2542

Robinson, SA, *Turnbull, JD & Lovelock, C.E. (2005) Impact of changes in natural UV radiation on pigment composition, surface reflectance and photosynthetic function of the Antarctic moss, *Grimmia antarctici*. Global Change Biology **11:** 476-489.

Robinson SA. & *Waterman M. (2013) Sunsafe bryophytes: photoprotection from excess and damaging solar radiation. In Photosynthesis of Bryophytes and Seedless Vascular Plants. Eds Hanson DT & Rice SK. Volume X in series Advances in Photosynthesis and Respiration. Springer (in press).

Robinson, SA, *Wasley, J & Tobin, AK (2003) Living on the edge-plants and global change in continental and maritime Antarctica. Global Change Biology **9** 1681-1717. *Invited review.*

Roser, D. J., Melick, D. R., Ling, H. U. and Seppelt, R. D. (1992) Polyol and sugar content of terrestrial plants from continental Antarctica. *Antarctic Science* **4** (4): 413-420.

Roser, D. J., Melick, D. R. and Seppelt, R. D. (1992) Reductions in the polyhydric alcohol content of lichens as an indicator of environmental pollution. *Antarctic Science* **4** (4): 185-189.

Roser, D. J., Seppelt, R. D. and Nordstrom (1994) Soluble carbohydrate and organic content of soils and associated microbiota from the Windmill Islands, Budd Coast, Antarctica. *Antarctic Science* **6**(1): 53-59.

Selkirk, P. M.and Skotnicki, M. L (2007) *Measurement of moss growth in continental Antarctica*, Polar Biology 30(4): pp. 407-413; Springer-Verlag, Berlin, illus. incl. 2 tables; 21 refs.

Seppelt, R. D. (2002) Plant Communities at Wilkes Land. In: Beyer, L. and Bölter, M. (eds.) *Geoecology of Antarctic Ice-Free Coastal Landscapes* Springer-Verlag, Berlin, 233-242.

Seppelt, R. D. (2002) Wilkes Land (Casey Station). In: Beyer, L. and Bölter, M. (eds.) *Geoecology of Antarctic Ice-Free Coastal Landscapes.* Springer-Verlag, Berlin, pp. 41-46.

Seppelt, R. D. (2008) Dr R. Seppelt, Senior Research Scientist, Australian Antarctic Division. Personal communication.

Smith, R. I. L. (1980) *Plant community dynamics in Wilkes Land, Antarctica,* Proceedings NIPR Symposium of polar biology **3**: 229-224.

Smith, R. I. L. (1986) Plant ecological studies in the fellfield ecosystem near Casey Station, Australian Antarctic Territory, 1985-86. *British Antarctic Survey Bulletin.* **72**: 81-91.

Terauds A., Chown, S.L., Morgan, F., Peat, H.J., Watts, D., Keys, H., Convey, P. and Bergstrom, D.M. (2012) Conservation biogeography of the Antarctic. Diversity and Distributions, 18, 726–741

Turnbull, JD, Leslie, SJ & Robinson, SA (2009) Desiccation protects two Antarctic mosses from ultraviolet–B induced DNA damage. Functional Plant Biology **36** 214-221.

Turnbull, J.D., Robinson, S.A. Susceptibility to Ultraviolet Radiation Induced DNA Damage In Three Antarctic Mosses (submitted to Global Change Biology)

Turnbull, JD & Robinson, SA (2009) Accumulation of DNA damage in Antarctic mosses: correlations with ultraviolet-B radiation, temperature and turf water content vary among species. Global Change Biology **15** 319-329.

Turnbull, J.D., Robinson, S.A., Leslie, S.J., Nikaido, O. (2008) Desiccation confers protection from UV – B radiation but an endemic Antarctic moss is more susceptible to DNA damage than co- occurring cosmopolitan species. (in prep)

Turner, D., Lucieer, A. and Watson, C. (2012) An Automated Technique for Generating Georectified Mosaics from Ultra-High Resolution Unmanned Aerial Vehicle (UAV) Imagery, Based on Structure from Motion (SfM) Point Clouds. Remote Sens. 4, 1392-1410

Wasley, J., Robinson, S.A., Lovelock, C.E., Popp, M. (2006) Climate change manipulations show Antarctic flora is more strongly affected by elevated nutrients than water. Global Change Biology 12. 1800-1812; [Ref:12682]; AAS Project 1087

Wasley, J., Robinson, S.A., Lovelock, C.E., Popp, M. (2006) Some like it wet — biological characteristics underpinning tolerance of extreme water stress events in Antarctic bryophytes. Functional Plant Biology 33. 443-455; [Ref:12318]; AAS Project 1087

Wasley, J., Robinson, S.A., *Turnbull, J.D., *King D.H., Wanek, W. Popp, M. (2012) Bryophyte species composition over moisture gradients in the Windmill Islands, East Antarctica: development of a baseline for monitoring climate change impacts. Biodiversity DOI:10.1080/14888386.2012.712636.

Woehler, E. J., Penney, S. M., Creet, S. M. and Burton, H. R. (1994) Impacts of human visitors on breeding success and long-term population trends in Adélie penguins at Casey, Antarctica. Polar Biology 14: 269-274.

Woehler, E. J., Slip, D. J., Robertson, L. M., Fullagar, P. J. and Burton, H. R. (1991) The distribution, abundance and status of Adélie penguins Pygoscelis adeliae at the Windmill Islands, Wilkes Land, Antarctica. Marine Ornithology 19(1): 1-18.

## *Anexo 1: Nordeste de la Península Bailey, Zona Antártica Especialmente Protegida*

**N° 135, coordenadas de los límites**

| **Límite** | Longitud | Latitud | **Límite** | Longitud | Latitud |
|---|---|---|---|---|---|
| **1** | 110°32’56” | 66°17’11” | **15** | 110°32’16” | 66°16’52” |
| **2** | 110°32’50” | 66°17’11” | **16** | 110°32’19” | 66°16’53” |
| **3** | 110°32’41” | 66°17’10” | **17** | 110°32’19” | 66°16’55” |

| **4** | 110°32'22" | 66°17'7" | **18** | 110°32'24" | 66°16'55" |
|---|---|---|---|---|---|
| **5** | 110°32'20" | 66°17'6" | **19** | 110°32'25" | 66°16'53" |
| **6** | 110°32'18" | 66°17'2" | **20** | 110°32'29" | 66°16'53" |
| **7** | 110°32'18" | 66°17'0" | **21** | 110°32'44" | 66°16'54" |
| **8** | 110°32'14" | 66°17'0" | **22** | 110°33'9" | 66°17'5" |
| **9** | 110°32'9" | 66°16'56" | **23** | 110°33'11" | 66°17'6" |
| **10** | 110°32'8" | 66°16'54" | **24** | 110°33'10" | 66°17'9" |
| **11** | 110°32'5" | 66°16'54" | **25** | 110°33'2" | 66°17'11" |
| **12** | 110°32'7" | 66°16'52" | | | |
| **13** | 110°32'7" | 66°16'52" | | | |
| 14 | 110°32'12" | 66°16'51" | | | |

## *Anexo 2: Musgos, agrimonias y líquenes identificados del Nordeste de la Península Bailey, Zona Antártica Especialmente Protegida Nº 135 (de Mellick, 1994, nota personal de Seppelt)*

| **Musgos** |
| --- |
| *Bryum pseudotriquetrun* (Hedw.) Gaertn., Meyer et Scherb. |
| *Ceratodon purpureus* (Hedw.) Brid. |
| *Schistidium antarctici* Card. |
| |
| **Agrimonias** |
| *Cephaloziella varians Steph.* |
| |
| **Líquenes** |
| *Acarospora gwynii* Dodge & Rudolph |
| *Amandinea petermannii* (Hue) Matzer, H. Mayrhofer & Scheid. |
| *Buellia cf. cladocarpiza* Lamb? |
| *Buellia frigida* Darb. |
| *Buellia grimmiae* Filson |
| *Buellia cf. lignoides* Filson |
| *Buellia papillata* Tuck. |
| *Buellia pycnogonoides* Darb. |
| *Buellia soredians* Filson |
| *Caloplaca athallina* Darb. |
| *Caloplaca citrina* (Hoffm.) Th. Fr. |
| *Candelariella flava* (C.W. Dodge & Baker) Castello & Nimis |
| *Lecanora expectans* Darb. |
| *Lecidea* spp. |
| *Lecidea cancriformis* Dodge & Baker (=Lecidea phillipsiana Filson) |
| *Lecidea andersonii* Filson |
| *Lepraria* sp. |
| *Pleopsidium chlorophanum* (Wahlenb.) Zopf |
| *Rhizocarpon geographicum* |
| *Rhizoplaca melanophthalma* (Ram.) Leuck. & Poelt |
| *Rinodina olivaceobrunnea* Dodge & Baker |
| *Physcia caesia* (Hoffm.) Hampe |
| *Umbilicaria aprina* Nyl. |
| *Umbilicaria decussata* (Vill.) Zahlbr. |
| *Umbilicaria cf. propagulifera* (Vainio) Llano |
| *Xanthoria elegans* (Link) Th. Fr. |
| *Xanthoria mawsonii* Dodge. |
| *Pseudephebe minuscula* (Nyl ex Arnold) Brodo & Hawksw. |
| *Usnea antarctica* Du Rietz |
| *Usnea sphacelata* R. Br. |

### *Anexo 3: Hongos hallados en el suelo y en musgos, líquenes y algas de la ZAEP Nº 135, y en especies de mayor distribución en la región de las islas Windmill (de Azmi 1998 y Seppelt, nota personal).*

Nota: Se trata sólo de una lista parcial de los taxones hallados en las islas Windmill

| | ZAEP Nº 135 | Peninsula Bailey | *Bryum pseudotri-quetrum* | *Ceratodon purpureu* | *Grimmia antarctici* | Algas | Líquenes* |
|---|---|---|---|---|---|---|---|
| *Acremonium* sp. | | | | | 9 | | |
| *Acremonium crotociningenum* (Schol-Schwarz) W. Gams | | 9 | | | | | 9 |
| *Alternaria alternata (Fr.)* Keissl. | | 9 | | | | | |
| *Arthrobotrys* | | | 9 | 9 | | | |
| *Aspergillus nidulans (Eidam)* G. Winter | | 9 | | | | | |
| *Aspergillus sp.* | | | | | | 9 | |
| *Botrytis cinerea* Pers. | | 9 | | | | | |
| *Chrysosporium* sp | 9 | | 9 | 9 | 9 | | |
| *Chrysosporium pannorum* (Link.) S. Hughes | 9 | 9 | 9 | 9 | 9 | 9 | 9 |
| *Cladosporium* sp. | | 9 | | | | | |
| *Diplodia sp.* | | 9 | | | | | |
| *Fusarium oxysporum* E.F. Sm., & Swingle | | 9 | | | | | |
| *Geomyces* sp. | | 9 | 9 | 9 | | 9 | 9 |
| *Geotrichum* sp. | | | | | | | |
| *Mortierella* sp. | | 9 | 9 | | 9 | 9 | 9 |
| *Mortierella gamsii* Milko | | 9 | 9 | | | | |
| *Mucor pyriformis* Scop. | | 9 | 9 | | 9 | | |
| *Mycelia sterilia* 1** | 9 | | 9 | 9 | 9 | 9 | 9 |
| *Mycelia sterilia* 2** | 9 | | 9 | 9 | 9 | 9 | |
| *Mycelia sterilia* 3** | 9 | | 9 | 9 | 9 | | |
| *Mycelia sterilia* 4** | | 9 | | | | | |
| *Nectria peziza* Berk. | | 9 | 9 | | 9 | | |
| *Penicillium chrysogenum* Thom | 9 | | 9 | | 9 | 9 | |
| *P. commune* Thom | | 9 | | | | | |
| *P. corylophilum* Dierckx | | 9 | | | | | |
| *P. expansum* Link | | 9 | 9 | 9 | | 9 | |
| *P. hirsutum* Dierckx | | 9 | | | | | |
| *P. palitans* Westling | | 9 | 9 | 9 | 9 | | |
| *P. roqueforti* Thom | | 9 | | | | | |

| | ZAEP Nº 135 | Península Bailey | *Bryum pseudotri-quetrum* | *Ceratodon purpureu* | *Grimmia antarctici* | Algas | Líquenes* |
|---|---|---|---|---|---|---|---|
| *Penicillium* sp. | | | 9 | 9 | 9 | 9 | |
| *Penicillium* sp. 1 | | | | | | | |
| *Penicillium* sp. 2 | | | | | | | |
| *Phialophora malorum* (Kidd & Beaumont) McColloch | | 9 | 9 | 9 | 9 | 9 | |
| *Phoma herbarum* Westend | | 9 | 9 | 9 | 9 | | |
| *Phoma* sp. | 9 | | | | | | |
| *Phoma* sp. 1 | | | 9 | 9 | 9 | | |
| *Phoma* sp. 2 | | | | 9 | 9 | | |
| *Rhizopus stolonifer* (Ehrenb.) Vuill. | | 9 | | | | 9 | |
| *Sclerotinia sclerotiorum* (Lib.) de Bary | | 9 | | | | | |
| *Thelebolus microsporus* (Berk. & Broome) Kimbr. | 9 | 9 | 9 | 9 | 9 | 9 | 9 |
| *Trichoderma harzianum* Rifai | | 9 | | | | | |
| *T. pseudokoningi* Rifai | | 9 | | | | | |

*Los líquenes son *Xanthoria mawsonni, Umbilicaria decussata* y *Usnea sphacelata*.

** Mycelia sterilia es un término general para sterile mycelia. Aproximadamente el 45% de todos los hallazgos obtenidos en las islas Windmill no se han identificado porque permanecían estériles en cultivo.

## *Anexo 4: Especies de cianobacterias y algas encontradas en la región de las islas Windmill*

Los grupos taxonómicos figuran en orden alfabético debajo de cada filum, junto con su hábitat, y se indica si se mantienen en cultivo. A = Acuático, T = Terrestre (del suelo), S = Nieve o hielo y C = Cultivo. (de Ling 1998 y nota personal de Seppelt 2008).

| **Cyanobacteria** | |
|---|---|
| *Aphanothece castagnei* (Breb.) Rabenh. | A |
| *Aphanocapsa elachista var. irregularis* Boye-Pet. | A |
| *Aphanocapsa muscicola* (Menegh.) Wille | A |
| *Aphanothece saxicola* Nageli | A |
| *Aphanothece* sp. | A |
| *Calothrix parietina* Thur. | A |
| *Chamaesiphon subglobosus* ((Ros-Taf) Lemmerm. | A |
| *Chroococcus dispersus* (Keissl.) Lemmerm. | A |
| *Chroococcus minutus* (Kutz.) Nageli | A |
| *Chroococcus turgidus* (Kutz.) Nageli | A |
| *Dactylococcopsis antarctica* F E. Fritsch | A |
| *Dactylococcopsis smithii* R. et E.Chodat (= *Rhabdogloea smithii* (R. et E.Chodat) | A |
| *Eucapsis* sp. | T |
| *Gloeocapsa dermochroa* Nageli | A |
| *G. kuetzingiana* Nageli | A |
| *Hammatoidea* sp. | A |
| *Homoeothrix* sp. | A |
| *Isocystis pallida* Woron. | AT |
| *Katagnymene accurata* Geitler | AT |
| *Lyngbya attenuata* Fritsch | A |
| *Lyngbya martensiana* Menegh. | A |
| *Merismopedia tenuissima* Lemmerm. | AT |
| *Myxosarcina concinna* Printz | A |
| *Nodularia harveyana* var. *sphaerocarpa* (Born. et Flah.) Elenkin | A |
| *Nostoc commune* Vaucher | ATC |
| *Nostoc* sp. | T |
| *Oscillatoria annae* Van Gook | A |
| *Oscillatoria fracta* Carlson | A |
| *Oscillatoria irrigua* Kutz | A |
| *Oscillatoria lemmermannii* Wolosz. | A |
| *Oscillatoria proteus* Skuja | A |
| *Oscillatoria* sp. (Broady 1979a, *Oscillatoria* cf. *limosa* Agardh) | A |
| *Oscillatoria* sp. (BROADY 1979a, *Oscillatoria* sp. C) | T |
| *Phormidium autumnale*(Agardh) Gomont | T |
| *Phormidium foveolarum* Gomont | A |
| *Phormidium frigidum* F.E. Fritsch | A |
| *Phormidium subproboscideum* (W et G. S. West) Anagnost et Komarek | A |
| *Phormidium* sp. | A |
| *Plectonema battersii* Gomont | A |
| *Plectonema nostocorum* Bornet | A |
| *Pseudanabaena mucicola* (Hub.-Pest. et Naum.) Bour. | A |
| *Schizothrix antarctica* F E. Fritsch | A |
| *Stigonema mesentericum* Geitler f. | T |
| *Stigonema minutum* (AGARDH) Hassall | T |
| *Stigonema* sp. | T |
| *Synechococcus aeruginosus* Nageli | T |
| *Synechococcus maior* Schroeter | AT |
| *Tolypothrix byssoidea* (Berk.) Kirchner f | A |
| *Tolypothrix distorta* var. *penicillata* (Agardh)Lemmerm.(= Tolypothrix penicillata | A |
| **Clorofitas** | |
| *Actinotaenium cucurbita* (Breb.) Teiling | AC |
| *Apodochloris irregularis* Ling et Seppelt | AC |
| *Asterococcus superbus* (Cienk.) Scherff. | AC |

| | |
|---|---|
| *Binuclearia tatrana* Wittr. | AC |
| *Binuclearia tectorum* (KÜTZ.) Beger | AC |
| *Chlamydomonas pseudopulsatilla* Gerloff | S |
| *Chlamydomonas sphagnicola* (F.E. Fritsch) F.E. Fritsch et Takeda | TC |
| *Chlamydomonas subcaudata* Wille | A |
| *Chlamydomonas* sp. l | A |
| *Chlamydomonas* sp. 2 | A |
| *Chlorella vulgaris* Beij. | AT |
| *Chloromonas brevispina* Hoham, Roemer et Mullet | S |
| *Chloromonas polyptera* (F.E. Fritsch) Hoham, Mullet et Roemer | SC |
| *Chloromonas rubroleosa* Ling et Seppelt | SC |
| *Chloromonas* sp. l | SC |
| *Chloromonas* sp. 2 | A |
| *Coenochloris* sp. | T |
| *Desmococcus olivaceus* (Pers. ex Ach.) Laundon | ATC |
| *Desmotetra* sp. 1 | SC |
| *Desmotetra* sp. 2 | SC |
| *Dictyosphaerium dichotomum* Ling et Seppelt | T |
| *Fernandinella alpina* Chodat | AC |
| *Geminella terricola* Boye-Pet. | T |
| *Gloeocystis polydermatica* (Kutz.) Hindak | T |
| *Gloeocystis vesiculosa* Nageli | T |
| *Gongrosira terricola* Bristol | AC |
| *Gonium sociale* (Dujard.) Warm. | AC |
| *Hormotila* sp. | SC |
| *Kentrosphaera bristolae* G.M.Smith | A |
| *Klebsormidium dissectum* var. 1(Broady 1979a, *Chlorhormidium dissectum* var. A) | T |
| *Klebsormidium subtilissimum* (Rabenh.) Silva, Mattox et Blackwell | A |
| *Klebsormidium* sp. (BROADY 1981, *Klebsormidium* sp. A) | SC |
| *Lobococcus* sp.? | T |
| *Lobosphaera tirolensis* Reisigl | TC |
| *Macrochloris multinucleate* (Reisigl) Ettl et Gartner | ATC |
| *Mesotaenium berggrenii* (Wittr.) Lagerh. f. | S |
| *Monoraphidium contortum* (Thur.) Komark.-Legn. | A |
| *Monoraphidium* sp. | S |
| *Myrmecia bisecta* Reisigl | T |
| *Palmella* sp. 1 | TC |
| *Palmella* sp. 2 | A |
| *Palmellopsis* sp. | SC |
| *Prasiococcus calcarius* (Boye-Pet.) Vischer | ATSC |
| *Prasiola calophylla* (Carmich.) Menegh. | TC |
| *Prasiola crispa* (Lightf.) Menegh. | ATSC |
| *Prasiola* sp.? | A |
| *Pseudochlorella subsphaerica* Reisigl | T |
| *Pseudococcomyxa simplex* (Mainx) Fott | T |
| *Pyramimonas gelidfcola* McFadden, Moestrup et Wetherbee | A |
| *Pyramimonas* sp. | A |
| *Raphidonema helvetica* Kol | S |
| *Raphidonema nivale* Lagerh. | S |
| *Raphidonema sempervirens* Chodat | TC |
| *Raphidonema tatrae* Kol | S |
| *Schizogonium murale* Kutz. | ATC |
| *Schizogonium* sp. | AT |
| *Staurastrum* sp. | A |
| *Stichococcus bacillaris* Nageli | TSC |
| *Stichococcus fragilis* (A. Braun) Gay | A |
| *Stichococcus minutus* Grintzesco et Peterfi | S |
| *Tetracystis* sp. 1 | TC |
| *Tetracystis* sp. 2 | TC |
| *Trebouxia* sp. | TC |
| *Trichosarcina mucosa* (B Broady) Chappell et O'Kelly | TC |
| *Trochiscia* sp. (Broady 1979x, | A |
| *Trochiscia* sp. A) | |
| *Ulothrix implexa* (Kutz.) Kutz. A | |
| *Ulothrix zonata* (Weber et Mohr) Kutz | |
| *Ulothrix* sp. 1 | A |
| *Ulothrix* sp. 2 | S |
| *Uronema* sp. | S |
| | |

| **Xantofitas** | |
|---|---|
| *Botrydiopsis* sp. | TC |
| *Bumilleriopsis* sp. | TC |
| *Ellipsoidion* sp.? | S |
| *Fremya* sp. | ATC |
| *Gloeobotrys* sp. | A |
| *Heterococcus filiformis* Pitschm. | TC |
| *Heterococcus* sp. | TC |
| *Heterothrix debilis* Vischer | TC |
| *Tribonema microchloron* Ettl | A |
| | |
| **Crisofitas** | |
| *Chrysococcus* sp. | S |
| *Chroomonas lacustris* Pascher et Ruttner | A |
| | |
| **Dinofitas** | |
| *Gymnodinium* sp. | A |
| | |
| **Bacilariofitas** | |
| **Achnanthes coarctata* var. *elliptica* Krasske | S |
| *Amphora veneta* Kutz. | A |
| **Cocconeis imperatrix* A. Schmidt | S |
| **Diploneis subcincta* (A. Schmidt) Cleve | S |
| **Eucampia balaustium* Castray | S |
| *Fragilaria* sp. | A |
| *Fragilariopsis antarctica* (Castray) Hust. | A |
| *Hantzschia amphioxys* (Ehrenb.) Grun. | A |
| *Navicula atomus* (Nag.) Grun. | A |
| *Navicula murrayi* W. et G. S. West | A |
| *Navicula muticopsis* Van Heurck | AT |
| *Navicula* sp. | A |
| *Nitzschia palea* (Kutz.) W. S M. | AT |
| *Pinnularia borealis* Ehrenb. | AT |
| *Torpedoes laevissima* W et G. S. West | A |

*Se cree que son diatomeas marinas de la espuma de mar dispersa por el viento.

## *Anexo 5: Amebas ciliadas y testáceas activas en las inmediaciones de la estación Casey*

en la Península Bailey

(modificado de Petz y Foissner 1997)

| **Ciliadas** |
|---|
| *Bryometopus* sp |
| *Bryophyllum* cf. loxophylliforme |
| *Colpoda cucullus* (Mueller, 1773) |
| *Colpoda inflata* (Stokes, 1884) |
| *Colpoda maupasi* Enriques, 1908 |
| *Cyclidium muscicola* Kahl, 1931 |
| *Cyrtolophosis elongata* (Schewiakoff, 1892) |
| *Euplotes* sp. |
| *Fuscheria terricola* Berger and others, 1983 |
| *Gastronauta derouxi* Blatterer and Foissner, 1992 |
| *Halteria grandinella* (Mueller, 1773) |
| *Holosticha sigmoidea* Foissner, 1982 |
| *Leptopharynx costatus* Mermod, 1914 |
| *Odontochlamys wisconsinensis* (Kahl, 1931) |
| *Oxytricha opisthomuscorum* Foissner and others, 1991 |
| *Parafurgasonia* sp. |
| *Paraholosticha muscicola* (Kahl, 1932) |
| *Platyophrya vorax* Kahl, 1926 |
| *Pseudocohnilembus* sp. |
| *Pseudoplatyophrya nana* (Kahl, 1926) |
| *Pseudoplatyophrya* cf. saltans |
| *Sathrophilus muscorum* (Kahl, 1931) |
| *Sterkiella histriomuscorum* (Foissner and others, 1991) |
| *Sterkiella thompsoni Foissner*, 1996 |
| *Trithigmostoma* sp. |
| *Vorticella astyliformis* Foissner, 1981 |
| *Vorticella infusionum* Dujardin, 1 841 |
| |
| **Testáceas** |
| *Assulina muscorum* Greeff, 1888 |
| *Corythion dubium* Taranek, 1881 |
| *Euglypha rotunda* Wailes and Penard, 1911 |
| *Pseudodifflugia gracilis* var. *terricola* Bonnet and Thomas, 1960 |
| *Schoenbornia viscicula* Schoenborn, 1964 |
| *Trachelocorythion pulchellum* (Penard, 1890) |
| |

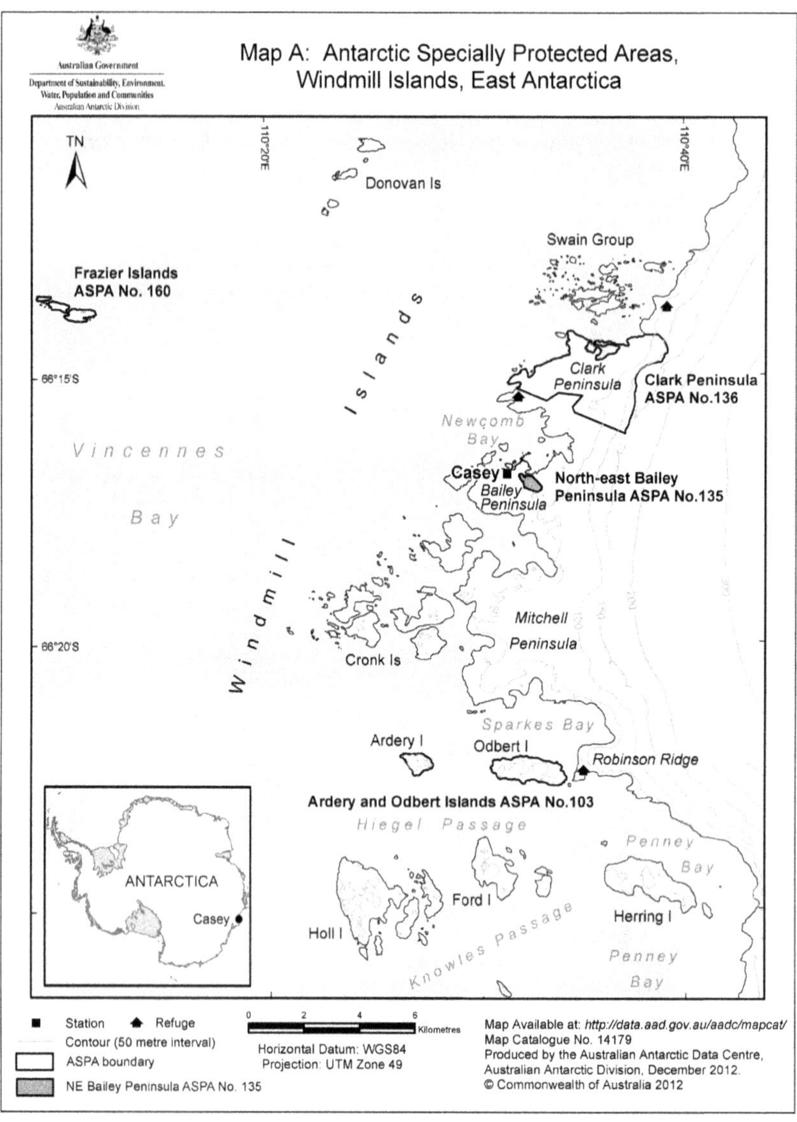
Australian Government
Department of Sustainability, Environment, Water, Population and Communities
Australian Antarctic Division
Map A: Antarctic Specially Protected Areas, Windmill Islands, East Antarctica
TN
110°20'E
110°40'E
Donovan Is
Swain Group
Frazier Islands
ASPA No. 160
Clark Peninsula
Clark Peninsula
ASPA No.136
66°15'S
Newcomb Bay
Vincennes Bay
Casey
Bailey Peninsula
North-east Bailey Peninsula ASPA No.135
Windmill Islands
Mitchell Peninsula
66°20'S
Cronk Is
Sparkes Bay
Ardery I
Odbert I
Robinson Ridge
Ardery and Odbert Islands ASPA No.103
Hiegel Passage
Penney Bay
ANTARCTICA
Casey
Ford I
Herring I
Holl I
Knowles Passage
Penney Bay
Station
Refuge
Contour (50 metre interval)
ASPA boundary
NE Bailey Peninsula ASPA No. 135
0 2 4 6 Kilometres
Horizontal Datum: WGS84
Projection: UTM Zone 49
Map Available at: http://data.aad.gov.au/aadc/mapcat/
Map Catalogue No. 14179
Produced by the Australian Antarctic Data Centre, Australian Antarctic Division, December 2012.
© Commonwealth of Australia 2012

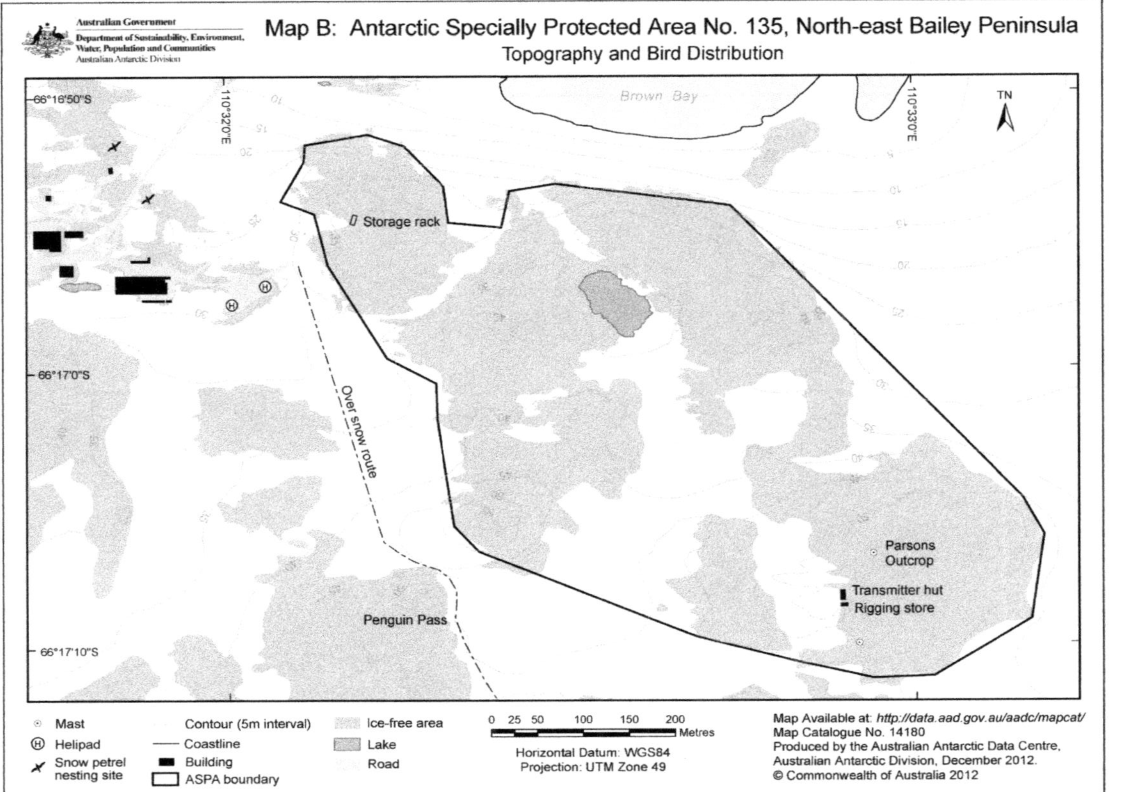
Australian Government
Department of Sustainability, Environment, Water, Population and Communities
Australian Antarctic Division
Map B: Antarctic Specially Protected Area No. 135, North-east Bailey Peninsula
Topography and Bird Distribution
66°16'50"S
66°17'0"S
66°17'10"S
110°32'0"E
110°33'0"E
TN
Brown Bay
Storage rack
Over snow route
Penguin Pass
Parsons Outcrop
Transmitter hut
Rigging store
Mast
Helipad
Snow petrel nesting site
Contour (5m interval)
Coastline
Building
ASPA boundary
Ice-free area
Lake
Road
0 25 50 100 150 200 Metres
Horizontal Datum: WGS84
Projection: UTM Zone 49
Map Available at: http://data.aad.gov.au/aadc/mapcat/
Map Catalogue No. 14180
Produced by the Australian Antarctic Data Centre, Australian Antarctic Division, December 2012.
© Commonwealth of Australia 2012

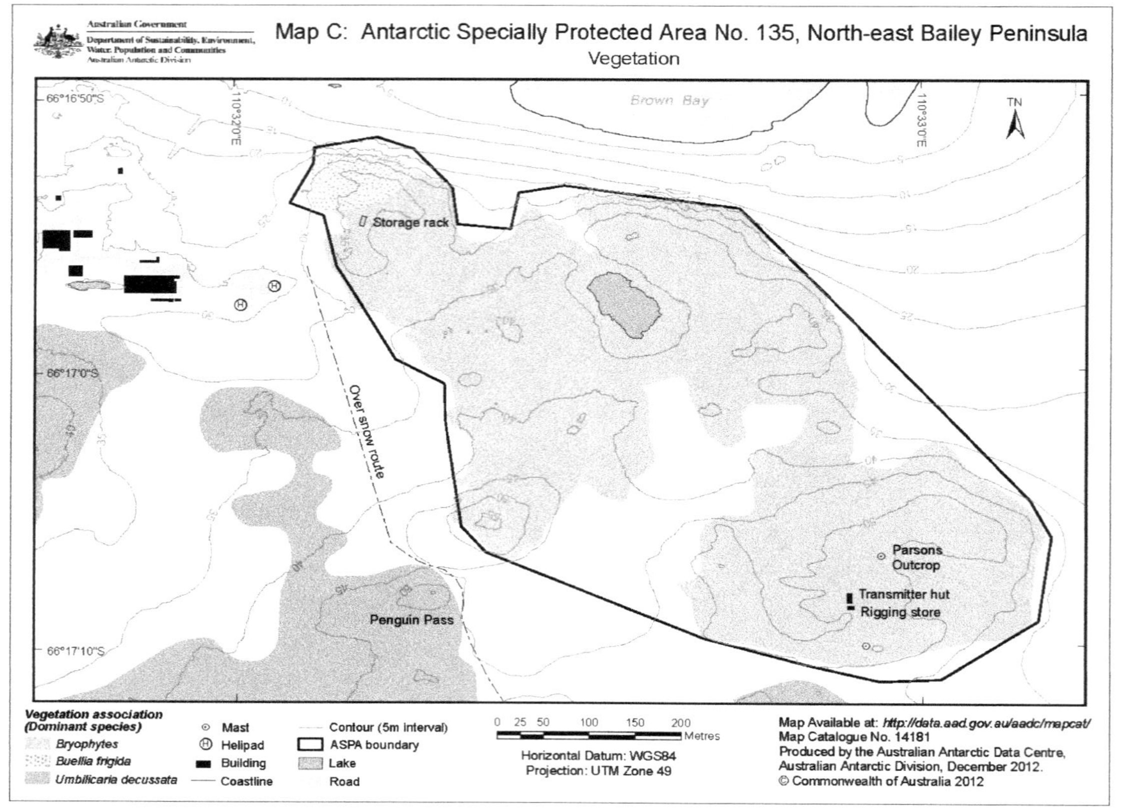
Australian Government
Department of Sustainability, Environment, Water, Population and Communities
Australian Antarctic Division
Map C: Antarctic Specially Protected Area No. 135, North-east Bailey Peninsula
Vegetation
66°16'50"S
66°17'0"S
66°17'10"S
110°32'0"E
110°33'0"E
TN
Brown Bay
Storage rack
Over snow route
Penguin Pass
Parsons Outcrop
Transmitter hut
Rigging store
Vegetation association (Dominant species)
Bryophytes
Buellia frigida
Umbilicaria decussata
Mast
Helipad
Building
Coastline
Contour (5m interval)
ASPA boundary
Lake
Road
0 25 50 100 150 200 Metres
Horizontal Datum: WGS84
Projection: UTM Zone 49
Map Available at: http://data.aad.gov.au/aadc/mapcat/
Map Catalogue No. 14181
Produced by the Australian Antarctic Data Centre, Australian Antarctic Division, December 2012.
© Commonwealth of Australia 2012

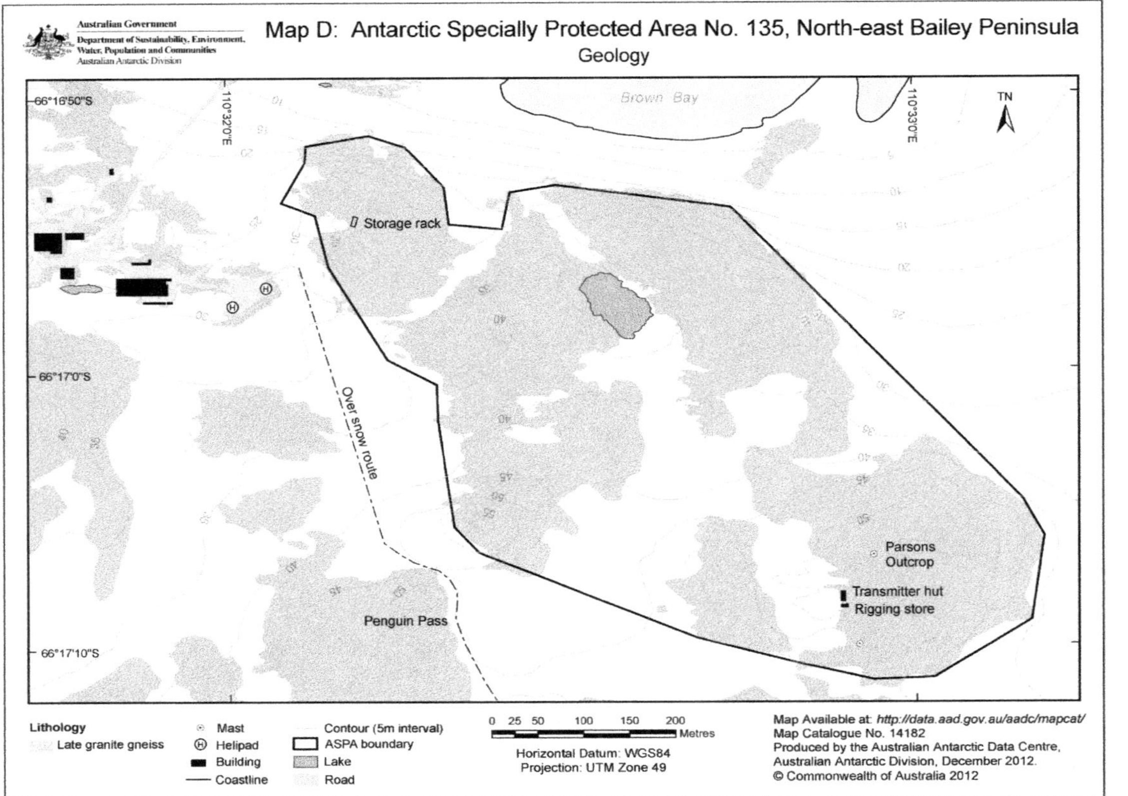
Australian Government
Department of Sustainability, Environment, Water, Population and Communities
Australian Antarctic Division
Map D: Antarctic Specially Protected Area No. 135, North-east Bailey Peninsula
Geology
66°16'50"S
66°17'0"S
66°17'10"S
110°32'0"E
110°33'0"E
TN
Brown Bay
Storage rack
Over snow route
Penguin Pass
Parsons Outcrop
Transmitter hut
Rigging store
Lithology
Late granite gneiss
Mast
Helipad
Building
Coastline
Contour (5m interval)
ASPA boundary
Lake
Road
0 25 50 100 150 200 Metres
Horizontal Datum: WGS84
Projection: UTM Zone 49
Map Available at: http://data.aad.gov.au/aadc/mapcat/
Map Catalogue No. 14182
Produced by the Australian Antarctic Data Centre, Australian Antarctic Division, December 2012.
© Commonwealth of Australia 2012

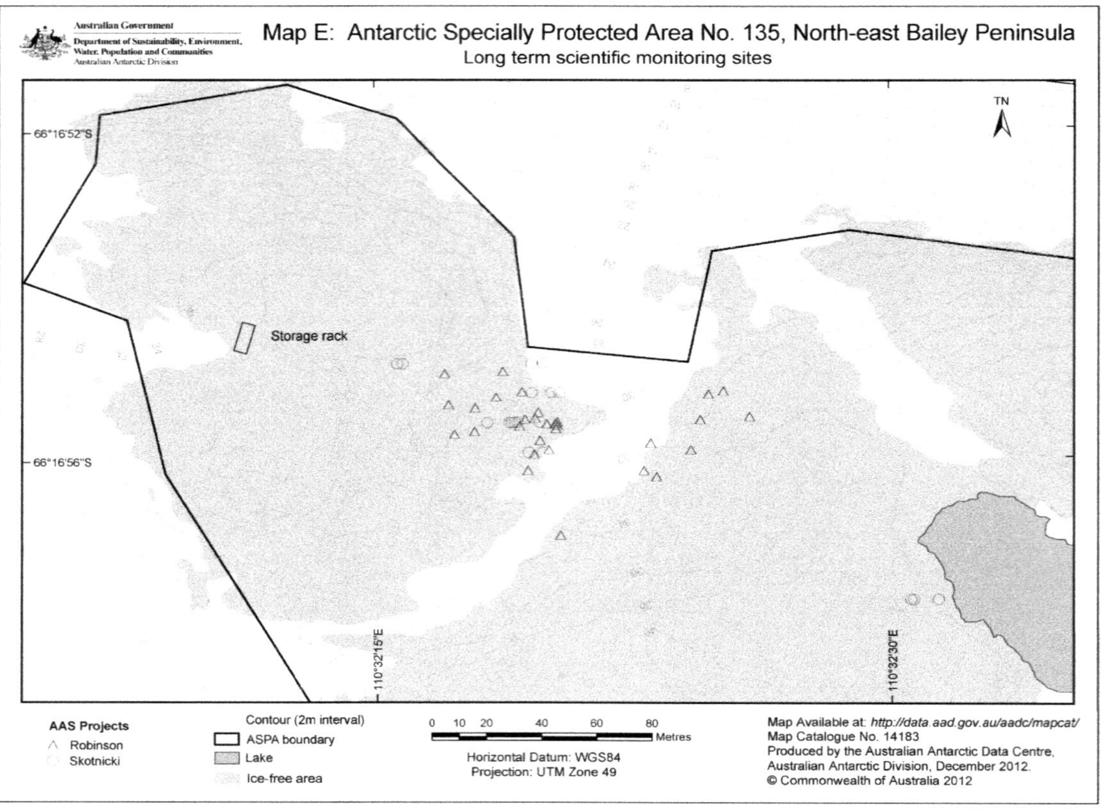
Australian Government
Department of Sustainability, Environment, Water, Population and Communities
Australian Antarctic Division
Map E: Antarctic Specially Protected Area No. 135, North-east Bailey Peninsula
Long term scientific monitoring sites
TN
66°16'52"S
66°16'56"S
Storage rack
110°32'15"E
110°32'30"E
AAS Projects
Robinson
Skotnicki
Contour (2m interval)
ASPA boundary
Lake
Ice-free area
0 10 20 40 60 80
Metres
Horizontal Datum: WGS84
Projection: UTM Zone 49
Map Available at: http://data.aad.gov.au/aadc/mapcat/
Map Catalogue No. 14183
Produced by the Australian Antarctic Data Centre,
Australian Antarctic Division, December 2012.
© Commonwealth of Australia 2012

# Plan de Gestión para

# la Zona Atlántica Especialmente Protegida (ZAEP) Nº 137

# NOROESTE ISLA WHITE, ENSENADA McMURDO

### *Introducción*

La Isla White se encuentra a unos 25 km al SE de la Estación McMurdo (Estados Unidos) y la Base Scott (Nueva Zelanda), Punta Hut, Isla Ross. La zona abarca una franja de cinco kilómetros de ancho que se extiende alrededor de la costa norte-oeste y norte de la Isla White, centrada en 167 ° 18.3 'E, 78 ° 02.5' S, y tiene aproximadamente 141,6 km2 de superficie. La razón primordial de la designación de la zona es la de proteger a la población de pinnípedos más meridional conocida, una pequeña colonia de focas de Weddell (*Leptonychotes weddellii*) completamente aislada, de origen natural que es de gran importancia científica. La colonia de focas se estableció en torno a mediados de la década de 1940 a mediados de 1950 por unos pocos individuos de Erebus Bay antes de que el avance de una Barrera de Hielo McMurdo cortara el acceso de la recién fundada colonia a aguas abiertas en la ensenada McMurdo. Existen grietas en la capa de hielo en la que se apoya la costa de la Isla White, que permiten el acceso a las focas que se alimentan en el agua por debajo. La población de focas ha permanecido pequeña, alrededor de 30 individuos y la tasa de supervivencia de las crías es baja. Los cachorros son sensibles a la perturbación ocasionada por múltiples visitas en intervalos de tiempo cortos. El trabajo científico se realiza generalmente durante la temporada de cría. La investigación en curso tiene como objetivo comprender el impacto del aislamiento sobre la genética de la colonia de la Isla White. La colonia ofrece oportunidades únicas de conocimientos científicos sobre los efectos de la endogamia en poblaciones pequeñas y aisladas, así como valiosa información de control para los estudios a mayor escala de la dinámica de la población y la variabilidad ambiental de las focas de Weddell. Es esencial que este "experimento" natural no se interrumpa, accidental o intencionadamente, por actividades humanas.

El Área fue designada originalmente como Sitio de Especial Interés Científico (SSSI, por sus siglas en inglés) Nº 18, a raíz de una propuesta de los Estados Unidos de América, que fue aprobada mediante la Recomendación XIII-8 (1985). La Recomendación XVI-7 (1991) prorrogó la fecha de vencimiento SSSI 18 hasta el 31 de diciembre de 2001. La Medida 3 (2001) extendió la fecha de caducidad hasta el 31 de diciembre de 2005. La Medida 1 (2002) revisó los límites originales de la ASPA basándose en los nuevos datos sobre la distribución espacial de las focas en las plataformas de hielo. La Decisión 1 (2002) cambia de nombre y renumera el SSSI 18 como Zona Antártica Especialmente Protegida N ° 137. La Medida 9 (2008) actualiza el Plan de Gestión para incluir los datos del censo reciente de la colonia de focas, lo que llevó a una nueva revisión de los límites para incluir parte de la Barrea de Hielo Ross, en el noreste, donde se observaron focas. También se incluyó orientación adicional acerca de sobrevuelos y acceso de aeronaves . La revisión de 2013 actualizó la bibliografía, confirmó que los valores siguen siendo válidos, mejoró el mapa de Isla White e hizo pequeños ajustes a las disposiciones sobre acceso de las aeronaves.

El Área se encuentra dentro del Ambiente P - Barreras de Hielo Ross y Ronne-Filchner, basado en el Análisis de Dominios Ambientales para la Antártida y se encuentra fuera de las áreas cubiertas por la clasificación de las Regiones Biogeográficas de Conservación Antártica.

## *1. Descripción de los valores a proteger*

Originalmente fue designada un área de 150 km2 de la barrera de hielo costera en la costa noroeste de la isla White, siguiendo una propuesta de los Estados Unidos, sobre la base de que esta localidad tiene una población reproductora inusual de focas Weddell (*Leptonychotes weddellii)*, que es la más meridional conocida y que ha sido aislada físicamente de otras poblaciones por el avance de la Barrera de Hielo McMurdo y la Barrera de Hielo Ross (Mapa 1) Los límites originales se ajustaron en 2002 (Medida 1) y de nuevo en 2008 (Medida 9) a la luz de datos nuevos sobre la distribución espacial de las focas de las barreras de hielo. En el sur, el límite de la zona se desplazó al norte y al este para excluir la región norte del Estrecho White, donde no se han registrado observaciones de focas. En el norte, el Área se amplió para abarcar una parte adicional de la Barrera de Hielo Ross, a fin de asegurar la inclusión de más parte de la región dentro de la cual se pueden encontrar focas. El área es ahora de aproximadamente 141,6 km2

La colonia de focas de Weddell parece incapaz de trasladarse a otra zona debido a la distancia al mar abierto de la Ensenada McMurdo y como tal, es muy vulnerable a los impactos humanos que puedan producirse en los alrededores. No hay evidencia de que la colonia estuviera presente a principios del siglo XX, ya que no hay ninguna mención de las focas por parte de los naturalistas que visitaron la Isla White muchas veces durante durante las expediciones de Scott en 1902, 1903 y 1910. Se produjo una ruptura de hielo en la región entre 1947 y 1956, y las dos primeras focas fueron observadas cerca del extremo noreste de la isla en 1958 (R. Garrott, pers. comm. 2007). Los estudios realizados durante todo el año no han detectado indicios de la inmigración o la emigración de las focas de la población, la cual parece haber crecido hasta alrededor de 25 o 30 animales, de una población de alrededor de 11 en la década de 1960. Las focas no tienen la capacidad de respiración necesaria para bucear los 20 kilómetros necesarios para alcanzar el mar abierto y sólo hay un registro de una foca de la colonia que haya hecho el viaje sobre la superficie de la barrera de hielo.

Las focas acceden al mar por debajo de la barrera de hielo a través de las grietas de presión, que se forman por el movimiento de las mareas y el movimiento de las Barreras de Hielo McMurdo y Ross. La serie de grietas y la zona de cresta son complicadas y dinámicas, y si bien la mayoría de las focas se encuentran a lo largo de la grieta de la marea costera, lo más probable es que utilizan los espacios de la cresta de la grieta que se extiende frente a la costa y se puedan mover por allí durante todo el año.

Las focas Weddell de la isla White son como promedio mayores en tamaño y peso que sus homólogas de la Ensenada McMurdo y se ha demostrado que hacen inmersiones más profundas. El Noroeste de la isla White es uno de los pocos lugares donde se sabe que las focas Weddell se alimentan bajo la barrera de hielo. La población tiene un valor científico excepcional debido a su período de aislamiento físico de la interacción con otras focas, que se cree ha sido de alrededor de 60 a 70 años y las investigaciones acerca de en qué medida pueda el grupo ser considerado una población genéticamente distinta están actualmente en curso. Se han utilizado técnicas genéticas para construir un árbol genealógico completo de la población del Noroeste de la Isla White. Los resultados de estos estudios apoyan la conclusión de que el año en que se fundó la colonia es probable que fuese alrededor de 60 años atrás, lo que concuerda con las observaciones históricas. La colonia ofrece oportunidades únicas de conocimientos científicos sobre los efectos de la endogamia en poblaciones pequeñas y aisladas, así como valiosa información de control para los estudios a mayor escala de la dinámica de la población y la variabilidad ambiental de las focas de Weddell. Es esencial que este "experimento" natural no se interrumpa, accidental o intencionadamente, por actividades humanas.

El noroeste de la Isla White es relativamente accesible por la barrera de hielo desde las cercanas estaciones de investigación de Estados Unidos y de Nueva Zelanda en Punta Hut, Isla Ross. Además, hay una ruta marcada entre estas estaciones y la Isla Black atraviesa unos 2 km del Área (Mapa 1).

La Zona requiere protección especial a largo plazo debido a la excepcional importancia de la colonia de focas Weddell, valores científicos sobresalientes y oportunidades para la investigación y la vulnerabilidad potencial del Área a las perturbaciones de las actividades científicas y logísticas en la región.

## 2. 2. Metas y objetivos

La gestión en el nororeste de Isla White tiene los siguientes objetivos:

- evitar la degradación o los riesgos importantes para los valores del Área, evitando la perturbación humana innecesaria de la zona;
- permitir las investigaciones científicas en el ecosistema, en particular sobre la focas Weddell, evitando al mismo tiempo molestias excesivas, sobremuestreo y otros posibles impactos científicos;
- permitir otras investigaciones científicas siempre que sean por razones imperiosas que no puedan ser suplidas en otro lugar y que no pongan en peligro el sistema ecológico natural del Área;
- prevenir o minimizar la introducción al Área de plantas, animales y microbios no nativos ;
- reducir al mínimo la posibilidad de introducción de patógenos que puedan causar enfermedades en las poblaciones de fauna dentro del Área;
- permitir visitas por razones de gestión en apoyo de los objetivos del Plan de Gestión.

## 3. Actividades de Gestión

Para proteger los valores del Área, se realizarán las siguientes actividades de gestión:

- Se colocarán señales en lugar destacado que muestran la ubicación de la zona (mencionando las restricciones especiales vigentes) y estará disponible una copia de este Plan de Gestión en los lugares adecuados, en particular en la Estación McMurdo, la Base Scott y en las instalaciones de la Isla Black ;
- Todos los pilotos que operen en la región, todo el personal que viaje por tierra a la isla Black en la ruta marcada en la Barrera de Hielo McMurdo, y cualquier otro personal que viaje por tierra a 2 km del límite de la zona, estará informado de la ubicación, límites y restricciones que se aplican para la entrada, sobrevuelo y aterrizajes dentro del Área;
- Los programas nacionales deberán adoptar medidas para garantizar los límites del área y que las restricciones que se aplican dentro estén marcadas en los mapas y cartas aeronáuticas relevantes;
- Los postes indicadores, carteles o estructuras instaladas en el Área con fines científicos o de gestión deberán estar bien sujetos y en buen estado y serán retirados cuando ya no sean necesarios;
- Todo el equipo y materiales abandonados serán eliminados en la mayor medida posible siempre que hacer esto no tenga efectos adversos sobre el medio ambiente y los valores de la zona;
- Se realizarán las visitas necesarias (por lo menos una vez cada cinco años) para determinar si la zona continúa sirviendo a los fines para los que fue designada y para garantizar que las medidas de gestión y mantenimiento sean adecuadas;
- Los Programas Nacionales Antárticos que operen en la región se pondrán de acuerdo con el fin de garantizar que las actividades de gestión antedichas sean implementadas.

## 4. Período de designación

Designado para un período indefinido.

## 5. Mapas y fotografías

Mapa 1: ASPA Nº.137 – Noroeste de la Isla White – Mapa topográfico.

Especificaciones del mapa: Proyección: Cónica Conforme de Lambert; Paralelos estándar: primero 78 ° 00 'S; segundo 78 ° 12' S; Meridiano Central: 167 ° 05 'E; Latitud de origen: 77 ° 30' S; Esferoide y datum: WGS84.

*Recuadro 1:* Región Ross Sea.

*Recuadro 2:* Región de la Isla Ross, características principales y estaciones cercanas.

Notas del Mapa: Mapa 1 los litorales y las posiciones de la barrera de hielo se derivan de la Base de Datos Digital de la Antártida (Versión 5.0, SCAR, 2007). Este marco es posicionalmente inexacto en la Isla de Ross / región de la Isla White. El control terrestre exacto disponible para la Península Hut Point se utiliza para ajustar la posición geográfica del marco por aproximadamente 240 m (dirección x) y 100 m (dirección y). Este cambio mejora la exactitud del mapa 1, pero el resultado es sólo una aproximación. Los contornos topográficos en Isla White se obtuvieron mediante Investigación y Evaluación del Medio Ambiente (2013) de un 4 m LiDAR DEM (precisión estimada de ~ 10 m en horizontal y ~ 1 m en vertical), producido por OSU / NASA / USGS (Schenk et al. 2004). Las posiciones de marcador de medida son de LINZ (2000) y Denys & Pearson (2000). Las observaciones de las posiciones de focas, proporcionadas por R. Garrott ( comunicación personal 2008) se realizaron utilizando el GPS manual y se consideran precisas a aproximadamente 200 m de sus verdaderas posiciones. Las observaciones de las posiciones de focas, proporcionadas por M. La Rue ( comunicación personal 2012) se realizaron utilizando el GPS manual y se consideran precisas a aproximadamente 50 m de sus verdaderas posiciones.

## 6. Descripción del Área

*6 (i) Coordenadas geográficas, indicadores de límites y características naturales*

*Descripción general*

Isla Blanca, que forma parte del complejo volcánico McMurdo, está situado a unos 20 km SE del borde de la plataforma de hielo McMurdo y 25 km SE de Hut Point, la ubicación de la Estación McMurdo (Estados Unidos) y la Base Scott (Nueva Zelanda) en la Isla Ross (Recuadro 2, Mapa 1). La isla más o menos triangular mide aproximadamente 30 km de largo y 15 km de ancho en su punto máximo, y se eleva a una altura máxima de 762 m en varios lugares (Mapa 1). Las costas norte y oeste de la isla White descienden abruptamente, con profundidades de agua de 600 m que se producen en menos de 5 km de la isla. La isla está predominantemente cubierta de hielo, con la mayor parte de los afloramientos rocosos en el norte. Está rodeada por la barrera de hielo permanente de las barreras de hielo McMurdo y Ross, que tienen entre 10 m y 100 m de espesor en esta zona. Isla Black está situada a 2,5 km al oeste de Isla White, separado por el estrecho de la barrera de hielo de White Strait. Los puntos de entrada y salida GPS de la vía de acceso a Isla White a través del estrecho de McMurdo son 166 ° 50.0 'E, 78 ° 12.0' S y 166 ° 45.5 'E 78 ° 14.283' S, respectivamente.

El movimiento hacia el oeste de la barrera de hielo McMurdo es mayor en el extremo norte de la Isla White y el movimiento del hielo de la costa noroeste garantiza el agua abierta en las grietas de la barrera en esta localidad presente todo el año. La población de focas Weddell utiliza las grietas para el acceso al agua de mar y las zonas de alimentación bajo la barrera de hielo, y habita y se reproduce en la región dentro de unos 5 km de sus posiciones. Las grietas se producen en paralelo y a unos pocos cientos de metros de la costa de la Isla White y se extiende intermitentemente a lo largo de la costa desde el extremo norte de la isla hasta 15 km al sur.

*Límites y coordenadas*

El área incluye 141,6 km2 de la barrera de hielo y grietas en aguas abiertas, tanto de las barreras de hielo Ross y McMurdo plataforma de hielo como hasta 5 km de la costa noreste, norte y oeste de la isla White. El límite el noreste se extiende desde la costa noreste de Cabo Spencer-Smith (167 ° 32.7 'E, 78 ° 0.717' S) 5 kilometros al este hasta 167 ° 46.617 'E, 78 ° 0.717' S. El límite se extiende entonces al noroeste y sigue una línea paralela y a 5 km de la costa, alrededor del Cabo Spencer Smith y después en dirección sudoeste a 167 ° 00 'E, 78 ° 05.0' S. El límite se extiende hacia el sur 7.8 km hasta 167 ° 0.0 'E, 78 ° 09.2 'S, y de allí 1,5 kilometros al este del promontorio sur más importante de la roca en la costa occidental de la Isla White (167 ° 05.0' E, 78 ° 09.2 'S). El límite se extiende hacia el norte, siguiendo la costa alrededor de Cabo Spencer Smith en el límite noreste de la Zona. La costa de Isla White se distingue por un cambio en la pendiente de la superficie donde se produce la transición entre la barrera de hielo flotante y la tierra: la transición es en algunos lugares graduales e indistinta, y la posición exacta de la costa no se conoce con precisión. Por esta razón, el límite costero (por lo general este) de la zona se considera que sigue la línea de la costa como lo demuestra un aumento de elevación de la superficie hacia la tierra de dos metros por encima de la altura media de la contigua barrera de hielo McMurdo.

*Colonia de focas Weddell*

Se estimó que había 25 a 30 focas residentes en 1981 (Castellini et al. 1984). 1984). Una estimación similar de entre 25 a 30 animales se realizó en 1991 (Gelatt et al. 2010). 2010). En 1991, se estima que 26 focas tenían más de un año de edad, 25 de las cuales estaban en edad reproductiva (> 4) (Gelatt et al. 2010). 2010). Desde 1991, 17 hembras diferentes han tenido crías en la Isla White (R. Garrott pers.. Comm 2008). 2008). Entre 2003 y 2007, 11 hembras fueron avistadas en la Isla White, pero sólo seis de estos ejemplares han tenido crías (R. Garrott pers. Comm. 2008). 2008). Se registraron entre dos y cuatro cachorros vivos a partir de 1963 y hasta 1968 (Heine 1960; Caughley 1959), en 1981 y en 1991. Los censos anuales registran desde 1991 entre cuatro y diez crías entre 1991 y 2000, pero los números más bajos (entre dos y cuatro crías cada año) entre 2000 y 2007. La mortalidad de las crías es alta, posiblemente debido a la endogamia, y la producción de crías es baja en comparación con la población en la Bahía Erebus (R.Garrott pers. Comm 2008).

Las focas están aisladas físicamente por la barrera de la plataforma de hielo, y no son capaces de nadar la distancia de 20 km bajo el hielo para llegar a las aguas abiertas en temporada de la Ensenada McMurdo: Se ha estimado que las focas Weddell son capaces de nadar una distancia de alrededor de 4,6 km (2,5 millas náuticas) con una sola respiración. El aparente aislamiento de la colonia se fundamenta en datos de observación por etiquetas de las focas Weddell en la Ensenada McMurdo, en donde en más de 100.000 observaciones de etiquetas en un período de 20 años no se han observado focas etiquetadas de la Isla White en la Ensenada McMurdo (Stirling 1967, 1971; Ward, Testa y Scotton 1999). Estos datos sugieren que las focas de Isla White por lo general no atraviesan la distancia de 20 km hasta mar abierto sobre la superficie de la barrera de hielo. Sin embargo, hay al menos un registro de un año de edad de la colonia de la Isla White encontrado que ha hecho el viaje a través de la pista de aterrizaje Williams cerca de la estación McMurdo (G. Kooyman pers.. Comm 2007). 2007).

Las hembras adultas comienzan a aparecer en la barrera de hielo a principios de noviembre, un mes más tarde que en otras áreas zonas de cría en el sur del Mar de Ross. Crían en el extremo noroeste de la isla y durante este tiempo los semi-adultos y adultos no reproductores se pueden encontrar hasta 15 km al sudoeste, cerca de las grietas abiertas en el lado oeste de la isla (Gelatt et al. 2010). 2010). Las focas machos adultas no se observan en el hielo marino durante este tiempo, permaneciendo en el agua para establecer y defender territorios. Las hembras permanecen en el hielo hasta que los cachorros son destetados aproximadamente a las 6-8 semanas de edad. Después de diciembre, adultos y semi-adultos se mezcla en la zona cría y a lo largo de las grietas formadas en la esquina noroeste de la isla.

Las duras condiciones de la superficie probablemente confinan las focas en el agua durante los meses de invierno. Las temperaturas de la superficie en invierno llegan a ser tan bajas como -60 ° C y se piensa que las focas gastan un tiempo considerable en mantener agujeros de aire abiertos en las grietas. Esto se considera que es un factor clave que limita el tamaño de la población (Yochem et. Otros, 2009), con crías y semi-adultos posiblemente excluidos del uso de los limitados agujeros de respiración por los adultos más dominantes y agresivos. Algunos cachorros pueden ser incapaces de mantener sus propios agujeros de respiración y pueden quedar atrapados en la superficie de hielo si las focas dominantes no les permiten la entrada en el agua (Castellini et al 1992;.. Harcourt et al 1998). 1992; Harcourt *et al.* 1998).

Los estudios han sugerido que las focas Weddell de la Isla White tienen una dieta similar a sus homólogos en la Ensenada McMurdo (Castellini et. Al 1992). Los estudios de otolitos de peces recuperados de muestras fecales de focas Weddell han revelado una dieta compuesta principalmente de peces nototénidos *Pleuragramma antarcticum*, también con los peces del género *Trematomus* (Burns et al. 1998). 1998). Se cree que los invertebrados representan el resto de su dieta, junto con un cefalópodo que pertenece a la familia *Mastogoteuthidae* (Burns et al. 1998). 1998). Se encontró que el consumo de este último es considerablemente mayor entre las focas de la Isla White que entre las de la Ensenada McMurdo (Castellini et al. 1992). 1992).

Otros aspectos de la fisiología y el comportamiento de las focas de la isla White parecen diferir de las poblaciones cercanas al estrecho de McMurdo y la bahía Terra Nova: las focas de la isla White parecen estar significativamente más gordas (Stirling 1972; Castellini et al 1984.), Con pesos registrados de hasta 686 kg (1.500 libras) en la Isla White en comparación con no más de 500 kg en la Ensenada McMurdo y en la bahía Terra Nova (Proffitt et al. 2008). 2008). Como promedio las focas hembras adultas son mucho más largas que las de la Ensenada McMurdo, y las focas pequeñas de la Isla White se ha observado que presentan tasas de crecimiento más rápido que sus homólogas de McMurdo. El promedio de profundidades de buceo de la Isla White es menos profundo que en la Ensenada McMurdo (Castellini et. Al 1992). 1992).

Las observaciones de las posiciones de focas, proporcionadas por M. La Rue ( PGC com. pers. 1992). se realizaron mediante inspección visual de seis imágenes de satélite de alta resolución (QuickBird, WorldView 1 y 2, y GeoEye: imágenes © 2010, 2011 Digital Globe; cortesía del Programa de Imágenes Comerciales NGA) adquiridas en noviembre de 2010 y 2011. Las focas Weddell suelen mostrar un comportamiento de arrastre más estable en esta época del año. Las imágenes por satélite fueron adquiridas entre las 0900 y las 1100 horas, hora local, lo que se corresponde con el período de actividad de arrastre más bajo de las focas. Las imágenes se registraron en una amplia zona que se extiende hasta unos 10 km desde el límite del ASPA. Se observó un total combinado de nueve focas en tres de las seis imágenes estudiadas (Mapa 1). No se observaron focas fuera de los límites de ASPA. No se detectaron focas en imágenes adquiridas a principios de noviembre, con todas las detecciones hechas en las imágenes de mediados y finales de noviembre. No fue posible determinar si un ejemplar se había contado más de una vez, o distinguir los adultos de los cachorros en el análisis. Las observaciones confirman, sin embargo, la presencia continua de la colonia.

*6 (ii) Acceso al área*

El acceso peatonal y vehicular a la zona es desde la carretera marcada Hut Point- Isla Black que pasa a unos dos kilómetros de la frontera en su punto más cercano a la misma. El acceso a la zona desde la ruta marcada es a través de la barrera de hielo. El acceso de aviones a la zona está prohibido, a menos que esté de conformidad con un permiso y toda aeronave que opere dentro o sobre el área debe seguir las restricciones de sobrevuelo y aterrizaje establecidos en detalle en la sección 7 (ii).

*6 (iii) Ubicación de estructuras dentro de la zona y adyacentes*

No hay estructuras dentro del Área. Varios pequeños marcadores de medida (LINZ 2000; Denys y Pearson 2000) están instalados en la Isla White en las proximidades del Área (Mapa 1). La WTE0 de la Red de Deformación de Montañas Transantárticas (TAMDEF, por sus siglas en inglés) está instalado en 167 ° 29.755 'E 78 ° 11.385' S, a una altura de 453,5 m. El marcador comprende una varilla roscada de acero inoxidable incrustada en la roca y se identifica por un disco de plástico de color amarillo. Un Información Sobre el Terreno de Nueva Zelanda (LINZ, por sus siglas en inglés) Un Marcador Antártica Datum Unificación Network llamado 'HEIN', que comprende un pasador de latón insertado en la roca, se encuentra en el Monte Heine en 167 ° 27.042 'E, 78 ° 04,561' S, a una altura de 737,7 m .

*6 (iv) Ubicación de otras zonas protegidas en las cercanías*

Las áreas protegidas más cercanas al noroeste de la isla White están en la Isla Ross: Arrival Heights (ASPA No.122) junto a la Estación McMurdo y Discovery Hut (ASPA No.158) sobre la Península Hut Point es el más cercano a 20 km al noroeste; el Cabo Evans (ZAEP N ° 155) y el Cabo Royds (ZAEP No.121) están a 47 kilometros y 55 kilometros al noroeste respectivamente, y la Cresta Tramway (ZAEP No.130) cerca de la cumbre del Monte Erebus está a 60 km al norte.

*6 (v) Áreas especiales dentro de la Zona*

No hay áreas especiales dentro de la Zona.

## *7. Términos y condiciones para los permisos de entrada*

*7 (i) Condiciones de autorización generales*

La entrada al Área está prohibida excepto de conformidad con un permiso expedido por una autoridad nacional pertinente. Las condiciones para otorgar un permiso para entrar en el Área son las siguientes:

- se expedirán permisos para estudios científicos del ecosistema de la foca Weddell, o por razones científicas urgentes que no puedan realizarse en otro lugar, o por motivos esenciales para la gestión del Área;
- las acciones permitidas han de ser compatibles con este Plan de Gestión;
- las actividades permitidas otorgarán la debida consideración a través del proceso de evaluación de impacto ambiental para la protección continua de los valores ambientales, ecológicos y científicos del Área;
- el permiso se expedirá por un período determinado;
- el permiso, o una copia, se llevará cuando se encuentre en la zona;

*7 (ii) El acceso y movimiento dentro o sobre el área*

El acceso a la Zona está permitido a pie, en vehículo o por avión.

*El acceso a pie o en vehículo*

No hay vías de acceso especiales designadas para el acceso a la Área a pie o en vehículo sobre la barrera de hielo. Los vehículos están permitidos en la plataforma de hielo, pero está fuertemente contraindicado acercarse a menos de 50 m de las focas, y los acercamientos más próximos deben ser a pie. El tráfico de vehículos y peatones debe mantenerse en el mínimo necesario en consonancia con los objetivos de las actividades permitidas y se debe hacer todo lo posible para minimizar las molestias.

*Acceso en avión*

- Se prohíben aterrizajes de aeronaves en la Zona salvo autorización expresa para los propósitos permitidos por el Plan de Gestión;
- Se prohíbe sobrevolar por debajo de 2000 pies (~ 610 m), salvo autorización expresa para los propósitos permitidos por el Plan de Gestión;
- El acceso y despegue de aeronaves evitará el sobrevuelo de la costa y grietas de marea de la Isla White en el Área, donde se encuentran más comúnmente las focas.
- Se prohíben los aterrizajes de aeronaves dentro de media milla náutica (~ 930 m) de las focas Weddell. Los pilotos deben hacer un reconocimiento de los lugares de aterrizaje adecuados desde una altura superior a 2.000 pies (~ 610 m) antes de descender a la tierra. Cuando las focas no estén visibles, los aterrizajes se efectuarán a por lo menos ½ milla nautica (~930 m) de la costa y grietas de marea de la Isla White.

*7 (iii) Actividades que pueden llevarse a cabo dentro del Área*

- Investigaciones científicas que no pongan en peligro los valores del Área;
- Actividades de gestión esenciales, incluida la vigilancia y la inspección.

*7 (iv) Instalación, modificación o desmantelamiento de estructuras / equipos*

- No se erigirá ninguna estructura en el área y, con la excepción de las señales permanentes, las estructuras e instalaciones permanentes están prohibidas;

- Todas estructuras, equipo científico o señalizadores instalados en el Área deben estar autorizados expresamente y claramente identificados por país, nombre del investigador principal, año de instalación y fecha prevista de eliminación. Todos estos artículos deberán estar libres de organismos, propágulos (por ejemplo, semillas, huevos) y suelo no estéril y estarán fabricados en materiales que puedan soportar las condiciones ambientales y planteen un riesgo mínimo de contaminación del Área;
- La instalación (incluida la selección del sitio), el mantenimiento, modificación o desmantelamiento de estructuras o equipos deberá efectuarse de manera que perturbe lo menos posible a los valores del Área;
- La eliminación de estructuras / equipos específicos para los cuales ha vencido el permiso será responsabilidad de la autoridad que haya expedido el permiso original y será una condición para el permiso.

*7 (v) Ubicación de las estaciones de campo*

Las estaciones de campo permanentes están prohibidas en el Área. Los sitios de campo temporales están permitidos en el Área. No hay restricciones específicas en una localidad precisa para los sitios de campo temporales dentro de la zona, aunque los sitios seleccionados deberán estar a más de 200 m de las grietas de la barrera de hielo habitadas por las focas, salvo autorización expresa cuando se considere necesario para la realización de objetivos de investigaciones específicas.

*7 (vi) Restricciones de materiales y organismos que puedan introducirse en el Área*

Además de los requisitos del Protocolo sobre Protección del Medio Ambiente del Tratado Antártico, las restricciones sobre los materiales y organismos que pueden introducirse en el área son:

- Se prohíbe la introducción deliberada de animales (incluyendo las focas Weddell de fuera de esta colonia), material vegetal, microorganismos y suelos no estériles en el Área. Se tomarán precauciones para evitar la introducción accidental de animales, material vegetal, microorganismos y suelos no estériles de otras regiones biológicamente diferentes (dentro o fuera del área del Tratado Antártico).
- Es especialmente preocupante la introducción de microbios y virus procedentes de otras poblaciones de focas. Los visitantes deberán cerciorarse de que el equipo de muestreo, instrumentos de control y marcadores llevados a la zona estén limpios. En la medida de lo posible, el calzado y demás equipo utilizado o llevado a la zona (incluidas las mochilas, los bolsos y las carpas) deberán limpiarse minuciosamente antes de entrar en el Área. Visitors should also consult and follow as appropriate recommendations contained in the Committee for Environmental ProtectionLos visitantes también deben consultar y seguir las recomendaciones pertinentes contenidas en el *Non-native Species Manual* del Comité para la Protección Ambiental (CEP 2011) y en el *Código de conducta ambiental para trabajo de campo en la investigación científica Antártica* (SCAR 2009);
- No se introducirán en el Área herbicidas o pesticidas;
- El uso de explosivos está prohibido dentro del Área;
- El combustible, alimentos, productos químicos y otros materiales no se pueden almacenar en la Zona, salvo autorización expresa por permiso y deberá ser almacenado y manipulado de manera que minimice el riesgo de introducción accidental en el medio ambiente;
- Todos los materiales introducidos podrán permanecer durante un período determinado únicamente y deberán ser retirados al final de dicho período, y
- Si se producen escapes que puedan comprometer los valores del Área, se recomienda extraer el material únicamente donde el impacto de la eliminación no es probable que sea mayor que el de dejar el material in situ.

*7 (vii) Recolección de ejemplares o interferencia perjudicial en la flora y fauna autóctonas*

La recolección de ejemplares de la flora y fauna autóctonas está prohibida, salvo de conformidad con el Anexo II del Protocolo sobre Protección del Medio Ambiente del Tratado Antártico.

"Cualquier propuesta de toma de, o perjudicial injerencia en las focas Weddell en el Área que sea para fines que podrían lograrse con la misma eficacia con las focas de las poblaciones fuera del Área no se debe permitir. "

En caso de toma de animales o intromisión perjudicial, se deberá estar, como norma mínima, de acuerdo con el Código de Conducta del SCAR para el uso de animales con fines científicos en la Antártida y, en su caso, seguir un cuidado de animales más estricto o las normas o directrices de investigación de conformidad con los procedimientos nacionales.

*7 (viii) Toma o traslado de cualquier cosa que no haya sido llevada al Área por el titular del permiso*

- Se podrá recolectar o retirar material de la Zona únicamente de conformidad con un permiso y debe limitarse al mínimo necesario para fines de índole científica o de gestión.
- El material de origen humano que probablemente comprometa los valores del Área, que no haya sido llevado al Área por el titular del permiso o autorización correspondiente, se puede quitar a menos que sea probable que el impacto de su eliminación sea mayor que dejar el material *in situ*: si este es el caso, la autoridad competente deberá notificarlo y obtener su aprobación.

*7 (ix) Eliminación de desechos*

Todos los desechos, incluidos los desechos humanos, serán retirados del Área.

*7 (x) Medidas que pueden ser necesarias para continuar cumpliendo con los objetivos del Plan de Gestión*

Se podrán conceder permisos para entrar en el Área para:

- Llevar a cabo actividades de inspección y vigilancia del Área, que pueden incluir la recolección de un pequeño número de muestras o datos para su análisis o revisión;
- Instalar o reparar carteles, marcadores, estructuras o equipo científico;
- Llevar a cabo medidas de protección.

*7 (xi) Requisitos para los informes*

- El principal titular del permiso para cada visita al Área presentará un informe a la autoridad nacional competente en cuanto sea posible, y no más tarde de seis meses después de que la visita se haya completado;
- Dichos informes deberán incluir, según corresponda, la información señalada en el formulario de informe de la visita contenido en la Guía para la Elaboración de Planes de Gestión para las Zonas Antárticas Especialmente Protegidas. Si procede, la autoridad nacional también debe enviar una copia del informe de la visita a la Parte que propone el Plan de Gestión, para ayudar en la gestión del Área y la revisión del Plan de Gestión;
- Las Partes deberán, siempre que sea posible, depositar los originales o las copias de tales informes originales en un archivo públicamente accesible para mantener un registro del uso que pueda utilizarse tanto en las revisiones del Plan de Gestión como en la organización del uso científico del Área;
- Se deberá notificar a la autoridad apropiada cualquier actividad /medida llevada a cabo que no esté incluida en la autorización expresa.

## 8. Documentación de Apoyo

Burns, J.M., Trumble, S.J., Castellini, M.A. & Testa, J.W. 1998. The diet of Weddell seals in McMurdo Sound, Antarctica as determined from scat collections and stable isotope analysis. *Polar Biology* **19**: 272-82.

Castellini, M.A., Davis, R.W., Davis, M. & Horning, M. 1984. Antarctic marine life under the McMurdo ice shelf at White Island: a link between nutrient influx and seal population. *Polar Biology* **2** (4):229-231.

Castellini, M.A., Davis, R.W. & Kooyman, G.L. 1992. Ciclos anuales de comportamiento de buceo y ecología de la foca Weddell. *Bulletin of the Scripps Institution of Oceanography* **28**:1-54.

Caughley, G. 1959. Observations on the seals of Ross Island during the 1958–1959 summer. Dominion Museum, Wellington.

Committee for Environmental Protection (CEP) 2011. *Non-native Species Manual – 1st Edition.* Manual prepared by Intersessional Contact Group of the CEP and adopted by the Antarctic Treaty Consultative Meeting through Resolution 6 (2011). Buenos Aires: Secretariat of the Antarctic Treaty.

Denys, P. & Pearson, C. 2000. *The Realisation of Zero, First and Second-Order Stations for the Ross Sea Region Geodetic Datum 2000.* Report Number 2000/0728 - v 2.2. Land Information New Zealand, Wellington.

Gelatt, T.S., Davis, C.S., Stirling, I., Siniff, D.B., Strobeck, C. & Delisle, I. 2010. History and fate of a small isolated population of Weddell seals at White Island, Antarctica. *Conservation Genetics* **11**: 721-35.

Harcourt, R.G., Hindell, M.A. & Waas, J.R. 1998. Under-ice movements and territory use in free-ranging Weddell seals during the breeding season. *New Zealand Natural Sciences* **23**: 72-73.

Heine, A.J. 1960. Seals at White Island, Antarctica. *Antarctic* **2**:272–73.

Kooyman, G.L. 1965. Techniques used in measuring diving capacities of Weddell seals. *Polar Record* **12** (79): 391-94.

Kooyman, G.L. 1968. An analysis of some behavioral and physiological characteristics related to diving in the Weddell seal. In Schmitt, W.L. and Llano, G.A. (Eds.) *Biology of the Antarctic Seas III. Antarctic Research Series* **11**: 227-61. American Geophysical Union, Washington DC.

LINZ (Land Information New Zealand) 2000. *Realisation of Ross Sea Region Geodetic Datum 2000.* LINZ OSG Report 15. Wellington.

Proffitt, K.M., Carrott, R.A. & Rotella, J.J. 2008. Long term evaluation of body mass at weaning and postweaning survival rates of Weddell seals in Erebus Bay, Antarctica. *Marine Mammal Science* 24 (3): 677-89.

SCAR (Scientific Committee on Antarctic Research) 2009. *Environmental Code of Conduct for terrestrial scientific field research in Antarctica.* Cambridge, SCAR.

Schenk, T., Csathó, B., Ahn, Y., Yoon, T., Shin, S.W. & Huh, K.I. 2004. DEM Generation from the Antarctic LIDAR Data: Site Report (unpublished). Ohio State University, Colombus, Ohio.

Stirling, I. 1967. Population studies on the Weddell seal. *Tuatara* **15** (3): 133-41.

Stirling, I. 1971. Population aspects of Weddell seal harvesting at McMurdo Sound, Antarctica. *REgistro Polar* **15** (98): 653-67.

Stirling, I. 1972. Regulation of numbers of an apparently isolated population of Weddell seals (*Leptonychotes weddelli*). *Journal of Mammalogy* **53**:107–115.

Testa, W. & Scotton, B.D. 1999. Dynamics of an isolated population of Weddell seals (*Leptonychotes weddellii*) at White Island, Antarctica. *Journal of Mammalogy* **80**:1–115. 82-90.

Testa, W. & Siniff, D.B. 1987. Population aspects of Weddell seal harvesting at McMurdo Sound, Antarctica. *Ecological Monographs* **57** (2):149-65.

Yochem, P.K., Stewart, B.S., Gelatt, T.S. & Siniff, D.B. 2009. *Health Assessment of Weddell Seals, Leptonychotes weddellii, in McMurdo Sound, Antarctica.* Publications, Agencies and Staff of the U.S. Department of Commerce, Paper 203. Washington DC.

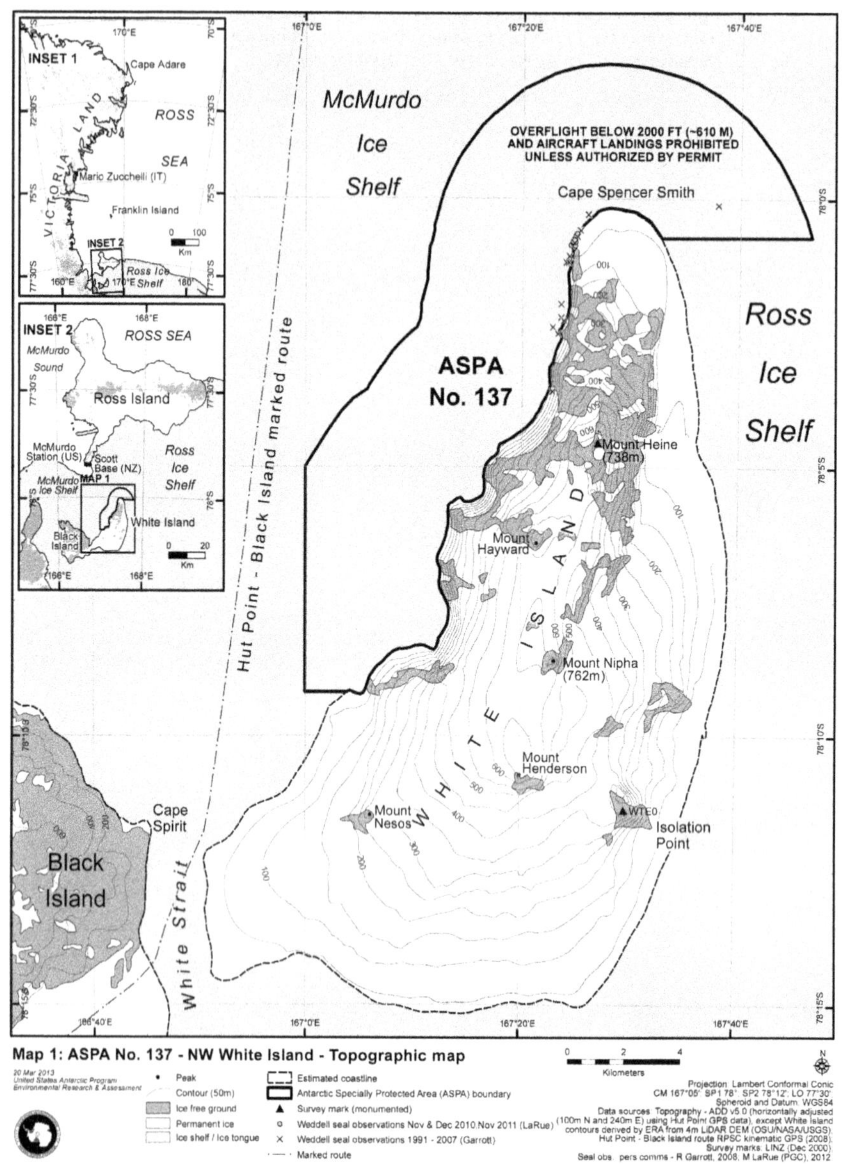
McMurdo
Ice
Shelf
OVERFLIGHT BELOW 2000 FT (~610 M)
AND AIRCRAFT LANDINGS PROHIBITED
UNLESS AUTHORIZED BY PERMIT
Cape Spencer Smith
Ross
Ice
Shelf
ASPA
No. 137
Mount Heine
(738m)
Mount
Hayward
Mount Nipha
(762m)
Mount
Henderson
Mount
Nesos
Isolation
Point
WHITE ISLAND
Hut Point - Black Island marked route
Cape
Spirit
Black
Island
White Strait
INSET 1
Cape Adare
ROSS
SEA
VICTORIA LAND
Mario Zucchelli (IT)
Franklin Island
INSET 2
ROSS SEA
McMurdo
Sound
Ross Island
McMurdo
Station (US)
Scott
Base (NZ)
Ross
Ice
Shelf
MAP 1
White Island
Map 1: ASPA No. 137 - NW White Island - Topographic map
Kilometers
Peak
Contour (50m)
Ice free ground
Permanent ice
Ice shelf / Ice tongue
Estimated coastline
Antarctic Specially Protected Area (ASPA) boundary
Survey mark (monumented)
Weddell seal observations Nov & Dec 2010 Nov 2011 (LaRue)
Weddell seal observations 1991 - 2007 (Garrott)
Marked route

# Plan de gestión para la

# Zona Antártica Especialmente Protegida (ZAEP) Nº 138

# TERRAZA LINNAEUS, CORDILLERA ASGARD, TIERRA VICTORIA

## *Introducción*

La terraza Linnaeus es un bancal elevado de arenisca Beacon desgastada ubicada en el extremo occidental de la cordillera Asgard, a 1,5 Km. al norte del pico Oliver (Lat. 77° 35,8' S, Long. 161° 05,0' E). La terraza presenta una longitud de 1,5 Km. y un ancho de 1 Km., aproximadamente, situada a unos 1600 m de altura. La terraza Linnaeus es una de las localidades conocidas con mayor concentración de comunidades criptoendolíticas que colonizan la arenisca Beacon. Las areniscas también presentan diversas manifestaciones de desgaste físico y biológico, al igual que vestigios de fósiles. Los excelentes ejemplos de estas comunidades criptoendolíticas antárticas poseen un valor científico sobresaliente y han sido objeto de algunas de las descripciones más detalladas. Este sitio es vulnerable a la perturbación, si es pisoteado o es objeto de muestreo, y a la introducción de plantas, animales o microbios de regiones extraantárticas y, por ello, requiere protección especial a largo plazo.

La terraza Linnaeus fue designada originalmente Sitio de Especial Interés Científico (SEIC) Nº 19 por medio de la Recomendación XIII-8 (1985) a raíz de una propuesta presentada por los Estados Unidos de América. La fecha de caducidad del SEIC se prorrogó conforme la Resolución 7 de 1995 y el Plan de Gestión se aprobó en el formato de Anexo V en la Medida 1 de 1996. El sitio fue renombrado y renumerado como ZAEP Nº 138 según la Decisión 1 (2002). El Plan de Gestión se actualizó con la Medida 10 (2008) a fin de incluir disposiciones adicionales para disminuir el riesgo de introducción de especies extraantárticas en la Zona.

La Zona se ubica en el Ambiente S – Geológico de McMurdo y el sur de la Tierra Victoria, de acuerdo con el análisis de dominios ambientales para el continente antártico, y en la Región 9 – sur de Tierra Victoria, de acuerdo con las Regiones Biogeográficas de Conservación de la Antártida. La terraza Linnaeus está situada dentro de la Zona Antártica Especialmente Administrada (ZAEA) Nº 2, valles secos McMurdo.

## *1. Descripción de los valores que requieren protección*

La terraza Linnaeus fue designada originalmente SEIC Nº 19 por medio de la Recomendación XIII-8 (1985) a raíz de una propuesta presentada por Estados Unidos de América, porque es uno de los lugares conocidos con la mayor riqueza de comunidades criptoendolíticas que colonizan la arenisca Beacon. Las superficies expuestas de la arenisca Beacon constituyen el hábitat de microorganismos criptoendolíticos, que pueden colonizar una zona de hasta 10 milímetros de profundidad debajo de la superficie de las rocas. Las areniscas presentan diversas manifestaciones de desgaste físico y biológico, al igual que vestigios de fósiles, y muchas de las formaciones son frágiles y vulnerables a la perturbación y destrucción si son pisoteadas o son objeto de muestreo.

Las comunidades criptoendolíticas se desarrollan durante decenas de miles de años, y la recolonización de las superficies rocosas dañadas es lenta. Los excelentes ejemplos de estas comunidades criptoendolíticas antárticas que se encuentran en el sitio han sido objeto de descripciones originales y detalladas. Por consiguiente, la terraza Linnaeus se considera como una localidad tipo con un valor científico sobresaliente relacionado con este ecosistema. Debido a estos valores, así como a la vulnerabilidad del sitio a la perturbación y destrucción, es necesario conferirle protección especial a largo plazo.

El Plan de Gestión ha sido actualizado a fin de incluir disposiciones adicionales conforme la guía para la presentación de planes de gestión de Zonas Antárticas Especialmente Protegidas (ZAEP) de 2011; revisiones a la Zona Antártica Especialmente Administrada N° 2, valles secos de McMurdo; observaciones realizadas durante una inspección de campo de la Zona en enero de 2012; y las últimas medidas relacionadas con la gestión de riesgo de introducción de especies extraantárticas según lo acordado por las Partes del Tratado Antártico.

## 2. Finalidades y objetivos

La finalidad de la gestión de la terraza Linnaeus es la siguiente:

- evitar la degradación de los valores de la Zona o los riesgos considerables para los mismos previniendo las perturbaciones innecesarias causadas por los seres humanos;
- permitir las investigaciones científicas del ecosistema, en particular de las comunidades criptoendolíticas, protegiéndolo al mismo tiempo de la perturbación y el muestreo excesivos, de los daños de las frágiles formaciones rocosas y de otros posibles efectos de las actividades científicas;
- permitir otras investigaciones científicas siempre que sean necesarias y no se puedan desarrollar en otro sitio y sin poner en peligro los valores ecológicos naturales de la Zona;
- evitar o reducir al mínimo la posibilidad de introducción de plantas, animales y microbios no autóctonos en la Zona;
- permitir las visitas con fines de gestión para cumplir con los objetivos del plan de gestión.

## 3. Actividades de gestión

Deberán desarrollarse las siguientes actividades de gestión da fin de proteger los valores en la Zona:

- Los señalizadores que marquen la ubicación de la Zona (indicando las restricciones especiales correspondientes) deberán estar bien visibles, y se deberá disponer de una copia de este plan de gestión en estaciones científicas permanentes ubicadas dentro de los 150 Km. de la Zona;
- Todos los pilotos que operen en la región deberán estar informados acerca de la ubicación, los límites y las restricciones pertinentes para ingresar y aterrizar en la Zona;
- Los programas nacionales deberán asegurarse de marcar en los mapas relacionados y en las cartas náuticas/aeronáuticas los límites de la Zona y las restricciones pertinentes que se apliquen dentro de ella;
- Se deberán colocar veletas duraderas en las proximidades del sitio primario designado para el aterrizaje de helicópteros siempre que se prevea que habrá varios aterrizajes en la Zona en una temporada determinada. Las veletas deberán reemplazarse cuando sea necesario y retirarse cuando ya no hagan falta;
- Con objeto de marcar los sitios designados para el aterrizaje de helicópteros se deberán colocar señalizadores de colores vivos que sean claramente visibles desde el aire y que no representen una amenaza importante para el medio ambiente;
- Los marcadores, señalizadores o estructuras instalados en la Zona con fines científicos o de gestión deberán estar bien sujetos y en buen estado, y deberán ser retirados cuando ya no se necesiten;
- Se realizarán las visitas necesarias a la Zona (preferiblemente una vez cada cinco años como mínimo) para determinar si la Zona continuará sirviendo a los fines para los que fue designada y procurar que las medidas de gestión y mantenimiento sean apropiadas;

- Los programas antárticos nacionales que operen en la región deberán realizar consultas entre ellos a fin de cerciorarse de que se tomen estas medidas.

## 4. Período de designación

La designación abarca un período indeterminado.

## 5. Mapas y fotografías

Mapa 1: ZAEP Nº 138: terraza Linnaeus, valle Wright.

Proyección: cónica conforme de Lambert; Paralelos estándar: 1°: 77° 30' S; 2°: 77° 40' S; Meridiano central: 161° 53' E; Latitud de origen: 78° 00' S; Esferoide y datum: WGS84;
Fuentes de la información: Mapas de la USGS 1:50.000 (1970); Equidistancia de las curvas de nivel: 250 m; Plan de Gestión de la ZAEA Nº 2 valles secos McMurdo.

Mapa 2: ZAEP Nº 138 terraza Linnaeus, topografía y límites.

Proyección: cónica conforme de Lambert; paralelos estándar: 1°: 77° 35' S; 2°: 77° 36' S; Meridiano central: 161° 05' E; Latitud de origen: 78° 00' S; Esferoide y datum: WGS84;
Fuentes de la información: topografía y límites: Gateway Antarctica; obtenido de una ortofotografía con precisión posicional estimada de 0,5m; Equidistancia de las curvas de nivel: 5 m; sitios con instrumentos, mojones de piedra e instalaciones anteriores: estudio de campo de ERA (enero de 2012).

Figura 1: Fotografía de algunas de las frágiles formaciones rocosas y los vestigios fósiles encontrados en la terraza Linnaeus.

## 6. Descripción de la Zona

*6(i) Coordenadas geográficas, indicadores de límites y características naturales*

La terraza Linnaeus (Lat. 77° 35,8' S, Long. 161° 05,0' E) es un bancal de arenisca Beacon desgastada, de aproximadamente 1,5 Km. de longitud y 1 Km. de ancho, situado a unos 1600 m de altura (mapa 1). Se encuentra en el extremo occidental de la cordillera Asgard, a 1,5 Km. al norte del pico Oliver (Lat. 77° 36,7' S, Long. 161° 02,5' E, 2410 m). La Zona, que da la bifurcación sur del valle Wright, está a unos 4,5 Km. de la laguna Don Juan y a 10 Km. del frente del glaciar superior de Wright (mapa 1).

El límite inferior (norte) de la Zona se caracteriza por la presencia de un afloramiento compuesto principalmente de arenisca de unos 3 m de altura que se extiende a lo largo de la mayor parte de la terraza (mapa 2). El límite inferior de la Zona se define como el borde superior del afloramiento y como líneas rectas adyacentes a los bordes visibles en los lugares donde el afloramiento está cubierto por un talud detrítico superficial. El límite superior (sudoeste) de la Zona se caracteriza por una línea de afloramiento de arenisca de 2 a 5 m de altura, aproximadamente, que se encuentra entre los 1660 y 1700 m de altura a unos 70 m sobre la elevación general de la terraza. El límite superior de la Zona se define como el borde superior del afloramiento y se debe considerar como una línea recta entre los bordes visibles en los lugares donde el afloramiento está cubierto por un talud detrítico superficial. El extremo occidental de la Zona se define como el lugar donde la terraza se vuelve más estrecha y se une con una ladera de talud detrítico de dolerita en el flanco de la cresta noroeste del pico Oliver. En el oeste, el límite se inclina marcadamente a partir del lugar donde desaparece el afloramiento superior, siguiendo el borde del talud detrítico de dolerita hasta llegar a la esquina más occidental. El límite oriental se define como el contorno de 1615 m, que continúa muy cerca del borde de un afloramiento que se extiende en gran parte del ancho de la terraza (mapa 2). En la esquina más al sur de la Zona, la terraza se fusiona con las laderas hasta llegar al valle que se encuentra en el este: a partir de este punto, el límite se extiende hacia arriba hasta llegar al contorno de 1700 m, y de ahí sigue la línea de afloramiento que define el límite sur.

La temperatura del aire durante el invierno en la terraza Linnaeus varía entre -20EC y -45EC, mientras que en enero la media diaria es de -5EC, aproximadamente (Friedmann et al. 1993). Sin embargo, existe una variación diaria extrema en la temperatura del aire en la superficie de las rocas, debido a la alteración de la velocidad del viento y a los patrones de irradiación solar. Por lo tanto, los microorganismos criptoendolíticos habitan las zonas de temperaturas más estables que se encuentran entre 1 y 2 mm bajo la superficie de las rocas (McKay y Friedmann, 1985). Los microorganismos criptoendolíticos por lo general colonizan areniscas Beacon porosas con granos de 0,2 a 0,5 mm, mostrando una aparente preferencia por rocas de color canela o marrón teñidas por oxihidróxidos que contienen $Fe^{3+}$. En muchas de las rocas, la corteza silicificada de alrededor de 1 mm de espesor probablemente facilita la colonización porque estabiliza la superficie y reduce la erosión eólica (Campbell y Claridge, 1987). Cinco comunidades de microorganismos criptoendolíticos se describen en Friedman et al. (1988), dos de las cuales se encuentran en la terraza Linnaeus: las comunidades dominadas por líquenes y las Gloeocapsa Roja (Friedmann et al. 1988). La terraza Linnaeus es el lugar tipo del alga verde endémica género *Hemicloris* y de la especie de alga xantofícea *Heterococus endoliticus.* La Zona es poco usual en el sentido de que están presentes en un área pequeña muchas comunidades endolíticas diferentes, tanto vivas como fósiles. En Friedmann (1993) y Siebert et al. se describe las características físicas y biológicas principales de estas comunidades y su hábitat. (1996). Más recientemente se han implementado técnicas no invasivas, como la micro espectrometría in situ, para detectar la huella química orgánica de las comunidades de microorganismos en el estudio de la superficie de las rocas (Hand et al. 2005).

En toda la Zona hay formaciones rocosas desgastadas y frágiles, tales como vestigios de fósiles en arenisca erosionada y salientes rocosas bajas y quebradizas (de alrededor de 10 cm. a 1 m de alto) – (figura 1).

Un área pequeña (mapa 2) está contaminada como consecuencia del escape del isótopo radiactivo C(14). Aunque la contaminación no representa una amenaza importante para los seres humanos o el medio ambiente, las muestras que pudieran obtenerse en esta área no son aptas para trabajos científicos que utilicen técnicas de C(14).

**Figura 1: Foto de las rocas frágiles habituales a lo largo de la Zona (foto de Colin Harris, ERA).**

*6(ii) Acceso a la Zona*

Se puede acceder a la Zona en helicóptero o a pie. Se accede vía aérea en general desde los valles Wright o Taylor. El acceso por tierra es difícil, pero desde la bifurcación sur del valle Wright es posible acceder a pie, aunque en general no resulte práctico hacerlo desde otras ubicaciones. Para ingresar a la Zona no se han designado rutas particulares de acceso, aunque las elevaciones al sur de la Zona permiten que el acceso con helicóptero sea posible desde otras ubicaciones, especialmente desde el norte a través del valle Wright. Las restricciones de acceso rigen dentro de la Zona y las condiciones específicas se definen en la Sección 7(ii) a continuación.

*6(iii) Ubicación de las estructuras internas y adyacentes a la Zona*

El 17 de enero de 2012, durante una visita de inspección conjunta de los Estados Unidos de América y Nueva Zelandia, se encontró evidencia de actividad anterior dentro de la Zona (Harris, 2013). Como mínimo, existían cuatro indicadores (estacas de madera) en sitios anteriores de experimentación dentro de la Zona (mapa 2). Estos indicadores podrían ser útiles para que investigadores futuros puedan identificar y revisar estos sitios. Siempre que estén desgastados, estos indicadores no representarían una amenaza importante para los valores de la Zona y deberían permanecer in situ bajo supervisión permanente.

Se construyó un mojón de piedras cerca del área donde se encuentran varios instrumentos pequeños que han sido instalados en las rocas (mapa 2). Dentro del mojón se conserva una tela desteñida, rasgada y extensa, hundida por las rocas. El mojón puede resultar útil para que futuros investigadores puedan reubicar los sitios de experimentación, y debería permanecer in situ. En apariencia, la tela no tiene ninguna finalidad útil y debería retirarse en una visita futura.

En enero de 2012 se identificaron tres sitios con varios instrumentos pequeños incrustados en las rocas dentro de la Zona (mapa 2). Los instrumentos del indicador N° 2 consisten en una línea de "tornillos" incrustados en las rocas. En los otros sitios, una roca contiene tres instrumentos de aproximadamente 10 mm de lado a lado, que están completamente incrustados en agujeros de la roca perforada. Otra roca contiene dos instrumentos similares, uno de los cuales sobresale 10 mm por encima de la superficie de la roca. Se estima que estos instrumentos son sondas antiguas de temperatura o humedad, o algo similar. Estos instrumentos no representan una amenaza importante para los valores de la Zona y deberían permanecer in situ bajo supervisión permanente.

Es evidente la presencia de dos sitios anteriores de aterrizaje de helicópteros y de campamento en las áreas del nordeste y del este de la Zona debido a restos de círculos de roca (mapa 2). Estos círculos deben permanecer in situ para identificar las áreas que han sido perturbadas dentro de la Zona.

*6(iv) Ubicación de otras áreas protegidas en las cercanías*

La terraza Linnaeus está situada dentro de la Zona Antártica Especialmente Administrada (ZAEA) Nº 2, valles secos McMurdo. Las zonas protegidas más cercanas a la terraza Linnaeus son Valles Barwick y Balham (ZAEP Nº 123), a 35 Km. al norte; Glaciar Taylor inferior y Cataratas de Sangre (ZAEP Nº 172), aproximadamente a 9 Km. al sur; y el glaciar Canada (ZAEP Nº 131), aproximadamente a 48 Km. al sudeste (mapa 1). La Zona Restringida más cercana designada bajo la ZAEA Nº 2 es la laguna Don Juan, a aproximadamente 4,5 Km. al nordeste de la bifurcación sur del valle Wright.

*6(v) Áreas especiales dentro de la Zona*

No hay áreas especiales dentro de la Zona.

## *7. Términos y condiciones para la expedición de permisos*

*7(i) Condiciones generales de los permisos*

Está prohibido el ingreso a la Zona a excepción de un permiso expedido por las autoridades nacionales competentes. Las condiciones para expedir un permiso de ingreso a la Zona son las siguientes:

- el permiso se expedirá únicamente para el estudio científico del ecosistema criptoendolítico, o para un propósito científico o de gestión apremiante que no se pueda llevar a cabo en ninguna otra parte, o por cuestiones vitales para la gestión de la Zona;
- las actividades autorizadas son compatibles con el plan de gestión;
- las actividades autorizadas deberán respetar el proceso de evaluación de impacto ambiental a fin de preservar continuamente el medioambiente, el sistema ecológico natural y los valores científicos de la Zona;
- el permiso expedido será válido por un período delimitado.
- dentro de la Zona se deberá portar el permiso o una copia autorizada;

*7(ii) Acceso a la Zona y circulación dentro de la misma*

El acceso a la Zona puede ser a pie o por helicóptero. Está prohibido el uso de vehículos terrestres en la Zona. No se aplican restricciones especiales a las rutas utilizadas para ir y venir de la Zona.

*Acceso a pie*

- En general, el desplazamiento en la Zona deberá ser a pie;
- Los peatones deberán evitar daños en las formaciones rocosas frágiles: se deberá tener especial cuidado a fin de no caminar sobre vestigios fósiles (figura 1) y salientes rocosas bajas y quebradizas porque son fáciles de romper;
- El tráfico de peatones deberá mantenerse al nivel mínimo necesario de conformidad con los objetivos de las actividades autorizadas y deberá tenerse especial cuidado para reducir los efectos.

*Acceso en aeronave*

- Está prohibido el aterrizaje de aeronaves dentro de la Zona salvo cuando esté autorizado por un permiso para cumplir con los propósitos del plan de gestión;
- Los helicópteros solo podrán aterrizar en el sitio designado que se encuentra en el extremo occidental de la terraza (Lat. 77° 35,833'S, Long. 161° 04,483'E, elevación de 1610 m: mapa 2), salvo cuando lo autorice específicamente el permiso para un propósito científico o gestión apremiante.
- Al transportar visitantes que tengan su permiso correspondiente, se prohíbe que los pilotos, la tripulación o los pasajeros en ruta a otros destinos en helicópteros, se alejen a pie de las proximidades inmediatas de los sitios designados para aterrizajes y campamentos, a no ser que cuenten con el permiso correspondiente.

*7(iii) Actividades que se realizan o pueden realizarse dentro de la Zona, incluidas las restricciones de tiempo y lugar*

- Las investigaciones científicas que no pongan en peligro el ecosistema de la Zona;
- Actividades esenciales de gestión, incluidas las de observación e inspección.

*7(iv) Instalación, modificación o retiro de estructuras/equipos*

- No se colocará ninguna estructura en la Zona que no esté especificada en un permiso;
- Están prohibidas las estructuras permanentes;
- Las estructuras, los equipos científicos o los indicadores instalados en la Zona deberán contar con autorización, por medio de un permiso, y con la identificación clara del nombre del país y del investigador principal, el año de instalación y la fecha esperada para su retiro. Todos los artículos deberán estar libres de organismos, propágalos (por ejemplo: semillas, huevos) y tierra no árida, y deben estar fabricados con materiales que soporten las condiciones ambientales y que representen un riesgo mínimo de contaminación para la Zona;
- La instalación (incluyendo la selección del sitio), el mantenimiento, la modificación o el retiro de estructuras o equipos deberá realizarse de un modo que represente un riesgo mínimo de perturbación para los valores de la Zona;
- Los equipos científicos o indicadores existentes no serán removidos a excepción de un permiso expedido.
- Se presume que los instrumentos pequeños observados dentro de la Zona (mapa 2) en enero de 2012 ya no se encuentran en uso, aunque no aparenten ninguna amenaza importante para los valores de la Zona. Podrían resultar útiles para que futuros investigadores puedan utilizarlos como indicadores de sitios anteriores de experimentación. Como tales, estos instrumentos deberán permanecer in situ hasta la próxima revisión del plan de gestión, y en ese momento se considerará si deben ser retirados o no;
- La autoridad que haya expedido el permiso original será responsable del retiro del equipo/de las estructuras específicas cuyo permiso haya vencido; y dicho retiro será condición para el permiso.

*7(v) Ubicación de campamentos*

Está prohibido acampar en la Zona. Solo se permiten campamentos temporarios en la Zona en el lugar designado que se encuentra en las proximidades inmediatas de la pista de aterrizaje para helicópteros (mapa 2).

*7(vi) Restricciones aplicables a los materiales y organismos que se pueden introducir en la Zona*

Además de los requisitos del Protocolo al Tratado Antártico sobre Protección del Medio Ambiente, las restricciones a los materiales y organismos que pueden ingresar a la Zona son las siguientes:

- no se podrán introducir deliberadamente animales vivos, material de plantas o microorganismos y tierra no árida en la Zona. Se deberá tomar precauciones para no introducir accidentalmente animales, material de plantas, microorganismos o tierra no árida de otras regiones biológicamente distintas (dentro o fuera de la zona del Tratado Antártico);

- Los visitantes deberán asegurarse de que el equipo científico, especialmente para muestreo, y los indicadores ingresados a la Zona estén limpios. Con el objeto de reducir al máximo posible el riesgo de introducciones, los visitantes deberán limpiar minuciosamente el calzado y otros equipos que vayan a usarse en la Zona (incluyendo mochilas, bolsos y carpas). Los visitantes también deberán consultar y seguir las recomendaciones pertinentes incluidas en el Comité de Protección Ambiental, *Manual de especies no autóctonas* del CPA (2011), y en el Código de Conducta de SCAR para trabajo de campo en la investigación científica terrestre (2009);
- No se podrán introducir herbicidas o pesticidas en la Zona;
- Está prohibido el uso de explosivos dentro de Zona;
- No se almacenarán alimentos, combustible, químicos u otros materiales en la Zona, a menos que sea autorizado específicamente por un permiso, y deberán ser manipulados con métodos que reduzcan al mínimo el riesgo de introducción accidental en el medioambiente;
- Todos los materiales introducidos podrían permanecer en la Zona únicamente durante un período determinado y deberán ser retirados cuando concluya dicho período; y
- Si se producen vertimientos que puedan comprometer los valores de la Zona, se recomienda extraer el material únicamente si no es probable que el impacto de dicho retiro sea mayor que el de dejar el material in situ.

*7(vii) Recolección de flora y fauna autóctonas o intromisión perjudicial*

Se prohíbe la toma de ejemplares de la flora o la fauna autóctona y la intromisión perjudicial en ellas, excepto con un permiso otorgado de conformidad con las disposiciones del Anexo II del Protocolo al Tratado Antártico sobre Protección del Medio Ambiente.

En los casos que impliquen la toma de ejemplares o intromisión perjudicial, se deberá cumplir, como mínimo, con el Código de Conducta de SCAR para el uso de animales con fines científicos en la Antártida.

*7(viii) Toma o traslado de cualquier cosa que el titular del permiso no haya llevado a la Zona*

- Se podrá recolectar o retirar material de la Zona únicamente de conformidad con un permiso y dicho material debería limitarse al mínimo necesario para fines de índole científica o de gestión;
- Todo material de origen humano que no haya sido llevado a la Zona por el titular del permiso pero que probablemente comprometa los valores de la Zona podrá ser retirado salvo que el impacto de su extracción probablemente sea mayor que el efecto de dejar el material in situ: en tal caso, se deberá notificar a las autoridades pertinentes para obtener la aprobación necesaria. Como mínimo, existían cuatro indicadores (estacas de madera) en sitios anteriores de experimentación dentro de la Zona (mapa 2). Estos indicadores no representarían una amenaza importante para los valores de la Zona y podrían resultar útiles para futuros proyectos de investigación. Por lo tanto, deberán permanecer in situ bajo supervisión permanente.

*7(ix) Eliminación de desechos*

Deberán retirarse de la Zona todos los desechos, incluidos todos los desechos de origen humano.

*7(x) Medidas necesarias para que se puedan seguir cumpliendo los objetivos y las finalidades del plan de gestión*

Se podrán conceder permisos de ingreso a la Zona con miras a:

- la realización de actividades de observación e inspección en la Zona, que impliquen la recolección de algunas muestras o de datos para análisis o auditoría;
- la instalación o el mantenimiento de postes de señalización, indicadores, estructuras o equipo científico;

- la toma de medidas de protección.

*7(x) Requisitos relativos a los informes*

- El titular principal del permiso expedido para cada visita a la Zona deberá presentar a las autoridades nacionales pertinentes un informe lo antes posible dentro de los seis meses posteriores a la finalización de dicha visita;
- Dichos informes deberán incluir, según corresponda, la información señalada en el formulario para el informe de visitas contenido en la guía para la preparación de los planes de gestión para las Zonas Antárticas Especialmente Protegidas. De ser necesario, la autoridad nacional también deberá enviar una copia del informe de visitas a la parte que haya propuesto el plan de gestión, para prestar asistencia en la gestión de la Zona y en la revisión del plan de gestión;
- Siempre que sea posible, las partes deberían depositar esos informes originales o copias en un archivo al cual el público tenga acceso, a fin de llevar un registro del uso que pueda utilizarse en las revisiones del plan de gestión y en la organización del uso científico de la Zona;
- Se deberá avisar a las autoridades pertinentes sobre toda actividad realizada, medida adoptada y/o material vertido que no se haya retirado en los casos en que ello no estuviera incluido en el permiso.

## 8. Documentación de apoyo


Campbell, I.B. & Claridge, C.G.C., 1987. *Antarctica: soils, weathering processes and environment. Developments in Soil Science* **16**. Elsevier Science Publishers, Amsterdam.

Committee for Environmental Protection (CEP) 2011. *Non-native Species Manual – 1st Edition.* Manual prepared by Intersessional Contact Group of the CEP and adopted by the Antarctic Treaty Consultative Meeting through Resolution 6 (2011). Buenos Aires: Secretariat of the Antarctic Treaty.

Darling, R.B., Friedmann, E.I. & Broady, PA. 1987. *Heterococcus endolithicus* sp. nov. (Xanthophyceae) and other terrestrial *Heterococcus* species from Antarctica: morphological changes during life history and response to temperature. *Journal of Phycology* **23**:598-607.

Friedmann, E.I. & Ocampo, R. 1976. Endolithic blue-green algae in the Dry Valleys: primary producers and the Antarctic desert ecosystem. *Science* **193**: 1247–9.

Friedmann, E.I., McKay, C.P. & Nienow, J.A. 1987. The cryptoendolithic microbial environment in the Ross Desert of Antarctica: satellite-transmitted continuous nanoclimate data, 1984 to 1986. *Polar Biology* **7**: 273-87.

Friedmann, E.I., Hua, M. & Ocampo-Friedmann, R. 1988. Cryptoendolithic lichen and cyanobacterial communities of the Ross Desert, Antarctica. *Polarforschung* **58** (2/3): 251-59.

Friedmann, E.I. (ed) 1993. *Antarctic microbiology*. Wiley-Liss, New York.

Harris, C.M. 1994. Ross Sea Protected Areas 1993/94 Visit Report. Unpublished report on inspection visits to protected areas in the Ross Sea. International Centre for Antarctic Information and Research, Christchurch.

Harris, C.M. 2013. Antarctic Specially Protected Area No. 138 Linnaeus Terrace: Site Visit Report for Management Plan review on a joint US/ NZ inspection visit on 17 Jan 2012. Unpublished report for the US Antarctic Program and Antarctica New Zealand. Cambridge, Environmental Research & Assessment Ltd.

Hand, K.P., Carlson, R.W., Sun, H., Anderson, M., Wadsworth,W. & Levy, R. 2005. Utilizing active mid-infrared microspectrometry for in situ analysis of cryptoendolithic microbial communities of Battleship Promontory, Dry Valleys, Antarctica. *Proc. SPIE* 5906, *Astrobiology and Planetary Missions*, 590610.

McKay, C.P. & Friedmann, E.I. 1985. The cryptoendolithic microbial environment in the Antarctic cold desert: temperature variations in nature. *Polar Biology* **4**: 19-25.

SCAR (Scientific Committee on Antarctic Research) 2009. *Environmental Code of Conduct for terrestrial scientific field research in Antarctica*. Cambridge, SCAR.

Siebert, J., Hirsch, P., Hoffman, B., Gliesche, C.G., Peissl, K. & Jendrach, M. 1996. Cryptoendolithic microorganisms from Antarctic sandstone of Linnaeus Terrace (Asgard Range): diversity, properties and interactions. *Biodiversity & Conservation* **5** (11): 1337-63.

Tschermak-Woess, E. & Friedmann, E.I. 1984. *Hemichloris antarctica*, gen. et sp. nov. (chlorococcales, chlorophyta), a cryptoendolithic alga from Antarctica. *Phycologia* **23** (4): 443-54.

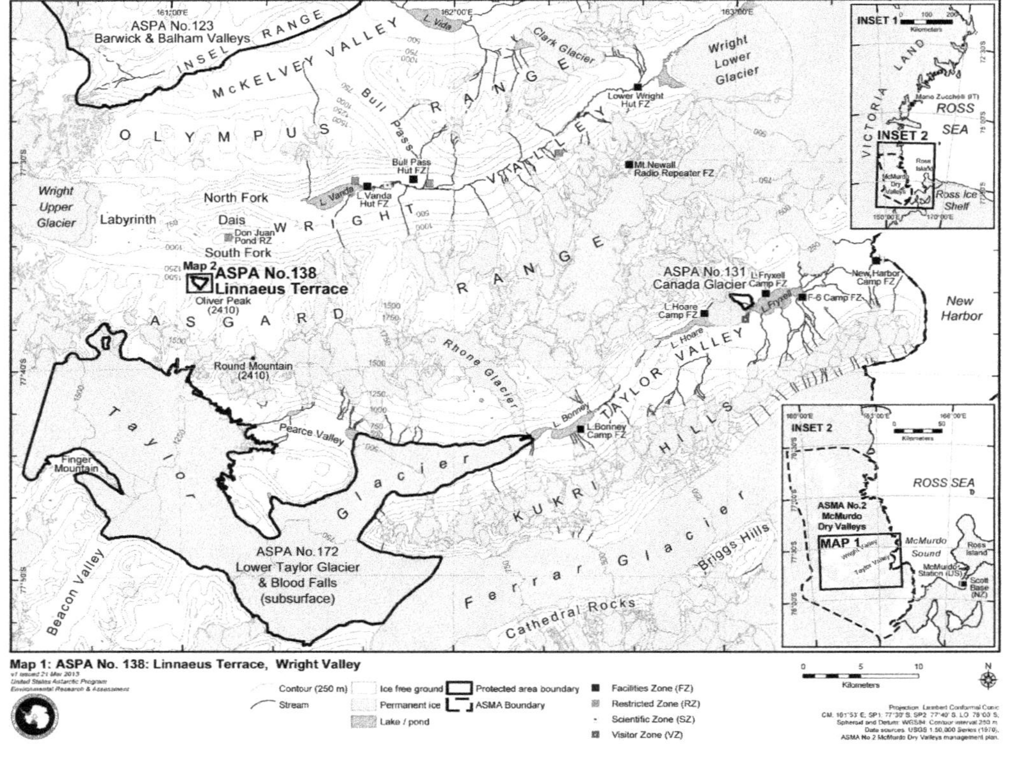


Map 1: ASPA No. 138: Linnaeus Terrace, Wright Valley

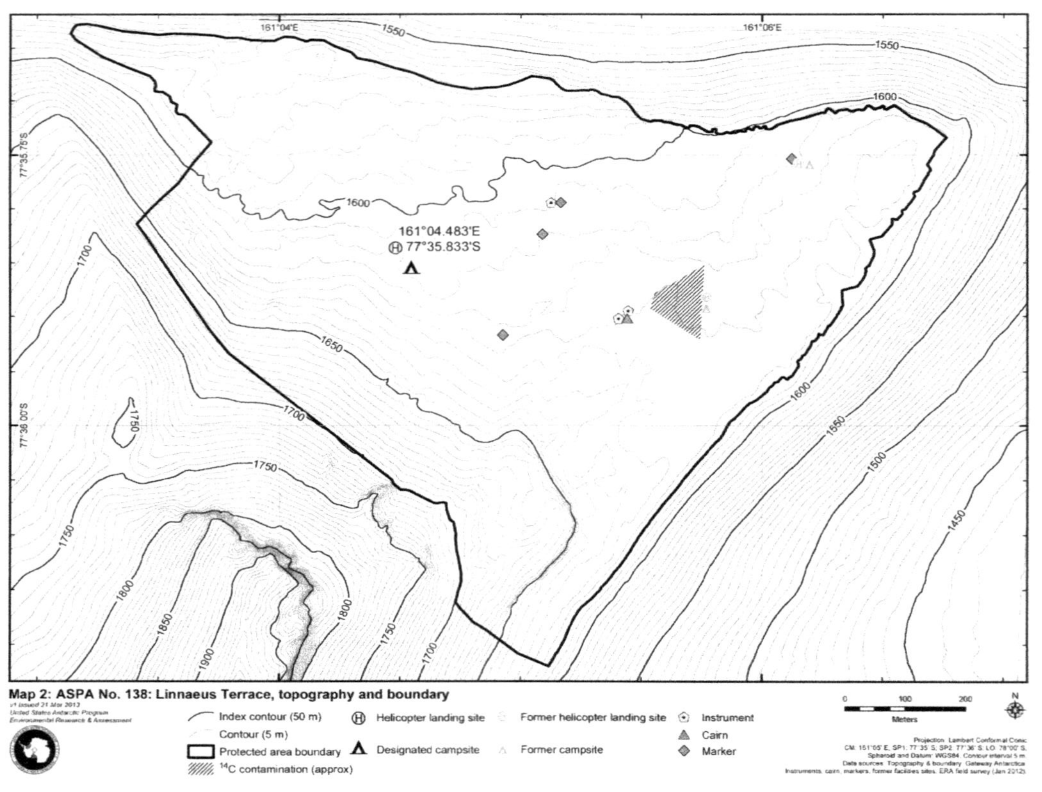
161°04'E
161°06'E
77°35.75'S
77°36.00'S
1450
1500
1550
1600
1650
1700
1750
1800
1850
1900
161°04.483'E
77°35.833'S
Map 2: ASPA No. 138: Linnaeus Terrace, topography and boundary
v1 issued 21 Mar 2013
United States Antarctic Program
Environmental Research & Assessment
Index contour (50 m)
Contour (5 m)
Protected area boundary
14C contamination (approx)
Helicopter landing site
Designated campsite
Former helicopter landing site
Former campsite
Instrument
Cairn
Marker
0
100
200
Meters
N
Projection: Lambert Conformal Conic
CM: 161°05' E, SP1: 77°35' S; SP2: 77°36' S; LO: 78°00' S.
Spheroid and Datum: WGS84. Contour interval 5 m.
Data sources: Topography & boundary: Gateway Antarctica
Instruments, cairn, markers, former facilities sites: ERA field survey (Jan 2012).

# Plan de Gestión de la Zona Antártica Especialmente Protegida (ZAEP) nº 143

# LLANURA MARINE, PENÍNSULA MULE, CERROS VESTFOLD, TIERRA DE LA PRINCESA ISABEL

## *Introducción*

La llanura Marine se encuentra a unos 10 km al sureste de la estación Davis, en los cerros Vestfold (68°37'50.2" S, 78°07'55.2" E). Esta Zona Antártica Especialmente Protegida (la Zona) cubre un área de 23,4 km2 y se abre sobre un brazo del fiordo Crooked en el lado sur de la península Mule, la más austral de las tres penínsulas principales que abarcan los cerros Vestfold.

La Zona es representativa de un importante ecosistema terrestre antártico sin hielo, y ha sido designada principalmente para proteger su fauna fósil sobresaliente y sus características geológicas raras. Su interés científico excepcional se debe a su relevancia para los registros paleoecológicos y paleoclimáticos de la Antártida.

Fue designada Sitio de Especial Interés Científico Nº 25 en virtud de la recomendación XIV-5 (1987), tras una propuesta presentada por Australia. De acuerdo con la decisión 2 (2002), se volvió a designar y a numerar como Zona Antártica Especialmente Protegida (ZAEP) Nº 143. La Medida 2 (2003) adoptó un plan de gestión revisado para la Zona.

## *1. Descripción de los valores que requieren protección*

La Zona es representativa de un importante ecosistema terrestre antártico sin hielo, con una fauna fósil sobresaliente y unas características geológicas raras. Su interés científico excepcional y continuado se debe a su relevancia para los registros paleoecológicos y paleoclimáticos de la Antártida. Ha sido objeto de varios estudios geológicos, paleontológicos, geomorfológicos y glaciológicos detallados.

En esta Zona se ha encontrado una fauna sobresaliente de vertebrados fósiles, entre ellos *Australodelphis mirus*, el primer vertebrado superior terrestre que se ha identificado del intervalo Oligoceno-Pleistoceno en la Antártida y el primer fósil cetáceo del borde polar del Océano Austral circunantártico posterior a la fragmentación de Gondwana. También ha revelado la existencia de otras cuatro especies de cetáceos, una especie de pez y una fauna de invertebrados diversa que comprende moluscos, gastrópodos, diatomeas marinas y el primer crustáceo decápodo del Plioceno encontrado en la Antártida

La Zona contiene una sección aproximadamente horizontal de alrededor de ocho metros de espesor de sedimentos marinos del Plioceno conocida como formación Sørsdal (Mapa C), que aflora en algunos lugares pero en otros está debajo de sedimentos del Holoceno de hasta un metro de espesor. En un estudio bioestratigráfico de las diatomeas se ubicó la formación Sørsdal en la zona de *Fragilariopsis barronii*, en el Plioceno Inferior (alrededor de 4,5-4,1 Ma) Los depósitos del Plioceno inferior son una fuente de información decisiva sobre el medio ambiente de esta etapa de la historia antártica.

La fauna fósil facilita la comprensión del medio ambiente antártico del Plioceno inferior, incluidos el clima a altas latitudes y la oceanografía. El examen de microfósiles de diatomeas permite reconstruir las condiciones paleoambientales probables de la formación Sørsdal y poner a prueba los modelos hipotéticos del comportamiento de las capas de hielo en comparación con los registros geológicos, y explorar la respuesta de la capa de hielo antártico al recalentamiento del planeta.

Los cerros Vestfold, donde hay una zona sin hielo de alrededor de 413 km2, se caracterizan por su baja altura, generalmente de menos de 180 metros. Han estado expuestos a glaciaciones intermitentes, y las rocas expuestas están pulidas, estriadas y fracturadas. Las estrías glaciales muestran la dirección del movimiento del hielo en el pasado. Estas características, así como otras características periglaciales y glaciales, han sido objeto de amplios estudios para conocer la historia geomorfológica y glacial de la región.

Además, la Zona ofrece el mayor termokarst periglacial de la Antártida oriental. Los sedimentos normalmente quedan cementados en el gelisuelo (además del cemento que se forma durante la diagénesis), pero el descongelamiento puede producir socavamientos y desmoronamientos. Las formas fisiográficas del termokarst, producidas por el desgaste térmico de escarpas bajas, consisten en pozos y lagos de deshielo, sumideros de hielo terrestre, depresiones lineales y desagües en rosario muy pequeños. El impacto de los seres humanos tal vez acelere el descongelamiento del gelisuelo, perturbando importantes valores geomorfológicos y posiblemente amenazando a los fósiles presentes en la diatomita.

La Zona está estrechamente relacionada con el lago Burton. Situado al oeste de la llanura Marine, es un lago hipersalino en conexión estacional con el medio marino. Además representa una etapa de la evolución biológica y fisioquímica de una masa de agua terrestre (i. e. la creación geológica de un lago).

El lago Burton, meromíctico y salino, junto con varios lagos más pequeños y lagunas de la Zona, proporciona ejemplos importantes en la gama de tipos de lagos, desde los hipersalinos hasta los de agua dulce, en los cerros Vestfold, y ofrece la oportunidad de realizar importantes investigaciones geoquímicas y limnológicas. Las interrelaciones entre el medio ambiente y las comunidades biológicas en lagos como el Burton proporcionan considerable información sobre la evolución de los medios lacustres y, desde una perspectiva más general, sobre el desarrollo del medio ambiente antártico. Actualmente es el único estanque meromíctico protegido en la Antártida oriental.

Debido a su proximidad a la estación Davis (Australia), los valores científicos de la Zona podrían verse comprometidos o dañados por interferencia accidental. La Zona está situada en la ruta peatonal (Mapa B) que va a los lagos de la península Mule (Clear, Laternula y McCallum) desde los rápidos Ellis, y es de fácil acceso.

La zona merece ser protegida, ya que existe un riesgo demostrable de interferencia que podría poner en peligro las investigaciones científicas. Por esta razón, urge proteger la fauna fósil contra todo muestreo, recolección o interferencia no registrado.

## 2. Finalidades y objetivos

Las finalidades de la gestión de la ZAEP llanura Marine son las siguientes:

- evitar las perturbaciones humanas innecesarias a fin de no degradar los valores de la llanura Marine o crear riesgos considerables para la ZAEP;
- permitir la realización de investigaciones científicas de índole geológica, paleoclimática, paleontológica, geomorfológica y limnológica, protegiendo al mismo tiempo contra el muestreo excesivo;
- permitir la realización de otras investigaciones científicas en la zona siempre que sean urgentes y no puedan realizarse en otro lugar;
- reducir a un mínimo los daños a las formas fisiográficas, en particular la llanura Marine, la llanura al sur del lago Poseidon y al este de la cresta Pickard (68° 37' 22,8" S, 78° 07' 9,9" E), accidentes glaciales y periglaciales, y sitios donde podría haber fósiles;
- permitir la realización de visitas con fines de gestión y de conformidad con las finalidades del plan de gestión.

## 3. Actividades de gestión

Se llevarán a cabo las siguientes actividades de gestión para proteger los valores de la Zona:

- la información sobre la ubicación de la Zona (y sobre toda restricción especial que se le aplique) se colocará en un lugar destacado y se mantendrá una copia del presente plan de gestión:
  - en la estación Davis adyacente;
  - en el refugio de la llanura Marine; y
  - en los buques que lleguen a las inmediaciones;
- se instalarán carteles indicadores de los límites para marcar las esquinas de los límites;
- se colocarán carteles con ilustraciones del lugar y sus límites, con indicaciones claras con respecto a las restricciones de entrada, en lugares apropiados de los límites de la Zona, a fin de evitar el acceso accidental;
- se colocarán letreros, señales o estructuras en la Zona con fines científicos o de gestión, que deberán asegurarse y mantenerse en buen estado y retirarse cuando no sean necesarios;
- en la medida de lo posible se deberán retirar el equipo y los materiales abandonados, siempre que esta tarea no tenga efectos adversos en los valores de la Zona;
- se efectuarán las visitas necesarias (por lo menos una vez cada cinco años) para determinar si la Zona continúa sirviendo a los fines para los cuales ha sido designada y cerciorarse de que las medidas de gestión sean adecuadas; y
- el Plan de Gestión se revisará por lo menos cada cinco años y se actualizará en función de las necesidades.

## 4. Periodo de designación

Designación por tiempo indeterminado.

## 5. Mapas

Mapa A: Cerros Vestfold, Antártida oriental, con la ubicación de la ZAEP llanura Marine, la estación Davis y los refugios de los alrededores. Recuadro: ubicación de los cerros Vestfold en la Antártida. Especificaciones cartográficas: Proyección: UTM Zona 44 Nivel de referencia horizontal: WGS84.

Mapa B: Inmediaciones de la ZAEP llanura Marine, con topografía y distribución de la fauna. Especificaciones cartográficas: Proyección: UTM Zona 44 Nivel de referencia horizontal: WGS84 Equidistancia de las curvas de nivel: 20m.

Mapa C: Mapa geológico de la ZAEP llanura Marine, con la formación Sørsdal. Especificaciones cartográficas: Proyección: UTM Zona 44 Nivel de referencia horizontal: WGS84.

## 6. Descripción de la Zona

### 6(i) Coordenadas geográficas, indicadores de límites y características naturales

*Descripción general*

La Zona se encuentra a unos 10 km al sureste de la estación Davis, en los cerros Vestfold (68°37'50.2" S, 78°07'55.2" E). Cubre un área de 23,4 km2 y se abre sobre un brazo del fiordo Crooked en el lado sur de la península Mule, la más austral de las tres penínsulas principales que abarcan los cerros Vestfold.

Los cerros Vestfold son un oasis en su mayor parte sin hielo, de alrededor de 512 km2 de lecho rocoso, escombros glaciales, lagos y lagunas, en el lado oriental de la bahía Prydz, Tierra de la Princesa Isabel.

La Zona incluye la llanura Marine (aproximadamente 3 km2), que ocupa el centro de la Zona con una orientación de norte a sur. La cresta Pickard (elevación máxima: 70 m) separa este sitio de la cuenca Poseidon en el nordeste.

Ambos sitios son bajos: están a menos de 20 m sobre el nivel del mar. Las secciones situadas en otros lugares por encima de los 20 m son en su mayoría cerros bajos y escarpados de roca precámbrica, y se caracterizan por presentar en la base un cambio marcado de pendiente que podría representar una costa del Holoceno. La superficie de la zona más baja (a una altura de menos de 20 m) se caracteriza por una serie de crestas de morrenas en retirada con la cara que da al sur cóncava. Una serie de pendientes arenosas orientadas al sudoeste ocupa la llanura Marine al este del lago Burton.

Partiendo del punto más septentrional de la Zona, la descripción del límite es la siguiente:

> Comienza a 68° 36' 34" S, 78° 09' 28" E, después se dirige en dirección sudeste hasta 68° 36' 45" S, 78° 10' 30" E, después en dirección sudeste hasta 68° 37' 30" S, 78° 12' 30" E, después hacia el sur a lo largo del meridiano de longitud 78° 12' 30" E hasta su intersección con el borde norte del lago Pineapple, después hacia el oeste a lo largo de dicho borde hasta el borde del glaciar Sørsdal, después hacia el oeste a lo largo del borde septentrional del glaciar Sørsdal hasta su intersección con la marca de la marea baja de la costa nordeste del fiordo Crooked, después hacia el oeste a lo largo de la marca de la marea baja de la costa norte del fiordo Crooked (cruzando la desembocadura del lago Burton en el fiordo Crooked) hasta su intersección con el meridiano de longitud 78° 03' 0" E, después hacia el norte a lo largo del meridiano de longitud 78° 03' 0" E hasta su intersección con el paralelo de latitud 68° 37' 30" S, después hacia el nordeste hasta 68° 36' 56" S, 78° 05' 39" E, después hacia el nordeste hasta el punto inicial.

*Características geológicas y paleontológicas*

Los tres componentes litológicos principales de los cerros Vestfold (Mapa C) son, por orden de edad: paragneis Chelnok, gneis Mossel y gneis del lago Crooked. Esto se repite en unidades de este-nordeste a oeste-sudoeste, con intrusiones de grupos de contravetas máficas orientadas aproximadamente de norte a sur (Mapa C). Las contravetas son una característica importante de los cerros Vestfold.

Sobre la roca precámbrica, en zonas bajas (de alrededor de 10 a 17 m sobre el nivel del mar), hay cerca de 8 m de diatomita del Plioceno inferior (aproximadamente 4,5-3,5 Ma) con piedra caliza en forma de lentes en la mitad superior. La piedra caliza contiene moluscos, especialmente bivalvos, entre ellos *Chlamys tuftsensis*. El depósito marino (0,5-1 m) está cubierto de forma cuasi concordante con escombros glaciales del Holoceno (alrededor de 6,49 ka) que abarcan de 8 a 10 km$^2$. Una capa de piedra caliza lenticular separa las unidades del Plioceno y el Holoceno.

En las escarpas bajas de los sedimentos marinos del Plioceno se ha encontrado una gama diversa de vertebrados e invertebrados marinos fósiles. Los especímenes cetáceos consisten en grandes conjuntos de columnas vertebrales, cráneos o especímenes completos, normalmente de dos metros o más de largo, en los dos metros superiores de la llanura Marine. Los principales hallazgos se han realizado a lo largo de los márgenes de la zanja conocida localmente como "Big Ditch", cerca del lago Burton, y en la escarpa del lado oriental de la llanura Marine. Un fósil cetáceo que cabe destacar es el *Australodelphis mirus*, que ilustra una convergencia notable de los delfines (familia de los delfínidos) y el cifio vivíparo del género *Mesoplodon*.

En la llanura Marine se ha encontrado también el primer crustáceo decápodo del Plioceno originario de la Antártida. El espécimen está incompleto, lo cual dificulta su identificación exacta, aunque probablemente sea un palinúrido. Entre otras especies cabe señalar un cifio, una ballena con barbas (y otras que todavía no se han estudiado), posiblemente pingüinos, peces, bivalvos, gastrópodos, gusanos serpúlidos, briozoos, asteroides, ofiuroides, equinoides y abundantes leiosferas que probablemente sean de origen planctónico

La llanura Marine ha sido objeto de una gran actividad fluvial desde el Holoceno medio que ha resultado en la formación de pequeñas parcelas de sedimento lacustre en el lado oriental. Se han encontrado valles con cursos de agua y lagos fuente (ahora prácticamente vacíos).

La diatomita del Plioceno en la llanura Marine parece ser el único depósito de este tipo en los cerros Vestfold. En algunos lugares, las morrenas de fondo y los glaciares del Holoceno son muy delgados y, por consiguiente, pueden sufrir perturbaciones con facilidad. La corteza delgada sobre la superficie de polvo suelto se aplasta fácilmente con las pisadas, que levantan una nube de polvo rico en diatomeas y arena y dejan una huella muy marcada de un color contrastante.

Hay gelisuelo a partir de una profundidad de un metro, aproximadamente, y las formas fisiográficas locales han evolucionado debido al derretimiento gradual y muy lento del hielo terrestre. El terreno formado por este proceso se conoce como termokarst periglacial porque las depresiones resultantes dan a la topografía un aspecto similar al del karst común de piedra caliza.

El glaciar Sørsdal (cerca del borde de la capa de hielo antártico) constituye el límite meridional de los cerros Vestfold, que no tienen hielo. Un tramo de un kilómetro del borde septentrional del glaciar Sørsdal retrocedió unos 800 metros del borde meridional de la llanura Marine en un plazo de 40 años a partir de 1947. Este retroceso se debió al desplazamiento por el canal profundo que llena este glaciar y a la formación de crestas de hielo en el glaciar y a su desmoronamiento en el fiordo Crooked.

*Lagos*

El lago Burton es una característica importante del lado occidental de la Zona. Hay varias lagunas y lagos pequeños sin nombre en la Zona. El lago Burton es una laguna marina meromíctica e hipersalina que permanece aislada estacionalmente, con una profundidad máxima de 18 metros. El lago Burton permanece cubierto de hielo durante diez u once meses del año y está conectado estacionalmente con el fiordo Crooked por medio de un canal de marea de alrededor de 20 metros de ancho y hasta 2 metros de profundidad. El lago permanece aislado del fiordo Crooked por el hielo durante seis o siete meses del año.

El lago contiene una gama de bacterias fotosintéticas. Las especies predominantes son *Chlorobium vibriofome* y *C. limiola*. Otras especies menores son *Thiocapsa roseopersicina* y *Rhodopseudomonas palustris*. El lago alberga también bacterias psicrófilas, que son relativamente raras en las zonas de hielo costero de la Antártida y que proliferan debido a la disponibilidad creciente de nutrientes de origen continental, las proliferaciones de algas pelágicas y la descomposición de algas pelágicas en la columna de agua como consecuencia del deshielo. *Psychroserpens burtonensis* es una especie nueva de bacteria que no se ha cultivado ni notificado en ningún otro medio.

En el lago Burton abundan las algas marinas. Un estudio florístico de las diatomeas de la laguna reveló la presencia de 41 especies.

Sobre la base de investigaciones realizadas en el lago Burton se describió por primera vez la ultraestructura de *Postgaardi mariagerensis*. Este microorganismo, muy raro, no puede considerarse como un euglénido sino más bien como un integrante del clade *Euglenozoa – Euglenozoa incertae sedis*. Además, el lago Burton es uno de los dos lagos antárticos donde se encontraron coanoflagelados por primera vez, entre ellos *Diaphanoeca grandis*, *Diaphanoeca sphaerica* y *Saepicula leadbeateri*. También se ha hallado *Spiraloecion didymocostatum* gen. et sp. nov.

Se han encontrado con regularidad cuatro especies de metazoarios en el zooplancton del lago Burton: *Drepanopus bispinosus* y *Paralabidocera antarctica* (copépodos), *Rathkea lizzioides* (antomedusas) y un ctenóforo cidípido sin nombre. Además, se han encontrado numerosos ejemplares de Holotrichia, por lo menos dos especies de nematodos y un gran anfípodo marino en la comunidad béntica, así como tardígrados.

En una ocasión se observó el pez *Pagothenia borchgrevinki* en el lago. Esta especie es común en las zonas costeras y los fiordos de los cerros Vestfold, pero no parece habitar el lago de forma continua. Debido a la conexión estacional con el mar, es probable que otras algas, zooplancton y peces entren al lago pero no sobrevivan el invierno.

*Vegetación*

Hay musgos y líquenes en las proximidades de pequeños cursos de agua efímeros que desaguan radialmente por la "falda de talud detrítico" que rodea los cerros precámbricos. En numerosas grietas y fisuras pequeñas de la loma que se adentra en el extremo septentrional del lago Burton abundan los líquenes, mientras que en el extremo septentrional del lago Poseidon abundan los musgos. No se ha documentado la flora de musgos y líquenes de la Zona, aunque en los cerros Vestfold hay por lo menos seis especies de musgo y por lo menos 23 líquenes.

*Vertebrados*

Esporádicamente llegan algunos vertebrados a la Zona entre noviembre y febrero. El petrel de Wilson (*Oceanites oceanicus*) y el petrel de las nieves (*Pagodroma nivea*) anidan en las rocas precámbricas superiores, mientras que la skúa antártica (*Catharacta maccormicki*) anida en la llanura Marine y ocasionalmente junto al borde del agua. En la Zona también hay pequeños grupo de focas de Weddell (*Leptonychotes weddellii*), elefantes marinos (*Mirounga leonina*), pingüinos Adelia (*Pygoscelis adeliae*) y pingüinos emperador (*Aptenodytes forsteri*), pero no se han estudiado específicamente en este sitio

*Clima*

Los datos meteorológicos sobre la Zona se limitan casi enteramente a observaciones efectuadas en la estación Davis, a 10 km. al noroeste de la llanura Marine. La zona de los cerros Vestfold tiene un clima marítimo polar frío, seco y ventoso. Durante el verano, los días generalmente son soleados, con una temperatura de –1°C a +3°C al mediodía y una máxima de +5°C, pero durante la mayor parte del año la temperatura es inferior a 0°C y baja a −40,7°C en invierno. La temperatura máxima registrada en la estación Davis entre 1957 y 2001 fue +13°C. El registro corresponde al clima estacional previsto para latitudes mayores, pero de media en la estación Davis hace más calor que en otras estaciones antárticas situadas en latitudes similares. Este fenómeno se ha atribuido al "oasis rocoso" resultante del albedo menor de las superficies rocosas en comparación con el del hielo, por el cual absorben más energía solar que vuelve a irradiarse en forma de calor.

*Análisis ambiental de dominios*

Según el Análisis ambiental de dominios para la Antártida (Resolución 3 (2008)), la llanura Marine se encuentra en el Ambiente D *Geología de la costa antártica oriental.*

*Regiones Biogeográficas de Conservación de la Antártida*

Según las Regiones Biogeográficas de Conservación de la Antártida (Resolución 6 (2012)), la llanura Marine se encuentra en la Región Biogeográfica 7 *Antártida Oriental.*

**6(ii) Acceso a la Zona**

El acceso a las proximidades de la Zona puede hacerse a pie, en embarcación pequeña o en helicóptero, de acuerdo con los requisitos destacados en la sección 7(ii) de este Plan.

**6(iii) Estructuras situadas dentro de la Zona y en sus proximidades**

No hay refugios en la Zona, pero hay dos en las proximidades. El refugio de la llanura Marine (68°36'54"S, 78°65'30"E) está a unos 150 metros al norte del límite septentrional de la zona. A su lado hay un sitio para el aterrizaje de helicópteros. La cabaña Watts (68° 35' 54" S, 78° 13' 48" E) está en el extremo oriental del fiordo Ellis, a unos 5 km. al este-nordeste del refugio de la llanura

Marine y 2,9 km. al este-nordeste del punto más septentrional de la Zona.

En la llanura Marine subsisten indicios de investigaciones. Dos líneas paralelas de piedras marcan un sitio para el aterrizaje de helicópteros 30 metros al norte de un sitio con fósiles (68° 37' 37" S, 78° 08' 11" E), donde hay una excavación cubierta por una lámina de politeno negro (3 m x 1,7 m) sujeta con piedras. En el lado noroeste de la ensenada hay unas 10 estacas de madera de un metro de alto en una línea despareja que va de norte a sur. En la ensenada que le sigue al norte hay tres cúmulos de piedras pintadas de rojo que forman un triángulo (con lados de alrededor de 50 metros).

En la llanura Marine también quedan huesos fósiles cubiertos de arpillera enyesada, cinco pozos vacíos de poca profundidad, un pozo vacío grande (cerca del lago Burton), una excavación importante en un flanco elevado de una zanja natural (conocida localmente como "Big Ditch") y viejas trincheras rellenas. En el lado noroeste del lago Burton hay un caño y cuerda (posiblemente para observaciones del lago).

Se instalarán carteles indicadores en las esquinas de los límites.

### 6(iv) Ubicación de otras Zonas protegidas en las proximidades

La Zona Antártica Especialmente Protegida Isla Hawker Nº 167 (68°38'S, 77°51'E) se encuentra a unos 8 km aproximadamente al este de la llanura Marine.

En los cerros Vestfold hay dos sitios y monumentos históricos, por lo menos a 25 km al norte de la llanura Marine:

1) En la mayor de las islas Tryne (68° 18' 29" S, 78° 23' 44" E), en la bahía Tryne (29 km. al nordeste de Davis), el SMH Nº 72 consiste en un montículo y un mástil de madera erigidos en 1935 por el capitán Klarius Mikkelsen que marcan el primer desembarco en la Zona de los cerros Vestfold.

2) El montículo Walkabout Rocks, SMH Nº 6 (68° 22' 14" S, 78° 32' 19" E), a 40 km al nordeste de Davis, es un montículo de piedras erigido en 1939 por Sir Hubert Wilkins. En el montículo hay una lata que contiene una constancia de su visita.

### 6(v) Áreas especiales en la Zona

No hay áreas especiales en la Zona.

## 7. Condiciones para la expedición de permisos

### 7(i) Condiciones generales para la expedición de permisos

Se prohíbe el acceso a la Zona excepto con un permiso expedido por una autoridad nacional competente. Las condiciones para la expedición de permisos para acceder a la Zona son las siguientes:

- el permiso se expedirá únicamente para investigaciones científicas (paleontológicas, paleoclimáticas, geológicas, geomorfológicas, biológicas y limnológicas), para fines científicos, educacionales o culturales urgentes o para fines de gestión indispensables concordantes con los objetivos del plan de gestión;
- las actividades permitidas no deberán poner en peligro los valores ecológicos o científicos de la Zona ni otras actividades permitidas;
- las acciones permitidas serán de conformidad con este Plan de Gestión;
- se deberá llevar el permiso o una copia dentro de la ZAEP;
- se deberá presentar un informe de la visita a la autoridad que aprobó el permiso lo antes posible después de la visita a la ZAEP y en cualquier caso en los seis meses siguientes a la fecha en la que se produjo la visita;

- los permisos tendrán un plazo de validez expreso;
- los titulares del permiso deberán notificar a la autoridad pertinente las actividades o medidas que se tomen y que no autorice dicho permiso; y
- los permisos tendrán un plazo de validez expreso.

**7(ii) Acceso a la Zona y circulación dentro de ella**

- La circulación dentro de la Zona deberá mantenerse en un mínimo y se deberá hacer todo lo que sea prudencialmente posible para reducir el impacto a un mínimo. La corteza superficial es quebradiza y se aplasta fácilmente con las pisadas, de modo que existe el riesgo de dañar el material fósil y de dejar signos duraderos del impacto humano. En la medida de lo posible, es preferible circular por áreas precámbricas (roca madre), evitando los desplazamientos en las escarpas. Todo desplazamiento debe realizarse con cuidado para reducir a un mínimo la perturbación del suelo, la vegetación, las diatomitas, el termokarst, las afloraciones de sedimentos y otras características geomorfológicas que confieran un valor científico y ambiental al sitio. El aterrizaje de aeronaves y el uso de vehículos están prohibidos en la formación Sørsdal.

- Normalmente deberá usarse el sitio para aterrizaje de helicópteros que está junto al refugio de la llanura Marine. A fin de reducir a un mínimo la circulación peatonal en la llanura Marine, se podrá autorizar un sitio para el aterrizaje de helicópteros en la Zona para una visita en particular, siempre que dicho sitio:
  - se compare con el uso general de conformidad con el carácter de zona protegida;
  - esté situado en una superficie de roca de fondo sin escombros donde la aeronave cause una perturbación mínima a los cursos de agua, la vegetación o los depósitos de sedimentos; y
  - esté situado en un lugar que reduzca a un mínimo el impacto del trayecto hasta el sitio previsto para las investigaciones.
- No se permitirá el uso de lanchas de motor en el lago Burton.
- Los sobrevuelos de los lagos deberán reducirse al mínimo necesario para alcanzar objetivos específicos de investigación o gestión.
- Se prohíbe la circulación de vehículos en la Zona.

**7(iii) Actividades que se pueden llevar a cabo en la Zona**

Se podrán llevar a cabo las siguientes actividades en la Zona
siempre que se puedan cumplir las condiciones relativas al acceso:

- investigaciones científicas convincentes que no puedan realizarse en otro lugar y que no pongan en peligro los valores de la Zona;
- recogida de muestras geológicas, que serán el mínimo requerido para los programas de investigación aprobados;
- muestreos hidrológicos, con la condición de que se lave el equipo antes de ingresar en la Zona a fin de evitar la contaminación con material de otros lagos; y
- actividades de gestión indispensables, entre ellas la vigilancia.

**7(iv) Instalación, modificación o desmantelamiento de estructuras**

Se prohíben las estructuras o instalaciones permanentes en la Zona.

Las estructuras, instalaciones, marcadores y equipos temporales sólo se instalarán en la Zona con fines científicos o de gestión ineludibles, y según se especifique en un permiso.

Las estructuras, instalaciones, marcadores y equipos temporales instalados en la Zona deberán:

- estar claramente identificados con el nombre del país, el nombre de la agencia principal, la fecha de instalación y la fecha prevista de desmantelamiento.
- estar libres de organismos, propágulos (p. ej. semillas, huevos) y suelo no estéril;
- estar hechos de materiales que puedan soportar las condiciones antárticas;
- estar hechos de materiales que presenten un riesgo mínimo de contaminación de la Zona; y
- retirarse cuando no sean necesarios, o cuando caduque el permiso, lo que acontezca antes.

Se deberá proporcionar a la autoridad que expida el permiso la descripción y la ubicación de las estructuras, instalaciones, marcados y equipos temporales.

### 7(v) Ubicación de los campamentos

Está prohibido acampar en la formación Sørsdal.

Sólo está permitido acampar en cualquier otro lugar de la Zona si la utilización del refugio de la llanura Marine (68° 36' 54" S, 78° 6' 30" E; véase 6(iii)) pudiera suponer riesgos mayores para los valores de la Zona.

### 7(vi) Restricciones relativas a los materiales y organismos que puedan introducirse en la Zona

Se aplican las siguientes restricciones:

- se prohíbe la introducción deliberada de animales, plantas o microorganismos vivos en la Zona, y se deberán tomar precauciones para evitar la introducción accidental;
- tampoco se introducirán en la Zona ni herbicidas ni pesticidas. Cualquier otro producto químico, incluidos los radionúclidos e isótopos estables, autorizados con fines científicos o de gestión, deberá ser retirado de la Zona cuando concluya la actividad para la cual se haya expedido el permiso o con anterioridad;
- no deberán usarse materiales orgánicos (madera, algodón, arpillera, etc.) para los indicadores científicos ni para otras investigaciones salvo que sea absolutamente necesario. Deberán usarse materiales inorgánicos (acero inoxidable, politeno, etc.);
- no se deberá almacenar combustible en la Zona salvo que se requiera con fines indispensables relacionados con la actividad para la cual se ha expedido el permiso. El combustible deberá retirarse de la ZAEP cuando concluya la actividad conexa o con anterioridad. Se prohíben los depósitos permanentes de combustible en la Zona; y
- todo el material que se introduzca en la Zona podrá permanecer durante un período determinado únicamente. Todo el material introducido deberá ser retirado cuando concluya dicho período o con anterioridad y deberá ser almacenado y manipulado de forma tal que se reduzca a un mínimo el riesgo de repercusiones ambientales.

### 7(vii) Recolección de ejemplares de la flora y fauna autóctonas o intromisión perjudicial

Se prohíbe la toma de ejemplares de la flora o fauna autóctonas y la intromisión perjudicial en ellas, excepto con un permiso. En caso de toma de animales o de intromisión perjudicial con los mismos, se deberá usar como norma mínima el *Código de conducta del SCAR para el uso de animales con fines científicos en la Antártida.*

### 7(viii) Toma o traslado de materiales que el titular del permiso no haya llevado a la Zona

- Se podrá recolectar o retirar material de la Zona únicamente de conformidad con un permiso, y dicho material deberá limitarse al mínimo necesario para cubrir las necesidades científicas o de gestión.
- No se concederán permisos en los casos en que exista una preocupación prudencial de que el muestreo propuesto lleve a la toma, el desplazamiento, la extracción o el daño de cantidades tales de roca, suelo, agua o flora o fauna autóctonas que su distribución o abundancia en la llanura Marine se vea considerablemente afectada. La excavación de fósiles está exenta de este requisito.

- El material de origen humano que pudiera comprometer los valores de la Zona y que no haya sido introducido en la misma por el titular del permiso o que no esté autorizado podrá ser retirado salvo que el impacto ambiental de su extracción pueda ser mayor que el efecto de dejar el material *in situ*, en cuyo caso se deberá notificar a la autoridades nacional pertinente.

**7(ix) Eliminación de desechos**

Todos los desechos, incluidos los de origen humanos, deberán ser retirados de la Zona.

**7(x) Medidas que podrían ser necesarias para garantizar el continuo cumplimiento de los objetivos y las finalidades del Plan de Gestión**

- Se podrán conceder permisos para acceder a la Zona a fin de llevar a cabo actividades de vigilancia, inspección de sitios (que pueden abarcar la recolección de una pequeña cantidad de muestras para análisis o revisión) o medidas de protección.
- Todo sitio que se utilice para actividades de vigilancia a largo plazo deberá estar debidamente marcado y se deberá obtener una posición GPS para su presentación con el Sistema de directorios de datos antárticos a través de la autoridad nacional pertinente.
- A fin de ayudar a mantener los valores geológicos, paleontológicos, geomorfológicos, biológicos, limnológicos y científicos de la llanura Marine, se deberá proceder con mucho cuidado al caminar o esquiar en pendientes, morrenas, afloraciones rocosas o suelo de diatomita. A fin de reducir a un mínimo el riesgo de daño de estos valores, en la medida de lo posible deberá restringirse la circulación
peatonal entre la llanura Marine y la llanura al sur de la cuenca Poseidon y al este de la cresta Pickard.
- A fin de ayudar a mantener los valores ecológicos y científicos derivados del relativamente bajo nivel de impacto de los seres humanos en la Zona, deberán tomarse precauciones especiales para evitar introducciones. A fin de reducir a un mínimo el riesgo de introducciones, antes de acceder en la Zona se deberán limpiar minuciosamente el calzado y el equipo que se vayan a utilizar.
- La integridad estratigráfica y las comunidades endolíticas de la Zona deberá preservarse con el cierre y la protección de las excavaciones. Entre las medidas recomendadas se encuentran:
  - colocar la tierra excavada en láminas de politeno de suficiente grosor;
  - volver a colocar la tierra y los sedimentos en capas en el orden en que fueron extraídos;
  - volver a colocar los clastos mayores con la orientación correcta;
  - eliminar las irregularidades no naturales de la superficie; y
  - reorientar las rocas y las morrenas de fondo durante el cierre.
- Se deberá retirar los equipos científicos abandonados y rehabilitar las excavaciones en la mayor medida de lo posible.

**7(xi) Requisitos relativos a los informes**

En cada visita a la Zona, el titular principal del permiso deberá presentar un informe a la autoridad nacional competente lo antes posible y en cualquier caso en el plazo de los seis meses posteriores a la finalización de dicha visita.

Dichos informes de visita deberán incluir, según corresponda, la información indicada en el formulario de informe de visita recomendado que el Anexo 4 de la *Guía para la Preparación de Planes de Gestión para las Zonas Antárticas Especialmente Protegidas*.

Si corresponde, la autoridad nacional también hará llegar una copia del informe de la visita a la Parte que haya propuesto el Plan de Gestión, a fin de ayudar en la gestión de la Zona y de revisar dicho Plan de Gestión.

También siempre que sea posible las Partes deberán depositar el informe original o copias en un archivo de acceso público, a fin de llevar un registro de su uso en vistas a cualquier revisión del Plan de Gestión y para la organización del uso científico de la Zona.

**8. Bibliografía**

Adamson, D.A. & Pickard. J. (1983) Late Quaternary Ice Movement across the Vestfold Hills, East Antarctica. In: Oliver, R.L., James, P.R. & Jago, J.B. (eds.) *Antarctic Earth Science: Proceedings of the Fourth International Symposium on Antarctic Earth Sciences, University of Adelaide, South Australia, 16-18 August 1982*, Australian Academy of Science, Canberra, pp. 465-469.

Adamson, D.A. & Pickard. J. (1986a) Cainozoic history of the Vestfold Hills. In: Pickard, J. (ed.) *Antarctic oasis: Terrestrial environments and history of the Vestfold Hills.* Academic Press Australia, Sydney, pp. 63-98.

Adamson, D.A. & Pickard. J. (1986b) Physiography and geomorphology of the Vestfold Hills. In: Pickard, J. (ed.) *Antarctic oasis: Terrestrial environments and history of the Vestfold Hills.* Academic Press Australia, Sydney, pp. 99-139

Bayly, I.A.E. (1986) Ecology of the zooplankton of a meromictic Antarctic lagoon with special reference to *Drepanopus bispinosus* (Copepoda: Calanoida). *Hydrobiologia* 140:199-231.

Bowman, J.P., McCammon, S.A., Brown, J.L., Nichols, P.D. & McKeekin, T.A. (1997) *Psychroserpens burtonensis* gen. nov., sp. nov., and *Gelidibacter algens* gen. nov., sp. nov., psychrophilic bacteria isolated from Antarctic lacustrine and sea ice habitats. *International Journal of Systematic Bacteriology* **47**: 670-677.

Burke, C.M. & Burton, H.R. (1988) The ecology of photosynthetic bacteria in Burton Lake, Vestfold Hills, Antarctica. In: Ferris J.M., Burton H.R., Johnstone G.W. & Bayly I.A.E. (eds.) *Biology of the Vestfold Hills, Antarctica.* Kluwer Academic Publishers, Dordrecht, The Netherlands, pp. 1-12.

Collerson, K. D. & Sheraton, J.W. (1986) Bedrock geology and crustal evolution of the Vestfold Hills. In: Pickard J. (ed.) *Antarctic oasis: Terrestrial environments and history of the Vestfold Hills.* Academic Press Australia, Sydney, pp. 21-62.

Dartnall, H. (2000) A limnological reconnaissance of the Vestfold Hills. *ANARE Reports* **141**: 57 pp.

Daniels, J. (1996) Systematics of Pliocene Dolphins (*Odontoceti: Delphinidae*) from Marine Plain, Antarctica. M.Sc. Thesis University of Otago, Dunedin, New Zealand.

Feldmann, R.M. & Quilty, P.G. (1997) First Pliocene decapod crustacean (Malacostraca: Palinuridae) from the Antarctic. *Antarctic Science* **9** (1): 56-60.

Fordyce, R.E., Quilty, P.G. & Daniels, J. (2002) *Australodelphos mirus*, a bizarre new toothless ziphiid-like fossil dolphin (Cetacea: Delphinidae) from the Pliocene of Vestfold Hills, East Antarctica. *Antarctic Science* **14**: (1) 37-54.

Gibson, J.A.E. (1999) The meromictic lakes and stratified marine basins of the Vestfold Hills, East Antarctica. *Antarctic Science* **11**: 175-192.

Gibson, J.A.E. (2001) Personal Communication. 10 December 2001.

Gore, D.B. (1993) Changes in the ice boundary around the Vestfold Hills, East Antarctica, 1947 – 1990. *Australian Geographical Studies* **31** (1): 49-61.

Harwood, D.M., McMinn, A. & Quilty, P.G. (2002) Diatom biostratigraphy and age of the Pliocene Sørsdal Formation, Vestfold Hills, East Antarctica. *Antarctic Science* **12**: 443-462.

Kiernan, K. & McConnell, A. (2001a) Impacts of geoscience research on the physical environment of the Vestfold Hill, Antarctica. *Australian Journal of Earth Sciences* **48**: 767-776.

Kiernan, K. & McConnell, A. (2001b) Land surface rehabilitation and research in Antarctica. *Proceedings of the Linnean Society of NSW* **123**: 101-118.

Kiernan, K., McConnell, A. & Colhoun, E. (1999) Thermokarst landforms and processes at Marine Plain, Princess Elizabeth Land, East Antarctica. *INQUA XV International Congress, 3-11 August 1999, Durban, South Africa. Book of Abstracts 1998.*

Marchant, H.J. & Perrin, R.A. (1986) Planktonic Choanoflagellates from two Antarctic lakes including the description of *Spiraloecion Didymocostatum* Gen. Et Sp. Nov. *Polar Biology* **5**: 207-210.

Miller, J.D., Horne, P., Heatwole, H., Miller, W.R. & Bridges L. (1988) A survey of terrestrial tardigrada of the Vestfold Hills, Antarctica. In: Ferris, J.M., Burton, H.R., Johnstone, G.W. & Bayly, I.A.E. (eds.) *Biology of the Vestfold Hills, Antarctica.* Kluwer Academic Publishers, Dordrecht, The Netherlands, pp. 197-208.

Pickard, J. (1985) The Holocene fossil marine macrofauna of the Vestfold Hills, East Antarctica. *Boreas* **14**: 189-202.

Pickard, J. (1986) Antarctic oases, Davis station and the Vestfold Hills. In: Pickard, J. (ed.) *Antarctic oasis: Terrestrial environments and history of the Vestfold Hills.* Academic Press Australia, Sydney, pp. 1-19.

Pickard, J., Adamson, D.A., Harwood, D.M., Miller, G.H., Quilty, P.G. & Dell, R.K. (1988) Early Pliocene marine sediments, coastline, and climate of East Antarctica. *Geology* **16**: 158-161.

Quilty, P.G. (1989) Landslides: Extent and economic significance in Antarctica and the subantarctic. In: Brabb, E.E. & Harrod, B.L. (eds.) *Landslides: Extent and Economic Significance.* Balkema, Rotterdam, pp. 127-132.

Quilty, P.G. (1991) The geology of Marine Plain, Vestfold Hills, East Antarctica. In: Thomson, M.R.A., Crame, J.A. & Thomson, J.W. (eds.) *Geological Evolution of Antarctic.* Cambridge University Press, Great Britain.

Quilty, P.G. (1992) Late Neogene sediments of coastal East Antarctica – An Overview. In: Yoshida, Y., Kaminuma, K. & Shiraishi (eds.) *Recent Progress in Antarctic Earth Science*, Terra Scientific Publishing Company, Tokyo, pp. 699-705.

Quilty, P.G. (1996) The Pliocene environment of Antarctica. *Papers and Proceedings of the Royal Society of Tasmania* **130**(2): 1-8.

Quilty, P.G. (2001) Personal Communication. 9 May 2002.

Quilty, P.G., Lirio, J.M. & Jillett, D. (2000) Stratigraphy of the Pliocene Formation, Marine Plain, Vestfold Hills, Antarctica. *Antarctic Science* **12** (2): 205-216.

Roberts, D. & McMinn, A. (1999) Diatoms of the saline lakes of the Vestfold Hills, Antarctica. *Bibliotheca Diatomologica*, Band 44, pp. 1-83.

Roberts, D. & McMinn, A. (1996) Relationships between surface sediment diatom assemblages and water chemistry gradients in saline lakes of the Vestfold Hills, Antarctica. *Antarctic Science* **8:** 331-34.

Seppelt, R. A., Broady, P.A., Pickard, J. & Adamson, D.A. (1988) Plants and landscape in the Vestfold Hills, Antarctica. In: Ferris J.M., Burton H.R., Johnstone G.W. & Bayly I.A.E. (eds.) *Biology of the Vestfold Hills, Antarctica.* Kluwer Academic Publishers, Dordrecht, The Netherlands, pp. 185-196.

Simpson, R.G.B., Van Den Hoff, J., Bernard, C., Burton, H.R. & Patterson, D.J. (1996) The ultrastructure and systematic position of the euglenozoon *Postgaardi Mariagerensis*, Fenchel Et Al. *Archiv fur Protisten Kunde*, 147.

Streten, N.A. (1986) Climate of the Vestfold Hills. In: Pickard, J. (ed.) *Antarctic oasis: Terrestrial environments and history of the Vestfold Hills.* Academic Press, Sydney pp. 141-164.

Whitehead, J.M., Quilty, P.G., Harwood, D.M. & McMinn, A. (2001) Early Pliocene palaeoenvironment of the Sørsdal Formation, Vestfold Hills, based on diatom data. *Marine Micropaleontology* **41**: 125-152.

Williams, R. (1998) The inshore marine fishes of the Vestfold Hills region, Antarctica. In: Ferris J.M., Burton H.R., Johnstone G.W. & Bayly I.A.E. (eds.) *Biology of the Vestfold Hills, Antarctica.* Kluwer Academic Publishers, Dordrecht, The Netherlands, pp. 161-167.

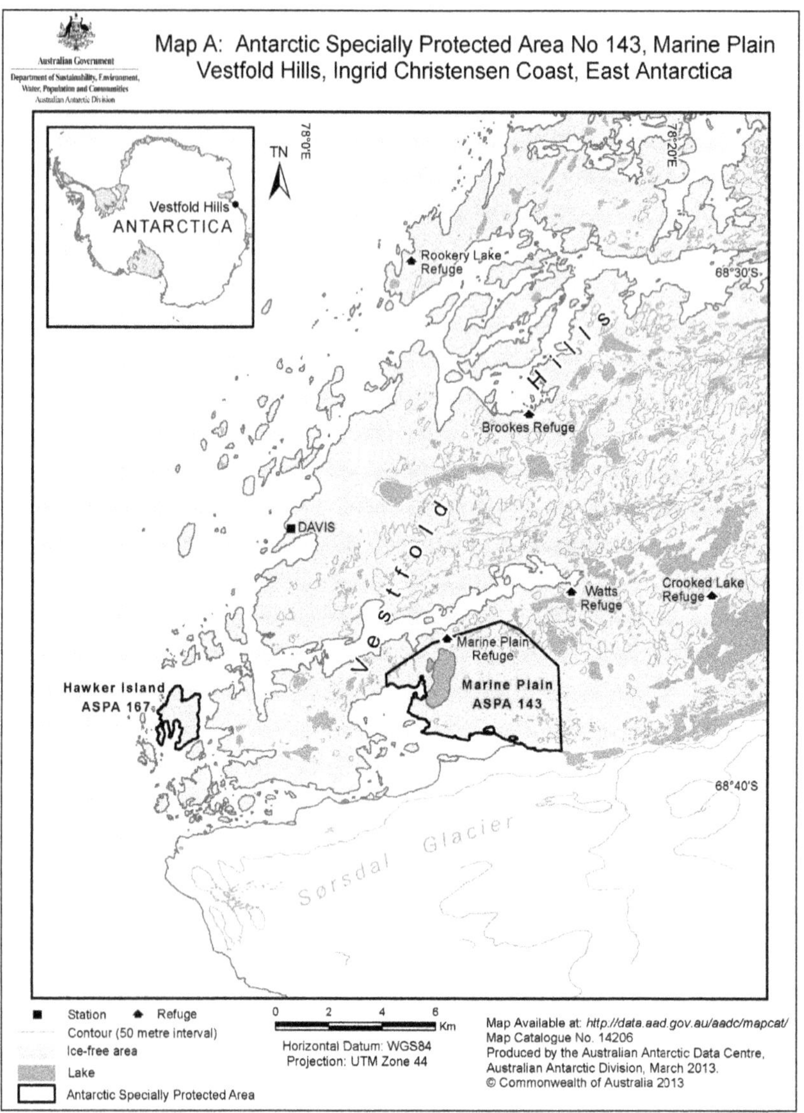

Australian Government
Department of Sustainability, Environment, Water, Population and Communities
Australian Antarctic Division
Map A: Antarctic Specially Protected Area No 143, Marine Plain
Vestfold Hills, Ingrid Christensen Coast, East Antarctica
Vestfold Hills
ANTARCTICA
TN
78°0'E
78°20'E
Rookery Lake Refuge
68°30'S
Vestfold Hills
Brookes Refuge
DAVIS
Watts Refuge
Crooked Lake Refuge
Marine Plain Refuge
Hawker Island ASPA 167
Marine Plain ASPA 143
68°40'S
Sørsdal Glacier
Station
Refuge
Contour (50 metre interval)
Ice-free area
Lake
Antarctic Specially Protected Area
0 2 4 6 Km
Horizontal Datum: WGS84
Projection: UTM Zone 44
Map Available at: http://data.aad.gov.au/aadc/mapcat/
Map Catalogue No. 14206
Produced by the Australian Antarctic Data Centre, Australian Antarctic Division, March 2013.
© Commonwealth of Australia 2013

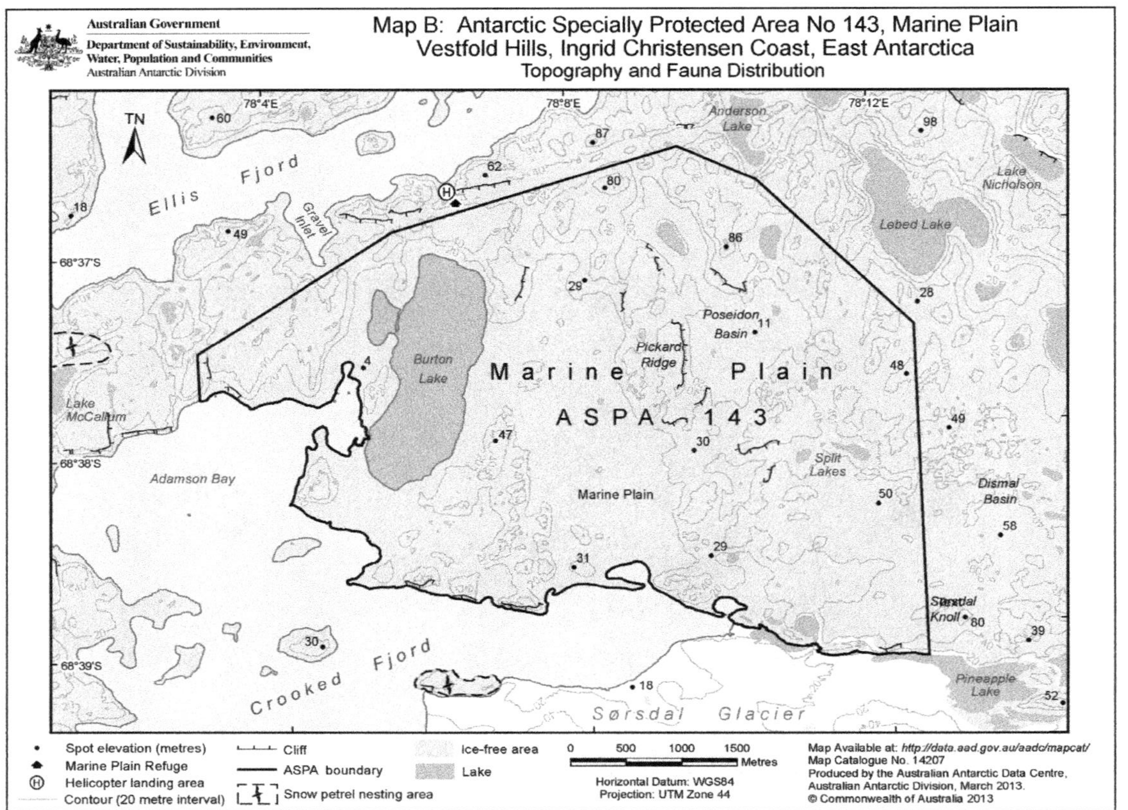
Australian Government
Department of Sustainability, Environment, Water, Population and Communities
Australian Antarctic Division
Map B: Antarctic Specially Protected Area No 143, Marine Plain
Vestfold Hills, Ingrid Christensen Coast, East Antarctica
Topography and Fauna Distribution
TN
78°4'E
78°8'E
78°12'E
68°37'S
68°38'S
68°39'S
Ellis Fjord
Gravel Inlet
Anderson Lake
Lake Nicholson
Lebed Lake
Burton Lake
Poseidon Basin
Pickard Ridge
Marine Plain
ASPA 143
Lake McCallum
Adamson Bay
Split Lakes
Dismal Basin
Crooked Fjord
Sørsdal Glacier
Pineapple Lake
Knoll
Spot elevation (metres)
Marine Plain Refuge
Helicopter landing area
Contour (20 metre interval)
Cliff
ASPA boundary
Snow petrel nesting area
Ice-free area
Lake
0 500 1000 1500 Metres
Horizontal Datum: WGS84
Projection: UTM Zone 44
Map Available at: http://data.aad.gov.au/aadc/mapcat/
Map Catalogue No. 14207
Produced by the Australian Antarctic Data Centre, Australian Antarctic Division, March 2013.
© Commonwealth of Australia 2013

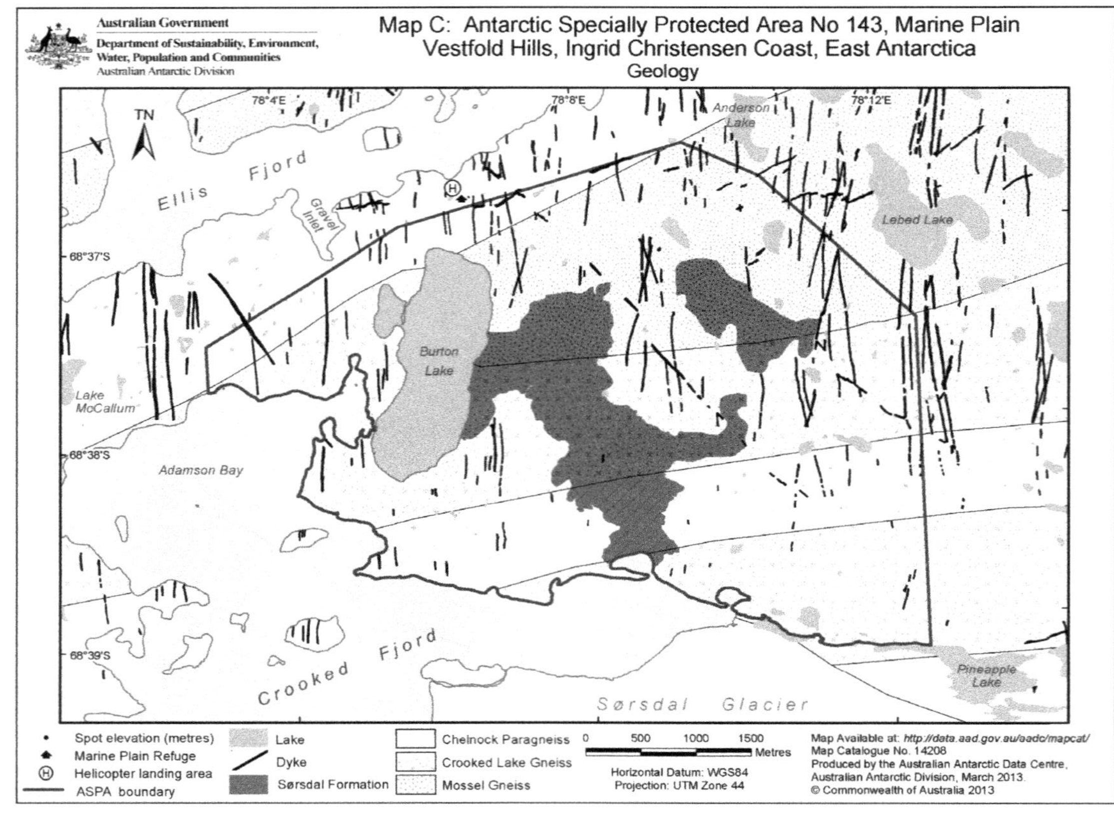
Australian Government
Department of Sustainability, Environment, Water, Population and Communities
Australian Antarctic Division
Map C: Antarctic Specially Protected Area No 143, Marine Plain
Vestfold Hills, Ingrid Christensen Coast, East Antarctica
Geology
TN
78°4'E
78°8'E
78°12'E
68°37'S
68°38'S
68°39'S
Ellis Fjord
Gravel Inlet
Anderson Lake
Lebed Lake
Burton Lake
Lake McCallum
Adamson Bay
Crooked Fjord
Pineapple Lake
Sørsdal Glacier
Spot elevation (metres)
Marine Plain Refuge
Helicopter landing area
ASPA boundary
Lake
Dyke
Sørsdal Formation
Chelnock Paragneiss
Crooked Lake Gneiss
Mossel Gneiss
0 500 1000 1500 Metres
Horizontal Datum: WGS84
Projection: UTM Zone 44
Map Available at: http://data.aad.gov.au/aadc/mapcat/
Map Catalogue No. 14208
Produced by the Australian Antarctic Data Centre,
Australian Antarctic Division, March 2013.
© Commonwealth of Australia 2013

# Plan de Gestión de la Zona Antártica Especialmente Protegida (ZAEP) nº 147

# PUNTA ABLACIÓN Y CUMBRES GANYMEDE, ISLA ALEXANDER

## Introducción

La principal razón para designar a la zona de Punta Ablación y Cumbres Ganymede, Isla Alexander (Lat. 70°48'S, Long. 68°30'W y 180 km$^2$ aproximadamente) como una Zona Antártica Especialmente Protegida (ZAEP), consiste en proteger sus valores científicos, relacionados particularmente con la geología, geomorfología, glaciología, limnología y ecología de esta extensa zona de ablación.

Punta Ablación y Cumbres Ganymede, Isla Alexander, fue designada originalmente en 1989 como Sitio de Especial Interés Científico (SEIC) N° 29 Punta Ablación–Cumbres Ganymede, Isla Alexander, en virtud de la Recomendación XV-6, tras una propuesta presentada por el Reino Unido. Incluía una región en gran parte sin hielo situada entre las latitudes 70° 45' S y 70° 55' S y desde la longitud 68° 40' O hasta la costa de la ensenada Jorge VI. La zona comprendía varios sistemas de valles separados por crestas y una meseta de 650 a 760 metros de alto. En el plan de gestión original (Recomendación XV-6) se describe la zona como "una de las zonas de ablación más grandes de la Antártida occidental...[con]...características geológicas complejas: los tipos principales de roca son conglomerados, areniscas y esquistos arcósicos con esquistos de barro gravillosos subordinados y brechas sedimentarias. La base de la sucesión está formada por una mezcla espectacular que incluye grandes bloques de lava y aglomerado. Esto aflora en el suelo del valle y en la base de varios acantilados. [La zona] tiene una amplia gama de características geomorfológicas, entre las cuales se encuentran terrazas costeras, sistemas de morrenas y suelo modelado. Hay varios lagos de agua dulce que permanecen siempre congelados y muchas lagunas sin hielo con flora (que incluye briofitas acuáticas) y fauna diversas. La vegetación es rala en general, con un tipo singular de comunidad, en el cual predominan los musgos y la agrimonia, restringida a 'oasis' donde emana agua de laderas secas y yermas. Los ecosistemas terrestres y de agua dulce son vulnerables al impacto humano y, por consiguiente, merecen ser protegidos de la presencia humana irrestricta". En resumen, se consideraba que los valores principales de la zona eran sus características geológicas, geomorfológicas, glaciológicas, limnológicas y ecológicas, así como el extraordinario interés científico conexo que despierta una de las mayores zonas de ablación sin hielo de la Antártida occidental Esta Zona fue renumerada como ZAEP 147 de acuerdo con la Decisión 1 (2002) y se adoptó un Plan de Gestión revisado de acuerdo con la Medida 1 (2002).

La ZAEP 147 Punta Ablación y Cumbres Ganymede, Isla Alexander, queda circunscrita en el contexto más amplio del sistema de Zona Antártica Protegida mediante la protección de una de las zonas de ablación más extensas de la Antártida occidental. Existen valores medioambientales y científicos equivalentes que no se protegen en otras ZAEP del área de la Península Antártica. La Resolución 3 (2008) recomendaba usar el "Análisis ambiental de dominios para el continente antártico" como modelo dinámico para identificar las Zonas

Antárticas Especialmente Protegidas dentro del marco ambiental-geográfico sistemático a que se refiere el Artículo 3(2) del anexo V del Protocolo (véase también Morgan et al, 2007). Usando este modelo, pequeñas partes de la ZAEP 147 quedan contenidas en un Dominio ambiental E (Península Antártica y los principales campos de hielo de la Isla Alexander). No obstante, y aunque no se indica específicamente en Morgan et al., la Zona también puede incluir Dominio C (geológico de latitudes del sur de la Península Antártica). Otras zonas protegidas que contienen un Dominio ambiental E incluyen las ZAEP 113, 114, 117, 126, 128, 129, 133, 134, 139, 149, 152, 170 y las ZAEA 1 y 4. Otras zonas protegidas que contienen un Dominio ambiental C incluyen la ZAEP 170 (aunque no se indica específicamente en Morgan et al., 2007). La ZAEP se encuentra en la Región Biogeográfica de Conservación de la Antártida (RBCA) número 4, Centro y sur de la Península Antártica, y es una de las dos únicas ZAEP de esa RBCA 4; la otra es la ZAEP 170 (Terauds et al., 2012).

## 1. Descripción de los valores que requieren protección

Los valores indicados en la designación original se reafirman en el presente Plan de Gestión. Otros valores que resultan obvios en descripciones científicas de Punta Ablación y Cumbres Ganymede también se consideran como motivos importantes para conferir protección especial a la zona. Son los siguientes:

- La presencia de afloramientos de la formación Fossil Bluff, de importancia geológica primordial debido a que es el único lugar conocido con un afloramiento intacto de rocas que abarca los límites Jurásico–Cretáceo en la Antártida, razón por la cual este lugar es decisivo para comprender los cambios de la flora y fauna en este límite temporal.
- La presencia de un registro geomorfológico continuo excepcional y singular de fluctuaciones de glaciares y plataformas de hielo que abarca varios miles de años, así como una colección extraordinaria de otras características geomorfológicas derivadas de procesos glaciales, periglaciales, lacustrinos, eólicos, aluviales y de pendientes.
- Dos lagos de agua dulce con hielo perenne (lagos Ablación y Moutonnée), que tienen la característica poco habitual de estar en contacto con el agua salada de la ensenada Jorge VI.
- La presencia de biota marina, incluido el pez *Trematomus bernacchii*, en el lago Ablación, donde se han observado también varias focas a pesar de que está a casi 100 kilómetros del mar abierto.
- La zona tiene la mayor diversidad de briofitas de esta latitud antártica (al menos 21 especies); también tiene diversos líquenes (más de 35 grupos taxonómicos), algas y biota cianobacteriana. Muchas de las briofitas y los líquenes se encuentran en el límite austral de su distribución conocida. Hay varias especies que son muy raras en la Antártida.
- Hay varios tipos de musgo en lagos y lagunas hasta profundidades de nueve metros. Aunque todas las especies son terrestres, toleran la inundación durante varios meses del año cuando se inunda su hábitat. Una especie, *Campylium polygamum*, se ha adaptado a la vida acuática y algunas colonias permanentemente sumergidas alcanzan grandes dimensiones, con brotes de más de 30 centímetros de largo. Estos son los mejores ejemplos de vegetación acuática de la región de la Península Antártica.
- Varias especies de briofitas de la zona son fértiles (producen esporofitos), y algunas no se han observado o son muy raras en este estado en el resto de la Antártida (por ejemplo, la

agrimonia *Cephaloziella varians* y los musgos de las especies *Bryoerythrophyllum recurvirostrum, Distichium capillaceum, Schistidium* spp.).

- La zona posee unos de los nodales de vegetación más extensos de la isla Alexander. Muchos de ellos se encuentran en áreas de infiltración con comunidades de briofitas y líquenes de 100 $m^2$ o más. En el área de infiltración protegida se forman grupos de especies terrícolas que no se conocen en ningún otro lugar de la Antártida, en tanto que en las crestas rocosas expuestas y en campos rocosos estables viven comunidades de líquenes que abundan en la localidad, entre los cuales predomina por lo general *Usnea sphacelata.*
- Para tratarse de un lugar tan austral, la zona es comparativamente rica en lo que respecta al número y la abundancia de especies de microartrópodos, con presencia del tisanuro *Friesea topo*, que se cree que es endémico en la isla Alexander. Punta Ablación también es el único lugar de la isla Alexander donde se ha descrito el ácaro depredador *Rhagidia gerlachei*, con el cual la cadena alimentaria es más compleja que en otros sitios de esta latitud.

## 2. Finalidades y objetivos

Las finalidades y objetivos de este Plan de Gestión son los siguientes:

- Evitar las perturbaciones humanas innecesarias a fin de no degradar los valores de la Zona o crear riesgos considerables para los mismos.
- Impedir o minimizar la introducción de plantas, animales y microbios no autóctonos en la Zona.
- Permitir investigaciones científicas en la Zona siempre que sean por razones convincentes que no puedan darse en ningún otro lugar y sin poner en peligro el sistema ecológico natural de esa Zona.
- Preservar el ecosistema natural de la Zona como área de referencia para futuros estudios.

## 3. Actividades de gestión

Se llevarán a cabo las siguientes actividades de gestión para proteger los valores de la Zona:

- Se colocarán letreros, señales y demás estructuras (p. ej. jalones) en la Zona con fines científicos o de gestión, que deberán asegurarse y mantenerse en buen estado y retirarse cuando no sean necesarios.
- Se proporcionarán copias de este Plan de Gestión para la planificación de visitas en avión a la Zona.
- El Plan de Gestión se revisará por lo menos cada cinco años y se actualizará en función de las necesidades.
- Habrá una copia de este Plan de Gestión disponible en las estaciones científicas Rothera (Reino Unido; 67°34'S, 68°07'O) y San Martín (Argentina; 68°08'S, 67°06'O).
- Todas las actividades científicas y de gestión que se lleven a cabo en la Zona deberán someterse a una Evaluación del impacto medioambiental, de conformidad con los requisitos del Anexo I del Protocolo al Tratado Antártico sobre Protección del Medio Ambiente.

- Los Programas Antárticos Nacionales que operen en la Zona deberán consultar conjuntamente en aras a garantizar la implementación de las actividades de gestión citadas hasta ahora.

## 4. Periodo de designación

Designación por tiempo indeterminado.

## 5. Mapas y fotografías

Mapa 1. Ubicación de Punta Ablación y Cumbres Ganymede en la Península Antártica. Especificaciones cartográficas: Proyección: polar antártica estereográfica WGS84. Meridiano central -55°, Paralelo estándar: -71°.

Mapa 2. ZAEP N° 147 Punta Ablación y Cumbres Ganymede, mapa de ubicación. Especificaciones cartográficas: Proyección: polar antártica estereográfica WGS 1984. Meridiano central: -71°, Paralelo estándar: -71°.

Mapa 3. ZAEP N° 147 Punta Ablación y Cumbres Ganymede, mapa con bosquejos topográficos. Especificaciones cartográficas: Proyección: polar antártica estereográfica WGS 1984. Meridiano central: -68,4°, Paralelo estándar: -71,0°.

## 6. Descripción de la Zona

*6(i) Coordenadas geográficas, indicadores de límites y características naturales*

Descripción general

Punta Ablación y Cumbres Ganymede (entre las latitudes 70° 45' S y 70° 55' S y las longitudes 68° 21' O y 68° 40' O, de aproximadamente 180 km$^2$) está en el lado oriental de la Isla Alexander, la mayor de la costa occidental de la Tierra de Palmer, en la Península Antártica (Mapa 1 y 2). La Zona se extiende alrededor de 10 km de oeste a este en su parte central y alrededor de 18 km de norte a sur, flanqueada al oeste por la parte superior del glaciar Jupiter, al este por la plataforma de hielo perenne de la ensenada Jorge VI, al norte por el glaciar Grotto y al sur por la cuenca baja del glaciar Jupiter. Punta Ablación y Cumbres Ganymede contiene el área contigua sin hielo más grande de la Península Antártica, con campos de hielo perenne más pequeños y glaciares de los valles del macizo que representan solamente alrededor del 17% de la Zona. La topografía de la región es montañosa y abarca valles con laderas de pendiente pronunciada separados por crestas con ondulaciones suaves parecidas a mesetas, situadas por lo general entre los 650 y los 750 metros, y que alcanzan una altitud máxima de 1.070 metros (Clapperton y Sugden, 1983). La región ha sufrido grandes glaciaciones, aunque la actitud relativamente plana de las rocas sedimentarias y el desgaste rápido han contribuido a un aspecto generalmente redondeado, que combina con "escalones" formados por lechos gruesos de areniscas y conglomerados en los acantilados cortados a pico (Taylor et al., 1979).

La Zona comprende cuatro valles principales sin hielo (Ablación, Moutonnée, Flatiron y Striation); los tres primeros de los cuales contienen grandes lagos de agua dulce cubiertos de hielo (Heywood, 1977; Convey y Smith, 1997). El mayor es el lago proglacial Ablación (de 7 $km^2$ aproximadamente), que ha sido invadido por hielo de la plataforma que penetra valle arriba debido a la presión del desplazamiento hacia el oeste de la plataforma de hielo Jorge VI de 100 a 500 metros de espesor, cuya superficie se encuentra a 30 metros por encima del nivel del mar (Heywood, 1977; Clapperton y Sugden, 1982). Desde el punto de vista biológico, el ecosistema terrestre ocupa un lugar intermedio entre la Antártida marítima relativamente templada más al norte y la Antártida continental más fría y seca, al sur. Como zona de "valle seco" es extremadamente rica en biota y constituye un contraste valioso con las zonas de ablación más extremas y biológicamente empobrecidas del continente antártico (Smith, 1988).

Límites

La Zona designada comprende la totalidad del valle Ablación y el macizo de las cumbres Ganymede; limitada al oeste por la cresta principal que divide el glaciar Jupiter de los valles principales Ablación, Moutonnée y Flatiron (Mapa 3). Al este, el límite lo define el borde occidental de la plataforma de hielo Jorge VI. El límite norte de la Zona es la cresta principal que divide el glaciar Grotto del valle Erratic y otros valles tributarios del valle Ablación, justo al sur. En el noroeste de la Zona, el límite cruza el paso, en su mayor parte cubierto por el glaciar, que separa la cuenca alta del glaciar Jupiter del valle Ablación. El límite sur de la Zona, desde el este de la cresta principal en el lado oeste del valle Flatiron hasta el lugar donde el glaciar Jupiter desemboca en la plataforma de hielo Jorge VI, queda definido por el margen lateral septentrional del glaciar Jupiter Como en algunos lugares el margen entre el lago Ablación y la plataforma de hielo Jorge VI no se distingue, el límite oriental de la Zona en el valle Ablación lo define una línea recta que se extiende hacia el sur desde el extremo oriental de la punta Ablación hasta el sitio donde la plataforma de hielo linda con tierra firme, y desde donde el límite oriental sigue el margen tierra/plataforma de hielo. Las características fisiográficas son similares más al sur, en el lago Moutonnée, y en este lugar el límite oriental consiste en una línea recta que va desde el extremo oriental de la punta en el lado septentrional del lago Moutonnée (que lo abarca en parte) hasta una laguna de deshielo prominente situada en el punto donde la plataforma de hielo linda con tierra firme, y desde el lugar donde el límite sigue el margen tierra/plataforma de hielo hacia el sur hasta el lugar donde colindan el glaciar Jupiter y la plataforma de hielo Jorge VI. Por consiguiente, la Zona incluye la totalidad de los lagos Ablación y Moutonnée y las partes de la plataforma de hielo detrás de las cuales son invadidos. Las coordenadas de los límites figuran en el Anexo 1.

Clima

No se dispone de registros meteorológicos extensos de Punta Ablación y Cumbres Ganymede, pero el clima se describe como sujeto a la doble influencia de depresiones ciclónicas del Océano Austral que se desplazan hacia el este, contra la corriente anticiclónica de aire frío más continental y que va de norte a noroeste, procedente de la capa de hielo de la Antártida occidental (Clapperton y Sugden, 1983). Las depresiones ciclónicas producen un clima relativamente templado, con fuertes vientos del norte y una espesa capa de nubes en la región, mientras que la corriente anticiclónica crea condiciones estables, con frío y cielos despejados, temperaturas por debajo de 0° C y vientos del sur relativamente suaves. Sobre la base de los datos obtenidos en las proximidades (25 km) a principios de los años setenta, se calcula que la temperatura media durante el verano se sitúa justo por debajo del punto de congelación, con una temperatura media anual estimada en torno a los -9° C (Heywood, 1977) y unas precipitaciones inferiores a los 200 mm del equivalente de agua al año, con pocas nevadas en verano. Después del invierno es común que haya una fina capa de nieve, pero en general para finales del verano no queda nieve en la zona, fuera de algunos parches aislados que podrían persistir en algunos lugares

## Geología

Las características geológicas del Punta Ablación-Cumbres Ganymede son complejas, pero predominan las rocas sedimentarias muy estratificadas. La característica estructural más destacada del macizo es un gran anticlinal asimétrico orientado de noroeste a sudeste que se extiende desde el glaciar Grotto hasta el glaciar Jupiter (Bell, 1975; Crame y Howlett, 1988). Las fallas inversas de la parte central del macizo sugieren que se produjeron desplazamientos verticales de estratos de hasta 800 m (Crame y Howlett, 1988). Las principales formaciones litológicas son conglomerados, areniscas arcósicas y esquistos fosilíferos, con esquistos de barro gravillosos y brechas sedimentarias subordinados (Elliot, 1974; Taylor et al., 1979; Thomson, 1979) Se ha encontrado una amplia gama de fósiles en los estratos, que se remontan al período jurásico superior y cretáceo inferior, y entre los que hay bivalvos, braquiópodos, belemnitas, amonites, dientes de tiburón y plantas (Taylor et al., 1979; Thomson, 1979; Crame y Howlett, 1988; Howlett, 1989). Se han observado varias lavas interestratificadas en los afloramientos más bajos de Punta Ablación (Bell, 1975). La base de la sucesión está formada por una mezcla espectacular que incluye grandes bloques de lava y aglomerado que afloran en el suelo del valle y en la base de varios acantilados (véanse Bell, 1975; Taylor et al., 1979). La presencia de afloramientos de la formación Fossil Bluff, de importancia geológica primordial debido a que es el único lugar conocido con un afloramiento intacto de rocas que abarca los límites jurásico–cretáceo en la Antártida, razón por la cual este lugar es decisivo para comprender los cambios de la flora y fauna en este límite temporal.

## Características geomorfológicas y edafológicas

En una época, toda la zona fue invadida por hielo de glaciares del interior de la isla Alexander. Por consiguiente, en toda la zona se encuentran formas fisiográficas de erosión y deposición glacial, que proporcionan indicios de un flujo general hacia el este de hielo en la ensenada Jorge VI (Clapperton y Sugden, 1983). La presencia de glaciares empobrecidos, rocas madre estriadas y erráticos indica una desglaciación considerable desde el nivel máximo alcanzado en el Pleistoceno (Taylor et al., 1979; Roberts et al., 2009) Varias morrenas terminales con frentes de restos de glaciares actuales, varios sitios desprovistos de taludes detríticos (contrariamente a lo que cabría suponer) y rocas redondeadas, pulidas y estriadas, indican que la retirada de los glaciares posiblemente haya sido rápida (Taylor et al., 1979). Hay indicios de que la plataforma de hielo Jorge VI no existía alrededor entre 9.600 y 7.730 años antes del Paleoceno, lo cual indica que el macizo de Punta Ablación-Cumbres Ganymede probablemente no haya tenido en su mayor parte hielo permanente en esa época, aunque posteriormente hubo varias fluctuaciones glaciales en la zona (Clapperton y Sugden, 1982; Bentley et al., 2005; Smith et al., 2007a,b; Roberts et al., 2008; Bentley et al., 2009). La ausencia de la plataforma de hielo hace pensar que la variabilidad océano-atmósfera a principios del Holoceno en la Península Antártica era superior a la obtenida en décadas recientes (Bentley et al., 2005). Roberts et al. (2009) examinaron los deltas adyacentes a los lagos Ablación y Moutonnée que se formaron a un nivel de los mismos más elevado que el actual y concluyeron que el nivel del mar había disminuido en cerca de 14,4 m desde mediados del Holoceno en esta parte de la Isla Alexander.

Las formas fisiográficas de la Zona se han visto modificadas por procesos perigraciales, gravitacionales y fluviales. La roca madre de la superficie de las mesetas superiores (donde la erosión le ha quitado en gran medida la sobrecarga de morrenas de fondo) ha sido desmenuzada por acción de las heladas, convirtiéndose en fragmentos laminosos o de fractura en bloque (Clapperton y Sugden, 1983). En las laderas del valle son comunes los lóbulos de gelifluxión, así como las franjas y los círculos de piedras, mientras que en el suelo de los valles se encuentran con frecuencia círculos de piedras y suelo poligonal en las morrenas de fondo glaciales y en los sedimentos fluvioglaciales expuestos a la acción de las heladas. En las laderas de los valles también predominan las formas fisiográficas resultantes de la acción de las heladas, los desmoronamientos de piedras e hielo y las corrientes estacionales de agua de deshielo, que han dado lugar en todas partes a la formación de taludes detríticos y, con frecuencia, abanicos rocosos debajo de cauces encajonados El desgaste masivo de rocas sedimentarias físiles ha llevado también a la formación de pendientes pronunciadas (de alrededor de 50°) de roca madre horizontalmente rectilínea con láminas delgadas de escombros. Se han observado ocasionalmente formas fisiográficas eólicas, con dunas de hasta un metro de alto y ocho de largo, como en el valle Erratic (Clapperton y Sugden, 1983). Ocasionalmente se observan capas delgadas de turba, de hasta 10 ó 15 cm de espesor, asociadas a parcelas con vegetación, que constituyen las expresiones más avanzadas del desarrollo de los suelos en la Zona.

Ecología de agua dulce

Punta Ablación y Cumbres de Ganymede es un sitio limnológico excepcional que contiene varios lagos, lagunas y arroyos, así como una flora béntica en general rica. Desde fines de diciembre hasta febrero fluye agua de tres fuentes principales: precipitaciones, glaciares y deshielos de la plataforma de hielo Jorge VI, cuya escorrentía generalmente fluye hacia la costa (Clapperton y Sugden, 1983). La mayoría de los arroyos, que llegan a alcanzar varios kilómetros de longitud, desaguan glaciares o campos cubiertos de nieve perpetua. Los arroyos principales desaguan en los lagos Ablación y Moutonnée, ambos represados por la plataforma de hielo. En los estudios realizados a principios de los setenta se recogió que estos lagos permanecen congelados hasta una profundidad de 2,0 a 4,5 m todo el año, con una profundidad máxima del agua de alrededor de 117 y 50 metros, respectivamente (Heywood, 1977). Hay una capa superior estable de agua dulce, que llega hasta los 60 y los 30 m de profundidad, respectivamente, sobre agua de salinidad creciente influenciada por la interconexión con el océano debajo de la plataforma de hielo, y que somete los lagos a la influencia de las mareas (Heywood, 1977). Las lagunas formadas por agua de deshielo en la superficie, que en verano se forman especialmente en los huecos entre crestas de presión del hielo de los lagos, se desbordan diariamente e invaden abanicos aluviales de los valles inferiores (Clapperton y Sugden, 1983).

Observaciones recientes apuntan a una disminución de la cubierta de hielo permanente de los lagos; por ejemplo, alrededor del 25% del lago Moutonnée no tenía cobertura de hielo en los veranos de 1994–1995 y 1997–1998 (Convey y Smith, 1997; Convey, nota personal, 1999). Sin embargo, los tres lagos principales de la Zona presentaban una cubierta de hielo casi completa a principios de febrero de 2001 (Harris, 2001). A lo largo del margen entre la tierra y la plataforma de hielo se forman numerosas charcas y lagunas laterales efímeras, generalmente alargadas, de 10 a 1.500 m de largo y hasta 200 m de ancho, y con profundidades que van desde el metro escaso hasta los 6 metros (Heywood, 1977; Clapperton y Sugden, 1983). El nivel de estas charcas y lagunas suele elevarse durante el período de deshielo, pero ocasionalmente desaguan repentinamente por medio de fisuras debajo del hielo que conducen a la plataforma de hielo y que dejan a la vista el borde anterior de los lagos en las morrenas circundantes. Las charcas y lagunas varían mucho en cuanto a su turbidez, según la presencia de sedimentos glaciales en suspensión. Las charcas por lo general no tienen hielo en verano, mientras que las lagunas de mayor tamaño suelen conservar una cobertura parcial de hielo, y todas las lagunas, excepto las más profundas, probablemente se congelen por completo en invierno (Heywood, 1977). En los valles hay numerosas lagunas de hasta una hectárea y 15 metros de profundidad, algunas con una extensa cubierta de musgo que llega a los nueve metros de profundidad (Light y Heywood, 1975). Las especies predominantes que se han descrito son *Campylium polygamum* y *Dicranella*, cuyos tallos llegan a alcanzar los 30 cm de largo. *Bryum pseudotriquetrum* (y posiblemente otra especie de *Bryum*), *Distichium capillaceum* y una especie no identificada de *Dicranella* crecían en el substrato béntico a una profundidad de un metro o menos (Smith, 1988). La cubierta de musgo se situaba entre el 40 y el 80% en la zona de 0,5 a 5 metros de profundidad (Light y Heywood, 1975). Gran parte de la superficie restante estaba cubierta por densas capas cianobacterianas (11 grupos taxonómicos) de hasta 10 cm de espesor, en las cuales predominan las especies *Calothrix*, *Nostoc* y *Phormidium*, así como 36 grupos taxonómicos de microalgas asociadas (Smith, 1988). La proliferación de musgos indica que es probable que estas lagunas sean relativamente permanentes, aunque el nivel podría fluctuar de un año a otro. En verano, la temperatura del agua alcanza los 7°C en las lagunas más profundas y los 15°C en las menos profundas, ofreciendo un medio relativamente favorable y estable para las briofitas. Las lagunas poco profundas, donde se han encontrado varios tipos de musgo, podrían estar ocupadas normalmente por vegetación terrestre e inundadas durante breves períodos durante el verano (Smith, 1988). Las algas abundan en los arroyos de curso lento y en los arroyos efímeros de deshielo, aunque no colonizan los lechos inestables de los arroyos de curso rápido. Por ejemplo, en grandes sectores húmedos de terreno llano del valle Moutonnée, la flora es especialmente rica, y en algunos lugares forma una cubierta del 90%, con cinco especies de desmidáceas (raras en la Antártida), la *Zygnema* verde filamentosa en abundancia y colonias de *Nostoc* sp. y *Phormidium* spp. en áreas más secas, menos estables y con sedimentos (Heywood, 1977).

Los protozoos, rotíferos, tardígrados y nematodos constituyen la fauna béntica de charcas, lagunas y arroyos (Heywood, 1977). La densidad generalmente es mayor en los arroyos de curso lento. El copépodo *Boeckella poppei* abundaba en lagos, lagunas y charcas, pero no se encontraba en los arroyos. Se capturó el pez marino *Trematomus bernacchii* con trampas colocadas en el lago Ablación a 70 m de profundidad, en la capa de agua salada (Heywood y Light, 1975; Heywood, 1977). A mediados de diciembre de 1996 se notificó la presencia de una foca (de una especie no identificada, aunque probablemente se tratase de una foca cangrejera [*Lobodon carcinophagus*] o Weddell [*Leptonychotes weddellii*]) al borde del lago Ablación (Rossaak, 1997), y en temporadas anteriores se habían notificado avistamientos aislados de focas solitarias (Clapperton y Sugden, 1982).

Vegetación

Gran parte de la zona de Punta Ablación y Cumbres de Ganymede es árida y la vegetación en general es poco abundante y de distribución irregular. Sin embargo, hay comunidades complejas de plantas en zonas de infiltración y a lo largo del margen de los arroyos, que revisten especial interés por las siguientes razones:

aparecen en un paisaje yermo;

las comunidades mixtas de briofitas y líquenes son las más desarrolladas y diversas de las que se encuentran al sur de 70° S (Smith, 1988; Convey and Smith, 1997);

algunos grupos taxonómicos de briofitas son profusamente fértiles y fructifican en el límite austral; un fenómeno poco habitual para la mayoría de las briofitas de la Antártida, especialmente tan al sur (Smith y Convey, 2002);

la región es el hábitat más austral que se conoce de muchos grupos taxonómicos; y

aunque algunas de estas comunidades se encuentran también en otros sitios en el sudeste de la Isla Alexander, la Zona contiene los mejores y más extensos ejemplos que se conocen en esta latitud.

La diversidad de los musgos es especialmente importante para esta latitud, con 21 especies como mínimo en la Zona, que representan el 73% de las especies que se sabe que se encuentran en la Isla Alexander (Smith, 1997). La flora de líquenes también es diversa, con más de 35 grupos taxonómicos conocidos. De la flora de macrolíquenes, 12 de las 15 especies que se sabe que existen en la Isla Alexander están representadas en la Zona (Smith, 1997). Los valles Ablación, Moutonnée y Striation, así como el litoral sudeste, contienen los nodales más extensos de vegetación terrestre y de agua dulce (Smith, 1998; Harris, 2001). Smith (1988, 1997) informó que la vegetación briofita generalmente se encuentra en parcelas de 10 a 50 $m^2$, con algunos nodales de hasta 625 $m^2$, a una altitud de 5 a 40 metros en las laderas de pendiente suave orientadas al norte y al este en los valles principales. Por su parte, Harris (2001) observó grandes nodales de vegetación briofita casi continua de hasta 8.000 $m^2$, aproximadamente, en laderas de pendiente suave orientadas al sudeste en la costa sudeste de la Zona, a una elevación de unos 10 metros y cerca del lugar donde el glaciar Jupiter desemboca en la plataforma de hielo Jorge VI. Se observó un nodal continuo de alrededor de 1.600 $m^2$ en pendientes húmedas del bajo valle Striation. Se observaron varias parcelas grandes de musgo continuo (de hasta 1.000 $m^2$) en pendientes orientales orientadas al sudoeste y al noroeste en el valle Flatiron, a una elevación de 300 a 400 metros. También se observaron musgos en los picos por encima del valle Ablación a elevaciones de hasta 700 metros, aproximadamente.

La briofita predominante en las zonas más húmedas suele ser la agrimonia *Cephaloziella varians*, que forma un tapete negruzco de retoños densamente intercalados. Aunque el ejemplar más austral de C. *varians* ha sido notificado a 77° S de la bahía Botany (ZAEP N° 37) en Tierra Victoria, los extensos tapetes que forma en el macizo de Punta Ablación y Cumbres de Ganymede constituyen los nodales más importantes de esta especie en estas latitudes australes y en la Antártida marítima. Las cianobacterias, en particular de la especie *Nostoc* y *Phormidium*, suelen estar asociadas en la superficie de la agrimonia o del suelo, o con retoños de musgo. Pasando las zonas más húmedas hay tapetes ondulados de musgos pleurocárpicos entre los cuales predominan *Campyliadelphus polygamus*, que constituyen los nodales más verdes, con *Hypnum revolutum* asociado. Estos tapetes recubren una capa de turba de 10 a 15 cm, compuesta de brotes moribundos de musgo en su mayor parte sin descomponer. El *Bryum pseudotriquetrum* crece intercalado con estos musgos, aunque suele predominar en los márgenes más secos, formando almohadillas aisladas que pueden fusionarse formando un tepe intrincado. En estas zonas más secas y periféricas suele haber muchas otras briofitas que forman tepes asociadas a *Bryum*. Además de las especies más hídricas ya mencionadas, se encuentran los grupos taxonómicos calcícolos *Bryoerythrophyllum recurvirostrum, Didymodon brachyphyllus, Distichium capillaceum, Encalypta rhaptocarpa, E. procera, Pohlia cruda, Schistidium antarctici, Tortella fragilis, Syntrichia magellanica, Tortella alpicola*, así como varias especies no identificadas de *Bryum* y *Schistidium*.

Una característica importante de la vegetación del macizo de Punta Ablación-Cumbres de Ganymede es la presencia poco habitual de varias briofitas fértiles. Aunque las briofitas antárticas rara vez producen esporofitos, las especies *Bryum pseudotriquetrum, Distichium capillaceum, Encalypta rhaptocarpa, E. procera* y *Schistidium* han sido registradas en la Zona como frecuentemente fértiles. También se ha observado el fenómeno sumamente poco habitual de la fructificación de unos pocos musgos *Bryoerythrophyllum recurvirostre* y la agrimonia *Cephaloziella varians* en el valle Ablación, la primera vez que se tiene constancia de este fenómeno en la Antártida (Smith, nota personal citada en Convey, 1995; Smith, 1997; Smith and Convey, 2002). Además, nunca antes se había encontrado D. *capillaceum* con esporofitos en la Antártida marítima (Smith, 1988). Se ha encontrado *E. procera* fértil solamente en otro lugar de la Antártida (en la Isla Signy y en las Islas Orcadas del Sur: Smith, 1988). Más allá de las áreas de infiltración permanente, la vegetación de briofitas es sumamente rala y se limita a hábitats donde hay agua libre al menos durante algunas semanas en verano. Tales hábitats se forman esporádicamente en el suelo de los valles, en franjas de piedras en las laderas y también en grietas de la cara norte de las rocas. La mayoría de las especies que se encuentran en las parcelas de briofitas se han observado también en estos hábitats, entre ellas líquenes, con mayor frecuencia al abrigo de piedras grandes o en grietas debajo de las piedras, y especialmente en el margen de accidentes del terreno modelado. A elevaciones de más de 100 metros, la aridez es mayor, y a altitudes mayores se han encontrado solamente *Schistidium antarctici* (a 500 metros en el valle Moutonnée) y *Tortella fragilis* (cerca de la cima del pico más alto, al sudoeste de Punta Ablación, a 775 metros). En estos hábitats más secos, suelen abundar más los líquenes, especialmente en los lugares con un substrato estable. Los líquenes presentan una distribución generalizada y abundan localmente en los pedregales, las crestas y las mesetas más estables situados más arriba de los valles. Predomina la especie *Usnea sphacelata*, que da a la superficie de las piedras un tono negro. Esta especie suele estar asociada a *Pseudephebe minuscula*, varias especies de líquenes crustosos y, rara vez, a *Umbilicaria decussata*, que llega hasta la parte más alta del macizo. Todas las especies, menos la última, también son comunes en el valle Moutonnée. Suele haber líquenes epifíticos y terrícolas, especialmente la especie blanca incrustante *Leproloma cacuminum*, en los lugares donde la superficie de las briofitas marginales es más seca. A veces están representados también otros géneros tales como *Cladonia galindezii*, C. *pocillum* y varios líquenes crustosos. En esos lugares, diversos líquenes colonizan el suelo seco y los guijarros, dispersándose ocasionalmente en almohadillas de musgo. Entre ellos cabe señalar *Candelariella vitellina, Physcia caesia, Physconia muscigena*, ocasionalmente *Rhizoplaca melanophthalma, Usnea antarctica, Xanthoria elegans*, y varios grupos taxonómicos crustosos no identificados (en particular especies de *Buellia* y *Lecidea*). La abundancia de *Physcia* y *Xanthoria* en lugares aislados sugiere un enriquecimiento con nitrógeno derivado de las skúas antárticas (*Catharacta maccormicki*) que anidan en la Zona (Bentley, 2004). En algunas rocas grandes donde se posan las aves se observan algunos líquenes ornitocoprófilos Muchas de las briofitas y de los líquenes se encuentran en el límite austral de su distribución conocida y varias especies son muy raras en la Antártida. Entre las especies raras de musgo de la Zona cabe señalar *Bryoerythrophyllum recurvirostrum, Campylium polygamum, Encalypta rhaptocarpa, Tortella alpicola y Tortella fragilis*. Varias especies de *Bryum*, *Encalypta rhaptocarpa*, *Schistidium occultum* y *Schistidium chrysoneurum* se encuentran en el límite austral registrado para estas especies. En cuanto a la flora de líquenes, el valle Ablación es el único lugar conocido donde se ha observado *Eiglera flavida* en el hemisferio sur, y *Mycobilimbia lobulata* y *Stereocaulon antarcticum* también son raros. Las especies de líquenes más australes son *Cladonia galindezii*, *Cladonia pocillum*, *Ochrolechia frigida*, *Phaeorrhiza nimbosa*, *Physconia muscigena y Stereocaulon antarcticum*.

Invertebrados, hongos y bacterias

La fauna de microinvertebrados descrita hasta ahora se basa en diez muestras procedentes de Punta Ablación y comprende siete grupos taxonómicos confirmados (Convey y Smith, 1997): dos colémbolos (*Cryptopygus badasa*, *Friesea topo*), un acárido criptoestigmátido (*Magellozetes antarcticus*) y cuatro acáridos proestigmátidos (*Eupodes parvus*, *Nanorchestes nivalis* (= *N. gressitti*), *Rhagidia gerlachei* y *Stereotydeus villosus*). Varias de las muestras obtenidas habían sido identificadas anteriormente como *Friesea grisea*, especie generalizada en la Antártida marítima. Sin embargo, las muestras de Friesea obtenidas posteriormente en la Isla Alexander (a partir de 1994) han sido descritas como una especie nueva, *F. topo* (Greenslade, 1995), de la que se cree que es endémica en la Isla Alexander. Las primeras muestras obtenidas en Punta Ablación se han reexaminado y las que permanecían sin identificar se han reclasificado como *F. topo*. Aunque se ha descrito la misma cantidad de especies en otro sitio de la Isla Alexander, las muestras obtenidas en Punta Ablación presentan una densidad de población media total de microartrópodos alrededor de siete veces mayor que la de otros lugares de la región. La diversidad en Punta Ablación también era mayor que en varios otros lugares documentados de la Isla Alexander. Tanto la diversidad como la abundancia son mucho menores que las descritas en algunos lugares de Bahía Margarita y más al norte (Starý y Block, 1998; Convey et al., 1996; Convey y Smith, 1997; Smith, 1996). La especie más populosa encontrada en Punta Ablación es *Cryptopygus badasa* (96,6% de todos los artrópodos extraídos), especialmente común en los hábitats de musgos. Se encontró *Friesea topo* en piedras con baja densidad de población, pero esta especie prácticamente estaba ausente en los hábitats de musgos, lo cual indica que tiene claras preferencias en cuanto al hábitat. Punta Ablación es el único lugar de Isla Alexander donde se ha descrito el ácaro depredador *R. gerlachei*. Aunque se ha investigado muy poco sobre los hongos de la Zona, un estudio informa sobre un hongo no identificado que atrapa nematodos que fue encontrado en una laguna de Punta Ablación (Maslen, 1982). Si bien se necesitan más muestras para describir la microfauna terrestre de forma más completa, los datos disponibles avalan la importancia biológica de la Zona.

Aves reproductoras

La avifauna de Punta Ablación-Cumbres de Ganymede no se ha descrito de forma detallada. Se han encontrado algunas parejas de skúas antárticas (*Catharacta maccormicki*) en nidos cerca de los lugares húmedos con vegetación (Smith 1988). Se señala que "probablemente se estén reproduciendo" petreles de las nieves en las cercanías de Punta Ablación (Croxall et al., 1995, refiriéndose a Fuchs y Adie, 1949). Por su parte Bentley (2004) habla de depredación aérea directa por parte de skúas antárticas en petreles de las nieves de la Zona. No se han observado otras especies de aves en el macizo de Punta Ablación-Cumbres de Ganymede.

Actividades e impacto de los seres humanos

Las actividades humanas en Punta Ablación-Cumbres de Ganymede han sido exclusivamente de índole científica. La primera visita a Punta Ablación fue realizada por integrantes de la expedición terrestre británica de Graham en 1936, que recolectó alrededor de 100 muestras de fósiles cerca de Punta Ablación (Howlett, 1988). Las visitas siguientes se hicieron alrededor de diez años más tarde, y en esa oportunidad se obtuvieron muestras de fósiles y se realizaron descripciones geológicas básicas. En los años sesenta, setenta y ochenta los geólogos británicos llevaron a cabo investigaciones paleontológicas más intensivas, con estudios detallados de geomorfología (Clapperton y Sugden, 1983). En los años setenta se hicieron investigaciones limnológicas y en varias expediciones de los años ochenta y noventa se empezaron a examinar las características biológicas terrestres. Desde entonces, las actividades científicas se han centrado en la investigación paleoclimatológica. Todas las expediciones conocidas en la Zona han sido realizadas por científicos británicos. No se ha descrito de forma completa el impacto de estas actividades, pero se cree que ha sido pequeño y que se ha limitado a pisadas, huellas dejadas por aeronaves en la pista de aterrizaje del valle Moutonnée (véase la sección *6(ii)*), la extracción de pequeñas cantidades de muestras geológicas y biológicas, marcadores, artículos abandonados tales como suministros y equipo científico, y restos de residuos originados por el hombre.

En el banco de morrenas adyacente a la plataforma de hielo Jorge VI, unos 500 m al norte del Lago Moutonnée (70°51'19"S; 68°19'05"O) se localizó un campamento abandonado compuesto por dos bidones de aceite (uno vacío y el otro lleno), tres latas de aceite para motonieve de 5 litros cada una, una caja de alimentos y diez polos glaciares. El campamento se retiró parcialmente en noviembre de 2012 y sólo se dejó el bidón de combustible lleno. En varias expediciones realizadas en los años setenta y ochenta se colocaron bidones vacíos de combustible como marcadores de ruta en hielo de presión desde la ensenada Jorge VI hasta el interior del valle Ablación, y en la costa hay una piedra grande pintada de amarillo al sudeste del lago Ablación (McAra, 1984; Hodgson, 2001). En las proximidades hay una cruz grande de piedras y montículos pintados de rojo, con una tabla marcadora de madera en el centro. En 2012 quedaban indicios de campamentos cerca de la ribera del lago Ablación. Uno de los sitios está en la ribera sudoeste, cerca de un lugar con abundante vegetación, y otro está a unos cuatro kilómetros al este, en la ribera sudeste. En ambos hay círculos de piedras que marcan los lugares donde se habían emplazado carpas, y se han construido estructuras circulares con muros de piedra bajos (0,8 m). En el primer sitio se encontraron varios trozos de madera (incluidos antiguos marcadores), una caja de alimentos viejos, cuerdas y residuos originados por el hombre (Harris, 2001; Hodgson, 2001). En febrero de 2001 se encontraron varias piedras pintadas de rojo alrededor de las riberas sur y oeste del lago Ablación, y algunos fragmentos de pintura en los sedimentos. En 2000-2001 se retiraron algunos de los materiales abandonados en Punta Ablación: tres bidones de combustible que estaban sobre el hielo del lago, una caja de alimentos viejos y algunas maderas y cuerdas de la ribera sudoeste, así como numerosos fragmentos de campanas de acrílico Perspex rotas en la ribera sudoeste (se instalaron nueve en enero de 1993 [Wynn-Williams, 1993; Rossaak, 1997] pero todas fueron destruidas por el viento) (Harris, 2001; Hodgson, 2001). En noviembre de 2012 se retiraron restos de metal y de basura cerca de un campamento antiguo con una pared baja de piedras (situada en 70°49'58"S; 68°22'16"W). Las piedras pintadas siguen en el lugar. En 1983 y 1984 se usaron motonieves sobre el hielo de los lagos y glaciares, así como motonieves modificadas con ruedas delanteras en el terreno de grava en un radio limitado de las proximidades de la ribera sudoeste del lago Ablación (McAra, 1984). En el valle Moutonnée hay indicios de la formación de senderos erosivos en las pendientes pronunciadas de pedregales, supuestamente como consecuencia del trabajo sobre el terreno (Howlett, 1988). Se han colocado montículos de piedras en la cima de varias montañas y para marcar varios sitios de la Zona donde se han hecho reconocimientos topográficos.

*6(ii) Acceso a la Zona*

- El acceso a la Zona puede hacerse en aeronave, en un vehículo o a pie.
- No hay restricciones especiales en cuanto a los puntos de acceso a la Zona ni a las rutas terrestres o aéreas utilizadas para entrar y salir de ella. El acceso terrestre desde la plataforma de hielo Jorge VI podría ser difícil debido al hielo de presión, aunque se considera la ruta de acceso más fiable y segura para los visitantes que llegan a las proximidades de la Zona en aeronave de alas fijas, sobre todo porque algunas rutas que llevan a la misma desde los glaciares situados al oeste son escarpadas y difíciles, y presentan profundas grietas
- Se desaconseja el aterrizaje de aeronaves de alas fijas en la Zona. Si el aterrizaje resulta esencial por objetivos científicos o de gestión, se limitará a los lagos cubiertos de hielo o a un solo sitio terrestre justo al oeste del lago Moutonnée, siempre que los aterrizajes sean factibles. Debido a la deformación por presión de la superficie helada de los lagos, el agua de deshielo y el adelgazamiento de la cubierta de hielo podrían imposibilitar el aterrizaje en el hielo de los lagos a fines del verano. En noviembre de 2000 se efectuaron aterrizajes en el lago Ablación y en el sitio terrestre al oeste del lago Moutonnée. El sitio terrestre para aterrizajes (Mapa 3), orientado de este a oeste, consiste en unos 350 metros de grava gruesa con pendiente suave en un terreno de aluvión situado a unos dos metros por encima del valle circundante. Unas piedras pintadas de rojo y dispuestas en forma de flecha señalan el extremo occidental (superior). Se ven marcas de neumáticos en la grava. Debido al mal estado de la superficie y al riesgo de daños a la aeronave, no se recomienda el uso del sitio terrestre al oeste del lago Moutonnée.
- Si un acceso en helicóptero fuera factible, no se han designado puntos de aterrizaje específicos pero está prohibido aterrizar a menos de 200 m de las riberas de los lagos y a menos de 100 m de cualquier terreno con vegetación o húmedo, o en los lechos de los cursos de agua.
- También se puede llegar por aeronave a la cuenca alta del glaciar Jupiter (550 m), que está justo al oeste del valle Ablación y fuera de la zona, desde donde se puede llegar a la Zona por tierra a pie.
- Los pilotos, los tripulantes y otras personas que lleguen en aeronaves no podrán avanzar a pie más allá de las inmediaciones del lugar de aterrizaje a menos que tengan un permiso que les autorice específicamente a hacerlo.

*6(iii) Estructuras situadas dentro de la zona y en sus proximidades*

No se tiene conocimiento de la presencia de estructuras en la Zona. Se han colocado en toda la Zona varios jalones de piedra a modo de marcadores de los lugares donde se han hecho reconocimientos (Perkins, 1995; Harris, 2001) y se han construido varias paredes bajas en los campamentos. Se colocaron nueve marcadores reflectores de plástico de color rojo vivo (de 30 cm de alto y sujetos con piedras) para marcar la pista de aterrizaje en el valle Moutonnée, pero se retiraron en noviembre de 2012. La estructura más cercana a la Zona parece ser un pequeño galpón abandonado en Spartan Cwm, a unos 20 kilómetros al sur de la Zona. En Fossil Bluff (Reino Unido) hay un campamento científico que funciona solamente en verano, a unos 60 kilómetros al sur, en la costa oriental de Isla Alexander. Las estaciones científicas permanentemente ocupadas más cercanas están en Bahía Margarita (General San Martín, de Argentina, y Rothera, del Reino Unido), a unos 350 kilómetros al norte (Mapa 2).

*6(iv) Ubicación de otras Zonas protegidas en las proximidades*

No hay otras zonas protegidas en las proximidades de la Zona. La zona protegida más cercana a Punta Ablación-Cumbres de Ganymede es la ZAEP Nº 170, Nunataks Marion, Isla Charcot y Península Antártica, a unos 270 kilómetros al este de Isla Alexander (Mapa 2).

*6(v) Áreas especiales en la Zona*

No hay áreas especiales en la Zona.

## 7. Condiciones para la expedición de permisos

*7(i) Condiciones generales para la expedición de permisos*

Se prohíbe el acceso a la Zona excepto con un permiso expedido por una autoridad nacional competente. Las condiciones para la expedición de permisos para acceder a la Zona son las siguientes:

- el permiso se expedirá con fines científicos convincentes que no puedan realizarse en otro sitio, o con fines fundamentales para la gestión de la Zona;
- las acciones permitidas serán de conformidad con este Plan de Gestión;
- toda actividad de gestión deberá ceñirse a los objetivos de este Plan de Gestión;
- las actividades permitidas no deberán poner en peligro el sistema ecológico natural de la Zona;
- las actividades permitidas deberán tomar en consideración, mediante el proceso de evaluación del impacto medioambiental, la protección continuada del medio ambiente o de los valores científicos de la Zona;
- los permisos tendrán un plazo de validez expreso;
- se deberá llevar el permiso o una copia autorizada dentro de la Zona.

*7(ii) Acceso a la Zona y circulación dentro de ella*

- La circulación de vehículos en la Zona se limitará a superficies cubiertas de nieve o hielo.
- La circulación en tierra dentro de la Zona será a pie.
- Todos los movimientos deberán llevarse a cabo con cuidado para minimizar perturbaciones en el suelo, superficies con vegetación y elementos geomorfológicos sensibles como dunas y se andará sobre nieve o terreno rocoso si son practicables. Si es posible, los visitantes deberían tratar de evitar caminar en el lecho de arroyos o lagos secos o en suelo húmedo, a fin de no perturbar el sistema hidrológico y de no dañar comunidades de plantas delicadas. Hay que tener cuidado incluso cuando no haya humedad evidente, ya que aun así podría haber en el suelo colonias de plantas que pasen desapercibidas.

- La circulación de peatones deberá mantenerse en el mínimo necesario para llevar a cabo las actividades permitidas y se deberá hacer todo lo posible para minimizar los efectos de las pisadas.
- Las operaciones de aeronaves por encima de las Zonas deberán llevarse a cabo, como requisito mínimo, en cumplimiento con las "Guías propuestas para la operación de aeronaves cerca de las concentraciones de aves" de la Resolución 2 (2004).

*7(iii) Actividades que se pueden llevar a cabo en la Zona*

Las actividades que se pueden llevar a cabo en la Zona son las siguientes:

- actividades de gestión indispensables, entre ellas la vigilancia;
- investigaciones científicas convincentes que no puedan realizarse en otro lugar y que no pongan en peligro el ecosistema de la Zona; y
- recogida de muestras, que serán el mínimo requerido para los programas de investigación aprobados.

Normalmente, está prohibido bucear en los lagos de la Zona, salvo que sea necesario por motivos científicos urgentes. Si se realizan inmersiones, habrá que tener sumo cuidado para no perturbar la columna de agua y los delicados sedimentos y comunidades biológicas. Antes de expedir permisos para esos fines se deberá tener en cuenta la sensibilidad de la columna de agua, los sedimentos y las comunidades biológicas a las perturbaciones ocasionadas por el buceo.

*7(iv) Instalación, modificación o desmantelamiento de estructuras*

- Quedan prohibidas las estructuras o instalaciones permanentes.
- No se erigirán estructuras en la Zona, ni se instalarán equipos científicos, a excepción de cuando se haga por motivos científicos o de gestión ineludibles y para un periodo de tiempo preestablecido que se especificará en un permiso.
- Todos los marcadores, estructuras o equipos científicos que se instalen en la Zona deberán estar claramente identificados con el nombre del país, el nombre del investigador principal o la agencia, el año de instalación y la fecha prevista de desmantelamiento.
- Todos esos elementos deberán estar libres de organismos, propágulos (p. ej. semillas, huevos o esporas) y suelo no estéril (véase la sección *7(vi)*), y deberán estar realizados en materiales que puedan soportar las condiciones ambientales y que supongan un riesgo mínimo de contaminación de la Zona.
- La retirada de las estructuras o los equipos para lo que el permiso haya caducado será responsabilidad de la autoridad que expidió el permiso original y será una condición de dicho permiso.

*7(v) Ubicación de los campamentos*

Cuando sea necesario para los fines especificados en el permiso, se permitirá acampar temporalmente en la Zona, en un sitio designado que está en el extremo noroeste (superior) de la pista de aterrizaje del valle Moutonnée (70° 51' 48" S, 68° 21' 39" O) (Mapa 3). El sitio no está marcado, pero las carpas deberán instalarse lo más cerca posible del marcador del extremo noroeste de la pista de aterrizaje. Cuando se trabaje en las inmediaciones, se deberá usar preferentemente este sitio. Todavía no se han designado otros sitios para acampar, aunque se prohíbe hacerlo en lugares en los que la vegetación sea considerable. Los campamentos deberán estar lo más lejos posible (preferiblemente a 200 metros como mínimo) del borde de los lagos y se deberá evitar instalarlos en lechos de lagos o arroyos secos (que podrían albergar una biota poco visible). Preferiblemente, y si es factible, los campamentos deberán estar situados en superficies cubiertas de nieve o hielo. Siempre que sea posible se deberá acampar en sitios donde se haya acampado anteriormente, excepto en los casos en que esos campamentos anteriores hayan sido emplazados en sitios que no concuerden con las directrices precedentes.

*7(vi) Restricciones relativas a los materiales y organismos que puedan introducirse en la Zona*

Se prohíbe la introducción deliberada de animales, plantas o microorganismos vivos en la Zona. A fin de garantizar el mantenimiento de los valores ecológicos de la Zona, se tomarán precauciones especiales para evitar la introducción accidental de microbios, invertebrados o plantas de otros lugares de la Antártida, como estaciones, o de regiones de fuera de la Antártida. Todo el equipo de recogida de muestras o los marcadores que se introduzcan en la Zona deberán limpiarse o esterilizarse. En la medida de lo posible, el calzado y demás equipos utilizados o introducidos en la Zona (bolsas o mochilas incluidas) deberán limpiarse bien antes de acceder a la Zona. Para una mayor orientación, véase el *Manual de especies no autóctonas* del *CPA* (CPA, 2011) y el *Código de conducta ambiental para el trabajo de investigación sobre el terreno en la Antártida* (SCAR, 2009). En vistas a la posible presencia de colonias de aves reproductoras en la Zona, no se liberarán en la misma productos avícolas, ni residuos de los mismos, ni productos que contengan huevos secos sin cocinar.

Tampoco se introducirán en la Zona ni herbicidas ni pesticidas. Cualquier otro producto químico, incluidos los radionúclidos e isótopos estables, que se introduzca con los fines científicos o de gestión especificados en el permiso deberá ser retirado de la Zona cuando concluya la actividad para la cual se haya expedido el permiso o con anterioridad. Deberá evitarse la liberación de radionúclicos o isótopos estables directamente al ambiente de una forma que les haga irrecuperables. No se deberán almacenar combustible ni demás productos químicos en la Zona, salvo que se autorice específicamente en el permiso. De ser así, deberán almacenarse y manejarse de manera que se minimice el riesgo de su introducción accidental en el ambiente. Todo el material que se introduzca en la Zona podrá permanecer durante un período determinado únicamente y deberá ser retirado cuando concluya dicho período. Si se producen escapes que pudieran comprometer los valores de la Zona, se recomienda extraer el material únicamente si no existe la posibilidad de que el impacto de dicha retirada sea mayor que el de dejar el material in situ. Se deberá avisar a las autoridades pertinentes sobre los escapes de materiales que no se hayan retirado y que no estén incluidos en el permiso.

*7(vii) Recolección de ejemplares de la flora y fauna autóctonas o intromisión perjudicial*

Está prohibida la toma de ejemplares de la flora o fauna autóctonas y la intromisión perjudicial en ellas, excepto con un permiso otorgado de conformidad con el Anexo II al Protocolo al Tratado Antártico sobre Protección del Medio Ambiente En caso de toma de animales o de intromisión perjudicial con los mismos, se deberá usar como norma mínima el *Código de conducta del SCAR para el uso de animales con fines científicos en la Antártida* (2011). Cualquier muestra de suelo o de vegetación que se tome deberá limitarse al mínimo necesario para los fines científicos o de gestión, y dicha toma se llevará a cabo utilizando técnicas que minimicen la perturbación al suelo cercano, a las estructuras de hielo y a la biota.

*7(viii) Toma o traslado de cualquier cosa que el titular del permiso no haya llevado a la zona*

Se podrá recolectar o retirar material de la Zona únicamente de conformidad con un permiso, y dicho material deberá limitarse al mínimo necesario para cubrir las necesidades científicas o de gestión. El material de origen humano que pudiera comprometer los valores de la Zona y que no haya sido introducido en la misma por el titular del permiso o que no esté autorizado podrá ser retirado salvo que el impacto ambiental de su extracción pueda ser mayor que el efecto de dejar el material in situ, en cuyo caso se deberá notificar a las autoridades pertinentes, que deberán emitir su aprobación,

*7(ix) Eliminación de desechos*

Todos los desechos, excepto los líquidos de origen humano y de origen doméstico, deberán ser retirados de la zona. Esos residuos líquidos podrán verterse en las grietas del hielo de la Zona a lo largo del margen de la plataforma de hielo Jorge VI o el glaciar Jupiter, o enterrarse en morrenas a lo largo del margen del hielo en dichos lugares, lo más cerca posible del hielo. Cuando se utilice este método para eliminar residuos líquidos de origen humano y doméstico, deberán verterse a más de 200 metros de las cuencas de captación de los lagos principales de los valles Ablación, Moutonnée y Flatiron, evitándose dichas cuencas o, de lo contrario, deberán ser retirados de la Zona. Los residuos sólidos de origen humano deberán ser retirados de la Zona.

*7(x) Medidas que podrían ser necesarias para garantizar el cumplimiento de los objetivos del Plan de Gestión*

- Se podrán conceder permisos para acceder a la Zona a fin de llevar a cabo actividades de investigación científica, vigilancia e inspección de sitios, que pueden abarcar la recolección de una pequeña cantidad de muestras para análisis o para la implementación de medidas de protección.
- Todo sitio que se utilice para actividades de vigilancia a largo plazo deberá estar debidamente marcado y los marcadores o las señales deberán mantenerse.
- Las actividades científicas deberán realizarse de conformidad con el *Código de conducta ambiental para el trabajo de investigación sobre el terreno en la Antártida* (SCAR, 2009).

*7(xi) Requisitos relativos a los informes*

En cada visita a la Zona, el titular principal del permiso deberá presentar un informe a la autoridad nacional competente lo antes posible y en cualquier caso en el plazo de los seis meses posteriores a la finalización de dicha visita. Dichos informes deberán incluir, según corresponda, la información indicada en el *Formulario de Informes de Visita a una Zona Antártica Especialmente Protegida (ZAEP)*, que recoge la *Guía para la Preparación de Planes de Gestión para las Zonas Antárticas Especialmente Protegidas* (Annexo 2). Siempre que sea posible, la autoridad nacional también hará llegar una copia del informe de la visita a la Parte que haya propuesto el Plan de Gestión, a fin de ayudar en la gestión de la Zona y de revisar dicho Plan de Gestión. También siempre que sea posible las Partes deberán depositar el informe original o copias en un archivo de acceso público, a fin de llevar un registro de su uso en vistas a cualquier revisión del Plan de Gestión y para la organización del uso científico de la Zona.

## 8. Bibliografía


Bell, C. M. (1975). Structural geology of parts of Alexander Island. *British Antarctic Survey Bulletin* 41 and 42: 43-58.

Bentley, M. J. (2004). Aerial predation by a south polar skua *Catharacta maccormicki* on a snow petrel *Pagodroma nivea* in Antarctica. *Marine Ornithology* 32: 115-116.

Bentley, M. J., Hodgson, D. A., Sugden, D. E., Roberts, S. J., Smith, J. A., Leng, M. J., Bryant, C. (2005). **Early Holocene retreat of George VI Ice Shelf, Antarctic Peninsula**. *Geology* 33: 173-176.

Bentley, M. J., Hodgson, D. A., Smith, J. A., Cofaigh, C. O., Domack, E. W., Larter, R. D., Roberts, S. J., Brachfeld, S., Leventer, A., Hjort, C., Hillenbrand, C. D., and Evans, J. (2009). Mechanisms of Holocene palaeoenvironmental change in the Antarctic Peninsula region. *The Holocene* 19: 51-69.

Butterworth, P. J. (1985). Sedimentology of Ablation Valley, Alexander Island: report on Antarctic field work. *British Antarctic Survey Bulletin* 66: 73-82.

Butterworth, P. J., Crame, J. A., Howlett, P. J., and Macdonald, D. I. M. (1988). Lithostratigraphy of Upper Jurassic – Lower Cretaceous strata of eastern Alexander Island, Antarctica. *Cretaceous Research* 9: 249-64.

Clapperton, C. M., and Sugden, D. E. (1982). Late Quaternary glacial history of George VI Sound area, West Antarctica. *Quaternary Research* 18: 243-67.

Clapperton, C. M., and Sugden, D. E. (1983). Geomorphology of the Ablation Point massif, Alexander Island, Antarctica. *Boreas* 12: 125-35.

Committee for Environmental Protection (CEP). (2011). Non-native species manual – 1st Edition. Manual prepared by Intersessional Contact Group of the CEP and adopted by the Antarctic Treaty Consultative Meeting through Resolution 6 (2011). Buenos Aires, Secretariat of the Antarctic Treaty.

Convey, P., Greenslade, P., Richard, K. J., and Block W. (1996). The terrestrial arthropod fauna of the Byers Peninsula, Livingston Island, South Shetland Islands - Collembola. *Polar Biology* 16: 257-59.

Convey, P., and Smith, R. I. L. (1997). The terrestrial arthropod fauna and its habitats in northern Marguerite Bay and Alexander Island, maritime Antarctic. *Antarctic Science* 9: 12-26.

Crame, J. A. (1981). The occurrence of *Anopaea* (Bivalvia: Inoceramidae) in the Antarctic Peninsula. *Journal of Molluscan Studies* 47: 206-219.

Crame, J. A. (1985). New Late Jurassic Oxytomid bivalves from the Antarctic Peninsula region. *British Antarctic Survey Bulletin* 69: 35-55.

Crame, J. A., and Howlett, P. J. (1988). Late Jurassic and Early Cretaceous biostratigraphy of the Fossil Bluff Formation, Alexander Island. *British Antarctic Survey Bulletin* 78: 1-35.

Croxall, J. P., Steele, W. K., McInnes, S. J., and Prince, P. A. (1995). Breeding distribution of the Snow Petrel *Pagodroma nivea. Marine Ornithology* 23: 69-99.

Elliott, M. R. (1974). Stratigraphy and sedimentary petrology of the Ablation Point area, Alexander Island. *British Antarctic Survey Bulletin* 39: 87-113.

Greenslade, P. (1995). Collembola from the Scotia Arc and Antarctic Peninsula including descriptions of two new species and notes on biogeography. *Polskie Pismo Entomologiczne* 64: 305-19.

Harris, C. M. (2001). Revision of management plans for Antarctic protected areas originally proposed by the United States of America and the United Kingdom: Field visit report. Internal report for the National Science Foundation, US, and the Foreign and Commonwealth Office, UK. Environmental Research and Assessment, Cambridge.

Heywood, R. B. (1977). A limnological survey of the Ablation Point area, Alexander Island, Antarctica. *Philosophical Transactions of the Royal Society* B, 279: 39-54.

Heywood, R. B., and Light, J. J. (1975). First direct evidence of life under Antarctic shelf ice. *Nature* 254: 591-92.

Hodgson, D. 2001. Millennial-scale history of the George VI Sound ice shelf and palaeoenvironmental history of Alexander Island. BAS Scientific Report - Sledge Charlie 2000-2001. Ref. R/2000/NT5.

Howlett, P. J. (1986). *Olcostephanus* (Ammonitina) from the Fossil Bluff Formation, Alexander Island, and its stratigraphical significance. *British Antarctic Survey Bulletin* 70: 71-77.

Howlett, P. J. (1988). Latest Jurassic and Early Cretaceous cephalopod faunas of eastern Alexander

Island, Antarctica. Unpublished Ph.D. thesis, University College, London.

Light, J. J., and Heywood, R. B. (1975). Is the vegetation of continental Antarctica predominantly aquatic? *Nature* 256: 199-200.

Lipps, J. H., Krebs, W. N., and Temnikow, N. K. (1977). Microbiota under Antarctic ice shelves. *Nature* 265: 232-33.

Maslen, N. R. (1982). An unidentified nematode-trapping fungus from a pond on Alexander Island. *British Antarctic Survey Bulletin* 51: 285-87.

Morgan, F., Barker, G., Briggs, C., Price, R., and Keys, H. (2007). Environmental Domains of Antarctica Version 2.0 Final Report. Landcare Research Contract Report LC0708/055.

Roberts, S. J., Hodgson, D. A., Bentley, M. J., Smith, J. A., Millar, I. L., Olive, V., and Sugden, D. E. (2008). The Holocene history of George VI Ice Shelf, Antarctic Peninsula from clast-provenance analysis of epishelf lake sediments. *Palaeogeography, Palaeoclimatology, Palaeoecology* 259: 258-283.

Roberts, S. J., Hodgson, D. A., Bentley, M. J., Sanderson, D. C. W., Milne, G., Smith, J. A., Verleyen, E., and Balbo, A. (2009). Holocene relative sea-level change and deglaciation on Alexander Island, Antarctic Peninsula, from elevated lake deltas. ***Geomorphology*** 112: 122-134.

Rowley P. D., and Smellie, J. L. (1990). Southeastern Alexander Island. In: LeMasurier, W. E., and Thomson, J. W., eds. *Volcanoes of the Antarctic plate and southern oceans*. Antarctic Research Series 48. Washington D.C., American Geophysical Union: 277-279.

SCAR (Scientific Committee on Antarctic Research) (2009). Environmental code of conduct for terrestrial scientific field research in Antarctica. ATCM XXXII IP4.

**SCAR (Scientific Committee on Antarctic Research) (2011). SCAR code of conduct for the use of animals for scientific purposes in Antarctica. ATCM XXXIV IP53.**

Smith, J. A., Bentley, M. J., Hodgson, D. A., Roberts, S. J., Leng, M. J., Lloyd, J. M., Barrett, M. S., Bryant, C., and Sugden, D. E. (2007a). Oceanic and atmospheric forcing of early Holocene ice shelf retreat, George VI Ice Shelf, Antarctica Peninsula. *Quaternary Science Reviews* 26: 500-516.

Smith, J. A., Bentley, M. J., Hodgson, D. A., and Cook, A. J. (2007b) George VI Ice Shelf: past history, present behaviour and potential mechanisms for future collapse. ***Antarctic Science*** 19: 131-142.

Smith, R. I. L. (1988). Bryophyte oases in ablation valleys on Alexander Island, Antarctica. *The Bryologist* 91: 45-50.

Smith, R. I. L. (1996). Terrestrial and freshwater biotic components of the western Antarctic Peninsula. In: Ross, R. M., Hofmann, E. E. and Quetin, L. B. *Foundations for ecological research west of the Antarctic Peninsula*. Antarctic Research Series 70: American Geophysical Union, Washington D.C.: 15-59.

Smith, R. I. L. (1997). Oases as centres of high plant diversity and dispersal in Antarctica. In: Lyons, W.B., Howard-Williams, C. and Hawes, I. *Ecosystem processes in Antarctic icefree landscapes*. A.A. Balkema, Rotterdam: 119-28.

Smith, R. I. L., and Convey, P. (2002). Enhanced sexual reproduction in bryophytes at high latitudes in the maritime Antarctic. *Journal of Bryology* 24: 107-117.

Starý, J., and Block, W. (1998). Distribution and biogeography of oribatid mites (Acari: Oribatida) in Antarctica, the sub-Antarctic and nearby land areas. *Journal of Natural History* 32: 861- 94.

Sugden, D. E., and Clapperton, C. N. (1980). West Antarctic ice sheet fluctuations in the Antarctic Peninsula area. *Nature* 286: 378-81.

Sugden, D. E., and Clapperton, C. M. (1981). An ice-shelf moraine, George VI Sound, Antarctica. *Annals of Glaciology* 2: 135-41.

Taylor, B. J., Thomson, M. R. A., and Willey, L. E. (1979). The geology of the Ablation Point – Keystone Cliffs area, Alexander Island. *British Antarctic Survey Scientific Reports* 82.

Thomson, M. R. A. (1972). Ammonite faunas of south-eastern Alexander Island and their stratigraphical significance. In: Adie, R.J. (ed) *Antarctic Geology and Geophysics*, Universitetsforlaget, Oslo.

Thomson, M. R. A. (1979). Upper Jurassic and Lower Cretaceous Ammonite faunas of the Ablation Point area, Alexander Island. *British Antarctic Survey Scientific Reports* 97.

Thomson, M. R. A., and Willey, L. E. (1972). Upper Jurassic and Lower Cretaceous Inoceramus (Bivalvia) from south-east Alexander Island. *British Antarctic Survey Bulletin* 29: 1-19.

Willey, L. E. (1973). Belemnites from south-eastern Alexander Island: II. The occurrence of the family Belemnopseidae in the Upper Jurassic and Lower Cretaceous. *British Antarctic Survey Bulletin* 36: 33-59.

Willey, L. E. (1975). Upper Jurassic and Lower Cretaceous Pinnidae (Bivalvia) from southern Alexander Island. *British Antarctic Survey Bulletin* 41 and 42: 121-31.

Mapa 1. Ubicación de Punta Ablación y Cumbres Ganymede en la Península Antártica. Especificaciones cartográficas: Proyección: polar antártica estereográfica WGS84. Meridiano central -55°, Paralelo estándar: -71°.

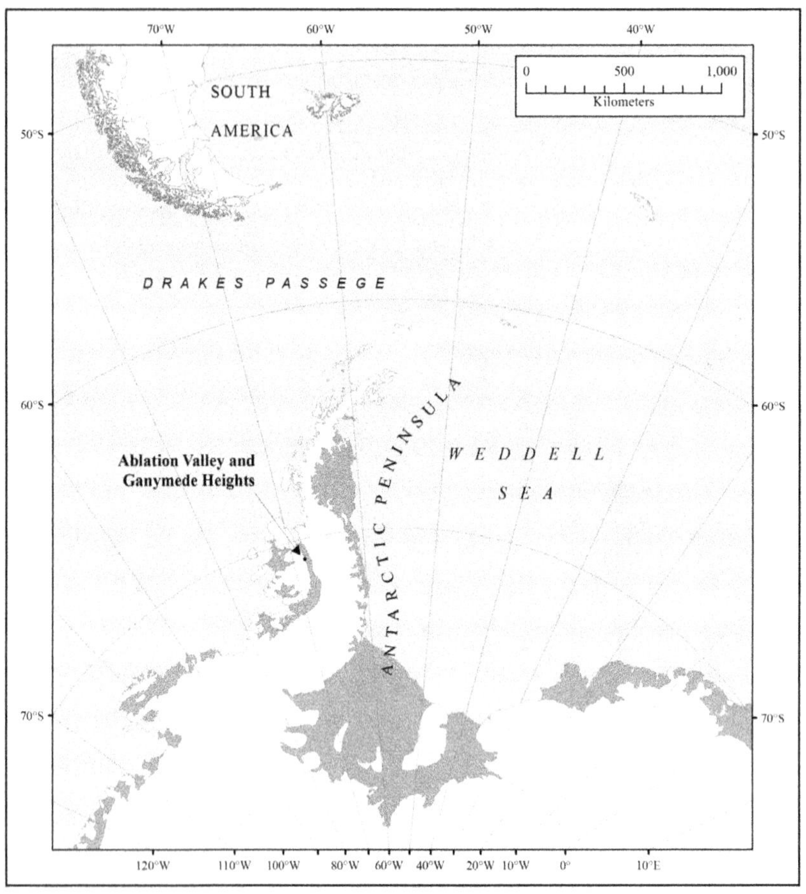

Mapa 2. ZAEP Nº 147 Punta Ablación y Cumbres Ganymede, mapa de ubicación. Especificaciones cartográficas: Proyección: polar antártica estereográfica WGS 1984. Meridiano central: -71º, Paralelo estándar: -71º.

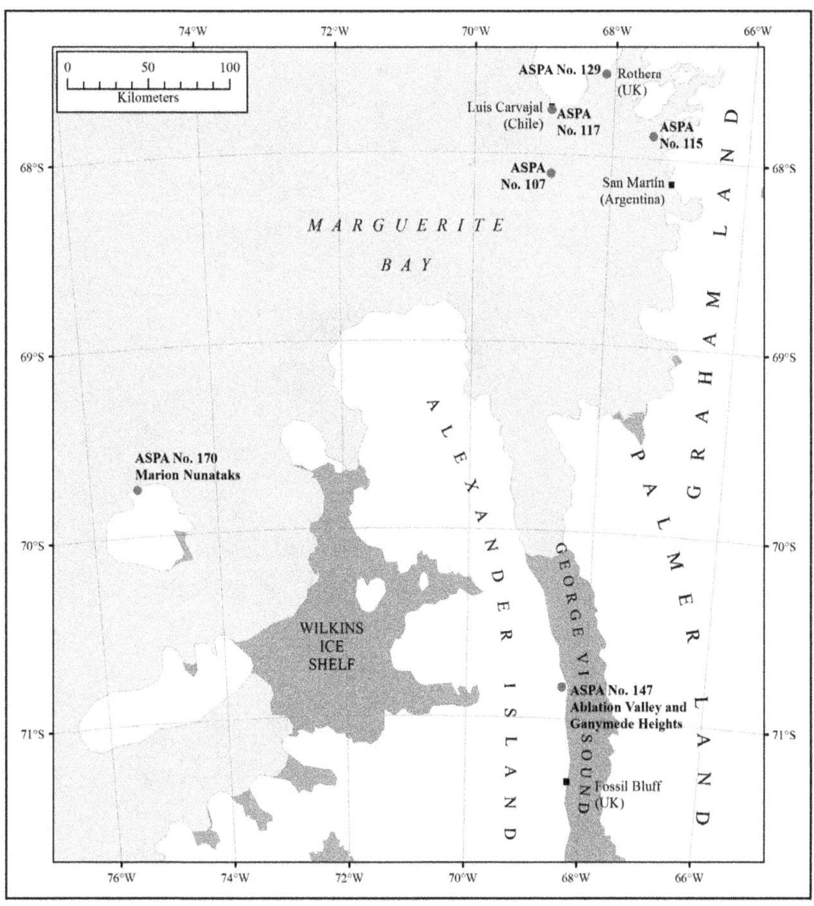

Mapa 3. ZAEP Nº 147 Punta Ablación y Cumbres Ganymede, mapa con bosquejos topográficos. Especificaciones cartográficas: Proyección: polar antártica estereográfica WGS 1984. Meridiano central: -68,4°, Paralelo estándar: -71,0°.

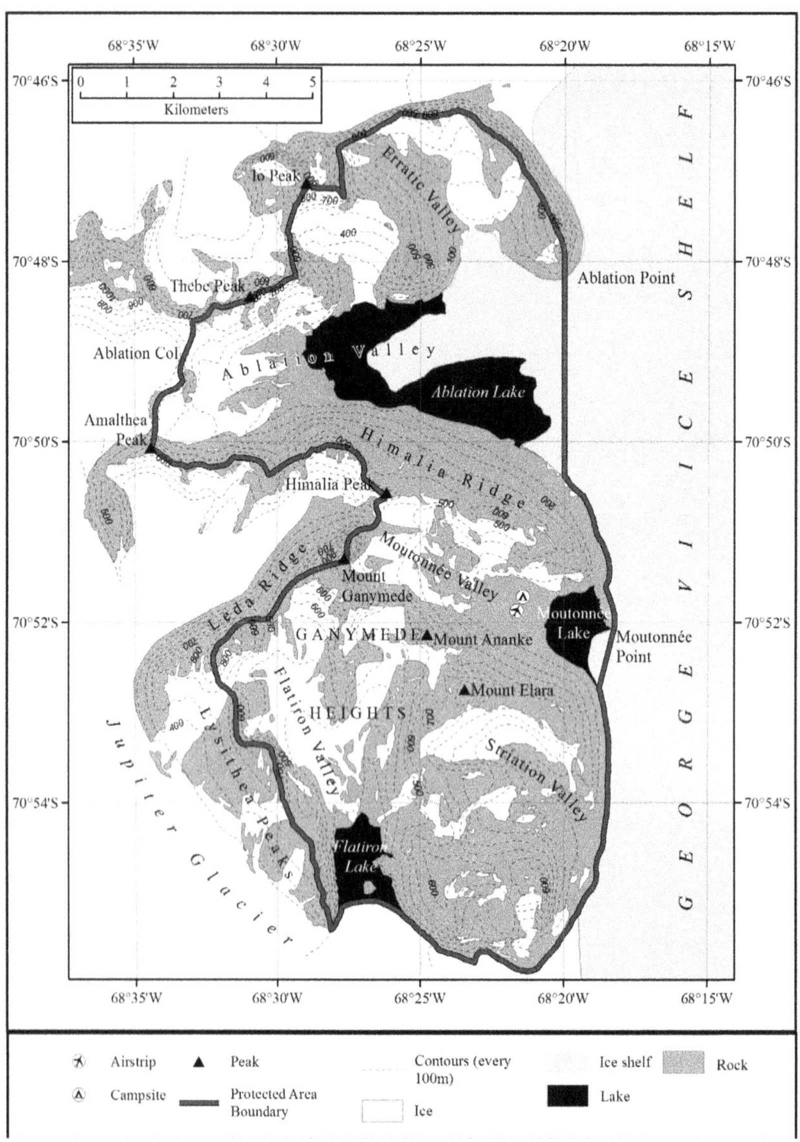

**Anexo 1**

Coordenadas de los límites de la ZAEP 147 Punta Ablación y Cumbres Ganymede, Isla Alexander. En gran parte el límite sigue elementos naturales y en la Sección *6(i)* puede consultarse una descripción detallada. En la tabla que aparece a continuación se enumeran las coordenadas de los límites con, en el número 1, la coordenada más austral y el resto numeradas secuencialmente en el sentido de las agujas del reloj entorno al límite de la Zona.

| **Número** | **Latitud** | **Longitud** |
|---|---|---|
| 1 | 70°46'26"S | 68°24'01"O |
| 2 | 70°46'28"S | 68°25'48"O |
| 3 | 70°46'55"S | 68°28'27"O |
| 4 | 70°47'13"S | 68°28'15"O |
| 5 | 70°47'12"S | 68°29'33"O |
| 6 | 70°48'02"S | 68°29'58"O |
| 7 | 70°48'23"S | 68°32'55"O |
| 8 | 70°49'44"S | 68°34'38"O |
| 9 | 70°50'06"S | 68°31'13"O |
| 10 | 70°49'56"S | 68°28'52"O |
| 11 | 70°50'19"S | 68°26'51"O |
| 12 | 70°51'17"S | 68°28'19"O |
| 13 | 70°52'09"S | 68°31'59"O |
| 14 | 70°53'02"S | 68°31'06"O |
| 15 | 70°53'03"S | 68°29'59"O |
| 16 | 70°55'03"S | 68°27'58"O |
| 17 | 70°54'53"S | 68°27'40"O |
| 18 | 70°55'36"S | 68°23'26"O |
| 19 | 70°55'41"S | 68°21'30"O |
| 20 | 70°54'43"S | 68°19'11"O |
| 21 | 70°52'44"S | 68°19'03"O |
| 22 | 70°52'04"S | 68°18'25"O |
| 23 | 70°51'17"S | 68°18'41"O |
| 24 | 70°50'18"S | 68°20'27"O |
| 25 | 70°48'08"S | 68°20'44"O |
| 26 | 70°47'38"S | 68°21'23"O |
| 27 | 70°46'55"S | 68°22'16"O |

# Plan de Gestión para la Zona Antártica Especialmente Protegida Nº 151

# LIONS RUMP, ISLA REY JORGE (ISLA 25 DE MAYO), ISLAS SHETLAND DEL SUR

## Introducción

Lions Rump (62 ° 08'S y 58 ° 07'W) se encuentra en la costa suroeste de la Isla Rey Jorge, Islas Shetland del Sur, cubriendo aproximadamente 1,32 km2 $^{2}$de superficie.

La Zona toma su nombre de la colina rocosa distintiva que se extiende entre el extremo sur de la Bahía Rey Jorge y Lions Cove.

La Zona fue designada originalmente como Sitio de Especial Interés Científico Nº 34 mediante la Recomendación XVI-2 (1991, SEIC No. 34), después de una propuesta de Polonia con el argumento de que contiene diversa biota, características geológicas y es un ejemplo representativo de los hábitats terrestres, limnológicos y litorales de la Antártida marítima. De conformidad con la Decisión 1 (2002), el Área fue re-designada como Zona Antártica Especialmente Protegida (ZAEP Nº 151). Un plan de gestión revisado fue aprobado por la Medida 1 (2000). La zona fue designada principalmente para proteger los valores ecológicos del lugar. La Zona también tiene valor como sitio de referencia con fauna de aves y mamíferos Antárticos diversa, en función de la cual puede compararse la perturbación que sufren otros sitios situados cerca de lugares de actividad humana.

Basado en el Análisis de Dominios Ambientales para el Continente Antártico (Resolución 3 (2008)), la ZAEP Nº 151 pertenece al Dominio A (Geológico del Norte de la Península Antártica), que es un ambiente pequeño, terrestre alrededor del norte de la Península Antártica, compuesto enteramente de cubierta terrestre libre de hielo y geología sedimentaria (Morgan et al. 2007). Otras áreas protegidas que contienen el Dominio A incluyen la ZAEP Nº 111, la ZAEP Nº 128 y la ZAEA Nº 1.

Hay otros cuatro ZAEP en la Isla Rey Jorge (isla 25 de Mayo) y siete más en otras islas del Archipiélago Shetland del Sur, pero sólo uno de ellos (ZAEP Nº 128, Costa Occidental de la Bahía del Almirantazgo) representa tanto el mismo dominio Ambiental A, como la misma razón principal de designación (área con conjuntos importantes o inhabituales de especies, entre ellos las principales colonias de reproducción de aves y mamíferos indígenas). Lions Rump, a diferencia de la ZAEP Nº 128, se encuentra aproximadamente a 30 km de la estación más cercana y ha sido sometida a una alteración mínima de la actividad humana. Por lo tanto, la ZAEP Nº 151 complementa a la ZAEP Nº 128, mediante la protección de un sitio con el cual se puede medir el impacto humano.

El área se considera que es lo suficientemente grande como para proporcionar una protección adecuada a los valores descritos a continuación. Los valores biológicos, geológicos y científicos de Lions Rump son vulnerables a la perturbación humana (por ej., el pisoteo, el sobremuestreo, la perturbación de la fauna silvestre). Por lo tanto, es importante que las actividades humanas en la zona sean gestionadas para minimizar el riesgo de impactos.

La primera información sobre las poblaciones de pingüinos en Lions Rump fue dada por Stephens en 1958 (Croxall y Kirkwood 1979). Estudios posteriores provienen de obras de Jabłoński (1984), Trivelpiece *et al.* (1987), Ciaputa and Sierakowski (1999) y Korczak-Abshire et al. 2013). Desde el año 2007 se lleva a cabo en la Zona un programa de monitoreo de aves y pinnípedos de acuerdo con los métodos estándar de la CCRVMA (censo de pinnípedos cada 10 días, censo de nidos de pingüinos y otras aves una vez durante la temporada de cría, ponderación de polluelos una vez durante la temporada, registro de aves errantes).

En 1989/90 y 2004 se llevaron a cabo estudios botánicos en la zona y se hicieron mapas de la vegetación de la zona, que muestran los cambios en la distribución espacial del liquen causada por los cambios climáticos (Olech 1993, 1994, com. Pers.). Se hizo un intento de estimar las edades de colonización del liquen en las morrenas más antiguas del Glaciar Águila Blanca (Angiel, Dabski 2012).

Los suelos Ornitogénicos de la zona de la pinguinera en Lions Rump fueron descritos por Tatur (1989) y después incluidos en la síntesis edafológica regional (Tatur 2002). La cubierta superficial, arcillosa y desgastada de la zona no se ha descrito en las categorías de suelos todavía. Gran parte del sur de la zona estaba cubierta por glaciares hace 30 años durante las investigaciones anteriores a su establecimiento como ZAEP Nº 151. Debido al retroceso de los glaciares como resultado del calentamiento regional, ha aparecido un nuevo paisaje post glacial, fresco y libre de hielo (Angiel, Dabski 2012).

Las rocas del Paleógeno y Neógeno de la zona y sus alrededores proporcionan datos importantes para la historia glacial del mundo. La secuencia se compone de rocas sedimentarias y volcánicas desde sedimentos terrestres del Eoceno y sedimentos de agua fresca hasta secuencia de solapamiento diamíctico del Oligoceno temprano y lavas almohadilladas del Mioceno. Las rocas sedimentarias, piroclásticas y andesitas del Eoceno, que cubren una parte principal del área, pertenecen a la "Lions Cove Formation". Esta unidad fue introducida por Birkenmajer (1980, 1981) y se describe con más detalle en los documentos posteriores (Birkenmajer et al 1991, 1994, Birkenmajer 2001). “Lions Cove Formation” fue excluida del “Lions Rump Group” de Barton (1961, 1965). La edad del Eoceno para la “Lions Cove Formation” fue propuesta por Smellie et al. (1984) sobre la base de un solo fechado K-Ar y fue confirmada por muchas determinaciones K-Ar realizadas durante el proyecto API del ACE (Pańczyk i Nawrocki 2011, Tatur et al. 2009, Krajewski et al. 2009, Krajewski et al. 2010, Tatur et al. 2010, Krajewski et al. 2011). Las Tilitas del Oligoceno y los sedimentos glaciomarinos de "Polonez Cove Formation" (ver Birkenmajer 2001) bordean la Zona formando paredes rocosas desde los lados oeste, sur y este. La parte central de la zona está cubierta por las lavas andesitas de Miocen y lavas acojinadas que forman montículos a lo largo del acantilado (dataciones K-Ar del Ace Group, com. Pers.).

## 1. Descripción de los valores a proteger

Lions Rump fue designada por primera vez área protegida como representante de los ecosistemas terrestres, limnológicos y litorales de la Isla Rey Jorge (isla 25 de Mayo), que posee diversas biotas y formaciones rocosas (rocas volcánicas y sedimentarias importantes para la historia geológica mundial). En la Antártida Protected Areas Database se incluye como un área con conjuntos importantes o inhabituales de especies, entre ellos las principales colonias de reproducción de pájaros y mamíferos nativos.

Los objetivos originales para la designación de la Zona siguen siendo pertinentes.

La avifauna de reproducción de la zona es diversa y numerosa, incluyendo tres especies de pingüinos (pingüino Adelia *Pygoscelis adeliae*, pingüino Papúa *Pygoscelis papua* y pingüinos de Barbijo *Pygoscelis antarctica*), así como otras especies de pájaros como la Paloma del Cabo *Daption capense*, petreles de Wilson *Oceanites oceanicus*, golondrinas de mar de vientre negro *Fregatta tropica*, palomas Antárticas *Chionis alba*, skúa antártica *Catharacta maccormicki*, skúas *Catharacta antarctica*, Gaviotas Cocineras *Larus dominicanus*, y Gaviotín Antártico *Sterna vittata.*

Además, elefantes marinos (*Mirounga leonina*), focas de Weddell (*Leptonychotes weddellii*), focas Leopardo (*Hydrurga leptonyx*), focas Cangrejeras (*Lobodon carcinophagus*) y lobo fino (*Arctocephalus gazella*) descansan y /o se reproducen en las playas.

La ZAEP Nº 151 incluye los únicas secuencias pre-glaciales del Eoceno y parcialmente glaciares del Oligoceno. La secuencia glacial Continental de la "Polonez Formation" (tillitas y diamicticas glaciales que llevan clastos erráticos) proporciona la evidencia más antigua y concreta conocida de la próxima glaciación cenozoica (datación SIS 28-32). Los afloramientos que proporcionan datos concretos de este evento deben ser protegidos, por lo tanto está prohibido recoger sin Permiso madera petrificada, hojas raras, capas de carbón que representan lustros (vitrinita) metafase de lignito y bombas volcánicas a partir de depósitos de toba en la Zona. La flora del Eoceno (Mozer, in press) es idéntica a la flora de cultivo del otro lado de Glaciar Águila Blanca (Zastawniak 1981, 1990) y consistente con el patrón de florística regional (Pool et al 2001).

Lions Rump contiene una rica flora de líquenes y numerosos rodales de dos plantas vasculares nativas, *Colobanthus quitensis* y *Deschampsia antarctica*. La biota de líquenes de la Zona se compone de 148 taxones, lo que lo hace uno de los más diversos lugares de la Antártida.

Los valores originales de la zona asociados a la fauna del fondo marino no pueden confirmarse como una de las razones principales para la protección especial de la zona, porque faltan nuevos datos que describan las comunidades. Sin embargo, la investigación futura podría reafirmarlos. Por lo tanto, el límite marino de la Zona no se ha redefinido.

La Zona no ha sido sometida a frecuentes visitas, investigación científica o muestreo. La presencia humana en la zona se estima como dos personas que llevan a cabo una investigación de seguimiento entre el 1de noviembre y el 30 de marzo. Por lo tanto, la Zona puede ser considerada como un sitio de referencia para futuros estudios comparativos.

Desde 2007 se lleva a cabo en la Zona un programa de monitoreo de aves y pinnípedos de acuerdo con los métodos estándar de la CCRVMA (censo de pinnípedos cada 10 días, censo de nidos de pingüinos y otras aves una vez durante la temporada de cría, ponderación de polluelos una vez durante la temporada, registro de aves errantes). Los datos sirven de base para la conservación de los recursos vivos marinos antárticos, para detectar y registrar cambios significativos en los componentes críticos del sistema ecológico y para comparar las tendencias de población con otras áreas (tales como la ZAEP Nº 128, Costa Occidental de la Bahía del Almirantazgo), que experimentan el mayor nivel de actividad humana.

**2. 2. Metas y objetivos**

La gestión del Área tiene como objetivos:

- evitar la degradación o los riesgos importantes para los valores de la zona, evitando la perturbación humana innecesaria de la misma;
- permitir otras investigaciones científicas siempre que sean por razones imperiosas que no puedan ser suplidas en otro lugar y que no pongan en peligro el sistema ecológico natural de la Zona; Se excluyen en esta zona las prácticas invasivas utilizadas durante la investigación biológica;
- prevenir o minimizar la introducción en la Zona de plantas, animales y microbios no nativos;
- preservar la zona como sitio de referencia para futuros estudios comparativos.

**3. Actividades de Gestión**

Para proteger los valores del Área, se realizarán las siguientes actividades de gestión:

- Se realizarán las visitas necesarias para determinar si la ZAEP continúa sirviendo a los fines para los que fue designada y para garantizar que las medidas de gestión y mantenimiento sean adecuadas;

- El Plan de Gestión será revisado por lo menos una vez cada cinco años y actualizado cuando sea necesario.
- Deberá haber copias de este Plan de Gestión disponibles en la Estación Arctowski (Polonia 62º09'34"S, 058º28'15"O), Estación Comandante Ferraz (Brasil: 62º05'07"S, 58º23'32"O), Estación Machu Picchu (Perú: 62º05'30"S, 58º28'30"O), Estación Copacabana Field (EUA: 62º10'45" S, 58º26'49" O), Refugio Punta Hennequin (Ecuador: 62º07'16"S, 58º23'42"O) y en el refugio próximo a la Zona (62º07'54"S, 58º09'20"O)
- El personal autorizado para acceder a la zona deberá ser instruido específicamente en las condiciones de este Plan de Gestión
- Los postes indicadores, carteles o estructuras instaladas en el Área con fines científicos o de gestión deberán estar bien sujetos y mantenidos en buen estado y serán retirados cuando ya no sean necesarios;
- Las distancias de aproximación a la fauna se deben respetar, salvo cuando los proyectos científicos lo requieran de otra forma y esto se especifique en los permisos pertinentes.
- Todas las actividades científicas y de gestión llevadas a cabo dentro de la zona deberán ser objeto de una Evaluación de Impacto Ambiental (Anexo I del Protocolo sobre Protección del Medio Ambiente del Tratado Antártico)
- En su caso, se insta a los Programas Antárticos Nacionales para que coordinen las actividades para evitar el muestreo excesivo de material biológico y geológico en la Zona, para evitar o minimizar el riesgo de introducción y dispersión de especies no nativas y para mantener los impactos ambientales, incluyendo los impactos acumulativos, en un mínimo absoluto.

## 4. Período de designación

La Zona ha sido designada por un período indefinido.

## 5. Mapas

Mapa 1: The situación de Lions Rump in relacion a la Isla Rey Jorge (isla 25 de Mayo).

Mapa 2: Lions Rump con mayor detalle.

Mapa 3: Mapa de la vegetation de Lions Rump.

Mapa 4: Mapa geológico de Lions Rump.

## 6. Descripción de la Zona

*6(i) Coordenadas geográficas, indicadores de límites y características naturales*

El área está ubicada en la costa sur de Bahía Rey Jorge, Isla Rey Jorge (isla 25 de Mayo), en las Islas Shetland del Sur (Mapas 1, 2). Se describe como toda la tierra y el mar que se encuentran dentro del área delimitada por las siguientes coordenadas:

62°07'48"S, 58°09'17"O;

62°07'49"S, 58°07'14"O;

62°08'19"S, 58°07'19"O;

62°08'16"S, 58°09'15"O;

62º08'16"S, 58º09'15"O.

El área incluye las zonas del litoral y sublitoral que se extienden desde el extremo oriental de la Roca Lajkonik hasta el punto más septentrional de Twin Pinnacles. Desde este punto el límite se extiende hasta el extremo más oriental de la chimenea columnar de Lions Head, al este del Glaciar White Eagle. Por tierra, la Zona incluye la costa con playas sobre-elevadas, las charcas y arroyos de agua dulce en la parte meridional de la Bahía Rey Jorge, alrededor de Lions Cove y las morrenas y laderas que conducen a la lengua de hielo inferior del Glaciar White Eagle, luego hacia el oeste a una pequeña morrena que sobresale a través de la capa de hielo al sudeste de Sukiennice Hills

La zona libre de hielo de la ZAEP Nº 151 muestra una variedad de características geomorfológicas, incluyendo playas de distintos anchos y largos, morrenas, colinas y rocas tierra adentro (Mapa 4). El punto más elevado tiene una altura de aproximadamente 190 m. Geológicamente, el área Lions Rump se compone principalmente de toba, tufita, madera que contiene lahar, tefra suelta y lava de andesita basáltica en capas intercaladas, depositadas en el paleo-valle tectónico. En la parte superior de esta secuencia el flujo de lava andesítica (datado 42-45 Ma K / Ar) es precedido por lahares. Estos piroclastos terrestres fueron expuestos a la erosión aluvial y los valles fueron finalmente rellenos de conglomerado masivo (Conglomorate Bluff). Todo ese conjunto de rocas que pertenecen al " Lions Cove Formation" del Eoceno fue cortado por diques de andesita jóvenes (Lions Rump). "Lions Cove Formation" está rematado por sedimentos clásticos glaciomarinos de "Polonez Cove Formation del Oligoceno" (Krakowiak y Low Head Members). Las rocas del Oligoceno forman paredes escarpadas que rodean la zona. El área está cubierta en gran parte por morrenas glaciares y depósitos arcillosos en pendiente. El frente del Glaciar White Eagle se caracteriza por grandes crestas de morrenas, en forma de cúpula que pertenecen a varias etapas de avance y retroceso del glaciar del Holoceno. Los sedimentos del Eoceno se vieron afectados por la alteración compleja relacionada con cambios postmagmáticos, procesos de meteorización y metamorfismo de grado bajo. Se observa cloritización, palagonización y zeolitización a lo largo de todos los sedimentos. El Eoceno terrestre y el Oligoceno glaciomarino están cubiertos por lavas de andesita del Mioceno y flujos de lavas almohadilladas (c. 20 Ma, ACE grupo Com.Pers.). Esa roca volcánica ocupa la parte central del territorio de la ZAEP Nº 151, y la mayoría de ellos forman Sukiennice Hills.

Se reproducen en toda la Zona un gran número de pingüinos. En 2010/11 había 3.751 nidos ocupados de pingüinos Adelia, 3.004 nidos ocupados de pingüinos Papúa, y 32 nidos ocupados de pingüinos de Barbijo. Desde 1995 a 1996 se observó una disminución significativa en la población reproductora de pingüinos Adelia y un aumento significativo en la población reproductora de pingüinos Papúa. La población de Barbijo no es lo suficientemente numerosa como para detectar cambios estadísticamente significativos.

Hay otras 8 especies de aves que se reproducen en el Área (Paloma del Cabo *Daption capense*, petrel Wilson *Oceanites oceanicus*, golondrina de mar de vientre negro *Fregatea tropica,* paloma Antártica *Chionis alba*, skua Antártica *Catharacta maccormicki*, Skua *Catharacta antarctica,* Gaviotas cocineras *Larus dominicanus*y gaviotín Antártico *Sterna vittata*). En 2010/11 los más numerosos eran: Gaviotín Antártico (57 nidos), Paloma del Cabo (55 nidos) y Gaviotas cocineras (26 nidos).

Los elefantes marinos (*Mirounga leonina*), focas de Weddell (*Leptonychotes weddellii*), focas Leopardo (*Hydrurga leptonyx*), Focas Cangrejeras (*Lobodon carcinophagus*) y lobo fino (*Arctocephalus gazella*) descansan y /o se reproducen en las playas. En 2010/11 se observaron cuatro harenes y 71 crías de elefantes marinos en la Zona. El número máximo de lobos marinos superó los 1.500 individuos.

Se encontraron aproximadamente 13 taxones de macroalgas en la zona litoral de la Zona. Las más comunes entre estas fueron: algas verdes (*Monostroma hariotti*), algas rojas (*Georgiella confluens, Iridaea cordata* y *Leptosarca simplex*) y algas marrones (*Adenocystis utricularis* y *Ascoseira mirabilis*). En la parte marina de la zona hay una rica y abundante fauna bentónica, con los bivalvos como grupo dominante. Tanto los anfípodos como los poliquetos contribuyen también significativamente a la abundancia de la fauna bentónica. La composición de especies y la proporción de especies endémicas indica que la Bahía Rey Jorge es de transición entre el Antártico y el Subantártico (datos no publicados). La parte marina de la zona es poco profunda, con una gran cantidad de islotes y rocas y no es accesible a los buques.

La biota de líquenes (hongos liquenizados) de la zona consiste de 148 taxones (Mapa 3). Además se registraron 11 especies de hongos liquenícolas. Los géneros más diversos son Caloplaca (19 especies) y Buellia (9 especies), Lecanora (8 especies). La mayor riqueza de especies se encuentra en lugares con hábitats diversificados, por ejemplo con las rocas, cerca de las colonias de pingüinos o aves percheras. La riqueza de especies más baja se encontró en terrenos de desglaciación reciente (morrenas jóvenes), o en lechos de nieve. Se han observado los cambios en la distribución espacial líquenes desde 1988 hasta 1990, causados por el retroceso de los glaciares y el déficit de agua resultante. Las hepáticas tienen poca importancia en las comunidades de plantas locales. Se producen principalmente en bancos de musgo. Los hongos son raros o poco comunes. El conocimiento de las algas de agua dulce del área es pobre.

*6 (ii) Acceso al Área*

El acceso será en pequeñas embarcaciones que desembarquen fuera de la Zona. La playa accesible se encuentra fuera del límite occidental de la Zona, en frente del refugio (62 ° 07'54 "S, 58 ° 09'20" O).

El acceso a la zona desde el lugar de desembarco recomendado será a pie.

Los helicópteros pueden aterrizar en la zona sólo en caso de emergencia. El lugar de aterrizaje sugerido está situado en un área plana a 50-100 m hacia el este del refugio, a ambos lados de la frontera de la Zona. Durante el aterrizaje, debe tenerse en cuenta la distribución variable de los mamíferos marinos, los parches de nieve y los afluentes de los arroyos. El aterrizaje en la vegetación o cerca de la vida silvestre se debe evitar en la mayor medida posible. Para evitar el sobrevuelo de los sitios de reproducción, la aproximación debe ser preferentemente desde el norte o el oeste.

*Ubicación de estructuras dentro de la Zona*

Hay un letrero situado en una terraza marina fuera de la frontera occidental de la zona.

Polonia construyó un refugio de madera de cuatro literas sobre una terraza marina de grava plana de alrededor de 50 m fuera del límite occidental de la Zona

Las estaciones de investigación científica más cercanas se encuentran a 30 km al oeste (Arctowski Station - Polonia, 62 ° 09'34 "S, 058 ° 28'15" O) y al noroeste (Comandante Ferraz - Brasil, 62 ° 05'07 "S, 58 ° 23'32" O) de la Zona.

*6 (iv) Ubicación de otras Zonas Protegidas a muy corta distancia*

La ZAEP N° 125, Peninsula Fildes, Isla Rey Jorge (25 de Mayo), y la ZAEP N° 150, Isla Ardley, Bahía Maxwell, Isla rey Jorge (25 de Mayo), están a alrededor de 50 km al oeste de Lions Rump. La ZAEP N° 132, Península Fildes, Isla Rey Jorge (25 de Mayo), Islas Shetland del Sur se encuentran a unos 20 km al oeste. La ZAEA N° 1, Bahía del Almirantzago, Isla Rey Jorge y la ZAEP N° 128, Costa Oeste de la Bahía del Almirantazgo (Bahía Lasserre), Isla Rey Jorge (isla 25 de Mayo), Islas Shetland del sur, se encuentran a alrededor de 20 km al oeste.

*6 (v) Áreas especiales dentro de la Zona*

Ninguna

## 7. Condiciones de los permisos

*7 (i) Condiciones de autorización generales*

Los permisos pueden ser expedidos únicamente por las autoridades nacionales competentes designadas de conformidad con el Anexo V del artículo 7 del Protocolo sobre Protección del Medio Ambiente del Tratado Antártico.

Las condiciones para otorgar un permiso para entrar en la Zona son las siguientes:

- se otorga únicamente para un propósito científico apremiante que no pueda conseguirse en otra parte o
- se otorga con fines de gestión esenciales, tales como la inspección, mantenimiento o revisión
- las actividades permitidas no deberán poner en peligro el sistema ecológico natural o los valores científicos de la zona;
- toda actividad de gestión serán en apoyo de los objetivos del presente Plan de Gestión;
- las acciones permitidas han de ser compatibles con este Plan de Gestión,
- el permiso, o una copia autorizada, se debe llevar cuando se encuentre en la Zona;
- el permiso se expide sólo para un período determinado,
- Se entrega un informe a las autoridades indicadas en el Permiso,
- Se deberá notificar a la autoridad apropiada cualquier actividad /medida llevada a cabo que no estaba incluida en el Permiso.

*7 (ii) El acceso y movimiento dentro del Área*

El acceso y movimiento dentro de la zona será a pie desde la dirección del lugar de aterrizaje recomendada en la playa cerca del refugio.

El acceso se limitará a fin de evitar la perturbación de las aves y los daños a la vegetación y las características geológicas.

Los vehículos terrestres están prohibidos en la zona. Las operaciones se llevarán a cabo, como mínimo, de conformidad con los "Directrices para las Operaciones de Aeronaves cerca de Concentraciones de Aves", que figura en la Resolución 2 (2004). Los helicópteros pueden aterrizar sólo en caso de emergencia (véase el punto *6 (ii)*).

Las operaciones de sobrevuelo de aviones y helicópteros de ala fija deben llevarse a cabo, como requerimiento mínimo, de acuerdo con las 'Directrices para las Operaciones de Aeronaves cerca de Concentraciones de Aves' que figuran en la Resolución 2 (2004).

No hay caminos peatonales designados dentro de la zona, pero los peatones deberán en todo momento evitar la perturbación de las aves y los mamíferos y el daño a la vegetación y a las evidencias paleontológicas (fauna marina en Polonez Cove Formation, madera y hojas raras en lahares) y geológicas (rocas erráticas).

*7 (iii) Actividades que pueden llevarse a cabo dentro de la zona, incluyendo restricciones de tiempo y lugar*

- Investigaciones científicas urgentes que no puedan realizarse fuera de la zona, y que no dañen o interfieran con ningún aspecto de los valores biológicos, geológicos o estéticos de la Zona.
- Actividades de gestión esenciales, incluida la monitorización.

*7 (iv) Instalación, modificación o desmantelamiento de estructuras*

No se erigirá ninguna estructura adicional dentro del Área, ni se instalará equipo científico, excepto por razones científicas o de gestión urgentes y por un período preestablecido, según sea especificado en un Permiso. La instalación (incluida la selección del sitio), el mantenimiento, modificación o desmantelamiento de estructuras y equipos deberá efectuarse de manera que minimice la perturbación de la Zona. Todas las estructuras, equipo científico o señalizadores instalados en el Zona deben estar claramente identificados por país, nombre del investigador principal, y año de instalación.

Todos estos artículos deberán estar libres de organismos, propágulos (por ejemplo, semillas, huevos) y suelo no estéril y estarán fabricados en materiales que puedan soportar las condiciones ambientales y planteen un riesgo mínimo de contaminación del Área. La eliminación de las estructuras o equipos específicos para los cuales ha vencido el permiso será una condición para otorgar dicho Permiso. Se prohíben las estructuras o instalaciones permanentes.

*7 (v) Ubicación de los campamentos*

Se prohíbe acampar en la Zona, salvo en caso de emergencia. Hay un refugio de madera construido por Polonia con cuatro literas sobre una terraza marina de grava plana de alrededor de 50 m fuera del límite occidental de la Zona. (62 ° 07'54 "S, 58 ° 09'20" O). El refugio es utilizado principalmente por investigadores polacos para el monitoreo de aves y pinnípedos en la Zona. Es posible acampar adicionalmente fuera de la Zona en los sitios sin vegetación cerca del refugio. Se debe tener cuidado para minimizar las molestias a la fauna.

*7 (vi) Restricciones de materiales y organismos que pueden introducirse en la Zona*

No se podrá introducir en la Zona deliberadamente ningún animal vivo, planta o microorganismo. Para asegurarse de que los valores florísticos y ecológicos de la zona se mantengan, se tomarán precauciones especiales en contra de introducir accidentalmente microbios, invertebrados o plantas de otros lugares de la Antártida, incluidas las estaciones, o de regiones de fuera de la Antártida. Debe prestarse especial atención para asegurarse que la hierba no nativa *Poa annua* que está presente en las proximidades de la estación de Arctowski no sea introducida inadvertidamente a la Zona Todo el equipo de muestreo y los señalizadores que se lleven a la Zona deberán limpiarse o esterilizarse. Se prohíbe la introducción de tierra no estéril.

En la medida de lo posible, antes de ingresar en la zona se deberá limpiar minuciosamente el calzado, la vestimenta externa, mochilas y demás equipo que se use en la Zona o que se lleve a la misma. El *Manual de especies no nativas del CPA* y las *Listas de Verificación para los Responsables de las Cadenas de Suministros de los Programas Antárticos Nacionales con el Fin de Reducir el riesgo de Transferencia de Especies no Nativas de COMNAP/SCAR* deben usarse para mayor información Las especies no nativas potenciales detectadas en el área deben ser declaradas a las autoridades correspondientes.

En vista de la presencia de colonias de aves reproductoras en la Zona, no se deben dejar en el Área o en el mar adyacente a la Zona productos avícolas, incluyendo desechos de tales productos y los productos que contengan huevos secos.

No se introducirán en la Zona herbicidas o pesticidas. Cualquier otro producto químico, incluidos los radionúclidos o isótopos estables, que se introduzca con los fines científicos o de gestión especificados en el Permiso deberá ser retirado del Área cuando concluya la actividad para la que se concedió el Permiso o antes. Debe evitarse la liberación de los radionúclidos o isótopos estables directamente en el medio ambiente de manera que los haga irrecuperables.

No se almacenarán en la zona combustibles u otros productos químicos, salvo autorización expresa de las condiciones del Permiso. Estos deberán ser almacenados y manipulados de manera que se minimice el riesgo de derrame accidental en el medio ambiente y su cantidad se mantendrá en el mínimo necesario para fines científicos o de gestión especificados en el Permiso.

• Todos los materiales introducidos podrán permanecer durante un período determinado únicamente y deberán ser retirados al final de dicho período, y

• Si se producen escapes que puedan comprometer los valores del Área, se recomienda extraer el material únicamente donde el impacto de la eliminación no es probable que sea mayor que el de dejar el material in situ. Se deberá notificar a la autoridad apropiada cualquier actividad /medida llevada a cabo que no esté incluida en la autorización expresa.

*7 (vii) Recolección o interferencia perjudicial en la flora y fauna autóctonas*

La recolección de ejemplares de la flora y fauna autóctonas está prohibida, salvo por Permiso expedido de conformidad con el Anexo II del Protocolo sobre Protección del Medio Ambiente del Tratado Antártico. En el caso de que hubiese envuelta toma o interferencia perjudicial para los animales, el *Código de conducta del SCAR para el uso de animales con fines científicos en la Antártida* se debe usar como estándard mínimo

La información sobre la toma y la interferencia perjudicial será debidamente intercambiada a través del Sistema de Intercambio de Información del Tratado Antártico.

Para evitar las perturbaciones humanas en la colonia de reproducción de pingüinos, los visitantes no podrán acercarse a menos de 10 m de la colonia durante la temporada de cría, salvo autorización expresa de un Permiso con fines científicos o de gestión específicos.

*7 (viii) Toma o traslado de cualquier cosa que no haya sido llevada a la Zona por el titular del permiso*

La recolección o traslado de material que no haya sido llevado a la Zona por el titular del permiso se hará únicamente de conformidad con un Permiso y debe limitarse al mínimo necesario para fines de índole científica o de gestión.

Los permisos no se concederán si existe una preocupación razonable de que el muestreo propuesto pudiera tomar, retirar o dañar tales cantidades de suelo, flora y fauna autóctonas que su distribución o abundancia en la Zona se viese seriamente afectada.

El material de origen humano que pueda comprometer los valores de la Zona (por ejemplo, los desechos de plástico), que no haya sido llevado al Área por el titular del Permiso o autorización correspondiente, se puede quitar de la zona, a menos que sea probable que el impacto de su eliminación sea mayor que dejar el material in situ: si este es el caso, la autoridad competente deberá ser informada y obtener su aprobación.

*7 (ix) Eliminación de desechos*

Todos los desechos, incluidos los desechos humanos sólidos, deberán ser retirados de la Zona, de conformidad con el Anexo III ("Eliminación y tratamiento de residuos") del Protocolo sobre Protección del Medio Ambiente del Tratado Antártico. Los desechos humanos líquidos pueden ser dispuestos en el mar frente a la Zona, al final de la temporada.

*Medidas que pueden ser necesarias para asegurar que las metas y objetivos del Plan de Gestión continúen cumpliéndose.*

Se podrán conceder permisos para entrar en el Área para llevar a cabo vigilancia biológica, actividades de monitorización de sitios que abarquen la recolección de pequeñas muestras, para erigir o mantener señalizaciones o para llevar a cabo medidas de protección. Las actividades científicas se realizarán de acuerdo con el *Código de Conducta Ambiental de SCAR para la Investigación Científica de campo en la Antártida.*

Todos los sitios de monitoreo a largo plazo que son vulnerables a las perturbaciones accidentales deberán estar debidamente marcados y la información remitida a las otras Partes a través de los canales apropiados.

La interferencia y superposición con los programas de investigación y seguimiento a largo plazo deben ser evitados a través de consultas e intercambio de información con antelación a las actividades propuestas.

*7 (xi) Requisitos para los informes*

El principal titular del permiso para cada visita a la zona presentará un informe a la autoridad nacional competente en cuanto sea posible y no más tarde de seis meses después de que la visita se haya completado;

Los informes deben incluir la información que se indica en el formulario de Informe de Visita, de conformidad con la Resolución 2 (2011). Si procede, la autoridad nacional también debe enviar una copia del informe de la visita a la Parte que propone el Plan de Gestión, para ayudar en la gestión de la Zona y en la revisión del Plan de Gestión;

Las Partes deberán, siempre que sea posible, depositar los originales o las copias de tales informes originales en un archivo públicamente accesible para mantener un registro del uso, que pueda utilizarse tanto en las revisiones del Plan de Gestión como en la organización del uso científico del Área.

La autoridad competente deberá ser informada de cualquier actividad que se realice, de cualquier medida adoptada o material liberado y no retirado, que no estén cubiertos por un permiso.

**8. Documentación de Apoyo**

Non-Native Species Manual. Resolution 6 (2011) – ATCM XXXIV – CEP XIV, Buenos Aires (available at *http://www.ats.aq/documents/atcm34/ww/atcm34_ww004_e.pdf*)

Guidelines for the Operation of Aircrafts near Concentrations of Birds in Antarctica. Resolution 2 (2004) – ATCM XXVII - CEP VII, Cape Town (available at *http://www.ats.aq/documents/recatt/Att224_e.pdf*)

COMNAP/SCAR Checklists for supply chain managers of National Antarctic Programmes for the reduction in risk of transfer of non-native species – ATCM XXXIV/CEP XIV, Buenos Aires (avaible at https://www.comnap.aq/Shared%20Documents/checklistsbrochure.pdf)

SCAR Code of Conduct for the Use of Animals for Scientific Purposes (available at *http://www.scar.org/treaty/atcmxxxiv/ATCM34_ip053_e.pdf*)

SCAR's Environmental Code Of Conduct For Terrestrial Scientific Field Research In Antarctica (avaible at *http://www.scar.org/researchgroups/lifescience/Code_of_Conduct_Jan09.pdf*

Angiel P.J., Korczak M. 2008. Comparison of population size of penguins concerning present and archive data from ASPA 128 and ASPA 151 (King George Island). Arctic and Antarctic Perspectives in the International Polar Year. SCAR/IASC IPY. Open Science Conference. St. Petersburg, Russia. July 8th - 11th 2008. Abstract volume: 241.

Angiel P.J., Dąbski M. 2012. Lichenometric ages of the Little Ice Age moraines of King George Island and of the last volcanic activity on Penguin Island (West Antarctica). Geografiska Annaler: Series A, Physical Geography, 94, 395–412

Angiel P.J., Korczak-Abshire M. 2011. Recent Climate Change Effect on Penguins and Pinnipeds, King George Island, Antarctica. Newsletter for the Canadian Antarctic Research Network, 30, 10-14

Barton C.M. 1961. The geology of King George Island. Preliminary Report, Falkland Islands Dependencies Survey 12: 1-18

Barton C.M. 1965. The geology of South Shetland Islands. III. The stratigraphy of King George Island. Sci. Rep. of BAS 44, 1-33

Birkenmajer K 1994. Geology of Tertiary glacigenic deposits and volcanics (Polonia Glacier Group and Chopin Ridge Group) at Lions Rump (SSSI No. 34), King George Island, West Antarctica. Bulletin of the Polish Academy of Sciences, Earth Sciences, 42, 165-180

Birkenmajer K. 1980. Report on geological investigations of King George Island, South Shetlands (West Antarctica), in 1978/79. Studia Geologica Polonica, 64, 89-105

Birkenmajer K. 1981. Geological relations at Lions Rump, King George Island. Studia Geologica Polonica, 72, 75-87

Birkenmajer K. 1989. A guide to Tertiary geochronology of King George Island, West Antarctica. Polish Polar Research, 10, 555-579

Birkenmajer K. 2001., Mesozoic and Cenozoic stratigraphic units in parts of the South Shetland Islands and Northern Antarctic Peninsula (as used by the Polish Antarctic Programmes). Studia Geologica Polonica, 118, 5-188

Birkenmajer K., Frankiewicz J.K., Wagner M. 1991. Tertiary coal from the Lions Cove Formation, King George Island, West Antarctica. Polish Polar Research, 12, 221-249

Birkenmajer K., Gaździcki A., Gradziński R., Kreuzer H., Porębski S.J., Tokarski A.K. 1991. Origin and age of pectinid-bearing conglomerate (Tertiary) on King George Island, West Antarctica. Geological Evolution of Antarctica, edited by M.R.A. Thomson, J.A. Crame, and J.W. Thomson, pp. 663-665, Cambridge University Press

Ciaputa P., Sierakowski K. 1999. Long-term population changes of Adelie, chinstrap, and gentoo penguins in the regions of SSSI No. 8 and SSSI No. 34, King George Island, Antarctica. Polish Polar Research, 20, 355-365

Croxall J.P., Kirkwood E.D. 1979. The distribution of penguins on the Antarctic Peninsula and islands of the Scotia Sea. Life Science Division, British Antarctic Survey, Cambridge: 186 pp.

Jabłoński B. 1984. Distribution and numbers of penguins in the region of King George Island (South Shetland Islands) in the breeding season 1980/1981). Polish Polar Research, 5, 17-30

Korczak-Abshire M., Angiel P.J., Wierzbicki G. 2011. Records of white-rumped sandpiper (Calidris fuscicollis) on the South Shetland Islands. Polar Record, 47 (242), 262–267

Korczak-Abshire M., Węgrzyn M., Angiel P., Lisowska M. 2012 An analysis of the distribution and population size of penguin species on Lions Rump based on the GIS system. XXIV Sympozjum Polarne, 14-16 czerwca 2012, Sosnowiec, Poland. Streszczenia referatów i posterów str. 91

Korczak-Abshire M., Węgrzyn M., Angiel P.J., Lisowska M. (2013). Pygoscelid penguin breeding distribution and population trends at Lions Rump rookery (South Shetland Islands). Polish Polar Research

Krajewski K., Sidorczyk M., Tatur A., Zieliński G. 2009. Lithostratigraphy and depositional history of the earliest Miocene glaco-marine sequences at Cape Melville Formation, King George Island, West Antarctica (poster). The First ACE IPY Conference in Granada, Spain, September 2009

Krajewski K.P., Tatur A., Molnar F., Mozer A., Pecskay Z., Sidorczuk M., Zieliński G., Kusiak M., Keewook Y.I., Namhoon Kim. 2011. Paleoclimatic Stages in the Eocene-Miocene succession on King George Islans: new chronology data and relevance for glaciation of Antarctica. ACE Symposium Edinburgh

Krajewski K.P., Tatur A., Mozer A., Pecskay Z., Zieliski G. 2010. Cenozoic climate evolution in the northern Antarctic Peninsula region: geochronological paleoenvironments on King George Island.

Presentation No PS2-C.40. International Polar Year Conference – Oslo Science Conference. 8-12 June 2010

Morgan, F., Barker, G., Briggs, C., Price, R. and Keys, H. 2007. Environmental Domains of Antarctica Version 2.0 Final Report, Manaaki Whenua Landcare Research New Zealand Ltd. 89 pp.

Mozer A. (in press). Eocene sedimentary facies in volcanogenic succession on King George Island, South Shetland Islands: a record of pre-ice sheet terrestrial environments in West Antarctica. Geological Quaterly

Olech M. 1993. Flora porostów i szata roślinna Południowych Szetlandów (Antarktyka). Wiadomości Geobotaniczne 37, 209-211

Olech M. 1994. Lichenological assessment of the Cape Lions Rump, King George Island, South Shetland Islands; a baseline for monitoring biological changes. Polish Polar Research, 15, 111-130

Olech, M. 2001. Annotated checklist of Antarctic lichens and lichenicolous fungi. Institute of Botany of the Jagiellonian University, Kraków

Olech M., Czarnota P. 2009. Two new *Bacidia* (Ramalinaceae, lichenized Ascomycota) from Antarctica. Polish Polar Research, 30, 339-340

Pańczyk M., Nawrocki J. 2011. Geochronology of selected andesitic lavas from the King George Bay area (SE King George Island). Geological Quarterly, 55, 323–334

Poole D., Hunt R.J., Cantrill D.J. 2001. A Fossil Wood Flora from King George Island: Ecological Implications for a AntarcticEocene Vegetation. Annals of Botany, 88, 33-54

Smellie J.L., Pankhurest R.J., Thompson M.R.A., Davies R.E.S. 1984. The geology of South Shetland Islands. VI. Stratigraphy, geochemistry and evolution. Scientific Reports, British Antarctic Survey, 87: 1-85

Tatur A. 1989. Ornithogenic Soils of the maritime Antarctic. Pol. Polar Res. 10, 4; 481 - 532.

Tatur A. 2002. Ornithogenic Ecosystems in the maritime Antarctic - formation, development and disintegration. In: Beyer L. and Bölter M. (eds). Geoecology of Terrestrial Antarctic Ice-Free Coastal Landscapes, Ecological Studies 154, Springer Verlag 161-184

Tatur A. Krajewski K.P., Pecskay Z., Zieliński G., del Valle R.A., Mozer A. 2010. Suplementary evidence of Paleogene environment changes in West Antarctica. SCAR Conference. Buenos Aires, July 2010

Tatur A., Krajewski K.P., Angiel P., Bylina P., Delura K., Nawrocki J., Pańczyk M., Peckay Z., Zieliński G., Mozer A. 2009. Lithostratigraphy, dating, and correlation of cenozoic glacial and interglacial sequences on King George Island, West Antarctica (poster). The First ACE IPY Conference in Granada, Spain, September 2009.

Trivelpiece W.Z., Trivelpiece S.G., Volkman N. 1987. Ecological segregation of Adélie, gentoo, and chinstrap penguins at King George Island, Antarctica. Ecology 68: 351-361

Zastawniak E. 1981. Tertiary leaf flora from the Point Hennequin Group of King George Island (South Shetland Islands, Antarctica). Preliminary report. Studia Geologica Polonica 72, 97–108, 4 pls

Zastawniak E. 1990. Late Cretaceous leaf flora of King George Island, West Antarctica. In Proceedings of the symposium: Paleofloristic and paleoclimatic changes in the Cretaceous and Tertiary (eds Knobloch, E. & Kvacek, Z.), pp. 81–85 (Geological Survey,Prague)

Mapas de Lions Rump:

Battke Z., Cisak J. 1988. Cape Lions Rump, King George Bay, 1:5000. Printed by E. Romer State Cartographic Publishing House, Warsaw

Angiel P.J., Gasek A. Lions Rump and Polonia Glacier, King George Island. Map prepared during the 33rd Polish Antarctic Expedition to Arctowski Station. Glacier front mapped in January 2009. Detailed hydrography only for ASPA 151, generalized in the Polonia Glacier forefront

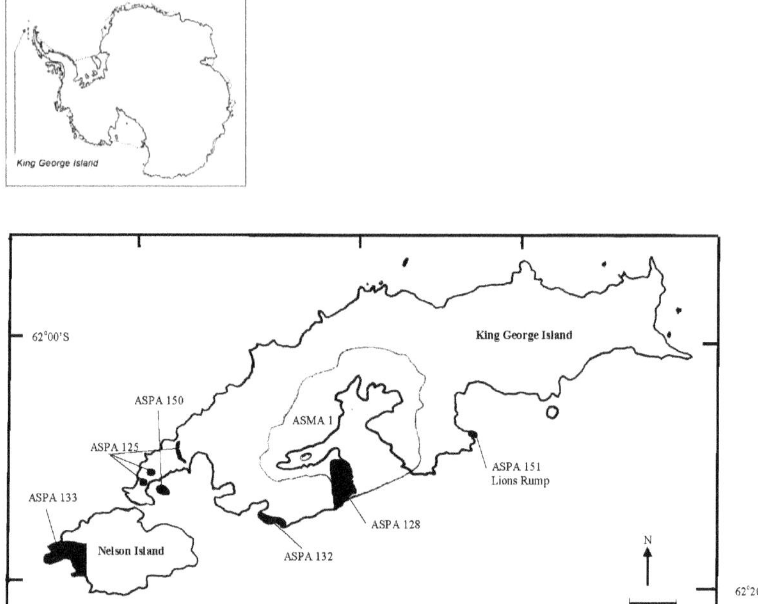


Map. 1. The location of ASPA 151 Lions Rump in relation to King George Island

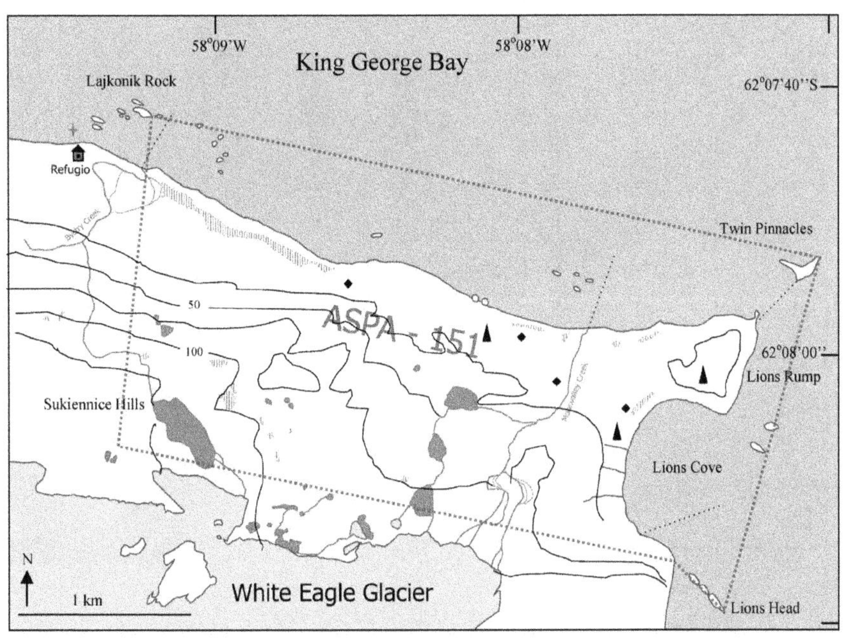


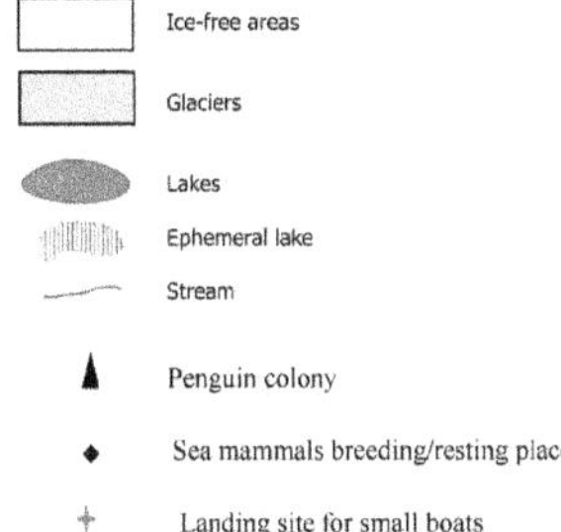


Map 2. Lions Rump in greater detail.

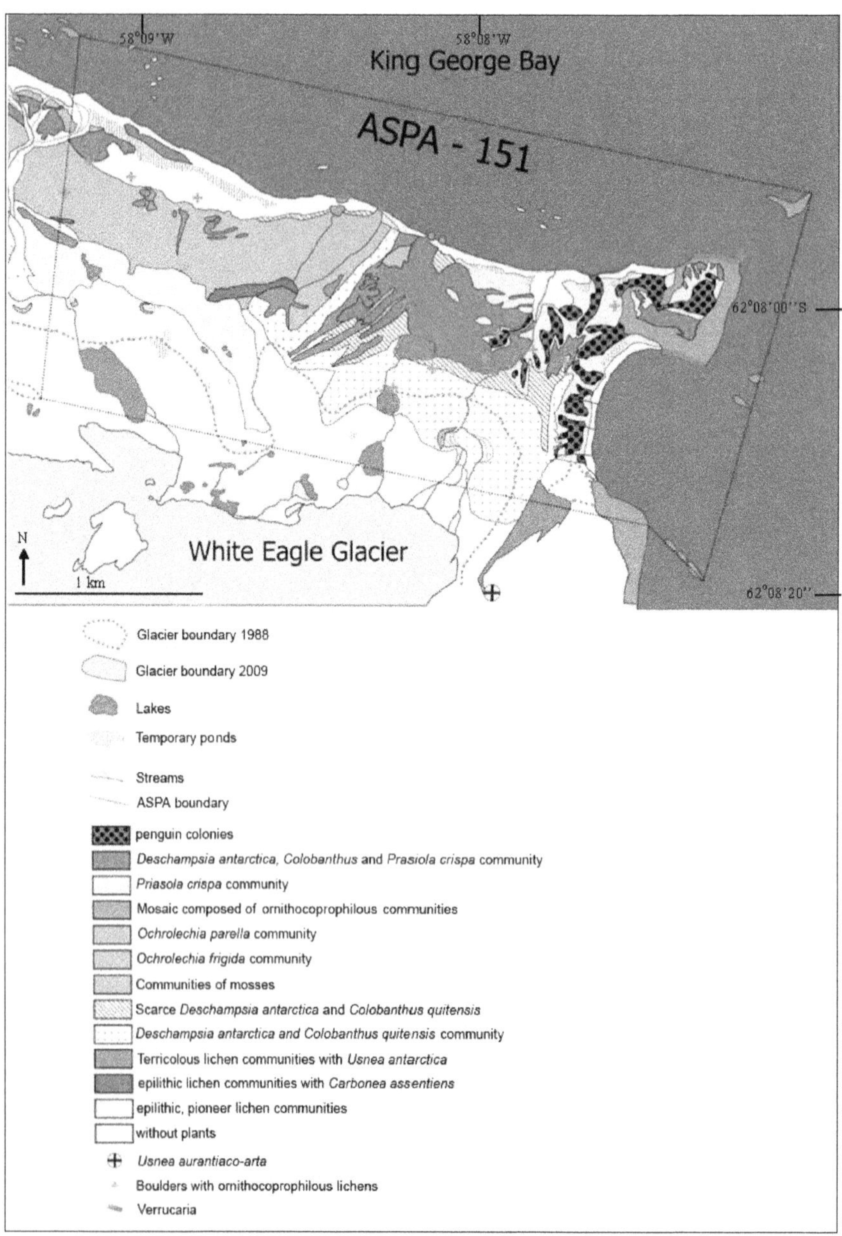


Map 3. Vegetation map of Lions Rump

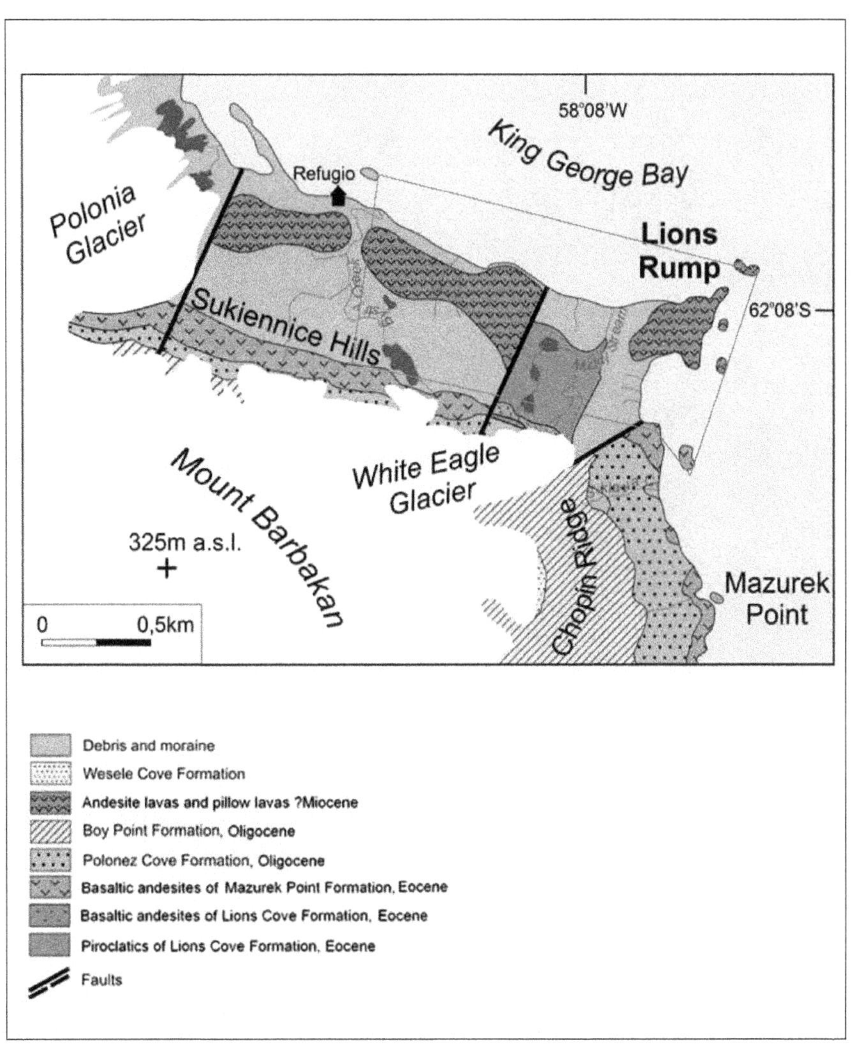


Map 4. Geological map of Lions Rump

# Plan de gestión para Zona Antártica Especialmente Protegida (ZAEP) N.º 154

# BAHÍA BOTANY, CABO GEOLOGY, TIERRA VICTORIA

## Introducción

La Bahía Botany y el cabo Geology están situados en la esquina suroeste del Puerto Granite, sur de Tierra Victoria (77°00'14"S, 162°32'52"E; mapa A recuadro 1 y 2). La Zona es extremadamente rica en botánica debido a su situación de alta latitud y es uno de los lugares más ricos de todo el continente antártico. Cuenta con una gran abundancia de líquenes (al menos 30 especies) y musgos (9 especies) con abundantes rodales de algas (por lo menos 85 tipos). La Zona cuenta además con grandes poblaciones de invertebrados (colémbolos, ácaros, nematodos y rotíferos) y una colonia (de más de 40 parejas) de skúas antárticas (*Catharacta maccormicki*). Esta Zona es el tipo de localidad para el colémbolo *Gomphiocephalus hodgsoni* Carpenter y el liquen *Caloplaca coeruleofrigida* Sochting y Seppelt.

Además de los valores biológicos descritos, la Zona contiene los restos de un refugio de piedra con objetos asociados de importancia histórica (de la Expedición Antártica Británica 1910-1913), conocido como "Casa de Granito", que fue designado Sitio Histórico N.° 67 por medio de la Medida 4 (1995).

La Bahía Botany y el cabo Geology (Puerto Granite, Tierra Victoria) se propusieron originalmente en la Medida 3 (1997) como Sitio Especial de Interés Científico (SIEC) N.° 37, a propuesta de Nueva Zelandia, basándose en que la Zona constituye un refugio botánico extremadamente prolífico para un lugar a tan alta latitud con una diversidad y abundancia de líquenes y musgos poco comunes para el sur de la Tierra Victoria. La Zona fue redesignada como Zona Antártica Especialmente Protegida (ZAEP) N.° 154 en la Decisión 1 (2002). El plan de gestión fue revisado y adoptado en la Medida 2 (2003) y Medida 11 (2008).

El motivo principal de la designación de la Bahía Botany y el cabo Geology como Zona Antártica Especialmente Protegida fue proteger sus características ecológicas poco frecuentes y sus excepcionales valores científicos e históricos.

## 1. Descripción de los valores para proteger

En la región del mar de Ross se han identificado áreas de abundantes musgos y líquenes en el cabo Bird, isla Ross (ZAEP 116), isla Beaufort (ZAEP 105), glaciar Canadá en el valle Taylor (ZAEP 131), el altiplano Kar en el puerto Granite, punto Edmonson (ZAEP 165) y cabo Hallett (ZAEP 106). Mientras que estos sitios cuentan con una cobertura de vegetación bastante alta y biomasa, la diversidad de especies que presentan es considerablemente más baja que la que se puede encontrar en la Bahía Botany.

La Bahía Botany es extremadamente rica en términos botánicos y es también uno de los lugares más ricos de todo el continente de la Antártida. El liquen terrestre y la flora de musgo de la Bahía Botany comprenden una hepática, nueve musgos y al menos 30 líquenes (Anexo

1). Existe un crecimiento abundante de algas (al menos 85 especies), a pesar de que la flora de algas no se considera especialmente inusual para la localidad. La zona cuenta además con grandes poblaciones de invertebrados (colémbolos, ácaros, nematodos y rotíferos) y una colonia (de más de 40 parejas) de skúas antárticas (*Catharacta maccormicki*). No se conocen otras aves que se reproduzcan en la Zona. Esta Zona es el tipo de localidad para el colémbolo *Gomphiocephalus hodgsoni* Carpenter y el liquen *Caloplaca coeruleofrigida* Sochting y Seppelt.

La estructura y desarrollo de las comunidades de musgo y líquenes en la Bahía Botany es similar a la que se encuentra a más de 10° de latitud más al norte. La Zona contiene el registro claramente más meridional de la hepática *Cephaloziella varians*, el liquen *Turgidosculum complicatulum* y los musgos *Bryoerythrophyllum recurvirostrum* y probablemente*Ceratodon purpureus*. La mayor parte está aproximadamente tres grados de latitud más al sur que el registro más próximo al norte en la región de la bahía de Terra Nova.

La playa rocosa tiene ricas poblaciones de líquenes tanto epilitos como endolitos. Son de gran relevancia los tamaños de algunos talos de liquen (hasta 15 cm de diámetro). En altas latitudes, los macrolíquenes son escasos y están dispersos. La Bahía Botany es excepcional debido a la abundancia de varios macrolíquenes entre los que se incluyen *Umbilicaria aprina, Xanthoria elegans, Physcia caesia* y diversas formas de microlíquenes.

La rica flora es el resultado de un microclima comparativamente cálido producido por la extraña naturaleza refugiada de la Zona, protegida de los vientos polares del sur y del este pero totalmente abierta a la luz más clara del sol en el norte. Los ensamblajes o asociaciones de especies dentro de la Zona están determinados por la entrada de nutrientes de la colonia de skúa, la ocurrencia de fuentes de agua, tanto constante procedente de la fundición de la nieve del campo de hielo o de nieve caída, como procedente de algún tipo de arrollo de fundición, y por la regularidad y velocidad del flujo de agua y el tipo de sustrato, especialmente si es gravilla suelta o roca sólida.

Bajo la influencia de un clima cambiante (tanto global como local), aumenta el volumen y cambia la localización del flujo de agua a través o sobre la vegetación que llevará inevitablemente a un cambio en la distribución, la diversidad y la abundancia de la vegetación. La Zona sería ideal para evaluar el impacto del cambio climático en el ecosistema continental terrestre antártico, dominado por vegetación de musgo y liquen.

Además de los valores biológicos descritos, la Zona contiene en su interior los restos de un refugio de roca y artefactos asociados de importancia histórica, conocidos como la "Casa de granito". El refugio fue construido en 1911 utilizando un hueco natural en las rocas, con paredes formadas de bloques de granito y techo de pieles de foca y fue utilizado como cocina por la Expedición Geológica Occidental de Griffith Taylor durante la Exploración Antártica Británica de 1910-1913. Estaba cerrada por tres lados con bloques grandes de granito y se utilizaba un trineo para soportar la piel de foca que hacía las veces de techo. Desde entonces, las paredes de piedra del refugio se han derrumbado y han desaparecido numerosos artefactos. En enero de 2012 aún quedaban algunas partes de las paredes, pero el techo se había derrumbado y la piel de foca había volado en dirección a la playa. El refugio aún contenía restos de latas corroídas, una piel de foca y algunos tejidos.

El refugio y sus artefactos asociados son vulnerables a perturbaciones y por lo tanto el acceso al mismo se gestiona con una zona de acceso dentro de la Zona, que está sujeta a restricciones de acceso. Se puede identificar una tienda de campaña utilizada por la Expedición Geológica Occidental, encabezada por Griffith Taylor, en una zona plana de gravilla con una serie de piedras que fueron utilizadas como carga en la faldilla exterior de la tienda. Esta zona está fuera de la zona de acceso y está sometida a restricciones de acceso.

El motivo principal de la designación de la Bahía Botany y el cabo Geology como Zona Antártica Especialmente Protegida es proteger la extensión límite geográfica del ecosistema, las características ecológicas poco comunes y los valores científicos excepcionales e históricos de la Zona. La vulnerabilidad de la Zona a las perturbaciones por medio de pisadas, muestreo, contaminación o introducciones extranjeras son tantas que la Zona requiere protección especial a largo plazo.

## 2. Finalidades y objetivos

La gestión de la Bahía Botany pretende:

- evitar la degradación de la Zona y los riesgos importantes para sus valores, previniendo las perturbaciones innecesarias provocadas por los seres humanos;
- permitir la investigación científica del ecosistema y sus elementos, en particular de las distintas especies de líquenes, musgos, algas e invertebrados, así como las skúas, protegiéndolo al mismo tiempo del muestreo excesivo;
- permitir otras investigaciones científicas en la Zona siempre que sean necesarios y que no puedan realizarse en otro lugar y que no pongan en peligro el sistema ecológico natural de la Zona;
- conservar parte del ecosistema natural de la Zona como área de referencia para futuros estudios;
- prevenir o reducir al mínimo la introducción de plantas, animales y microbios no autóctonos en la Zona;
- permitir las visitas de "la Casa de Granito" pero bajo un control estricto en conformidad con un permiso;
- permitir las visitas de los otros sitios históricos pero bajo un control estricto en conformidad con un permiso; y
- permitir visitas con fines de gestión para facilitar la consecución de los objetivos del plan de gestión.

## 3. Actividades de gestión

Las siguientes actividades de gestión deben ser realizadas para proteger los valores de la Zona:

- En lugares bien visibles, se colocarán mapas que muestren la ubicación de la Zona, con indicación de las restricciones especiales que se apliquen, y se dispondrá una copia de este plan de gestión en todas las estaciones del programa antártico nacional que se encuentren en las proximidades de la Zona.
- Se colocarán señales con ilustraciones del lugar y sus límites en lugares apropiados de los límites de la Zona, en las que se indiquen claramente las restricciones de ingreso para evitar el ingreso accidental.

- Los marcadores, señales o estructuras (ej.: hitos) erguidas en la Zona con fines científicos o de gestión deben estar asegurados y conservados en buenas condiciones, y deben ser retirados cuando ya no sean necesarios.
- Se realizarán las visitas necesarias (por lo menos una vez cada cinco años) para determinar si la Zona continúa sirviendo a los fines para los que fue designada y para garantizar que las medidas de gestión y mantenimiento son apropiadas.
- Deben realizarse consultas con los programas antárticos nacionales que operen en la Zona para garantizar que se implementan las actividades de gestión anteriores.

## 4. Periodo de designación

La designación abarca un período indeterminado.

## 5. Mapas

Mapa A: Bahía Botany Zona Antártica Especialmente Protegida N.° 154 Mapa topográfico Especificaciones cartográficas: Proyección: cónica conforme de Lambert Paralelos estándar: 1.°: 79° 20' 00" S; 2.°: 76° 40' 00"S Meridiano central: 162° 30' 00" E Latitud de origen: 78° 01' 16,211" S Esferoide: WGS84.

Mapa B: Bahía Botany, Zona Antártica Especialmente Protegida N.° 154 Zona de acceso (con "Casa de granito" y mirador).
Las especificaciones cartográficas son las mismas que las del mapa A.

Mapa C: Bahía Botany, Zona Antártica Especialmente Protegida N.° 154 Densidad de vegetación, muestra la distribución de la densidad del musgo, liquen y algas en la ZAEP 154. Las especificaciones cartográficas son las mismas que las del mapa A.

## 6. Descripción de la Zona

*6(i) Coordenadas geográficas, indicadores de límites y características naturales*
El cabo Geology está situado en la esquina sudoeste de puerto Granite, en el sur de la Tierra Victoria, a 77°00’14"S, 162°32’52"E, aproximadamente a 100 km al noroeste de la isla Ross (mapa A, recuadros). La Zona está formada de estepas rocosas erosionadas y plataformas irregulares de piedra alrededor del cabo Geology, que se extienden hacia el sur y abarcan un circo glacial elevado y bien definido que contiene un campo de hielo pequeño. El campo de hielo proporciona un suministro regular de agua fundida de la nieve sobre la Zona. La cara norte de la Zona está bien protegida de los fuertes vientos. La intensidad de la radiación solar aumenta con el reflejo del hielo marino que normalmente se mantiene en el puerto Granite hasta finales de enero. Consecuentemente, el emplazamiento tiene temperaturas del aire más cálidas de lo que sería de esperar, en ocasiones pueden alcanzar los 10 °C en enero. La vegetación más intensa se encuentra en la parte plana que surge en la zona de la playa resguardada conocida como Bahía Botany.

La roca de fondo del cabo Geology se ha descrito como de granito biotítico porfirítico gris, con fenocristos de ortoclasa de color rojizo, que da a la roca erosionada un matiz rojizo.

Los límites de la Zona incluyen las cuencas de captación y abarcan el circo elevado desde el pequeño campo de hielo hasta la línea de la costa (mapa A). En el límite noroeste de la Zona hay una placa de bronce colocada en una roca (M1, 77°00'19'S, 162°31'53"E) a 400 m al sudoeste del cabo Geology. El límite occidental es una línea que se extiende primero 260 m al sudsudeste desde el punto M1 hasta una roca muy grande (marcada con un hito) con un perno Terrier (M2, 77°00'27" S 162°33'08" E) a una elevación de 118 m sobre la cresta que está sobre el campamento; desde ahí, el límite se extiende 250 m hacia arriba sobre la cresta, hasta un punto situado a 162 m de altura que está marcado con un tubo de hierro adosado a un poste de bambú. El límite occidental se extiende 300 m más hacia arriba de esta cresta, hasta una gran roca puntiaguda que está a 255 m de altura (77°00'40"S, 162°31'46"E) cerca del borde del campo de hielo permanente. Después, el límite se extiende 150 m hacia el sur, cruzando el campo de hielo hasta el borde occidental de una línea prominente de roca expuesta y morrena en la esquina sudoeste de la Zona, a 325 m de altura. El límite meridional sigue esta línea de roca hacia el este hasta que el afloramiento desaparece debajo del campo de hielo. De allí sigue hacia el sudeste, cruzando el campo de hielo 500 m hasta el borde de un segundo afloramiento, más prominente, a una altura de poco más de 400 m (M3, 77°00'59"S, 162°33'22"E). El límite sigue el borde superior de este afloramiento y después cruza el campo de hielo hacia el sudeste, llegando a una elevación de aproximadamente 325 m, donde convergen la cresta sin hielo del límite oriental y el campo de hielo (77°01'16"S, 162°34'15"E). El límite oriental sigue la cresta 1.550 m en dirección noreste hasta llegar a un punto bajo de la cresta, aproximadamente 392 m (M4, 77°00'13"S, 162°36'10"E). Allí, el límite oriental dobla y desciende justo hacia el norte, hasta la costa del extremo oriental de la playa de rocas de la Bahía Botany (M5, 77°00'12" S, 162°36'12" E). La línea media de pleamar de la costa forma el límite septentrional de la Zona entre M1 y M5.

La Zona también cuenta con una zona de acceso y una zona restringida (Mapa A y B). La zona de acceso ha sido designada para permitir el acceso a la "Casa de Granito", mientras que la zona restringida ha sido designada para proteger el área más extensa de vegetación dentro de la Zona de la Bahía Botany. La densidad del musgo, liquen y algas es mayor en la zona restringida de la Bahía Botany (Mapa C) y se ha protegido para conservar parte de la Zona como sitio de referencia para futuros estudios comparativos.

Según los análisis de dominios medioambientales (Resolución 3, 2008) la Zona es Ambiente S – McMurdo – Sur de Tierra Victoria geológico. El Dominio ambiental S incluye áreas conocidas de musgos abundantes y líquenes en cabo Bird, isla Ross (ZAEP 116), isla Beauford (ZAEP 105) y glaciar Canadá en el valle Taylor (ZAEP 131).

*6 (ii) Acceso a la Zona*

El acceso a la Zona se realiza normalmente en helicóptero. Existe un sitio designado para aterrizaje de helicópteros a 60 m en el exterior (77° 00' 20.8"S, 162° 31' 47.7"E; Mapa A-C) del límite noroeste de la esquina adyacente al campamento designado. El acceso a la zona de aterrizaje del helicóptero debe realizarse desde la apertura al agua/hielo marino en el norte de la Zona (Mapa A y B). Normalmente está prohibido sobrevolar la zona a menos de 300m (~1000 ft) de altitud. El sobrevuelo o aterrizaje transitorio puede ser autorizado mediante un permiso cuando sea necesario para fines científicos o administrativos. Está prohibido sobrevolar la zona restringida a menos de 300m (~1000 ft) de altitud.

Está prohibido el acceso de vehículos a la Zona y todos los accesos deben realizarse a pie. El acceso se realizará preferiblemente desde el campamento designado siguiendo el corredor de la zona de acceso 10-20 m de la costa, que está relativamente libre de vegetación. Los visitantes no deben acceder al sur de la "Casa de granito" a la zona restringida, excepto con un permiso específico.

*6(iii) Ubicación de las estructuras dentro de la Zona y adyacentes*
Las únicas estructuras que se conocen en la Zona son la "Casa de granito" y sus artefactos asociados, la marca de inspección de límite en M1 y otras marcas de límite (ej.: hitos, tubos marcadores de acero). En el campamento designado, existe una amplia plataforma con materiales almacenados por debajo y más abajo en la playa se ha instalado una estación meteorológica automática.

*6(iv) Localización de otras zonas protegidas en las cercanías*
La Bahía Botany se encuentra en la Zona Antártica Especialmente Administrada (ZAEA N.º 2), valles secos McMurdo. La zona protegida más próxima de la Bahía Botany es ZAEP 123 valles Barwick y Balham, a 50 km en dirección sudoeste.

*6 (ii) Áreas especiales en la Zona*
*Área restringida*
La vegetación más intensa se encuentra en la parte plana que surge en la zona resguardada de la playa conocida como Bahía Botany. Esta ensenada y una porción de la Zona directamente sobre la Bahía Botany están designada como área restringida para conservar esa parte de la Zona como lugar de referencia para futuros estudios comparativos. El resto de la Zona, similar en biología, características y carácter, está más comúnmente disponible para programas de investigación y colección de muestras.

El límite oeste del área restringida se define con la línea de un marcador (tubo de hierro en una roca, 20 metros desde la marca media de pleamar, elevación 8 m) en el lado oeste de la Bahía Botany (Mapa A), se extiende al sudoeste durante 170 m hasta un segundo tubo de hierro en la cresta de la cima adyacente (87 m). Este límite se extiende 100 m hasta un tercer tubo de hierro y un hito (98 m), desde ahí 50 m hasta una gran roca plana situada en el centro del marjal principal (marcado con el número 1 en el mapa A). El límite meridional del área restringida se extiende 820 m desde la roca plana del marjal en línea recta hasta el primero de dos bloques prominentes que están muy cerca uno de otro, aproximadamente en el medio de las pendientes sin hielo sobre la Bahía Botany (marcado con el número 2 en el mapa A, a 165 m). El límite oriental se extiende 300 m desde allí hasta una gran roca a 135 m de altura (marcada con el número 3 en el mapa A), y de allí pendiente abajo hacia el noreste hasta el punto límite del noreste (M5, 5 m). El límite septentrional del área restringida es la marca media de pleamar de la Bahía Botany y coincide con el límite septentrional de la Zona.

Se permite el acceso al área restringida solo con fines necesarios científicos o de gestión (como inspección o examen) que no puedan alcanzarse en ningún otro lugar de la Zona.

*Área de acceso*
Para acceder al refugio de roca conocido como "Casa de granito" (SMH N.º 67) se ha designado un área de acceso para proteger los artefactos históricos y las comunidades de plantas de las cercanías, a la vez que se permite el acceso al refugio de roca.

El área de acceso es un área de 470 m por 20 m a lo largo de la costa y 80 m en el punto que rodea la cima de la roca que va desde la costa del cabo Georgy hasta el refugio de roca. Los límites están marcados en el mapa B. El refugio fue construido por miembros de la Exploración Antártica Británica de 1910-1913, y fue utilizado entre diciembre de 1911 y enero de 1912 mientras se realizaban exploraciones biológicas y geológicas en las proximidades.

El acceso al área de acceso se podrá realizar con un permiso, sujeto a las condiciones del presente plan de gestión.

## 7. Condiciones del permiso

*7 (i) Condiciones generales de permisos*
Se prohíbe el ingreso a la Zona excepto con un permiso expedido por una autoridad nacional pertinente. Las condiciones para la expedición de permisos para entrar en la Zona son las siguientes:

- Fuera del área restringida y el área de acceso, los permisos se expiden solo para el estudio científico del ecosistema, con fines científicos necesarios que no puedan alcanzarse en ningún otro lugar, para la conservación de sitios históricos o con fines de gestión esenciales que sean compatibles con los objetivos del plan, como una inspección o revisión.
- Se permite el acceso al área restringida solo con fines científicos o de gestión necesarios que no puedan alcanzarse en ningún otro lugar de la Zona.
- Se permite el acceso al área de acceso con fines científicos, de gestión, históricos, educativos o de recreación.
- Las acciones permitidas no pondrán en peligro los valores ecológicos, científicos o históricos de la Zona.
- Todas las actividades de gestión deben facilitar la consecución de los objetivos del plan de gestión.
- Las acciones permitidas son compatibles con el plan de gestión.
- Se debe llevar el permiso o una copia autorizada dentro de la Zona.
- Se debe presentar un informe de la visita a la autoridad que figure en el permiso.
- Los permisos serán expedidos por un período determinado.

*7(ii) Acceso a la Zona y circulación dentro de la misma*
Se prohíben los vehículos en la Zona, a la que se debe acceder a pie. Normalmente se prohíbe el aterrizaje de helicópteros en la Zona. Existe un sitio designado para ello que está 60 m fuera de la Zona (77° 00' 20.8"S, 162° 31' 47.7"E mapa A-C). Se accederá al sitio de aterrizaje desde el mar abierto o el hielo marino hacia el norte de la Zona (mapa B). Normalmente está prohibido sobrevolar la zona a menos de 300m (~1000 ft) de altitud. El sobrevuelo o aterrizaje transitorio puede ser autorizado cuando sea necesario para fines científicos o administrativos. Dichos sobrevuelos o aterrizajes previstos deben estar autorizados específicamente en un permiso. Se prohíbe el uso de granadas de humo de helicópteros en la Zona salvo que sea necesario por razones de seguridad, en cuyo caso se deben extraer todas las granadas. Dentro del área restringida se prohíbe el aterrizaje de helicópteros, así como los sobrevuelos a menos de 300 m sobre el nivel del suelo.

El acceso a la Zona se realizará preferiblemente desde el campamento designado siguiendo el corredor de la zona de acceso 10-20 m de la costa, que está relativamente libre de vegetación. Los visitantes deben tratar de no pisar la vegetación visible y no ocasionar perturbaciones innecesarias a las poblaciones de aves. Debe tenerse cuidado al caminar en suelo húmedo, donde la circulación de peatones puede dañar fácilmente los suelos delicados y las comunidades de plantas y algas y degradar la calidad del agua. Los visitantes deben caminar en torno a esas áreas, sobre hielo o suelo rocoso. La circulación de peatones debe limitarse al mínimo necesario para alcanzar los objetivos de las actividades autorizadas y se debe hacer todo lo posible para reducir al mínimo los efectos.

Para entrar en el área de acceso se debe llegar preferiblemente desde la costa, siguiendo la cresta que va a "la Casa de Granito" (mapa B). Se puede usar también otra ruta desde el lugar recomendado para acampar y el sitio para el aterrizaje de helicópteros, a lo largo de la ruta preferida para las caminatas que está a una distancia de 10 a 20 m de la costa, en caso de que sea peligroso desplazarse sobre el hielo marino (mapa B). Salvo que esté específicamente autorizado en un permiso, se prohíbe que los visitantes entren en el refugio histórico. El acceso y la observación deben limitarse a la cresta rocosa designada para el acceso desde la costa, a fin de no dañar la prolífica vegetación del área de acceso. Los visitantes no deben avanzar al sur de "la Casa de Granito", salvo que tengan un permiso que los autorice específicamente para ello. Se permite la entrada de 10 personas como máximo cada vez en el área de acceso y cinco personas como máximo cada vez en el mirador que da a la "Casa de Granito" (mapa B).

*7 (iii) Actividades que pueden llevarse a cabo dentro de la Zona*

Entre las actividades que pueden llevarse a cabo dentro de la Zona se incluyen:

- investigaciones científicas necesarias que no puedan realizarse en otro lugar y que no pongan en peligro el ecosistema de la Zona;
- actividades esenciales de gestión que incluyen supervisión;
- visitas limitadas al área de acceso con fines que no sean científicos o de gestión supeditadas a las condiciones descritas en este plan;
- actividades con la finalidad de preservar o proteger los recursos históricos de la Zona.

*7(iv) Instalación, modificación o desmantelamiento de estructuras*

No se podrán levantar estructuras ni instalar equipo científico en la Zona, salvo para actividades científicas o de gestión necesarias y durante un periodo preestablecido, especificado en el permiso. Todos los marcadores, estructuras o el equipo científico que se instalen en la Zona deben estar claramente identificados por país, nombre del investigador principal, año de instalación y fecha estimada de desmantelamiento. Todos estos artículos deben estar sin organismos, propágulos, (ej.: semillas, huevos de invertebrados) y tierra no estéril, y deben estar hechos de materiales que puedan soportar las condiciones medioambientales y presenten un riesgo mínimo de contaminación de la Zona. La retirada de estructuras específicas o equipo cuyo permiso haya vencido será una condición para el otorgamiento del permiso.

*7(v) Ubicación de los campamentos*

Se prohíbe acampar en la Zona. Los campamentos deben instalarse en un lugar fuera de la Zona, a 100 m de la esquina noroeste (mapa A), junto al sitio designado para el aterrizaje de helicópteros. Este lugar para acampar ha sido afectado por actividades anteriores y los visitantes deben reutilizar esos sitios afectados para montar las tiendas y otras instalaciones.

*7(v) Restricciones relativas a los materiales y organismos que puedan introducirse en la Zona*

Además de los requisitos del Protocolo de Protección del Medio Ambiente del Tratado Antártico, algunas restricciones sobre los materiales y organismos que se pueden introducir en la Zona son:

- No se podrán introducir deliberadamente animales vivos, material de plantas o microorganismos en la Zona y se tomarán precauciones para evitar introducciones accidentales.
- No se podrán llevar herbicidas o plaguicidas a la Zona.
- Cualquier otro producto químico, incluidos los radio-nuclidos o isotopos estables, que sea introducido con un fin científico o administrativo especificado en el permiso, debe retirarse de la Zona, como muy tarde, cuando concluya la actividad para la cual se haya expedido el permiso.
- No se podrá almacenar combustible en la Zona, salvo que sea indispensable para la actividad para la que se haya expedido el permiso.
- Todos los materiales introducidos podrán permanecer en la Zona durante un período determinado únicamente y deben ser retirados, como muy tarde, cuando concluya dicho período, y deben ser almacenados y manipulados con métodos que reduzcan al mínimo el riesgo de introducción en el medio ambiente.

*7(vii) Recolección de flora y fauna autóctonas o intromisión perjudicial*
Se prohíbe retirar o interferir con la tierra, la vegetación o los invertebrados excepto en conformidad con un permiso expedido de acuerdo con el Anexo II del Protocolo sobre Protección del Medio Ambiente del Tratado Antártico. Si afecta a animales o interfiere perjudicialmente con animales, debe, como norma mínima, respetar el *Código de conducta del SCAR para el uso de animales con fines científicos en la Antártida.*

*7(viii) Toma o traslado de cualquier cosa que el titular del permiso no haya llevado a la zona*
Se podrá recolectar o retirar material de la Zona únicamente en conformidad con un permiso y dicho material debe limitarse al mínimo necesario para fines de índole científica o de gestión. Los desechos de origen humano que probablemente comprometan los valores de la Zona y que no hayan sido llevados a la Zona por el titular del permiso o que no estén comprendidos en otro tipo de autorización podrán ser retirados de cualquier parte de la Zona salvo que el impacto de su extracción probablemente sea mayor que el efecto de dejar el material in situ; en este caso la autoridad pertinente debe ser notificada y debe ser obtenido un permiso.

Salvo que estén autorizados específicamente por medio de un permiso, se prohíbe que los visitantes intenten restaurar "la Casa de Granito" o interfieran en ella de cualquier forma y que manipulen, cojan o dañen cualquier objeto que se encuentre dentro del área de acceso. Cualquier indicio de cambios recientes, daños u objetos nuevos debe notificarse a la autoridad nacional apropiada. Si se cuenta con un permiso, se podrán trasladar o retirar objetos con fines de preservación, protección o restablecimiento de la exactitud histórica.

*7(ix) Eliminación de desechos*
Deben retirarse de la Zona todos los desechos, incluidos los desechos humanos.

*7(x) Medidas necesarias para que se puedan seguir cumpliendo los objetivos y las finalidades del plan de gestión*
Se podrán expedir permisos para entrar en la Zona para:

- realizar actividades científicas de supervisión e inspecciones, que podrán incluir la recolección limitada de muestras o datos para análisis o revisión;
- instalar o realizar el mantenimiento de señalizadores, estructuras o equipamiento científico;

- realizar actividades de administración y conservación, especialmente las relacionadas con sitios históricos.

Todos los sitios donde se lleven a cabo actividades de supervisión a largo plazo deben estar debidamente marcados en el sitio un en mapas de la Zona. Debe obtenerse una posición GPS para presentación con el Sistema del Directorio de Datos Antárticos a través de la autoridad nacional apropiada.

Para ayudar a mantener los valores ecológicos y científicos del aislamiento y un impacto humano relativamente bajo en la Zona, los visitantes deben tomar precauciones especiales para evitar la introducción de especies no autóctonas. Es especialmente preocupante la introducción de microbios o vegetación procedente de la tierra de otros sitios antárticos, incluidas las estaciones, o de regiones situadas fuera de la Antártida. En la máxima medida posible los visitantes deben limpiar meticulosamente el calzado y el equipo, especialmente el equipo de muestreo y de acampada, antes de entrar en la Zona.

*7(x) Requisitos relativos a los informes*

El principal titular de un permiso para cada visita a la Zona debe entregar un informe a la autoridad nacional pertinente, tan pronto como sea posible, y no más tarde de seis meses después de haber completado la visita.

Los informes de estas visitas deben incluir, según corresponda, la información señalada en el formulario para informes de visitas incluido en el Apéndice 4 de la *Guía para la preparación de los planes de gestión para las Zonas Antárticas Especialmente Protegidas*, apéndice de la Resolución 2 (1998).

Si se aplica, la autoridad nacional también debe remitir una copia del informe de la visita a la Parte que ha propuesto el Plan de gestión, como ayuda en la gestión de la Zona y revisión del Plan de gestión.

Las Partes deben, cuando sea posible, entregar los informes originales o copias de dichos originales en un archivo público accesible, para mantener un registro de uso para cualquier revisión del plan de gestión y para organizar el uso científico de la Zona.

**8. Documentación de apoyo**


Broady, P.A. 2005. The distribution of terrestrial and hydro-terrestrial algal associations at three contrasting locations in southern Victoria Land, Antarctica. Algological Studies 118: 95-112.

Davidson, M.M. and Broady, P.A. 1996. Analysis of gut contents of *Gomphiocephalus hodgsoni* Carpenter (Collembola: Hypogastruridae) at Cape Geology, Antarctica. Polar Biology 16 (7): 463-467.

De los Rios, A., Sancho, L.G., Grube, M., Wierzchos, J. And Ascaso, C. 2005. Endolithic growth of two Lecidea lichens in granite from continental Antarctica detected by molecular and microscopy techniques. New Phytologist 165: 181-190.

Green, T.G.A., Kulle, D., Pannewitz, S., Sancho, L.G. and Schroeter, B. 2005. UV-A protection in mosses growing in continental Antarctica. Polar biology 28(11): 822-827.

Green, T.G.A., Schroeter, B. and Sancho, L.G. 2007. Plant life in Antarctica. In: Pugnaire, F.I. and Valladares, F. (Eds.). Handbook of functional plant ecology. Marcel Dekker Inc., New York, pp 389-433.

Green, T.G.A., Schroeter, B. and Seppelt, R.D. 2000. Effect of temperature, light and ambient UV on the photosynthesis of the moss *Bryum argenteum* Hedw. Pages165-170 in Davison, W., Howard-Williams, C. and Broady, P. (Eds). Antarctic Ecosystems: models for wider ecological understanding. Christchurch, New Zealand: New Zealand Natural Sciences. ISBN 047306877X.

Kappen, L. and Schroeter, B. 1997. Activity of lichens under the influence of snow and ice. Proceedings of the NIPR Symposium on Antarctic Geosciences 10: 163-168.

Kappen, L., Schroeter, B., Green, T.G.A. and Seppelt, R.D. 1998. Chlorophyll a fluorescence and $CO_2$ exchange of *Umbilicaria aprina* under extreme light stress in the cold. Oecologia 113(3): 325-331.

Kappen, L., Schroeter, B., Green, T.G. A. and Seppelt, R.D. 1998. Microclimate conditions, meltwater moistening, and the distributional pattern of *Buellia frigida* on rock in a southern continental Antarctic habitat. Polar biology 19 (2): 101-106.

Montes, M.J., Andrés, C., Ferrer, S. and Guinea, J. 1997. Cryptococcus: A new Antarctic yeast isolated from Botánica Bay, Tierra Victoria. Real Sociedad Española de Historia Natural. Boletín. Sección Biológica. 93 (1-4): 45-50.

Montes, M.J., Belloch, C., Galiana, M., Garcia, M.D., Andres, C., Ferrer, S., Torres-Rodriguez, J.M. and Guinea, J. 1999. Polyphasic taxonomy of a novel yeast isolated from Antarctic environment; description of Cryptococcus victoriae sp. Nov. Systmatics and Applied Microbiology 22(1): 97-105.

Pannewitz, S., Schlensog, M., Green, T.G.A., Sancho, L.G., and Schroeter, B. 2003. Are lichens active under snow in continental Antarctica? Oecologia 135: 30-38.

Pannewitz, S., Green, T.G.A., Maysek, K., Schlensog, M., Seppelt, R.D., Sancho, L.G., Türk, R. and Schroeter, B. 2005. Photosynthetic responses of three common mosses from continental Antarctica. Antarctic science 17(3): 341-352.

Rees, P.M. and Cleal, C.J. 2004. Lower Jurassic floras from Hope Bay and Botánica Bay, Antarctica. Special Papers in Palaeontology, Vol. 72, 90p. Palaeontology Association, London, United Kingdom.

Ruprecht, U., Lumbsch, H.T., Brunauer, G., Green, T.G.A. and Turk, R. 2010. Diversity of Lecidea (Lecideaceae, Ascomycota) species revealed by molecular data and morphological characters. Antarctic Science 22: 727-741.

Sancho, L.G., Pintado, A., Green, T.G.A., Pannewitz, S. and Schroeter, B. 2003. Photosynthetic and morphological variation within and among populations of the Antarctic lichen *Umbilicaria aprina*: implications of the thallus size. Bibliotheca lichenologica 86: 299-311.

Schlensog, M., Pannewitz, S., Green, T.G.A. and Schroeter, B. 2004. Metabolic recovery of continental Antarctic cryptogams after winter. Polar biology 27(7): 399-408.

Schroeter, B., Green, T.G.A. and Seppelt, R.D. 1993. History of Granite House and the western geological party of Scott's Terra Nova expedition. Polar Record 29 (170): 219-224.

Schroeter, B., Green, T.G.A., Kappen, L. and Seppelt, R.D. 1994. Carbon dioxide exchange at subzero temperatures. Field measurements on *Umbilicaria aprina* in Antarctica. Cryptogamic Botánica 4(2): 233-241.

Schroeter, B., Green, T.G.A., Pannewitz, S., Schlensog, M. And Sancho, L.G. 2010. Fourteen degrees of latitude and a continent apart: comparison of lichen activitiy over two years at continental and maritime Antarctic sites. Antarctic Science 22: 681-690.

Schroeter, B., Green, T.G.A., Seppelt, R.D. and Kappen, L. 1992. Monitoring photosynthetic activity of crustose lichens using a PAM-2000 fluorescence system. Oecologia 92: 457-462.

Schroeter, B., Kappen, L., Green, T.G.A. and Seppelt, R.D. 1997. Lichens and the Antarctic environment: effects of temperature and water availability on photosynthesis. Pages 103-117 in Lyons W.B., Howard-Williams, C. and Hawes, I. (Eds.). Ecosystem processes in Antarctic ice-free landscapes: proceedings of an International Workshop on Polar Desert Ecosystems, Christchurch, New Zealand, 1-4 July 1996. The Netherlands: Balkema Press. ISBN 9054109254.

Schroeter, B. and Scheiddegger, C. 1995. Water relations in lichens at subzero temperatures: structural changes and carbon dioxide exchange in the lichen *Umbilicaria aprina* from continental Antarctica. New Phytologist 131(2): 273-285.

Seppelt, R.D. and Green, T.G.A. 1998. A bryophyte flora for southern Victoria Land, Antarctica. New Zealand Journal of Botánica 36 (4): 617-635.

Seppelt, R., Turk, R., Green, T.G.A., Moser, G., Pannewitz, S., Sancho, L.G. and Schroeter, B. 2010. Lichen and moss communities of Botánica Bay, Granite Harbour, Ross Sea, Antarctica. Antarctic Science 22: 691-702.

Annex 1: Bryophytes and lichens of the Botánica Bay-Cape Geology region, Granite Harbour, Victoria Land, Antarctica (from Seppelt et al., 2010).

---

HEPATICAE (Liverwort)
[1]*Cephaloziella varians**

MUSCI (Moss)
*Bryoerythrophyllum recurvirostrum**
[2]*Bryum argenteum var. muticum*
*Bryum pseudo triquetrum*
*Ceratodon purpureus**
[3]*Didymodon brachyphyllus*
*Grimmia plagiopodia*
*Hennediella heimii*
*Schistidium antarctici*
[4]*Syntrichia sarconeurum*

LICHEN
*Acarospora gwynnii*
*Amandinea petermannii*
*Buellia frigida*
[5]*Buellia* cf. *papillata*
[6]*Buellia subfrigida*
*Caloplaca athallina*
*Caloplaca citrina*
*Caloplaca coeruleofrigida*
*Caloplaca* cf. *schofieldii*
*Caloplaca saxicola*
*Candelariella flava*
[7]*Carbonea vorticosa*
*Lecanora expectans*
*Lecanor mons-nivis*
*Lecidea andersonii*
*Lecidea cancriformis*
*Lecidella siplei*
[8]*Leproloma cacuminum*
*Physcia caesia*
*Physcia dubia*
*Rhizocarpon geminatum*
*Rhizocarpon geographicum*
*Rhizoplaca melanophthalma*
*Rhizoplaca* cf. *priestleyi*
*Sarcogyne privigna*
*Turgidosculum complicatulum**
*Umbilicaria aprina*
[9]*Xanthomendoza borealis*
*Xanthoria elegans*

---

[1] ***Cephaloziella varians*** **has previously been referred to as** ***C. exiliflora*** **(Bednarek-Ochyra et al., 2000).**
[2] ***Bryum argenteum var. muticum*** **has previously been referred to as** ***Bryum subrotundifolium*** **(Ochyra et al., 2008).**
[3] ***Didymodon brachyphyllus*** **has previously been referred to as** ***Didymodon gelidus*** **(Ochyra et al., 2008).**
[4] ***Syntrichia sarconeurum*** **has previously been referred to as** ***Sarconeurum glaciale*** **(Ochyra et al., 2008).**
[5] ***Buellia*** **cf.** ***papillata*** **has previously been referred to as** ***Buellia grimmiae.***
[6] ***Buellia subfrigida*** **has previously been referred to as** ***Aspicilia glacialis*** **(Seppelt et al., 1995) and** ***Hymenelia glacialis*** **(Ovstedal and Lewis Smith, 2001).**
[7] ***Carbonea vorticosa*** **has previously been referred to as** ***Lecidea blackburnii*** **(Seppelt et al., 1995).**
[8] ***Leproloma cacuminum*** **has previously been referred to as** ***Lepraria*** **sp.**
[9] ***Xanthomendoza borealis*** **has previously been referred to as** ***Xanthoria mawsonii*** **(Lindblom and Sochting, 2008).**
**** The most southerly record of these species.***

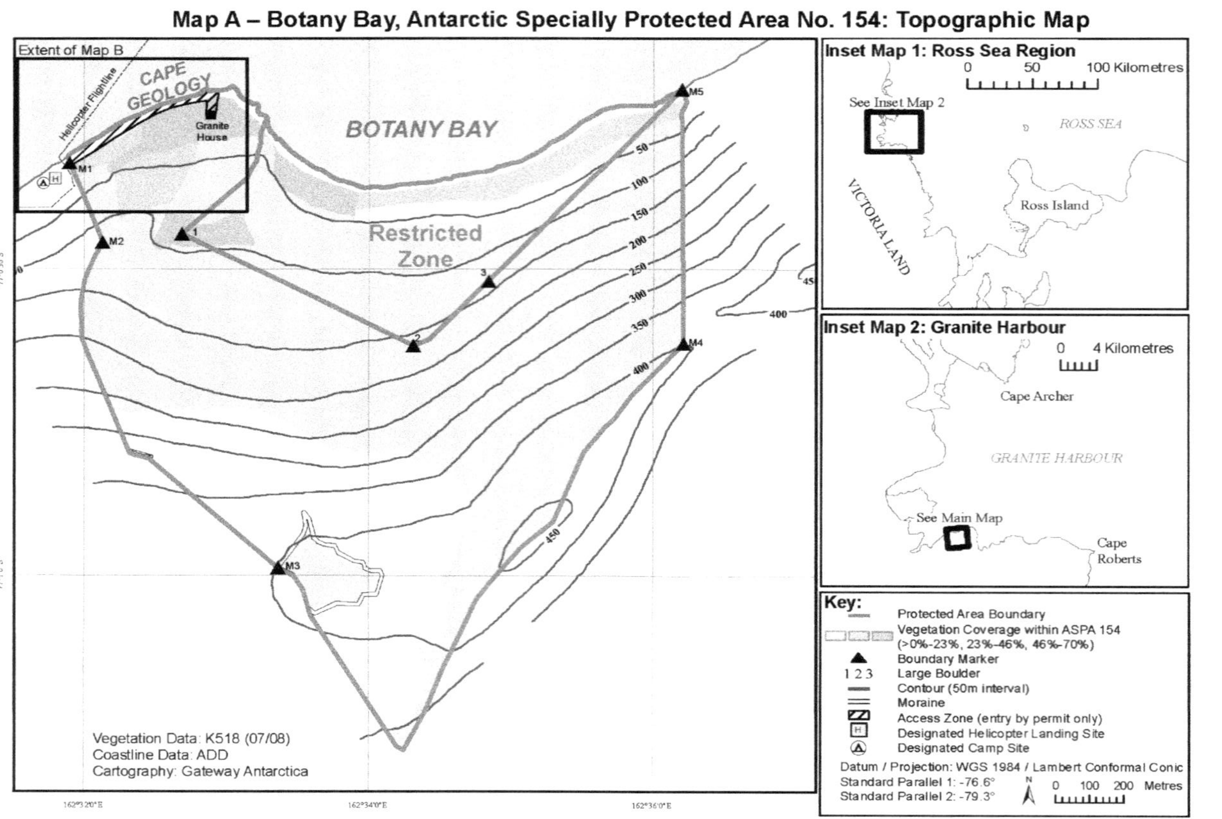

Map A – Botany Bay, Antarctic Specially Protected Area No. 154: Topographic Map
Extent of Map B
Helicopter Flightline
CAPE GEOLOGY
Granite House
BOTANY BAY
Restricted Zone
M1
M2
M3
M4
M5
1
2
3
50
100
150
200
250
300
350
400
450
Vegetation Data: K518 (07/08)
Coastline Data: ADD
Cartography: Gateway Antarctica
Inset Map 1: Ross Sea Region
0 50 100 Kilometres
See Inset Map 2
ROSS SEA
Ross Island
VICTORIA LAND
Inset Map 2: Granite Harbour
0 4 Kilometres
Cape Archer
GRANITE HARBOUR
See Main Map
Cape Roberts
Key:
Protected Area Boundary
Vegetation Coverage within ASPA 154 (>0%-23%, 23%-46%, 46%-70%)
Boundary Marker
1 2 3 Large Boulder
Contour (50m interval)
Moraine
Access Zone (entry by permit only)
Designated Helicopter Landing Site
Designated Camp Site
Datum / Projection: WGS 1984 / Lambert Conformal Conic
Standard Parallel 1: -76.6°
Standard Parallel 2: -79.3°
0 100 200 Metres

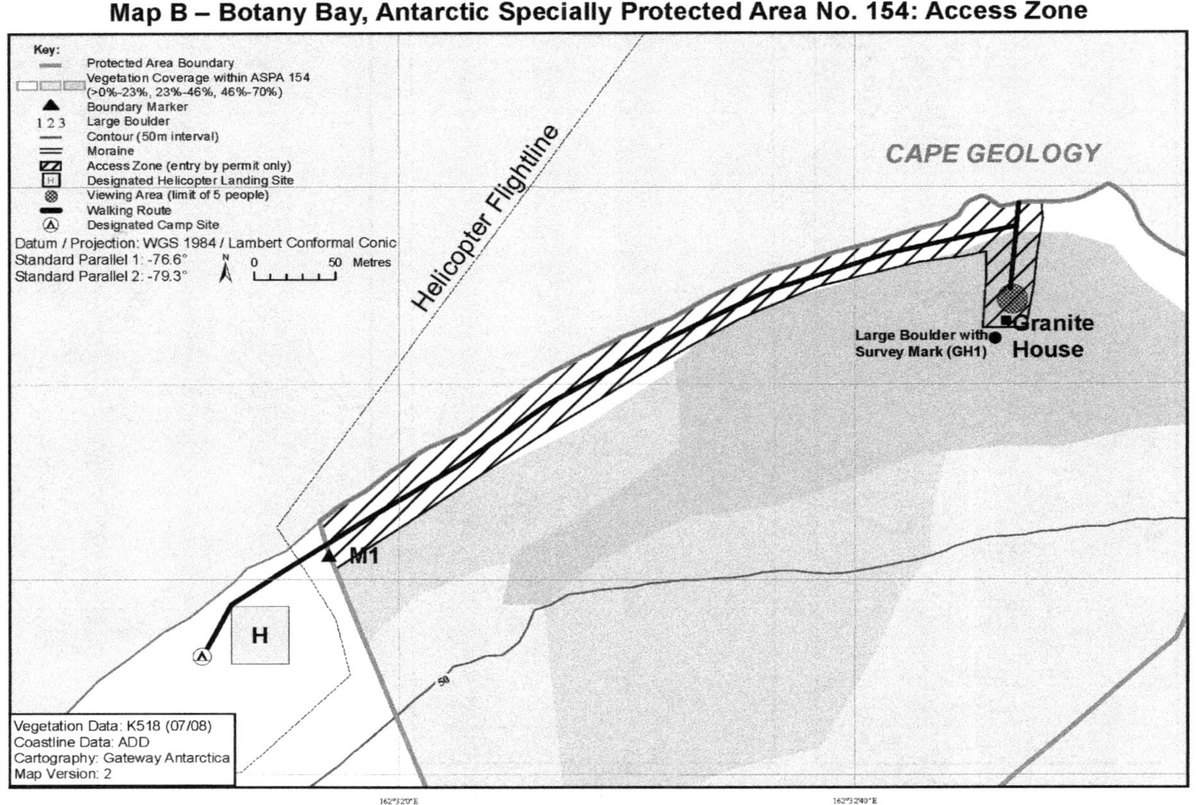

Map B – Botany Bay, Antarctic Specially Protected Area No. 154: Access Zone
Key:
Protected Area Boundary
Vegetation Coverage within ASPA 154 (>0%-23%, 23%-46%, 46%-70%)
Boundary Marker
1 2 3 Large Boulder
Contour (50m interval)
Moraine
Access Zone (entry by permit only)
Designated Helicopter Landing Site
Viewing Area (limit of 5 people)
Walking Route
Designated Camp Site
Datum / Projection: WGS 1984 / Lambert Conformal Conic
Standard Parallel 1: -76.6°
Standard Parallel 2: -79.3°
N
0 50 Metres
Helicopter Flightline
CAPE GEOLOGY
Granite House
Large Boulder with Survey Mark (GH1)
M1
H
50
Vegetation Data: K518 (07/08)
Coastline Data: ADD
Cartography: Gateway Antarctica
Map Version: 2

## Map C – Botany Bay, Antarctic Specially Protected Area No. 154: Vegetation Density

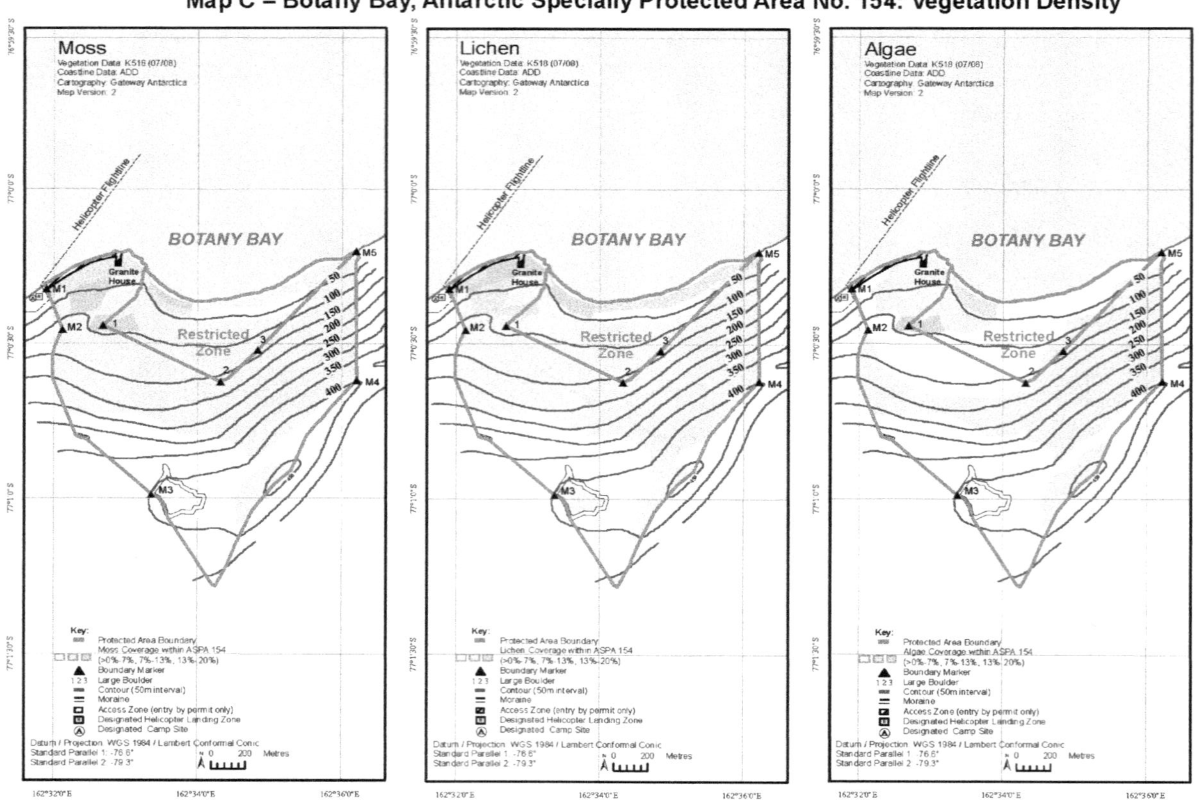

**ZAEP 154 Bahía Botany, cabo Geology, Tierra Victoria**

**Lista de etiquetas del mapa A**

Mapa A: Bahía Botany Zona Antártica Especialmente Protegida Nº 154: Mapa topográfico
Extensión del mapa B
Cabo Geology
Línea de vuelo para helicópteros
Casa de granito
Bahía Botany
Área restringida

Datos de vegetación: K518 (07/08)
Datos de línea costera: ADD
Cartografía: Gateway Antarctica
Recuadro Mapa 1: Región del mar de Ross
Ver recuadro Mapa 2
Mar de Ross
Tierra Victoria
Isla de Ross
Recuadro mapa 2: Puerto Granite
Cabo Archer
Puerto Granite
Ver mapa principal
Cabo Roberts

Leyenda
Límite del área protegida
Cobertura de la vegetación en la ZAEP 154
Marcador de límite
Gran roca
Contorno (50 m intervalos)
Dique
Zona de acceso (entrada solo con permiso)
Zona designada para aterrizaje de helicópteros
Zona designada para campamento
Datos/Proyección: WGS 1984/Cónica conforme de Lambert
Paralelo estándar 1: -76/6°
Paralelo estándar 2:-79.3°

**ZAEP 154 Bahía Botany, cabo Geology, Tierra Victoria**

**Lista de etiquetas del mapa B**

Mapa B: Bahía Botany Zona Antártica Especialmente Protegida Nº 154: Área de acceso
Leyenda
Límite del área protegida
Cobertura de la vegetación en la ZAEP 154
Marcador de límite
Gran roca
Contorno (50 m intervalos)
Dique
Zona de acceso (entrada solo con permiso)
Zona designada para aterrizaje de helicópteros
Mirador (límite 5 personas)
Ruta peatonal
Zona designada para campamento
Datos/Proyección: WGS 1984/Cónica conforme de Lambert
Paralelo estándar 1: -76/6°
Paralelo estándar 2:-79.3°

Línea de vuelo para helicópteros
Datos de vegetación: K518 (07/08)
Datos de línea costera: ADD
Cartografía: Gateway Antarctica
Versión del mapa: 2

Cabo Geology
Casa de granito
Roca amplia con marca de estudio (GH1)

**ZAEP 154 Bahía Botany, cabo Geology, Tierra Victoria**

**Lista de etiquetas del mapa C**

Mapa C: Bahía Botany Zona Antártica Especialmente Protegida Nº 154: Densidad de vegetación

Musgo
Datos de vegetación: K518 (07/08)
Datos de línea costera: ADD
Cartografía: Gateway Antarctica
Versión del mapa: 2
Línea de vuelo para helicópteros
Casa de granito
Bahía Botany
Área restringida

Leyenda
Límite del área protegida
Cobertura del musgo en la ZAEP 154
Marcador de límite
Gran roca
Contorno (50 m intervalos)
Dique
Zona de acceso (entrada solo con permiso)
Zona designada para aterrizaje de helicópteros
Zona designada para campamento
Datos/Proyección: WGS 1984/Cónica conforme de Lambert
Paralelo estándar 1: -76/6°
Paralelo estándar 2:-79.3°

Liquen
Datos de vegetación: K518 (07/08)
Datos de línea costera: ADD
Cartografía: Gateway Antarctica
Versión del mapa: 2
Línea de vuelo para helicópteros
Casa de granito
Bahía Botany
Área restringida

Leyenda
Límite del área protegida
Cobertura del liquen en la ZAEP 154
Marcador de límite
Gran roca
Contorno (50 m intervalos)
Dique
Zona de acceso (entrada solo con permiso)
Zona designada para aterrizaje de helicópteros

Zona designada para campamento
Datos/Proyección: WGS 1984/Cónica conforme de Lambert
Paralelo estándar 1: -76/6°
Paralelo estándar 2:-79.3°

Algas
Datos de vegetación: K518 (07/08)
Datos de línea costera: ADD
Cartografía: Gateway Antarctica
Versión del mapa: 2
Línea de vuelo para helicópteros
Casa de granito
Bahía Botany
Área restringida

Leyenda
Límite del área protegida
Cobertura de las algas en la ZAEP 154
Marcador de límite
Gran roca
Contorno (50 m intervalos)
Dique
Zona de acceso (entrada solo con permiso)
Zona designada para aterrizaje de helicópteros
Zona designada para campamento
Datos/Proyección: WGS 1984/Cónica conforme de Lambert
Paralelo estándar 1: -76/6°
Paralelo estándar 2:-79.3°

# Plan de Gestión de la Zona Antártica Especialmente Protegida Nº 156

# BAHÍA DE LEWIS, MONTE EREBUS, ISLA DE ROSS

**Introducción:**

Una zona ubicada en las pendientes bajas del Monte Erebus, sobre la Bahía Lewis en el lado norte de la Isla Ross, que originalmente se había designado como tumba en la Recomendación XI-3 (1981) tras la notificación por parte de Nueva Zelandia de que 257 personas de diversas nacionalidades habían perdido la vida cuando el DC-10 en el que viajaban se estrelló en este sitio el 28 de noviembre de 1979.

A pesar de que los miembros de las expediciones antárticas de Nueva Zelandia y Estados Unidos trabajaron con gran ahínco y valentía, no se pudieron rescatar los cuerpos de algunos de los que perdieron la vida. Para acompañar en su dolor a los familiares de los fallecidos, y al gobierno y pueblo de Nueva Zelandia, el sitio fue declarado tumba con el propósito de salvaguardar la paz en esta zona. **Puesto que el sitio es una tumba, sus valores son perennes.**

La zona fue designada como Zona Antártica Especialmente Protegida Nº 26 mediante la Medida 2 (1997) primariamente para asegurar que la Zona se mantenga inviolada como señal de respeto en conmemoración y para proteger los valores emocionales del lugar. El sitio fue renombrado como Zona Antártica Especialmente Administrada Nº 156 por la Decisión 1 (2002) y se adoptó un Plan de Gestión revisado mediante la Medida 2 (2003). El Plan de Gestión fue revisado y continuó sin cambios en el CPA XI (2008).

## 1. Descripción de los valores que se desea proteger

La Zona designada abarca el lugar del accidente del vuelo TE-901 de la compañía aérea *Air New Zealand* ubicado en las pendientes bajas del lado norte del Monte Erebus en la Isla de Ross. La Zona designada abarca el área del accidente y el hielo del glaciar circundante de 2 km y a cada lado de esta posición que se extiende hacia el mar y que incluye el espacio aéreo sobre esta región hasta una altitud de 1000 m (3280 pies) con la excepción de un "corredor" de acceso aéreo de 200 m de ancho a lo largo de la costa. Los cuerpos de algunos de los que perdieron la vida y que no se pudieron rescatar y los restos del avión quedan en la Zona ahora designada tumba.

A finales de 1979 se erigió cerca del lugar del accidente, y como monumento conmemorativo para los que perdieron la vida, una cruz de madera de pino Douglas de seis pies de alto. Debido a los daños producidos por el viento, el 30 de enero de 1987 la cruz original fue remplazada por otra de acero inoxidable que se alzó sobre un promontorio rocoso desde el cual se ve el lugar del accidente a unos tres kilómetros (Figura 1). Este lugar no es parte de la Zona protegida, pero se propuso como Sitio y Monumento Histórico (SMH) Nº 73 en reconocimiento del valor simbólico y conmemorativo de la cruz. **En noviembre de 2009, se instaló junto a la cruz una cápsula del tiempo koru de acero inoxidable que contiene mensajes de los familiares de las víctimas.**

En virtud del Análisis de Dominios Ambientales (Resolución 3, 2008) la Bahía Lewis está ubicado dentro del entorno O - *Capa de Hielo de la Antártica Occidental* (también incluye al interior de la Tierra de Coats, el domo Taylor, y el casquete glacial de la Isla de Ross).

## 2. Finalidades y objetivos

La gestión de la Bahía Lewis tiene como objetivo:

- Evitar que los valores de la Zona se deterioren o sufran riesgos considerables mediante la prevención de perturbaciones innecesarias por los seres humanos.
- Asegurarse de que el lugar del accidente permanezca intacto e impedir que la Zona se vea perturbada innecesariamente por actividades humanas;
- Permitir las visitas al sitio cercano a la cruz conmemorativa solamente para conmemorar o rendir homenaje;
- Permitir las visitas con fines concordantes con los objetivos del Plan de Gestión.

## 3. Actividades de gestión

Se realizarán las siguientes actividades de gestión para proteger los valores de la Zona:

- Informar a todos los pilotos que operan en la región de la ubicación de la Zona, su delimitación y las restricciones aplicables al acceso y al sobrevuelo;
- Realizar las visitas necesarias para determinar si la Zona continúa sirviendo a los fines para los cuales ha sido designada y cerciorarse que las actividades de gestión sean adecuadas;
- Los Programas Nacionales Antárticos que operan en la región deberán consultarse entre sí para asegurar la implementación de estas actividades de gestión.

## 4. Período de designación

Designado por un período indefinido.

## 5. Mapas

Mapa A: Bahía Lewis, zona protegida, mapa topográfico Nota: El mapa A proviene de la Base de Datos Digital de la Antártida (ADD) Versión 1.0, 1993, que fue preparado a una escala de 1:250.000 bajo los auspicios del SCAR. Se aplicaron correcciones de posición a los datos originales de la ADD utilizando los datos del Sistema de Posicionamiento Global (GPS) de 1993 y de 1995, y fotografías aéreas tomadas en 1993. La exactitud del mapa no deja de ser aproximada, estando pendiente una publicación de mapas nuevos y precisos de la Isla de Ross en una escala de 1:50.000. Se considera que las coordenadas geográficas del sitio del accidente y otras características tienen una precisión horizontal aproximada de entre 100-200 m. Se considera que los datos de altitud tienen una precisión vertical de alrededor de 100 m.

Especificación: Proyección: cónica conforme de Lambert; paralelos de referencia: 1ª 79° 18' 00" S; 2ª 76° 42' 00" S; meridiano central: 167° 30' 00" E; latitud de origen: 78° 01' 16.211" S; esferoide: GRS80

## 6. Descripción de la zona

*6(i) Coordenadas geográficas, indicaciones de límites y rasgos naturales*
La Zona designada en las pendientes del Monte Erebus (mapa A) abarca el lugar del accidente centrada en 77° 25' 29" S, 167° 28' 30" E, en una altura de 520 m (1720 pies). La Zona incluye el hielo del glaciar circundante de 2 km a ambos lados del lugar del accidente. La Zona se extiende como un "rectángulo" de 4 k de ancho hacia el mar e incluye el espacio aéreo sobre esta región hasta una altitud de 1.000 m (3280 pies) con la excepción de un "corredor" de acceso aéreo de 200 m de ancho a lo largo de la costa.

El límite oeste de la Zona es el meridiano 167° 23' 33" E; El límite este de la Zona es el meridiano 167° 33' 27" E. El límite sur lo constituye el paralelo 77° 26' 33" S, mientras que el límite norte está definido por la línea costera (mapa A).

El impacto primario de la aeronave ocurrió a una altitud de 446,7 m. Los restos se esparcieron 570 m cuesta arriba desde ese punto, sobre un área de 120 m de ancho hasta una altura de 580 m (1900 pies). Casi todos los restos del avión están ahora enterrados en el hielo y se mueven cuesta abajo hacia el mar con el glaciar. Los cuerpos de algunos de los fallecidos no pudieron recuperarse y permanecen en la Zona.

No se han colocado indicaciones de límite para demarcar la Zona por dos razones: se considera que su presencia perjudica los valores inviolables del sitio, y su mantenimiento no sería práctico sobre el glaciar en movimiento.

*6(ii) Acceso a la Zona*
Se prohíbe la circulación de vehículos terrestres dentro de la Zona, por lo que el acceso debe ser a pie o en helicóptero. Está prohibido el sobrevuelo de la Zona a menos de 1000 m (3280 pies) sobre el nivel del mar con la excepción de un "corredor" de acceso aéreo de 200 m de ancho a lo largo de la costa que permite el tránsito de aeronaves a través de la Zona cuando la visibilidad o las condiciones impidan evitarla. Cuando se permita el acceso a la Zona, no se impondrán restricciones especiales a las rutas aéreas utilizadas para el movimiento desde y hacia ella en helicóptero.

*6(iii) Ubicación de estructuras dentro de la Zona o en áreas adyacentes*
La cruz conmemorativa de acero inoxidable (SMH nº 73) está ubicada en un promontorio rocoso (77° 26' 38" S, 167° 33' 43" E; en una altitud de 810 m (2660 pies)) a aproximadamente 3 km al SE del lugar del accidente y es un símbolo de la especial significación que reviste la Zona. **En noviembre de 2009 se instaló junto a la cruz una cápsula del tiempo koru de acero inoxidable que contiene mensajes de los familiares de las víctimas**. No hay otras estructuras dentro de la Zona o en áreas adyacentes. Los restos de la aeronave permanecen *in situ*.

*6(iv) Ubicación de otras zonas protegidas en las cercanías*
Las zonas protegidas más cercanas a la Bahía Lewis son:

- ZAEP N° 130 en la Cresta Tramway, Monte Erebus, a 15 km al sur y cerca de la cima del Monte Erebus;
- ZAEP N° 116 en Playa Caughley, Valle New College, Cabo Bird aproximadamente a 35 km hacia el noroeste en la Isla de Ross;
- ZAEP N° 121 en el Cabo Royds y ZAEP N° 157 en la Bahía Backdoor, aproximadamente a 35 km hacia el oeste en la Isla de Ross; y
- ZAEP N° 124 en el Cabo Crozier, a 40 km hacia el este en la Isla de Ross.

*6(v) Áreas especiales al interior de la Zona*
No hay áreas especiales al interior de la Zona.

## 7. Condiciones generales de los permisos

*7(i) Condiciones generales de los permisos*
Se prohíbe la entrada a la Zona, salvo con un Permiso expedido por las autoridades nacionales competentes. Las condiciones para la expedición de un Permiso de ingreso a la Zona son las siguientes:

- Se expide únicamente por motivos que apoyen los objetivos del Plan de Gestión;
- las acciones permitidas deberán ser compatibles con el Plan de Gestión;
- las acciones permitidas no deberán perjudicar los valores de la Zona;
- el Permiso se expedirá por un período determinado;
- se deberá llevar el Permiso, o la copia certificada, dentro de la Zona; y
- se deberá presentar un informe sobre la visita a la autoridad que figura en el Permiso.

*7(ii) Acceso a la Zona y circulación en su interior*
Se prohíbe la circulación de vehículos terrestres dentro de la Zona, por lo que el acceso debe ser a pie o en helicóptero. Está prohibido el sobrevuelo de la Zona a menos de 1000 m (3280 pies) sobre el nivel del mar, salvo cuando se trata de un acceso esencial relacionado con los valores por los cuales se protege al sitio, de una inspección o de un seguimiento del sitio . Cuando se permita el acceso a la Zona, no se impondrán restricciones especiales a las rutas aéreas utilizadas para el movimiento desde y hacia ella en helicóptero. Por lo demás, existe un "corredor" de acceso aéreo de 200 m de ancho a lo largo de la costa que permite el tránsito de aeronaves a través de la Zona en momentos en que la visibilidad o las condiciones impidan evitarla (mapa A). Está prohibido usar granadas de humo para helicópteros dentro de la Zona, salvo que sea imprescindible por motivos de seguridad. En este caso, deberán ser recuperadas.

*7(iii) Actividades que pueden llevarse a cabo dentro de la zona*
Todas las visitas a la Zona, cualquiera que sea su propósito, deben realizarse teniendo presente los valores principales que deben protegerse y, dentro de lo posible, la Zona debe permanecer intacta.

Se pueden efectuar visitas para realizar inspecciones esenciales, con el propósito de garantizar el mantenimiento de los valores de la Zona y determinar si los materiales in situ plantean un problema por estar fuera del hielo y, en ese caso, si corren el riesgo de ser dispersados por el viento, garantizar la fijación o el retiro de estos materiales. También se pueden efectuar visitas para retirar materiales introducidos a la Zona tras la designación, si corresponde.

*7(iv) Instalación, modificación o retiro de estructuras*
Se prohíbe erigir nuevas estructuras dentro de la Zona, salvo lo especificado en un Permiso. Se prohíbe modificar o desmantelar cualquier estructura existente dentro de la Zona en el momento de su designación como Sitio Especialmente Protegido.

*7(v) Ubicación de los campamentos*
No se permite acampar dentro de la Zona, salvo bajo condiciones excepcionales para actividades de gestión. Cuando para tales actividades es necesario acampar, el sitio seleccionado no debe estar más cerca de 200 m del lugar del accidente en el momento de la visita (77° 25' 29" S, 167° 28' 30" E).

*7(vi) Restricciones relativas a los materiales y organismos que pueden introducirse en la Zona*
Se prohíbe introducir cualquier material en la Zona. Las granadas de humo utilizadas, cuando sea absolutamente necesario por motivos de seguridad en las operaciones aéreas, deberán ser recuperadas.

*7(vii) Recolección de flora y fauna autóctona o daños que pueden sufrir éstas*
Se prohíbe la recolección de flora y fauna autóctona o la intromisión prejudicial en ellas, excepto con un permiso expedido de acuerdo con el Anexo II del Protocolo al Tratado Antártico sobre la Protección del Medio Ambiente.

En caso de toma de animales o intromisión perjudicial con los mismos, se deberá usar como norma mínima el *Código de conducta del SCAR para el uso de animales con fines científicos en la Antártida.*

*7(viii) Recolección o retiro de materiales que no hayan sido traídos a la Zona por el titular del permiso*
Salvo que haya sido específicamente autorizado por el debido permiso, los visitantes a la Zona no deberán interferir con, manipular, tomar o dañar cualquier material que no haya sido introducido a la Zona por el titular del Permiso. Cuando se haya determinado que los materiales del sitio están saliendo fuera de la superficie del hielo y que su dispersión por el viento presenta un problema de gestión, habría que deshacerse de estos materiales con la debida consideración por los familiares de las víctimas y de conformidad con los procedimientos nacionales. Los materiales introducidos a la Zona tras su designación pueden ser retirados, salvo cuando el impacto de su remoción sea más grave que dejar el material *in situ.* En este caso, se debe notificar a las autoridades competentes.

*7(ix) Eliminación de deshechos*
Todos los deshechos, incluidos los desechos humanos, deberán ser retirados de la Zona.

*7(x) Medidas que puedan requerirse para garantizar el continuo cumplimiento de los objetivos y las finalidades del Plan de Gestión*
Se podrán conceder permisos de acceso a la Zona por motivos que apoyan los objetivos del Plan de Gestión. Con el fin de mantener el valor emocional del sitio, las visitas a la Zona deben reducirse al mínimo en la medida de lo posible.

*7(xi) Requisitos relativos a los informes*

El titular principal del permiso para cada visita a la Zona deberá presentar un informe a las autoridades competentes, lo antes posible y dentro de los seis meses posteriores a la visita. Dichos informes deberán incluir, según corresponda, la información señalada en el formulario de Informe de Visita [contenido en el Apéndice 4 de la "Guía para la Preparación de Planes de Gestión de Zonas Antárticas Especialmente Protegidas" adjunta a la Resolución 2 (1998)].

Si procede, las autoridades nacionales deben enviar una copia del informe de visita a la Parte que haya propuesto el Plan de Gestión con el fin de brindar asistencia en la administración de la Zona y en la revisión del Plan de Gestión.

Las Partes, en cuanto posible, deberán depositar los originales, o copias, de los informes de visita originales en un archivo de acceso público para mantener un registro del uso para fines de revisión del Plan de Gestión y para la organización del uso de la Zona.

Figura 1: Cruz conmemorativa para las víctimas del accidente 1979 Monte Erebus (SMH nº 73) y la cápsula del tiempo koru (instalada en noviembre de 2009), con vistas al lugar del accidente (© Antarctica New Zealand Pictorial Collection: K322 09/10).

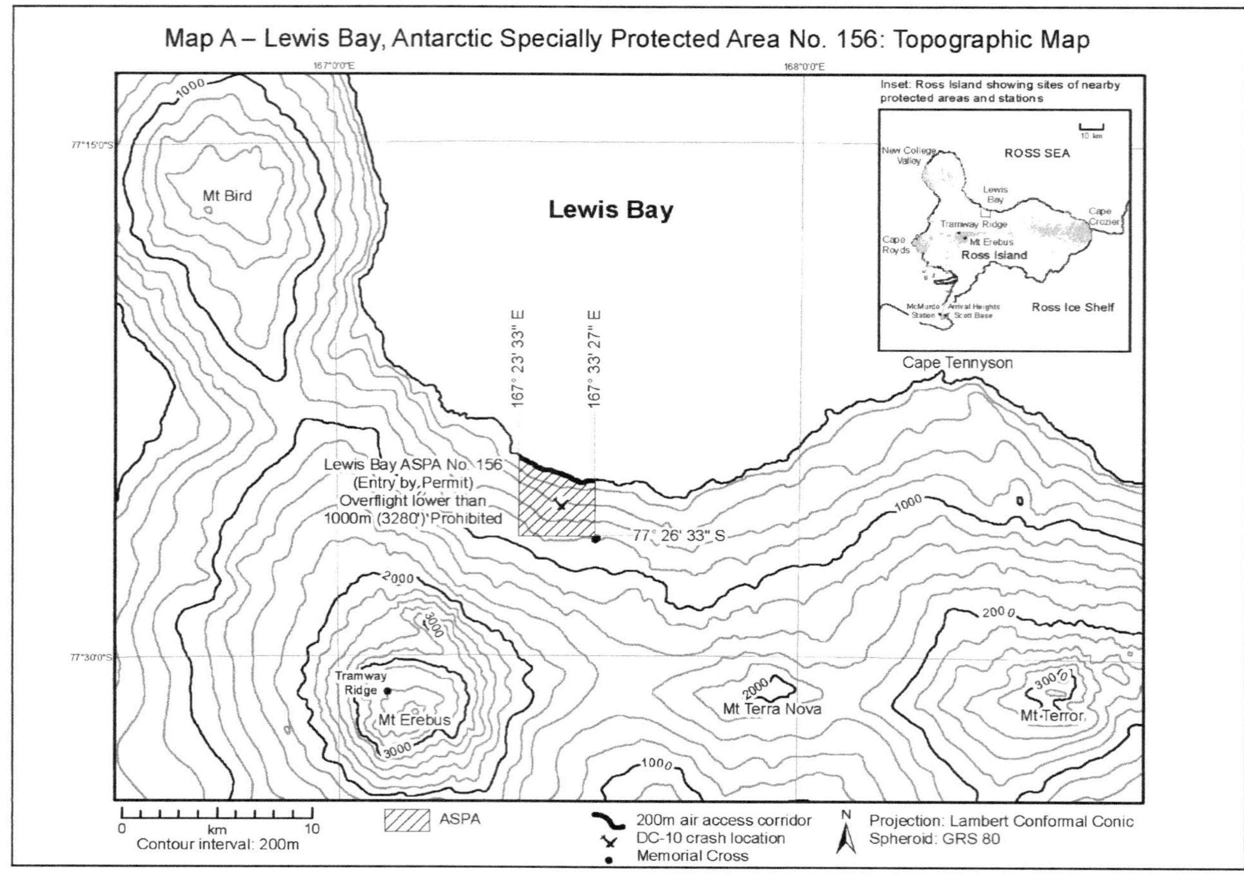
Map A – Lewis Bay, Antarctic Specially Protected Area No. 156: Topographic Map
167°0'0"E
168°0'0"E
77°15'0"S
77°30'0"S
Inset: Ross Island showing sites of nearby protected areas and stations
ROSS SEA
New College Valley
Lewis Bay
Tramway Ridge
Mt Erebus
Ross Island
Cape Crozier
Cape Royds
McMurdo Station
Arrival Heights
Scott Base
Ross Ice Shelf
10 km
Mt Bird
Lewis Bay
167° 23' 33" E
167° 33' 27" E
Cape Tennyson
Lewis Bay ASPA No. 156
(Entry by Permit)
Overflight lower than
1000m (3280') Prohibited
77° 26' 33" S
1000
2000
3000
Tramway Ridge
Mt Erebus
Mt Terra Nova
Mt Terror
0
km
10
Contour interval: 200m
ASPA
200m air access corridor
DC-10 crash location
Memorial Cross
N
Projection: Lambert Conformal Conic
Spheroid: GRS 80

**ZAEP Nº 156 Bahía Lewis, Monte Erebus, Isla de Ross**

**Listado de leyendas Mapa A**

Mapa A - Bahía Lewis, Zona Antártica Especialmente Protegida Nº 156: Mapa topográfico
Bahía Lewis
Bahía Lewis, ZAEP Nº 156
Acceso con Permiso
Prohibido el sobrevuelo a menos de 1000 m (3280 pies)
Cresta Tramway
Monte Erebus
Monte Terra Nova
Monte Terror
Cabo Tennyson

Recuadro: Isla de Ross mostrando la ubicación de las zonas y estaciones protegidas en las cercanías
Mar de Ross
Valle de New College
Bahía Lewis
Cresta Tramway
Monte Erebus, Isla de Ross
Cabo Royds
Estación McMurdo
Altitud de entrada
Base de Scott
Barrera de hielo Ross
Cabo Crozier

Intervalo de contorno: 200 m
ZAEP
Corredor de acceso aéreo de 200 m
Lugar del accidente DC-10
Cruz conmemorativa
Proyección: cónica conforme de Lambert
Esferoide: GRS 80

# Plan de Gestión de la Zona Antártica Especialmente Protegida Nº 160

# ISLAS FRAZIER, ISLAS WINDMILL, TIERRA DE WILKES, ANTÁRTIDA ORIENTAL

## *Introducción*

Las islas Frazier consisten en un grupo de tres islas situadas a unos 16 km frente a la estación Casey, de Australia, en la Antártida oriental (véase el mapa A). Estas islas, donde se encuentra la mayor de solo cuatro zonas de cría conocidas de petreles gigantes del sur (*Macronectes giganteus*) en la costa de la Antártida continental, fueron designadas Zona Antártica Especialmente Protegida en virtud de la Medida 2 (2003) a fin de convertirlas en un refugio para estas aves. El plan de gestión para la Zona fue revisado con la Medida 13 (2008).

Tras su descubrimiento en 1955, las colonias de petreles gigantes del sur de las islas Frazier fueron visitadas de forma intermitente entre mediados de enero y fines de marzo, generalmente con el fin de anillar polluelos. En los casos en que las condiciones meteorológicas eran favorables se hicieron recuentos de los polluelos presentes, pero con frecuencia se limitaron a la isla Nelly. Por lo tanto, los primeros datos disponibles no ofrecen la información necesaria para analizar los posibles cambios en la situación de la población. En años más recientes se contaron los nidos ocupados, generalmente en las tres islas, en diciembre. Se observa que la población reproductora, especialmente en la isla Dewart, parece estar aumentando.

Fuera de las visitas para realizar observaciones de aves marinas, las islas Frazier han sido visitadas con muy poca frecuencia. Desde fines de los años cincuenta se ha efectuado una visita cada dos años en promedio (véase el Anexo 1). A mediados de los años ochenta se instituyó una estrategia formal de gestión a fin de reducir al mínimo la perturbación de las colonias reproductoras de petreles gigantes del sur en las proximidades de las estaciones antárticas australianas. La División Antártica Australiana restringió el acceso de los participantes en el Programa Antártico Australiano, de modo que se realizaran visitas para censos una vez cada tres a cinco años, e impuso controles administrativos estrictos para las visitas con otros fines. Este intervalo entre censos fue considerado como una fórmula conciliatoria apropiada entre el riesgo de perturbación de las aves reproductoras como consecuencia de las actividades de monitoreo y la necesidad de obtener datos sobre la población. Ahora se cree que sería conveniente realizar censos más frecuentes, si se hacen de forma apropiada, a fin de comprender mejor la situación de la población y sus tendencias.

El aparente aumento reciente de la población reproductora de petreles gigantes del sur de las islas Frazier, combinado con los aparentes efectos positivos de las medidas de protección vigentes, indica que se justifica continuar y formalizar la protección de las colonias reproductoras de petreles gigantes del sur. La protección y la vigilancia a largo plazo de los petreles gigantes del sur en las islas Frazier contribuirán a la formulación de estrategias regionales y mundiales apropiadas para la conservación de la especie y proporcionarán información que permitirá efectuar comparaciones con poblaciones de otros lugares.

El presente plan de gestión revisado reafirma los valores de la designación original y se condice con el Anexo V del Protocolo sobre Protección del Medio Ambiente.

## *1. Descripción de los valores para proteger*

La Zona ha sido designada con el fin primordial de proteger la colonia reproductora de petreles gigantes del sur, la mayor que se conoce en la Antártida continental.

A fines de los años ochenta se calculaba que la población reproductora mundial de petreles gigantes del sur ascendía a 38.000 parejas. Análisis recientes de datos de tendencias para la población global en las últimas tres generaciones (64 años) aportan una estimación optimista con un aumento del 17% y pesimista, con una disminución del 7,2%; disminuciones que no se acercan al umbral de clasificación como Vulnerable según la lista roja de especies amenazadas de la UICN y las especies han bajado en la clasificación de Casi amenazada a Menos afectada (BirdLife International, 2012).

El petrel gigante del sur está en el Anexo 1 del Acuerdo sobre la Conservación de Albatros y Petreles (ACAP), convenio multilateral que procura conservar los albatros y petreles mediante la coordinación de la actividad internacional para mitigar las amenazas conocidas para su población, y en el Anexo II del Convenio sobre la conservación de las especies migratorias de animales silvestres.

En la Antártida oriental, los petreles gigantes del sur se ven con poca frecuencia porque están en el límite meridional de su área de distribución. Según el cálculo más reciente, en 2011 la población total de las islas Frazier ascendía a 274 parejas reproductoras. Hay colonias en las tres islas del grupo (Nelly, Dewart y Charlton), y la mayor está en la isla Dewart. En 2011, se instalaron temporalmente cámaras automáticas en la Isla Nelly para establecer la cronología de la reproducción y el éxito de la misma en los petreles gigantes del sur (Mapa B).

Las islas Frazier son solo una de las cuatro zonas de cría conocidas de petreles gigantes del sur en la costa de la Antártida continental y el único sitio conocido en casi 3.000 km de costa entre la estación Davis y Dumont d'Urville. Las otras tres colonias reproductoras continentales están cerca de las estaciones australianas Mawson (isla Giganteus, islas Rookery, ZAEP Nº 102) y Davis (isla Hawker, ZAEP Nº 167) y de la estación francesa Dumont d'Urville (archipiélago Punta Géologie, ZAEP Nº 120). Los petreles gigantes del sur del continente antártico representan menos del 1% de la población reproductora mundial. Se calcula que la población actual en la Antártida continental asciende a unas 300 parejas, con 2-4 pares en isla Giganteus (2007), unas 45 parejas en la isla Hawker (2010), 8-9 parejas en el archipiélago Punta Géologie (Tierra Adelia) (2005) y 237 parejas en las islas Frazier (2011). Sin embargo, observaciones incidentales en la costa cerca de la estación Mawson indican que puede haber colonias adicionales que todavía no se han descubierto.

En la Zona también encontramos colonias reproductoras de pingüinos Adelia y varias especies más de aves voladoras.

## 2. Finalidades y objetivos

La gestión de las islas Frazier tiene las siguientes finalidades:

- reducir al mínimo la perturbación humana de las colonias reproductoras de petreles gigantes del sur con el propósito de facilitar más la protección de la población en la naturaleza;
- conservar las islas Frazier como zona de referencia para estudios comparativos futuros con otras poblaciones reproductoras de petreles gigantes del sur; y
- reducir al mínimo la posibilidad de introducción de plantas, animales y microbios no autóctonos en las islas Frazier.

## 3. Actividades de gestión

Las siguientes actividades de gestión deben ser realizadas para proteger los valores de la Zona:

- se deberán permitir las visitas de investigación para evaluar los niveles y las tendencias de población de la colonia de petreles gigantes del sur y/u otra fauna. En la medida de lo posible, se dará prioridad a las actividades y metodologías que minimicen la perturbación a la colonia reproductora (p. j. uso de cámaras automáticas);

- cuando se posible, la Zona se visitará fuera de la temporada de reproducción de los petreles gigantes del sur (i.e. durante el periodo entre mediados de abril y mediados de septiembre), según sea necesario, para determinar si la Zona continúa sirviendo a los fines para los cuales ha sido designada y cerciorarse de que las medidas de gestión sean adecuadas;
- Se preparará material informativo sobre la ubicación de la Zona y las restricciones que se apliquen, que se colocará en un lugar bien visible de la estación Casey, donde se dispondrá también de copias de este plan de gestión. El material informativo y el plan de gestión deberá entregarse a los barcos que visiten las inmediaciones;
- el Plan de Gestión se revisará por lo menos cada cinco años y se actualizará/modificará en función de las necesidades.

## 4. Periodo de designación

La designación abarca un período indeterminado.

## 5. Mapas

Mapa A: Zonas Antárticas Especialmente Protegidas, Islas Windmill, Antártida Oriental

Mapa B: Zona Antártica Especialmente Protegida Nº 160, de las islas Frazier, con topografía y distribución de las aves.

Especificaciones cartográficas:

Proyección: UTM Zona 49

Datum Horizontal: WGS84

## 6. Descripción de la Zona

### 6(i) Coordenadas geográficas, indicadores de límites y características naturales

*Descripción general*

Las islas Frazier están a 66°14'S de latitud y 110°10'E de longitud (mapa A). Las tres islas (Nelly, Dewart y Charlton) están en la parte oriental de la bahía Vincennes, a unos 16 km al oesnoroeste de la estación Casey. La isla Nelly, la mayor de las tres (con una superficie de alrededor de 0,35 km$^2$), tiene este nombre debido a la presencia de varias colonias de petreles gigantes del sur (que en inglés se conocen también como "nellies"). La Zona abarca toda la parte terrestre de las tres islas, con el límite marino situado en la marca de la marea baja (mapa B). La superficie total de la Zona Antártica Especialmente Protegida es de 0,6 km$^2$, aproximadamente. No hay señalizadores de límites.

*Petreles gigantes del sur*

La temporada de cría de los petreles gigantes del sur en las islas Frazier generalmente comienza entre finales de octubre y mediados de noviembre, y concluye a finales de abril con la partida de las aves hacia el norte cuando comienza el invierno. Los polluelos anillados de las islas Frazier se dispersan por todo el hemisferio sur y se han encontrado en Nueva Zelandia, América del Sur, la Isla de Pascua y Sudáfrica dentro de los nueve meses siguientes a la partida.

A mediados de los años ochenta se implementó una estrategia de gestión para todas las zonas de cría de petreles gigantes del sur en las proximidades de las estaciones australianas a fin de reducir al mínimo la perturbación causada por el hombre. Antes, la División Antártica Australiana restringió las visitas para censos a una vez cada tres a cinco años, e impuso controles administrativos estrictos para todas las demás visitas. Este nivel de visitas fue considerado como una fórmula conciliatoria apropiada entre el riesgo de perturbación de las aves y la necesidad de obtener datos significativos sobre la población. Sin embargo, este régimen de gestión tuvo un impacto en el nivel de visitas necesario para evaluar los niveles de población (y las tendencias) y no pareció beneficiar significativamente el éxito reproductivo de los petreles gigantes del sur. Con el desarrollo de nuevas tecnologías (como las cámaras automáticas), ahora puede obtenerse información detallada con poca o nula presencia humana durante el periodo de cría.

En diciembre de 2011 se observaron 80 parejas reproductoras en la isla Nelly, incluidas dos aves anilladas, 130 parejas reproductoras en la isla Dewart y 27 en la isla Charlton. Las cuatro cámaras automáticas instaladas temporalmente en la isla Nelly ayudarán a establecer/entender parámetros clave de la cría (Mapa B).

*Otras aves*

En la isla Nelly se encuentra la comunidad más grande y variada de aves de las tres islas y existen registros que indican que anidan petreles de las nieves (*Pagodroma nivea*), petreles dameros (*Daption capense*), petreles antárticos (*Thalassoica antarctica*), petreles de Wilson (*Oceanites oceanicus*), fulmares australes (*Fulmarus glacialoides*) y skúas antárticas (*Catharacta maccormicki*). También se han observado nidos de skúas antárticas en la isla Dewart (Anexo 2, mapa B).

En 1961-1962 se notificó la presencia de 100 nidos de pingüinos Adelia (*Pygoscelis adeliae*) en una colonia de la isla Nelly. Durante la temporada 1989-1990 se observaron tres colonias en la cresta noroeste de la isla Nelly, con un total de 554 nidos. El aumento corresponde al observado en la mayoría de las demás poblaciones de pingüinos Adelia en la región de las islas Windmill de 1959-1960 a 1989-1990. Se calcula que en la temporada 2001-2002 anidaban alrededor de 1.000 parejas en la isla Nelly. Una breve inspección de las colonias de pingüinos Adelia realizada en 2005-2006 sugería que la población reproductora continúa aumentando.

*Mamíferos marinos*

Los avistajes de mamíferos marinos en las islas Frazier de los cuales se ha dejado constancia son escasos. En 1968 se observaron tres focas de Weddell (*Leptonychotes weddellii*) en un témpano entre las islas Nelly y Dewart. También se ha avistado una orca (*Orcinus orca*) frente a las islas, y a finales de 2011 se avistó un grupo grande de orcas. En la temporada 2001-2002 se avistaron algunas focas leopardo (*Hydrurga leptonyx*) en el hielo marino cerca de la isla Nelly y un número pequeño de focas de Weddell en el hielo marino cerca de las islas Frazier (Anexo 2).

*Vegetación*

La vegetación documentada en la isla Nelly abarca por lo menos 11 especies, entre ellas los líquenes *Buellia frigida, Usnea antarctica, Rhizoplaca melanophthalma y Candelariella flava*, el alga terrestre *Prasiola crispa*, una corteza verde indeterminada que se cree que consiste en "una mezcla de hifas de hongos y de alga verde *Desmococcus olivaceus*", y varias especies de algas de nieve, entre ellas *Chlorococcum sp., Chloromonas polyptera, Chlorosarcina antarctica y Prasiococcus calcarius* (Anexo 2). No se han publicado informes de la presencia de invertebrados terrestres en las islas Frazier, pero no se han realizado estudios al respecto.

*Características geológicas y geografía*

La topografía de las islas Frazier se caracteriza por acantilados que caen a pique al mar. El pico más alto de la isla Nelly tiene unos 65 metros de altura. Tanto en la isla Nelly como en la isla Dewart hay un valle amplio en forma de herradura, cubierto de hielo.

Las características geológicas de las islas Frazier son típicas del grupo de islas Windmill. Consisten en capas de esquistos y gneis finamente crenulados de rocas metamórficas de las islas Windmill. Las características geológicas de las islas Frazier son el producto de dos fases de metamorfosis en 1400-1310 Ma y alrededor de 1200 Ma de rocas volcánicas preexistentes, grauwaka y pizarra. En la isla Nelly hay acantilados empinados de biotita y gneis. En el valle en forma de herradura de la isla Nelly, por debajo de la curva de nivel de 30 metros, hay un errático de arenisca roja. Las estrías glaciales muy pulidas de los gneis constituyen un indicio de glaciación reciente e indican la dirección anterior del flujo de hielo de 265° y 280° T.

*Clima*

El clima de las islas Frazier es característico de las islas Windmill y otros lugares de la costa antártica de la región. En la estación Casey, a 16 kilómetros al estesudeste del grupo de islas Frazier, la temperatura media es 0,3°C en el mes más cálido y –14,9°C en el mes más frío. Las precipitaciones son escasas y, debido al albedo de las superficies rocosas expuestas, hay áreas que permanecen sin hielo y ofrecen a la avifauna lugares propicios para anidar.

*Análisis ambiental de dominios*

Las islas Frazier Islands no están clasificadas de acuerdo con el Análisis ambiental de dominios para la Antártida (Resolución 3 (2008)).

*Regiones Biogeográficas de Conservación de la Antártida*

Según las Regiones Biogeográficas de Conservación de la Antártida (Resolución 6 (2012)), la islas Frazier se encuentran en la Región Biogeográfica 7 Antártida Oriental.

**6(ii) Acceso a la Zona**

Dependiendo del estado del hielo marino, el acceso a las inmediaciones de las islas Frazier puede hacerse por embarcación pequeña, de acuerdo con la sección 7(ii) del presente Plan. Las condiciones del hielo marino suelen ser demasiado inestables para el acceso con vehículos.

**6(iii) Ubicación de las estructuras dentro y adyacentes a la Zona**

No hay estructuras permanentes dentro ni adyacentes a la Zona y no se erigirá ninguna. En el momento de redactar el presente documento hay cuatro cámaras automáticas instaladas temporalmente cerca de la colonia de petreles gigantes del sur, con fines de control continuado de la población (Mapa B).

**6(iv) Localización de otras zonas protegidas en las cercanías**

Las siguientes Zonas Protegidas están en la costa Budd, cerca de las islas Frazier (véase el Mapa A):

- ZAEP Noº 135, nordeste de la Península Bailey (66°17'S, 110°32'E), a unos 16 km al estesureste;
- ZAEP Nº 136, península Clark (66°15'S, 110°36'E), a unos 15 km al estesureste; y
- ZAEP Nº 103, islas Ardery y Odbert (66°22'S, 110°30'E), a unos 20 km al sureste.

**6(v) Áreas especiales en la Zona**

No hay áreas especiales en la Zona.

## 7. Términos y condiciones para permisos de entrada

**7(i) Condiciones generales para la expedición de permisos**

Se prohíbe el acceso a la Zona excepto con un permiso expedido por una autoridad nacional competente. Las condiciones para la expedición de permisos para acceder a la Zona son las siguientes:

- el permiso se expedirá con fines científicos convincentes que no puedan realizarse en otro sitio, o con fines fundamentales para la gestión de la Zona;
- las acciones permitidas serán de conformidad con este Plan de Gestión;

- las actividades permitidas deberán tomar en consideración, mediante el proceso de evaluación del impacto medioambiental, la protección continuada de los valores medioambientales de la Zona;
- el permiso tendrán un plazo de validez expreso; y
- se deberá llevar el permiso dentro de la Zona.

La autoridad que expida el permiso podrá imponer otras condiciones acordes con los objetivos y las disposiciones del plan de gestión. El titular principal de cada permiso deberá presentar a la autoridad que expida el mismo un informe de la visita en el cual se detallen todas las actividades realizadas en la Zona y se incluyan todos los datos censales obtenidos durante la visita.

**7(i) Acceso a la Zona y circulación dentro de la misma**

- Se prohíben los vehículos en la Zona y todos los desplazamientos deberán hacerse a pie.
- El único medio permitido para llegar a las islas Frazier es por embarcación. Las embarcaciones utilizadas para visitar las islas deberán dejarse en la costa y los desplazamientos por la Zona serán a pie únicamente. Sólo las personas que deban realizar tareas científicas o de gestión en la Zona podrán desplazarse fuera del lugar de desembarco;
- En todo desplazamiento dentro de la Zona deberá mantenerse la distancia mínima para la aproximación a las aves en los nidos especificada en el Anexo 3. Las personas no podrán acercarse más de lo necesario para obtener datos censales o biológicos de petreles gigantes del sur en los nidos y en ningún caso podrán acercarse a menos de 20 metros;
- A fin de perturbar menos a la fauna, el ruido, incluido el de la comunicación verbal, deberá mantenerse en un mínimo. Se prohíbe en la Zona el uso de herramientas de motor y cualquier otra actividad que probablemente genere ruido y perturbe así a las aves en los nidos durante la temporada de cría de los petreles gigantes del sur (del 1 de octubre al 30 de abril);
- El aterrizaje de aeronaves en la Zona está prohibido en todo momento; y
- Las condiciones del hielo marino suelen ser demasiado inestables para permitir aterrizajes de aeronaves; no obstante, podrá expedirse un permiso para el aterrizaje de un helicóptero de un solo motor junto a la Zona con fines exclusivamente científicos o de gestión y cuando las condiciones del hielo marino sean adecuadas, y sólo si puede demostrarse que la perturbación será mínima, a una distancia de no menos de 930 metros de toda colonia reproductora de aves o focas (a excepción de emergencias). Sólo las personas que deban realizar alguna tarea en la Zona podrán abandonar el helicóptero;
- Está prohibido sobrevolar las islas durante la temporada de cría, excepto cuando sea fundamental por fines científicos o de gestión. En ese caso, los vuelos deberán ser a una altura de más de 930 m para helicópteros de un solo motor y aeronaves de ala fija, y superior a los 1.500 m para los helicópteros de dos motores;
- La ropa (especialmente todo el calzado) y el equipo de campaña deberán limpiarse minuciosamente antes de entrar en la Zona.

**7(iii) Actividades que se pueden llevar a cabo en la Zona**

Podrán expedirse permisos para acceder a la Zona durante el período en que los petreles gigantes del sur no se reproducen (del 1 de mayo al 30 de septiembre), para investigaciones científicas urgentes que no puedan realizarse en otro lugar o con fines de gestión esenciales que sean compatibles con los objetivos y las disposiciones del presente plan de gestión. Se expedirán permisos únicamente para investigaciones que no pongan en peligro los valores ecológicos o científicos de la Zona y que no interfieran con estudios científicos en curso.

Se podrán expedir permisos para entrar en la Zona durante el período de reproducción de los petreles gigantes del sur (del 1 de octubre al 30 de abril) a fin de realizar censos. La autoridad que expide el permiso deberá remitirse a la disposición del primer punto de la sección 3 del presente plan de gestión. Siempre que sea posible, los censos se harán desde fuera de las colonias de petreles gigantes. En la mayoría de los casos, hay lugares estratégicos desde donde se pueden contar los petreles en los nidos. El acceso a la Zona debería limitarse al tiempo y al personal mínimo necesario y razonable para realizar el censo. Los operadores de lanchas y demás personal de apoyo deberán permanecer en el sitio de desembarco por razones de seguridad.

**7(iv) Instalación, modificación o desmantelamiento de estructuras**

- No se erigirán estructuras nuevas en la Zona, ni se instalarán equipos científicos, a excepción de cuando se haga por motivos científicos o de gestión ineludibles y para un periodo de tiempo preestablecido que se especificará en un permiso.
- Están prohibidas las estructuras o instalaciones permanentes, a excepción de los marcadores permanentes de los lugares donde se han hecho reconocimientos.
- Todos los marcadores, estructuras o equipos científicos que se instalen en la Zona deberán estar claramente identificados con el nombre del país, el nombre del investigador principal o la agencia, el año de instalación y la fecha prevista de desmantelamiento.
- Todos estos artículos deberían estar sin organismos, propágulos, (ej.: semillas, huevos) y tierra no estéril, y deben estar hechos de materiales que puedan soportar las condiciones medioambientales y presenten un riesgo mínimo de contaminación de la Zona.
- La instalación (incluida la elección del sitio), mantenimiento, modificación o desmantelamiento de estructuras y equipamiento debe ser realizada en una forma que reduzca la afectación a los valores de la Zona.
- Todas las estructuras e instalaciones temporales deberán retirarse cuando no sean necesarios, o cuando caduque el permiso, lo que acontezca antes.
- La retirada de las estructuras o los equipos para lo que el permiso haya caducado será responsabilidad de la autoridad que expidió el permiso original y será una condición de dicho permiso.

**7(v) Ubicación de los campamentos**

Se prohíbe acampar dentro de la Zona excepto en una emergencia.

**7(v) Restricciones relativas a los materiales y organismos que puedan introducirse en la Zona**

Además de los requisitos del Protocolo de Protección del Medio Ambiente del Tratado Antártico, las restricciones sobre los materiales y organismos que se pueden introducir en la Zona son:

- Se prohíbe la introducción deliberada de animales vivos, material de plantas, microorganismos y tierra no estéril en la Zona. Deben tomarse precauciones para prevenir la introducción accidental de animales, material de plantas, microorganismos y tierra no estéril de otras zonas distintas biológicamente (dentro o fuera de la zona del Tratado Antártico).
- No podrán introducirse productos avícolas, como comida deshidratada que contenga huevo en polvo.
- No se almacenará combustible ni ningún otro producto químico en la Zona. Las lanchas podrán reaprovisionarse de combustible.
- En los sitios de la costa donde está permitido desembarcar. Está permitido llevar una cantidad pequeña de combustible para un calentador para situaciones de emergencia y manejarse de manera que se minimice el riesgo de su introducción accidental en el ambiente. Cualquier producto químico que se introduzca con los fines científicos especificados en el permiso deberá ser retirado de la Zona cuando concluya la actividad para la cual se haya expedido el permiso o con anterioridad. Queda prohibido el uso de radionúclidos o isótopos estables:

- todo el material que se introduzca en la Zona podrá permanecer durante un período determinado únicamente y deberá ser retirado cuando concluya dicho período:
- tampoco se introducirán en la Zona ni herbicidas ni pesticidas.

**7(vii) Recolección de ejemplares de la flora y fauna autóctonas o intromisión perjudicial**

Está prohibida la toma de ejemplares de la flora o fauna autóctonas y la intromisión perjudicial en ellas, excepto con un permiso otorgado específicamente de conformidad con el Artículo 3 del Anexo II al Protocolo al Tratado Antártico sobre Protección del Medio Ambiente.

Deberá evitarse la perturbación de los petreles gigantes del sur en todo momento. Los visitantes deberían prestar atención a los cambios en el comportamiento de la fauna, especialmente los cambios de postura o de vocalización. Si las aves muestran signos de querer abandonar el nido, todos los presentes deberán retroceder de inmediato.

**7(viii) Toma o traslado de cualquier cosa que el titular del permiso no haya llevado a la zona**

Se podrá recolectar o retirar material de la Zona únicamente de conformidad con un permiso y dicho material deberá limitarse al mínimo necesario para fines de índole científica o de gestión.

El material de origen humano que pudiera comprometer los valores de la Zona y que no haya sido introducido en la misma por el titular del permiso o que no esté autorizado podrá ser retirado salvo que el impacto ambiental de su extracción pueda ser mayor que el efecto de dejar el material *in situ*, Si se encuentra material de ese tipo, se deberá notificar a la autoridad nacional apropiada. En los casos en que sea posible se deberán documentar tales hallazgos con fotografías que se incluirán en el informe de la visita del sitio.

**7(ix) Eliminación de desechos**

No se podrán depositar ni dejar desechos en la Zona, incluidos los desechos de origen humano.

**7(x) Medidas necesarias para que se puedan seguir cumpliendo los objetivos y las finalidades del plan de gestión**

Por lo menos una vez cada cinco años deberá realizarse un censo de petreles gigantes del sur. Durante estas visitas podrán efectuarse censos de otras especies siempre que no se ocasione una perturbación adicional a los petreles gigantes del sur.

Todos los datos de GPS que se obtengan en relación con sitios específicos donde se realicen actividades de control a largo plazo deberán comunicarse al Directorio Maestro Antártico por medio de la autoridad nacional competente.

**7(xi) Requisitos relativos a los informes**

Las partes deberán garantizar que el titular principal de cada permiso expedido presenta a las autoridades nacionales competentes un informe de las actividades llevadas a cabo. Estos informes deben incluir, según corresponda, la información señalada en el formulario para informes de visitas incluido en la *Guía para la preparación de los Planes de gestión para las Zonas Antárticas Especialmente Protegidas*. Las Partes deberán llevar un registro de dichas actividades y, en el intercambio anual de información, presentar descripciones resumidas de las actividades realizadas por las personas bajo su jurisdicción, suficientemente pormenorizadas como para que se pueda determinar la eficacia del Plan de Gestión. También siempre que sea posible las Partes deberán depositar el informe original o copias en un archivo de acceso público, a fin de llevar un registro de su uso en vistas a cualquier revisión del Plan de Gestión y para la organización del uso científico de la Zona. Se deberá enviar una copia del informe a la Parte encargada del desarrollo del Plan de Gestión a fin de facilitar la gestión de la Zona y el control de las poblaciones de aves. Además, los informes de las visitas deberán contener información detallada sobre el censo, la ubicación de cualquier colonia o nidos nuevos que no se hayan observado anteriormente, un resumen breve de las conclusiones de la investigación y copias de las fotografías tomadas de la Zona.

## *8. Bibliografía*


Agreement on the Conservation of Albatrosses and Petrels. 2012. ACAP Species assessment: Southern Giant Petrel *Macronectes giganteus*. Downloaded from http://www.acap.aq on 25 September 2012.

ANARE (1968) Unpublished data. Birdlife International (2000) *Threatened birds of the world*. Barcelona and Cambridge U. K: Lynx Edicions and Birdlife International.

BirdLife International (2012) *Macronectes giganteus*. In: IUCN 2012. IUCN Red List of Threatened Species. Version 2012.2. Downloaded from www.iucnredlist.org on 21/11/2012.

BirdLife International (2012) Species factsheet: *Macronectes giganteus*. Downloaded from http://www.birdlife.org on 26/09/2012.

Blight, D.F., Oliver, R. L. Aspects of the Geologic History of the Windmill Islands, Antarctica in Craddock C. (ed.) (1982) *Antarctic Geoscience*. University of Wisconsin Press, Madison: 445-454.

Cooper, J., Woehler, E.J., Belbin, L. (2000) Guest editorial. Selecting Antarctic Specially Protected Areas: Important Bird Areas can help. *Antarctic Science* 12: 129.

Cowan, A.N. (1981) Size variation in the snow petrel. *Notornis* 28: 169-188. Cowan, A.N. (1979) giant petrels at Casey. *Australian Bird Watcher* 8: 66-67.

Creuwels, J.C.S., Stark, J.S., Woehler, E.J., Van Franeker, J.A., Ribic, C.A. (2005) Monitoring of a Southern giant petrel Macronectes giganteus population on the Frazier Islands, Wilkes Land, Antarctica. *Polar Biology* 28:483–493

Croxall, J.P., Steele, W.K., McInnes, S.J., Prince, P.A. (1995) Breeding Distribution of the snow petrel *Pagodroma nivea. Marine Ornithology* 23: 69-99.

Environment Australia (2001) *Recovery Plan for Albatrosses and Giant Petrels*. Prepared by Wildlife Scientific Advice, Natural Heritage Division in consultation with the Albatross and Giant Petrel Recovery Team, Canberra.

Environmental Code of Conduct for Australian Field Activities, Australian Antarctic Division.

Garnett, S.T., Crowley, G.M. (2000) *The Action Plan for Australian Birds 2000*. Commonwealth of Australia, Environment Australia, Canberra

Goodwin, I.D. (1993) Holocene Deglaciation, Sea-Level Change, and the Emergence of the Windmill Islands, Budd Coast, Antarctica. *Quaternary Research* 40: 70-80.

Ingham, S.E. (1959) Banding of Giant Petrels by the Australian National Antarctic Research Expeditions, 1955-58. *Emu* 59: 189-200.

IUCN (2001) *IUCN Red List Categories: Version 3.1*. Prepared by the IUCN Species Survival Commission. IUCN, Gland, Switzerland and Cambridge, UK.

Jouventin, P., Weimerskirch, H. (1991) Changes in the population size and demography of southern seabirds: management implications. In: Perrins, C.M., Lebreton, J.-D. and Hirons, G.J.M. *Bird population studies: Relevance to conservation and management*. Oxford University Press: 297-314.

Law, P. (1958) Australian Coastal Exploration in Antarctica. *The Geographical Journal* CXXIV: 151-162.

Mackinlay, S.J. (1997) *A Management Zoning System for Casey Station and the Windmill Islands, East Antarctica*. Project report for the MAppSc degree in Environmental Management, School of Geography, University of New South Wales.

Melick, D.R., Hovenden. M.J., Seppelt, R.D. (1994) Phytogeography of bryophyte and lichen vegetation in the Windmill Islands, Wilkes Land, Continental Antarctica. *Vegetatio* 111: 71-87.

Micol, T., Jouventin, P. (2001) Long-term population trends in seven Antarctic seabirds at Point Géologie (Terre Adélie): Human impact compared with environmental change. *Polar Biology* 24: 175-185.

Murray, M.D. (1972) Banding Giant Petrels on Frazier Islands, Antarctica. *The Australian Bird Bander* 10(3): 57-58.

Murray M.D., Luders D.J. (1990) Faunistic studies at the Windmill Islands, Wilkes Land, East Antarctica, 1959-80. *ANARE Research Notes* 73: 1-45.

Orton, M.N. (1963) A Brief Survey of the Fauna of the Windmill Islands, Wilkes Land, Antarctica. *Emu* 63: 14-22.

Orton, M.N. (1963) Movements of young giant petrels bred in Antarctica. *Emu* 63: 260.

Patterson D.L., Woehler, E.J., Croxall, J.P., Cooper, J., Poncet, S., Fraser, W.R. (2008) Breeding distribution and population status of the northern giant petrel *Macronectes halli* and the southern giant petrel *M. giganteus*. *Marine Ornithology*.

Paul, E., Stüwe, K., Teasdale, J., Worley, B. (1995) Structural and metamorphic geology of the Windmill Islands, east Antarctica: field evidence for repeated tectonothermal activity. *Australian Journal of Earth Sciences* 42: 453-469.

Robertson, R. (1961) Geology of the Windmill Islands, Antarctica. *IGY Bulletin* 43: 5-8.

van den Hoff, J. (2011) Recoveries of juvenile giant petrels in regions of ocean productivity: Potential implications for population change. *Ecosphere* No 2(7).

van Franeker, J.A., Gavrilo, M., Mehlum, F., Veit, R.R., Woehler E.J. (1999) Distribution and Abundance of the Antarctic Petrel. *Waterbirds: The International Journal of Waterbird Biology*, Vol. 22, No 1: 14-28.

Wienecki, B., Leaper, R., Hay, I., van den Hoff, J. (2009) Retrofitting historical data in population studies: southern giant petrels in the Australian Antarctic Territory. Endangered Species Research Vol. 8: 157-164.

Woehler, E.J. (1990) Status of southern giant petrels at Casey. *ANARE News* 61: 18.

Woehler, E.J. (1991) Status and Conservation of the Seabirds of Heard and the McDonald Islands. In: Croxall, J.P. (ed.) Seabird Status and Conservation: A Supplement. *ICBP Technical Publication* No 11: 263-277.

Woehler E.J., Croxall J.P. (1997) The status and trends of Antarctic and subantarctic seabirds. *Marine Ornithology* 25: 43-66.

Woehler, E.J., Johnstone, G.W. (1991) Status and Conservation of the Seabirds of the Australian Antarctic Territory. In Croxall, J.P. (ed.) Seabird Status and Conservation: A Supplement. *ICBP Technical Publication* No 11: 279-308.

Woehler, E.J., Martin, M.R., Johnstone, G.W. (1990) The Status of Southern Giant Petrels *Macronectes giganteus* at the Frazier Islands, Wilkes Land, East Antarctica. *Corella* 14: 101-106.

Woehler, E.J. (2005) Southern giant petrels critically endangered in the Antarctic. World Birdwatch 27(3), 9.

Woehler, E.J. (2006) Status and conservation of the seabirds of Heard Island and the McDonald Islands. In: Green K & Woehler EJ (eds) *Heard Island, Southern Ocean Sentinel*. Surrey Beatty & Sons, Chipping Norton, pp 128-165.

Woehler, E.J., Riddle MJ & Ribic CA (2003) Long-term population trends in southern giant petrels in East Antarctica. In: Huiskes AHL, Gieskes WWC, Rozema J, Schorno RML, van der Vies SM & Wolff W (eds) Antarctic Biology in a global context. Backhuys Publishers, Leiden, pp 290-295.

Woehler, E.J., Cooper, J., Croxall, J.P., Fraser, W.R., Kooyman, G.L., Miller, G.D., Nel, D.C., Patterson, D.L., Peter, H-U, Ribic, C.A., Salwicka, K., Trivelpiece, W.Z., Weimerskirch, H. (2001) *A Statistical Assessment of the Status and Trends of Antarctic and Subantarctic Seabirds.* SCAR/CCAMLR/NSF, 43 pp.; Patterson *et al.* Breeding distribution and population status of the giant petrel; Woehler *et al.* "*Long-term population trends in southern giant petrels*".

Woehler, E.J., Riddle, M.J. (2003) *Long-term population trends in southern giant petrels in the Southern Indian Ocean.* Poster presented at 8th SCAR Biology Symposium 2001, Amsterdam.

Woehler, E.J., Slip, D.J., Robertson, L.M., Fullagar, P.J., Burton, H.R. (1991) The distribution, abundance and status of Adélie penguins *Pygoscelis adeliae* at the Windmill Islands, Wilkes Land, Antarctica. *Marine Ornithology* 19(1): 1-17.

Woehler, E.J., Cooper, J., Croxall, J.P., Fraser, W.R., Kooyman, G.L., Miller, G.D., Nel, D.C., Patterson, D.L., Peter, H-U, Ribic, C.A., Salwicka, K., Trivelpiece, W.Z., Wiemerskirch, H. (2001) A Statistical Assessment of the Status and Trends of Antarctic and Subantarctic Seabirds. SCAR/CCAMLR/NSF, 43 pp.

## *Anexo 1: Poblaciones de petreles gigantes del sur en las islas Frazier, Antártida*

Nota: En la medida de lo posible, cada una de las observaciones siguientes ha sido validada con un examen de los registros de datos primarios. Los comentarios indican los casos en que se encontraron diferencias respecto de los artículos publicados. Habría que examinar mejor cada observación antes de usar estos datos en análisis.

| Fecha | Isla Nelly | Isla Dewart | Isla Charlton | Fuente | Comentario |
|---|---|---|---|---|---|
| 21, 22 enero 1956 | 250 N | No se visitó | No se visitó | Datos inéditos: J Bunt 2008 nota personal; Law (1958) | Contados en 4 criaderos separados en partes más elevadas de la isla Nelly. Según las notas, la mayoría de los nidos contenían polluelos. Muchos de estos nidos podrían ser viejos. |
| 24-5 enero 1959 | 25 N | No se visitó | No se visitó | Datos inéditos: Bird log Magga Dan-Wilkes & Oates Land Voyage (Jan-Mar 1959); Datos inéditos: Biology report for Wilkes, (1959/60- 1960-61), R Penny. | No está claro si todas estas observaciones son de polluelos, pero Penny comenta que algunos eran polluelos. |
| 15 diciembre 1959 | 60 A | No se visitó | No se visitó | Datos inéditos: Biology report for Wilkes, Appendix F (1961) M. Orton; Creuwels et al. (2005) | Había otras 20 aves asociadas a estos nidos. |
| 12 febrero 1960 | 46 C | No se visitó | No se visitó | Datos inéditos: Biology report for Wilkes, (1959/60- 1960-61), R Penny; Datos inéditos: Biology report for Wilkes, Appendix F (1961) M. Orton. | Orton informa que había 47 polluelos en la isla Nelly, pero en realidad había 46 (Penny, 1960). |
| 15 diciembre 1960 | No se visitó | 60 N | No se visitó | Datos inéditos: Biology report for Wilkes, Appendix F (1961) M. Orton; Woehler et al. (1990); Creuwels et al. (2005) | 20 pájaros más se asociaron con nidos. Woehler et al. (1990) y Creuwels et al. (2005) han citado directamente el informe inédito de R. Penny. |
| 22 marzo 1961 | 34 C | 10 C | Datos inéditos | Datos inéditos: Biology report for Wilkes, Appendix F (1961) M. Orton; Datos inéditos: Biology: Giant petrel Wilkes report (1961); Creuwels et al. (2005) | Todos los polluelos observados en la isla Nelly estaban anillados. Solo un subconjunto de los polluelos observados en la isla Dewart estaba anillado. |
| 23 noviembre 1962 | 11 huevos | No se visitó | No se visitó | Datos inéditos: Davis and Mawson station biology log records (1962) | Este recuento parece haber sido de un subconjunto de la población. |
| 21 enero 1964 | 10 C | No se visitó | No se visitó | Datos inéditos: Wilkes station report, biology log records (1964), L.G. Murray | Se observaron aves en la cresta nordeste, donde había unos 20 nidos ocupados, y más en la parte más baja del lado sur de la cresta. Había muchos nidos viejos desocupados. |

| Fecha | Isla Nelly | Isla Dewart | Isla Charlton | Fuente | Comentario |
|---|---|---|---|---|---|
| 7 marzo 1968 | 72 | Datos inéditos | No se visitó | Datos inéditos: Bird Log Nella Dan (1967-8) Vol. 1; Shaughessey (1971); Murray & Luders (1990) | Este recuento representa el total de los cuatro criaderos encontrados en la isla Nelly. En las notas de campaña hay un mapa en el cual se indica su |
| 20, 21 enero 1972 | 52 C | 53 C | 10-20 N (reconocimiento aéreo solamente) | Murray (1972) | Reconocimiento terrestre principalmente para el anillado. De los 52 polluelos observados en la isla Nelly, 49 estaban anillados. De los 53 polluelos observados en la isla Dewart, 51 estaban anillados. Nótese que los recuentos citados en Murray y Luders (1990) son incorrectos. |
| 31 enero 1974 | 27 BC | Datos inéditos | Datos inéditos | Datos inéditos: Biology report for Casey (1974) A. Jones; Murray & Luders (1990); Woehler et al. (1990); Creuwels et al. (2005) | Al parecer, en todas las monografías sometidas a revisión científica externa se notificó un recuento incorrecto de un total de 76, pero solo 27 polluelos fueron anillados en esta temporada. |
| 13-17 febrero 1977 | 27 C | 43 C | Datos inéditos | Cowan (1979); Murray & Luders (1990); Woehler et al. (1990); Creuwels et al. (2005) | Al parecer, en todas las monografías sometidas a revisión científica externa se notificó un recuento incorrecto. Cowan es la referencia original, de la cual los datos pasaron directamente a una publicación sometida a revisión científica externa. |
| 25 enero 1978 | 48 C | 48 C | 6 C | Cowan (1979); Murray & Luders (1990); Woehler et al. (1990); Creuwels et al. (2005) | |
| 30 enero 2 febrero 1979 | 35 (método desconocido) | 46 (método desconocido) | 5 (método desconocido) | Murray & Luders (1990); Woehler et al. (1990); Creuwels et al. (2005) | La primera referencia a este trabajo se encuentra en Murray y Luders (1990), pero ellos no hicieron los recuentos originales. Para la isla Nelly, Woehler et al. (1990) and Creuwels et al. (2005) notifican un recuento de 37 polluelos, y no de 35 como se señala en Murray y Luders (1990). Es necesario investigar más para determinar qué cifra constituye el recuento correcto. No se han podido localizar los datos originales de K. de Jong. |

| Fecha | Isla Nelly | Isla Dewart | Isla Charlton | Fuente | Comentario |
|---|---|---|---|---|---|
| 18 enero 1980 | 43 C | 10 (método desconocido) | no se dispone de datos | Murray & Luders (1990); Woehler et al. (1990); Creuwels et al. (2005) | No se han podido localizar los datos originales. Creuwels et al. (2005) observan que los datos del censo de las islas Dewart y Charlton se confunden con los datos sobre anillado. |
| 28 y 29 noviembre 1983 | 63 NAO | 68 NAO | 9 NAO | Datos inéditos: Casey station report (1983); Woehler et al. (1990); Creuwels et al. (2005) | Woehler et al. (1990) realizaron el reconocimiento. |
| 25 y 26 enero 1984 | 52 (método desconocido | no se visitó | no se visitó | Woehler et al. (1990); Creuwels et al. (2005) | No se han podido localizar los datos originales. |
| 3, 6 marzo 1985 | 64 C | 69 C | no se dispone de datos | Woehler et al. (1990); Crewels et al. (2005) | No se han podido localizar los datos originales. |
| 14 febrero 1986 | 59 | 50 | 9 | Woehler et al. (1990); Creuwels et al. (2005) | No se puede atribuir el tipo de censo a ninguna isla. No se han podido localizar los datos originales. |
| 23 diciembre 1989 | 73 NAO | 106 NAO | 14 NAO | Woehler et al. (1990); Creuwels et al. (2005) | Los nidos aparentemente ocupados (NAO) podrían incluir un porcentaje de nidos no reproductores o con fracaso reproductivo (Creuwels et al. 2005). |
| 18 febrero 1996 | 11 C | no se visitó | no se visitó | Creuwels et al. (2005) | |
| 23 diciembre 1997 | 96 NAO | 104 NAO | 21 NAO | Creuwels et al. (2005) | Los nidos aparentemente ocupados (NAO) podrían incluir un porcentaje de nidos no reproductores o con fracaso reproductivo (Creuwels et al. 2005). |
| 26 diciembre | 95 NAO | 103 NAO | 17 NAO | Creuwels et al. (2005) | |
| 14 marzo 1999 | 66 C | 82 C | 11 C | Creuwels et al. (2005) | |
| 26 diciembre | 93 NAO | 135 NAO | 20 NAO | Creuwels et al. (2005) | |
| 14 diciembre | 100 ON | 149 ON | 25 ON | Datos inéditos: E.J. Woehler | |
| 12-13 diciembre 2011 | 80 ON | 130 ON | 27 ON | Datos inéditos: John Van den Hoff | 4 cámaras automáticas instaladas en la isla Nelly |

"A" = recuento de adultos, "NAO" = nidos aparentemente ocupados, "PA" = polluelos anidados, "P" = recuento de polluelos, "N" = recuento de nidos, "NO" = nidos ocupados

## *Anexo 2: Biota documentada en las islas Frazier*

| | Isla Nelly | Isla Dewart | Charlton |
|---|---|---|---|
| **Aves marinas** | | | |
| Pingüinos Adelia (*Pygoscelis adeliae*) | c.>1400 (2005) | | |
| Petrel Antártico (*Thalassoica* | P | | |
| Petrel damero (*Daption capense*) | P | P (2001) | P (2001) |
| Petrel de las nieves (*Pagodroma nivea*) | P | P | |
| Petrel gigante del sur (*Macronectes giganteus*) | 100N (2005) | 149N (2005) | 25N (2005) |
| Petreles de Wilson (*Oceanites oceanicus*) | P | | |
| Skúa antártica (*Catharacta maccormicki*) | 1N (2005) | 1N (2005) | |
| Fulmar austral (*Fulmarus glacialoides*) | P | P | |
| **Mamíferos** | | | |
| Foca leopardo (*Hydrurga leptonyx*) | X (2001) | | |
| Foca de Weddell (*Leptonychotes weddellii*) | X (2001) | | |
| Orca (*Orcinus orca*) | Grupo pequeño observado cerca de la isla (2005) | | |
| **Líquenes** | | | |
| *Buellia frigida* | R | | |
| *Usnea antarctica* | R | | |
| *Rhizoplaca melanophthalma* | R | | |
| *Candelariella flava* | R | R | |
| **Musgo** | | | |
| *Bryum pseudotriquetrum* | R | | |
| **Algas** | | | |
| Corteza verde indeterminada | F | | |
| *Prasiola crispa* | F | | |
| *Chlorococcum* sp. | F | | |
| *Chloromonas polyptera* | F | | |
| *Chlorosarcina antarctica* | R | | |
| *Prasiococcus calcarius* | F | | |

Se proporcionan datos de los censos de aves marinas reproductoras en los casos en que están disponibles. "P" indica aves marinas reproductoras de cuya presencia hay constancia pero no datos censales; "2001" indica observaciones realizadas en la visita de diciembre de 2001; "2005" indica observaciones realizadas en la visita de diciembre de 2005, "X" indica en la isla o cerca de ella; "N" indica recuento de nidos; "R" significa raro y "F"' indica frecuente. Datos recopilados de registros del Centro de Datos Antárticos de Australia, ANARE records 1968, Appendix 1, Melick et al. 1994, nota personal de R. Seppelt, nota personal de H. Ling, nota personal de E.J. Woehler, y datos inéditos de E.J. Woehler y F. Olivier (diciembre de 2001) y de E.J. Woehler (diciembre de 2005).

## *Anexo 3: Distancia mínima que debe mantenerse respecto de la fauna*

Al acercarse a la fauna de las islas Frazier o sus inmediaciones, deben mantenerse las distancias mínimas que se indican a continuación, salvo que se autorice una distancia menor en un permiso. Estas distancias son una guía y, si una actividad perturba a la fauna, habrá que mantener una distancia mayor.

| Especies | Distancia a que debe mantenerse (a pie) |
| --- | --- |
| Petreles gigantes | 100m |
| Otros pingüinos en colonias<br>Pingüinos en fase de muda<br>Focas con crías<br>Crías de focas solas<br>Petreles paloma y petreles en el nido<br>Skúas antárticas en el nido | 30m |
| Pingüinos en hielo marino<br>Focas adultas no reproductoras | 5m |

**Notas:**

1. Incluye petreles damero, petreles antárticos, petreles de Wilson, petreles de las nieves y fulmares australes.

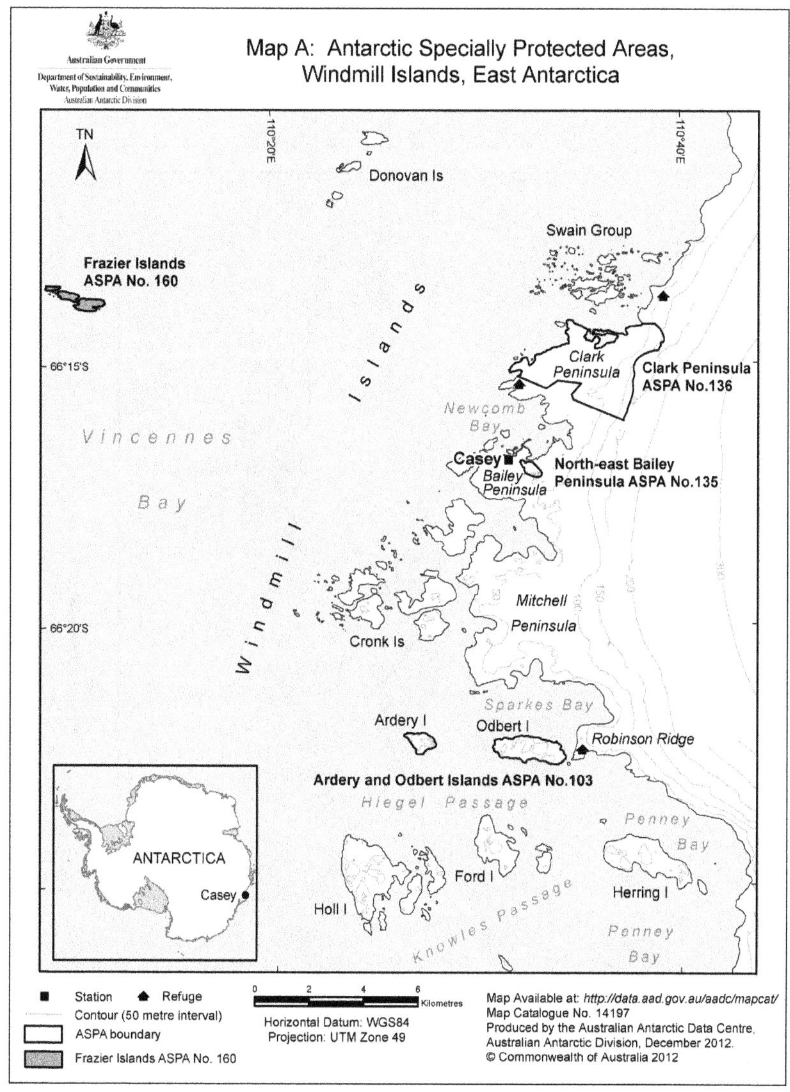
Australian Government
Department of Sustainability, Environment, Water, Population and Communities
Australian Antarctic Division
Map A: Antarctic Specially Protected Areas, Windmill Islands, East Antarctica
TN
110°20'E
110°40'E
Donovan Is
Swain Group
Frazier Islands ASPA No. 160
Windmill Islands
66°15'S
Clark Peninsula
Clark Peninsula ASPA No.136
Newcomb Bay
Vincennes Bay
Casey
Bailey Peninsula
North-east Bailey Peninsula ASPA No.135
Mitchell Peninsula
66°20'S
Cronk Is
Sparkes Bay
Ardery I
Odbert I
Robinson Ridge
Ardery and Odbert Islands ASPA No.103
Hiegel Passage
Penney Bay
ANTARCTICA
Casey
Ford I
Herring I
Holl I
Knowles Passage
Station
Refuge
Contour (50 metre interval)
ASPA boundary
Frazier Islands ASPA No. 160
0 2 4 6 Kilometres
Horizontal Datum: WGS84
Projection: UTM Zone 49
Map Available at: http://data.aad.gov.au/aadc/mapcat/
Map Catalogue No. 14197
Produced by the Australian Antarctic Data Centre, Australian Antarctic Division, December 2012.
© Commonwealth of Australia 2012

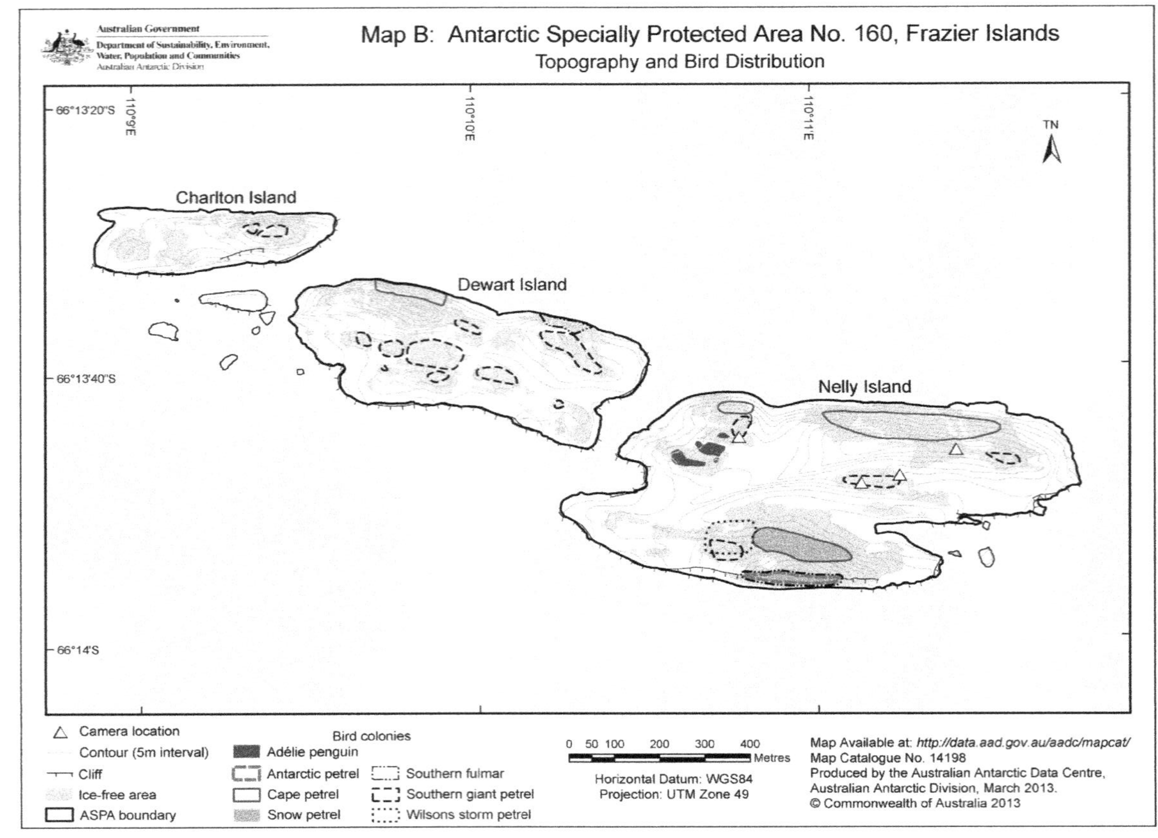
Australian Government
Department of Sustainability, Environment, Water, Population and Communities
Australian Antarctic Division
Map B: Antarctic Specially Protected Area No. 160, Frazier Islands
Topography and Bird Distribution
66°13'20"S
66°13'40"S
66°14'S
110°9'E
110°10'E
110°11'E
TN
Charlton Island
Dewart Island
Nelly Island
Camera location
Contour (5m interval)
Cliff
Ice-free area
ASPA boundary
Bird colonies
Adélie penguin
Antarctic petrel
Cape petrel
Snow petrel
Southern fulmar
Southern giant petrel
Wilsons storm petrel
0 50 100 200 300 400
Metres
Horizontal Datum: WGS84
Projection: UTM Zone 49
Map Available at: http://data.aad.gov.au/aadc/mapcat/
Map Catalogue No. 14198
Produced by the Australian Antarctic Data Centre, Australian Antarctic Division, March 2013.
© Commonwealth of Australia 2013

# Zona Antártica Especialmente Protegida (ZAEP) Nº 161

# BAHÍA TERRA NOVA, MAR ROSS

## 1. Descripción de los valores sujetos a protección

Italia ha presentado una propuesta de Zona Antártica Especialmente Protegida para la Bahía Terra Nova, un área marina costera de 29,4 km$^2$ de extensión situada entre la Cala Adelia y Bahía Thetis, basándose en que se trata de una zona litoral importante para sólidas investigaciones científicas a largo plazo. La Zona está confinada a una estrecha franja de aguas con una extensión de aproximadamente 9,4 km de longitud inmediatamente hacia el sur de la estación Mario Zucchelli (MZS) y hasta un máximo de 7 km desde la orilla. Ninguna actividad de cosecha de recursos marinos se ha realizado, se realiza actualmente ni está previsto que se realice dentro del Área ni en sus proximidades. El sitio normalmente permanece sin hielo en verano, lo que es raro en las áreas costeras de la región del Mar Ross, lo que la convierte en un lugar ideal y accesible para investigar las comunidades bentónicas de la región próximas a la costa. En la Bahía Terra Nova, se ha llevado a cabo una exhaustiva investigación ecológica marina desde 1986/87 que ha contribuido sustancialmente a nuestra comprensión de estas comunidades, de las que no existía una buena descripción hasta entonces.

La gran diversidad a nivel de especies y de comunidades otorga a esta Zona un gran valor científico y ecológico. Algunos estudios han revelado un complejo conjunto de congregaciones que a menudo coexisten en mosaicos (Cattaneo-Vietti, 1991; Sarà *et al.*, 1992; Cattaneo-Vietti *et al.*, 1997; 2000b; 2000c; Gambi *et al.*, 1997; Cantone *et al.*, 2000). Existen conjuntos con una gran riqueza de especies y un funcionamiento complejo como, por ejemplo las comunidades de esponjas y antozoos, junto con congregaciones de poca diversidad y vagamente estructurados. Asimismo, las comunidades de esponjas y antozoos de la Bahía Terra Nova muestran una estructura única y se han establecido cortes transversales a largo plazo para realizar el seguimiento de las comunidades bentónicas costeras, tanto naturales como inducidas por el ser humano. La presencia de una población de pingüinos Adelia (*Pygoscelis adeliae*) en la Cala Adelia permite la evaluación de los efectos de esta colonia en el entorno marino adyacente (Povero *et al.*, 2001).

Es importante proteger al máximo la Zona de los impactos directos del ser humano, para que pueda servir para controlar los posibles impactos derivados de las actividades en la cercana estación científica permanente MZS, en la Bahía Terra Nova (Mauri *et al.*, 1990; Berkman & Nigro, 1992; Focardi *et al.*, 1993; Minganti *et al.*, 1995; Bruni *et al.*, 1997; Nonnis Marzano *et al.*, 2000). Los grandes valores ecológicos y científicos derivados de esta diversa gama de especies y congregaciones, especialmente a través de la recopilación de datos exhaustivos sobre estas características en conjunto con la vulnerabilidad de la Zona a la perturbación por contaminación, recogida excesiva de muestras e introducciones de especies no autóctonas, son el motivo por el que la Zona requiere una protección especial a largo plazo.

## 2. Metas y objetivos

La gestión de la Bahía Terra Nova pretende:

- evitar la degradación de los valores de la Zona, o riesgos importantes para la misma, evitando la alteración humana no necesaria en la zona;

- permitir la investigación científica del ecosistema, especialmente las congregaciones de especies marinas, asegurando a la vez su protección contra la recogida excesiva de muestras u otros posibles impactos científicos;
- permitir otro tipo de investigaciones y actividades de apoyo científicas por motivos imperativos y que no puedan realizarse en ninguna otra parte;
- mantener lugares de seguimiento a largo plazo para evaluar los cambios naturales en comunidades marinas;
- realizar el seguimiento de los efectos de la estación de investigación y de sus actividades asociadas en el ecosistema marino;
- minimizar la posibilidad de introducción de plantas, animales o microbios extraños en la Zona;
- permitir visitas con fines de administración que respalden los objetivos del plan de gestión.

**3. Actividades de gestión**

Para proteger los valores de la Zona, se llevarán a cabo las siguientes actividades de gestión:

- Se expondrá un mapa que muestre la ubicación de la Zona (indicando las restricciones especiales aplicables) en un lugar destacado y deberá haber disponible una copia del presente Plan de gestión en la estación MZS (Italia);
- Se deberá instalar una señal que indique claramente la ubicación y las restricciones de entrada en un lugar destacado de la estación MZS;
- Las boyas u otros marcadores o estructuras instalados con fines científicos o de gestión se protegerán y se mantendrán en un buen estado y se retirarán cuando ya no sean necesarios;
- Se realizarán visitas cuando sea necesario para evaluar si la Zona continúa sirviendo a los propósitos para los que fue designada y si las medidas de gestión y mantenimiento son adecuadas.

**4. Período de designación**

Designado por un período indefinido.

**5. Mapas y fotografías**

Mapa 1: Bahía Terra Nova, Zona Antártica Especialmente Protegida N° 161, mapa batimétrico.

*Especificaciones del mapa*: Proyección: Zona UM 58S; esferoide: WGS84. Intervalo de contorno batimétrico 50 m. Contornos de tierra y costa derivados de 1:50,000 Mapa de imagen por satélite de estribaciones septentrionales (Frezzotti *et. al.* 2001). Batimetría de la ZAEP procedente de datos de sónar de escaneo lateral de alta resolución recogidos por Kvitek, 2002. Batimetría fuera de la ZAEP suministrada por la Oficina Hidrográfica de Italia en 2000. Datos marinos recogidos según el Proyecto de Zona Marina Protegida de la Bahía Terra Nova (PNRA 1999-2001). Inserción 1 La ubicación de la Bahía Terra Nova en la Antártida. Inserción 2 Mapa de ubicación de la Bahía Terranova, donde se muestra la región abarcada por el Mapa 1, las estaciones y los lugares de zonas protegidas cercanas.

**6. Descripción de la Zona**

*6(i) Coordenadas geográficas, señalización de los límites y características naturales*

La Zona designada se sitúa en la Bahía Terra Nova, entre la lengua del glaciar Campbell y la lengua del glaciar Drygalski, en la Tierra Victoria. La Zona está confinada a una estrecha franja de aguas al sur de la estación Mario Zucchelli (MZS), con una extensión de aproximadamente 9,4 km y a una distancia de entre 1,5 y 7 km de la orilla, abarcando un área de 29,4 km$^2$ (Mapa 1). Ninguna actividad de cosecha de recursos marinos se ha realizado, se realiza actualmente ni está previsto que se realice dentro del Área ni en sus proximidades.

El límite occidental de la Zona se define como la marca de agua máxima promedio a lo largo de la costa que se extiende entre las coordenadas Long. 74° 42' 57" S al norte (2,3 km al sur de la estación MZS) y Long. 74° 48' 00" S al sur (la costa sur de la Cala Adelia), e incluye la zona entre mareas (Mapa 1). El límite norte de la Zona se define como la línea de latitud 74° 42' 57" S, que se extiende desde la costa 1,55 km hacia el este hasta la línea de longitud 164° 10' 00" E. La posición del límite puede reconocerse cerca de la orilla gracias a la presencia de una gran roca distintiva en las aguas de la cala situada más al norte, en la costa sur de la estación MZS, una característica única en este tramo de costa. El límite norte de la Zona se define como la línea de latitud 74° 48' 00" S, que se extiende desde la costa 3,63 km hacia el este hasta la línea de longitud 164° 10' 00" E.
La posición del límite puede reconocerse visualmente, ya que se encuentra en la orilla sur de la boca de la Cala Adelia, justo al sur de un afloramiento rocoso distintivo situado en la base de los acantilados costeros.
El límite oriental de la Zona se define como la línea de longitud 164° 10' 00" que se extiende entre las coordenadas 74° 42' 57" S al norte y 74° 48' 00" S al sur.

El litoral de la Bahía Terra Nova se caracteriza principalmente por acantilados rocosos con grandes piedras que forman "playas" ocasionales (Simeoni *et al.*, 1989). En las zonas protegidas, el fondo blando empieza a una profundidad de 20-30 metros. El intervalo de las mareas es de 1,5-2 metros y una capa de hielo de 2-25, metros de grosor cubre la superficie del mar durante 9-10 meses del año (Stocchino & Lusetti, 1988; 1990). Los datos disponibles para el período estival sugieren que las corrientes oceánicas de la Zona probablemente sean lentas y generalmente fluyan en dirección norte-sur. A lo largo del litoral de la Zona hay dos calas principales: la mayor, la Cala Adelia al sur y una cala más pequeña de unos 3 km al norte de la misma. El sustrato del lecho marino de la menor de ellas está formado por guijarros de varios tamaños, mientras que la Cueva Adelia se caracteriza por sedimentos lodosos de grano fino. En la Cala Adelia, se sitúa una colonia de pingüinos Adelia (*Pygoscelis adeliae*), con una población en 1991 de 7899 parejas de cría. En el exterior de las calas, las características del suelo marino y las congregaciones de las especies bentónicas son relativamente homogéneas a lo largo del litoral de la Zona y se ha observado que varían más especialmente en la pendiente vertical.

Un estudio aéreo sobre las especies de cetáceos realizado en la zona costera alrededor de la estación italiana Mario Zucchelli en el verano de 2004 demostró la presencia de orcas (*Orcinus orca* (L.)), tipos B y C y de rorcuales aliblancos (*Balaenoptera bonaerensis* Burmeister). (Lauriano et al., 2007a; 2007b; Lauriano pers.com.)

El suelo marino dentro de la Zona está formado principalmente por roca granítica, con sustratos más blandos compuestos por arenas gruesas o gravillas. En la zona supralitoral, los sustratos duros solo están colonizados por cianobactorias y diatomeas, mientras que la zona de entre mareas (de 1,5–2,0 m de anchura) tiene, en las zonas más protegidas, una alta cobertura del alga verde *Urospora penicilliformis* y *Prasiola crispa* (Cormaci *et al.*, 1992b). Debajo de la zona de entre maras, a 2-3 m de profundidad, la comunidad es muy pobre debido a la presencia persistente y la acción abrasiva de la capa de hielo, y está principalmente compuesta por diatomeas epilíticas y el anfípodo crustáceo *Paramoera walkeri*. Directamente en mayor profundidad, las rocas pueden estar colonizadas por completo por el alga roja *Iridaea cordata* (Cormaci *et al.*, 1996), que se encuentra frecuentemente con *Plocamium cartilagineum*, a una profundidad de 12 m (Gambi *et al.*, 1994; 2000a). En este nivel, se pueden observar ocasionalmente grandes animales sésiles como *Alcyonium antarcticum* y *Urticinopsis antarctica,* mientras que los frecuentes son el asteroide *Odontaster validus* y el equinodermo *Sterechinus neumayeri*. *Phyllophora antarctica* es otro tipo de alga roja que forma amplias alfombras de entre 12 y 25 metros de profundidad, a menudo colonizadas por completo por organismos sésiles, principalmente hidroideos (Cerrano *et al.*, 2000c, Puce *et al.*, 2002), serpúlidos y and briozoos (*Celleporella antarctica* y *Harpecia spinosissima*). Los cinturones de algas representan un refugio y una fuente de alimento para distintas y abundantes comunidades de fauna móvil. De estas especies de algas se alimenta un gran número de invertebrados, los poliquetos *brevipalpa*, el molusco *Laevilittorina antarctica*, el crustáceo anfípodo *Paramoera walkeri* y el isópodo *Nototanais dimorphus,* y estos pueden ser muy abundantes. En los fondos rocosos de las capas más profundas, la colonización de las algas se sustituye por un alga coralina de roca calcárea (*Clathromorphum lemoineanum*) de la que se alimentan los erizos de mar.

Los fondos blandos de 20-40 metros de profundidad son arenas gruesas y gravillas, donde la comunidad se caracteriza por el molusco bivalvo *Laternula elliptica* y el poliqueto *Aglaophamus ornatus* (Nephtiidae). El bivalvo *Yoldia eightsi* es abundante en los sedimentos de arena fina.

Entre 30 y 70 metros, el sustrato se vuelve más fino y está completamente colonizado por el bivalvo *Adamussium colbecki*, cuyas conchas están colonizadas por una microcomunidad compuesta principalmente por foraminíferas, briozoos (*Aimulosia antarctica, Arachnopusia decipiens, Ellisina antarctica, Micropora brevissima*) y el espirórbido *Paralaeospira levinsenii* (Albertelli *et al.*, 1998; Ansell *et al.*, 1998; Chiantore *et al.*, 1998; 2000; 2001; 2002; Vacchi *et al.*, 2000a; Cerrano *et al.*, 2001a; 2001b). En esta región, son frecuentes los grandes depredadores como el gasterópodo *Neobuccinum eatoni* y el nemertino *Parborlasia corrugatus*. El equinodermo *Sterechinus neumayeri* y la estrella de mar *Odontaster validus* siguen siendo aún muy frecuentes en todas las profundidades, tanto en los sustratos duros como móviles (Chiantore *et al.*, 2002; Cerrano *et al.*, 2000b).

Por debajo de 70–75 m hasta los 120–130 m de profundidad, los sustratos heterogéneos permiten la coexistencia de comunidades de suelos duros y blandos. En los escasos afloramientos rocosos, las algas incrustadas desaparecen y en las comunidades bentónicas predominan los zoobentos sésiles. Esta congregación de alimentación por filtración diversificada se caracteriza principalmente por esponjas y antozoos, mientras que en los sedimentos blandos predominan los poliquetos y bivalvos que se alimentan de residuos. Entre las esponjas, que pueden alcanzar valores de biomasa muy altos, *Axociella nidificata, Calyx arcuarius, Gellius rudis, Phorbas glaberrima* y *Tedania charcoti,* son muy abundantes (Sarà *et al.*, 1992; 2002; Gaino *et al.*, 1992; Cattaneo-Vietti *et al.*, 1996; 2000c; Bavestrello *et al.*, 2000; Cerrano *et al.*, 2000a). Un gran número de invertebrados constituye un importante componente de esta congregación que se desarrolla a 120-140 metros de profundidad. Entre estos, se incluyen el poliqueto epibionte *Barrukia cristata* sobre gorgonias Thouarellid crustáceos peracáridos, picnogónidos, moluscos opistobranquios (*Austrodoris kerguelenensis, Tritoniella belli*) (Cattaneo-Vietti, 1991; Gavagnin *et al.*, 1995) y bivalvos, ofiuroideos y holoturoideos, briozoos y endobiontes. Las alfombras conspicuas de espículas de esponjas que se encuentran a estas profundidades subrayan el importante papel de las esponjas en esta zona, además del que desempeñan las diatomeas en la determinación de la textura del sedimento y el contenido del sílice. Puede haber una comunidad peculiar asociada a esta alfombra en la que predominan los poliquetos y el bivalvo *Limatula hodgsoni.*

Por debajo de los 130 metros, los sustratos duros se vuelven muy escasos y están colonizados principalmente por el poliqueto *Serpula narconensis* (Schiaparelli *et al.*, 2000) y varios briozoos (*Arachnopusia decipiens, Ellisina antarctica, Flustra angusta, F. vulgaris* y *Isoschizoporella similis*). En cambio, los fondos lodosos predominantes se caracterizan por poliquetos tubícolos (Gambi *et al.*, 2000b), principalmente *Spiophanes.* A mucha mayor profundidad, a unos 150-200 metros, el medio se caracteriza por la presencia de braquiópodos y diversas especies de bivalvos en la gravilla y en el fondo blando (Cattaneo-Vietti *et al.*, 2000b). La gran heterogeneidad de estos sustratos contribuye a la creación de comunidades con una considerable riqueza de especies, diversidad y biomasa.

Por último, entre los conjuntos fáunicos de la Zona se encuentran peces nototénidos, representados especialmente por especies del género *Trematomus*, entre ellas *T. bernacchi, T. pennelli, T. hansoni* y *T. loennbergii*, que desempeñan un papel importante en las redes alimentarias bentónicas como consumidores de numerosas especies de invertebrados, principalmente crustáceos y poliquetos (Vacchi *et al.*, 1991; 1992; 1994a; 1994b; 1995; 1997; 2000b; La Mesa *et al.*, 1996; 1997; 2000; Guglielmo *et al.*, 1998).

Se ha comprobado que las plaquetas de hielo que se forman en la Bahía Terra Nova a principios de la primavera constituyen criaderos importantes de diablillo antártico *Pleuragramma antarcticum,* un organismo decisivo para la ecología de las redes alimentarias antárticas. (La Mesa et al., 2004; Vacchi et al., 2004). El entorno de plaquetas de hielo tiene Fuertes características prooxidantes al comienzo de la primavera austral y la marcada respuesta de las defensas antioxidantes es una estrategia fundamental de *P. antarcticum* (Regoli et al., 2005b). La gran exposición a prooxidantes, a la que estos organismos están adaptados naturalmente, también influye en la susceptibilidad de *P. antarcticum* a productos prooxidantes de origen antrópico (Regoli et al., 2005b).

El metabolismo de los oxirradicales y las defensas antioxidantes desempeñan un papel fundamental en varios invertebrados marinos, peces y pingüinos de la Bahía Terra Nova, puesto que representan importantes estrategias para contrarrestar las condiciones ambientales extremas, las marcadas fluctuaciones estacionales de factores bióticos y abióticos, relaciones, simbióticas, rasgos fisiológicos específicos, la protección a largo plazo de macromoléculas y el envejecimiento (Regoli et al., 1997a,b; 2000a,b, 2002, 2004; Corsolini et al., 2001; Cerrano et al., 2004).

La susceptibilidad al estrés oxidativo es particularmente útil también para el seguimiento del impacto de las actividades humanas y se describieron respuestas celulares a los contaminantes en organismos antárticos clave que presentan una amplia gama de biomarcadores sensibles a las perturbaciones biológicas (Focardi et al., 1995; Regoli et al., 1998; Jimenez et al., 1999; Regoli et al., 2005a; Benedetti et al., 2005, 2007; Canapa et al., 2007; Di Bello et al., 2007). Por el momento, no hay indicios de zonas contaminadas en la Bahía Terra Nova, pero los organismos están expuestos a una biodisponibilidad naturalmente alta de cambio, con concentraciones características de especies de zonas templadas (Mauri et al., 1990; Nigro et al., 1992, 1997; Canapa et al., 2007). Aunque la concentración elevada de este elemento no tiene efectos adversos directos en los organismos, las características ambientales de la Bahía Terra Nova influyen en la capacidad de los organismos para responder a otros productos químicos, lo que tiene grandes implicaciones para el seguimiento del impacto de las presiones antrópicas o los derrames accidentales (Regoli et al., 2005a), en particular, la concentración elevada de cadmio en la Bahía Terra Nova modula la bioacumulación y el metabolismo de hidrocarburos aromáticos policíclicos y xenobióticos organoclrodados en organismos marinos locales, lo cual parece indicar también efectos endocrinos de la exposición crónica a este elemento (Regoli et al., 2005a; Benedetti et al., 2007; Canapa et al., 2007).

Se cree que el impacto del ser humano en la Zona es mínimo y se limita al impacto de la cercana estación Terra Nova y a los trabajos científicos realizados en la Zona. La estación, con capacidad para alrededor de 80 personas, tiene instalaciones para operaciones de helicópteros y un muelle para botes pequeños. El combustible que se usa en la estación es diésel de petróleo ligero, almacenado en tres tanques de acero con pared doble y con una capacidad total para 1,8 millones de litros. El combustible se transfiere a la estación anualmente desde un buque de reaprovisionamiento por medio de mangueras colocadas sobre el huelo marino o por medio de una barcaza cuando no hay hielo marino. El agua residual de la estación purificada en una planta biológica se descarga en el mar junto a la estación en el lado oriental de la península donde se sitúa la estación, a 2,3 km de distancia del límite norte de la Zona. La basura combustible generada en la estación se incinera y el humo se lava y se filtra con agua. Esta agua se descarga en la planta de tratamiento de aguas residuales a intervalos que varían según el uso del incinerador. A unos 650 metros al norte del límite septentrional de la Zona y a 150 metros de la costa hay una instalación de seguimiento atmosférico (que localmente se conoce como "Campo Ícaro") de la que no se descargan desechos. Un barco de apoyo visita regularmente la estación Mario Zucchelli durante el verano y se reciben visitas ocasionales de buques turísticos que generalmente paran frente a la costa, a varios kilómetros al norte de la Zona.

*6(ii) Áreas restringidas dentro de la Zona*

Ninguna.

*6(iii) Estructuras dentro de la Zona y en sus proximidades*

No hay ninguna estructura dentro de la Zona. La más cercana es la instalación de seguimiento atmosférico (que localmente se conoce como "Campo Ícaro"), situada a 650 m al norte del límite norte de la Zona, en tanto que la estación Mario Zucchelli (Lat. 74° 41' 42" S, Long. 164° 07' 23" E) está situada en una península pequeña en la costa contigua a la bahía Thetis, 1,65 km más al norte.

*6(iv) Ubicación de otras áreas protegidas en las proximidades de la Zona*

La ZAEP N° 118, cima del monte Melbourne, sitio terrestre situado a 45 km al noroeste, es la única zona protegida próxima.

## 7. Condiciones para la expedición de permisos

Se prohíbe el acceso a la Zona salvo con un permiso expedido por una autoridad nacional competente. Las condiciones para la expedición de permisos son las siguientes:

- El permiso se expide para el estudio científico del medio marino de la Zona o con otros fines científicos que no puedan alcanzarse en otro lugar; y/o
- El permiso se expide con fines esencialmente de gestión compatibles con los objetivos del plan como, por ejemplo, tareas de inspección, mantenimiento o revisión;
- Las acciones permitidas no perjudicarán los valores de la Zona;
- Toda actividad de gestión debe respaldar las metas y objetivos del plan de gestión;
- Las acciones permitidas deben adherirse al Plan de gestión;
- Se debe llevar a la Zona el permiso o una copia válida del mismo;

- Se debe proporcionar un informe sobre la visita a la autoridad que conste en el permiso;
- El permiso se emitirá por un período de tiempo establecido.

*7(i) Acceso a la Zona y circulación dentro y sobre la misma*

Se puede acceder a la Zona por mar, por tierra, sobre el hielo marino o por aire. No hay restricciones específicas para las rutas de acceso y la circulación dentro de la Zona, aunque los desplazamientos deberán reducirse al mínimo necesario para alcanzar los objetivos de toda actividad permitida y se debería hacer todo lo posible por minimizar la perturbación. Se prohíbe anclar en la Zona. No hay restricciones de sobrevuelo en la Zona y pueden aterrizar aeronaves con permiso cuando las condiciones del hielo marino lo permitan. Se prohíbe que los tripulantes de buques o botes pequeños u otras personas salgan de las proximidades de su embarcación salvo que ello esté autorizado específicamente en un permiso.

*7(ii) Actividades que se llevan a cabo o pueden llevarse a cabo dentro de la Zona y restricciones con respecto al momento y el lugar*

- Investigaciones científicas o actividades operativas esenciales que no perjudiquen los valores de la Zona;
- Actividades indispensables de gestión, incluido el seguimiento;
- Las actividades de arrastre, toma al azar, dragado o uso de redes en la Zona deberían realizarse con sumo cuidado debido a la sensibilidad de las ricas comunidades del fondo a la perturbación. Antes de conceder permisos para tales actividades, se debería considerar cuidadosamente su impacto en el ecosistema que goza de protección especial, sopesándolo con los beneficios científicos o de gestión previstos, teniendo en cuenta métodos de recogida de muestra diferentes, más selectivos y menos invasivos;
- Se deberá avisar a las autoridades pertinentes sobre toda actividad o medida realizada que no estuviera contemplada en el permiso.

*7(iii) Instalación, modificación o desmantelamiento de estructuras*

No se podrán instalar estructuras ni levantar equipo científico en la Zona salvo lo que se especifique en un permiso. Todos los marcadores, las estructuras y el equipo científico que se instalen en la Zona deberán llevar claramente el nombre del país, el nombre del investigador principal y el año de instalación. Todos estos artículos deberían estar hechos de materiales que presenten un riesgo mínimo de contaminación para la Zona. Como condición para la expedición del permiso, se deberá retirar el equipo científico cuyo permiso haya vencido. Se prohíben las instalaciones permanentes.

*7(iv) Ubicación de los campamentos*

No hay campamentos en la Zona. En la playa de la Cala Adelia hay un campamento ocasional.

*7(v) Restricciones relativas a los materiales y organismos que pueden introducirse en la Zona*

No se podrán introducir deliberadamente animales vivos, material de plantas, agentes patógenos o microorganismos en la Zona. No se podrán verter productos avícolas en la Zona, incluidos los alimentos que contengan huevos desecados sin cocinar. No se podrán introducir herbicidas o plaguicidas en la Zona. Cualquier otro producto químico, incluidos los radionúclidos o los isótopos estables, que se introduzcan con fines científicos o de gestión especificados en el permiso deberán usarse en la cantidad mínima necesaria para alcanzar el propósito de la actividad para la que se haya expedido el permiso. Tales productos químicos se utilizarán con el debido respeto por los valores de la Zona. Todos los materiales deberán ser almacenados y manipulados con métodos que reduzcan al mínimo el riesgo de introducción accidental en el medio ambiente. Cuando sea factible, los materiales introducidos permanecerán en la Zona durante un período expreso únicamente t deberán retirarse a más tardar cuando concluya dicho periodo. Si se producen vertidos que puedan perjudicar los valores de la Zona, se recomienda retirar el material únicamente si no es probable que el impacto de dicha retirada sea mayor que el de dejar el material en el lugar. Se deberá avisar a las autoridades pertinentes sobre todo escape de material que no estuviera contemplado en el permiso.

*7(vi) Recogida de flora y fauna autóctonas o intromisión perjudicial*

Se prohíbe la toma de ejemplares de flora o fauna autóctonos y la intromisión perjudicial en ellas, salvo con un permiso concedido de conformidad con el Anexo II del Protocolo al Tratado Antártico sobre Protección del Medio Ambiente. En caso de toma de animales o intromisión perjudicial en los mismos, se deberá usar como norma mínima el *Código de conducta del SCAR para el uso de animales con fines científicos en la Antártida.*

*7(vii) Recogida o traslado de cualquier elemento no llevado hasta la zona por el titular del permiso*

Se podrá recoger o retirar material de la Zona únicamente de conformidad con un permiso y dicho material deberá limitarse al mínimo necesario para fines de índole científica o de gestión. No se concederán permisos si existe una inquietud razonable de que la recogida de muestras propuesta consistiría en la toma o retirada o daño de una cantidad tal de sustrato o de ejemplares de flora y fauna autóctonos que su distribución o abundancia en la Zona se vería afectada de forma significativa. Todas las muestras recogidas deben describirse en términos de tipo, cantidad y ubicación de recogida. Esta información deberá mantenerse en un archive accesible en la estación MZS para mantener un registro del uso que facilite la evaluación del impacto de las actividades de recogida de muestras y planificación de recogidas de muestras futuras. Todo material de origen humano que probablemente perjudique los valores de la Zona y que no haya sido llevado hasta ella por el titular del permiso o que no esté comprendido en otro tipo de autorización podrá ser retirado salvo que el impacto de su retirada probablemente sea mayor que el efecto de dejar el material en el lugar. En tal caso, se deberá informar a las autoridades nacionales pertinentes.

*7(viii) Eliminación de desechos*

Deberán retirarse de la Zona todos los desechos, incluidos aquellos de origen humano.

*7(ix) Medidas necesarias para que se puedan seguir cumpliendo los objetivos y metas del Plan de gestión*

1. Se podrán conceder permisos para acceder a la Zona con la finalidad de realizar actividades de seguimiento biológico e inspección de la Zona que abarquen la recogida de muestras para su análisis o examen o de tomar medidas de protección.
2. Todo sitio específico donde se lleven a cabo actividades de seguimiento a largo plazo que sea vulnerable a perturbaciones accidentales debería estar marcado debidamente en el lugar en los casos que sea factible y en los mapas de la Zona, si procede.
3. Para mantener los valores ecológicos y científicos de la as comunidades marinas que se encuentran en la Zona, los visitantes deberán tomar precauciones especiales para evitar la

contaminación marina. Causan preocupación la descarga o el vertido de hidrocarburos de buques y la introducción de material biológico. Para reducir al mínimo el riesgo de tal contaminación, los visitantes deberán asegurarse de que el equipo de muestras o los marcadores que se lleven a la Zona estén limpios. Se prohíbe la entrada a la Zona de embarcaciones que sufran fugas de combustible o que presenten un gran riesgo de sufrirlas. Si se descubre una fuga de combustible de una embarcación en la Zona, la embarcación deberá abandonar la Zona salvo que esta pueda pararse por completo. La manipulación de combustible y aceite en la Zona se limitará al mínimo necesario para alcanzar los objetivos de las actividades permitidas.

*7(x) Requisitos relativos a los informes*

Las Partes del Tratado Antártico deberían asegurarse de que el titular principal de cada permiso expedido presente a las autoridades pertinentes un informe en que se describan las actividades realizadas. Dichos informes deberán incluir, según corresponda, la información indicada en el formulario para el informe de visitas recomendado por el SCAR. Las Partes deberán llevar un registro de dichas actividades y, en Intercambio Anual de Información, presentar descripciones resumidas de las actividades realizadas por las personas bajo su jurisdicción, suficientemente pormenorizadas como para que se pueda determinar la eficacia de Plan de gestión. Siempre que sea posible, las Partes deberán depositar esos informes originales o copias en un archivo de acceso público, para llevar un registro del uso que pueda utilizarse en las revisiones del plan de gestión y en la organización del uso científico de la Zona.

**8. Referencias.**


Albertelli G., Cattaneo-Vietti R., Chiantore M., Pusceddu A., Fabiano M., 1998. Food availability to an *Adamussium* bed during the austral Summer 1993/94 (Terra Nova Bay, Ross Sea). *Journal of Marine Systems* **17**: 425-34.

Ansell A.D., Cattaneo-Vietti R., Chiantore M., 1998. Swimming in the Antarctic scallop *Adamussium colbecki*: analysis of *in situ* video recordings. *Antarctic Science* **10** (4): 369-75.

Bavestrello G., Arillo A., Calcinai B., Cattaneo-Vietti R., Cerrano C., Gaino E., Penna A., Sara' M., 2000. Parasitic diatoms inside Antarctic sponges. *Biol. Bull.* **198**: 29-33.

**Benedetti M., Gorbi S., Bocchetti R., Fattorini D., Notti A., Martuccio G., Nigro M., Regoli F. (2005). Characterization of cytochrome P450 in the Antarctic key sentinel species Trematomus bernacchii. Pharmacologyonline 3: 1-8 ISSN-1827-8620**

**Benedetti M., Martuccio G., Fattorini D., Canapa A., Barucca M., Nigro M., Regoli F. (2007). Oxidative and modulatory effects of trace metals on metabolism of polycyclic aromatic hydrocarbons in the Antarctic fish Trematomus bernacchii. Aquat. Toxicol. 85: 167-175**

Berkman P.A., Nigro M., 1992. Trace metal concentrations in scallops around Antarctica: Extending the Mussel Watch Programme to the Southern Ocean. *Marine Pollution Bulletin* **24** (124): 322-23.

Bruni V., Maugeri M.L., Monticelli L.S., 1997. Faecal pollution indicators in the Terra Nova Bay (Ross Sea, Antarctica). *Marine Pollution Bulletin* **34** (11): 908-12.

**Canapa A, Barucca M, Gorbi S, Benedetti M, Zucchi S, Biscotti MA, Olmo E, Nigro M, Regoli F 2007 Vitellogenin gene expression in males of the Antarctic fish *Trematomus bernacchii* from Terra Nova Bay (Ross Sea): A role for environmental cadmium? *Chemosphere, 66:1270-1277.***

Cantone G., Castelli A., Gambi M.C., 2000. The Polychaete fauna off Terra Nova Bay and Ross Sea: biogeography, structural aspects and ecological role. In: *Ross Sea Ecology*, F. Faranda, L. Guglielmo and A. Ianora Eds., Springer Verlag, Berlin Heidelberg: 551-61.

Cattaneo-Vietti R., 1991. Nudibranch Molluscs from the Ross Sea, Antarctica. *J. Moll. Stud.* **57**: 223-28.

Cattaneo-Vietti R., Bavestrello G., Cerrano C., Sara' M., Benatti U., Giovine M., Gaino E., 1996. Optical fibres in an Antarctic sponge. *Nature* **383**: 397-98.

Cattaneo-Vietti R., Chiantore M., Albertelli G., 1997. The population structure and ecology of the Antarctic Scallop, *Adamussium colbecki* in Terra Nova Bay (Ross Sea, Antarctica). *Scientia Marina* **61** (Suppl. 2): 15-24.

Cattaneo-Vietti R., Chiantore M., Misic C., Povero P., Fabiano M., 1999. The role of pelagic-benthic coupling in structuring littoral benthic communities at Terra Nova Bay (Ross Sea) and inside the Strait of Magellan. *Scientia Marina* **63** (Supl. 1): 113-21.

Cattaneo-Vietti R., Chiantore M., Gambi M.C., Albertelli G., Cormaci M., Di Geronimo I., 2000a. Spatial and vertical distribution of benthic littoral communities in Terra Nova Bay. In: *Ross Sea Ecology*, F. Faranda, L. Guglielmo and A. Ianora Eds., Springer Verlag, Berlin Heidelberg: 503-14.

Cattaneo-Vietti R., Chiantore M., Schiaparelli S., Albertelli G., 2000b. Shallow and deep-water mollusc distribution at Terra Nova Bay (Ross Sea, Antarctica). *Polar Biology* **23**: 173-82.

Cattaneo-Vietti R., Bavestrello G., Cerrano C., Gaino E., Mazzella L., Pansini M., Sarà M., 2000c. The role of sponges of Terra Nova Bay ecosystem. In: *Ross Sea Ecology*, F. Faranda, L. Guglielmo and A. Ianora Eds., Springer Verlag, Berlin Heidelberg: 539-49.

Cerrano C., Arillo A., Bavestrello G., Calcinai B., Cattaneo-Vietti R., Penna A., Sarà M., Totti C., 2000a. Diatom invasion in the Antarctic hexactinellid sponge *Scolymastra joubini*. *Polar Biology* **23**: 441-44.

Cerrano C., Bavestrello G., Calcinai B., Cattaneo-Vietti R., Sarà A., 2000b. Asteroids eating sponges from Tethys Bay, East Antarctica. *Antarctic Science* **12**(4): 431-32.

Cerrano C., Puce S., Chiantore M., Bavestrello G., 2000c. Unusual trophic strategies of *Hydractinia angusta* (Cnidaria, Hydrozoa) from Terra Nova Bay, Antarctica. *Polar Biology* **23**(7): 488-94.

Cerrano C., G. Bavestrello, B. Calcinai, R. Cattaneo-Vietti, M. Chiantore, M. Guidetti, A. Sarà, 2001a. Bioerosive processes in Antarctic seas. *Polar Biology* **24**: 790-92.

Cerrano C., S. Puce, M. Chiantore, G. Bavestrello, R. Cattaneo-Vietti, 2001b. The influence of the epizooic hydroid *Hydractinia angusta* on the recruitment of the Antarctic scallop *Adamussium colbecki*. *Polar Biology* **24**: 577-81.

***Cerrano C, Calcinai B, Cucchiari E, Di Camillo C, Nigro M, Regoli F, Sarà A, Schiapparelli S, Totti C, Bavestrello G*** 2004 **Are diatoms a food source for Antarctic sponges?**. ***Chemistry and Ecology***, *vol. 20:* ***57-64.***

Chiantore M., Cattaneo-Vietti R., Albertelli G., Misic M., Fabiano M., 1998. Role of filtering and biodeposition by *Adamussium colbecki* in circulation of organic matter in Terra Nova Bay (Ross Sea, Antarctica). *Journal of Marine Systems* **17**: 411-24.

Chiantore M., Cattaneo-Vietti R., Povero P., Albertelli G., 2000. The population structure and ecology of the antarctic scallop *Adamussium colbecki* in Terra Nova Bay. In: *Ross Sea Ecology*, F. Faranda, L. Guglielmo and A. Ianora Eds., Springer Verlag, Berlin Heidelberg: 563-73.

Chiantore M., Cattaneo-Vietti R., Berkman P.A., Nigro M., Vacchi M., Schiaparelli S., Albertelli G., 2001. Antarctic scallop (*Adamussium colbecki*) spatial population variability along the Victoria Land Coast, Antarctica. *Polar Biology* **24**: 139-43.

Chiantore M., R. Cattaneo-Vietti, L. Elia, M. Guidetti, M. Antonini, 2002. Reproduction and condition of the scallop *Adamussium colbecki* (Smith 1902), the sea-urchin *Sterechinus neumayeri* (Meissner, 1900) and the sea-star *Odontaster validus* Koehler, 1911 at Terra Nova Bay (Ross Sea): different strategies related to inter-annual variations in food availability. *Polar Biology* **22**: 251-55.

Cormaci M., Furnari G., Scammacca B., Casazza G., 1992a. Il fitobenthos di Baia Terra Nova (Mare di Ross, Antartide): osservazioni sulla flora e sulla zonazione dei popolamenti. In: Gallardo VA, Ferretti O, Moyano HI (eds) *Actas del Semin. Int. Oceanografia in Antartide*. Centro EULA, Universitad de Concepción, Chile. ENEA: 395-408.

Cormaci M., Furnari G., Scammacca B., 1992b. The benthic algal flora of Terra Nova Bay (Ross Sea, Antarctica). *Botanica Marina* **35**(6): 541-52

Cormaci M., Furnari G., Scammacca B., 1992c. Carta della vegetazione marina di Baia Terra Nova (Mare di Ross, Antartide). *Biologia Marina* **1**: 313-14.

Cormaci M., Furnari G., Scammacca B., Alongi G., 1996. Summer biomass of a population of *Iridaea cordata* (Gigartinaceae, Rhodophyta) from Antarctica. In: Lindstrom SC, Chapman DJ (Eds) Proceedings of the XV Seeweeds Symposium. *Hydrobiologia* **326/327**: 267-72.

***Corsolini S, Nigro M, Olmastroni S, Focardi S, Regoli F*** 2001 **Susceptibility to oxidative stress in Adelie and Emperor penguin, *Polar Biology,*** *vol. 24:* ***365-368.***

Di Bello D., Vaccaio E., Longo V., Regoli F., Nigro M., Benedetti M., Gervasi PG, Pretti C. (2007). Presence and inducibility by β-Naphtoflavone of CYP 1A1, CYP 1B1, UDP-GT, GST and DT-Diaphorase enzymes in Trematomus bernacchii, an Antarctic fish. Aquatic Toxicol. 84: 19-26

Fabiano M., Danovaro R., Crisafi E., La Ferla R., Povero P., Acosta Pomar L., 1995. Particulate matter composition and bacterial distribution in Terra Nova Bay (Antarctica) during summer 1989-90. *Polar Biology* **15**: 393-400.

Fabiano M., Povero P., Danovaro R., 1996. Particulate organic matter composition in Terra Nova Bay (Ross Sea, Antarctica) during summer 1990. *Antarctic Science* **8**(1): 7-13.

Fabiano M., Chiantore M., Povero P., Cattaneo-Vietti R., Pusceddu A., Misic C., Albertelli G., 1997. Short-term variations in particulate matter flux in Terra Nova Bay, Ross Sea. *Antarctic Science* **9**(2): 143-149.

Focardi S., Bargagli R., Corsolini S., 1993. Organochlorines in marine Antarctic food chain at Terra Nova Bay (Ross Sea). *Korean Journal of Polar Research* **4**: 73-77.

Focardi S, Fossi MC, Lari L, Casini S, Leonzio C, Meidel SK, Nigro M. 1995 Induction of MFO Activity in the Antarctic fish *Pagothenia bernacchii*: Preliminary results. *Marine Environmental Research., 39: 97-100.*

Gaino E., Bavestrello G., Cattaneo-Vietti R., Sara' M., 1994. Scanning electron microscope evidence for diatom uptake by two Antarctic sponges. *Polar Biology* **14**: 55-58.

Gambi M.C., Lorenti M., Russo G.F., Scipione M.B., 1994. Benthic associations of the shallow hard bottoms off Terra Nova Bay (Ross Sea, Antarctica): zonation, biomass and population structure. *Antarctic Science* **6**(4): 449-62.

Gambi M.C., Castelli A., Guizzardi M., 1997. Polychaete populations of the shallow soft bottoms off Terra Nova Bay (Ross Sea, Antarctica): distribution, diversity and biomass. *Polar Biology* **17**: 199-210.

Gambi M.C., Buia M.C., Mazzella L., Lorenti M., Scipione M.B., 2000a. Spatio-temporal variability in the structure of benthic populations in a physically controlled system off Terra Nova Bay: the shallow hard bottoms. In: *Ross Sea Ecology*, F. Faranda, L. Guglielmo and A. Ianora Eds., Springer Verlag, Berlin Heidelberg: 527-538.

Gambi M.C., Giangrande A., Patti F.P., 2000b. Comparative observations on reproductive biology of four species of *Perkinsiana* (Polychaeta, Sabellidae). *Bulletin of Marine Science* **67**(1): 299-309.

Gavagnin M., Trivellone E., Castelluccio F., Cimino G., Cattaneo-Vietti R., 1995. Glyceryl ester of a new halimane diterpenoic acid from the skin of the antarctic nudibranch *Austrodoris kerguelenensis*. *Tetrahedron Letters* **36**: 7319-22.

Guglielmo L., Granata A., Greco S., 1998. Distribution and abundance of postlarval and juvenile *Pleuragramma antarticum* (Pisces, Nototheniidae )of Terra Nova Bay (Ross Sea, Antartica). *Polar Biology* **19**: 37-51.

Guglielmo L., Carrada G.C., Catalano G., Dell'Anno A., Fabiano M., Lazzara L., Mangoni O., Pusceddu A., Saggiomo V., 2000. Structural and functional properties of sympagic communities in the annual sea ice at Terra Nova Bay (Ross Sea, Antarctica). *Polar Biology* **23**(2): 137-46.

Jimenez B, Fossi MC, Nigro M, Focardi S. 1999 Biomarker approach to evaluating the impact of scientific stations on the Antarctic environment using *trematomus bernacchii* as a bioindicator organism. *Chemosphere*, 39: 2073-2078.

La Mesa M., Arneri E., Giannetti G., Greco S., Vacchi M., 1996. Age and growth of the nototheniid fish *Trematomus bernacchii* Boulenger from Terra Nova Bay, Antartica. *Polar Biology***16**: 139-45.

La Mesa M., Vacchi M., Castelli A., Diviacco G., 1997. Feeding ecology of two nototheniid fishes *Trematomus hansoni* and *Trematomus loennbergi* from Terra Nova Bay, Ross Sea. *Polar Biology* **17**: 62-68.

La Mesa M., Vacchi M., T. Zunini Sertorio, 2000. Feeding plasticity of *Trematomus newnesi* (Pisces, Nototheniidae) in Terra Nova Bay, Ross Sea, in relation to environmental conditions. *Polar Biology* **23**(1): 38-45.

La Mesa M., J.T. Eastman, M. Vacchi, 2004. The role of notothenioid fish in the food web of the Ross Sea shelf waters: a review. *Polar Biol.*, 27: 321-338.

Lauriano G., Fortuna C.M., Vacchi M., 2007a. Observation of killer whale (*Orcinus orca*) possibly eating penguins in Terra Nova Bay, Antarctica. *Antarctic Science*, 19(1): 95-96.

Lauriano G., Vacchi M., Ainley D., Ballard G., 2007b. Observations of top predators foraging on fish in the pack ice of the southern Ross Sea. *Antarctic Science*, 19(4): 439-440.

Mauri M., Orlando E., Nigro M., Regoli F., 1990. Heavy metals in the Antarctic scallop *Adamussium colbecki* (Smith). *Mar. Ecol. Progr. Ser.* **67**: 27-33.

Mauri M, Orlando E, Nigro M, Regoli F. 1990 Heavy metals in the Antarctic scallop *Adamussium colbecki* (Smith). *Marine Ecology Progress Series, 67: 27-33.* **I.f. 2.286**

Minganti V., Capelli R., Fiorentino F., De Pellegrini R., Vacchi M., 1995. Variations of mercury and selenium concentrations in *Adamussium colbecki* and *Pagothenia bernacchii* from Terra Nova Bay (Antarctica) during a five year period. *Int. J. Environ. Anal. Chem.* **61**: 239-48.

Nonnis Marzano F., Fiori F., Jia G., Chiantore M., 2000. Anthropogenic radionuclides bioaccumulation in Antarctic marine fauna and its ecological relevance. *Polar Biology* **23**: 753-58.

Nigro M, Orlando E, Regoli F. 1992 Ultrastructural localisation of metal binding sites in the kidney of the Antarctic scallop *Adamussium colbecki. Marine Biology, 113: 637-643.*

Nigro M., Regoli F., Rocchi R., Orlando E. (1997). Heavy metals in Antarctic Molluscs. In "Antarctic Communities" (B. Battaglia, J. Valencia and D.W.H Walton Eds.), Cambridge University Press, 409-412

Povero P., Chiantore M., Misic C., Budillon G., Cattaneo-Vietti R., 2001. Pelagic-benthic coupling in Adélie Cove (Terra Nova Bay, Antarctica): a strongly land forcing controlled system? *Polar Biology* **24**: 875-882.

Puce S., Cerrano C., Bavestrello G., 2002. *Eudendrium* (Cnidaria, Anthomedusae) from the Antarctic Ocean with a description of new species. *Polar Biology* **25**: 366-73.

Pusceddu A., Cattaneo-Vietti R., Albertelli G., Fabiano M., 1999. Origin, biochemical composition and vertical flux of particulate organic matter under the pack ice in Terra Nova Bay (Ross Sea, Antarctica) during late summer 1995. *Polar Biology* **22**: 124-32.

Regoli F, Principato GB, Bertoli E, Nigro M, Orlando E. 1997a Biochemical characterisation of the antioxidant system in the scallop *Adamussium colbecki*, a sentinel organism for monitoring the Antarctic environment. *Polar Biology, 17: 251-25.*

Regoli F, Nigro M, Bertoli E, Principato GB, Orlando E. 1997b Defences against oxidative stress in the Antarctic scallop *Adamussium colbecki* and effects of acute exposure to metals. *Hydrobiologia, 355: 139-144.*

Regoli F, Nigro M, Orlando E. 1998 Lysosomal and antioxidant defences to metals in the Antarctic scallop *Adamussium colbecki. Aquatic Toxicology*, 40: 375-392.

Regoli F, Nigro M, Bompadre S, Wiston G. 2000a Total oxidant scavenging capacity (TOSC) of microsomal and cytosolic fractions from Antarctic Arctic and Mediterranean Scallops: differentiation between three different potent oxidants. *Aquatic Toxicology, 49: 13-25.*

***Regoli F, Nigro M, Chiantore MC, Gorbi S, Wiston G*** **2000b Total oxidant scavenging capacity of Antarctic, Arctic and Mediterranean scallops.** ***Italian Journal of Zoology,*** *vol. 67:* ***5-94.***

Regoli F., M. Nigro, M. Chiantore, G.W. Winston, 2002. Seasonal variations of susceptibility to oxidative stress in *Adamussium colbecki*, a key bioindicator species for the

Antarctic marine environment. *The Science of the Total Environment*, **289:** 205-211.

***Regoli F, Nigro M, Chierici E, Cerrano C, Schiapparelli S, Totti C, Bavestrello G*** 2004 **Variations of antioxidant efficiency and presence of endosymbiontic diatoms in the Antarctic porifera Haliclona dancoi, Marine Environmental Research,** vol. 58: **637-640.**

***Regoli F, Nigro M, Benedetti M, Gorbi S, Pretti C, Gervasi PG, Fattorini D 2005a*** **Interactions between metabolism of trace metals and xenobiotics agonist of the aryl hydrocarbon receptor in the Antarctic fish *Trematomus bernacchii*: environmental perspectives. *Environmental Toxicology and Chemistry,*** *vol.* 24(6): **201-208**

***Regoli F, Nigro M, Benedetti M, Fattorini D, Gorbi S 2005b*** **Antioxidant efficiency in early life stages of the Antarctic silverfish *Pleuragramma antarcticum*: Responsiveness to pro- oxidant conditions of platelet ice and chemical exposure. *Aquatic Toxicology,*** *vol. 75:* ***43- 52.***

Sarà A., Cerrano C., Sarà M., 2002. Viviparous development in the Antarctic sponge *Stylocordyla borealis* Loven, 1868. *Polar Biology* **25**: 425-31.

Sarà M., Balduzzi A., Barbieri M., Bavestrello G., Burlando B., 1992. Biogeographic traits and checklist of Antarctic demosponges. *Polar Biology* **12**: 559-85.

Schiaparelli S., Cattaneo-Vietti R., Chiantore M., 2000. Adaptive morphology of *Capulus subcompressus* Pelseneer, 1903 (Gastropoda: Capulidae) from Terra Nova Bay, Ross Sea (Antarctica). *Polar Biology* **23**: 11-16.

Simeoni U., Baroni C., Meccheri M., Taviani M., Zanon G., 1989. Coastal studies in Northern Victoria Land (Antarctica): Holocene beaches of Inexpressible island, Tethys Bay and Edmonson Point. *Boll. Ocean. Teor. Appl.* 7(1-2): 5-16.

Stocchino C., Lusetti C., 1988. Le costanti armoniche di marea di Baia Terra Nova (Mare di Ross, Antartide). F.C. 1128 *Istituto Idrografico della Marina*, Genova.

Stocchino C., Lusetti C., 1990. Prime osservazioni sulle caratteristiche idrologiche e dinamiche di Baia Terra Nova (Mare di Ross, Antartide). F.C. 1132 *Istituto Idrografico della Marina*, Genova.

Vacchi M., Greco S., La Mesa M., 1991. Ichthyological survey by fixed gears in Terra Nova Bay (Antarctica). Fish list and first results. *Memorie di Biologia Marina e di Oceanografia* **19**: 197-202.

Vacchi M., Romanelli M., La Mesa M., 1992. Age structure of *Chionodraco hamatus* (Teleostei, Channichthyidae) samples caught in Terra Nova Bay, East Antarctica. *Polar Biology* **12**: 735-38.

Vacchi M., Greco S., 1994a. Capture of the giant Nototheniid fish *Dissostichus mawsoni* in Terra Nova Bay (Antarctica): Notes on the fishing equipment and the specimens caught. *Cybium* **18**(2): 199-203.

Vacchi M., La Mesa M., Castelli A., 1994b. Diet of two coastal nototheniid fish from Terra Nova Bay, Ross Sea. *Antarctic Science* **6**(1): 61-65.

Vacchi M., La Mesa M., 1995. The diet of Antarctic fish *Trematomus newnesi* Boulenger, 1902 (Nothothenidae) from Terra Nova Bay, Ross Sea. *Antarctic Science* **7**(1): 37-38.

Vacchi M., La Mesa M., 1997. Morphometry of *Cryodraco* specimens of Terra Nova Bay. *Cybium* 21(4): 363-68.

Vacchi M., Cattaneo-Vietti R., Chiantore M., Dalù M., 2000a. Predator-prey relationship between nototheniid fish *Trematomus bernacchii* and Antarctic scallop *Adamussium colbecki* at Terra Nova Bay (Ross Sea). *Antarctic Science* 12(1): 64-68.

Vacchi M., La Mesa M., Greco S., 2000b. The coastal fish fauna of Terra Nova Bay, Ross Sea (Antarctica). In: *Ross Sea Ecology*, F. Faranda, L. Guglielmo and A. Ianora Eds., Springer Verlag, Berlin Heidelberg: 457-68.

**Vacchi M., M. La Mesa, M. Dalù, J. MacDonald, 2004. Early life stages in the life cycle of Antarctic silverfish,*Pleuragramma antarcticum* in Terra Nova Bay, Ross Sea.** *Antarctic Science*

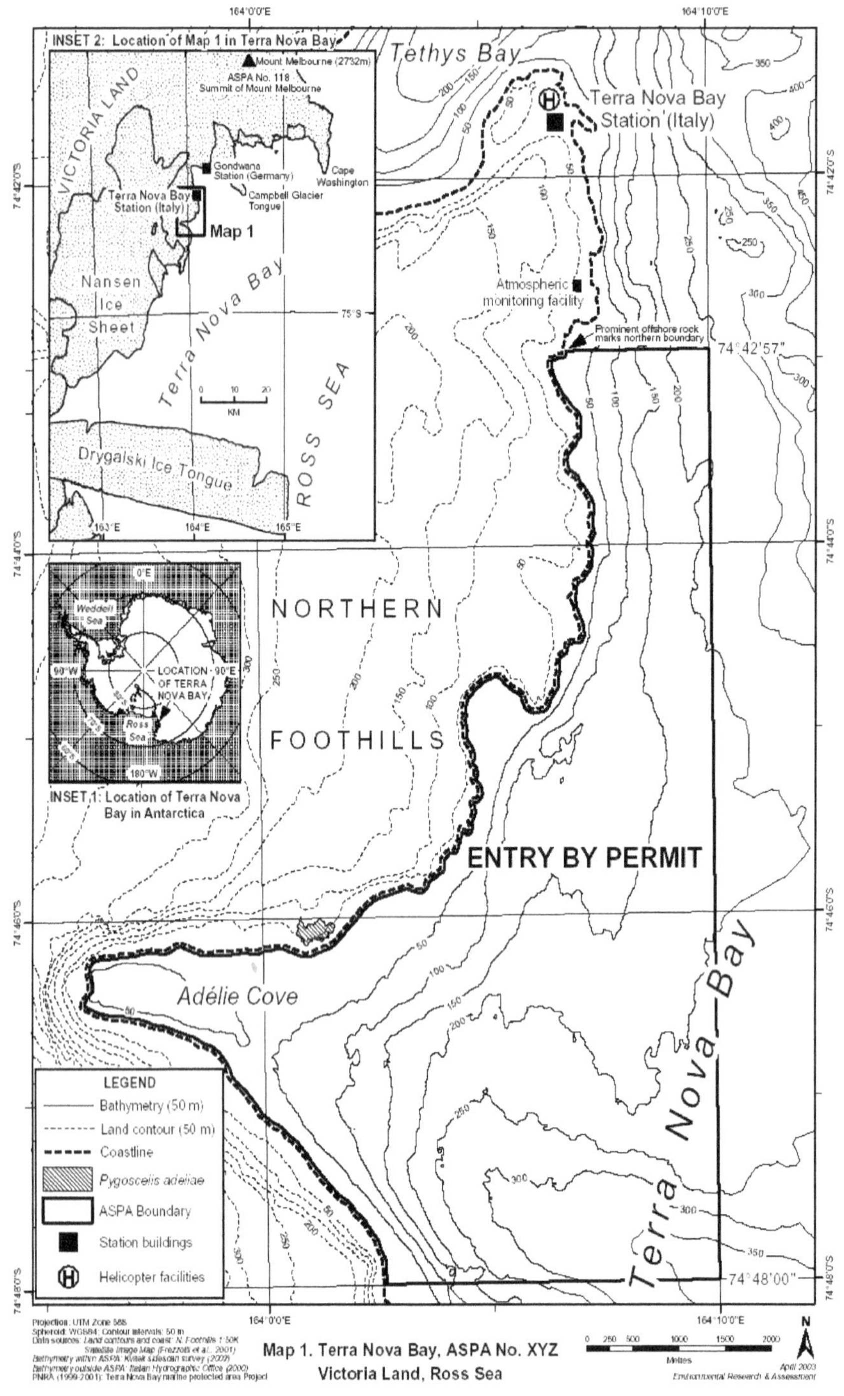


Mapa 1 Bahía Terra Nova, ZAEP N° 161, Tierra Victoria, Mar Ross.

## Apéndice 1

**Bibliografía reciente y otras publicaciones de interés para las actividades de investigación en la Bahía Terra Nova.**


Accornero A., Manno C., Arrigo K.R., Martini Atucci S., "The vertical flux of particulate matter in the polynya of Terra Nova Bay. Part I. Chemical constituents" Antarctic Science 15 (1), 119-132, (2003)

**Alvaro M.C, Blazewicz-Paszkowycz M., Davey N., Schiaparelli S., 2011. Skin-digging tanaidaceans: the unusual parasitic behaviour of Exspina typica (Lang, 1968) in Antarctic waters and worldwide deep basins. Antarct Sci, vol. 23 (4); p. 343-348, ISSN: 0954-1020, doi: 10.1017/S0954102011000186**

Budillon g. & Spezie G., "Thermoaline structure and variability in the Terra Nova Bay polynya (Ross Sea) between 1995-98". Antarctic science 12, 243-254, (2000)

Ballerini T., Tavecchia G., Olmastroni S., Pezzo F., Focardi S., 2009. Nonlinear effects of winter sea ice on the survival probabilities of Adélie penguins. Oecologia 161:253–265.

Bargagli R.,2005. Antarctic Ecosystems. Environmental Contamination, Climate Change, and Human Impact. Ecological Studies ,vol. 175; Springer-Verlag, Heidelberg, 395 pp.

Bargagli R.,2008. Environmental contamination in Antarctic ecosystems. Sci. Total Environ. 400: 212-226.

B***orghesi N., Corsolini S., Focardi S., 2008. Levels of polybrominated diphenyl ethers (PBDEs) and organochlorine pollutants in two species of Antarctic fish (Chionodraco hamatus and Trematomus bernacchii). Chemosphere, 73, 155–160.***

***Corsolini S., Kannan K., Imagawa T., Focardi S., Giesy J.P., 2002. Polychloronaphthalenes and other dioxin-like compounds in Arctic and Antarctic marine food webs. Environmental Science and Technology, 36: 3490-3496.***

***Corsolini S., 2009. Industrial contaminants in Antarctic biota. Journal of Chromatography A, 1216, 598–612.***

**Corsolini S. Borghesi N., Ademolo N., Focardi S., 2011. Chlorinated biphenyls and pesticides in migrating and resident seabirds from East and West Antarctica. Environment International 37(8): 1329-1335.**

**Corsolini S., 2011. Antarctic: Persistent Organic Pollutants and Environmental Health in the Region. In: Nriagu JO (ed.) Encyclopedia of Environmental Health, volume 1, pp. 83–96 Burlington: Elsevier,NVRN/978-0-444-52273-3**

Castellano M "Aspetti trofo-funzionali dell'ecosistema marino costiero antartico: sostanza organica particellata e disciolta", Univeristà degli Studi di Genova, PhD Thesys, (2006)

Chiantore M.C., Cattaneo-Vietti R., ELIA L., Guidetti M., Antonini M., "Reproduction and condition of the scallop Adamussium colbecki (Smith, 1902), the sea-urchin Strerechinus neumayeri (Meissner, 1900) and the sea-star Odontaster validus (Koehelr, 1911) at Terra nova Bay (Ross Sea): different related to interannual variations in food availability" Polar Biology 25, 251-255, (2002)

Guglielmo G., Zagami G., Saggiorno V., Catalano G., Granata A., "Copepods in spring annual sea ice at Terra Nova Bay (Ross Sea, Antarctica)" Polar Biology 30, 747-758, (2007)

Mangoni O., Modigh M., Conversano F., Carrada G.C., Saggiorno V., "Effects of summer ice coverege on phytoplankton assemblages in the Ross Sea, Antarctica" Deep-Sea Research I, 51, 1601-1617, (2004)

Massolo S., Messa R., Rivaro P., Leardi R., "Annual and spatial variations of chemical and physical properties in the Ross Sea surface waters (Antarctica)" Continental Shel Research 29, 2333-2344, (2009)

Pane L., Feletti m., Francomacaro B., Mariottini G.L., "Summer coastal zooplankton biomass and copepod community structure near the Italian Terra Nova Base ( Terra Nova Bay, Ross Sea, Antarctica)" Journal of Plankton Research, vol 26, issue 12, 1479-1488, (2004)

Povero P., Chiantore M., Misic M.C., Budillon G., Cattaneo-Vietti R.,., "Land forcing controls pelagic-benthic coupling in Adelie Cove (Terra Nova Bay, Ross Sea)" Polar Biology 24, 875-882 (2000)

Povero P., Chiantore M., Misic M.C., Budillon G., Cattaneo-Vietti R.,., "Land forcing controls pelagic-benthic coupling in Adeliè Cove (Terra Nova Bay, Ross Sea)" Polar Biology 24, 875-882, (2001)

Povero P., Castellano M., Ruggieri N., Monticelli L.S., Saggiomo V., Chiantore M.C., Guidetti M., Cattaneo-Vietti R., "Water column features and their relationship with sediments and benthic communities along the Victoria Land coast, Ross Sea, Antarctica, summer 2004" Antarctic Science 18 (4), 603-613, (2006)

Swadling K.M., Penot F., Vallet C., Rouyer A., Gasparini S., Mousseau L., Smith M., Goffart A., Koubbi P., "Interannual variability of zooplancton in the Dumont d'Urville sea (39°E-146°E), east Antarctica, 2004-2008" Polar Science 5, 118-133, (2011)

Tagliabue A. & Arrigo K.R., "Anomalously low zooplankton abundane in the Ross Sea: An alternative explanation" Limnol. Oceanogr. 48, 686-699, (2003)

Van dijken G.L., Arrigo K.R., " Annual cycles of sea ice and phytoplankton in three Ross Sea polynyas" Poster at 3rd International Conference on the Oceanography of the Ross Sea Antarctica. Venezia, Italy, 10-14 Oct., (2005)

Vacchi M., La Mese M., Eastman J.T., "The role of notothenioid fish in the food web of the Ross Sea shelf waters: a review" Polar Biology 27(6), 321-338, (2004)

## Apéndice 2

Durante la Campaña Antártica Italiana de 2010-2012, se expidieron permisos para actividades y la recogida de muestras en la Bahía Terra Nova, ZAEP 161:

### Campaña Antártica 2010-11

| | |
|---|---|
| Lugar de la actividad | Bahía Terra Nova, ZAEP N° 161 |
| Número de entradas autorizadas | 5 |

| | |
|---|---|
| Longitud de cada entrada | 4 h |
| Organismos vivos implicados | Peces teleostei, n° 150<br>Zooplancton genérico, 120 muestras<br>Adamussium colbacki N° 100 |

**Campaña Antártica 2011-12**

| | |
|---|---|
| Lugar de la actividad | Bahía Terra Nova, ZAEP N° 161 |
| Número de entradas autorizadas | 8 |
| Longitud de cada entrada | 4 h |
| Organismos vivos implicados | Zooplancton genérico, 150 muestras<br>Invertebrados, 200 muestras<br>Esponjas, 10 muestras<br>Adamussium colbacki N° 30 |

Se realizaron recogidas de muestras y estudios en la ZAEP en 13 ocasiones distintas que representaron 52 horas de trabajo en total.

Asimismo, se han recogido las siguientes especies de peces y cantidades mediante redes de barracuda según las normas de la CCRVMA en la ZAEP N° 161, Bahía Terra Nova, durante la Campaña Antártica Italiana 2011-2012:

| N° | Especie | Peso en total (kg) |
|---|---|---|
| 29 | Ch. hamatus | 13,850 |
| 13 | T. bernacchii | 1,800 |
| 1 | T. hansoni | 0,150 |
| 2 | Cr. antarcticus | 0,300 |

# Management Plan for Antarctic Specially Protected Area No. 170

# MARION NUNATAKS, CHARCOT ISLAND, ANTARCTIC PENINSULA

## Introduction

The primary reason for the designation of Marion Nunataks, Charcot Island, Antarctic Peninsula (69°45'S, 75°15'W) as an Antarctic Specially Protected Area (ASPA) is to protect primarily environmental values, and in particular the terrestrial flora and fauna within the Area.

Marion Nunataks lie on the northern edge of Charcot Island, a remote ice-covered island to the west of Alexander Island, Antarctic Peninsula, in the eastern Bellingshausen Sea. Marion Nunataks form a 12 km chain of rock outcrops on the mid-north coast of the island and stretch from Mount Monique on the western end to Mount Martine on the eastern end. The Area is 106.5 $km^2$ (maximum dimensions are 9.2 km north-south and 17.0 km east-west) and includes most, if not all, of the ice-free land on Charcot Island.

Past visits to the Area have been few, rarely more than a few days in duration and focussed initially on geological research. However, during visits between 1997 and 2000, British Antarctic Survey (BAS) scientists discovered a rich biological site, located on the Rils Nunatak at 69°44'56"S, 75°15'12"W.

Rils Nunatak has several unique characteristics including two lichens species that have not been recorded elsewhere in Antarctica, mosses that are rarely found at such southerly latitudes and, perhaps most significantly of all, a complete lack of predatory arthropods and Collembola, which are common at all other equivalent sites within the biogeographical zone. The nunataks are extremely vulnerable to introduction of locally and globally non-indigenous species that could be carried unintentionally to the site by visitors.

ASPA 170 Marion Nunataks was originally designated as an ASPA through Measure 4 (2008) after a proposal by the United Kingdom.

The Area fits into the wider context of the Antarctic Protected Area system by protecting the unique species assemblage found on Marion Nunataks and being the first to protect a substantial area of ground that is representative of the permanent ice-cap and nunataks that exist commonly in the southern Antarctic Peninsula. Resolution 3 (2008) recommended that the Environmental Domains Analysis for the Antarctic Continent, be used as a dynamic model for the identification of Antarctic Specially Protected Areas within the systematic environmental-geographical framework referred to in Article 3(2) of Annex V of the Protocol (see also Morgan et al., 2007). Using this model, ASPA 170 is contained within Environment Domain C (Antarctic Peninsula southern geologic) and Domain E (Antarctic Peninsula and Alexander Island main ice fields). Other protected areas containing Domain C include ASPA 147 (although not specifically stated in Morgan et al., 2007). Other protected areas containing Domain E include ASPAs 113, 114, 117, 126, 128, 129, 133, 134, 139, 147, 149, 152, and ASMAs 1 and 4. The ASPA sits within Antarctic Conservation Biogeographic Region (ACBR) 4 Central South Antarctic Peninsula, and is one of only two ASPAs in ACBR 4, the other being ASPA 147 (Terauds et al., 2012).

## 1. Description of values to be protected

The outstanding environmental value of the Area, which is the primary reason for designation as an ASPA, is based on the following unique species assemblage found in the terrestrial environment:

- The terrestrial fauna is unique for the maritime Antarctic in that it appears to contain neither predatory arthropods nor Collembola (springtails), which are otherwise ubiquitous and important members of the terrestrial fauna of the zone. As such, the site provides unique opportunities for the scientific study of terrestrial biological communities from the maritime Antarctic where key ecological components are absent.
- The Marion Nunataks flora includes an exceptional development of three mosses that are encountered only rarely at latitudes south of 65°S (*Brachythecium austrosalebrosum*, *Dicranoweisia crispula* and *Polytrichum piliferum*).
- The Area includes two lichen species that are previously unrecorded from Antarctica (*Psilolechia lucida* and *Umbilicaria* aff. *thamnodes*) and represents the furthest south known occurrence for several lichen species (including *Frutidella caesioatra*, *Massalongia* spp., *Ochrolechia frigida*, *Usnea aurantiaco-atra* and *Usnea trachycarpa*).

The values are vulnerable to human impacts including damage to habitat by, for example, trampling, or the introduction of non-indigenous species that may disrupt ecosystem structure and function.

## 2. Aims and Objectives

The aims and objectives of this Management Plan are to:

- avoid degradation of, or substantial risk to, the values of the Area by preventing unnecessary human disturbance to the Area;
- prevent or minimise the introduction to the Area of non-native plants, animals and microbes;
- minimise the possibility of the introduction of pathogens which may cause disease in fauna populations within the Area;
- allow scientific research in the Area provided it is for compelling reasons which cannot be served elsewhere and which will not jeopardize the natural ecological system in that Area; and
- preserve the natural ecosystem of the Area as a reference area for future studies.

## 3. Management Activities

Management activities that involve visits to the Area and erection of permanent structures may themselves significantly increase the risk of irreversible human impact, through introductions of locally non-native species. Therefore, the emphasis for management of the site should be to avoid unnecessary visits and importation of materials into the Area. The following management activities are to be undertaken to protect the values of the Area:

- Due to the sensitive nature of the Area and the severity of the consequences should non-native species be introduced, management visits shall be kept to an absolute minimum and erection of permanent structures, including notice boards and signs, on ice-free ground shall be avoided.
- Visiting field parties shall be briefed fully by the national authority on the values that are to be protected within the Area and the precautions and mitigation measures detailed in this Management Plan.
- Copies of this Management Plan shall be made available to vessels and aircraft planning to visit the vicinity of the Area.
- The Management Plan shall be reviewed at least every five years and updated as required.
- A copy of this Management Plan shall be made available at Rothera Research Station (UK; 67°34'S, 68°07'W) and General San Martín Station (Argentina; 68°08'S, 67°06'W).

- All scientific and management activities undertaken within the Area should be subject to an Environmental Impact Assessment, in accordance with the requirements of Annex I of the Protocol on Environmental Protection to the Antarctic Treaty.
- National Antarctic Programmes operating in the Area shall consult together with a view to ensuring the above management activities are implemented.

### 4. Period of Designation

Designated for an indefinite period.

### 5. Maps

Map 1. Charcot Island in relation to Alexander Island and the Antarctic Peninsula. Map specifications: WGS84 Antarctic Polar Stereographic. Central meridian -55°, Standard parallel: -71°.

Map 2. Charcot Island, including ASPA 170 Marion Nunataks situated in the northwest of the island. Map specifications: WGS 1984 Antarctic Polar Stereographic. Central Meridian: -75°, Standard Parallel: -71.0°.

Map 3. ASPA 170 Marion Nunataks, Charcot Island, Antarctic Peninsula. Map specifications: WGS 1984 Antarctic Polar Stereographic. Central Meridian: -75°, Standard Parallel: -71.0°. Developed from USGS Landsat Image Mosaic of Antarctica, Scene ID: x-2250000y+0450000. Metadata available at http://lima.usgs.gov/.

### 6. Description of the Area

*6 (i) Geographical coordinates, boundary markers and natural features*

Charcot Island is roughly circular in shape, approximately 50 km across and is separated from northwest Alexander Island (~100 km away) by Wilkins Sound to the east and Attenborough Strait to the south (Maps 1 and 2). Until recently, Charcot Island was connected to Alexander Island by the Wilkins Ice Shelf, but substantial collapse occurred in 2008 and the ice bridge gave way in April 2009 (Vaughan et al., 1993; Braun et al., 2009). Charcot Island is ice-covered with the exception of Marion Nunataks (69°45'S, 75°15'W), which form a 12 km chain of rock outcrops that overlook the mid-north coast of Charcot Island, and consist predominantly of steep north–facing cliffs (Map 3). Mount Monique lies towards the western end of the Marion Nunataks chain and Mount Martine to the eastern end. The summits of both peaks are between 750 and 1000 metres above sea level.

The Area boundary is defined as follows:

The point on the northern coast of Charcot Island at 69°43'07"S, 75°00'00"W represents the most north-easterly point of the Area. From here, the Area boundary follows the coastline westwards to the point on the coast at 69°48'00"S, 75°19'19"W. The boundary then extends eastward inland to a point on the Charcot Island ice-cap at 69°48'00"S, 75°00'00"W. From there the boundary extends northwards to the coast at 69°43'07"S, 75°00'00"W. The Area also includes Cheeseman Island (located at 69°43'24"S, 75°11'00"W).

There are no boundary markers delimiting the Area. The maximum dimensions of the Area are 9.2 km north-south and 17.0 km east-west (106.5 km$^2$). The Area includes ice cap that extends at least 4 km to the south and east of Marion Nunataks, which is intended to act as a buffer zone to prevent accidental importation of species not native to the Area (see Map 3). The steep ice cliffs on the north coast of Charcot Island, make access from the sea difficult.

<u>Climatic conditions</u>

No climatic data are available, but Charcot Island lies in the track of depressions approaching the Antarctic Peninsula from the west. Satellite imagery indicates that the island is predominantly covered by cloud, and may not become free of winter pack ice until late summer, if at all.

*Biogeography*

Research by Smith (1984) and Peat et al. (2007) describes the recognised biogeographical regions present within the Antarctic Peninsula. Antarctica can be divided into three major biological provinces: northern maritime, southern maritime and continental. Charcot Island lies within the southern maritime zone (Smith, 1984), approximately 600 km north of the major biogeographic discontinuity that separates the Antarctic Peninsula and continental Antarctica known at the Gressitt Line (Chown and Convey, 2007). It also lies within ACBR 4, Central South Antarctic Peninsula (Terauds et al., 2012)

*Geology*

The rocks of Marion Nunataks are turbiditic sandstones and mudstones, similar in appearance to those found on nearby Alexander Island. However, geochronology and isotopic analyses from detrital minerals (grains that survive erosion, transport and deposition and so preserve information on the source rock) suggest that Charcot Island rocks are different to those on Alexander Island, and possibly the whole of the Antarctic Peninsula (Michael Flowerdew, pers. comm.). Alexander Island rocks are thought to have formed from sediments eroded off rocks from the Antarctic Peninsula. However, Charcot Island sediments were originally deposited within a deep marine trench that formed as a result of the destruction of the Pacific plate beneath the edge of the ancient continent of Gondwana. The sedimentary rocks were scraped off the Pacific plate as it was destroyed and accreted to the Gondwana continent, causing them to be folded and methamorphosed under high pressure. Charcot Island sedimentary rocks are thought to be Cretaceous (deposited around 120 million years ago), and may have been transported over long distances in a relatively short time interval before becoming juxtaposed to Alexander Island around 107 million years ago.

*Biology*

The known terrestrial biological site (located on the Rils Nunatak at 69°44'56"S, 75°15'12"W) extends approximately 200 m east-west, by a maximum of 50 m north-south and harbours an extensive biota (Convey et al., 2000). This vegetated bluff consists of rock gently sloping to the north-west, which rapidly steepens to broken cliffs that drop to the sea. Water has been observed to be freely available at the site during all summer visits between December 1997 and January 2000.

Biota in the known terrestrial biological site include:

- Bryophytes: 16 mosses (including Andreaea spp., Bartramia patens, Bryum pseudotriquetrum, Brachythecium austrosalebrosum, Ceratodon purpureus, Dicranoweisia crispula, Grimmia reflexidens, Hennediella heimii, Hypnum revolutum, Pohlia spp., Polytrichum piliferum, Schistidium antarctici, Syntrichia princeps) and one liverwort (Cephaloziella varians). The dominant species are Andreaea spp., Dicranoweisia crispula and Polytrichum piliferum, which are usually only common in the sub-Antarctic. The abundance of B. austrosalebrosum is remarkable as it is a hydric species requiring a continuous supply of water. The mosses generally occur on wet rock slabs irrigated by trickling melt water from late snow patches which has allowed the formation of cushions c. 15 cm deep. (Smith, 1998; Convey et al., 2000).
- Foliose alga: Prasiola crispa (Smith, 1998; Convey et al., 2000).
- Lichens: 34 species, plus two identified to genus level. The dominant lichen species are Pseudophebe minuscule, Umbilicaria decussata, Usnea sphacelata and various crustose taxa (Smith, 1998; Convey et al., 2000). Lichen communities occupy much of the dry, windswept stony ground and ridges. Melt channels on sloping rock slabs are lined with large thalli (up to ~15 cm across) of Umbilicaria antarctica. The Area includes two lichen species that are previously unrecorded from Antarctica (Psilolechia lucida and Umbilicaria

aff. thamnodes) and represents the furthest south known occurrence for several lichen species (including Frutidella caesioatra, Massalongia spp., Ochrolechia frigida, Usnea aurantiaco-atra and Usnea trachycarpa). Unusually, the widespread Usnea antarctica was not recorded from the site.

- Invertebrates: Seven species of Acari, seven Nematoda and four Tardigrada were present in collections from Marion Nunataks. Uniquely, neither acarine predators nor Collembola were recorded (Convey, 1999; Convey et al., 2000).
- Vertebrates: A small colony of 60 Adelie penguins (Pygoscelis adeliae) containing many chicks was reported from the small islands just to the northwest of Mount Monique (Henderson, 1976; Croxall and Kirkwood, 1979). The colony was still present at the location in January 2011 with 70 breeding pairs and numerous chicks recorded. This is thought to be the most southerly colony of Adélie penguins on the Antarctic Peninsula. Other than the penguin colony, the Area has little vertebrate influence. South polar skuas (Catharacta maccormicki) are observed in the Area and a single nest was found on moss turf. Other birds observed and considered likely to breed in the area were small numbers of Antarctic terns (Sterna vittata), snow petrels (Pagodroma nivea), Antarctic petrels (Thalassoica antarctica) and Wilson's storm petrels (Oceanites oceanicus Kühl) (Henderson, 1976; Smith, 1998; Convey et al., 2000).

Although all elements of the biota recorded are typical of the maritime Antarctic biogeographical zone (Smith, 1984), community composition differs strikingly in detail from that found at other sites in the biome. The apparent absence of Collembola, recorded at all other known maritime Antarctic sites, contrasts directly with their importance elsewhere. Numbers of other animal species recovered from Marion Nunataks, suggest population densities comparable with those found in many other coastal maritime Antarctic sites and at least an order of magnitude greater than those usually found in Continental Antarctic sites, or on south-east Alexander Island at the southern limit of the maritime Antarctic. The numerical contribution made by springtails to faunas elsewhere in the maritime Antarctic appears to be replaced by several smaller prostigmatid mites (*Nanorchestes nivalis* and *Eupodes minutes*) on Charcot Island. The absence of predatory taxa is also an exceptional element of the Charcot Island arthropod community, particularly given the arthropod population densities.

The terrestrial biological communities on Charcot Island are extremely vulnerable to accidental human-mediated introduction of both native Antarctic and non-native biota. Convey et al. (2000) write:

> *'As visitors to this island will inevitably arrive from other locations within the [Antarctic] Maritime zone, the potential for accidental transfer in soil or vegetation adhering to boots or clothing, rucksacks, etc. is great. Extreme caution is therefore required to avoid the transfer of native species between isolated populations within the Maritime Antarctic, highlighting an urgent need for strict control measures to be applied to all visitors to the site and others like it to conserve them for the future.'*

Past human activity

The Area is extremely isolated and difficult to access, other than by air, and as a result has been visited by only a small number of people, and these visits have been generally brief. Charcot Island was discovered on 11 January 1910 by Dr Jean Baptiste Charcot of the French Antarctic Expedition. The first landing on the island was made on 21 November 1947 by the Ronne Antarctic Research Expedition (RARE) when parts of the island were photographed from the air (Searle, 1963).

A temporary hut (30 m$^2$) and airstrip were established by the Chilean Antarctic Expedition and Chilean Air Force (FACH) in November 1982. The camp was situated on ice a few kilometres east of Mount Martine (69°43'S, 75°00'W), on what is now the eastern boundary of the Area. The hut was buried by snow during the winter of 1983 and no evidence of the station remains on the surface (Comite Nacional de Investigaciones Antarcticas, 1983; Veronica Vallejos, pers comm.).

British Antarctic Survey (BAS) geologists and cartographers made brief visits to Marion Nunataks in January 1975, 9-13 February 1976 and 17 January 1995. BAS biologists made day trips to Rils Nunatak on 22 December 1997, 20-21 January 1999, 5 February 1999 and 16 January 2000. Reports suggest that there have been less than 10 field party visits to Marion Nunataks since their first visit in 1975. Visits have generally been limited to a few days or hours. Importantly, no further visits have been made to Marion Nunataks, inland from the coast, since the discovery of its unique ecosystems (Convey et al., 2000). As a result, it is probable that the ecosystem still exists in it original pristine state and no introduction of macrobiota has occurred.

Brief boat landings were made at the Adélie penguin colony on the coast northwest of Mount Monique by scientists from the United States in early 2010 and 2011.

*6 (ii) Access to the Area*

No access points are specified, but landings are usually most safely made by aircraft on areas of permanent ice, as accessing inland locations from the sea is made difficult due to step ice cliffs around much of the coastline. Aircraft landing within the Area must comply with the condition described in section *7(ii)*. In early 2010 and 2011, brief landings were made from the sea by scientist from the United States to visit the Adélie penguin colony situated on ice-free ground to the northwest of Mt. Monique (approximate location 69°45'40" S, 75°25'00" W). The landings were made despite difficult sea ice conditions, which are common in this area. Furthermore, sea ice conditions prevented further landings in 2012. Consequently, this route is not recommended for general access to the Area.

*6 (iii) Location of structures within and adjacent to the Area*

No installations or caches are known to exist in the Area. One cairn was constructed on the highest point (~126 m above sea level) of the small nunatak at 69°44'55" S, 75°15'00" W during the 1975-76 United States Geological Survey (USGS)-British Antarctic Survey Doppler Satellite Programme (Schoonmaker and Gatson, 1976). The 0.6 m high cairn marks the site of Station Jon and contains a standard USGS brass Antarctica tablet stamped 'Jon 1975-1976' set loosely in faulted rock. A metal tent pole (2.4 m) was erected in the cairn; however, there was no record of it in visit reports from 1995 onwards (Anonymous, 1977; Morgan, 1995).

*6 (iv) Location of other protected Areas in the vicinity*

There are no other ASPAs or ASMAs in the vicinity, with the nearest protected area being ASPA No. 147 Ablation Valley and Ganymede Heights, which is situated 270 km away on the eastern coast of Alexander Island.

*6 (v) Special zones within the Area*

There are no special zones in the Area.

## 7. Terms and conditions for entry permits

*7(i) General permit conditions*

Entry into the Area is prohibited except in accordance with a permit issued by an appropriate national authority under Article 3, paragraph 4, and Article 7 of Annex V to the Protocol on Environmental Protection to the Antarctic Treaty.

Conditions for issuing a Permit to enter the Area are that:

- it is issued for a compelling scientific reason, which cannot be served elsewhere, or for reasons essential to the management of the Area;

- the activities permitted will give due consideration via the environmental impact assessment process to the continued protection of the environmental and scientific values of the Area;
- the activities permitted are in accordance with this Management Plan;
- the Permit, or an authorised copy, shall be carried when in the Area;
- the Permit shall be issued for a finite period;
- a report is supplied to the authority or authorities named in the Permit; and
- the appropriate authority should be notified of any activities/measures undertaken that were not included in the authorised Permit.

*7(ii) Access to, and movement within or over, the Area*

Where possible, day visits to the Area are strongly recommended in order to remove the requirement for camping equipment, and therefore reduce the risk of transferring locally non-native species into the Area. If management or scientific requirements cannot be met within the time scale of a single day visit, then longer visits requiring camping within the Area are permitted, but only after all other options have been full explored and rejected.

Entry of personnel or equipment arriving directly from other terrestrial biological field sites to the Area is prohibited. It is a condition of entry into the Area that all visitors and equipment must travel via an Antarctic station or ship where thorough cleaning of clothing and equipment has been performed, as detailed in this Management Plan (section *7(x)*).

To protect the values of the Area and minimise the risk of introduction of locally non-native species, the following restrictions apply within the Area:

(a) Aircraft

Aircraft are only permitted to land in the Area if they have performed the measures as detailed in this Management Plan (section *7(x)*). Otherwise aircraft must land outside the Area. Within the Area, fixed and rotory wing aircraft are prohibited from landing within 100 m of ice-free ground and the associated flora and fauna. The remaining 100 m of the approach to the ice-free ground must be made on foot.

An Adélie penguin colony is present within the Area on coastal ground to the northwest of Mount Monique (approximate location 69°44'40" S, 75°25'00" W). The operation of aircraft over the Area should be carried out, as a minimum requirement, in compliance with the *Guidelines for the Operation of Aircraft near Concentrations of Birds* contained in Resolution 2 (2004).

(b) Ships and small boats

Little information is available on locations appropriate for ship and small boat landings (see section *6(ii)*). Given the unpredictable nature of sea ice conditions in the region, landings by boat are not recommended for general access to the Area. However, boat lands may be appropriate for visiting coastal locations, such as the Adélie penguin colony northwest of Mt. Monique (approximate location 69°45'40" S, 75°25'00" W).

(c) Land vehicles and sledges

Land vehicles shall not be taken into the Area unless essential for scientific, management or safety reasons. Land vehicles and sledges are only permitted within the Area if they are compliant with the measures as detailed in this Management Plan (section *7(x)*). Once inside the Area, skidoos, sledges and other land vehicles are prohibited within 100 m of all ice-free ground and associated flora and fauna. The remaining 100 m of the approach to the ice-free ground must be made on foot.

(d) <u>Human movement</u>

Pedestrian traffic shall be keep to an absolute minimum necessary to be consistent with the objectives of any permitted activities. Where no routes are identified, pedestrian traffic should be kept to the minimum necessary to undertake permitted activities and every reasonable effort should be made to minimise trampling effects. Visitors should avoid areas of visible vegetation and care should be exercised walking in areas of moist ground, particularly the stream course beds, where foot traffic can easily damage sensitive soils, plant and algal communities, and degrade water quality.

Strict personal quarantine precautions shall be undertaken as described in section *7(x)* of this Management Plan.

*7(iii) Activities which may be conducted in the Area*

Activities which may be conducted in the Area include:

- compelling scientific research that cannot be undertaken elsewhere and which will not jeopardize the ecosystem of the Area;
- sampling, which should be the minimum required for approved research programmes; and
- essential management activities, including monitoring.

*7(iv) Installation, modification or removal of structures*

- No structures are to be erected within the Area, or scientific equipment installed, except for compelling scientific or management reasons and for a pre-established period, as specified in a permit.
- Permanent structures or installations are prohibited.
- All markers, structures or scientific equipment installed in the Area must be clearly identified by country, name of the principal investigator or agency, year of installation and date of expected removal.
- All such items should be free of organisms, propagules (e.g. seeds, eggs, spores) and non-sterile soil (see section *7(x)*), and be made of materials that can withstand the environmental condition and pose minimal risk of contamination of the Area.
- Removal of specific structures or equipment for which the permit has expired shall be the responsibility of the authority which granted the original permit and shall be a condition of the Permit.
- Existing structures must not be removed, except in accordance with a permit.

*7(v) Location of field camps*

Camping within the Area is only permitted if scientific and management objectives cannot be achieved during a day trip to the Area. Camping may also occur within the Area during an emergency. Unless unavoidable for safety reason, tents should be erected on permanent snow or ice, at least 500 m from the nearest ice-free area. Field camp equipment must be cleaned and transported as described in section *7(x)* of this Management Plan.

*7(vi) Restrictions on materials and organisms which may be brought into the Area*

In addition to the requirements of the Protocol on Environmental Protection to the Antarctic Treaty, restrictions on materials and organisms which may be brought into the area are as follows:

- The deliberate introduction of animals, plant material, microorganisms and non-sterile soil into the Area shall not be permitted.
- Precautions shall be taken to prevent the unintentional introduction of animals, plant material, microorganisms and non-sterile soil from other biologically distinct regions

(within or beyond the Antarctic Treaty area). Visitors should also consult and follow, as appropriate, recommendations contained in the *CEP non-native species manual* (CEP, 2011), and in the *Environmental code of conduct for terrestrial scientific field research in Antarctica* (SCAR, 2009). Additional site-specific biosecurity measures are listed in section *7(x)*.

- No poultry products, including food products containing uncooked dried eggs, shall be taken into the Area.
- No herbicides or pesticides shall be brought into the Area. Any other chemicals, including radio-nuclides or stable isotopes, which may be introduced for a compelling scientific purpose specified in the Permit, shall be removed from the Area at or before the conclusion of the activity for which the Permit was granted. Release of radio-nuclides or stable isotopes directly into the environment in a way that renders them unrecoverable should be avoided.
- Fuel, food and other materials are not to be deposited in the Area, unless required for essential purposes connected with the activity for which the Permit has been granted. They shall be stored and handled in a way that minimises the risk of their accidental introduction into the environment. Fuel, food and other materials must only be stored on snow or ice that is at least 500 m from the nearest ice-free ground. Permanent depots are not permitted.
- Materials introduced into the Area shall be for a stated period only and shall be removed by the end of that stated period.

*7(vii) Taking of, or harmful interference with, native flora and fauna*

Taking of, or harmful interference with, native flora and fauna is prohibited, except in accordance with a permit issued in accordance with Annex II of the Protocol on Environmental Protection to the Antarctic Treaty. Where taking or harmful interference with animals is involved this should, as a minimum standard, be in accordance with the *SCAR code of conduct for the use of animals for scientific purposes in Antarctica* (2011). Any soil or vegetation sampling is to be kept to an absolute minimum required for scientific or management purposes, and carried out using techniques which minimise disturbance to surrounding soil, ice structures and biota.

*7(viii) The collection or removal of materials not brought into the Area by the permit holder*

Material may be collected or removed from the Area only in accordance with a permit and should be limited to the minimum necessary to meet scientific or management needs. Material of human origin likely to compromise the values of the Area, and which was not brought into the Area by the Permit Holder or otherwise authorised may be removed from the Area unless the environmental impact of the removal is likely to be greater than leaving the material in situ: if this is the case the appropriate national authority must be notified and approval obtained.

*7(ix) Disposal of waste*

All wastes, including all human waste, shall be removed from the Area.

*7(x) Measures that may be necessary to continue to meet the aims of the Management Plan*

To help protect the ecological and scientific values derived from the isolation and low level of human impact at the Areas, visitors shall take special precautions against the introduction of non-native species. Of particular concern are animal or plant introductions sourced from:

- soils from any other Antarctic sites, including those near stations
- soils from regions outside Antarctica

It is a condition of entry to the Area that visitors shall minimize the risk of introductions in accordance with the following measures:

(a) Aircraft

The interior and exterior of aircraft shall have been carefully inspected and cleaned as near as possible to the time of departure of the aircraft from the originating Antarctic station or ship. It is recommended that this include thorough sweeping and vacuuming of the inside of the aircraft and steam-cleaning or brushing of the exterior of the aircraft.

Any aircraft that has landed at other rock airstrips or near biologically rich sites since being cleaned at the Antarctic station or ship is not permitted to enter the Area.

Fixed-wing aircraft that departed from a gravel runway must have landed, or trailed their skis, on clean snow outside the Area in an attempt to dislodge any soil from the skis, before landing within the Area.

(b) Small boats

Small boats used to transport visitors from a support vessel to the Area boundary shall be cleaned (with particular attention paid to the inside of the boats) to ensure they are free of soil, dirt and propagules.

(c) Land vehicles and sledges

Before land vehicles and sledges enter the Area, all mud, soil, vegetation and excessive dirt and grease must be removed. Ideally, this should have been completed on the originating Antarctic station or ship before transfer of the vehicles into the field. Land vehicles shall not enter the Area if after cleaning they have been driven over areas of rock or soil outside the Area.

(d) Field camp equipment

All camping equipment, including emergency camping equipment, shall be cleaned thoroughly (i.e. free of soil and propagules and, if practicable, sealed in plastic bags or sheeting) before being taken into the Area. This includes emergency camping equipment carried aboard any aircraft landing in the Area.

(e) Sampling equipment, scientific apparatus and field-site markers

To the greatest extent possible, all sampling equipment, scientific apparatus and markers brought into the Area shall have been sterilized, and maintained in a sterile condition, before being used within the Area. Sterilization should be by an accepted method, including UV radiation, autoclaving or by surface sterilisation using 70% ethanol or a commercially available biocide (e.g. Virkon®) (see the *Environmental code of conduct for terrestrial scientific field research in Antarctica* (SCAR, 2009)).

(f) General field equipment

General equipment includes harnesses, crampons, climbing equipment, ice axes, walking poles, ski equipment, temporary route markers, pulks, sledges, camera and video equipment, rucksacks, sledge boxes and all other personal equipment.

All equipment used inside the Area should be free of biological propagules such as seeds, eggs, insects, fragments of vegetation and soil. To the maximum extent practicable, all equipment used, or brought into the Area, shall have been thoroughly cleaned at the originating Antarctic station or ship. Equipment shall have been maintained in this condition before entering the Area, preferably by sealing in plastic bags or other clean containers.

(g) Outer clothing

Outer clothing includes hats, gloves, fleeces or jumpers, jackets, fabric or fleece trousers, waterproof trousers or salopettes, socks, boots and any other clothing likely to be worn as a surface layer. Outer clothing worn inside the Area should be free of biological propagules such as seeds, eggs, insects, fragments of vegetation and soil. To the maximum extent practicable, footwear and outer clothing used, or brought into the Area, shall have been thoroughly laundered and cleaned since used previously. Particular attention should be given to removing seeds and propagules from Velcro®. New clothing, taken straight out of the manufacturer's packaging just before entering the Area, need not undergo cleaning.

Further procedures for ensuring non-native species are not transferred into the Area on footwear and clothing depend upon whether the visit is via (i) a direct aircraft landing in the Area, (ii) overland movement into the Area from outside its boundaries or (iii) movement to the Area boundary by small boat:

i. Direct aircraft landing in the Area. Sterile protective over-clothing shall be worn. The protective clothing shall be put on immediately prior to leaving the aircraft. Spare boots, previously cleaned using a biocide then sealed in plastic bags, shall be unwrapped and put on just before entering the Area.

ii. Overland movement into the Area from outside its boundaries. Sterile protective over-clothing is not recommended as, once within the Area, significant amounts of travel over crevassed ground may be required and use of sterile protective over-clothing may interfere with safety equipment such as ropes and harnesses. For overland movement into the Area, alternative measures must be used. Each visitor is required to bring at least two sets of outer clothing. The first set shall be worn for the journey to the Area boundary. The second set of outer clothing, which has previously been cleaned and sealed in plastic bags, shall only be worn inside the Area. Immediately before entering the Area, visitors shall change into their clean set of outer clothing. Spare boots, previously cleaned using a biocide then sealed in plastic bags, shall be unwrapped and put on just before entering the Area. The removed unclean outer clothing shall be stored in sealed, labelled plastic bags, preferably outside the Area. On leaving the Area by overland travel, the clothing worn in the Area should be removed and stored in a clean, labelled plastic bag until needed for any further trips into the Area, or returned to the originating Antarctic station or ship for cleaning.

iii. Movement to the Area boundary by small boat. When aboard the support vessel, and immediately prior to entering the small boat to travel to the Area, each visitor, including the boat crew, shall put on clean clothing (including boating suits, life jackets and footwear) which is free of soil, seeds and other propagules. Alternatively, on arrival at the Area boundary, and before exiting the small boat, visitors shall cover all clothing in clean protective oversuits. Additional clothing or footwear required by visitors when within the Area, shall be cleaned before leaving the support vessel, and stored in a sealed container (e.g. plastic bag) until needed.

*7(xi) Requirements for reports*

The principal permit holder for each visit to the Area shall submit a report to the appropriate national authority as soon as practicable, and no later than six months after the visit has been completed. Such reports should include, as appropriate, the information identified in the *Antarctic Specially Protected Area visit report form* contained in the *Guide to the Preparation of Management Plans for Antarctic Specially Protected Areas* (Appendix 2). In this report, particular note should be made of the specific ice-free locations visited within the Area (including, if possible, GPS coordinates), the length of time spent at each location and the activities undertaken. Wherever possible, the national authority should also forward a copy of the visit report to the Party that proposed the Management Plan, to assist in managing the Area and reviewing the Management Plan. Parties should, wherever possible, deposit originals or copies of such original visit reports in a publicly accessible archive to maintain a record of usage, for the purpose of any review of the Management Plan and in organising the scientific use of the Area.

**8. Supporting documentation**

Anonymous. (1977). British Antarctic Survey Archives Service, Arc. Ref. ES2/EW360.1/SR17-18/7,8.

Antarctic Treaty Consultative Meeting. (2004). Guidelines for the operation of aircraft near concentrations of birds in Antarctica. ATCM Resolution 2 (2004).

Braun, M., Humbert, A., and Moll, A. (2009). Changes of Wilkins Ice Shelf over the past 15 years and inferences on its stability. The Cryosphere 3: 41-56.

Comite Nacional de Investigaciones Antarcticas. (1983). Informe de las actividades Antarcticas de Chile al SCAR. Santiago, Instituto Antarctico Chileno.

Committee for Environmental Protection (CEP). (2011). Non-native species manual – 1st Edition. Manual prepared by Intersessional Contact Group of the CEP and adopted by the Antarctic Treaty Consultative Meeting through Resolution 6 (2011). Buenos Aires, Secretariat of the Antarctic Treaty.

Chown, S. L., and Convey, P. (2007). Spatial and temporal variability across life's hierarchies in the terrestrial Antarctic. Philosophical Transactions of the Royal Society B - Biological Sciences 362 (1488): 2307-2R31.

Convey, P. (1999). Terrestrial invertebrate ecology. Unpublished British Antarctic Survey internal report Ref. R/1998/NT5.

Convey, P., Smith, R. I. L., Peat, H. J. and Pugh, P. J. A. (2000). The terrestrial biota of Charcot Island, eastern Bellingshausen Sea, Antarctica: an example of extreme isolation. Antarctic Science 12: 406-413.

Croxall, J. P., and Kirkwood, E. D. (1979). The distribution of penguins on the Antarctic Peninsula and islands of the Scotia Sea. British Antarctic Survey, Cambridge.

Henderson, I. (1976). Summer log of travel and work of sledge kilo in northern Alexander Island and Charcot Island, 1975/1976. Unpublished British Antarctic Survey internal report Ref. T/1975/K11.

Morgan, F., Barker, G., Briggs, C., Price, R., and Keys, H. (2007). Environmental Domains of Antarctica Version 2.0 Final Report. Landcare Research Contract Report LC0708/055.

Morgan, T. (1995). Sledge echo travel report, 1994/5 season – geology in central Alexander Island. Unpublished British Antarctic Survey internal report Ref. R/1994/K7.

Peat, H. J., Clarke, A., and Convey, P. (2007). Diversity and biogeography of the Antarctic flora. Journal of Biogeography 34: 132-146.

Schoonmaker, J. W., and Gatson, K. W. (1976). U. S. Geological Survey/British Antarctic Survey Landsat Georeceiver Project. British Antarctic Survey Archives Service, Arc. Ref. ES2/EW360/56.

SCAR (Scientific Committee on Antarctic Research) (2009). Environmental code of conduct for terrestrial scientific field research in Antarctica. ATCM XXXII IP4.

SCAR (Scientific Committee on Antarctic Research) (2011). SCAR code of conduct for the use of animals for scientific purposes in Antarctica. ATCM XXXIV IP53.

Searle, D. J. H. (1963). The evolution of the map of Alexander and Charcot Islands, Antarctica. The Geographical Journal 129: 156-166.

Smith, R. I. L. (1984). Terrestrial plant biology of the sub-Antarctic and Antarctic. In: Antarctic Ecology, Vol. 1. Editor: R. M. Laws. London, Academic Press.

Smith, R. I. L. (1998). Field report: sledge delta, November 1997 - January 1998. Unpublished British Antarctic Survey internal report Ref. R/1997/NT3.

Terauds, A., Chown, S. L., Morgan, F., Peat, H. J., Watt, D., Keys, H., Convey, P., and Bergstrom, D. M. (2012). Conservation biogeography of the Antarctic. Diversity and Distributions 18: 726–41.

Vaughan, D. G., Mantripp, D. R., Sievers, J., and Doake C. S. M. (1993). A synthesis of remote sensing data on Wilkins Ice Shelf, Antarctica. Annals of Glaciology: 17: 211-218.

Map 1. Charcot Island in relation to Alexander Island and the Antarctic Peninsula. Map specifications: WGS84 Antarctic Polar Stereographic. Central meridian -55°, Standard parallel: -71°.

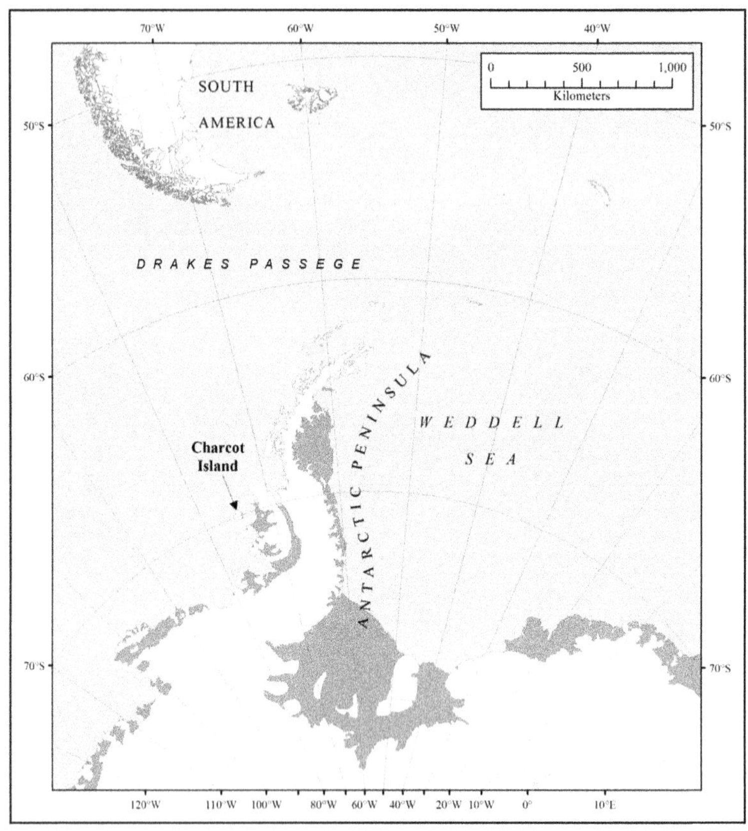

Map 2. Charcot Island, including ASPA 170 Marion Nunataks situated in the northwest of the island. Map specifications: WGS 1984 Antarctic Polar Stereographic. Central Meridian: -75°, Standard Parallel 1: -71.0°.

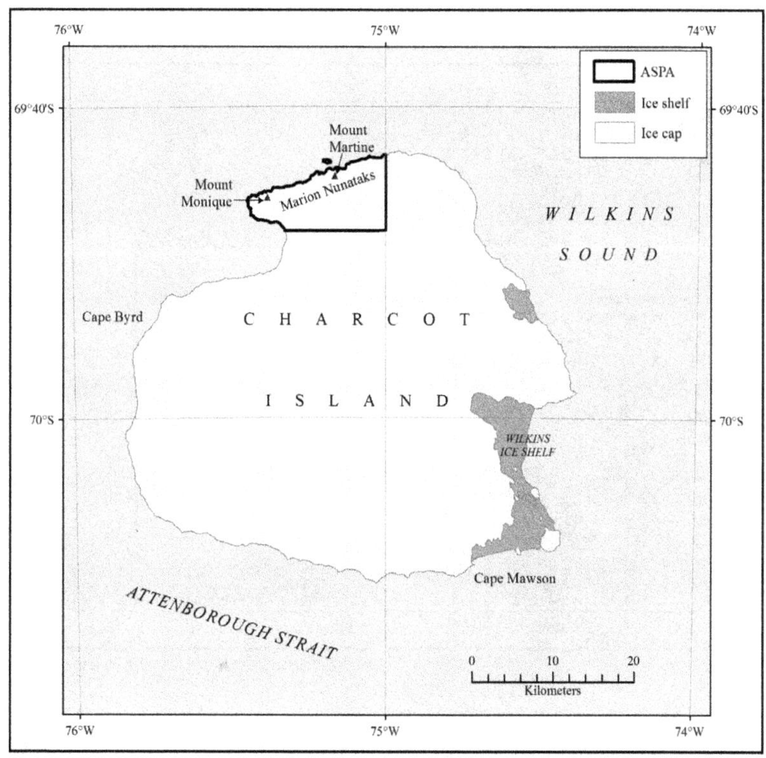

Map 3. ASPA 170 Marion Nunataks, Charcot Island, Antarctic Peninsula. Map specifications: WGS 1984 Antarctic Polar Stereographic. Central Meridian: -75°, Standard Parallel 1: -71.0°. Developed from USGS Landsat Image Mosaic of Antarctica, Scene ID: x-2250000y+0450000. Metadata available at http://lima.usgs.gov/.

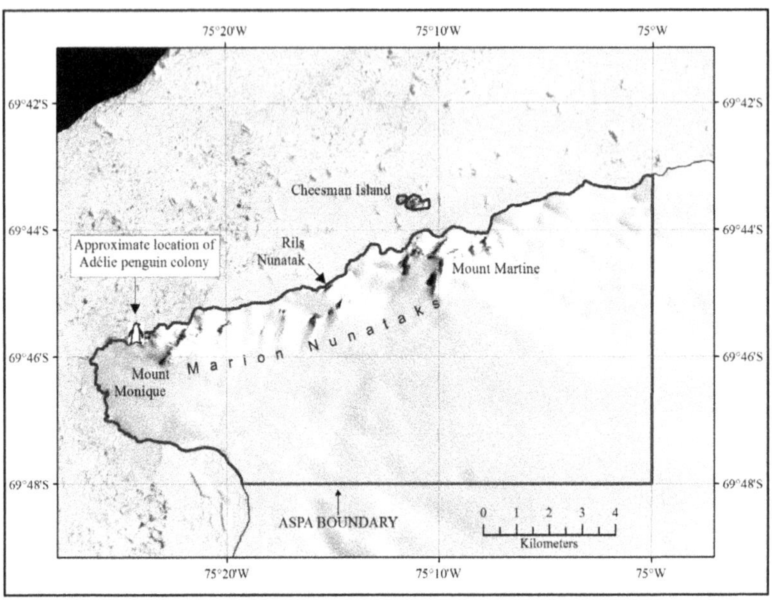

# Plan de Gestión para la Zona Antártica Especialmente Protegida (ZAEP) Nº 173 CABO WASHINGTON Y BAHÍA SILVERFISH, NORTE DE BAHÍA TERRA NOVA, MAR DE ROSS

## *Introducción*

El Cabo Washington y la Bahía Silverfish están situados en el norte de la Bahía Terra Nova, Tierra de Victoria, Mar de Ross. Área aproximada y coordenadas: 286 km$^2$ (centrados a 164° 57.6' E, 74° 37.1' S), de los cuales 279.5 km$^2$ son marinos (98 %) y 6.5 km$^2$ son terrestres (2 %). Las razones principales para la designación de la zona son los destacados valores ecológicos y científicos. Una de las más grandes colonias de pingüinos emperador (*Aptenodytes forsteri*) de la Antártida se reproduce en el hielo del mar adyacente al Cabo Washington, con alrededor de 20.000 parejas reproductoras que comprenden aproximadamente el ocho por ciento de la población mundial y ~ 21% de la población del Mar de Ross. Varios factores como la ubicación, las condiciones del hielo, el clima y la accesibilidad ofrecen oportunidades relativamente consistentes y estables para observarse de manera confiable el emplumamiento de polluelos y la presencia de una variedad de otras especies, hacen de este un lugar ideal para estudiar las interacciones del ecosistema. El registro ampliado de observaciones de la colonia de pingüinos emperador en el Cabo Washington es de gran valor científico. A aproximadamente 20 km al oeste del Cabo Washington, en la Bahía Silverfish se localiza el primer 'criadero' y zona de eclosión documentados del diablillo antártico (*Pleuragramma antarcticum*). Las investigaciones recientes han demostrado que la concentración de desove en ocasiones se extiende todo el camino a través de la ensenada hasta Cabo Washington. Los primeros estudios innovadores sobre la historia de vida de esta especie se han realizado en el lugar y su relativa accesibilidad a las estaciones cercanas de investigación hacen que la Zona sea importante para la investigación biológica. La Zona también tiene valores geocientíficos importantes, ya que cuenta con extensas exposiciones de rocas volcánicas procedentes del volcán activo más cercano, Monte Melbourne.

La zona está situada en el Ambiente U - Geológico del norte de la Tierra Victoria basado en el Análisis de Dominios Ambientales para la Antártida (Resolución 3 (2008)) y en la Región 8 - Norte de la Tierra de Victoria basado en las Regiones Biogeográficas de Conservación de la Antártida

## *1. Descripción de los valores a proteger*

La Zona del norte de la Bahía Terra Nova, que comprende el Cabo Washington y la Bahía Silverfish (Mapa 1) fue propuesta por Italia y los Estados Unidos sobre la base de que contiene una de las más grandes colonias conocidas de pingüinos emperador (*Aptenodytes forsteri*) y la colonia, así como su ecosistema asociado, son objeto de estudios científicos en curso que se iniciaron en 1986. Recientemente, se descubrieron grandes cantidades de huevos del diablillo Antártico (*Pleuragramma antarcticum*) bajo el hielo del mar en el norte de la Bahía Terra Nova, por lo que es el primer "criadero" y área de incubación de esta especie documentados. Este descubrimiento ha ampliado en gran medida la comprensión de la historia de vida de esta especie y la proximidad del sitio a las estaciones científicas cercanas, hace que sea de valor científico excepcional para continuar los estudios. El sitio del descubrimiento original de huevos del diablillo antártico fue llamado Bahía Silverfish (Mapa 2) y la investigación más reciente ha puesto de manifiesto la rica concentración de huevos de *P. antarcticum* encontrados se ha extendido en algunos años a través de la ensenada hacia el Cabo Washington. La superficie total es de 286 km$^2$, de los cuales el componente marino es ~279.5 km$^2$ (98 %) y el componente terrestre es de ~ 6,5 km$^2$ (2 %).

La colonia de pingüinos emperador del Cabo Washington, generalmente centrada alrededor de un kilómetro al noroeste del cabo (a 165 °22' E, 74°38.8' S), fue la más grande conocida en la Antártida en las temporadas 1993 y 1994, con recuentos de alrededor de 24 000 pollos, siendo ligeramente mayor que la de la cercana Isla de Coulman en ese momento. En otros años en los que hay recuentos disponibles, la colonia de la Isla Coulman era ligeramente la más grande de las dos. La colonia parece mantener una población razonablemente estable, con ~ 17 000 polluelos contados en 2010. Esta relativa estabilidad hace de la colonia especialmente adecuada para el estudio científico y el monitoreo, ya que las tendencias a largo plazo pueden ser más fácilmente detectadas y estudiadas. Por otra parte,existe un tiempo relativamente largo de series de datos científicos para la colonia de pingüinos emperador del Cabo Washington. Debido a la ubicación, las condiciones del hielo, el clima y la accesibilidad, el Cabo Washington es una de las dos únicas colonias del Mar de Ross donde se pueden llevar a cabo estudios de octubre a diciembre se llevó a cabo y donde el emplumamiento del polluelo emperador se puede observar de manera fiable. Todas estas cualidades hacen que la coloniade pingüinos emperador del Cabo Washington sea de excepcional valor ecológico y científico.

La zona del cabo Washington y de la Bahía Silverfish es también de gran interés científico debido a la variedad de especies que frecuentan la zona, por lo que es un lugar ideal para estudiar las interacciones del ecosistema y relaciones depredador / presa. El propio Cabo Washington es una zona de anidación de skúas antárticas (*Catharacta maccormicki*) y petrel de las nieves (*Pagodroma nivea*). Los pingüinos Adelia (*Pygoscelis adeliae*) están presentes en la colonia de pingüinos emperador y en el borde del hielo marino diariamente desde noviembre hasta mediados de enero. Se observan regularmente grandes grupos de orcas (*Orcinus orca*) y otros cetáceos como las ballenas Minke del Antártico (*Balaenoptera bonaerensis*) que se alimentan en esta zona, así como focas de Weddell (*Leptonychotes weddellii*) y Leopardo (*Hydrurga leptonyx*). La ensenada es un área importante de descanso y reproducción de focas de Weddell, congregándose varios centenares a lo largo del borde del hielo marino y cerca de la Isla Markham durante toda la temporada. En ocasiones se ven focas cangrejeras (*Lobodon carcinophagus*) y zifios de Arnoux (*Berardius arnuxii*) en el borde del hielo marino de la región. El cabo Washington es el único lugar conocido donde la interacción entre las focas leopardo y los pingüinos emperador puede observarse de manera tan confiable.

El sitio tiene un valor excepcional para la observación científica de las interacciones y relaciones depredador / presa entre diferentes miembros del ecosistema marino dentro un área relativamente compacta que es accesible para los científicos que reciben apoyo de las estaciones de investigación cercanas. Los límites se definen con un enfoque integrado que incluye todos los componentes del ecosistema local.

La Zona también tiene considerables valores geocientíficos, ya que cuenta con extensas exposiciones de rocas volcánicas procedentes del volcán activo más cercano, Monte Melbourne. El área sirve como un marcador de región clave para la evaluación de la jóven evolución neotectónica del oeste del Mar de Ross. Limita con las aguas más profundas del Mar de Ross e incluye la isla de Markham, una formación volcánica que se encuentra sobre una anomalía magnética negativa, cuyo origen aún no se conoce.

El Cabo Washington es relativamente accesible por el hielo marino, por mar y por aire desde las estaciones de investigación cercanas de la Bahía Terra Nova. La actividad de aeronaves en la región es frecuente durante toda la temporada de verano, con aviones de ala fija operando desde la pista de hielo de mar en Gerlache Inlet (Mapa 2) y movimientos regulares de helicópteros en la región alrededor del Monte Melbourne.

La Zona requiere protección especial a largo plazo debido a la excepcional importancia de los sobresalientes valores ecológicos y científicos, así como por la vulnerabilidad potencial del Área a las perturbaciones de las actividades científicas, logísticas y turísticas en la región.

## 2. 2. Metas y objetivos

La gestión en el cabo Washington y en la Bahía Silverfish tiene como objetivos:

- evitar la degradación o los riesgos importantes para los valores de la zona, evitando la perturbación humana innecesaria en la misma;
- permitir las investigaciones científicas en el ecosistema, en particular sobre la pingüinos emperador, garantizar la protección contra la toma de muestras en exceso y otros posibles impactos científicos;
- permitir otras investigaciones científicas, actividades científicas de apoyo y visitas para fines educativos y de divulgación (tales como información documental (visual, sonora o escrita) o la producción de recursos y servicios educativos) siempre que tales actividades sean por razones urgentes que no puedan realizarse en otro lugar y que no pongan en peligro el sistema ecológico natural de la zona;
- prevenir o reducir al mínimo la posibilidad de introducción de plantas, animales y microbios no autóctonos a la Zona;
- reducir al mínimo la posibilidad de introducción de patógenos que puedan causar enfermedades en las poblaciones de fauna dentro del Área;
- permitir visitas para propósitos de gestión en apoyo de los objetivos del Plan de Gestión.

## 3. Actividades de Gestión

Para proteger los valores del Área, se realizarán las siguientes actividades de gestión:

- Se colocarán señales en lugar destacado que muestran la ubicación de la zona (mencionando las restricciones especiales vigentes) y estará disponible una copia de este Plan de Gestión en todas las estaciones científicas situadas en un radio de 75 km de la Zona;
- Las copias de este plan de gestión se pondrán a disposición de todos los buques y aeronaves que visiten la zona y / o estén operando en las proximidades de las estaciones adyacentes y todos los pilotos y capitanes de buques que operan en la región serán informados de la ubicación, límites y restricciones de aplicación para la entrada y sobrevuelo en la zona;
- Los programas nacionales deberán adoptar medidas para garantizar los límites de la Zona y que las restricciones que se aplican dentro estén marcadas en los mapas y cartas aeronáuticas relevantes;
- Los postes indicadores, carteles o estructuras instaladas en el Área con fines científicos o de gestión deberán estar bien sujetos y en buen estado y serán retirados cuando ya no sean necesarios;
- Todo el equipo y materiales abandonados serán eliminados en la mayor medida posible siempre que hacer esto no tenga efectos adversos sobre el medio ambiente y los valores de la zona;
- Se realizarán las visitas necesarias (por lo menos una vez cada cinco años) para determinar si la zona continúa sirviendo a los fines para los que fue designada y para garantizar que las medidas de gestión y mantenimiento sean adecuadas;
- Los Programas Nacionales Antárticos que operen en la región se pondrán de acuerdo con el fin de garantizar que las actividades de gestión antedichas sean implementadas.

## 4. Período de designación

Designado para un período indefinido.

## 5. Mapas y fotografías

**Mapa 1:** ZAEP Nº 173: Cabo Washington y Bahía Silverfish – Mapa regional. Proyección: Cónica Conforme de Lambert; Paralelos estándar: 1° 74° 20 'S; 2° 75° 20' S; Meridiano Central: 164° 00 'E;

Latitud de origen: 74° 00' S; Esferoide y datum horizontales: WGS84; Equidistancia de la curva de nivel 200 m; Batimetría 200 m en costa, luego 500 m de equidistancia.

*Inserción:* Localización de la Bahía Terra Nova en la región del Mar de Ross.

**Mapa 2:** ZAEP Nº 173: Cabo Washington y Bahía Silverfish – Mapa topográfico. Proyección: Cónica Conforme de Lambert; Paralelos estándar: primero 74° 35 'S; segundo 74° 45' S; Meridiano Central: 164° 42 'E; Latitud de origen: 74° 00' S; Esferoide y datum horizontales: WGS84; Equidistancia de la curva de nivel 200 m; Batimetría 100 m de equidistancia.

**Map 3:** ZAEP Nº 173: Cabo Washington y Bahía Silverfish – Guía de Acceso. Detalles del Mapa según Mapa 2

**Map 4:** ZAEP Nº 173: Cabo Washington y Bahía Silverfish – Zona Restringida. Detalles del Mapa según Mapa 2, excepto Meridiano Central: 165° 20' E. Imágen por satélite de Ikonos adquirida 30 Dec 2011, © GeoEye (2011), cortesía del Programa de Imaginería Comercial NGA.

## 6. Descripción del Área

*6 (i) Coordenadas geográficas, indicadores de límites y características naturales*

*Descripción general*

El Cabo Washington está ubicado en el norte de la Bahía Terra Nova, a 40 km al este de la Estación Mario Zucchelli (Italia) (Mapa 1). La Zona comprende 286 km$^2$, de los cuales el componente marino es~279.5 km$^2$ (98 %) y el componente terrestre es de 6,5 km$^2$ (2 %).

El hielo marino persiste en la Bahía Silverfish y en toda la Bahía Closs hasta el Cabo Washington desde marzo hasta enero proporcionando una plataforma estable y segura sobre la que los emperadores pueden engendrar y condiciones adecuadas los 'criaderos' de diablillo antártico. La península del Cabo Washington ofrece refugio a la colonia de pingüinos emperador, que están relativamente protegidos de los fuertes vientos catabáticos que descienden hacia otras partes de la Bahía Terra Nova. La costa oriental de la península del Cabo Washington comprende acantilados escarpados de varios cientos de metros de altura, mientras que el lado oeste comprende nieve mezclada más suave y pendientes sin hielo con algunos afloramientos rocosos que se extienden hasta el nivel del mar. La Bahía Closs se extiende sin interrupción a través de la Lengua del Glaciar Campbell, marcada por la pequeñas y asilada isla Markham cerca de la Punta Oscar (Mapa 2).

*Límites y coordenadas*

El límite oriental de la Zona en la esquina NE se extiende desde las coordenadas 165 ° 27 'E, 74 ° 37' S, en la costa oriental de la península del cabo Washington al sur durante ~ 5.6 km hasta los 165 ° 27 'E, 74 ° 40 'S (Mapa 2). El límite se extiende desde allí hacia el oeste a través de la Bahía Closs en la latitud 74 ° 40 'S durante ~ 26,8 kilometros hasta la Lengua del Glaciar Campbell. A continuación sigue la margen oriental de la Lengua del Glaciar Campbell durante aproximadamente 11,2 kilometros hacia el norte hasta la costa de Shield Nunatak. El límite sigue allí la línea de costa hacia el este, alrededor del Glaciar Piamonte Vacchi, en la costa occidental de la península del Cabo Washington, ~ 23 km en línea recta desde Shield Nunatak. El límite sigue allí la línea costera hacia el sur ~ 7,5 kilometros hacia el primer afloramiento de roca prominente en la latitud 74 ° 37,03 'S en la costa occidental de la península del Cabo Washington. El límite se extiende hacia el este desde esta costa a lo largo de la línea de latitud 74 ° 37 'S ~ 2.8 km hasta el punto de esquina del límite NE situado en la costa oriental de la península del Cabo Washington.

*Clima*

La bahía Terra Nova cuenta con cuatro estaciones meteorológicas, de las cuales 'Eneide', ubicada en la estación Mario Zucchelli (164° 05.533' E, 74° 41.750' S) y ~ 25 km del centro de la Zona, tiene las series de datos de más largo plazo. La temperatura media anual del aire en la Estación Mario Zucchelli fue -14,1 ° C durante el período 1987 -2009, siendo julio el mes más frío, con una temperatura media mínima de -28,2 ° C y siendo diciembre el mes más cálido con una temperatura media máxima de 0 ° C . La velocidad media anual del viento en la Estación Mario Zucchelli fue 6,56 m / s (23,6 km / h; 1987 -2009), con una media máxima de 11,6 m / s (41.8 km / h) en junio y un promedio mínimo de 2.6 m / s (9,4 km / h) en diciembre.

La velocidad media anual del viento más fuerte en el área de la Bahía Terra Nova se ha registrado cerca de la isla Inexpresable, medida a 12,3 m/s (44,3 km/h) entre febrero de 1988 y de 1989 (Bromwich *et al.* 1990). Esto es mucho más fuerte que los vientos catabáticos ordinarios (<10 m / s), ya que las características topográficas del canalizan el aire dentro de las "zonas de confluencia" de los glaciares Priestley y Reeves (Bromwich *et al.* 1990; Parish & Bromwich 1991). Estos vientos catabáticos litorales desempeñan un papel importante en la formación de la la polinia de Bahía Terra Nova.

*Oceanografía*

Terra Nova Bay es una cuenca profunda que alcanza una profundidad máxima de ~ 1100 m, que es la mayor profundidad del agua en el mar de Ross (Buffoni *et al* 2002) (Mapa 1). La circulación del océano en la bahía se caracteriza en verano por un movimiento predominante hacia el norte en la capa superior, paralela a la costa, y una rotación en sentido horario con la profundidad (Vacchi *et al.* 2012, en prensa). Se observan aguas más cálidas y con mayor contenido de sal cerca de la costa, mientras que se encuentran aguas más frías en la parte central de la bahía, y los remolinos y procesos de corrientes marinas ascendentes locales están fuertemente influenciados por los vientos catabáticos (Budillon y Spezie 2000. Buffoni e*et al.* 2002).

En la bahía se forma una polinia de invierno perenne mediante la combinación de vientos catabáticos persistentes que llevan el hielo recién formado hacia afuera de la costa y la lengua de hielo Drygalski que actúa como una barrera contra el desplazamiento al norte del banco de hielo (Bromwich & Kurtz 1984; Van Woert 1999) (Mapa 1). La polinia se forma generalmente con una extensión máxima este-oeste que parece relacionarse estrechamente con la longitud de la lengua de hielo Drygalski (Kurtz & Bromwich 1983). Según las observaciones, la polinia cubre una superficie media de aproximadamente 1300 km$^2$ (65 km N / S en 20 km E / O), aunque en algunos años puede no existir en absoluto, mientras que en otros puede llegar a un máximo de ~ 5000 km $^2$ (65 km N / S en un 75 km E / O) (Kurtz y Bromwich 1983).

Esta polinia desempeña un papel importante en la formación de Aguas de Plataforma de Alto Contenido Salino (HSSW, por sus siglas en inglés) en la Bahía Terra Nova (Buffoni *et al* 2002). La salmuera expulsada durante el proceso de formación de hielo aumenta el contenido de sal y la densidad del agua, lo que en consecuencia provoca una circulación termohalina y movimientos convectivos. Las HSSW encontradas en esta área tienen el mayor contenido salino de la Antártida, alcanzan hasta 34,87 y una posible temperatura cerca del punto de congelación de la superficie marina de –1,9 °C.

*Biología marina*

En diablillo antártico (*Pleuragramma antarcticum*) es el pez pelágico predominante en las aguas de la plataforma continental del mar de Ross y se considera una especie clave que proporciona uno de los eslabones más importantes entre los niveles tróficos más bajos y más altos (Bottaro *et al.* 2009; La Mesa *et al.* 2010; Vacchi *et al.* 2012). Los diablillos representan el alimento primario para la mayoría de los vertebrados marinos, como los mamíferos marinos, las aves y otros peces (La Mesa *et al.* 2004), y son los peces presa primarios tanto de los pingüinos emperador como de las focas de Weddell

Hasta hace poco tiempo no se conocía mucho de las primeras etapas de la historia vital del diablillo *et al.* 1998; Vacchi *et al.* 2004). Mediante estudios marinos en la bahía Terra Nova realizados a fines de los años ochenta, se obtuvieron muestras que sugerían que la parte norte de la bahía puede representar un campo de criadero para las primeras etapas del *P. antarcticum* (Guglielmo *et al.* 1998). Desde fines de octubre hasta principios de diciembre de 2002 se encontraron grandes cantidades de huevos embrionados de *P. antarcticum* entre plaquetas de hielo bajo el hielo marino en la parte norte de la bahía Terra Nova (Vacchi *et al.* 2004). Esta fue la primera área de criadero e incubación documentada del diablillo antártico. Investigaciones llevadas a cabo en años posteriores indicaron que se encontraron de manera uniforme mayores concentraciones de huevos dentro de la bahía al este de la lengua del Glaciar Campbell (lo cual dio lugar a que este área recibiera el nombre de Bahía Silverfish), con mayor abundancia en áreas donde el mar tenía, al menos, 300 m de profundidad (Vacchi *et al.* 2012 en imprenta) (Mapas 1 & 2). Observaciones recientes han revelado una abundancia de huevos de *Pleuragramma* debajo del hielo marino entre Punta Oscar y el Cabo Washington, lo que indica fluctuaciones anuales en la abundancia y distribución espacial de huevos de peces en la Zona (Vacchi, comunicación personal, 2012).

Esta y otras investigaciones han indicado que los hábitats con combinaciones particulares de rasgos y condiciones geográficos y oceanográficos (por ejemplo, plataformas de hielo o lenguas de glaciares cercanas, cañones, estratificación de la masa de agua, polinias, vientos catabáticos y cubierta de hielo marino) son favorables para las primeras etapas de la historia vital del diablillo (Vacchi *et al.* 2012 en imprenta, y referencias en ella).

*Pájaros*

La colonia de pingüinos emperador en el cabo Washington es una de las dos más grandes conocidas; la otra es la colonia de la isla Coulman, 200 km al norte. Si bien en algunos años la población del cabo Washington ha superado la de la isla Coulman, los datos disponibles sugieren que, por lo general, esta última es ligeramente la más grande de las dos (Barber-Meyer *et al.* 2008). La población por lo general varía entre aproximadamente 13.000 y 25.000 parejas reproductoras (Tabla 1; Barber-Meyer *et al.* 2008). Datos de años anteriores indican que las cantidades de polluelos vivos se han mantenido en forma constante cerca de estos niveles desde que se iniciaron los estudios en 1986 (Kooyman *et al.* 1990).

Tabla 1: Población de pingüinos emperador del cabo Washington en 2000-2005 y 2010.

| **Año** | **Recuento de polluelos vivos** [1] | **Parejas reproductoras estimadas (aprox.)** |
|---|---|---|
| 2000 | 17397 | 20000 |
| 2001 | 18734 | 20000 |
| 2002 | 11093 | 13000 |
| 2003 | 13163 | 15000 |
| 2004 | 16700 | 20000 |
| 2005 | 23021 | 25000 |
| 2010 | 17000 [2] | 20000 |

1. Barber-Meyer *et al.* 2008.
2. Kooyman, comunicación personal 2012.

La colonia de pingüinos emperador se reproduce en el hielo marino que se extiende desde el cabo Washington hasta la lengua del Glaciar Campbell en la parte norte de la bahía Terra Nova. La formación de hielo marino comienza en marzo, y la bahía suele cubrirse de hielo marino hasta la ruptura del hielo que se produce alrededor de mediados de enero. La polinia de la bahía Terra Nova generalmente ofrece a la colonia acceso al mar abierto durante todo el ciclo de reproducción.

El hielo marino en las cercanías del sitio de reproducción del pingüino emperador puede estar cubierto por hasta 25 cm de nieve cerca del borde del hielo, con una acumulación de hasta aproximadamente 1 m de nieve en la costa SO de la península del cabo Washington (Kooyman *et al.* 1990). Esta área se encuentra relativamente protegida de los vientos SO y NO. Según las observaciones, el lugar goza de condiciones de cielo relativamente despejado desde octubre hasta enero, lo cual da lugar a niveles elevados de irradiación solar directa. Esto hace que la nieve y el hielo sucios cubiertos de guano se ablanden y se derritan, y formen charcas que resultan difíciles o imposibles de atravesar para los pingüinos y los seres humanos. Como resultado, las aves deben cambiar sus sitios de reproducción con regularidad durante todo el período estival. Las aves incubadoras suelen agruparse al lado de la costa SO del cabo Washington hasta septiembre, antes de dispersarse alejándose del cabo en un semicírculo que se expande.

El centro del área de incubación en 1996 estaba aproximadamente a 165°22.0' E, 74°38.8' S. Las observaciones de 1986-1987 determinaron que la colonia se dispersó en varios grupos para fines de octubre; cada uno de los grupos con 1000 a 2000 polluelos con adultos que los acompañaban (Kooyman *et al.* 1990). Desde el cabo en dirección norte a lo largo de la costa oeste de la península, se determinó que hay un gradiente en el desarrollo de los polluelos; los más grandes se encuentran en grupos más cercanos al borde del hielo cerca del cabo. En el momento del emplumamiento algunos grupos de polluelos se habían apartado de 5 a 6 km del lugar de reproducción original. En 1986-1987 el emplumamiento ocurrió abruptamente durante un período de diez días a fines de diciembre y comienzos de enero.

Hay pruebas de que la colonia del cabo Washington es comparativamente estable en términos de población y que parece gozar de niveles relativamente altos de éxito reproductivo, con un promedio de casi el 95% de polluelos que emplumecen con éxito durante un período de estudio de seis años (Barber-Mayer *et al.* 2008). Esto se compara con éxitos reproductivos de tan solo alrededor del 60-70 % en las colonias de punta Geologie, glaciar Taylor y Auster en la Antártida Oriental. La colonia del cabo Washington es particularmente valiosa para el estudio científico debido a su variabilidad comparativamente baja en el éxito reproductivo, lo cual puede ser en parte una función de su gran tamaño, puesto que colonias más pequeñas exhiben mayores fluctuaciones de población (Barber-Mayer *et al.* 2008). Asimismo, la colonia es relativamente accesible para las estaciones científicas cercanas, lo que hace que la investigación sea más práctica.

En las laderas sin hielo del cabo Washington, con vistas a la colonia de pingüinos emperador, se encuentra una colonia de skúas antárticas (*Catharacta maccormicki*) que comprende aproximadamente 50 parejas. Se ha registrado la reproducción de petreles blancos (*Pagodroma nivea*) en nichos en los acantilados del cabo Washington (Greenfield & Smellie 1992) y alimentándose a lo largo del borde del hielo y se ha observado que es el ave voladora que más abunda en las cercanías durante los meses de verano (Kooyman *et al.* 1990). Se observan pingüinos Adelia (*Pygoscelis adeliae*) a lo largo del borde del hielo y dentro de la colonia de pingüinos emperador durante los meses de verano, mientras que suelen observarse petreles de Wilson (*Oceanites oceanicus*) a lo largo del borde del hielo desde mediados hasta fines de noviembre. Se han observado petreles gigantes australes (*Macronectes giganteus*) sobrevolando la Zona y descendiendo a la misma (Kooyman *et al.* 1990).

*Mamíferos (focas, ballenas)*

Suelen observarse grupos grandes de orcas (*Orcinus orca*), con grupos de hasta 100 ejemplares, buscando alimento en esta zona (Kooyman *et al.* 1990; Lauriano *et al.* 2010). El ecotipo 'C' que generalmente se alimenta de peces (por ejemplo, austromerluza antártica (*Dissostichus mawsoni*) y posiblemente diablillo antártico (*Pleuragramma antarcticum*) ) fue el ecotipo de orca más observado. Se ha observado una variedad de otros cetáceos, incluyendo ballenas Minke (*Balaenoptera bonaerensis*), otra especie de *Balaenoptera* zifios de Arnoux (*Beradius arnuxii*) y otras especies no determinadas (Lauriano *et al.* 2010). El estudio de Lauriano *et al.* (2012) llevado a cabo en enero de 2004, encontró con mayor frecuencia orcas, seguidas por ballenas Minke. Se observaron tasas de encuentro de cetáceos significativamente más altas en la región entre punta Edmonson y la lengua del Glaciar Campbell que en la región más al sur de la estación Mario Zucchelli hasta la lengua de hielo Drygalski, lo cual destaca la importancia del norte de la bahía Terra Nova para estas especies.

Tres especies de foca –Weddell (*Leptonychotes weddellii*), Leopardo (*Hydrurga leptonyx*) y cangrejera (*Lobodon carcinophagus*) – son comunes en la Zona. La bahía es una importante área de permanencia en tierra y reproducción para las focas de Weddell, que suelen congregarse a lo largo de los estrechos y aberturas del hielo marino que se forman dinámicamente durante toda la temporada. Se registraron al menos 200 focas de Weddell en la bahía al oeste del cabo Washington en 1986-1987, y se contaron 31 harenes cerca de la isla Markham (Kooyman *et al.* 1990); también se contó una cantidad similar de adultos en la misma región a partir de imágenes satelitales adquiridas en noviembre de 2011 2011 (La Rue, comunicación personal, 2012).

Se registraron focas leopardo (*Hydrurga leptonyx*) dentro de la Zona desde mediados de noviembre hasta diciembre en 1986-1987, y se observó que se alimentan de pingüinos emperador cerca del borde del hielo. Kooyman *et al.* (1990) estimaron que los tres ejemplares que vigilaron durante este período habrían tomado aproximadamente entre 150 y 200 aves adultas, o alrededor del 0,5% de ejemplares adultos reproductores de pingüinos emperador de la colonia. En ocasiones, se registraron focas cangrejeras en el borde del hielo o en témpanos cercanos en la misma temporada (Kooyman *et al.* 1990).

*Actividades humanas / impactos*

En la caleta Gerlache cercana hay dos estaciones científicas permanentes y una en construcción. La estación Mario Zucchelli (164° 06.917' E, 74° 41.650' S; Italia), establecida en 1987, opera sólo en verano con una dotación de hasta 90 personas, que a veces puede ampliarse cuando el buque de apoyo *Italica* está presente en la región. La estación Gondwana (164° 13.317' E, 74° 38.133' S; Alemania), establecida en 1983, opera algunos veranos ocasionales con capacidad para aproximadamente 25 personas. Jang Bogo (164° 11.950' E, 74° 37.250' S; República de Corea) será una nueva estación permanente, diseñada para operar todo el año con una dotación de 15 personas en invierno y de hasta 60 en verano, cuando se termine la construcción en 2014. China anunció recientemente planes para crear una nueva estación a aproximadamente 163 ° 42 'E, 74 ° 55' S en la cercana Isla Inexpresable (China Daily EE.UU. 2013).

La colonia de pingüinos emperador del cabo Washington ha resultado de interés para el turismo durante alrededor de 20 años, con un promedio de visitas de ~200 turistas por año al cabo Washington durante la última década. La colonia ha sido de interés para las visitas recreativas del personal de estación de la cercana Estación Mario Zucchelli desde su creación. Una zona frecuentada por pingüinos emperador se encuentra inmediatamente al sur del límite meridional de la Zona a 74 ° 40 'S (mapas 3 y 4). Esta región se encuentra dentro de los 6 km búfer aproximados desde el centroide nominal de la colonia de cría, en la que las aves se han observado constantemente cuando el hielo marino está presente. Esta región fuera de la zona protegida permite continuas oportunidades para el turismo y las visitas recreativas para ver pingüinos emperador en las proximidades del Cabo Washington y existen otras oportunidades en las colonias del Mar de Ross y de la Antártida en general.

*6 (ii) Acceso al Área*

Es posible acceder a la Zona en travesías por tierra o por hielo marino, por mar o por aire. No se han designado rutas de acceso en particular por tierra ni por hielo marino ni para embarcaciones que ingresan en la Zona por mar. El acceso al cabo Washington por helicóptero debe seguir la ruta de acceso designada por la parte norte de la península del cabo Washington. Se aplican restricciones de acceso dentro de la zona para sobrevolar y aterrizar en la misma, las condiciones específicas están establecidas en la Sección 7(ii) a continuación.

*6(iii) Ubicación de estructuras dentro de la Zona y adyacentes a la misma*

No hay estructuras dentro del Área. El programa antártico italiano ha establecido varios indicadores de referencia geodésicos en la isla Markham y en el cabo Washington en terreno sin hielo, y éstos son los únicos indicadores permanentes que se conocen en la Zona. La estación Mario Zucchelli (164° 06.917' E, 74° 41.650' S; Italia) está ubicada ~13 km al sudoeste del límite oeste de la Zona, en la costa sur de la caleta Gerlache (Mapa 2). La estación Gondwana (164° 13.317' E, 74° 38.133' S; Alemania) está ubicada a 8,7 km al oeste del límite oeste de la Zona, también en la caleta Gerlache y a 7,2 km al norte de la estación Mario Zucchelli. La estación Jang Bogo (164° 11.95' E, 74° 37.25' S; Corea del Sur, en construcción) se planea que se ubicará a ~9 km al oeste del límite oeste de la Zona, a ~1,8 km al noroeste de la Estación Gondwana. En las cercanías hay una serie de estructuras asociadas con las operaciones de programas nacionales, como una instalación de comunicaciones cerca de la cumbre del monte Melbourne, y varias balizas de radar y no direccionales para ayudar en las operaciones aéreas estivales, aunque todas éstas están fuera de la Zona.

*6 (iv) Ubicación de otras zonas protegidas en las cercanías*

Las zonas protegidas más cercanas al cabo Washington son el monte Melbourne (ZAEP N.º 118) a 23 km al norte del límite norte de la Zona, punta Edmonson (ZAEP N.º 165) a 24 km al norte del límite norte de la Zona y la bahía Terra Nova (ZAEP N.º 161) a 13 km del límite oeste de la Zona.

*6 (v) Áreas especiales dentro de la Zona*

Este Plan de Gestión establece una Zona Restringida en la zona que se aplica durante el periodo comprendido desde el 1 de abril hasta el 1 de enero inclusive.

*Zona Restringida*

La zona restringida se designa al este de la línea de longitud 165 ° 10 'E y al sur de la línea del paralelo 74 ° 35,5' S (Mapa 3), lo que abarca la principal zona de cría de pingüinos emperador y se considera la parte más sensible de la Zona ecológicamente. La Zona Restringida tiene un área de 62.5 $km^2$. El acceso a la zona restringida debe ser por razones urgentes que no puedan ser satisfechas en otro lugar dentro de la zona y las condiciones de acceso detalladas se describen en la Sección 7 (ii) a continuación.

## 7. Condiciones de los permisos

*7 (i) Condiciones de autorización generales*

La entrada al Área está prohibida excepto de conformidad con un permiso expedido por una autoridad nacional pertinente. Las condiciones para otorgar un permiso para entrar en el Área son las siguientes:

- el permiso debe ser emitido sólo para el estudio científico del ecosistema o para fines científicos o educativos (por ejemplo, informes documentales o producción de recursos y servicios educativos) indispensables que no puedan llevarse a cabo en otro lugar, o por motivos esenciales para la gestión de la Zona;
- las acciones permitidas han de ser compatibles con este Plan de Gestión;
- las actividades permitidas otorgarán la debida consideración a través del proceso de evaluación de impacto ambiental para la protección continua de los valores ambientales, ecológicos y científicos del Área;
- el acceso al área restringida sólo se permite por razones urgentes que no puedan ser satisfechas en otro lugar dentro de la Zona;
- el permiso se expedirá por un período determinado;
- deberá llevarse el permiso, o una copia, cuando se encuentre en la zona;

*7 (ii) El acceso y movimiento dentro o sobre la Zona*

Se permite ingresar a la Zona a pie o a bordo de un vehículo, en barco o en lancha desde el mar, o mediante un aeroplano de ala fija o una aeronave de ala giratoria.

*El acceso a pie o en vehículo*

No hay vías de acceso especiales designadas para el acceso a la Zona a pie o en vehículo sobre la barrera de hielo o por tierra. Los vehículos pueden usarse sobre hielo marino y glaciares, aunque se prohíben en terreno sin hielo dentro de la Zona El tráfico de vehículos y peatones debe mantenerse en el mínimo necesario en consonancia con los objetivos de cualquier actividad permitida y se debe hacer todo lo posible para minimizar las molestias. Debe evitarse el uso de vehículos dentro de los 100 m de concentraciones de pingüinos emperador o focas de Weddell, y los visitantes que tengan permiso deben evitar meterse entre subgrupos de pingüinos o acercarse a las focas, salvo que se requiera para fines científicos o de gestión esenciales.

*Acceso en avión*

La Resolución 2 (2004), las Directrices para la Operación de Aeronaves cerca de Concentraciones de Aves en la Antártida, se deben seguir en todo momento. Las restricciones para las operaciones de aeronaves se aplican durante el período comprendido desde el 1 de abril hasta el 1 de enero inclusive, cuando las aeronaves deberán operar y aterrizar dentro de la zona de acuerdo a la estricta observancia de las siguientes condiciones:

- Se prohíben aterrizajes de aeronaves en la Zona salvo autorización expresa para los propósitos permitidos por el Plan de Gestión;
- Se prohíbe sobrevolar la Zona Restringida por debajo de 2000 pies (~ 610 m), salvo autorización por un Permiso para los propósitos permitidos por el Plan de Gestión;
- Se prohíben los aterrizajes de aeronaves dentro de ½ milla náutica (~ 930 m) de la colonia de pingüinos emperador. Los pilotos deben tener en cuenta que la colonia de pingüinos emperador puede moverse durante la temporada de reproducción hasta seis kilómetros de la coordenada del centro nominal de la colonia a 165°22' E, 74°38.8' S (Mapa 3), y la colonia puede dividirse en una serie de unidades más pequeñas dentro de la Zona. ;
- Se prohíben los aterrizajes de aeronaves dentro de media milla náutica (~ 930 m) de las concentraciones de focas Weddell. Los pilotos deben tener en cuenta que las focas de Weddell pueden estar presentes en toda la Zona, aunque tienden a congregarse a lo largo de estrechos en hielo marino y alrededor de la isla Markham(Mapa 3). En el contexto de gestión de esta Zona, una concentración se define como cinco o más animales dentro de un radio de 300 m de distancia entre unos y otros.
- Los pilotos deben asegurarse de que los aviones mantienen la distancia de separación mínima de cualquier parte de la colonia de pingüinos emperador y/o cualquier concentración de focas en todo momento, excepto cuando sea imposible debido a que los animales se han acercado voluntariamente a la aeronave después del aterrizaje;
- Los pilotos que realicen aterrizajes autorizados a más allá de ½ milla náutica (~930 m) de la colonia de pingüinos emperador y/o concentraciones de focas pueden elegir sitios de aterrizaje de acuerdo a las necesidades de la visita, las condiciones locales y las consideraciones de seguridad; Los pilotos deben hacer un reconocimiento de los lugares de aterrizaje adecuados desde una altura superior a 2.000 pies (~ 610 m) antes de descender a tierra.
- Los aterrizajes de helicópteros pueden hacerse en tierra, dentro de la Zona Restringida en el cabo Washington. La ruta de aproximación preferida para helicópteros es desde el norte por la península del cabo Washington, evitando sobrevolar la colonia de pingüinos emperador, los territorios de reproducción de skuas situados inmediatamente al oeste de la ruta de acceso y los sitios de reproducción de estas especies a lo largo de los acantilados de la península del cabo Washington (Mapa 3). Los pilotos deben seguir la ruta de aproximación designada en la mayor medida posible y abortar el viaje en caso de que sea probable que las condiciones obliguen a tomar una ruta que podría llevar a sobrevolar la colonia de pingüinos emperador.
- Las aproximaciones de aeronaves de ala fija a los sitios de aterrizaje de hielo marino en la bahía Terra Nova adyacentes a la Estación Mario Zucchelli (Italia) (Mapa 2) deben mantener las vías y elevaciones de aproximación designadas tal como se define en la más reciente edición del Manual de Información de Vuelos del Antárticos (AFIM, por sus siglas en inglés) . En caso de que la visibilidad u otras condiciones resultaran prohibitivos para mantener estos caminos y / o elevaciones, los pilotos deben asegurarse de que las aproximaciones alternativas adoptadas evitar sobrepasar las alturas mínimas de sobrevuelo que se aplican dentro de la Zona Restringida.

*Acceso por barco o embarcación pequeña*

Las restricciones para las operaciones de barcos o embarcaciones pequeñas se aplican durante el período comprendido desde el 1 de abril hasta el 1 de enero inclusive, cuando los barcos o embarcaciones pequeñas deberán operar y desembarcar dentro de la Zona de acuerdo con la estricta observanción de las siguientes condiciones:

- Los barcos y / o pequeñas embarcaciones están prohibidos en el Área, incluyendo la entrada del hielo marino de la Zona, salvo autorización expresa de un permiso para fines permitidos por el presente Plan de Gestión;

- Los barcos están prohibidos dentro de la Zona Restringida
- No hay restricciones especiales acerca de que se pueda acceder a la zona en embarcación pequeña, aunque los pequeños desembarcos de los botes deben evitar las zonas donde los pingüinos están accediendo al mar, a menos que sea necesario para los propósitos para los cuales se concedió el permiso.

*7 (iii) Actividades que pueden llevarse a cabo dentro del Área*

- Investigaciones científicas que no pongan en peligro los valores del Área;
- Actividades de gestión esenciales, incluida la vigilancia y la inspección
- Actividades con fines educativos o de difusión (tales como información documental (por ejemplo, visual, sonora o escrita) o la producción de recursos y servicios educativos) que no puedan realizarse en otro lugar .

*7 (iv) Instalación, modificación o desmantelamiento de estructuras / equipos*

- No se erigirá ninguna estructura en el área, con la excepción de las especificadas en un permiso, y, con la excepción de los mojones y señales permanentes, se prohíben las estructuras o instalaciones permanentes;
- Todas las estructuras, equipo científico o señalizadores instalados en la Zona deben estar autorizados expresamente y claramente identificados por país, nombre del investigador principal, año de instalación y fecha prevista de eliminación. Todos estos artículos deberán estar libres de organismos, propágulos (por ejemplo, semillas, huevos) y suelo no estéril y estarán fabricados en materiales quepuedan soportar las condiciones ambientales y planteen un riesgo mínimo de contaminación de la Zona
- La instalación (incluida la selección del sitio), el mantenimiento, modificación o desmantelamiento de estructuras o equipos deberá efectuarse de manera que perturbe lo menos posible a los valores del Área;
- La eliminación de estructuras / equipos específicos para los cuales ha vencido el permiso será responsabilidad de la autoridad que haya expedido el permiso original y será una condición para el permiso.

*7 (v) Ubicación de los campamentos*

Las estaciones de campo permanentes están prohibidas en el Área. Los sitios de campo temporales están permitidos en el Área. No hay restricciones específicas sobre el lugar exacto de los campamentos temporales dentro de la Zona, aunque se recomienda que los sitios iniciales seleccionados debe estar a más de 1 000 m de las concentraciones de pingüinos emperador. Se reconoce que las aves se mueven desde sus lugares de cría originales a lo largo de la temporada. Como las aves posteriormente establecen sus propios límites de distancia de cualquier campamento establecido, no se considera necesario mantener en movimiento el campamento en respuesta a las posiciones cambiantes de la colonia de pingüinos emperador. Se recomienda que los campamentos se encuentren a unos 500 metros mar adentro de la costa occidental de la península del cabo Washington porque la zona cercana a la costa está sujeta a la sobrecarga de nieve y a las subsiguientes inundaciones del deshielo. Acampar en la parte terrestre de la Zona no se limita a un lugar determinado, pero los campamentos deben estar ubicados en suelo cubierto de nieve en lo posible .

*7 (vi) Restricciones de materiales y organismos que puedan introducirse en el Área*

Además de los requisitos del Protocolo sobre Protección del Medio Ambiente del Tratado Antártico, las restricciones sobre los materiales y organismos que pueden introducirse en el área son:

- Se prohíbe la introducción deliberada de animales, plantas, microorganismos y suelos no estériles en la Zona. Se tomarán precauciones para evitar la introducción accidental de animales, material vegetal, microorganismos y suelos no estériles de otras regiones biológicamente diferentes (dentro o fuera del área del Tratado Antártico).
- Los visitantes deberán cerciorarse de que el equipo de muestreo y marcadores llevados a la zona estén limpios. En la medida de lo posible, el calzado y demás equipo utilizado o llevado a la zona

(incluidas las mochilas, los bolsos y las carpas) deberán limpiarse minuciosamente antes de entrar en el Área. Los visitantes también deben consultar y seguir las recomendaciones pertinentes contenidas en el *Non-native Species Manual* del Comité para la Protección Ambiental (CEP 2011) y en el *Código de conducta ambiental para trabajo de campo en la Investigación Científica Antártica* (SCAR 2009);

- Los productos de granja limpios deberán estar libres de la enfermedad o infección antes de su envío a la Zona y, de ser introducido en la zona como alimentos, todas las partes y los desechos de productos de granja serán eliminados completamente de la Zona o se incinerarán o hervirán el tiempo suficiente para matar cualquier bacteria potencialmente infecciosa o virus;
- No se introducirán en el Área herbicidas o pesticidas;
- El combustible, alimentos, productos químicos y otros materiales no se pueden almacenar en la Zona, salvo autorización expresa por permiso y deberá ser almacenado y manipulado de manera que minimice el riesgo de introducción accidental en el medio ambiente;
- Todos los materiales introducidos podrán permanecer durante un período determinado únicamente y deberán ser retirados al final de dicho período, y
- Si se producen escapes que puedan comprometer los valores del Área, se recomienda extraer el material únicamente donde el impacto de la eliminación no es probable que sea mayor que el de dejar el material *in situ.*

*7 (vii) Recolección de ejemplares o interferencia perjudicial en la flora y fauna autóctonas*

La recolección de ejemplares de la flora y fauna autóctonas está prohibida, salvo de conformidad con el Anexo II del Protocolo sobre Protección del Medio Ambiente del Tratado Antártico.

En caso de toma o intromisión perjudicial con los animales debería estar de acuerdo, como estándar mínimo, con el Código de Conducta del SCAR para el Uso de Animales con Fines Científicos en la Antártida.

*7 (viii) Toma o traslado de cualquier cosa que no haya sido llevada al Área por el titular del permiso*

- Se podrá recolectar o retirar material de la Zona únicamente de conformidad con un permiso y debe limitarse al mínimo necesario para fines de índole científica o de gestión.
- El material de origen humano que sea probable que comprometa los valores de la Zona, que no haya sido llevado al Área por el titular del permiso o autorización correspondiente, se puede quitar a menos que sea probable que el impacto de su eliminación sea mayor que el de dejar el material*in situ*; si este es el caso, la autoridad apropiada debe ser notificada y obtenerse la aprobación..

*7 (ix) Eliminación de desechos*

Todos los desechos, incluidos los desechos humanos, serán retirados del Área. Las pequeñas cantidades de desechos humanos, como surge de los grupos de no más de 10 personas dentro de una temporada, se pueden desechar en el hielo marino anual o directamente al mar en la zona, o de lo contrario serán retirados de la Zona.

*7(x) Medidas que pueden ser necesarias para continuar cumpliendo con los objetivos del Plan de Gestión*

Se podrán conceder permisos para entrar en el Área para:

- Llevar a cabo actividades de inspección y vigilancia del Área, que pueden incluir la recolección de un pequeño número de muestras o datos para su análisis o revisión;
- Instalar o reparar carteles, marcadores, estructuras o equipo científico;
- Llevar a cabo medidas de protección.

*7 (xi) Requisitos para los informes*

- El principal titular del permiso presentará un informe de cada visita a la zona a la autoridad nacional competente en cuanto sea posible, y no más tarde de seis meses después de que la visita se haya completado;
- Dichos informes deberán incluir, según corresponda, la información señalada en el formulario de informe de la visita contenido en la Guía para la Elaboración de Planes de Gestión para las Zonas Antárticas Especialmente Protegidas. Si procede, la autoridad nacional también debe enviar una copia del informe de la visita a la Parte que propone el Plan de Gestión, para ayudar en la gestión de la Zona y en la revisión del Plan de Gestión;
- Las Partes deberán, siempre que sea posible, depositar los originales o las copias de tales informes originales en un archivo públicamente accesible para mantener un registro del uso, que pueda utilizarse tanto en las revisiones del Plan de Gestión como en la organización del uso científico del Área.
- Se deberá notificar a la autoridad apropiada cualquier actividad /medida llevada a cabo que no esté incluida en la autorización expresa.

## *8. Documentación de Apoyo*


Barber-Meyer, S.M., Kooyman, G.L. & Ponganis P. J. 2008. Trends in western Ross Sea emperor penguin chick abundances and their relationships to climate. *Antarctic Science* **20** (1): 3-11.

Bottaro, M., Oliveri, D., Ghigliotti, L., Pisano, E., Ferrando, S. & Vacchi, M. 2009. Born among the ice: first morphological observations on two developmental stages of the Antarctic silverfish *Pleuragramma antarcticum*, a key species of the Southern Ocean. *Reviews in Fish Biology & Fisheries* **19**: 249-59.

Bromwich, D.H. & Kurtz, D.D. 1984. Katabatic wind forcing of the Terra Nova Bay polynya. *Journal of Geophysical Research* **89** (C3): 3561–72. DOI:10.1029/JC089iC03p03561.

Bromwich, D.H., Parish, T.R., Pellegrini, A., Stearns, C.R & Weidner, G.A. 1993. Spatial and temporal characteristics of the intense katabatic winds at Terra Nova Bay, Antarctica. *Antarctic Research Series* **61**: 47-68. American Geophysical Union, Washington DC.

Budillon, G.& Spezie, G. 2000. Thermohaline structure and variability in Terra Nova Bay polynya, Ross Sea. *Antarctic Science* **12**: 493-508.

Buffoni, G., Cappelletti, A. & Picco, P. 2002. An investigation of thermohaline circulation in Terra Nova Bay polynya. *Antarctic Science* **14** (1): 83-92.

Burns, J.M. & Kooyman, G.L. 2001. Habitat use by Weddell seals and emperor penguins foraging in the Ross Sea, Antarctica. *American Zoologist* **41**: 90-98.

China Daily USA 2013. China selects 4th Antarctic station. Updated: 2013-01-08 14:36. http://usa.chinadaily.com.cn/china/2013-01/08/content_16095605.htm.

Committee for Environmental Protection (CEP) 2011. Non-native Species Manual – 1st Edition. Manual prepared by Intersessional Contact Group of the CEP and adopted by the Antarctic Treaty Consultative Meeting through Resolution 6 (2011). Buenos Aires: Secretariat of the Antarctic Treaty.

Greenfield, L.G. & Smellie, J.M. 1992. Known, new and probable Snow Petrel breeding locations in the Ross Dependency and Marie Byrd Land. *Notornis* 39: 119–124.

Guglielmo, L., Granata, A. & Greco, S. 1998. Distribution and abundance of postlarval and juvenile *Pleuragramma antarcticum* (Pisces, Nototheniidae) off Terra Nova Bay (Ross Sea, Antarctica). *Polar Biology* **19**:37-51.

Kooyman, G.L., Croll, D., Stone, S. & Smith S. 1990. Emperor penguin colony at Cape Washington, Antarctica. *Polar Record* **26** : 103-108.

Kurtz D.D. & Bromwich, D.H. 1983. Satellite observed behaviour of the Terra Nova Bay polynya. *Journal of Geophysical Research* **88**: 9717-22.

Kurtz, D.D. & Bromwich, D.H. 1985. A recurring, atmospherically forced polynya in Terra Nova Bay. In: Jacobs, S.S. (ed) Oceanology of the Antarctic continental shelf. *Antarctic Research Series* **43**: 177-201. American Geophysical Union, Washington DC.

La Mesa, M., Eastman, J.T., & Vacchi, M. 2004. The role of notothenioid fish in the food web of the Ross Sea shelf waters: a review. *Polar Biology* **27**: 321-338.

La Mesa M, Catalano B, Russo A, Greco S, Vacchi M & Azzali M. 2010. Influence of environmental conditions on spatial distribution and abundance of early life stages of Antarctic silverfish, *Pleuragramma antarcticum* (Nototheniidae), in the Ross Sea. *Antarctic Science* **22**: 243- 254.

Lauriano, G., Fortuna, C.M. & Vacchi, M. 2010. Occurrence of killer whales (*Orcinus orca*) and other cetaceans in Terra Nova Bay, Ross Sea, Antarctica. *Antarctic Science* **23**: 139-143. DOI:10.1017/S0954102010000908

Parish, T. & Bromwich, D. 1991. Automatic weather station observations of strong katabatic winds near Terra Nova Bay, Antarctica. *Antarctic Journal of the United States* **Review**: 265-67.

SCAR (Scientific Committee on Antarctic Research) 2009. *Environmental Code of Conduct for terrestrial scientific field research in Antarctica.* Cambridge, SCAR.

Vacchi, M., La Mesa, M. & Greco, S. 1999. Summer distribution and abundance of larval and juvenile fishes in the western Ross Sea. *Antarctic Science* **11**: 54-60.

Vacchi, M., La Mesa, M., Dalu, M. & MacDonald J. 2004. Early life stage in the life cycle of Antarctica silverfish, *Pleuragramma antarticum* in Terra Nova Bay, Ross Sea. *Antarctic Science* **16**: 299-305.

Vacchi, M., Koubbi, P., Ghigliotti, L. & Pisano, E. 2012a. Sea-ice interactions with polar fish – focus on the Antarctic Silverfish life history. In: Verde, C. & di Prisco, G. (eds.) *Adaptation and Evolution in Marine Environments*, From Pole to Pole Series Volume 1. Springer-Verlag, Berlin. DOI: 10.1007/978-3.

Vacchi, M., DeVries, A.L., Evans, C.W., Bottaro, M., Ghigliotti, L., Cutroneo, L. & Pisano, E. 2012b. A nursery area for the Antarctic silverfish *Pleuragramma antarcticum* at Terra Nova Bay (Ross Sea): first estimate of distribution and abundance of eggs and larvae under the seasonal sea ice. *Polar Biology* (in press).

Van Woert, M.L. 1999. Wintertime dynamics of the Terra Nova Bay polynya. *Journal of Geophysical Research* **104**: 1153-69.

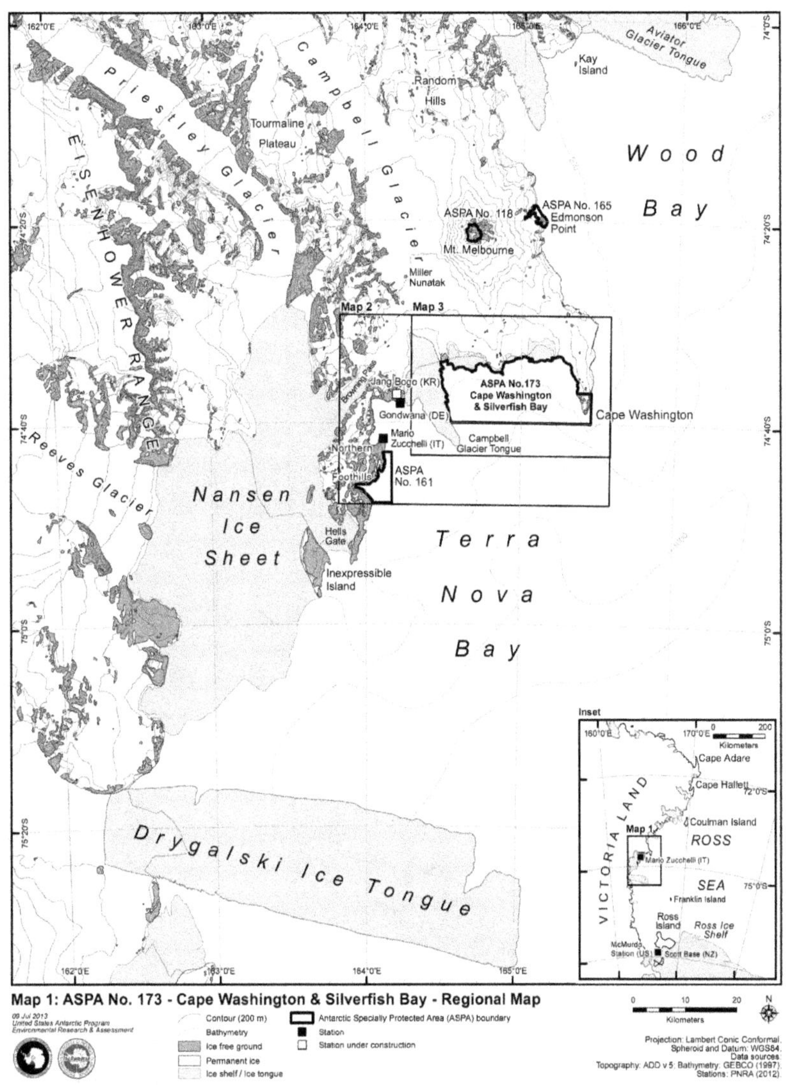


**Map 1: ASPA No. 173 - Cape Washington & Silverfish Bay - Regional Map**

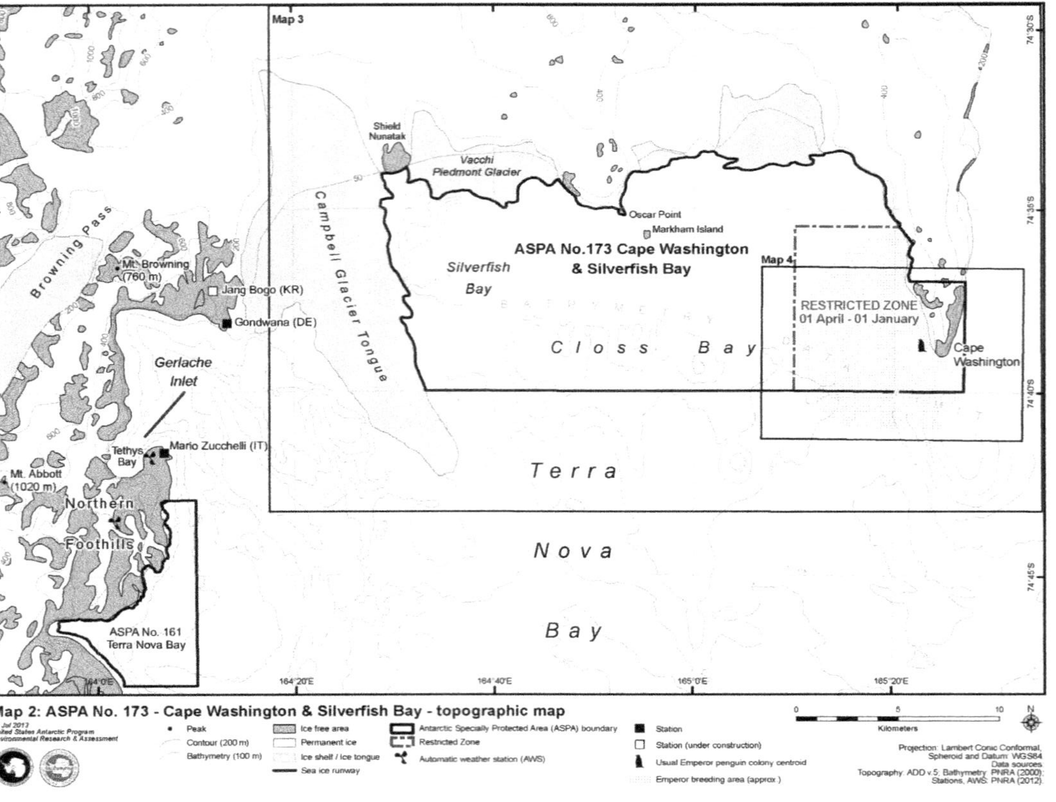


Map 2: ASPA No. 173 - Cape Washington & Silverfish Bay - topographic map

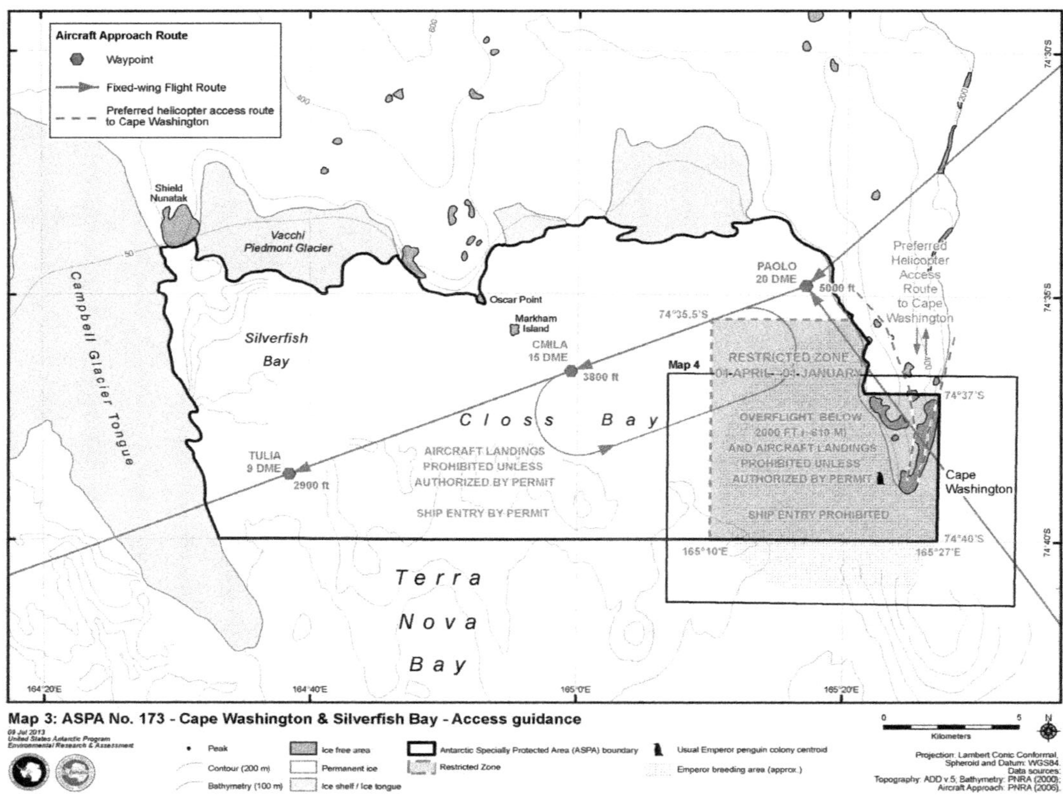

Aircraft Approach Route
Waypoint
Fixed-wing Flight Route
Preferred helicopter access route to Cape Washington
Shield Nunatak
Vacchi Piedmont Glacier
Campbell Glacier Tongue
Silverfish Bay
Oscar Point
Markham Island
CMILA 15 DME
3800 ft
TULIA 9 DME
2900 ft
PAOLO 20 DME
5000 ft
74°35.5'S
Map 4
RESTRICTED ZONE
01-APRIL - 01-JANUARY
OVERFLIGHT BELOW 2000 FT (~610 M) AND AIRCRAFT LANDINGS PROHIBITED UNLESS AUTHORIZED BY PERMIT
SHIP ENTRY PROHIBITED
Closs Bay
AIRCRAFT LANDINGS PROHIBITED UNLESS AUTHORIZED BY PERMIT
SHIP ENTRY BY PERMIT
Preferred Helicopter Access Route to Cape Washington
74°37'S
Cape Washington
74°40'S
165°10'E
165°27'E
Terra Nova Bay
164°20'E
164°40'E
165°0'E
165°20'E
74°30'S
74°35'S
74°40'S
Map 3: ASPA No. 173 - Cape Washington & Silverfish Bay - Access guidance
Peak
Contour (200 m)
Bathymetry (100 m)
Ice free area
Permanent ice
Ice shelf / Ice tongue
Antarctic Specially Protected Area (ASPA) boundary
Restricted Zone
Usual Emperor penguin colony centroid
Emperor breeding area (approx.)
0
5
Kilometers
Projection: Lambert Conic Conformal. Spheroid and Datum: WGS84.
Data sources:
Topography: ADD v.5; Bathymetry: PNRA (2000);
Aircraft Approach: PNRA (2006).

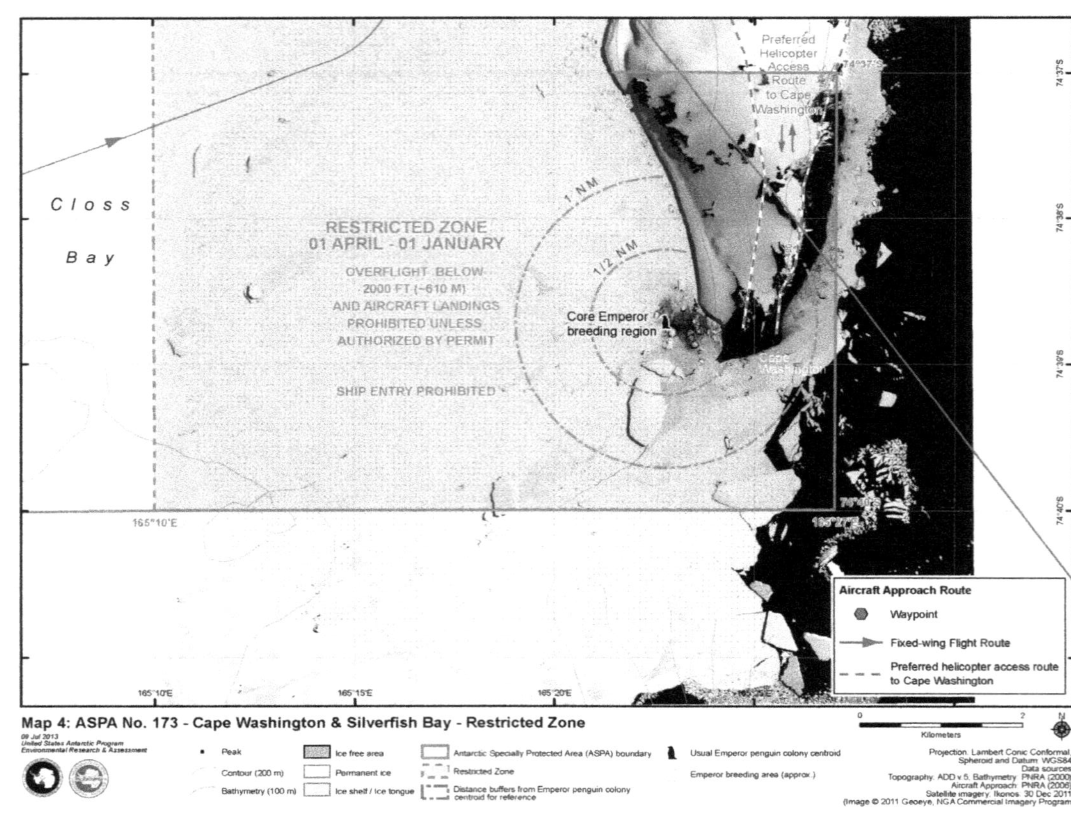


Map 4: ASPA No. 173 - Cape Washington & Silverfish Bay - Restricted Zone

# PARTE III

# Informes y discursos de apertura y cierre

# 1. Informes de Depositarios y Observadores

# Informe del Gobierno Depositario del Tratado Antártico y su Protocolo de acuerdo con la Recomendación XIII-2

**Documento de trabajo entregado por Estados Unidos**

Este informe cubre eventos relativos al Tratado Antártico y al Protocolo sobre Protección del Medio Ambiente del Tratado Antártico.

El año pasado no se realizaron accesos al Tratado o al Protocolo. Existen cincuenta (50) Partes en el Tratado y treinta y cinco (35) Partes en el Protocolo.

Los siguientes países han proporcionado una notificación de que han designado a las personas señaladas como Árbitros de acuerdo con el Artículo 2(1) del programa del Protocolo:

| | | |
|---|---|---|
| Bulgaria | Sra. Guenka Beleva | 30 julio 2004 |
| Chile | Emb. María Teresa Infante | junio 2005 |
| | Emb. Jorge Berguño | junio 2005 |
| | Dr. Francisco Orrego | junio 2005 |
| Finlandia | Emb. Holger Bertil Rotkirch | 14 junio 2006 |
| India | Prof. Upendra Baxi | 6 octubre 2004 |
| | Rr. Ajai Saxena | 6 octubre 2004 |
| | Dr. N. Khare | 6 octubre 2004 |
| Japón | Judge Shunji Yanai | 18 julio 2008 |
| Rep. de Corea | Prof. Park Ki Gab | 21 octubre 2008 |
| Estados Unidos | Prof. Daniel Bodansky | 1 mayo 2008 |
| | Mr. David Colson | 1 mayo 2008 |

Listas de Partes del Tratado, del Protocolo, y Recomendaciones/Medidas y sus aprobaciones adjuntas.

**Fecha de la acción más reciente: 1 de marzo de 2012**

## Tratado Antártico

Hecho: Washington; 1 de diciembre de 1959

Firmado: 23 de junio de 1961 (B)
De acuerdo con el Artículo XIII, el Tratado estaba sometido a ratificación por los Estados firmantes y está abierto al acceso de cualquier Estado miembro de las Naciones Unidas, o cualquier otro Estado que haya sido invitado a acceder al Tratado, con el consentimiento de todas las Partes Contratantes, cuyos representantes están capacitados para participar en las reuniones establecidas de acuerdo con el Artículo IX del Tratado; los instrumentos de ratificación y los instrumentos de acceso deben ser presentados al Gobierno de Estados Unidos. Hasta la presentación de los documentos de ratificación por todos los Estados firmantes, el Tratado está en vigor para aquellos Estados y para Estados que hayan presentado instrumentos del acceso en el Tratado. Después, el Tratado entra en vigor para cualquier Estado que aceda hasta la presentación de sus documentos de acceso.

***Leyenda:*** (sin marca) = ratificación; a = acceso; d = sucesión; w = abstinencia o acción equivalente

| Participante | Firma | Consentimiento vinculante | | Otra acción | Notas |
|---|---|---|---|---|---|
| Alemania | | 5 de febrero de 1979 | a | | [1] |
| Argentina | 1 de diciembre de 1959 | 23 de junio de 1961 (B) | | | |
| Australia | 1 de diciembre de 1959 | 23 de junio de 1961 (B) | | | |
| Austria | | 25 de agosto de 1987 | a | | |
| Belarús | | 27 de diciembre de 2006 | a | | |
| Bélgica | 1 de diciembre de 1959 | 26 de julio de 1960 | | | |
| Brasil | | 16 de mayo de 1975 | a | | |
| Bulgaria | | 11 de septiembre de 1978 | a | | |
| Canadá | | 4 de mayo de 1988 | a | | |
| Chile | 1 de diciembre de 1959 | 23 de junio de 1961 (B) | | | |
| China | | 8 de junio de 1983 | a | | |
| Colombia | | 31 de enero de 1989 | a | | |
| Cuba | | 16 de agosto de 1984 | a | | |
| Dinamarca | | 20 de mayo de 1965 | a | | |
| Ecuador | | 15 de septiembre de 1987 | a | | |
| Eslovaquia | | 31 de enero de 1993 | d | | [2] |
| España | | 31 de marzo de 1982 | a | | |
| Estados Unidos | 1 de diciembre de 1959 | 18 de agosto de 1960 | | | |
| Estonia | | 17 de mayo de 2001 | a | | |
| Federación de Rusia | 1 de diciembre de 1959 | 2 de noviembre de 1960 | | | [3] |

| | | | | | |
|---|---|---|---|---|---|
| Finlandia | | 15 de mayo de 1984 | a | | |
| Francia | 1 de diciembre de 1959 | 16 de septiembre de 1960 | | | |
| Grecia | | 8 de enero de 1987 | a | | |
| Guatemala | | 31 de julio de 1991 | a | | |
| Hungría | | 27 de enero de 1984 | a | | |
| India | | 19 de agosto de 1983 | a | | |
| Italia | | 18 de marzo de 1981 | a | | |
| Japón | 1 de diciembre de 1959 | 4 de agosto de 1960 | | | |
| Malasia | | 31 de octubre de 2011 | a | | |
| Mónaco | | 31 de mayo de 2008 | a | | |
| Noruega | 1 de diciembre de 1959 | 24 de agosto de 1960 | | | |
| Nueva Zelandia | 1 de diciembre de 1959 | 1 de noviembre de 1960 | | | |
| Países Bajos | | 30 de marzo de 1967 | a | | [4] |
| Pakistán | | 1 de marzo de 2012 | a | | |
| Papua Nueva Guinea | | 16 de marzo de 1981 | d | | [5] |
| Perú | | 10 de abril de 1981 | a | | |
| Polonia | | 8 de junio de 1961 | a | | |
| Portugal | | 29 de enero de 2010 | a | | |
| Reino Unido | 1 de diciembre de 1959 | 31 de mayo de 1960 | | | |
| República Checa | | 31 de enero de 1993 | d | | [6] |
| República Popular Democrática de Corea | | 21 de enero de 1987 | a | | |
| República Popular Democrática de Corea | | 28 de noviembre de 1986 | a | | |
| Rumanía | | 15 de septiembre de 1971 | a | | [7] |
| Sudáfrica | 1 de diciembre de 1959 | 21 de junio de 1960 | | | |
| Suecia | | 24 de abril de 1984 | a | | |
| Suiza | | 15 de noviembre de 1990 | a | | |
| Turquía | | 24 de enero de 1996 | a | | |
| Ucrania | | 28 de octubre de 1992 | a | | |
| Uruguay | | 11 de enero de 1980 | a | | [8] |
| Venezuela | | 24 de marzo de 1999 | a | | |

[1] La Embajada de la República Federal de Alemania en Washington transmitió al departamento de estado una nota diplomática, con fecha del 2 de octubre de 1990, que decía lo siguiente:

"La Embajada da de la República Federal de Alemania saluda al Departamento de Estado y tiene el honor de informar al gobierno de Estados Unidos de América como Gobierno Depositario del Tratado Antártico, de que durante la adhesión de la República Democrática de Alemania a la República Federal de Alemania con efecto desde el 3 de octubre de 1990, los dos estados alemanes se unificarán para formar un único estado soberano que, como parte contratante del Tratado Antártico, permanecerá vinculado por las provisiones del Tratado y sujeto a las recomendaciones adoptadas en las 15 reuniones consultivas que ha aprobado la República Federal de Alemania. Desde la fecha de la unificación de

Alemania, la República Federal de Alemania actuará bajo la designación de "Alemania" dentro del marco del sistema antártico.
"La Embajada agradecerá que el Gobierno de Estados Unidos de América pueda informar a todas las Partes contratantes del Tratado Antártico sobre los contenidos de esta nota.
"La Embajada de la República Federal de Alemania utiliza esta oportunidad para renovar al Departamento de Estado las garantías de su mayor consideración."

Antes de la unificación, la República Democrática de Alemania presentó un documento de acceso al Tratado, acompañado de una declaración, el 19 de noviembre de 1974, y la República Federal de Alemania presentó un instrumento de acceso al Tratado, acompañado de una declaración el 5 de febrero de 1979.

[2] Fecha efectiva de sucesión de la República Eslovaca. Checoslovaquia presentó un documento de acceso al tratado el 14 de junio de 1962. El 31 de diciembre de 1992, Checoslovaquia dejó de existir y fue sucedida por dos estados separados e independientes: la República Checa y Eslovaquia.

[3] El Tratado fue firmado y ratificado por la antigua Unión de Repúblicas Socialistas Soviéticas. Mediante una nota con fecha de 13 de enero de 1992, la Federación de Rusia informó al Gobierno de los Estados Unidos de que "continua cumpliendo con los derechos y obligaciones derivados de acuerdos internacionales firmados por la Unión de Repúblicas Socialistas Soviéticas".

[4] El instrumento de acceso al tratado de los Países Bajos, establece que el acceso es para el Reino en Europa, Suriname y las Antillas Holandesas.

Suriname se convirtió en un estado independiente el 25 de noviembre de 1975.

La Embajada del Reino de los Países Bajos en Washington transmitió al Departamento de Estado una nota diplomática, con fecha del 9 de enero de 1986, que decía lo siguiente:

"La Embajada del Reino de los Países Bajos saluda al Departamento de Estado y tiene el honor de solicitar la atención del departamento sobre lo siguiente relativamente a la capacidad del departamento como depositario [del Tratado Antártico].
"Efectivo el 1 de enero de 1986, la isla de Aruba –anteriormente parte de las Antillas Holandesas– obtuvo autonomía interna como país dentro del Reino de los Países Bajos. Consecuentemente, el Reino de los Países Bajos, a 1 de enero de 1986 consiste en tres países, a saber: los Países Bajos propiamente dichos, las Antillas Holandesas y Aruba.
"Puesto que el evento mencionado anteriormente afecta solo a un cargo en las relaciones internas constitucionales en el Reino de los Países Bajos, y que el Reino como tal, de acuerdo con la legislación internacional, seguirá siendo el sujeto con el que se concluyan los tratados, el cambio anteriormente mencionado, no tendrá consecuencias en la legislación internacional relativamente a tratados concluidos por el Reino, cuya aplicación se extienda a las Antillas Holandesas, incluida Aruba.
"Estos tratados, por lo tanto, seguirán siendo aplicables para Aruba en su nuevo estado como país autónomo dentro del Reino de los Países Bajos, efectivo el 1 de enero de 1986."
"Consecuentemente el [Tratado Antártico] del que forma parte el Reino de los Países Bajos, y que [ha] sido ampliado a las Antillas Holandesas, se aplicará a 1 de enero de 1986 a los tres países del Reino de los Países Bajos.
"La Embajada apreciaría que las otras partes implicadas sean notificadas de lo anterior.
"La Embajada del Reino de los Países Bajos utiliza esta oportunidad para renovar al Departamento de estado las garantías de su mayor consideración."

La embajada del Reino de los Países Bajos en Washington transmitió al departamento de estado una nota diplomática, con fecha del 6 de octubre de 2010, que decía lo siguiente:

"El Reino de los Países Bajos actualmente consiste en tres partes: los Países Bajos, las Antillas Holandesas y Aruba. Las Antillas Holandesas son las islas de Curaçao, San Martín, Bonaire, San Eustaquio y Saba.
"Con efecto desde el 10 de octubre de 2010, las Antillas Holandesas dejan de existir como parte del Reino de los Países Bajos. A partir de esa fecha, el Reino consistirá de cuatro partes: los Países Bajos, Aruba, Curaçao y San Martín. Curaçao y San Martín disfrutarán de autogobierno interno dentro del Reino, igual que Aruba y hasta el 10 de octubre de 2010, las Antillas Holandesas.
"Estos cambios son una modificación de las relaciones constitucionales internas en el Reino de los Países Bajos. El Reino de los Países Bajos permanecerá en consecuencia como sujeto de legislación internacional con el que se concluirán los acuerdos. La modificación de la estructura del Reino no

afectará por lo tanto la validez de los acuerdos internacionales ratificados por el Reino por las Antillas Holandesas, estos acuerdos seguirán aplicándose a Curaçao y San Martín.
"Las otras islas que hasta ahora han formado parte de las Antillas Holandesas –Bonaire, San Eustaquio y Saba– serán parte de los Países Bajos, constituyendo así "la parte caribeña de los Países Bajos". Los acuerdos que se aplican actualmente a las Antillas Holandesas seguirán aplicándose a estas islas, no obstante, el gobierno de los Países Bajos será ahora responsable de implementar estos acuerdos."

[5] Fecha de depósito de la notificación de Papúa Nueva Guinea; efectiva el 16 de septiembre de 1975, la fecha de su independencia.

[6] Fecha efectiva de sucesión de la República Checa. Checoslovaquia presentó un documento de acceso al tratado el 14 de junio de 1962. El 31 de diciembre de 1992, Checoslovaquia dejó de existir y fue sucedida por dos estados separados e independientes: la República Checa y Eslovaquia.

[7] El documento de acceso de Rumanía al Tratado estaba acompañado de una nota del embajador de la República Socialista de Rumanía dirigida a los Estados Unidos de América, con fecha del 15 de septiembre de 1971, que dice lo siguiente:
"Estimado Sr. Secretario:
"Remitimos el documento de adhesión de la República Socialista de Rumanía al Tratado Antártico, firmado en Washington el 1 de diciembre de 1959, tengo el honor de informarle de lo siguiente:
'El Consejo de Estado de la República Socialista de Rumanía declara que las provisiones del primer párrafo del artículo XIII del Tratado Antártico no están de acuerdo con el principio según el cual los tratados multilaterales cuyo objeto y objetivos afectan a la comunidad internacional, como un todo, deben estar abiertos a la participación universal."
"Le pido, Sr. Secretario, que remita a todas las partes afectadas el texto del documento de adhesión de Rumanía al Tratado Antártico, así como el texto de su carta que contiene la declaración del Gobierno de Rumanía, mencionada anteriormente."
"Aprovecho esta oportunidad para reiterarle, Sr. Secretario, el testimonio de mi más distinguida consideración."

El Secretario de Estado, mediante una nota circular con fecha del 1 de octubre de 1971, transmitió a las partes del Tratado Antártico copias de la carta del embajador y el documento de acceso de Rumanía al Tratado.

[8] El documento de acceso de Uruguay al Tratado estaba acompañado de una declaración, una traducción al inglés del Departamento de Estado que decía lo siguiente:
"El Gobierno de la República Oriental de Uruguay considera que, mediante su acceso al Tratado Antártico firmado en Washington (Estados Unidos de América) el 1 de diciembre de 1959, ayuda a afirmar los principios de uso de la Antártida únicamente con fines pacíficos, de prohibir cualquier explosión nuclear o residuos radioactivos en esta zona, de libertad de investigación científica en la Antártida a servicio de la humanidad, y de cooperación internacional para lograr estos objetivos, que se establecen en dicho Tratado.
"En el contexto de estos principios, Uruguay propone mediante un proceso basado en el principio de igualdad legal, el establecimiento de un estatuto general y definitivo sobre la Antártida en el cual, respetando los derechos de los Estados como se reconocen en la legislación internacional, los intereses de todos los estados implicados y de la comunidad internacional como un todo, se consideren equitativamente.
"La decisión del Gobierno de Uruguay para acceder al Tratado Antártico se basa no solo en el interés que, como todos los miembros de la comunidad internacional, Uruguay tiene en la Antártida, sino también en un interés especial, directo y substancial que surge de su localización geográfica, del hecho de que su costa Atlántica está frente al continente de la Antártida, de la influencia resultante en su clima, ecología y biología marina, de los vínculos históricos que datan de las primeras expediciones que se aventuraron a explorar el continente y sus aguas, y también de la obligación asumida en conformidad con el Tratado Interamericano de Asistencia Recíproca que incluye una porción de territorio Antártico en la zona descrita en el Artículo 4, en virtud de la cual Uruguay comparte la responsabilidad de defender la región.
"Al comunicar esta decisión para acceder al Tratado Antártico, el Gobierno de la República Oriental de Uruguay declara que se reserva sus derechos en la Antártida, de acuerdo con la legislación Internacional."

**PROTOCOLO SOBRE PROTECCIÓN MEDIOAMBIENTAL DEL TRATADO ANTÁRTICO**

Firmado en Madrid el 4 de octubre de 1991*

| Fecha | Fecha aceptación (A) o Firma | Fecha de presentación de la ratificación, Fecha presentación Aprobación (AA) de Acceso | Fecha entrada firmado | Fecha Aceptación de la entrada ANEXO V** | Fecha firmado en Anexo V | PARTES CONSULTIVAS |
|---|---|---|---|---|---|---|
| Argentina | Oct. 4, 1991 | Oct. 28, 1993 [3] | | Ene. 14, 1998 | Sept. 8, 2000 (A)<br>Ago. 4, 1995 (B) | Mayo 24, 2002 |
| Australia | Oct. 4, 1991 | Abr. 6, 1994 | | Ene. 14, 1998 | Abr. 6, 1994 (A)<br>Junio 7, 1995 (B) | May 24, 2002 |
| Bélgica | Oct. 4, 1991 | Abr. 26, 1996 | | ene. 14, 1998 | Abr. 26, 1996 (A)<br>Oct. 23, 2000 (B) | May 24, 2002 |
| Brasil | Oct. 4, 1991 | Ago. 15, 1995 | | Ene. 14, 1998 | May. 20, 1998 (B) | May. 24, 2002 |
| Bulgaria | | | Abril 21, 1998 | May. 21, 1998 | May. 5, 1999 (AB) | May. 24, 2002 |
| Chile | Oct. 4, 1991 | Ene. 11, 1995 | | Ene. 14, 1998 | Mar. 25, 1998 (B) | May. 24, 2002 |
| China | Oct. 4, 1991 | Ago. 2, 1994 | | Ene. 14, 1998 | Ene. 26, 1995 (AB) | May. 24, 2002 |
| Ecuador | Oct. 4, 1991 | Ene. 4, 1993 | | Ene. 14, 1998 | May. 11, 2001 (A)<br>Nov. 15, 2001 (B) | May. 24, 2002 |
| Finlandia | Oct. 4, 1991 | Nov. 1, 1996 (A) | | Ene. 14, 1998 | Nov. 1, 1996 (A)<br>Abr. 2, 1997 (B) | May. 24, 2002 |
| Francia | Oct. 4, 1991 | Feb. 5, 1993 (AA) | | Ene. 14, 1998 | Abr. 26, 1995 (B)<br>Nov. 18, 1998 (A) | May. 24, 2002 |
| Alemania | Oct. 4, 1991 | Nov. 25, 1994 | | Ene. 14, 1998 | Nov. 25, 1994 (A)<br>Sept. 1, 1998 (B) | May. 24, 2002 |
| India | Jul. 2, 1992 | Abr. 26, 1996 | | Ene. 14, 1998 | May. 24, 2002 (B) | May. 24, 2002 |
| Italia | Oct. 4, 1991 | Mar. 31, 1995 | | Ene. 14, 1998 | May. 31, 1995 (A)<br>Feb. 11, 1998 (B) | May. 24, 2002 |
| Japón | Sept. 29, 1992 | Dic. 15, 1997 (A) | | Ene. 14, 1998 | Dic. 15, 1997 (AB) | May. 24, 2002 |
| Corea, Rep. de | Jul. 2, 1992 | Ene. 2, 1996 | | Ene. 14, 1998 | Jun. 5, 1996 (B) | May. 24, 2002 |
| Países Bajos | Oct. 4, 1991 | Abr. 14, 1994 (A) [6] | | Ene. 14, 1998 | Mar. 18, 1998 (B) | May. 24, 2002 |
| Nueva Zelandia | Oct. 4, 1991 | Dic. 22, 1994 | | Ene. 14, 1998 | Oct. 21, 1992 (B) | May. 24, 2002 |
| Noruega | Oct. 4, 1991 | Jun.16, 1993 | | Ene. 14, 1998 | Oct. 13, 1993 (B) | May. 24, 2002 |
| Perú | Oct. 4, 1991 | Mar. 8, 1993 | | Ene. 14, 1998 | Mar. 8, 1993 (A)<br>Mar. 17, 1999 (B) | May. 24, 2002 |
| Polonia | Oct. 4, 1991 | Nov. 1, 1995 | | Ene. 14, 1998 | Sept. 20, 1995 (B) | May. 24, 2002 |
| Federación Rusa | Oct. 4, 1991 | Aug. 6, 1997 | | Ene. 14, 1998 | Jun. 19, 2001 (B) | May. 24, 2002 |
| Sudáfrica | Oct. 4, 1991 | Ago. 3, 1995 | | Ene. 14, 1998 | Jun. 14, 1995 (B) | May. 24, 2002 |
| España | Oct. 4, 1991 | Jul. 1, 1992 | | Jan. 14, 1998 | Dic. 8, 1993 (A)<br>Feb. 18, 2000 (B) | May. 24, 2002 |
| Suecia | Oct. 4, 1991 | Mar. 30, 1994 | | Ene. 14, 1998 | Mar. 30, 1994 (A)<br>Abr. 7, 1994 (B) | May. 24, 2002 |
| Ucrania | | | May. 25, 2001 | Jun. 24, 2001 | May. 25, 2001 (A) | May. 24, 2002 |
| Reino Unido | Oct. 4, 1991 | Abr. 25, 1995 [5] | | Ene. 14, 1998 | May. 21, 1996 (B) | May. 24, 2002 |
| Estados Unidos | Oct. 4, 1991 | Abr. 17, 1997 | | Ene. 14, 1998 | Abr. 17, 1997 (A) | May. 24, 2002 |

| | | | | | | |
|---|---|---|---|---|---|---|
| Uruguay | Oct. 4, 1991 | Ene. 11, 1995 | | Ene. 14, 1998 | May. 6, 1998 (B)<br>May. 15, 1995 (B) | May. 24, 2002 |

** Las siguientes indican las flechas relativas bien
a la aceptación del Anexo V o a la aprobación de la recomendación XVI-10
(A) Aceptación del Anexo V (B) Aprobación de la Recomendación XVI-10

| Estado | Fecha de aceptación o Firma | Ratificación, Fecha de presentación Aprobación de Acceso en vigor | Fecha de entrada | Fecha Aceptación de la entrada ANEXO V** | Fecha en vigor del Anexo V | |
|---|---|---|---|---|---|---|
| **PARTES NO CONSULTIVAS** | | | | | | |
| Austria | Oct. 4, 1991 | | | | | |
| Bielorrusia | | | Jul. 16, 2008 | Ago. 15, 2008 | | |
| Canadá | Oct. 4, 1991 | Nov. 13, 2003 | | Dic. 13, 2003 | | |
| Colombia | Oct. 4, 1991 | | | | | |
| Cuba | | | | | | |
| Rep. Checa [1,2] | Ene. 1, 1993 | Ago. 25, 2004 [4] | | Sept. 24, 2004 | | |
| Dinamarca | Jul. 2, 1992 | | | | | |
| Estonia | | | | | | |
| Grecia | Oct. 4, 1991 | May. 23, 1995 | | Ene. 14, 1998 | | |
| Guatemala | | | | | | |
| Hungría | Oct. 4, 1991 | | | | | |
| Corea, Rep. de | Oct. 4, 1991 | | | | | |
| Malasia | | | | | | |
| Mónaco | | | Jul. 1, 2009 | Jul. 31, 2009 | | |
| Pakistán | | | Mar. 1, 2012 | Mar. 31, 2012 | | |
| Papua Nueva Guinea | | | | | | |
| Portugal | | | | | | |
| Rumanía | Oct. 4, 1991 | Feb. 3, 2003 | | Mar. 5, 2003 | Feb. 3, 2003 | Mar. 5, 2003 |
| Eslovaquia [1,2] | Ene. 1, 1993 | | | | | |
| Suiza | Oct. 4, 1991 | | | | | |
| Turquía | | | | | | |
| Venezuela | | | | | | |

* Firmado en Madrid el 4 de octubre de 1991; después en Washington hasta el 3 de octubre de 1992.
El protocolo entrará en vigor inicialmente el trigésimo día siguiente a la fecha de presentación de los instrumentos de ratificación, aceptación, aprobación o acceso de todos los Estados que hayan sido Partes Consultivas del Tratado Antártico en la fecha en la que se adoptó este Protocolo. (Artículo 23)

**Adoptado en Bonn el 17 de octubre de 1991 en la XVI Reunión Consultiva Antártica.

1. Firmado por la República Federal Checa y Eslovaca el 2 de octubre de 1992 - Checoslovaquia acepta la jurisdicción del Tribunal Internacional de Justicia y el Tribunal Arbitral del establecimiento de debates de acuerdo con el artículo 19, párrafo 1. El 31 de diciembre de 1992, Checoslovaquia dejó de existir y fue sucedida por dos estados separados e independientes: la República Checa y Eslovaquia.

2. La fecha efectiva de sucesión relativamente a la firma de Checoslovaquia que está sometido a ratificación por la República Checa y Eslovaquia.

3. Acompañado de la declaración, con traducción informal facilitada por la Embajada de Argentina, que dice lo siguiente: "La República Argentina declara que en tanto en cuanto el Protocolo sobre Protección del Medio Ambiente del Tratado Antártico es un Acuerdo complementario del Tratado Antártico y que su Artículo 4 respeta totalmente lo que se ha establecido en el artículo IV, Subsección 1, Párrafo A) de dicho Tratado, ninguna de sus estipulaciones debe ser interpretada o aplicada si afecta a estos derechos, basados en títulos legales, leyes de posesión, contigüidad y continuidad geológica en la región Sur del paralelo 60, en la que se ha proclamado y mantenido su soberanía."

4. Acompañado de la declaración, con traducción informal facilitada por la Embajada de República Checa, que dice lo siguiente: "La República Checa acepta la jurisdicción del Tribunal Internacional de Justicia y el Tribunal Arbitral de acuerdo con el Artículo 19, párrafo 1 del Protocolo sobre Protección del Medio Ambiente del Tratado Antártico, realizado en Madrid el 4 de octubre de 1991."

5. Ratificación en nombre del Reino Unido de Gran Bretaña e Irlanda del Norte, la Bailía de Jersey, la Bailía de Guernsey, la Isla de Man, Anguilla, Bermuda, el Territorio Antártico Británico, las Islas Caimán, las Islas Malvinas, Montserrat, Sta. Elena y las dependencias, Georgia del Sur y las Islas Sandwich del sur, las islas Turks y Caicos y las Islas Vírgenes Británicas.

6. La aceptación es para el Reino en Europa. En el momento de su aceptación, el Reino de los Países Bajos declaró que elegía ambos medios para el establecimiento de debates mencionados en el Artículo 19, párrafo 1 del Protocolo, es decir, el Tribunal Internacional de Justicia y el Tribunal Arbitral.

   El 27 de octubre de 2004, el Reino de los Países Bajos presentó una declaración aceptando el Protocolo para las Antillas Holandesas con una declaración que confirmaba que elegía ambos medios para el establecimiento de debates mencionados en el Artículo 19, párrafo 1 del Protocolo.

   La Embajada del Reino de los Países Bajos en Washington transmitió al departamento de estado una nota diplomática, con fecha del 6 de octubre de 2010, que decía lo siguiente:

   "El Reino de los Países Bajos actualmente consiste en tres partes: los Países Bajos, las Antillas Holandesas y Aruba. Las Antillas Holandesas son las islas de Curaçao, San Martín, Bonaire, San Eustaquio y Saba.
   "Con efecto desde el 10 de octubre de 2010, las Antillas Holandesas dejan de existir como parte del Reino de los Países Bajos. A partir de esa fecha, el Reino consistirá de cuatro partes: los Países Bajos, Aruba, Curaçao y San Martín. Curaçao y San Martín disfrutarán de autogobierno interno dentro del Reino, igual que Aruba y hasta el 10 de octubre de 2010, las Antillas Holandesas.
   "Estos cambios son una modificación de las relaciones constitucionales internas en el Reino de los Países Bajos. El Reino de los Países Bajos permanecerá en consecuencia como sujeto de legislación internacional con el que se concluirán los acuerdos. La modificación de la estructura del Reino no afectará por lo tanto la validez de los acuerdos internacionales ratificados por el Reino por las Antillas Holandesas, estos acuerdos seguirán aplicándose a Curaçao y San Martín.
   "Las otras islas que hasta ahora han formado parte de las Antillas Holandesas –Bonaire, San Eustaquio y Saba– serán parte de los Países Bajos, constituyendo así "la parte caribeña de los Países Bajos". Los acuerdos que se aplican actualmente a las Antillas Holandesas seguirán aplicándose a estas islas, no obstante, el gobierno de los Países Bajos será ahora responsable de implementar estos acuerdos."

Departamento de Estado
Washington, 18 de abril de 2013.

Aprobación, notificada al Gobierno de los Estados Unidos de América, de medidas relativas a la promoción de los principios y objetivos del Tratado Antártico.

| | 16 Recomendaciones adoptadas en la Primera Reunión (Canberra 1961) Aprobada | 10 Recomendaciones adoptadas en la Segunda Reunión (Buenos Aires 1962) Aprobada | 11 Recomendaciones adoptada en la Tercera Reunión (Bruselas 1964) Aprobada | 28 Recomendaciones adoptadas en la Cuarta Reunión (Santiago 1966) Aprobada | 9 Recomendaciones adoptadas en la Quinta Reunión (París 1968) Aprobada | 15 Recomendaciones adoptadas en la Sexta Reunión (Tokyo 1970) Aprobada |
|---|---|---|---|---|---|---|
| Alemania (1981)+ | TODAS | TODAS | TODAS (excepto 8) | TODAS (excepto 16-19) | TODAS (excepto 6) | TODAS (excepto 9) |
| Argentina | TODAS | TODAS | TODAS | TODAS | TODAS | TODAS |
| Australia | TODAS | TODAS | TODAS | TODAS | TODAS | TODAS |
| Bélgica | TODAS | TODAS | TODAS | TODAS | TODAS | TODAS |
| Brasil (1983)+ | TODAS | TODAS | TODAS | TODAS | TODAS | TODAS (excepto 10) |
| Bulgaria (1998)+ | | | | | | |
| Chile | TODAS | TODAS | TODAS | TODAS | TODAS | TODAS |
| China (1985)+ | TODAS | TODAS | TODAS | TODAS | TODAS | TODAS (excepto 10) |
| Ecuador (1990)+ | | | | | | |
| EE. UU. | TODAS | TODAS | TODAS | TODAS | TODAS | TODAS |
| España (1988)+ | TODAS | TODAS | TODAS | TODAS | TODAS | TODAS |
| Federación de Rusia | TODAS | TODAS | TODAS | TODAS | TODAS | TODAS |
| Finlandia (1989)+ | | | | | | |
| Francia | TODAS | TODAS | TODAS | TODAS | TODAS | TODAS |
| India (1983)+ | TODAS | TODAS | TODAS (excepto 8***) | TODAS (excepto 18) | TODAS | TODAS (excepto 9 y 10) |
| Italia (1987)+ | TODAS | TODAS | TODAS | TODAS | TODAS | TODAS |
| Japón | TODAS | TODAS | TODAS | TODAS | TODAS | TODAS |
| Noruega | TODAS | TODAS | TODAS | TODAS | TODAS | TODAS |
| Nueva Zelandia | TODAS | TODAS | TODAS | TODAS | TODAS | TODAS |
| Países Bajos (1990)+ | TODAS (excepto 11 y 15) | TODAS (excepto 3, 5, 8 y 10) | TODAS (excepto 3, 4, 6 y 9) | TODAS (excepto 20, 25, 26 y 28) | TODAS (excepto 1, 8 y 9) | TODAS (excepto 15) |
| Perú (1989)+ | TODAS | TODAS | TODAS | TODAS | TODAS | TODAS |
| Polonia (1977)+ | TODAS | TODAS | TODAS | TODAS | TODAS | TODAS |
| R.U. | TODAS | TODAS | TODAS | TODAS | TODAS | TODAS |
| Rep. de Corea (1989)+ | TODAS | TODAS | TODAS | TODAS | TODAS | TODAS |
| Sudáfrica | TODAS | TODAS | TODAS | TODAS | TODAS | TODAS |
| Suecia (1988)+ | | | | | | |
| Uruguay (1985)+ | TODAS | TODAS | TODAS | TODAS | TODAS | TODAS |

* IV-6, IV-10, IV-12, y V-5 finalizado en VIII-2

*** Aceptado como instrucciones provisionales

\+ Año alcanzado Estado Consultivo. La aceptación de este Estado requería la firma de Recomendaciones o Medidas de reuniones de ese año en adelante.

Aprobación, notificada al Gobierno de los Estados Unidos de América, de medidas relativas a la promoción de los principios y objetivos del Tratado Antártico.

| | 9 Recomendaciones adoptadas en la Séptima Reunión (Wellington 1972) | 14 Recomendaciones adoptadas en la Octava Reunión (Oslo 1975) | 6 Recomendaciones adoptadas en la Novena Reunión (Londres 1977) | 9 Recomendaciones adoptadas en la Décima Reunión (Washington 1979) | 3 Recomendaciones adoptadas en la Undécima Reunión (Buenos Aires 1981) | 8 Recomendaciones adoptadas en la Duodécima Reunión (Canberra 1983) |
|---|---|---|---|---|---|---|
| | Aprobada | Aprobada | Aprobada | Aprobada | Aprobada | Aprobada |
| Alemania (1981)+ | TODAS (excepto 5) | TODAS (excepto 2 y 5) | TODAS | TODAS | TODAS | TODAS |
| Argentina | TODAS | TODAS | TODAS | TODAS | TODAS | TODAS |
| Australia | TODAS | TODAS | TODAS | TODAS | TODAS | TODAS |
| Bélgica | TODAS | TODAS | TODAS | TODAS | TODAS | TODAS |
| Brasil (1983)+ | TODAS (excepto 5) | TODAS | TODAS | TODAS | TODAS | TODAS |
| Bulgaria (1998)+ | | | | | | |
| Chile | TODAS | TODAS | TODAS | TODAS | TODAS | TODAS |
| China (1985)+ | TODAS (excepto 5) | TODAS | TODAS | TODAS | TODAS | TODAS |
| Ecuador (1990)+ | | | | | | |
| EE. UU. | TODAS | TODAS | TODAS | TODAS | TODAS | TODAS |
| España (1988)+ | TODAS | TODAS | TODAS | TODAS (excepto 1 y 9) | TODAS (excepto 1) | TODAS |
| Federación de Rusia | TODAS | TODAS | TODAS | TODAS | TODAS | TODAS |
| Finlandia (1989)+ | | | | | | |
| Francia | TODAS | TODAS | TODAS | TODAS | TODAS | TODAS |
| India (1983)+ | TODAS | TODAS | TODAS | TODAS (excepto 1 y 9) | TODAS | TODAS |
| Italia (1987)+ | TODAS (excepto 5) | TODAS | TODAS | TODAS (excepto 1 y 9) | | |
| Japón | TODAS | TODAS | TODAS | TODAS | TODAS | TODAS |
| Noruega | TODAS | TODAS | TODAS | TODAS | TODAS | TODAS |
| Nueva Zelandia | TODAS | TODAS | TODAS | TODAS | TODAS | TODAS |
| Países Bajos (1990)+ | TODAS | TODAS | TODAS (excepto 3) | TODAS (excepto 9) | TODAS (excepto 2) | TODAS |
| Perú (1989)+ | TODAS | TODAS | TODAS | TODAS | TODAS | |
| Polonia (1977)+ | TODAS | TODAS | TODAS | TODAS | TODAS | TODAS |
| R.U. | TODAS | TODAS | TODAS | TODAS | TODAS | TODAS |
| Rep. de Corea (1989)+ | TODAS | TODAS | TODAS | TODAS | TODAS | TODAS |
| Sudáfrica | TODAS | TODAS | TODAS | TODAS | TODAS | TODAS |
| Suecia (1988)+ | | | | | | |
| Uruguay (1985)+ | TODAS | TODAS | TODAS | TODAS | TODAS | TODAS |

* IV-6, IV-10, IV-12, y V-5 finalizado en VIII-2
*** Aceptado como instrucciones provisionales
+ Año alcanzado Estado Consultivo. La aceptación de este Estado requería la firma de Recomendaciones o Medidas de reuniones de ese año en adelante.

Aprobación, notificada al Gobierno de los Estados Unidos de América, de medidas relativas a la promoción de los principios y objetivos del Tratado Antártico.

| | 16 Recomendaciones adoptadas en la Decimotercera reunión (Bruselas 1985) Aprobada | 10 Recomendaciones adoptadas en la Decimocuarta Reunión (Río de Janeiro 1987) Aprobada | 22 Recomendaciones adoptadas en la Decimoquinta Reunión (París 1989) Aprobada | 13 Recomendaciones adoptadas en la Decimosexta Reunión (Bonn 1991) Aprobada | 4 Recomendaciones adoptadas en la Decimoséptima Reunión (Venecia 1992) Aprobada | 1 Recomendación adoptada en la Decimoctava Reunión (Kyoto 1994) Aprobada |
|---|---|---|---|---|---|---|
| Alemania (1981)+ | TODAS | TODAS | ALL (excepto 3,8,10,11 y 22) | TODAS | TODAS | TODAS |
| Argentina | TODAS | TODAS | TODAS | TODAS | TODAS | TODAS |
| Australia | TODAS | TODAS | TODAS | TODAS | TODAS | TODAS |
| Bélgica | TODAS | TODAS | TODAS | TODAS | TODAS | TODAS |
| Brasil (1983)+ | TODAS | TODAS | TODAS | TODAS | TODAS | TODAS |
| Bulgaria (1998)+ | | | | XVI-10 | | |
| Chile | TODAS | TODAS | TODAS | TODAS | TODAS | TODAS |
| China (1985)+ | TODAS | TODAS | TODAS | TODAS | TODAS | TODAS |
| Ecuador (1990)+ | | | | XVI-10 | | |
| EE. UU. | TODAS | TODAS | TODAS (excepto 1-4, 10, 11) | TODAS | TODAS | TODAS |
| España (1988)+ | TODAS | TODAS | TODAS | TODAS | TODAS | TODAS |
| Federación de Rusia | TODAS | TODAS | TODAS | TODAS | TODAS | TODAS |
| Finlandia (1989)+ | | | TODAS | TODAS | TODAS | TODAS |
| Francia | TODAS | TODAS | TODAS | TODAS | TODAS | TODAS |
| India (1983)+ | TODAS | TODAS | TODAS | TODAS | TODAS | TODAS |
| Italia (1987)+ | | TODAS | TODAS | TODAS | TODAS | TODAS |
| Japón | TODAS | TODAS | TODAS | TODAS (excepto 1, 3-9, 12 y 13) | TODAS (excepto 1-2 y 4) | TODAS |
| Noruega | TODAS | TODAS | TODAS | TODAS | TODAS | TODAS |
| Nueva Zelandia | TODAS | TODAS | TODAS | TODAS | TODAS | TODAS |
| Países Bajos (1990)+ | TODAS | TODAS (excepto 9) | TODAS (excepto 22) | TODAS | TODAS | TODAS |
| Perú (1989)+ | | | TODAS (excepto 22) | TODAS (excepto 13) | TODAS | TODAS |
| Polonia (1977)+ | TODAS | TODAS | TODAS | TODAS | TODAS | TODAS |
| R.U. | TODAS | TODAS (excepto 2) | TODAS (excepto 3, 4, 8, 10, 11) | TODAS (excepto 4, 6, 8, y 9) | TODAS | TODAS |
| Rep. de Corea (1989)+ | TODAS | TODAS | TODAS (excepto 1-11, 16, 18, 19) | TODAS (excepto 12) | TODAS (excepto 1) | TODAS |
| Sudáfrica | TODAS | TODAS | TODAS | TODAS | TODAS | TODAS |
| Suecia (1988)+ | | | TODAS | TODAS | TODAS | TODAS |
| Uruguay (1985)+ | TODAS | TODAS | TODAS | TODAS | TODAS | TODAS |

* IV-6, IV-10, IV-12, y V-5 finalizado en VIII-2
*** Aceptado como instrucciones provisionales
+ Año alcanzado Estado Consultivo. La aceptación de este Estado requería la firma de Recomendaciones o Medidas de reuniones de ese año en adelante.

Aprobación, notificada al Gobierno de los Estados Unidos de América, de medidas relativas a la promoción de los principios y objetivos del Tratado Antártico.

| | 5 Medidas adoptadas en la Decimonovena Reunión (Seúl 1995) | 2 Medidas adoptadas en la Vigésima Reunión (Utrecht 1996) | 5 Medidas adoptadas en la Vigésimo primera Reunión (Christchurch 1997) | 2 Medidas Adoptadas en la Vigésimo segunda Reunión (Tromso 1998) | 1 Medida adoptada en la Vigésima tercera Reunión (Lima 1999) |
|---|---|---|---|---|---|
| | Aprobada | Aprobada | Aprobada | Aprobada | Aprobada |
| Alemania (1981)+ | TODAS | TODAS | TODAS | TODAS | TODAS |
| Argentina | TODAS | TODAS | TODAS | TODAS | TODAS |
| Australia | TODAS | TODAS | TODAS | TODAS | TODAS |
| Bélgica | TODAS | TODAS | TODAS | TODAS | TODAS |
| Brasil (1983)+ | TODAS | TODAS | TODAS | TODAS | TODAS |
| Bulgaria (1998)+ | | | | | |
| Chile | TODAS | TODAS | TODAS | TODAS | TODAS |
| China (1985)+ | TODAS | TODAS | TODAS | TODAS | TODAS |
| Ecuador (1990)+ | | | | | |
| EE. UU. | TODAS | TODAS | TODAS | TODAS | TODAS |
| España (1988)+ | TODAS | TODAS | TODAS | TODAS | TODAS |
| Federación de Rusia | TODAS | TODAS | TODAS | TODAS | TODAS |
| Finlandia (1989)+ | TODAS | TODAS | TODAS | TODAS | TODAS |
| Francia | TODAS | TODAS | TODAS | TODAS | TODAS |
| India (1983)+ | TODAS | TODAS | TODAS | TODAS | TODAS |
| Italia (1987)+ | TODAS | TODAS | | | |
| Japón | TODAS (excepto 2 y 5) | TODAS (excepto 1) | TODAS (excepto 1-2 y 5) | | |
| Noruega | TODAS | TODAS | TODAS | | |
| Nueva Zelandia | TODAS | TODAS | TODAS | TODAS | TODAS |
| Países Bajos (1990)+ | TODAS | TODAS | TODAS | TODAS | TODAS |
| Perú (1989)+ | TODAS | TODAS | TODAS | TODAS | TODAS |
| Polonia (1977)+ | TODAS | TODAS | TODAS | TODAS | TODAS |
| R.U. | TODAS | TODAS | TODAS | TODAS | TODAS |
| Rep. de Corea (1989)+ | TODAS | TODAS | TODAS | TODAS | TODAS |
| Sudáfrica | TODAS | TODAS | TODAS | TODAS | TODAS |
| Suecia (1988)+ | TODAS | TODAS | TODAS | TODAS | TODAS |
| Uruguay (1985)+ | TODAS | TODAS | TODAS | TODAS | TODAS |

"+ Año alcanzado Estado Consultivo. La aceptación de este estado requería la firma de Recomendaciones o Medidas de reuniones de ese año en adelante.

Aprobación, notificada al Gobierno de los Estados Unidos de América, de medidas relativas a la promoción de los principios y objetivos del Tratado Antártico.

| | 2 Medidas adoptadas en la Duodécima Reunión Especial (La Haya 2000) | 3 Medidas adoptadas en la Vigésimo cuarta Reunión (San Petesburgo 2001) | 1 Medida adoptada en la Vigésimo quinta Reunión (Varsovia 2002) | 3 Medidas adoptadas en la Vigésimo sexta Reunión (Madrid 2003) | 4 Medidas adoptadas en la Vigésimo séptima Reunión (Ciudad del Cabo 2004) |
|---|---|---|---|---|---|
| | Aprobada | Aprobada | Aprobada | Aprobada | Aprobada |
| Alemania (1981)+ | TODAS | TODAS | TODAS | TODAS | XXVII-1 *, XXVII-2 *, XXVII-3 ** |
| Argentina | | | * | XXVI-1, XXVI-2 *, XXVI-3 ** | XXVII-1 *, XXVII-2 *, XXVII-3 ** |
| Australia | TODAS | TODAS | TODAS | XXVI-1, XXVI-2 *, XXVI-3 ** | XXVII-1 *, XXVII-2 *, XXVII-3 ** |
| Bélgica | TODAS | TODAS | TODAS | TODAS | TODAS |
| Brasil (1983)+ | TODAS | TODAS | TODAS | TODAS | XXVII-1, XXVII-2, XXVII-3 |
| Bulgaria (1998)+ | | | * | XXVI-1, XXVI-2 *, XXVI-3 ** | XXVII-1 *, XXVII-2 *, XXVII-3 ** |
| Chile | TODAS | TODAS | TODAS | TODAS | TODAS |
| China (1985)+ | TODAS | TODAS | TODAS | TODAS | XXVII-1 *, XXVII-2 *, XXVII-3 ** |
| Ecuador (1990)+ | | | * | XXVI-1, XXVI-2 *, XXVI-3 ** | XXVII-1 *, XXVII-2 *, XXVII-3 ** |
| EE. UU. | TODAS | TODAS | * | XXVI-1, XXVI-2 *, XXVI-3 ** | XXVII-1 *, XXVII-2 *, XXVII-3 ** |
| España (1988)+ | | | * | XXVI-1, XXVI-2 *, XXVI-3 ** | XXVII-1 *, XXVII-2 *, XXVII-3 ** |
| Federación de Rusia | TODAS | TODAS | TODAS | XXVI-1, XXVI-2, XXVI-3 ** | XXVII-1 *, XXVII-2 *, XXVII-3 ** |
| Finlandia (1989)+ | TODAS | TODAS | * | XXVI-1, XXVI-2 *, XXVI-3 ** | XXVII-1 *, XXVII-2 *, XXVII-3 **, XXVII-4 |
| Francia | TODAS (excepto RCETA XII-2) | TODAS | * | XXVI-1, XXVI-2 *, XXVI-3 ** | XXVII-1, XXVII-2 *, XXVII-3, XXVII-4 |
| India (1983)+ | TODAS | TODAS | TODAS | TODAS | XXVII-1 *, XXVII-2 *, XXVII-3 ** |
| Italia (1987)+ | | | * | XXVI-1, XXVI-2 *, XXVI-3 ** | XXVII-1 *, XXVII-2 *, XXVII-3 ** |
| Japón | | TODAS | * | TODAS | XXVII-1 *, XXVII-2 *, XXVII-3 **, XXVII-4 |
| Noruega | | TODAS | * | XXVI-1, XXVI-2 *, XXVI-3 ** | XXVII-1 *, XXVII-2 *, XXVII-3 ** |
| Nueva Zelandia | TODAS | TODAS | TODAS | TODAS | XXVII-1 *, XXVII-2 *, XXVII-3 **, XXVII-4 |
| Países Bajos (1990)+ | TODAS | TODAS | TODAS | TODAS | TODAS |
| Perú (1989)+ | TODAS | TODAS | TODAS | XXVI-1, XXVI-2 *, XXVI-3 ** | XXVII-1 *, XXVII-2 *, XXVII-3 ** |
| Polonia (1977)+ | | TODAS | TODAS | TODAS | TODAS |
| R.U. | TODAS (excepto RCETA XII-2) | TODAS (excepto XXIV-3) | TODAS | TODAS | XXVII-1 *, XXVII-2 *, XXVII-3 **, XXVII-4 |
| Rep. de Corea (1989)+ | TODAS | TODAS | * | XXVI-1, XXVI-2 *, XXVI-3 ** | XXVII-1 *, XXVII-2 *, XXVII-3 ** |
| Sudáfrica | TODAS | TODAS | TODAS | TODAS | TODAS |
| Suecia (1988)+ | TODAS | TODAS | TODAS | TODAS | XXVII-1 *, XXVII-2 *, XXVII-3 ** |
| Ucrania (2004)+ | | | | | XXVII-1 *, XXVII-2 *, XXVII-3 ** |
| Uruguay (1985)+ | TODAS | TODAS | * | XXVI-1, XXVI-2 *, XXVI-3 | XXVII-1 *, XXVII-2 *, XXVII-3 **, XXVII-4 |

"+ Año alcanzado Estado Consultivo. La aceptación de este estado requería la firma de Recomendaciones o Medidas de reuniones de ese año en adelante.

* Los Planes de Gestión adjuntos a esta medida se consideraron aprobados de acuerdo con el Artículo 6(1) del Anexo V al Protocolo sobre Protección del Medio Ambiente del Tratado Antártico y la Medida no especificaba un método diferente de aprobación.

* La lista de Lugares y Monumentos Históricos revisada y actualizada adjunta a esta medida se consideró aprobada de acuerdo con el Artículo 8(1) del Anexo V al Protocolo sobre Protección del Medio Ambiente del Tratado Antártico y la Medida

Aprobación, notificada por el Gobierno de Estados Unidos de América, de medidas relativas a la promoción de los principios y objetivos del Tratado Antártico.

| | 5 Medidas adoptadas en la Vigésimo octava Reunión (Estocolmo 2005) Aprobada | 4 Medidas adoptadas en la Vigésimo novena Reunión (Edimburgo 2006) Aprobada | 3 Medidas adoptadas en la Trigésima Reunión (Nueva Delhi 2007) Aprobada | 14 Medidas adoptadas en la Trigésimo primera Reunión (Kiev 2008) Aprobada | 16 Medidas adoptadas en la Trigésimo segunda Reunión (Baltimore 2009) Aprobada |
|---|---|---|---|---|---|
| Alemania (1981)+ | XXVIII-2 *, XXVIII-3 *, XXVIII-4 *, XXVIII-5 ** | XXIX-1 *, XXIX-2 *, XXIX-3 **, XXIX-4 *** | XXX-1 *, XXX-2 *, XXX-3 ** | XXXI-1*, XXXI-2*, . . . XXXI-14 * | XXXII-1*, XXXII-2*, . . . XXXII-14** |
| Argentina | XXVIII-2 *, XXVIII-3 *, XXVIII-4 *, XXVIII-5 ** | XXIX-1 *, XXIX-2 *, XXIX-3 **, XXIX-4 *** | XXX-1 *, XXX-2 *, XXX-3 ** | XXXI-1*, XXXI-2*, . . . XXXI-14 * | XXXII-1*, XXXII-2*, . . . XXXII-14** |
| Australia | XXVIII-2 *, XXVIII-3 *, XXVIII-4 *, XXVIII-5 ** | XXIX-1 *, XXIX-2 *, XXIX-3 **, XXIX-4 *** | XXX-1 *, XXX-2 *, XXX-3 ** | XXXI-1*, XXXI-2*, . . . XXXI-14 * | XXXII-1*, XXXII-2*, . . . XXXII-14** |
| Bélgica | TODAS excepto la Medida 1 | TODAS | TODAS | XXXI-1*, XXXI-2*, . . . XXXI-14 * | XXXII-1*, XXXII-2*, . . . XXXII-14** |
| Brasil (1983)+ | TODAS excepto la Medida 1 | XXIX-1 *, XXIX-2 *, XXIX-3 **, XXIX-4 *** | XXX-1 *, XXX-2 *, XXX-3 ** | XXXI-1*, XXXI-2*, . . . XXXI-14 * | XXXII-1*, XXXII-2*, . . . XXXII-14** |
| Bulgaria (1998)+ | XXVIII-2 *, XXVIII-3 *, XXVIII-4 *, XXVIII-5 ** | XXIX-1 *, XXIX-2 *, XXIX-3 **, XXIX-4 *** | XXX-1 *, XXX-2 *, XXX-3 ** | XXXI-1*, XXXI-2*, . . . XXXI-14 * | XXXII-1*, XXXII-2*, . . . XXXII-14** |
| Chile | TODAS excepto la Medida 1 | XXIX-1 *, XXIX-2 *, XXIX-3 **, XXIX-4 *** | XXX-1 *, XXX-2 *, XXX-3 ** | XXXI-1*, XXXI-2*, . . . XXXI-14 * | XXXII-1*, XXXII-2*, . . . XXXII-14** |
| China (1985)+ | XXVIII-2 *, XXVIII-3 *, XXVIII-4 *, XXVIII-5 ** | XXIX-1 *, XXIX-2 *, XXIX-3 **, XXIX-4 *** | XXX-1 *, XXX-2 *, XXX-3 ** | XXXI-1*, XXXI-2*, . . . XXXI-14 * | XXXII-1*, XXXII-2*, . . . XXXII-14** |
| Ecuador (1990)+ | XXVIII-2 *, XXVIII-3 *, XXVIII-4 *, XXVIII-5 ** | XXIX-1 *, XXIX-2 *, XXIX-3 **, XXIX-4 *** | XXX-1 *, XXX-2 *, XXX-3 ** | XXXI-1*, XXXI-2*, . . . XXXI-14 * | XXXII-1*, XXXII-2*, . . . XXXII-14** |
| EE. UU. | XXVIII-2 *, XXVIII-3 *, XXVIII-4 *, XXVIII-5 ** | XXIX-1 *, XXIX-2 *, XXIX-3 **, XXIX-4 *** | XXX-1 *, XXX-2 *, XXX-3 ** | XXXI-1*, XXXI-2*, . . . XXXI-14 * | XXXII-1*, XXXII-2*, . . . XXXII-14** |
| España (1988)+ | XXVIII-1, XXVIII-2 *, XXVIII-3 *, XXVIII-4 *, XXVIII-5 ** | XXIX-1 *, XXIX-2 *, XXIX-3 **, XXIX-4 *** | XXX-1 *, XXX-2 *, XXX-3 ** | XXXI-1*, XXXI-2*, . . . XXXI-14 * | XXXII-1*, XXXII-2*, . . . XXXII-14** |
| Federación de Rusia | XXVIII-2 *, XXVIII-3 *, XXVIII-4 *, XXVIII-5 ** | XXIX-1 *, XXIX-2 *, XXIX-3 **, XXIX-4 *** | XXX-1 *, XXX-2 *, XXX-3 ** | XXXI-1*, XXXI-2*, . . . XXXI-14 * | XXXII-1*, XXXII-2*, . . . XXXII-14** |
| Finlandia (1989)+ | XXVIII-1, XXVIII-2 *, XXVIII-3 *, XXVIII-4 *, XXVIII-5 ** | XXIX-1 *, XXIX-2 *, XXIX-3 **, XXIX-4 *** | XXX-1 *, XXX-2 *, XXX-3 ** | XXXI-1*, XXXI-2*, . . . XXXI-14 * | XXXII-1*, XXXII-2*, . . . XXXII-14**; XXXII-16 |
| Francia | XXVIII-2 *, XXVIII-3 *, XXVIII-4 *, XXVIII-5 ** | XXIX-1 *, XXIX-2 *, XXIX-3 **, XXIX-4 *** | XXX-1 *, XXX-2 *, XXX-3 ** | XXXI-1*, XXXI-2*, . . . XXXI-14 * | XXXII-1*, XXXII-2*, . . . XXXII-14**, XXXII-15 |
| India (1983)+ | XXVIII-2 *, XXVIII-3 *, XXVIII-4 *, XXVIII-5 ** | XXIX-1 *, XXIX-2 *, XXIX-3 **, XXIX-4 *** | XXX-1 *, XXX-2 *, XXX-3 ** | XXXI-1*, XXXI-2*, . . . XXXI-14 * | XXXII-1*, XXXII-2*, . . . XXXII-14** |
| Italia (1987)+ | XXVIII-2 *, XXVIII-3 *, XXVIII-4 *, XXVIII-5 ** | XXIX-1 *, XXIX-2 *, XXIX-3 **, XXIX-4 *** | XXX-1 *, XXX-2 *, XXX-3 ** | XXXI-1*, XXXI-2*, . . . XXXI-14 * | XXXII-1*, XXXII-2*, . . . XXXII-14** |
| Japón | XXVIII-2 *, XXVIII-3 *, XXVIII-4 *, XXVIII-5 ** | XXIX-1 *, XXIX-2 *, XXIX-3 **, XXIX-4 *** | XXX-1 *, XXX-2 *, XXX-3 ** | XXXI-1*, XXXI-2*, . . . XXXI-14 * | XXXII-1*, XXXII-2*, . . . XXXII-14**, XXXII-15 |
| Noruega | XXVIII-2 *, XXVIII-3 *, XXVIII-4 *, XXVIII-5 ** | XXIX-1 *, XXIX-2 *, XXIX-3 **, XXIX-4 *** | XXX-1 *, XXX-2 *, XXX-3 ** | XXXI-1*, XXXI-2*, . . . XXXI-14 * | XXXII-1*, XXXII-2*, . . . XXXII-14** |
| Nueva Zelandia | XXVIII-2 *, XXVIII-3 *, XXVIII-4 *, XXVIII-5 ** | XXIX-1 *, XXIX-2 *, XXIX-3 **, XXIX-4 *** | XXX-1 *, XXX-2 *, XXX-3 ** | XXXI-1*, XXXI-2*, . . . XXXI-14 * | XXXII-1*, XXXII-2*, . . . XXXII-14** |
| Países Bajos (1990)+ | TODAS excepto la Medida 1 | TODAS | TODAS | TODAS | XXXII-1, XXXII-2, . . . XXXII-14 |

| | | | | | |
|---|---|---|---|---|---|
| Perú (1989)+ | XXVIII-1, XXVIII-2 *, XXVIII-3 *, XXVIII-4 *, XXVIII-5 ** | XXIX-1 *, XXIX-2 *, XXIX-3 **, XXIX-4 *** | XXX-1 *, XXX-2 *, XXX-3 ** | XXXI-1*, XXXI-2*, . . . XXXI-14 * | XXXII-1*, XXXII-2*, . . . XXXII-14** |
| Polonia (1977)+ | TODAS | TODAS | TODAS | XXXI-1*, XXXI-2*, . . . XXXI-14 * | XXXII-1*, XXXII-2*, . . . XXXII-14** |
| R.U. | XXVIII-2 *, XXVIII-3 *, XXVIII-4 *, XXVIII-5 ** | XXIX-1 *, XXIX-2 *, XXIX-3 **, XXIX-4 *** | XXX-1 *, XXX-2 *, XXX-3 ** | XXXI-1*, XXXI-2*, . . . XXXI-14 * | XXXII-1*, XXXII-2*, . . . XXXII-14** |
| Rep. de Corea (1989)+ | XXVIII-2 *, XXVIII-3 *, XXVIII-4 *, XXVIII-5 ** | XXIX-1 *, XXIX-2 *, XXIX-3 **, XXIX-4 *** | XXX-1 *, XXX-2 *, XXX-3 ** | XXXI-1*, XXXI-2*, . . . XXXI-14 * | XXXII-1*, XXXII-2*, . . . XXXII-14** |
| Sudáfrica | XXVIII-2 *, XXVIII-3 *, XXVIII-4 *, XXVIII-5 ** | TODAS | XXX-1 *, XXX-2 *, XXX-3 ** | XXXI-1*, XXXI-2*, . . . XXXI-14 * | XXXII-1*, XXXII-2*, . . . XXXII-14** |
| Suecia (1988)+ | XXVIII-1, XXVIII-2 *, XXVIII-3 *, XXVIII-4 *, XXVIII-5 ** | XXIX-1 *, XXIX-2 *, XXIX-3 **, XXIX-4 *** | XXX-1 *, XXX-2 *, XXX-3 ** | XXXI-1*, XXXI-2*, . . . XXXI-14 * | XXXII-1*, XXXII-2*, . . . XXXII-14** |
| Ucrania (2004)+ | XXVIII-2 *, XXVIII-3 *, XXVIII-4 *, XXVIII-5 ** | XXIX-1 *, XXIX-2 *, XXIX-3 **, XXIX-4 *** | XXX-1 *, XXX-2 *, XXX-3 ** | XXXI-1*, XXXI-2*, . . . XXXI-14 * | XXXII-1*, XXXII-2*, . . . XXXII-14** |
| Uruguay (1985)+ | XXVIII-2 *, XXVIII-3 *, XXVIII-4 *, XXVIII-5 ** | XXIX-1 *, XXIX-2 *, XXIX-3 **, XXIX-4 *** | XXX-1 *, XXX-2 *, XXX-3 ** | XXXI-1*, XXXI-2*, . . . XXXI-14 * | XXXII-1*, XXXII-2*, . . . XXXII-14**, XXXII-15 |

"+ Año alcanzado Estado Consultivo. La aceptación de este estado requería la firma de Recomendaciones o Medidas de reuniones de ese año en adelante.

* Los planes de gestión anexos a esta medida se consideran aprobados de acuerdo con el Artículo 6(1) del Anexo V del Protocolo sobre Protección Medioambiental del Tratado Antártico y la Medida no especificaba un método diferente de aprobación.

** La lista de Lugares y Monumentos Históricos revisada y actualizada adjunta a esta medida se consideró aprobada de acuerdo con el Artículo 8(1) del Anexo V al Protocolo sobre Protección del Medio Ambiente del Tratado Antártico y la Medida no especificaba un método diferente de aprobación.

*** La modificación del Apéndice A del Anexo II del Protocolo de Protección Medioambiental del Tratado Antártico se considera aprobada de acuerdo con el Artículo 9(1) del Anexo II del Protocolo del Medioambiente del Tratado Antártico y la Medida no especificaba un método diferente de aprobación.

Aprobación, notificada por el Gobierno de Estados Unidos de América, de medidas relativas a la promoción de los principios y objetivos del Tratado Antártico

| | 15 Medidas<br>adoptadas en la Trigésimo tercera Reunión<br>(Punta del este 2010)<br>Aprobada | 12 Medidas<br>adoptadas en la Trigésimo cuarta Reunión<br>(Buenos Aires 2011)<br>Aprobada | 11 Medidas<br>adoptadas en la Trigésimo quinta Reunión<br>(Hobart 2012)<br>Aprobada |
|---|---|---|---|
| Alemania (1981)+ | XXXIII-1 - XXXIII-14* y XXXIII-15** | XXXIV-1 - XXXIV-10* y XXXIV-11 - XXXIV-12** | XXXV-1 - XXXV-10* y XXXV-11** |
| Argentina | XXXIII-1 - XXXIII-14* y XXXIII-15** | XXXIV-1 - XXXIV-10* y XXXIV-11 - XXXIV-12** | XXXV-1 - XXXV-10* y XXXV-11** |
| Australia | XXXIII-1 - XXXIII-14* y XXXIII-15** | XXXIV-1 - XXXIV-10* y XXXIV-11 - XXXIV-12** | XXXV-1 - XXXV-10* y XXXV-11** |
| Bélgica | XXXIII-1 - XXXIII-14* y XXXIII-15** | XXXIV-1 - XXXIV-10* y XXXIV-11 - XXXIV-12** | XXXV-1 - XXXV-10* y XXXV-11** |
| Brasil (1983)+ | XXXIII-1 - XXXIII-14* y XXXIII-15** | XXXIV-1 - XXXIV-10* y XXXIV-11 - XXXIV-12** | XXXV-1 - XXXV-10* y XXXV-11** |
| Bulgaria (1998)+ | XXXIII-1 - XXXIII-14* y XXXIII-15** | XXXIV-1 - XXXIV-10* y XXXIV-11 - XXXIV-12** | XXXV-1 - XXXV-10* y XXXV-11** |
| Chile | XXXIII-1 - XXXIII-14* y XXXIII-15** | XXXIV-1 - XXXIV-10* y XXXIV-11 - XXXIV-12** | XXXV-1 - XXXV-10* y XXXV-11** |
| China (1985)+ | XXXIII-1 - XXXIII-14* y XXXIII-15** | XXXIV-1 - XXXIV-10* y XXXIV-11 - XXXIV-12** | XXXV-1 - XXXV-10* y XXXV-11** |
| Ecuador (1990)+ | XXXIII-1 - XXXIII-14* y XXXIII-15** | XXXIV-1 - XXXIV-10* y XXXIV-11 - XXXIV-12** | XXXV-1 - XXXV-10* y XXXV-11** |
| EE. UU. | XXXIII-1 - XXXIII-14* y XXXIII-15** | XXXIV-1 - XXXIV-10* y XXXIV-11 - XXXIV-12** | XXXV-1 - XXXV-10* y XXXV-11** |
| España (1988)+ | XXXIII-1 - XXXIII-14* y XXXIII-15** | XXXIV-1 - XXXIV-10* y XXXIV-11 - XXXIV-12** | XXXV-1 - XXXV-10* y XXXV-11** |
| Federación de Rusia | XXXIII-1 - XXXIII-14* y XXXIII-15** | XXXIV-1 - XXXIV-10* y XXXIV-11 - XXXIV-12** | XXXV-1 - XXXV-10* y XXXV-11** |
| Finlandia (1989)+ | XXXIII-1 - XXXIII-14* y XXXIII-15** | XXXIV-1 - XXXIV-10* y XXXIV-11 - XXXIV-12** | XXXV-1 - XXXV-10* y XXXV-11** |
| Francia | XXXIII-1 - XXXIII-14* y XXXIII-15** | XXXIV-1 - XXXIV-10* y XXXIV-11 - XXXIV-12** | XXXV-1 - XXXV-10* y XXXV-11** |
| India (1983)+ | XXXIII-1 - XXXIII-14* y XXXIII-15** | XXXIV-1 - XXXIV-10* y XXXIV-11 - XXXIV-12** | XXXV-1 - XXXV-10* y XXXV-11** |
| Italia (1987)+ | XXXIII-1 - XXXIII-14* y XXXIII-15** | XXXIV-1 - XXXIV-10* y XXXIV-11 - XXXIV-12** | XXXV-1 - XXXV-10* y XXXV-11** |
| Japón | XXXIII-1 - XXXIII-14* y XXXIII-15** | XXXIV-1 - XXXIV-10* y XXXIV-11 - XXXIV-12** | XXXV-1 - XXXV-10* y XXXV-11** |
| Noruega | XXXIII-1 - XXXIII-14* y XXXIII-15** | XXXIV-1 - XXXIV-10* y XXXIV-11 - XXXIV-12** | XXXV-1 - XXXV-10* y XXXV-11** |
| Nueva Zelandia | XXXIII-1 - XXXIII-14* y XXXIII-15** | XXXIV-1 - XXXIV-10* y XXXIV-11 - XXXIV-12** | XXXV-1 - XXXV-10* y XXXV-11** |
| Países Bajos (1990)+ | TODAS | XXXIV-1 - XXXIV-10* y XXXIV-11 - XXXIV-12** | TODAS |
| Perú (1989)+ | XXXIII-1 - XXXIII-14* y XXXIII-15** | XXXIV-1 - XXXIV-10* y XXXIV-11 - XXXIV-12** | XXXV-1 - XXXV-10* y XXXV-11** |
| Polonia (1977)+ | XXXIII-1 - XXXIII-14* y XXXIII-15** | XXXIV-1 - XXXIV-10* y XXXIV-11 - XXXIV-12** | XXXV-1 - XXXV-10* y XXXV-11** |
| R.U. | XXXIII-1 - XXXIII-14* y XXXIII-15** | XXXIV-1 - XXXIV-10* y XXXIV-11 - XXXIV-12** | XXXV-1 - XXXV-10* y XXXV-11** |
| Rep. de Corea (1989)+ | XXXIII-1 - XXXIII-14* y XXXIII-15** | XXXIV-1 - XXXIV-10* y XXXIV-11 - XXXIV-12** | XXXV-1 - XXXV-10* y XXXV-11** |
| Sudáfrica | XXXIII-1 - XXXIII-14* y XXXIII-15** | XXXIV-1 - XXXIV-10* y XXXIV-11 - XXXIV-12** | XXXV-1 - XXXV-10* y XXXV-11** |
| Suecia (1988)+ | XXXIII-1 - XXXIII-14* y XXXIII-15** | XXXIV-1 - XXXIV-10* y XXXIV-11 - XXXIV-12** | XXXV-1 - XXXV-10* y XXXV-11** |
| Ucrania (2004)+ | XXXIII-1 - XXXIII-14* y XXXIII-15** | XXXIV-1 - XXXIV-10* y XXXIV-11 - XXXIV-12** | XXXV-1 - XXXV-10* y XXXV-11** |
| Uruguay (1985)+ | XXXIII-1 - XXXIII-14* y XXXIII-15** | XXXIV-1 - XXXIV-10* y XXXIV-11 - XXXIV-12** | XXXV-1 - XXXV-10* y XXXV-11** |

"+ Año alcanzado Estado Consultivo. La aceptación de este estado requería la firma de Recomendaciones o Medidas de reuniones de ese año en adelante.

* Los planes de gestión anexos a estas medidas se consideran aprobados de acuerdo con el Artículo 6(1) del Anexo V del Protocolo sobre Protección Medioambiental del Tratado Antártico y la Medida no especificaba un método diferente de aprobación.

** Las modificaciones y/o adiciones a la lista de Lugares y Monumentos Históricos se consideran aprobadas de acuerdo con el Artículo 8(1) del Anexo V al Protocolo sobre Protección del Medio Ambiente del Tratado Antártico y la Medida no especificaba un método diferente de aprobación.

# Informe del Gobierno Depositario de la Convención para la Conservación de los Recursos Vivos Marinos Antárticos (CCRVMA)

**Documento de trabajo entregado por Australia**

## *Resumen*

El informe es presentado por Australia en calidad de depositario de la Convención para la Conservación de los Recursos Vivos Marinos Antárticos (CCRVMA)

## *Antecedentes*

Australia, como país depositario de la *Convención para la Conservación de los Recursos Vivos Marinos Antárticos* 1980 (Convención) presenta el informe de la XXXVI Reunión Consultiva del Tratado Antártico con estado de Convención.

Australia notifica a las Partes del Tratado Antártico que, desde la XXXV Reunión Consultiva del Tratado Antártico, Panamá ha accedido a la Convención el 20 de marzo de 2013. La Convención entró en vigor para Panamá el 19 de abril de 2013.

En Internet existe disponible una copia de la lista de estados para la Convención, en la base de datos de los Tratados Australianos en la siguiente dirección:

http://www.austlii.edu.au/au/other/dfat/treaty_list/depository/CCAMLR.html

La lista de estado también está disponible mediante solicitud a la secretaría del Departamento de Asuntos Exteriores y Comercio del Gobierno Australiano. Las solicitudes pueden ser transmitidas mediante misiones diplomáticas de Australia.

# Informe presentado por el Gobierno Depositario para la Convención para la Conservación de las Focas Antárticas de acuerdo con la Recomendación XIII-2, Párrafo 2(D)

**Informe presentado por el Reino Unido**

## *Nuevas Adhesiones a la CCFA*

Durante 2012, el Reino Unido recibió solicitudes por parte del Reino de España y de la República Islámica de Pakistán para adherirse a la CCFA. De acuerdo con las disposiciones del Artículo 12 de la Convención, el Reino Unido recabó el consentimiento de las Partes Contratantes para invitar a adherirse tanto a España como a Pakistán. El Reino Unido había recibido notificaciones de consentimiento de todas las Partes Contratantes a 25 de marzo de 2013.

Dado que Pakistán ya había enviado sus instrumentos de adhesión al Reino Unido el 17 de enero de 2012, la adhesión formal de Pakistán a la CCFA será el 24 de abril de 2013 (30 días después de la última notificación de consentimiento).

Por su parte, Reino Unido envió una invitación al Gobierno de España para que presente formalmente su instrumento de adhesión a 25 de marzo de 2012. La adhesión formal de España será 30 días después de que el Reino Unido lo reciba.

La lista completa de países signatarios originales de la Convención y de países que se han adherido posteriormente se adjunta a este informe (Anexo A).

## *Declaración anual de la CCFA 2011/2012*

En el Anexo B las Partes Contratantes de la CCFA enumeran todas las capturas y matanzas de focas antárticas durante el año de referencia, de 1 de marzo de 2011 a 29 de febrero de 2012.

## *Declaración anual de la CCFA 2010/2011*

El Reino Unido lamenta informar a las Partes de dos errores identificados en el Informe presentado a la RCTA XXXV (IP005):

a) La lista de focas capturadas en los Estados Unidos de América debería ser: 600 focas antárticas peleteras, 50 focas leopardo, 50 elefantes marinos, 1.380 focas de Weddell. Total: 2.080 focas; y
b) El número de focas capturadas en Australia debería ser 69 en lugar de 67.

Así pues, en el Anexo C del informe de este año se incluye una tabla revisada para 2010/2011.

## *Próximo Informe Anual de la CCFA*

Al Reino Unido le gustaría recordar a las Partes Contratantes de la CCFA que el Intercambio de Información al que se hace referencia en el Párrafo 6(a) del Anexo de la Convención para el periodo del informe del 1 de marzo de 2012 al 28 de febrero de 2013 está prevista para el **30 de junio de 2013**. Las Partes de la CCFA deberán presentar sus informes, incluso cuando sean nulos, tanto al Reino Unido como al SCAR. Reino Unido también quiere animar a todas las Partes Contratantes de la CCFA a enviar sus informes a tiempo.

El informe de la CCFA para el periodo 2012/2013 será entregado a la RCTA XXXVII una vez transcurrido el plazo de junio de 2013 para el intercambio de información.

## PARTES DE LA CONVENCIÓN PARA LA CONSERVACIÓN DE LAS FOCAS ANTÁRTICAS (CCFA)

Londres, 1 de junio – 31 de diciembre de 1972

(La Convención entró en vigor el 11 de marzo de 1978)

| Estado | Fecha de la firma | Fecha de depósito (Ratificación o Aceptación) |
|---|---|---|
| Argentina[1] | 9 de junio de 1972 | 7 de marzo de 1978 |
| Australia | 5 de octubre de 1972 | 1 de julio de 1987 |
| Bélgica | 9 de junio de 1972 | 9 de febrero de 1978 |
| Chile[1] | 28 de diciembre de 1972 | 7 de febrero de 1980 |
| Francia[2] | 19 de diciembre de 1972 | 19 de febrero de 1975 |
| Japón | 28 de diciembre de 1972 | 28 de agosto de 1980 |
| Noruega | 9 de junio de 1972 | 10 de diciembre de 1973 |
| Rusia[1,2,4] | 9 de junio de 1972 | 8 de febrero de 1978 |
| Sudáfrica | 9 de junio de 1972 | 15 de agosto de 1972 |
| Reino Unido[2] | 9 de junio de 1972 | 10 de septiembre de 1974[3] |
| Estados Unidos de América[2] | 28 de junio de 1972 | 19 de enero de 1977 |

**ADHESIONES**

| Estado | Fecha de depósito del Instrumento de adhesión |
|---|---|
| Brasil | 11 de febrero de 1991 |
| Canadá | 4 de octubre de 1990 |
| Alemania | 30 de septiembre de 1987 |
| Italia | 2 de abril de 1992 |
| Polonia | 15 de agosto de 1980 |
| Pakistán | 25 de marzo de 2013 |

[1] Declaración o Reserva
[2] Objeción
[3] El instrumento de ratificación incluía las Islas del Canal y la Isla de Man
[4] Antigua URSS

**ANEXO B**

## INFORME ANUAL 2011/2012 DE LA CCFA

Sinopsis del informe de acuerdo con el Artículo 5 y el Anexo de la Convención: Matanzas y capturas de focas durante el periodo entre el 1 de marzo de 2011 y el 29 de febrero de 2012.

| Parte contratante | Focas Antárticas capturadas | Focas Antárticas matadas |
|---|---|---|
| Argentina | 282 (a) | Cero |
| Australia | 76 (b) | Cero |
| Bélgica | Cero | Cero |
| Brasil | Cero | Cero |
| Canadá | Cero | Cero |
| Chile | Cero | Cero |
| Francia | 480(c) | 2(e) |
| Alemania | Cero | Cero |
| Italia | Cero | Cero |
| Japón | Cero | Cero |
| Noruega | Cero | Cero |
| Polonia | Cero | Cero |
| Rusia | Cero | Cero |
| Sudáfrica | Cero | Cero |
| Reino Unido | Cero | Cero |
| Estados Unidos de América | 1190(d) | 1(f) |

(a) 7 elefantes marinos jóvenes, 200 elefantes marinos adultos, 31 elefantes marinos jóvenes y recapturados, 40 focas leopardo y 4 focas leopardo recapturadas.
(b) 26 focas leopardo, 50 elefantes marinos.
(C) 170 focas de Weddell, 65 elefantes marinos adultos, 125 elefantes marinos jóvenes, 50 focas antárticas peleteras adultas y 70 focas antárticas peleteras jóvenes
(d) 600 focas antárticas peleteras adultas y jóvenes, 30 focas antárticas peleteras hembras, 20 focas leopardo adultas y jóvenes, 50 elefantes marinos jóvenes, 490 focas de Weddell
(e) 2 focas de Weddell
(f) 1 foca de Weddell

Todas las capturas informadas fueron para investigación científica.

**ANEXO C**

## INFORME ANUAL 2010/2011 DE LA CCFA

Sinopsis del informe de acuerdo con el Artículo 5 y el Anexo de la Convención: Matanzas y capturas de focas durante el periodo entre el 1 de marzo de 2010 y el 29 de febrero de 2011.

| Parte contratante | Focas Antárticas capturadas | Focas Antárticas matadas |
|---|---|---|
| Argentina | 49 [a] | Cero |
| Australia | 69 [b] | 2 [c] |
| Bélgica | Cero | Cero |
| Brasil | Cero | Cero |
| Canadá | Cero | Cero |
| Chile | Cero | Cero |
| Francia | 600 [d] | Cero |
| Alemania | Cero | Cero |
| Italia | Cero | Cero |
| Japón | Cero | Cero |
| Noruega | Cero | Cero |
| Polonia | Cero | Cero |
| Rusia | Cero | Cero |
| Sudáfrica | Cero | Cero |
| Reino Unido | 24 [e] | 1 [f] |
| Estados Unidos de América | 2080 [g] | 2 [h] |

[a] 30 elefantes marinos, 19 focas leopardo
[b] 21 elefantes marinos, 28 focas leopardo, 20 focas de Weddell
[c] 1 foca de Weddell y 1 foca leopardo
[d] 160 focas de Weddell, 275 elefantes marinos, 165 focas antárticas peleteras
[e] 24 focas de Weddell
[f] 1 foca de Weddell
[g] 600 focas antárticas peleteras, 50 focas leopardo, 50 elefantes marinos, 1.380 focas de Weddell
[h] 2 focas de Weddell

Todas las capturas informadas fueron para investigación científica.

# Informe del Gobierno Depositario del Acuerdo sobre la Conservación de Albatros y Petreles (ACAP)

**Documento de trabajo entregado por Australia**

## *Resumen*

El informe es presentado por Australia en calidad de depositario del Acuerdo sobre la Conservación de Albatros y Petreles 2001.

## *Antecedentes*

Australia, como país depositario del Acuerdo sobre la Conservación de Albatros y Petreles 2001 (Convención) presenta el informe de la XXXVI Reunión Consultiva del Tratado Antártico con estado de Convención.

Australia notifica a las Partes del Tratado Antártico que, desde la XXXV Reunión Consultiva del Tratado Antártico, ningún estado ha accedido al Acuerdo.

Australia notifica además que en la Cuarta Sesión de la Reunión de las Partes, celebrada en Lima desde el 23 hasta el 27 de abril de 2012, se acordó añadir la pardela balear (*Puffinus mauretanicus*) a la ista de especies petreles en el Anexo 1 del Acuerdo. Esta alteración entró en vigor el 26 de julio de 2012.

En Internet existe disponible una copia de la lista de estados para el Acuerdo, en la base de datos de los Tratados Australianos en la siguiente dirección:

http://www.austlii.edu.au/au/other/dfat/treaty_list/depository/consalbnpet.html

La lista de estado también está disponible mediante solicitud a la secretaría del Departamento de Asuntos Exteriores y Comercio del Gobierno Australiano. Las solicitudes pueden ser transmitidas mediante misiones diplomáticas de Australia.

# Informe del observador de la CCRVMA en la Trigésima sexta Reunión Consultiva del Tratado Antártico

1. La trigésima primera reunión anual de la Comisión para la Conservación de los Recursos Vivos Marinos Antárticos (CCAMLR-XXXI) fue presidida por el Sr. T. Løbach (Noruega). Participaron en ella veinticinco Miembros, además de Países Bajos, Singapur, Vietnam, y representantes de ONG y de la industria. En www.ccamlr.org/node/72699 se encuentra una copia del Informe de CCAMLR-XXXI.

## *Cumplimiento*

2. La Comisión aprobó la Lista de barcos de pesca INDNR de Partes no contratantes (www.ccamlr.org/node/72732) señalando que hay al menos siete barcos persistentemente involucrados en actividades de pesca INDNR en el Área de la Convención.

## *Administración y finanzas*

3. La Comisión aprobó la modificación de los Estatutos del Personal y la del Reglamento Financiero (que incluía una nueva política de inversiones), el informe de implementación del Plan Estratégico, el presupuesto para 2014 y un presupuesto provisional para 2015, y el inicio de la labor relativa a una política de financiación sostenible.

## *Comité Científico*

### Recurso kril

4. En la temporada 2011/12, cinco Miembros recolectaron 161 143 toneladas de kril de las Subáreas 48.1 (75 495 toneladas), 48.2 (29 238 toneladas) y 48.3 (52 410 toneladas)[1]. En comparación, la captura total notificada de kril en la temporada 2010/11 fue 180 992 toneladas extraídas de las Subáreas 48.1 (9 215 toneladas), 48.2 (115 995 toneladas) y 48.3 (55 782 toneladas).

5. Se recibieron notificaciones de ocho Miembros para pescar kril en la temporada 2012/13, con 19 barcos y una captura prevista total de 597 700 toneladas.

6. La Comisión refrendó el plan del Comité Científico para desarrollar una estrategia de ordenación interactiva para la pesquería de kril del Área 48.

### Recurso peces

7. En la temporada 2011/12, 11 Miembros pescaron austromerluza (*Dissostichus eleginoides* y/o *D. mawsoni*). La captura total notificada fue de 11 329 toneladas[2]. En comparación, la captura total notificada de austromerluza en 2010/11 fue 14 669 toneladas.

8. Dos Miembros pescaron draco rayado (*Champsocephalus gunnari*). La captura total notificada de *C. gunnari* fue 999 toneladas[2].

9. La Comisión tomó nota de los indicios de una posible recuperación de las poblaciones de *C. gunnari* y de *Notothenia rossii* cerca de las Islas Shetland del Sur. Las pesquerías dirigidas a estas especies fueron cerradas en 1990 para permitir la recuperación de los stocks. La Comisión convino en que esta pesquería permanezca cerrada hasta que se lleven a cabo investigaciones que confirmen la recuperación de estas poblaciones y que aporten asesoramiento al respecto.

### Pesquerías exploratorias

10. Diez Miembros presentaron notificaciones de pesquerías exploratorias de palangre dirigidas a *Dissostichus* spp. con 26 barcos para la temporada 2012/13. La Comisión destacó el incremento en el

---

[1] Las cantidades del Informe de CCAMLR-XXXI han sido actualizadas por la Secretaría para incluir el período completo hasta el final de la temporada (30 de noviembre de 2012).

número de barcos notificados en las pesquerías exploratorias y solicitó una más detenida consideración de la posibilidad de limitar la capacidad en estas pesquerías. No se presentaron notificaciones de pesquerías nuevas para la temporada 2012/13.

**Captura secundaria de peces e invertebrados**

11. Las recomendaciones del Comité Científico acerca de asuntos relacionados con la captura secundaria incluyeron la necesidad de examinar la captura secundaria de peces en toda la flota de pesca de kril y con todos los artes de arrastre y el desarrollo de un enfoque de ordenación sostenible basado en el riesgo de que las pesquerías de austromerluza afecten a las poblaciones de rayas.

**Evaluación y prevención de la mortalidad incidental**

12. La mortalidad total de aves marinas en las ZEE en 2011/12 se estimó por extrapolación en 222 aves. Se registraron tres muertes de aves marinas fuera del Área de la Convención.

13. Francia destacó que algunas de las más importantes colonias de reproducción de albatros y petreles están en su ZEE y que desgraciadamente, y a pesar de los esfuerzos de Francia para protegerlas, estas poblaciones siguen siendo vulnerables a la captura incidental al norte del Área de la Convención.

**Pesca de fondo y ecosistemas marinos vulnerables**

14. La Comisión refrendó el asesoramiento sobre la implementación de medidas para eliminar y mitigar los efectos negativos considerables en los ecosistemas marinos vulnerables (EMV) durante la pesca de fondo, señalando que en 2012 se añadieron 12 EMV al registro de EMV de la CCRVMA. Durante las pesquerías exploratorias de fondo en 2011/12 se notificaron 38 posibles EMV. Desde la introducción de la medida de conservación MC 22-06 en 2008/09 se han cerrado a la pesca un total de 150 áreas de riesgo de EMV.

**Áreas marinas protegidas**

15. La Comisión recibió con agrado el progreso de la labor del Comité Científico en el establecimiento de un sistema representativo de AMP en los tres talleres técnicos celebrados en 2012 para el Dominio de planificación 1 (Península Antártica), el Dominio 5 (Del Cano–Crozet), y los Dominios 3 (Mar de Weddell), 4 (Emersiones continentales de Bouvet y Maud) y 9 (Mares de Amundsen y de Bellingshausen). También recibió con agrado la colaboración entre Suecia, la República de Corea y EEUU para avanzar en la labor relativa al Dominio 9.

16. La Comisión tomó nota de la discusión del Comité Científico sobre el establecimiento de protección preventiva de espacios para facilitar el estudio científico de hábitats y comunidades en el caso de un futuro derrumbe de las barreras de hielo.

17. De conformidad con la Decisión 9 de la RCTA (2005), la Comisión refrendó el asesoramiento del Comité Científico con relación a:

i) los planes de gestión modificados para las ASPA No. 144, 145 y 146, destacando la importancia de esas áreas, que probablemente no serán explotadas, para la investigación científica

ii) la propuesta de plan de gestión para una nueva ASPA en Cabo Washington y Bahía Silverfish, Bahía de Terra Nova, y Mar de Ross

iii) los avances en la modificación del plan de gestión del ASMA No. 1 (Bahía Almirantazgo, Isla Rey Jorge/25 de Mayo, Archipiélago de las Shetland del Sur), destacando la propuesta de presentar un borrador del plan de gestión a la CCRVMA en 2013.

18. La Comisión convino en que no se han identificado problemas en estas propuestas que pudieran tener relación con la actividad de la CCRVMA, y que así debía ser comunicado a la RCTA.

19. La Comisión señaló que en 2010 hubo pesca de kril en el ASPA No. 153 (Bahía Dallmann Oriental), y que el plan de gestión para este ASPA no permite la recolección.

20. La Comisión convino que la pesca en el ASPA No. 153 ocurrió como resultado del desconocimiento de las disposiciones del plan de gestión, y que se necesita un mecanismo para vincular las medidas de conservación de la CCRVMA con los planes de gestión de las ASPA y las ASMA, tal y como lo expresa la Decisión 9 de la RCTA (2005) – ver párrafo 26 *infra*.

**Cambio climático**

21. La Comisión tomó nota del asesoramiento del Comité Científico con relación al cambio climático, incluida la discusión de los efectos potenciales del cambio climático en el kril.

**Asuntos administrativos**

22. Se informó de los avances en la implementación de las recomendaciones del informe de 2008 del Comité de evaluación del funcionamiento de la CCRVMA en relación con el desarrollo de capacidades. En 2012 hubo cinco solicitudes de cinco Miembros para el programa de becas de la CCRVMA. Se seleccionaron dos candidatos, uno de Argentina y otro de China. Se recibió muy favorablemente la contribución a la labor del Comité Científico hecha por el beneficiario chileno de la beca en 2011.

## *Sistema de observación científica internacional*

23. La Comisión aprobó la realización de una evaluación externa del Sistema de Observación Científica Internacional de la CCRVMA.

## *Medidas de conservación*

24. Las medidas de conservación y resoluciones adoptadas en CCAMLR-XXXI han sido publicadas en la *Lista de las Medidas de Conservación Vigentes en 2012/13.*

## *Procedimiento para evaluar el cumplimiento*

25. La Comisión aprobó un Procedimiento de evaluación del cumplimiento (MC 10-10 (2012)) para reforzar la información disponible para la Comisión sobre cuestiones de cumplimiento relativas a los Miembros.

## *ASPA y ASMA*

26. La Comisión convino en adoptar una nueva medida de conservación para proteger los valores de las ASPA y las ASMA (MC 91-02 (2012)) (ver anexo). Esta medida tiene por objeto asegurar que los barcos de pesca con licencia para pescar de conformidad con las medidas de la CCRVMA tienen conocimiento de la localización y de los planes de gestión relevantes de todas las ASPA y ASMA que incluyen áreas marinas.

## *Resolución modificada*

27. La Comisión alentó a los Miembros a que consideren la ratificación del Acuerdo de Ciudad del Cabo de 2012 sobre la implementación de las provisiones del Protocolo de Torremolinos de 1993 derivado del Convenio Internacional de Torremolinos sobre la Seguridad de los Buques Pesqueros de 1977 ('Acuerdo de Ciudad del Cabo') que tiene por fin mejorar la seguridad de los barcos de pesca en el Área de la Convención (Resolución 34/XXXI modificada, 'Reforzamiento de la seguridad para los barcos de pesca en el Área de la Convención de la CCRVMA').

## *Propuestas de AMP y de áreas especiales*

28. La Comisión consideró propuestas de AMP en Antártida Oriental (una propuesta), en la región del Mar de Ross (dos, posteriormente combinadas en una), y del establecimiento de Áreas Especiales para la Investigación Científica (AEIC) en hábitats y comunidades marinos expuestos después del derrumbe de las barreras de hielo (una).

29. La Comisión no llegó a un acuerdo en relación con la propuesta relativa a la protección de áreas expuestas por el derrumbe de las barreras de hielo. En relación con las otras dos propuestas de AMP mencionadas más arriba, la Comisión convino en celebrar una reunión entre sesiones del Comité Científico seguida de una reunión especial de la Comisión para dar continuidad a la labor de la Comisión relativa a AMP. Estas reuniones se celebrarán en Bremerhaven, Alemania, del 11 al 16 de julio de 2013. La reunión

especial tratará asuntos relativos a AMP y, si es posible, tomará una decisión sobre la propuesta conjunta de Nueva Zelandia y de EEUU para la creación de un AMP en la región del Mar de Ross y sobre la propuesta conjunta de Australia, Francia y la UE para la creación de AMP en Antártida Oriental.

## *Cooperación con el sistema del Tratado Antártico y organizaciones internacionales*

### Cooperación con SCAR

30. La Comisión señaló que un grupo de acción CCRVMA/SCAR se reunirá inmediatamente antes de la trigésima sexta RCTA en Bruselas para discutir los compromisos CCRVMA/SCAR a largo plazo.

## *Elección del Presidente*

31. La Comisión eligió a Polonia como Presidente de la Comisión.

## *Fecha y lugar de la próxima reunión*

32. La trigésima segunda reunión de la Comisión se celebrará en Hobart del 23 de octubre al 1 de noviembre de 2013.

ANEXO

**MEDIDA DE CONSERVACIÓN 91-02 (2012)**
**Protección de los valores de las Áreas Antárticas de Ordenación y de Protección Especial**

| Especies | todas |
|---|---|
| Áreas | todas |
| Temporadas | todas |
| Artes | todos |

La Comisión,

Reconociendo que la protección del medio ambiente marino antártico y de los recursos vivos marinos antárticos, incluso a través de las áreas marinas protegidas, ha sido desde hace tiempo reconocida como deseable y valiosa en los acuerdos y entidades que forman el Sistema del Tratado Antártico,

Recordando que el compromiso para el establecimiento de protección de espacios está claramente definido tanto en el Protocolo al Tratado Antártico sobre Protección del Medio Ambiente de 1991 como la Convención de la CRVMA de 1980,

Recordando que de conformidad con el Protocolo, toda área antártica, incluidas las áreas marinas, pueden ser designadas como Área Antártica de Protección Especial (ASPA) o Área Antártica de Administración Especial (ASMA),

Reconociendo que en las ASPA y en las ASMA se podrán prohibir, restringir u ordenar actividades de conformidad con los planes de ordenación adoptados bajo lo dispuesto en el anexo V del Protocolo,

Señalando que la Convención (artículos V y VIII) dispone una cooperación estrecha entre la CCRVMA y el Tratado Antártico,

Recordando que las competencias de, y relaciones entre, la RCTA y la CCRVMA han sido dejadas en claro y reafirmadas en el propio Protocolo y posteriormente por la Decisión 4 (1998) – *Zonas Marinas Protegidas* y la Decisión 9 (2005) – *Zonas Marinas Protegidas y otras áreas de interés para la CCRVMA* respectivamente,

Señalando que el Taller de AMP de la CCRVMA de 2011 indicó que un enfoque armonizado dentro del Sistema del Tratado Antártico para la protección de espacios puede llevar a que haya ASPA y ASMA designadas por la RCTA dentro de las AMP de la CCRVMA,

Entendiendo que un enfoque de la ordenación de espacios de carácter jerárquico a varios niveles podría resultar en la armonización de las decisiones tomadas por la RCTA y por la CCRVMA, permitiendo la consideración detallada de actividades que la CCRVMA normalmente no considera,

Preocupada por que la posible explotación de recursos en las ASPA y ASMA pueda poner en peligro el alto valor científico a largo plazo de las investigaciones sobre ecosistemas realizadas en estas áreas, socavando así los objetivos establecidos en los planes de gestión de estas áreas,

Indicando que la presencia de barcos de pesca en ASPA y ASMA puede haberse debido al desconocimiento de la existencia de estas áreas designadas entre los responsables de los barcos de pesca,

Reconociendo la necesidad de una comunicación más relevante y oportuna entre la RCTA y la CCRVMA en relación con la publicación y la disponibilidad de los planes de gestión de ASPA y ASMA con áreas marinas,

Recordando que la Comisión ha refrendado previamente el enfoque armonizado dentro del Sistema del Tratado Antártico para la protección de espacios,

adopta por la presente la siguiente medida de conservación de conformidad con el artículo III de la Convención:

1. Cada Parte contratante deberá asegurar que sus barcos con licencia para pescar de conformidad con la MC 10-02 conozcan la ubicación geográfica y los planes de ordenación pertinentes a todas las ASPA y ASMA designadas con áreas marinas contenidas en la lista del anexo 91-02/A.

[1] Se incluyen permisos.

ANEXO 91-02/A

## LISTA DE LAS ASPA Y ASMA CON ÁREAS MARINAS SITUADAS DENTRO DEL ÁREA DE LA CONVENCIÓN[1]

Los planes de ordenación para esas áreas están disponibles en la Base de datos sobre zonas antárticas protegidas en el sitio web de la Secretaría del Tratado Antártico.

ASPA marinas o con áreas marinas:

(1) ASPA 144, Bahía Chile, Isla Greenwich, Islas Shetland del Sur (Subárea 48.1)
(2) ASMA 145, Isla Decepción, Islas Shetland del Sur (Subárea 48.1)
(3) ASPA 146, Bahía del Sur, Isla Doumer, Archipiélago de Palmer (Subárea 48.1)
(4) ASPA 152, Oeste del estrecho de Bransfield, Islas Shetland del Sur (Subárea 48.1)
(5) ASPA 153, Este de la bahía Dallmann, Archipiélago de Palmer (Subárea 48.1)
(6) ASPA 161, Bahía Terra Nova, Mar de Ross (Subárea 88.1)
(7) ASPA 121, Cabo Royds, Mar de Ross (Subárea 88.1)
(8) ASPA 149, Cabo Shirreff, Islas Shetland del Sur (Subárea 48.1)
(9) ASPA 151, Cabo Anca de León, Islas Shetland del Sur (Subárea 48.1)
(10) ASPA 165, Punta Edmonson, Mar de Ross (Subárea 88.1)

ASMA con áreas marinas:

(11) ASMA 1, Bahía del Almirantazgo, Islas Shetland del Sur (Subárea 48.1)
(12) ASMA 3, Isla Decepción, Islas Shetland del Sur (Subárea 48.1)
(13) ASMA 7, Sudoeste de la Isla Anvers, Archipiélago Palmer (Subárea 48.1)

[1] La lista presentada incluye sólo las ASPA y ASMA para las que la CCRVMA ha aprobado planes de ordenación de conformidad con la Decisión 9 (2005) de la RCTA. Otras ASPA y ASMA con áreas marinas pequeñas no son incluidas en la lista, dado que bajo los 'Criterios que definen las áreas de interés para la CCRVMA' de la Decisión 9 de la RCTA no requerían de la aprobación de la CCRVMA.

# Informe anual para 2012/13 del Comité Científico de Investigación Antártica (SCAR)

## 1. Antecendentes

El Comité Científico de Investigación Antártica (SCAR, por su sigla en inglés) es un organismo científico interdisciplinario no gubernamental del Consejo Internacional de Uniones Científicas (CIUC), y observador del Tratado Antártico y la Convención Marco de las Naciones Unidas sobre Cambio Climático.

La misión del SCAR es actuar como facilitador, coordinador y defensor líder, independiente y no gubernamental de la excelencia de las actividades científicas y de investigación en la Antártida y el Océano Austral. En segundo lugar, la misión del SCAR es brindar asesoramiento independiente, sólido y científico al Sistema del Tratado Antártico y otros diseñadores de políticas, que incluye el uso de la ciencia para identificar las nuevas tendencias y presentar estos aspectos ante los diseñadores de políticas.

## 2. Introducción

La investigación científica del SCAR le agrega valor a las iniciativas nacionales al permitir a los investigadores nacionales colaborar en programas científicos de gran escala para alcanzar objetivos que no son fáciles de obtener para un país en forma individual. Los miembros del SCAR actualmente incluyen academias de ciencias de 36 naciones, y 9 uniones científicas del CIUC.

El éxito del SCAR depende de la calidad y el sentido oportuno de sus resultados científicos. Las descripciones de los programas de investigación científica y resultados científicos del SCAR están disponibles en www.scar.org. Este documento resume los puntos destacados del SCAR desde el último informe anual y las reuniones futuras que consideramos que serán de interés para las Partes del Tratado. Debería leerse junto con un documento de Antecedentes aparte que destaca los informes científicos recientes publicados desde la última reunión del Tratado.

El SCAR publica un boletín electrónico trimestral en el que se destacan las cuestiones científicas y de otro tipo relevantes, relacionadas con el SCAR (http://www.scar.org/news/newsletters/). Envíe un correo electrónico a info@scar.org si desea ser agregado a la lista de distribución. Además de encontrarse en la web (www.scar.org), el SCAR también está disponible en Facebook, LinkedIn, Google+ y Twitter.

## 3. Puntos destacados del SCAR (2012/13)

1. Nuevos Programas de Investigación Científica del SCAR

En julio de 2012, los Delegados del SCAR aprobaron cinco nuevos Programas de Investigación Científica (PIC). Los nuevos PIC continuarán desarrollando los focos científicos importantes del SCAR, y al mismo tiempo abarcarán áreas de alta prioridad para la investigación recientemente identificadas, incluido un mayor énfasis en el asesoramiento científico al Tratado. Para más información consulte http://www.scar.org/researchgroups/progplanning/. Los nuevos PIC son los siguientes:

- **Estado del ecosistema antártico (AntEco)**

  La diversidad biológica es la suma de todos los organismos presentes en un ecosistema, que determinan la forma en que funcionan los ecosistemas, y que respaldan el sistema de preservación de la vida de nuestro planeta. Este programa ha sido diseñado para enfocarse en los patrones de biodiversidad de los entornos terrestres, limnológicos, glaciales y marinos dentro de las regiones antártica, subantártica y del Océano Austral, y para brindar los conocimientos científicos sobre la biodiversidad que también pueden usarse para la conservación y gestión. Básicamente, proponemos explicar el tipo de biodiversidad presente en un lugar, cómo llegó hasta allí, qué hace allí y qué amenazas enfrenta. Un producto primario de este programa serían las recomendaciones para su gestión y conservación.

- **Umbrales antárticos: capacidad de recuperación y adaptación del ecosistema (AnT-ERA)**

  El programa AnT-ERA analizará los procesos biológicos actuales en los ecosistemas antárticos, para definir sus umbrales, y de esta manera determinar la resistencia y la capacidad de recuperación frente al cambio. El entorno extremo y la notable diferencia en la complejidad de la comunidad entre las regiones polares y gran parte del resto del planeta pueden implicar que las consecuencias de la tensión para el funcionamiento y los servicios del ecosistema, y su resistencia y capacidad de recuperación, serán diferentes a los de cualquier otro lugar. Los procesos del ecosistema polar son entonces clave para contribuir a un debate ecológico más amplio sobre las características de la estabilidad y el cambio en los ecosistemas. El programa intentará determinar las probabilidades de que se produzcan cambios cataclísmicos o "puntos de inflexión" en los ecosistemas antárticos.

- **Cambio climático antártico en el siglo XXI (AntClim$^{21}$)**

  Los objetivos del programa AntClim21 son proporcionar predicciones regionales más efectivas de los elementos clave de la atmósfera, el océano y la criósfera antártica para los próximos 20 a 200 años, y comprender las respuestas de los sistemas físicos y biológicos frente a los factores de forzamiento antropogénicos y naturales. Una forma primaria de datos que utilizará el programa AntClim$^{21}$ son las series globales de modelos acoplados atmósfera-océano que forman la base del Quinto Informe de Evaluación (AR5) del Grupo Intergubernamental de Expertos sobre el Cambio Climático (GIECC). Para validar los resultados de los modelos para la región antártica, se usarán paleorreconstrucciones de determinados períodos, reconocidos como análogos del pasado para las predicciones climáticas del futuro.

- **Dinámica en el pasado de la capa de hielo antártica (PAIS)**

  El programa PAIS se propone mejorar nuestra comprensión de la dinámica de la capa de hielo durante las condiciones pasadas de calentamiento del mundo, al:

  - apuntar al estudio de las áreas vulnerables en todo el continente;
  - relacionar los registros proximales de hielo con los registros costeros y mar adentro, que incluyen registros campo lejano paleocenográficos y del nivel del mar;
  - integrar datos a la última generación de modelos climáticos acoplados de ajuste isostático glacial (GIA)-capa de hielo.

- **Respuesta de la tierra sólida y evolución criosférica (SERCE)**

  El programa SERCE se propone mejorar la comprensión de la respuesta de la tierra sólida al forzamiento criosférico y tectónico. El programa SERCE se encargará de:

  - Identificar y desarrollar componentes científicos disciplinarios e interdisciplinarios clave de un programa científico diseñado para mejorar la comprensión de las interacciones entre la tierra sólida y la criósfera;
  - Coordinar con otros grupos que investigan el cambio de masa de hielo, cómo contribuye la capa de hielo a la elevación del nivel del mar global, los modelos de ajuste isostáticos glaciales de casquetes glaciales, etc.;
  - Trabajar con los grupos y los programas de investigación para promover que la ciencia interdisciplinaria use los datos del proyecto POLENET;
  - Proporcionar un marco internacional para mantener y posiblemente aumentar la infraestructura autónoma remota de la red POLENET.

2. Sistema de Observación del Océano Austral (SOOS)

El Océano Austral cumple un papel fundamental para el clima y el funcionamiento del ecosistema de todo el planeta, pero la falta de datos ha significado un obstáculo para su comprensión durante mucho tiempo. Una Oficina Internacional del Proyecto, establecida en Australia y financiada por el Instituto para Estudios Marinos y Antárticos de la Universidad de Tasmania en Hobart y Antártica Nueva Zelanda, avala la implementación del sistema SOOS. También se ha creado un nuevo portal de datos SOOS: http://www.soos.aq/index.php/data/data-portal. Consulte: www.soos.aq o consulte el documento adjunto.

3. Informe de Cambio climático antártico y el entorno (ACCE, por su sigla en inglés).

El SCAR ha publicado una actualización importante de los "puntos clave" del informe de Cambio climático antártico y el entorno (ACCE, por su sigla en inglés). En ella resumimos los avances posteriores en cuanto al conocimiento de cómo el clima del Océano Antártico y del Océano Austral ha cambiado en el pasado, de cómo podría cambiar en el futuro, y examinamos el impacto asociado en las biotas marina y terrestre. Consulte el documento adjunto.

4. SCAN científico al horizonte del SCAR

El primer Scan científico al horizonte del Océano Antártico y el Océano Austral reunirá a algunos de los principales científicos, diseñadores de políticas, líderes y visionarios antárticos para identificar las preguntas científicas más importantes que abordará o debería abordar la investigación en y desde las regiones polares australes en las próximas dos décadas. Los resultados de este Scan ayudarán a alinearse con los programas, proyectos y recursos internacionales para organizar de manera efectiva la ciencia oceánica antártica y austral en los próximos años. Consulte el documento adjunto.

5. Conservación de la Antártida en el siglo XXI

El SCAR, COMNAP, Nueva Zelanda y la UICN, en colaboración con varios socios, están desarrollando una estrategia titulada "Conservación de la Antártida en el siglo XXI". La actividad potenciará activamente la participación de todas las partes de la región. Se organizará para alinearse con el Protocolo sobre Protección del Medio Ambiente del Tratado Antártico y el Plan de trabajo de cinco años del Comité de Protección Ambiental. La Estrategia de Conservación de la Antártida está estrechamente vinculada con el portal sobre entornos que están desarrollando Nueva Zelanda, el SCAR y Australia. Consulte los documentos adjuntos.

6. Becas y premios

Con el fin de aumentar la capacidad de todos sus Miembros, el SCAR organiza varios programas de becas y premios, como:

- ***Becas SCAR/COMNAP*** (se aceptan solicitudes hasta el 4 de junio de 2013). El objetivo de las Becas es potenciar la implicación activa de científicos e ingenieros que se encuentren al inicio de su carrera profesional, así como establecer nuevas relaciones y reforzar todavía más la capacidad y la cooperación internacionales en materia de investigación Antártica. Este año se han presentado junto con las ***Becas CCAMLR***. Para más información consulte: http://www.scar.org/awards/fellowships/information.html.
- ***Premio Martha T Muse para la Ciencia y Política en la Antártida*** (se aceptan nominaciones hasta el 23 de mayo de 2013). Con el patrocinio de la Fundación Tinker, se trata de un premio de 100.000 USD sin restricciones que se otorga a una persona del campo de la ciencia o la política en la Antártida que haya demostrado potencial para aportar contribuciones sostenidas y significativas que mejoren la comprensión y/o la preservación de esa región del mundo. Consulte: www.museprize.org.
- ***Programa de profesores visitantes del SCAR*** (plazo para nominaciones por confirmar). Programa destinado a científicos y académicos que se encuentren a la mitad o al final de su carrera profesional. Les ofrece la oportunidad de realizar visitas a corto plazo a un centro de un país miembro del SCAR, o gestionado por uno de ellos, para que den clase o asesoramiento. Consulte: http://www.scar.org/awards/.

7. Nuevo Comité Ejecutivo del SCAR

Jerónimo López-Martínez, de la Universidad Autónoma de Madrid, ha sido elegido nuevo Presidente del SCAR. El SCAR también tiene dos nuevos Vicepresidentes: Karin Lochte del Instituto Alfred Wegener de Investigaciones Polares y Marinas (AWI) de Alemania y Bryan Storey de la Universidad de Canterbury, Nueva Zelanda. Se unirán a Yeadong Kim (Corea) y a Sergio Marenssi (Argentina), además de a Mahlon "Chuck" Kennicutt (EE.UU.), que permanecerán en el Comité Ejecutivo hasta julio de 2014 como ex Presidente.

**8.** Venezuela se une al SCAR

Venezuela ha sido el último país en incorporarse al SCAR como Miembro Asociado en 2012.

## *4. Futuras reuniones del SCAR*

Hay previstas varias reuniones importantes del SCAR (http://www.scar.org/events/):

- **Simposio de biología del SCAR**. Del 15 al 19 de julio de 2013, Barcelona. Consulte: http://www.icm.csic.es/XIthSCARBiologySymposium.

- **Reunión del Comité Ejecutivo del SCAR y reunión de funcionarios de los Grupos Científicos Permanentes, Comités y Proyectos de Investigación del SCAR.** Del 20 al 23 de julio de 2013, Barcelona.

- **Taller del SCAR de Astronomía y Astrofísica de la Antártida.** Del 24 al 26 de julio de 2013, Siena, Italia. Consulte: http://www.astronomy.scar.org/AAA2013.

- **XXXIII edición de reuniones y conferencia científica abierta del SCAR.** Del 22 de agosto al 3 de septiembre de 2014, Auckland, Nueva Zelanda. La conferencia científica abierta del SCAR tendrá lugar del 25 al 29 de agosto. Consulte: http://www.scar2014.com.

# Informe anual de 2012 del Consejo de Administradores de los Programas Nacionales Antárticos (COMNAP)

El COMNAP es la organización de Programas Nacionales Antárticos que reúne, concretamente, a los Administradores de dichos Programas, es decir, las autoridades nacionales responsables de planificar, desarrollar y gestionar el apoyo a la ciencia en la Antártida en nombre de sus respectivos gobiernos, todas las Partes Consultivas del Tratado Antártico.

El COMNAP se estableció en septiembre de 1988, y por lo tanto, en 2013 se cumple el 25° aniversario de nuestra asociación. El Consejo celebrará la ocasión con la publicación del libro "Historia de la Cooperación Antártica: 25 Años de Consejo de Administradores de los Programas Nacionales Antárticos".

El COMNAP ha crecido para convertirse en una asociación internacional cuyos miembros son los Programas Nacionales Antárticos de 28 Partes Consultivas del Tratado Antártico provenientes de Argentina, Australia, Bélgica, Brasil, Bulgaria, Chile, China, Ecuador, Finlandia, Francia, Alemania, India, Italia, Japón, República de Corea, Países Bajos, Nueva Zelandia, Noruega, Perú, Polonia, Federación de Rusia, Sudáfrica, España, Suecia, Reino Unido, Ucrania, Uruguay y Estados Unidos. Actualmente, las organizaciones del Programa Nacional Antártico de Belarús y de la República Checa son organizaciones observadoras del COMNAP.

La Constitución del COMNAP declara su objetivo: desarrollar y promover las mejores prácticas en la gestión del apoyo a la investigación científica en la Antártida. Como organización, el COMNAP se encarga de agregar valor a las iniciativas de los Programas Nacionales Antárticos, al servir como un foro para desarrollar prácticas que mejoren la efectividad de las actividades de manera responsable con el medio ambiente, facilitar y promover alianzas internacionales y ofrecer oportunidades y sistemas para el intercambio de información.

Asimismo, el COMNAP se esfuerza por brindar al Sistema del Tratado Antártico asesoramiento objetivo, práctico, técnico y apolítico aportado por el amplio grupo de expertos de los Programas Nacionales Antárticos y su conocimiento directo de la Antártida.

Se están planteando cuestiones científicas cada vez más complejas que únicamente pueden responder equipos científicos multidisciplinares y, a menudo, multinacionales. Esta complejidad, junto con las medidas ambientales cada vez más exigentes y, en algunos casos, la reducción de fondos, contribuyen a ejercer más presión sobre los Programas Nacionales Antárticos y a generar una necesidad aún mayor de colaboración internacional. El COMNAP trabaja para favorecer una mayor colaboración entre los Programas Nacionales Antárticos, y reconoce la necesidad de formar alianzas sólidas con organizaciones que persigan objetivos similares. Asimismo, el COMNAP ha asumido gradualmente la responsabilidad de diseñar una serie de herramientas prácticas relacionadas con la seguridad y el intercambio de información.

En la Reunión General Anual del COMNAP que se llevó a cabo en agosto de 2012 en Portland, Oregón, Estados Unidos. El Dr. Heinrich Miller (AWI) continúa su papel como presidente del COMNAP y Michelle Rogan-Finnemore continúa su papel como Secretaria Ejecutiva.

## *Puntos destacados y logros del COMNAP en 2012*

### Simposio del COMNAP 2012: Soluciones sostenibles para desafíos antárticos

Lou Sanson (Antártida Nueva Zelandia) convocó el simposio del COMNAP cuyo tema era "Soluciones sostenibles para desafíos antárticos" el sábado 15 de julio de 2012, en torno al COMNAP AGM en Portland, Oregón, Estados Unidos. Fue el décimo quinto simposio acogido por el Comité Permanente sobre Logística y Operaciones Antárticas (SCALOP por sus siglas en inglés) o el COMNAP. Entre los oradores invitados se incluyen el Profesor Steven Chown y el Dr. Gwynne Dyer. El comité de revisión del simposio seleccionó para su inclusión dieciséis representaciones y ocho carteles y cada uno de ellos proporcionaba información sobre un producto o proceso innovador y sostenible aplicado o considerado para una situación antártica. Las Actas del simposio han sido publicadas y distribuidas (ISBN 978-0-473-23259-7). Existen copias disponibles mediante petición en el Secretariado del COMNAP.

### Innovaciones en Taller de comunicaciones antárticas

El líder del grupo de expertos en Energía y tecnología, David Blake (BAS), convocó el taller del COMNAP "Innovations in Antarctic Communications" ("Innovaciones en las Comunicaciones Antárticas") en martes, en julio de 2012. Este taller abierto ofreció una oportunidad para que los Programas Nacionales Antárticos discutiesen las necesidades de comunicación colectivas y regionales, y las soluciones potenciales que pueden ser necesarias durante la próxima década más o menos. Los Programas Nacionales Antárticos reconocen la necesidad del trabajo en equipo para tener en cuenta estos asuntos a la hora de proporcionar valor y soporte efectivo a la ciencia. También asistieron los representantes de organizaciones comerciales.

### Revisión de las recomendaciones sobre asuntos operativos

El COMNAP lidera un proyecto para proporcionar un texto borrador con las recomendaciones identificadas por GCI relativas a la necesidad de actualización y también para sugerir el informe del texto borrador para el informe final del XXXVI RCTA, en los casos en que los principios generales de las recomendaciones sigan siendo válidos, pero los aspectos técnicos y prácticos puedan estar desfasados y por lo tanto no ser ya actuales. El COMNAP ha invitado a la Asociación Internacional de operadores Turísticos en la Antártida (IAATO, por su sigla en inglés), a la Organización Hidrográfica Internacional (IHO por su sigla en inglés), al Comité científico de investigación antártica (SCAR por su sigla en inglés) y a la OMM (Organización Meteorológica Mundial) a participar y todos son coautores de un Documento como resultado, presentado en esta reunión.

### Beca del COMNAP de investigación antártica

Al destacar que la educación y el desarrollo de capacidades eran áreas de interés común para SCAR y para el COMNAP y en reconocimiento de la profundidad y el alcance del talento en los Programas Nacionales Antárticos, el COMNAP ofreció las becas del COMNAP de investigación antártica en mayo de 2012. Este año, COMNAP pudo ofrecer una beca completa a la Dra. Ursula Rack para llevar a cabo la investigación de la historia social polar en el Scott Polar Research Institute (Instituto Scott Polar de Investigación). En colaboración con SCAR, el COMNAP y SCAR ofrecieron caa uno media beca a Mr. Jenson George para llevar a cabo la investigación en biogeoquímica en GEOMAR Helmholtz Centre for Ocean Research (GEOMAR - Centro Helmholtz de Investigación Oceánica). El COMNAP y SCAR han acordado volver a ofrecer y promocionar conjuntamente las becas para 2013. La beca de investigación antártica del COMNAP 2013 se anunciará en julio 2013 como parte de la Reunión General Anual del COMNAP en Seúl, República de Corea.

## *Productos y herramientas del COMNAP*

### Notificación de Accidentes, Incidentes y Cuasi Accidentes (AINMR)

Siempre se ha intercambiado información sobre los problemas encontrados en la Antártida. La primera RCTA acordó la Recomendación I-VII Intercambio de *información sobre problemas logísticos* (vigente desde el 30 de abril 1962). Las Reuniones Generales Anuales del COMNAP brindan a los miembros la oportunidad de intercambiar dicha información también en línea, el Sistema AINMR integral está instalado y en funcionamiento en el área de miembros de la página web del COMNAP. Este sistema en línea les permite a los miembros del COMNAP informar accidentes e incidentes de forma oportuna. El principal objetivo del AINMR consiste en capturar información sobre hechos que tuvieron o podrían haber tenido consecuencias graves; y/o divulgar lecciones para aprender; y/o brindar información sobre sucesos nuevos y muy poco frecuentes. En la página web también se pueden publicar informes completos de accidentes que pueden ser debatidos y revisados . De esta forma, los Programas Nacionales Antárticos pueden aprender unos de los otros cómo reducir los riesgos de las consecuencias graves producidas durante sus actividades antárticas. www.comnap.aq/membersonly/AINMR/SitePages/Home.aspx.

### Sistema de Información de Posiciones de Buques (SPRS) del COMNAP

El SPRS (www.comnap.aq/sprs) es un sistema opcional y voluntario para el intercambio de información acerca de las operaciones de buques de los Programas Nacionales Antárticos. Su principal objetivo es facilitar la colaboración entre los Programas Nacionales Antárticos. Sin embargo, también puede ofrecer una contribución sumamente útil para la seguridad, gracias a toda la información del SPRS que es puesta a disposición de los Centros de Coordinación de Rescates (RCC, por su sigla en inglés) que cubren la región antártica, como fuente de información adicional para complementar los demás sistemas nacionales e internacionales establecidos. La información es enviada por e-mail y puede ser presentada gráficamente en Google Earth. Se produjo un alto nivel de uso de SPRS esta temporada gracias a 23 buques que informaban regularmente durante sus viajes antárticos.

## Manual de Información sobre Vuelos Antárticos (AFIM)

El Manual de información sobre vuelos antárticos (AFIM, por su sigla en inglés) es un manual de información aeronáutica publicado por el COMNAP como herramienta para promover operaciones aéreas seguras en la Antártida, conforme a la Recomendación XV-20 *Seguridad aérea en la Antártida* de la RCTA. Tras una revisión profunda del actual formato en papel, el COMNAP está desarrollando una versión electrónica del AFIM, para que las revisiones y la distribución puedan ser realizadas de forma más eficiente. El AFIM continuará actualizándose con la información de los Programas Nacionales Antárticos. El COMNAP ha sugerido un lenguaje para una Medida actualizada de la RTCA, que se debe tener en cuenta para reconocer este cambio al nuevo formato. La revisión más reciente de AFIM fue producida y distribuida a todos los titulares de AFIM el 15 de febrero de 2013.

## Manual para los Operadores de Telecomunicaciones Antárticas (ATOM)

El Manual para los operadores de telecomunicaciones antárticas (ATOM, por su sigla en inglés) es una evolución del manual de prácticas de telecomunicaciones al que se refiere la Recomendación X-3 de la RCTA *Mejora de las Telecomunicaciones en la Antártida y Recopilación y Distribución de Datos Meteorológicos Antárticos*. Los miembros del COMNAP y las autoridades de Búsqueda y rescates pueden tener acceso a la última versión (febrero de 2013) a través del sitio web del COMNAP. COMNAP ha sugerido un borrador para el texto final del informe para que este RCTA tenga en cuenta la Recomendación X-3 de RCTA

---

Para más información, por favor visite la página web del COMNAP www.comnap.aq o envíenos un e-mail a info@comnap.aq. Vea también los anexos a este Informe Anual: Anexo 1 y Anexo 2.

## Apéndice 1. Autoridades, proyectos y grupos de expertos del COMNAP

**Comité Ejecutivo (EXCOM)**
**El presidente y los vicepresidentes del COMNAP son autoridades elegidas del COMNAP.** Las autoridades elegidas, junto con el secretario ejecutivo componen el Comité Ejecutivo del COMNAP de la siguiente manera:

| Cargo | Autoridad | Fin del mandato |
|---|---|---|
| **Presidente** | Heinrich Miller (AWI) heinrich.miller@awi.de | AGM 2014 |
| **Vicepresidente** | Yuansheng Li (PRIC) lysh@pric.gov.cn | AGM 2013 |
| | Mariano Memolli (DNA) mmemolli@dna.gov.ar | AGM 2013 |
| | Juan Jose Dañobeitia (CSIC) jjdanobeitia@cmima.csic.es | AGM 2014 |
| | Brian Stone (USAP/NSF) bstone@nsf.gov | AGM 2014 |
| | Jose Olmedo (INAE) jolmedo@midena.gob.ec | AGM 2015 |
| **Secretaria ejecutiva** | Michelle Rogan-Finnemore michelle.finnemore@comnap.aq | 30 Sept 2015 |

Tabla 1 – Comité Ejecutivo del COMNAP.

**Proyectos**

| Proyecto | Gestor de proyecto | Autoridad del EXCOM (supervisión) |
|---|---|---|
| Glosario Antártico | Valerie Lukin | Mariano Memolli |
| Manual de Información sobre Vuelos Antárticos (AFIM) – Implementación de Nuevo Formato | Paul Morin | Brian Stone |
| Folleto de Comunicación de Tsunamis | Michelle Rogan-Finnemore | Heinz Miller |
| Información Científica de la Península Antártica (APASI) | Jose Retamales | Heinz Miller |
| Libro del 25° Aniversario del COMNAP | Christo Pimpirev | Todo el EXCOM |
| Directrices para la Gestión Energética y su aplicación – Estudio; Base de datos de proveedores preferidos | David Blake | Yuansheng Li & Juan Jose Dañobeitia |
| Planes de Contingencia y Respuesta para Derrames de Petróleo – Estudiode seguimiento | Veronica Vlasich | Mariano Memolli |
| Taller del Sistema de Observación del Océano del Sur (SOOS, por su sigla en inglés) | Rob Wooding | Heinz Miller |

Tabla 2 – Proyectos del COMNAP actualmente en curso.

**Grupo de expertos**

| Grupo de expertos (tema) | Líder del grupo de expertos | Autoridad del EXCOM (supervisión) |
|---|---|---|
| Ciencia | Jose Retamales | Heinz Miller |
| Difusión | Eva Gronlund | Todo el EXCOM |
| Aire | Giuseppe De Rossi | Brian Stone |
| Medio ambiente | Sandra Potter | Yuansheng Li |
| Formación | Veronica Vlasich | Mariano Memolli |
| Medicina | Jeff Ayton | Mariano Memolli |
| Navegación | Miki Ojeda | Juan Jose Dañobeitia |
| Seguridad | Robert Culshaw (hasta Sept 2012) | Jose Olmedo |
| Energía y Tecnología | David Blake | Yuansheng Li & Juan Jose Dañobeitia |
| Gestión de Datos | Michelle Rogan-Finnemore | Heinz Miller |
| Relaciones Externas | Michelle Rogan-Finnemore | Todo el EXCOM |

| Marco Estratégico | Michelle Rogan-Finnemore | Heinz Miller |
|---|---|---|

Tabla 3 – Grupo de expertos del COMNAP.

## Apéndice 2. Reuniones

**12 meses previos**

14 de julio de 2012, Reunión conjunta del Comité Ejecutivo del COMNAP/SCAR, Portland, Oregón, EE.UU.

15 julio de 2012, Simposio del COMNAP "Sustainable Solutions to Antarctic Challenges: Supporting Polar Research in the 21st Century" (Soluciones sostenibles para los desafíos de la Antártida: respaldo de la investigación polar en el siglo XXI), Portland, Oregón, EE.UU.

16 al 19 de julio de 2012, Reunión General Anual del COMNAP (XXIV reunión del COMNAP), Portland, Oregón, EE.UU.

17 de julio de 2012, Taller del COMNAP "Innovations in Antarctic Communications" ("Innovaciones en las comunicaciones antárticas"), Portland, Oregón, Estados Unidos.

15-17 octubre, Reunión del Comité Ejecutivo del COMNAP (EXCOM), Alfred Wegener Institute (AWI), Bremerhaven, Alemania.

**Próximos 12 meses**

7 de julio 2013, Taller SOOS del COMNAP (organizado en conjunto con SCAR), Seúl, República de Corea.

8-10 julio de 2013, Reunión general anual del COMNAP (COMNAP XXV), alojado por KOPRI, Seúl, República de Corea.

Septiembre de 2013 (fecha a confirmar), Taller del COMNAP "Antarctic Conservation Challenges" (Desafíos en la conservación antártica) (organizado conjuntamente con SCAR), Cambridge, Reino Unido.

Septiembre 2013 (fecha a confirmar), Reunión del CONMAP EXCOM.

# 2. Informes de expertos

# Informe de la Coalición Antártica y del Océano Austral

## 1. *Introducción*

La ASOC se complace en estar en Bélgica con motivo de la XXXVI Reunión Consultiva del Tratado Antártico. En el presente informe, se describe brevemente el trabajo que realizó la ASOC el año pasado y se destacan algunos de los aspectos clave de esta RCTA.

La Secretaría de la ASOC tiene su sede en Washington DC, EE. UU., y su página web es http://www.asoc.org. La ASOC está formada por 24 grupos que son miembros totales en 10 países y por grupos de apoyo en estos y otros países. Las campañas de la ASOC son llevadas a cabo por equipos de expertos de Alemania, Argentina, Australia, Chile, China, Corea del Sur, EE. UU., España, Francia, Japón, Noruega, Nueva Zelanda, Países Bajos, Sudáfrica, Reino Unido, Rusia y Ucrania.

## 2. *Actividades entre sesiones*

Desde la XXXV RCTA, la ASOC y los representantes de los grupos miembros participaron activamente en los debates entre sesiones en los foros de la RCTA y el CPA.

Además, la ASOC y los representantes de los grupos miembros asistieron a varias reuniones relativas a la protección medioambiental de la Antártida, incluida la XXXII Reunión del SCAR, el Congreso y la Asamblea Mundial de Conservación de la UICN, la XXX Reunión de la CCRVMA, dos talleres sobre zonas marinas protegidas de la CCRVMA y todas las reuniones de la Organización Marítima Internacional relacionadas con el Código Polar.

## 3. *Documentos para la XXXVI RCTA*

La ASOC ha presentado 11 Documentos informativos y un Documento de Antecedentes. Asimismo, la ASOC participó en el desarrollo del Documento de Trabajo 046: directrices de revisión del sitio para cabo Baily, Isla Decepción.

Los distintos documentos abordan temas medioambientales clave e incluyen recomendaciones para la RCTA y CPA que ayudarán a lograr una protección y conservación del medio ambiente más eficaces en la Antártida.

**Impacto de del ser humano en el Ártico y Antártico: Hallazgos clave relacionados con la RCTA y CPA (IP 61)** – En la Conferencia de la Ciencia de IPY de Oslo en 2010, se presentaron dos proyectos por escrito en los que participaron 50 expertos internacionales explorando el tema de los impactos del ser humano e hipótesis para el futuro del medio ambiente en la Antártida. La gran mayoría de hipótesis para el futuro coincide en que las prácticas de gestión medioambiental existentes y el sistema actual de gobierno son insuficientes para cumplir con las obligaciones del Protocolo del medio ambiente para proteger el entorno de la Antártida. Si el Sistema del Tratado Antártico desea solucionar satisfactoriamente los retos a los que se enfrenta una Antártida más ocupada y cálida en el siglo XXI y más adelante, son necesarias unas mejoras significativas.

En el documento **Actualización sobre incidentes con buques en las aguas antárticas (IP 59)** realiza una actualización para la RCTA XXXV de la ASOC y proporciona información adicional y análisis de los incidentes con buques, incluido un mapa y estudios de caso de una serie de incidentes recientes. Los estudios de caso apuntan a varias deficiencias del actual texto del Código Polar. La ASOC recomienda a las Partes que trabajen para remediar estas deficiencias en la Organización Marítima Internacional de forma prioritaria si se pretende que el Código Polar sea útil en la Antártida.

**SAR-WG: Un Sistema de información y seguimiento del tráfico de buques en la Antártida (IP 63)** – En el XXXIV/IP082 de la ASOC, se instó a la RCTA a adoptar una Resolución o Decisión con respecto al desarrollo de un Sistema de información y seguimiento del tráfico de buques en la Antártida (VTMIS). El documento IP63 actualiza la información e incluye una propuesta de Decisión instando a todos los buques que operan en la Zona del Tratado a instalar y mantener una operación constante de Sistemas de Identificación Automática (SIA), transmitir información de amplio rango y rastrear los datos (LRIT) hasta un centro de datos pertinente y desarrollar un VTMIS antártico, empezando por la Península Antártica.

El documento **Vertido de aguas residuales y aguas grises de buques en las aguas del Tratado Antártico (IP 66)** proporciona información sobre los vertidos de aguas residuales (negras) y grises de buques y expresa preocupación por que el sistema actual para la gestión de flujos de residuos al agua puede que no proporcione la protección adecuada para los ecosistemas y la vida salvaje de la Antártida, además de resumir la normativa vigente. La preocupación no se limita a los buques que transportan grandes números de personas, es decir, los cruceros que realizan las grandes descargas. El documento propone que las PCTA tengan en cuenta la necesidad de una gestión más estricta para el desechado de vertidos de aguas de los buques.

**Gestión de las implicaciones del comportamiento de los turistas (IP 67)** – Muchos de los impactos reales y potenciales del turismo provienen del comportamiento de los individuos, en su contexto más amplio: gestión, normalización y realización del turismo. La comprensión de un comportamiento turístico básico es importante para comunicar decisiones de gestión. Sin embargo, el comportamiento puede ser diverso y no puede regularse minuciosamente, especialmente en el contexto de la expansión y diversificación del turismo. En esta coyuntura, la ASOC sugiere que las PCTA se encarguen de la normalización y gestión del turismo desde un punto de vista estratégico principalmente, incluyendo el uso proactivo de las ZAEP y ZAEA como herramientas de gestión turística.

**Un balance del cambio climático antártico (IP 62)** – La investigación sobre el cambio climático tiene muchas implicaciones para el entorno de la Antártida y es de vital importancia que el Sistema del Tratado Antártico conozca los últimos hallazgos para que pueda incorporarlos a sus decisiones de gestión. El documento IP62 resume estos resultados recientes con respecto a los cambios medioambientales y de los ecosistemas y concluye que se están produciendo cambios en una amplia variedad de áreas, desde en el nivel de pH del agua del mar, hasta en la estabilidad de la capa de hielo de la Antártida occidental. A pesar de las complejidades del cambio climático, la STA puede adoptar medidas en diversas áreas para mitigar su impacto en el entorno y las especies de la Antártida.

**Carbono negro y otros contaminantes del clima de vida corta: Impactos en la Antártida (IP 65)** – El carbono negro y otros contaminantes del clima de vida corta, especialmente procedentes de fuentes locales y del hemisferio sur, pueden estar acelerando el calentamiento y el derretimiento en la Antártida. Por otro lado, las reducciones de las emisiones de estas Fuentes podría brindar la posibilidad de reducir el calentamiento a corto plazo, aunque únicamente en combinación con medidas de mitigación de gases de efecto invernadero. El análisis de la extensión de las emisiones e impactos en la Antártida de los contaminantes del clima de vida corta, especialmente de fuentes locales, debería convertirse en una prioridad para la investigación continua, e incluirse en el Plan de trabajo estratégico.

**Actualización: El futuro de la capa de hielo de la Antártida occidental (IP 69)** – Este documento es una actualización del IP07 presentado en la RETA sobre el Cambio Climático en 2010 y concluye que:

1. La capa de hielo de la Antártida occidental está perdiendo masa y esta pérdida se está acelerando.
2. La retirada glacial extendida puede estar ya en movimiento.
3. Ya se están produciendo cambios en la capa de hielo de la Antártida occidental y están relacionados con el cambio climático antrópico.
4. Probablemente, la capa de hielo de la Antártida occidental sobrevivirá prácticamente intacta durante este siglo, pero una "caída", si ocurre y cuando ocurra, elevará el nivel del mar un mínimo de tres metros.
5. Es probable que exista un umbral de tope de la Antártida occidental, aunque la ciencia no es concluyente. La capa de hielo de la Antártida occidental puede desintegrarse más rápidamente que la capa de hielo de Groenlandia.

**Prospección biológica y el medio ambiente de la Antártida (IP 64)** – La prospección biológica está completamente desregulada actualmente y existe una respuesta limitada de las Partes ante los requisitos de información de la Resolución 7 (2005). Se necesita más información para conocer y regular la prospección biológica y para evaluar sus impactos medioambientales. La ASOC recomienda un mayor uso de las SEII; EIA y seguimiento medioambiental en cuanto que sean aplicables a las actividades de prospección biológica. Se debería establecer un mecanismo para identificar la cosecha de recursos vivos marinos en el océano Austral en relación con la prospección biológica.

**Reutilización de un sitio tras su rehabilitación. Un estudio de caso de cabo Evans, Isla Ross (IP 68)** – La reutilización de un sitio rehabilitado puede deshacer los efectos de la rehabilitación. El documento IP68 sugiere una evaluación de los impactos y la gestión del sitio en base a un estudio de caso de un pequeño lugar rehabilitado y que ahora está siendo reutilizado.

**Trazado y modelado de los valores de la tierra salvaje en la Antártida:** El documento **Contribución al trabajo de la CPA en la elaboración de material de orientación sobre la protección de la tierra salvaje mediante el uso de herramientas del Protocolo (IP 60)** resume las recomendaciones del informe "Trazado y modelado de los valores de la tierra salvaje en la Antártida" elaborado por el Wildland Research Institute. El informe revisa la documentación existente sobre cómo se traza y modela la calidad de la tierra salvaje en todo el mundo, mediante los Sistemas de Información Geográfica (SIG). El documento IP60 recomienda que la CPA adopte la premisa básica universal de que la condición de tierra salvaje se da cuando la ubicación se encuentre lejos de asentamientos y accesos mecanizados y relativamente libre de cambios inducidos por el ser humano para su ocupación.

**I Actualización del Legado del Océano Antártico: Garantía de la protección duradera de la Región del Mar Ross (BP 17)**

En octubre de 2011, la Alianza del Océano Antártico (AOA), de la que es miembro la ASOC, propuso la creación de una red de zonas marinas protegidas (ZMP) y la no extracción de reservas marinas en 19 áreas específicas del océano Austral. A continuación, la AOA elaboró un esquema para la protección marina en la Antártida oriental y el mar Ross que, además de las siete zonas propuestas por Australia, Francia y la UE, incluía otras cuatro zonas cuya protección debe ser tenida en cuenta en los próximos años y propuso la creación de una reserva marina completamente protegida de aproximadamente 3,6 millones de kilómetros cuadrados de extensión en la región del mar Ross. El documento BP17 resume el Informe de actualización del Legado del Océano Antártico de la AOA, "Garantía de la protección duradera de la Región del Mar Ross".

## 4. *Otros temas importantes para la XXXVI RCTA*

- **Anexo VI sobre la responsabilidad derivada de las emergencias medioambientales:** Poner en vigor este importante Anexo debe ser una prioridad para las PCTA. La ASOC insta a las Partes a duplicar sus esfuerzos a lo largo del próximo año para que el Anexo VI pueda ser ratificado y puesto en vigor lo antes posible. La ASOC felicita a Noruega y a Reino Unido por aprobar la legislación del Anexo VI.
- **Planificación estratégica: La ASOC apoya el desarrollo de un plan estratégico de varias fases para la RCTA, que ayudará a las Partes a gestionar las actividades humanas de forma sostenible a largo plazo, y también ha participado activamente en el trabajo hasta la fecha.**

## 5. *Observaciones finales*

La Antártida se enfrenta a muchas presiones por parte del cambio climático global y una amplia gama de actividades humanas. La ASOC espera que las PCTA tengan la perspectiva y la voluntad política en Bruselas para adoptar medidas concretas que ayuden a proteger los ecosistemas de la Antártida y los valores intrínsecos a ella a largo plazo.

# Informe de la Organización Hidrográfica Internacional

# Estado de los Levantamientos Hidrográficos y la Cartografía en Aguas Antárticas

## *Introducción*

La Organización Hidrográfica Internacional (OHI) es una organización consultiva intergubernamental. Cuenta con 81 Estados Miembros. Cada Estado está normalmente representado por el Director de su Servicio Hidrográfico Nacional.

La OHI coordina a nivel mundial el establecimiento de las normas para datos hidrográficos y el suministro de servicios hidrográficos, como apoyo de la seguridad de la navegación y de la protección y el uso sostenido del medio ambiente marino.

## *La importancia de la Hidrografía en la Antártida*

No puede haber ninguna actividad humana en, sobre o bajo el mar de manera segura, sostenida y rentable sin información hidrográfica.

La Hidrografía y la información hidrográfica están siendo reconocidas cada vez más como requisitos previos fundamentales para el desarrollo de actividades humanas ambientalmente sostenibles en los mares y océanos. Desgraciadamente, hay poca o no hay ninguna información hidrográfica para varios lugares del mundo, pero especialmente en la Antártida.

Esto puede ser un motivo de especial preocupación para la RCTA.

## *Estado de la Hidrografía y la Cartografía en la Antártida*

No se han efectuado levantamientos en más del 90% de las aguas antárticas. Hay vastas zonas sin cartografiar y, cuando existen cartas, tienen una utilidad limitada a causa de la escasez de información fidedigna. La varada de buques que operan al exterior de rutas en las que se navegaba anteriormente en la Antártida no es poco común.

Los levantamientos hidrográficos en aguas antárticas son costosos y problemáticos. Esto es debido a las condiciones del mar, hostiles e imprevisibles, a las breves temporadas para efectuar levantamientos y a la muy larga serie logística implicada en el apoyo de buques y equipo. No hay indicios de mejoras significativas en el nivel de los levantamientos hidrográficos efectuados en la Antártida. De hecho, las autoridades hidrográficas nacionales representadas en la OHI indican que la actividad hidrográfica patrocinada por los gobiernos en la Antártida está disminuyendo a causa de presiones de orden financiero y de prioridades concurrentes en aguas territoriales.

## *La Comisión Hidrográfica de la OHI sobre la Antártida*

La Comisión Hidrográfica de la OHI sobre la Antártida (CHA) se dedica a mejorar la calidad, la cobertura y la disponibilidad de la cartografía náutica y de otra información y servicios hidrográficos que cubren la región. La CHA comprende 23 Estados Miembros de la OHI (Alemania, Argentina, Australia, Brasil, Chile, China, Ecuador, EE.UU., España, Federación Rusa, Francia, Grecia, India, Italia, Japón, Noruega, Nueva Zelanda, Perú, Reino Unido, República de Corea, Sudáfrica, Uruguay, Venezuela), que han adherido todos ellos al Tratado Antártico y que están pues directamente representados en la RCTA.

La CHA trabaja en estrecha colaboración con las organizaciones de las partes asociadas para mejorar la seguridad de la navegación, garantizar la seguridad de la vida en el mar, proteger el medio ambiente marino y apoyar otras actividades en la Antártida. Las siguientes organizaciones participan en la CHA y en sus actividades: ATS, COMNAP, IAATO, SCAR, OMI, COI.

La 12ª reunión de la CHA se celebró en Uruguay, en Octubre del 2012. La CHA revisó el progreso de la cartografía y de los levantamientos y actualizó sus programas de producción coordinada de cartas náuticas y de sus publicaciones asociadas. Se describen las conclusiones más importantes de la reunión en los párrafos siguientes.

## *Recogida de Datos Hidrográficos*

Los Estados representados en la CHA informan que se está reduciendo el nivel de los levantamientos en la Antártida a causa de restricciones financieras y de prioridades en la realización de levantamientos en aguas territoriales. En el 2012, un número de Estados que utilizan regularmente buques hidrográficos en aguas australes en verano informaron que dichos buques no estaban ya disponibles.

La RCTA tal vez desee considerar las graves deficiencias de la hidrografía y la cartografía en la Antártida y su impacto en todas las demás actividades que se están llevando a cabo allí.

### Recogida de Datos Hidrográficos utilizando Buques de Oportunidad

El Servicio Hidrográfico del Reino Unido y varios colaboradores de la industria han continuado un programa de demostración para permitir a los buques que operan en aguas antárticas recoger datos hidrográficos automáticamente durante sus viajes. Estos datos se transmiten a los colaboradores encargados de los programas/el equipo informático; una vez procesados y limpiados, los datos se envían al Servicio Hidrográfico del RU para su revisión y se utilizan posteriormente para mejorar las cartas existentes.

Esto se describe como "batimetría alimentada por los usuarios (*crowd-sourced*)" y tiene lugar predominantemente alrededor de la Península Antártica, donde operan la mayoría de los buques comerciales incluyendo los buques de cruceros. Quizá esta recogida automática de datos hidrográficos podría ampliarse para incluir al mismo tiempo otros datos ambientales. Deben tratarse aún los temas relacionados con la financiación de equipo que deberá instalarse en los buques, la validación y la fiabilidad de los datos.

Hay otras iniciativas comerciales, particularmente en el sector pesquero, que están vinculadas a actividades similares de recopilación de datos "alimentados por los usuarios". Desgraciadamente, no todos los datos pertinentes están disponibles para mejorar las cartas náuticas.

### Batimetría Satelital

En aguas claras, es posible determinar la profundidad y otros parámetros de la columna de agua hasta alrededor de 20 metros de profundidad, mediante el análisis de imágenes procedentes de sensores multi-espectrales satelitales. Francia ha estado utilizando esta técnica para mejorar las cartas durante muchos años. La OHI está fomentando el desarrollo adicional de la técnica que no requiere una infraestructura significativa en tierra y que es mucho más económica que los levantamientos tradicionales.

### Levantamientos LIDAR desde un avión

En aguas claras, como en la Antártida, es posible determinar una profundidad de hasta 70 metros o superior, utilizando los sondadores acústicos láser montados en aviones ligeros. Se utiliza esta técnica en varios lugares del mundo pero en la Antártida aún no.

### Apoyo mediante Contrato Comercial

Un número creciente de Servicios Hidrográficos nacionales del mundo entero están utilizando un apoyo mediante contrato comercial para complementar sus propios esfuerzos. Contratistas de confianza están disponibles para recoger datos hidrográficos por cuenta de los gobiernos utilizando buques o el LIDAR. También hay contratistas disponibles para ayudar a hacer las cartas oficiales bajo la autoridad de los gobiernos pertinentes.

El apoyo mediante contrato para los levantamientos hidrográficos o la producción de cartas es casi inexistente en la Antártida. La razón principal es que la prioridad del gobierno es ante todo la cartografía de las aguas territoriales. Además, a diferencia de las aguas territoriales, la obligación impuesta a los Estados por la Regla 9 del Capítulo V de la Convención para la Seguridad de la Vida en el Mar (SOLAS) de proporcionar cartografía y servicios hidrográficos para sus aguas no se aplica a la Antártida, donde no se reconocen actualmente reclamaciones de tipo territorial.

**Necesidad continua de Levantamientos Tradicionales**

La batimetría "alimentada por los usuarios" y la batimetría satelital no pueden sustituir los levantamientos sistemáticos, totalmente regulados, pero pueden proporcionar rápidas mejoras a las cartas existentes y ayudar a identificar y a clasificar por prioridades aquellas zonas que requieran levantamientos más exhaustivos.

La RCTA quizá desee animar a los Gobiernos Miembros a que aumenten su nivel de apoyo para los levantamientos y la cartografía en la Antártida, incluyendo el apoyo al trabajo hecho por múltiples personas, el uso de batimetría satelital, y el apoyo mediante contrato comercial utilizando los buques y el LIDAR.

## Grupo de Trabajo sobre las Prioridades en Hidrografía

El Grupo de Trabajo sobre las Prioridades en Hidrografía de la CHA, con la contribución de la COMNAP y la IAATO, mantiene un programa de levantamientos a largo plazo y una preselección de levantamientos para reflejar nuevas necesidades en esta materia. El programa de necesidades en materia de levantamientos se basa en rutas de navegación marítima identificadas - no considera otras zonas de la Antártida, en las que hay datos pocos o ningún dato hidrográfico y donde los desplazamientos de buques son menos frecuentes.

Los siguientes párrafos resumen la información clave disponible para la CHA.

**Estado de los Levantamientos en la Antártida**

La mayoría de las aguas antárticas siguen sin levantar. Se han llevado a cabo pocos levantamientos sistemáticos. Estos se centran generalmente en algunas de las bases antárticas y alrededor de la Península Antártica.

**Estado de las Cartas Náuticas de la Antártida**

**Cartas de Papel**. De acuerdo con el esquema de Cartas INT de la OHI, los siguientes Estados han compilado cartas de papel que cubren la Antártida: Alemania (2), Argentina (5), Australia (11), Brasil (1), Chile (6), Ecuador (1), EE.UU. (2), España (1), Federación Rusa (14), Francia (4), Italia (2), Japón (3), Noruega (1), Nueva Zelanda (9), RU (10), Sudáfrica (1).

Se han publicado 70 de las 108 cartas anticipadas del esquema.

**Cartas Electrónicas de Navegación**. De acuerdo con recientes revisiones de la Convención SOLAS, se está solicitando ahora a los buques de pasajeros y a muchos otros buques que efectúan viajes internacionales que transporten Sistemas de Visualización e Información de las Cartas Electrónicas (ECDIS) como instrumento de navegación. El ECDIS está sustituyendo a las cartas de papel para la navegación en estos buques. La producción de Cartas Electrónicas de Navegación (ENCs), para su uso en el ECDIS, se basa generalmente en las cartas de papel existentes. La producción de ENCs Antárticas se ve seriamente limitada por el grave estado de las cartas de papel y por la producción y las prioridades financieras de aquellos Estados que se han ofrecido voluntarios para hacer las ENCs. Se requiere urgentemente que los Estados atribuyan suficientes recursos para poder acelerar la producción de ENCs y proporcionar por lo menos el mismo nivel de cobertura que para las cartas de papel.

Hasta ahora, se han publicado 70 ENCs, incluyendo diez creadas en el 2012. Se programa la producción de 51 ENCs adicionales durante el año próximo. Se requerirán alrededor de 170 ENCs para que correspondan con el esquema de cartas de papel de la OHI.

La RCTA quizá desee animar a los Estados que producen ENCs y cartas de papel a atribuir recursos adecuados para acelerar la producción de cartas de papel y de ENCs de la Antártida.

## Código Polar de la OMI

La OHI intenta asegurarse de que la OMI destaca adecuadamente ahora as carencias de los servicios de hidrografía y cartografía náutica para la Antártida en el Código Polar, en las últimas fases de desarrollo y consideración.

### ***Examen y Consolidación de las Recomendaciones y Resoluciones existentes de la RCTA relativas a la Hidrografía y a la Cartografía Náutica.***

La CHA ha examinado las Recomendaciones y las Resoluciones existentes relativas a la hidrografía y a la cartografía náutica y ha concluido que la orientación contenida en éstas últimas se expresaría mejor y de forma más clara en una única Recomendación de la RCTA. Se ha enviado una propuesta de texto revisado al ICG sobre el Examen de Recomendaciones acerca de Cuestiones Operativas de la RCTA.

Se invita a la RCTA a adoptar la Recomendación propuesta sobre Hidrografía y Cartografía Náutica desarrollada por la CHA.

### ***Resumen***

El estado de los levantamientos hidrográficos y la cartografía náutica de la Antártida dista mucho de ser satisfactorio. Esto supone serios riesgos de incidentes marítimos, e impide también la realización de la mayoría de las actividades que tienen lugar en los mares y océanos que rodean la Antártida.

Un número de Estados Miembros de la OHI, a través de sus Servicios Hidrográficos nacionales, están intentando mejorar esta situación. Sin embargo, los recursos son limitados y no parece haber muchas perspectivas de mejoras significativas en un futuro próximo a menos que los gobiernos adopten nuevas políticas al respecto.

La OHI, a través de su Comisión Hidrográfica sobre la Antártida, coordina el trabajo de los Estados y las organizaciones con intereses en la Antártida, en un intento por maximizar los esfuerzos y mejorar la situación. Si se debe seguir progresando de forma significativa, se requiere un mayor apoyo por parte de los gobiernos, la industria y las organizaciones.

### ***Recomendaciones***

- Se recomienda que la RCTA:
- Tome nota de este Informe;
- Considere las graves deficiencias en hidrografía y en cartografía en la Antártida y su impacto en todas las demás actividades que se están llevando a cabo allí;
- Considere el animar a los Gobiernos Miembros a prestar un mayor apoyo a los levantamientos y a la cartografía de la Antártida, directamente o mediante actividades contratadas;
- Anima a los Estados que producen cartas de papel y ENCs a atribuir los recursos adecuados para acelerar la producción de cartas de papel y de ENCs de la Antártida;
- Adopta la Recomendación propuesta de la RCTA sobre hidrografía y cartografía náutica desarrollada por la CHA.

# Informe de la Asociación Internacional de Operadores Turísticos Antárticos 2012-13

**En virtud del artículo III (2) del Tratado Antártico**

## *Introducción*

La Asociación Internacional de Operadores Turísticos Antárticos (IAATO) tiene el placer de informar de sus actividades a la RCTA XXXVI, en virtud del artículo III (2) del Tratado Antártico.

La IAATO continúa enfocando las actividades en apoyo de su declaración de misión para asegurar:

- La gestión del día a día efectiva de las actividades de los miembros de la Antártida;
- La extensión educativa, incluyendo la colaboración científica y el
- Desarrollo y promoción de las mejores prácticas turísticas antárticas.

Una descripción detallada de la IAATO, su declaración de misión, las actividades primarias y los acontecimientos recientes se puede encontrar en la Ficha Técnica de 2013-14, y en la página web IAATO: www.iaato.org.

## *Niveles de Membresía y visitantes de la IAATO durante 2012-13*

La IAATO comprende un total de 116 Miembros, Asociados y Afiliados. Las oficinas de los miembros se encuentran en todo el mundo, lo que representa el 61% de los países que son Partes Consultivas del Tratado Antártico y lleva a la Antártida nacionales de casi todas las Partes del Tratado anualmente.

Durante la temporada turística antártica 2012-13, el número total de visitantes ascendió a 34.375, tras un descenso del 22% registrado el año anterior (26.519). Si bien esto representa un aumento del 29% con respecto a la temporada 2011-12, el total no fue significativamente diferente de 2009-10 y 2010-11, en los que los totales han sido 36.881 y 33.824 respectivamente. El turismo continuó muy por debajo de la temporada 2007-08, cuando los operadores de la IAATO transportaron 45.213 visitantes al continente.

Estos números reflejan sólo aquellos que viajan con compañías que son miembros de IAATO. Los detalles sobre las estadísticas del turismo se pueden encontrar en *Panorama del turismo antártico: Temporada 2012-13 y estimaciones preliminares para 2013-14* de la IAATO en la RCTA XXXVI IP103. El Directorio de Miembros y otras estadísticas sobre actividades de los miembros IAATO se pueden encontrar en ***www.iaato.org***.

## *Trabajo y actividades recientes*

Se llevaron a cabo una serie de iniciativas durante el año, incluyendo:

- La adopción de un nuevo Plan Estratégico a cinco años, que describe una visión de la asociación: "A través de la auto-regulación, el turismo antártico es una actividad sostenible y seguro que no causa más que un impacto mínimo o transitorio en el medio ambiente y crea un cuerpo de embajadores para la protección continua de la Antártida ".
- Instigación del programa de Observadores del Muelle de la IAATO, un nuevo componente en el programa de observación mejorada de la asociación. El programa se pondrá a prueba durante la temporada 2013-14 y es paralelo a un sistema de observación existente que la IAATO tiene establecido desde hace muchos años para los buques más grandes operados por los Miembros.
- El desarrollo de la evaluación en línea del Personal de Campo y el Programa de Certificación para incluir diferentes actividades, los niveles del personal y las áreas geográficas. Un total de 223 individuos del personal han pasado por lo menos una de las evaluaciones, con más de 177 tan solo en la temporada pasada. También se inició durante la temporada recién concluida un nuevo Boletín Informativo del Personal de Campo de IAATO, con noticias y actualizaciones de todo el continente.

- La implementación de una nueva Presentación en PowerPoint sobre el Cambio Climático de la IAATO, para su uso por el personal de conferencias a bordo de los buques de la IAATO, para ayudar a los visitantes a comprender las implicaciones del cambio climático en el medio ambiente antártico. La presentación fue revisada por el SCAR y puede ser descargada desde el sitio web de la IAATO en: http://iaato.org/climate-change-in-antarctica
- Recopilación de datos hidrográficos con base de ensayo y oportunista por una serie de operadores de buques de la IAATO. Esto incluye el Proyecto de Crowdsourcing con la participación de la Oficina Hidrográfica del Reino Unido y otras iniciativas de inspección. Los capitanes de los buques de la IAATO también contribuirán a una lista de prioridades para futuros estudios de las aguas antárticas.

## *Reunión de la IAATO y Participación en Otras Reuniones durante 2012-13*

El personal de Secretaría de la IAATO y representantes de los Miembros participaron en las reuniones internas y externas, estableciendo enlaces con los Programas Antárticos Nacionales y organizaciones no gubernamentales, científicas, ambientales e industriales.

- La 24 ª Reunión de la IAATO (22 a 24 de abril 2013, Punta Arenas, Chile) acogió a más de 130 participantes. Asistieron representantes de Chile, Alemania, Reino Unido, EE.UU. y COMNAP. Además de las iniciativas mencionadas, los resultados notables de las reuniones incluyen:
  - Aprobación de tres Miembros Asociados como nuevos Miembros (titulares). IAATO cuenta ahora con 49 miembros y seis operadores / organizadores Asociados entre sus Miembros, y sigue representando el 100% de los buques de pasajeros SOLAS activos en el turismo antártico.
  - Un informe sobre el estudio de los operadores de la IAATO en relación con las Directrices para Visitantes de los Sitios de la RCTA y el uso de caminos en la Isla Barrientos;
  - Adopción de directrices para acampadas costeras de varias noches, pernoctaciones cortas y visitas a la colonia de pingüinos emperador;
  - Se han compartido formalmente con los operadores de buques de la IAATO las acciones de reducción de emisiones de carbono y las técnicas que se utilizan actualmente.
- Tras la reunión se realizaron una búsqueda de día completo y un taller de rescate, con más de 75 asistentes entre los capitanes de buques de pasajeros, funcionarios de rescate de los gobiernos de Chile, Argentina y EE.UU., tour operadores, gerentes de logística, jefes de expedición y personal de la IAATO. El proceso fue presidido por David Edwards de la Oficina de Búsqueda y Rescate, de la Guardia Costera de Estados Unidos. El taller incluyó una mañana de presentaciones sobre SAR desde varias perspectivas diferentes (MRCC de, COMNAP, IAATO y operadores) e incluyó una reproducción interactiva del 8 de febrero de 2013 en vivo, del ejercicio del SAR realizado a bordo del MV Veendam de la Holland America Line.
- La Asociación acogió con agrado la oportunidad de participar en el XXIV COMNAP en Portland OR, EE.UU. (julio de 2013). La IAATO concede gran mérito a la buena cooperación y colaboración entre sus miembros y los Programas Antárticos Nacionales.
- Un representante de la IAATO asistió a la 12 ª Reunión de la Organización Hidrográfica Internacional / Comisión Hidrográfica sobre la Antártida (OHI / CHA) en Montevideo, Uruguay (octubre de 2012). La IAATO sigue siendo una firme partidaria de la labor en curso de la CHA, y continuará trabajando con la HO y la HCA en el desarrollo de un sistema de recogida de datos hidrográficos por crowdsourcing.
- Como asesor de la Asociación Internacional de Líneas de Cruceros (CLIA), la IAATO continúa activa en el desarrollo del Código Polar obligatorio de la Organización Marítima Internacional (OMI). Esto incluye la participación en un Taller de Evaluación de Riesgos de Embarques Polares en Ottawa, Canadá (junio de 2012), la 91 ª sesión de la Reunión del Comité de Seguridad Marítima de la OMI, la 57 ª sesión de la Reunión de la Subcomisión de Diseño y Equipamiento (DE) de la OMI y las discusiones de grupo por correspondencia entre sesiones .
- La 25ª Reunión Anual de la IAATO se llevará a cabo en Providence, Rhode Island, EE.UU. (fechas a determinar). Las Partes del Tratado interesadas están invitadas a asistir y deben ponerse en contacto con la IAATO en iaato@iaato.org.

## *Monitoreo Ambiental*

La IAATO continúa proporcionando a la RCTA y al CPA información detallada sobre las actividades de los miembros en la Antártida. Para más detalles ver en la RCTA XXXVI/IP103 IAATO *Panorama del turismo antártico: en la Temporada 2012-13 y Estimaciones Preliminares para la temporada antártica 2013-14*, el *Informe sobre Uso de Operadores de IAATO de los lugares de desembarque de la Península Antártica* de la RCTA XXXVI IP97 y las *Directrices para Visitantes de Sitios* de la RCTA, *Temporada 2012-13*.

La IAATO continúa trabajando en colaboración con las instituciones científicas, en particular sobre la vigilancia del medio ambiente y la extensión educativa. Esto incluye trabajar con el inventario de sitios antárticos y con la Sociedad Zoológica de Londres / Universidad de Oxford.

La IAATO acoge oportunidades de colaboración con otras organizaciones.

## Incidentes del Turismo 2012-13

La IAATO continúa siguiendo una política de divulgación de incidentes para asegurar que los riesgos se entiendan y se aprenden las lecciones apropiadas por parte de todos los operadores antárticos. Los incidentes durante la temporada 2012-13 incluyeron:

- El 20 de diciembre, un DC3 fletado - operado por Antarctic Logistics Centre Internacional (ALCI) y The Antártic Company (TAC) y gestionado por Kenn Borek Air Ltd (KBAL) - golpeó un sastrugi en el despegue de un campo en la Sierra Holtanna en Tierra Dronning Maud. No hubo heridos de importancia ni daños ambientales. Un segundo avión se utilizó de inmediato desde la pista Novo para recuperar con seguridad a todos los pasajeros y a la tripulación. El DC3 dañado permanecerá en el lugar del accidente hasta la próxima temporada, con una investigación completa en curso por parte de ALCI y KBAL.
- El 18 de enero, el MV Orion recibió una llamada de socorro, mientras que estaba en el Océano Antártico con respecto a un navegante solitario en un bote salvavidas. Como era el buque más cercano, el CCSM encargó al MV Orion que se desviara para ayudar. El 20 de enero por la tarde, el bote fue visto por el MV Orion, una Zodiac se desplegó a pesar de mal tiempo y el marinero - el francés Alain Delord - fue rescatado.
- El 18 de febrero, un grupo de seis personas del yate Santa María Australis de la IAATO hicieron una excursión por la cresta de la parte norte de la Isla de Hovgaard para tener una vista panorámica del Puerto Pléneau. El yate Pelagic Australis de la IAATO también estaba anclado en la misma bahía. Un pasajero se separó del grupo y se salió de la ruta prescrita cayendo en una grieta de siete metros. El capitán de la Santa María Australis, asistido por el personal a bordo del Pelagic Australis, procedió a acceder con cautela al lugar y rescató con éxito a la persona que había sufrido algunas lesiones que no amenazaban la vida. Se notificó sobre la ubicación de la grieta a otros operadores de la IAATO el 21 de febrero.
- El 12 de marzo, el líder de la expedición del Plancius notificó a Oceanwide Expeditions acerca de que un submarinista había desaparecido durante una inmersión programada en Isla Half Moon. La búsqueda encontró el buceador inconsciente a una profundidad de cinco metros. Después de su recuperación, de una RCP prolongada y de tener atención por parte del médico de la nave, el pasajero fue declarado muerto. El pasajero, de nacionalidad japonesa y de 51 años, era un buceador experimentado con más de 1.500 horas de experiencia con traje seco. Oceanwide lo notificó inmediatamente a todas las autoridades pertinentes y a la IAATO. El gobierno holandés ha solicitado a Argentina, como próximo puerto de escala, que lleve a cabo una investigación completa. Los resultados están pendientes.

## Apoyo Científico y Conservación

Durante la temporada 2012-13, los miembros de la IAATO transportaron en base a precios de coste o de manera altruista a aproximadamente 100 científicos, personal de apoyo y conservación, así como sus equipos y suministros entre las estaciones, lugares y puertos de acceso.

Los operadores de IAATO y sus pasajeros también contribuyeron con más de 440.000 dólares americanos a organizaciones científicas y conservacionistas que trabajan en la Antártida y la sub-Antártica (por ejemplo, Save the Albatross, Antarctic Heritage Trust, Last Ocean, Fundación Mawson's Huts , Oceanites y el Fondo Mundial para la Naturaleza). Durante los últimos nueve años, estas donaciones han totalizado aproximadamente 3 millones de dólares americanos en donaciones en efectivo.

### *Agradecimiento*

La IAATO agradece la oportunidad de trabajar en cooperación con las Partes del Tratado Antártico, el COMNAP, el SCAR, la CCRVMA, la OHI / HCA, ASOC y otros para la protección a largo plazo de la Antártida.

# PARTE IV

# DOCUMENTOS ADICIONALES DE LA XXXVI RCTA

# 1. Resumen de la conferencia del SCAR

## Conferencia del SCAR: "Exploración de la vida en sus límites: tecnologías para la exploración de los ecosistemas antárticos subglaciales"

Autora: la profesora Jemma Wadham es una bioquímica que estudia las bajas temperaturas en el Centro glaciológico de Bristol en la Escuela de ciencias geográficas de la Universidad de Bristol en el Reino Unido. La Sra. Wadham es copresidente del Grupo de Expertos de Gestión de Avance Tecnológico (ATHENA, por sus siglas en inglés) del SCAR.

Presentador y coautor: el profesor Mahlon "Chuck" Kennicutt II es químico oceanógrafo en el Departamento de Oceanografía de la Universidad de Texas A&M, College Station, Texas, EE. UU. Fue presidente del SCAR y secretario del Programa de exploración lacustre subglacial (SALE, por sus siglas en inglés), uno de los programas de investigación científica del SCAR.

## Antecedentes:

Los medioambientes acuáticos subglaciales (SAE, por sus siglas en inglés) antárticos se reconocen como esenciales en muchos de los procesos que han moldeado los mantos de hielo de las zonas polares tanto actuales como en el pasado. Estos incluyen una serie de características que difieren en cuanto a su composición geológica, edad, historia evolutiva, condición hidrológica y tamaño, e incluyen a los lagos, lagunas, ciénagas, ríos de caudal intermitente y espesos sedimentos subglaciales. Estos medioambientes son macrocosmos terrestres "naturales", cuyos orígenes en algunos casos datan a tiempos anteriores a la era en que la Antártida fue recubierta por los hielos. Los SAE antárticos siguen sendo el sector menos explorado de la biósfera fría, si bien son reconocidos como hábitats viables para la vida microbiana pese a las difíciles condiciones medioambientales. Dentro de estos medioambientes acuáticos bajo la superficie la vida microbiana impulsa la erosión química, la que a su vez exporta los nutrientes disueltos y el carbono hacia los ecosistemas que se encuentran corrientes abajo y los gases invernadero hacia la atmósfera. El espectro completo de medioambientes bajo los hielos que existen debajo del continente antártico ofrece una oportunidad inigualable para la exploración y el estudio de las últimas fronteras de la Tierra y para descifrar indicios fundamentales de la historia, el clima y la biología del planeta.
Durante los últimos 10 años han presenciado un impresionante aumento en el relieve de los SAE antárticos y en el impulso para su estudio. Esta alza en el perfil se vincula fuertemente con la actividad del SCAR a través de sus programas SALE, AG-CCER-SAE y ATHENA, culminando con el financiamiento de cuatro campañas para ingresar a los SAE y realizar muestreos en forma directa (programas del lago Vostok, WISSARD, lago Ellsworth y BEAMISH). Es probable que la siguiente etapa de exploración de los SAE antárticos sea moldeada por la disponibilidad de tecnologías para abordar metas científicas esenciales. Esta conferencia aspira, en primer lugar, a identificar los asuntos científicos que impulsan el desarrollo tecnológico para la futura exploración de los ecosistemas acuáticos subglaciales, y en segundo lugar, a presentar la actual condición de las tecnologías disponibles para la ciencia subantártica.

Si desea obtener más información, consulte el documento de información IP82 asociado: *Advancing technologies for exploring subglacial Antarctic aquatic ecosystems (SAEs)*

# 2. Lista de documentos

## 2. Lista de Documentos

**Documentos de trabajo**

| Número | Puntos del programa | Título | Suministrado por | I | F | R | E | Adjuntos |
|---|---|---|---|---|---|---|---|---|
| WP001 | RCTA 5 | Revisión de las recomendaciones de la RCTA sobre asuntos operacionales | COMNAP<br>IAATO<br>OHI<br>SCAR<br>OMM | | | | | Anexos A, B y C: Revisión de las recomendaciones |
| WP002 | CPA 9a | Revisión del Plan de Gestión de la Zona Antártica Especialmente Protegida N º 137 Noroeste de la Isla White, Ensenada McMurdo | Estados Unidos | | | | | ASPA 137 Map 1<br>Plan de gestión revisado ZAEP 137 |
| WP003 | CPA 9a | Revisión del plan de gestión de la Zona Antártica Especialmente Protegida (ZAEP) N.° 123, valles Barwick y Balham, sur de la Tierra Victoria | Estados Unidos | | | | | ASPA 123 Map 1<br>Plan de gestión revisado de la ZAEP 123 |
| WP004 | RCTA 12<br>CPA 12 | Inspección realizada por Alemania y Sudáfrica de acuerdo con el artículo VII del Tratado Antártico y el artículo 14 del Protocolo de Protección del Medio Ambiente: Enero 2013 | Alemania<br>Sudáfrica | | | | | |
| WP005 | CPA 9a | Revisión del Plan de Gestión de la Zona Antártica Especialmente Protegida (ZAEP) Nº 138, terraza Linnaeus, cordillera Asgard, Tierra Victoria | Estados Unidos | | | | | ASPA 138 Map 1<br>ASPA 138 Map 2<br>Revisión del Plan de Gestión ZAEP 138 |
| WP006 | CPA 9a | Revisión del Plan de Gestión de la Zona Antártica Especialmente Protegida (ZAEP) N° 141, Valle Yukidori, Langhovde, Bahía Lützow-Holm | Japón | | | | | ASPA 141 Revised Map 4<br>Plan de gestión revisado de la ZAEP Nº 141 |
| WP007 | CPA 3 | Plan de trabajo quinquenal del CPA aprobado en la XV Reunión del CPA en Hobart | Francia | | | | | Plan de trabajo quinquenal para la Reunión del CPA XVI |
| WP008 | CPA 9a | Propuesta de una nueva Zona Antártica Especialmente Administrada en la estación antártica china Kunlun, Domo A | China | | | | | ASMA XXX Chinese Antarctic Kunlun Station Dome A Map 1<br>ASMA XXX Chinese Antarctic Kunlun Station Dome A Map 2<br>ASMA XXX Chinese Antarctic Kunlun Station Dome A Map 3<br>ASMA XXX Chinese |

| | | | | | | | | |
|---|---|---|---|---|---|---|---|---|
| | | | | | | | | Antarctic Kunlun Station Dome A Map 4<br>ZAEA XXX Estación antártica china Kunlun Domo A plan de gestión |
| WP009 | RCTA 12<br>CPA 12 | Recomendaciones generales para las inspecciones conjuntas realizadas por el Reino Unido, Países Bajos y España en virtud del Artículo VII del Tratado Antártico y el Artículo 14 del Protocolo del Medio Ambiente | Reino Unido<br>Países Bajos<br>España | | | | | |
| WP010 | CPA 10c<br>CPA 9f | Identificación de refugios potenciales de pingüinos emperadores ante el cambio climático: un enfoque científico | Reino Unido | | | | | |
| WP011 | CPA 9a | Revisión del Plan de Gestión de la Zona Antártica Especialmente Protegida (ZAEP) Nº 108, isla Green, islas Berthelot, Península Antártica | Reino Unido | | | | | ZAEP N° 108 Revisión del Plan de Gestión |
| WP012 | CPA 9a | Revisión del Plan de Gestión de la Zona Antártica Especialmente Protegida N º 117 Isla Avian, Bahía Margarita, Península Antártica | Reino Unido | | | | | ZAEP 117 Revisión del Plan de Gestión |
| WP013 | CPA 9a | Plan de Gestión revisado para la Zona Antártica Especialmente Protegida Nº 147 Punta Ablación y Cumbres Ganymede, Isla Alexander | Reino Unido | | | | | ZEAP 147 - Plan de Gestión revisado |
| WP014 | CPA 9a | Revisión del Plan de Gestión de la Zona Antártica Especialmente Protegida ZAEP N.º 170 nunataks Marion, isla Charcot y Península Antártica | Reino Unido | | | | | ZAEP 170 Plan de Gestión revisado |
| WP015 | CPA 9c | Políticas surgidas de la Revisión en el terreno de las Directrices para sitios que reciben visitantes en la Península Antártica | Reino Unido<br>Argentina<br>Australia<br>Estados Unidos | | | | | |
| WP016 | CPA 9c | Directrices para sitios para i) Puerto Orne e ii) Islas Orne | Reino Unido<br>Argentina<br>Australia<br>Estados Unidos | | | | | Directrices para sitios para Islas Orne<br>Directrices para sitios para Puerto Orne |
| WP017 rev.1 | RCTA 10 | SAR-WG: Actualización sobre las acciones resultantes de los | COMNAP | | | | | |

| | | | | | | | | |
|---|---|---|---|---|---|---|---|---|
| | | dos talleres de Búsqueda y Salvamento del COMNAP: "Hacia una mejora de la coordinación y la respuesta de las operaciones de búsqueda y salvamento en la Antártida" | | | | | | |
| WP018 rev.1 | CPA 9b | Propuesta para incorporar a la Lista de Sitios y Monumentos Históricos el sitio que conmemora la ubicación de la antigua estación de investigación alemana en la Antártida "Georg Forster" | Alemania | | | | | |
| WP019 | CPA 10a | Informe sobre el proyecto de investigación "El impacto de las actividades humanas sobre los organismos edáficos de la Antártida Marítima y la introducción de especies no autóctonas en la Antártida" | Alemania | | | | | |
| WP020 | CPA 9c | Examen in situ de las Directrices para sitios que reciben visitantes en la Península Antártica: resumen de programa y enmiendas sugeridas a once Directrices | Reino Unido<br>Argentina<br>Australia<br>Estados Unidos | | | | | Revisión de las Directrices de farallón Brown<br>Revisión de las Directrices de isla Cuverville<br>Revisión de las Directrices de isla Danco<br>Revisión de las Directrices de isla Media Luna<br>Revisión de las Directrices de isla Petermann<br>Revisión de las Directrices de isla Pleneau<br>Revisión de las Directrices de puerto Neko<br>Revisión de las Directrices de puerto Yankee<br>Revisión de las Directrices de punta Damoy<br>Revisión de las Directrices de punta Hannah<br>Revisión de las Directrices de punta Jougla |
| WP021 | CPA 9f | Análisis de los valores de fauna silvestre de las ZAEP y las ZAEA | Federación de Rusia | | | | | |
| WP022 | CPA 9f | La regionalización biogeográfica de Rusia en comparación con la clasificación de Nueva Zelandia | Federación de Rusia | | | | | |
| WP023 | CPA 9b | Propuesta de agregar el edificio del complejo de perforación del profesor Kudryashov en la estación | Federación de Rusia | | | | | |

| | | | | | | | | |
|---|---|---|---|---|---|---|---|---|
| | | Antártica Rusa Vostok a la lista de Sitios y Monumentos Históricos. | | | | | | |
| WP024 | CPA 8b | Enfoques para el estudio de la capa de agua de los lagos subglaciales de la Antártida | Federación de Rusia | | | | | |
| WP025 | RCTA 10 | SAR-WG Programa propuestopara la reunión del Grupo de Trabajo Especial sobre Búsqueda y Rescate (SAR) | Estados Unidos | | | | | Borrador del programa para el Grupo de Trabajo Especial sobre Búsqueda y Rescate de la RCTA XXXVI |
| WP026 | CPA 9c | Enmienda propuesta para las Directrices del Tratado Antártico para visitantes de la isla Torgersen | Estados Unidos | | | | | Revisión de las Directrices de isla Torgersen |
| WP027 | CPA 6 | Reparación o Remediación del Daño Ambiental: Informe del grupo de contacto intersesional del CPA | Nueva Zelanda | | | | | |
| WP028 | CPA 3 | Portal de Medioambientes Antárticos: informe de situación | Nueva Zelanda<br>Australia<br>Bélgica<br>Noruega<br>SCAR | | | | | |
| WP029 | CPA 9a | Revisión del plan de gestión para la Zona Antártica Especialmente Protegida N.º 154 bahía Botánica, cabo Geology, Tierra Victoria | Nueva Zelanda | | | | | ASPA 154 Map A<br>ASPA 154 Map B<br>ASPA 154 Map C<br>Plan de gestión para Zona Antártica Especialmente Protegida (ZAEP) N.º 154 Bahía Botánica, Cabo Geology, Tierra Victoria<br>ZAEP 154 Lista de etiquetas del mapa A |
| WP030 | CPA 9a | Revisión del Plan de Gestión para la Zona Antártica Especialmente Protegida Nº 156, Bahía Lewis, Monte Erebus, Isla de Ross | Nueva Zelanda | | | | | ASPA 156 Map A<br>ASPA 156 Revised Management Plan<br>Listado de leyendas Mapa A |
| WP031 | RCTA 7 | Informe del Grupo de Contacto Intersesional de composición abierta sobre el desarrollo de un plan de trabajo estratégico plurianual | Australia<br>Bélgica | | | | | Informe. Plan de trabajo estratégico plurianual. Grupo de Contacto Intersesional sobre posibles cuestiones prioritarias que deban identificarse en el plan |
| WP032 | CPA 6 | Manual sobre Limpieza de la Antártida: Informe del debate informal intersesional | Australia<br>Reino Unido | | | | | Resolución 2 (2013) Anexo: Manual sobre limpieza |
| WP033 | RCTA 11<br>RCTA 16 | Informe del Grupo de Contacto Intersesional sobre intercambio de información y los aspectos e impactos ambientales del turismo | Nueva Zelanda | | | | | |
| WP034 | RCTA 10 | SAR-WG: Lecciones aprendidas de los incidentes de | Nueva Zelanda | | | | | |

| | | | | | | | | |
|---|---|---|---|---|---|---|---|---|
| | | Búsqueda y Salvamento en la región del mar de Ross | | | | | | |
| WP035 | CPA 9d | Posible material orientativo para ayudar a las Partes a tomar conciencia de los valores de vida silvestre en las evaluaciones del impacto ambiental | Nueva Zelanda | | | | | |
| WP036 | CPA 9a | Revisión de los Planes de Gestión para las Zonas Antárticas Especialmente Protegidas (ZAEP) 135, 143 y 160 | Australia | | | | | ASPA 135 Map A<br>ASPA 135 Map B<br>ASPA 135 Map C<br>ASPA 135 Map D<br>ASPA 135 Map E<br>ASPA 143 Map A<br>ASPA 143 Map B<br>ASPA 143 Map C<br>ASPA 160 Map A<br>ASPA 160 Map B<br>ZEAP 135 Plan de Gestión revisado<br>ZEAP 143 Plan de Gestión revisado<br>ZEAP 160 Plan de Gestión revisado |
| WP037 | CPA 11 | www.biodiversity.aq La nueva red de información sobre biodiversidad antártica | Bélgica<br>SCAR | | | | | |
| WP038 | RCTA 14<br>CPA 7 | Informe sobre el cambio climático y el medio ambiente en la Antártida (Informe ACCE): Actualización clave | SCAR | | | | | |
| WP039 | CPA 9f | Huella humana en la Antártida y conservación a largo plazo de los hábitats microbianos terrestres | Bélgica<br>SCAR<br>Sudáfrica<br>Reino Unido | | | | | |
| WP040 | RCTA 6 | Glosario de expresiones y términos utilizados por la RCTA | Francia<br>Bélgica<br>Uruguay | | | | | French/English and English/French glossary of ATCM terminology |
| WP041 | RCTA 13 | Fortalecimiento de la cooperación en el uso de los medios logísticos al servicio de la ciencia en la Antártida | Francia<br>Chile | | | | | |
| WP042 | CPA 6 | Consideración de los costos de desmantelamiento de las estaciones en las Evaluaciones Medioambientales Globales (CEE) relativas a su construcción | Francia<br>Italia | | | | | |
| WP043 rev.1 | RCTA 16 | Importancia de una georreferenciación inequívoca y uniforme de datos toponímicos en el Sistema Electrónico de Intercambio de Información | Francia | | | | | |

| | | | | | | | | |
|---|---|---|---|---|---|---|---|---|
| WP043 rev.2 | RCTA 16 | Importancia de una georreferenciación inequívoca y uniforme de datos toponímicos en el Sistema Electrónico de Intercambio de Información | Francia | | | | | |
| WP044 | RCTA 5 | El Ejercicio de la jurisdicción en el área del Tratado Antártico | Francia | | | | | |
| WP045 | RCTA 6 | Temas presupuestarios: propuesta para que la Secretaría del Tratado Antártico cuente con la experiencia del "Régimen de la Coordinación" | Francia | | | | | |
| WP046 | CPA 9c | Enmienda propuesta para las Directrices del Tratado Antártico para visitantes de cabo Baily, isla Decepción | Estados Unidos<br>Argentina<br>ASOC<br>Chile<br>IAATO<br>Noruega<br>España<br>Reino Unido | | | | | Photo 1 Penguin Highway<br>Revised map for Baily Head SGV<br>Revisión de las Directrices de cabo Bailey |
| WP047 | RCTA 11 | Informe del Grupo de Contacto informal sobre el aumento de la diversidad del turismo y de otras actividades no gubernamentales en la Antártida | Países Bajos | | | | | |
| WP048 | RCTA 17 | Prospección biológica en la Antártida: la necesidad de mejorar la información | Bélgica<br>Países Bajos<br>Suecia | | | | | |
| WP049 | CPA 5 | El papel del Sistema del Tratado Antártico en el desarrollo de una red amplia de Áreas Marinas Protegidas | Bélgica<br>Alemania<br>Países Bajos | | | | | |
| WP050 | RCTA 1 | Document withdrawn | STA | | | | | |
| WP051 rev.1 | RCTA 12<br>CPA 12 | Disponibilidad complementaria de información sobre listas de Observadores de las Partes Consultivas a través de la Secretaría del Tratado Antártico | Uruguay<br>Argentina | | | | | |
| WP052 | RCTA 10 | SAR-WG: Desarrollo propuesto de los procesos de normalización de trabajos en las regiones SAR | Estados Unidos | | | | | Tarjeta de acción del Manual IAMSAR |
| WP053 | RCTA 10 | SAR-WG: Sistema global de búsqueda y salvamento (SAR): impacto de las nuevas tecnologías | Estados Unidos | | | | | Ejemplo Guía de proceso para alerta de socorro de la Baliza personal de localización (BPL) |

| | | | | | | | | |
|---|---|---|---|---|---|---|---|---|
| WP054 rev.1 | CPA 9a | Revisión preliminar del Plan de gestión para la ZAEA Nº 1: Bahía Almirantarzgo (Bahía Lasserre), Isla Rey Jorge (Isla 25 de Mayo), Islas Shetland del Sur | Brasil<br>Ecuador<br>Perú<br>Polonia | | | | | Plan de gestión revisado para la ZAEA Nº 1 |
| WP055 | CPA 9f | Recuperación de las comunidades de musgos en los senderos de la isla Barrientos y propuesta de manejo turístico | Ecuador<br>España | | | | | Fotos comparativas de los senderos en periodo 2012-2013 |
| WP056 | CPA 9a | Grupo Subsidiario sobre Planes de Gestión - Informe del Trabajo entre sesiones 2012/13 | Noruega | | | | | ASPA 151 Map 1<br>ASPA 151 Map 2<br>ASPA 151 Map 3<br>ASPA 151 Map 4<br>ASPA 173 Map 1<br>ASPA 173 Map 2<br>ASPA 173 Map 3<br>Plan de gestión para la ZAEP 173 Cabo Washington y Bahía Silverfish<br>ZAEP 132 Revisión del Plan de Gestión<br>ZAEP 151 Revisión del Plan de Gestión |
| WP057 | RCTA 15 | Cooperación internacional en proyectos de cultura en la Antártida | Argentina | | | | | Actividades y Exposiciones Realizadas por el Programa de Arte y Cultura |
| WP058 | CPA 3 | Aportes a las discusiones referentes al acceso y manejo de información ambiental en el marco del Sistema del Tratado Antártico | Argentina | | | | | |
| WP059 | CPA 9a | Revisión del Plan de Gestión de la Zona Antártica Especialmente Protegida Nro. 134 Punta Cierva e islas offshore, Costa Danco, Península Antártica | Argentina | | | | | ZAEP 134 Plan de gestión revisado |
| WP060 | CPA 9a | Revisión del Plan de Gestión de la Zona Antártica Especialmente Protegida Nº 161: Bahía Terra Nova, Mar Ross | Italia | | | | | Plan de Gestión revisado de la ZAEP Nº 161 |
| WP061 | RCTA 10 | SAR-WG. El sistema de seguimiento de buques de la Comisión para la Conservación de los Recursos Vivos Marinos Antárticos y su potencial para contribuir a los esfuerzos de búsqueda y rescate (SAR) en el Océano Austral | CCRVMA | | | | | |
| WP062 | CPA 9b | Nuevos sitio y monumento | Reino Unido<br>Nueva Zelanda | | | | | Terra Nova Expedition 1910-12 Campsites |

| | | | | | | | | |
|---|---|---|---|---|---|---|---|---|
| | | histórico: Campamentos en el monte Erebus utilizados por un contingente de la expedición de Terra Nova en diciembre de 1912 | Estados Unidos | | | | | |
| WP063 | CPA 9a | Borrador del plan de gestión de la Zonas Antártica Especialmente Protegida (ZAEP) Stornes, colinas de Larsemann, Tierra de la Princesa Isabel | Australia<br>China<br>India<br>Federación de Rusia | | | | | ASPA YYY Stornes, Larsemann Hills, Princess Elizabeth Land Map A<br>ASPA YYY Stornes, Larsemann Hills, Princess Elizabeth Land Map B<br>Plan de gestión ZAEP YYY Stornes, colinas de Larsemann, Tierra de la Princesa Isabel |
| WP064 | CPA 9c | Mapa actualizado de la isla Barrientos | Ecuador | | | | | Aitcho / Barrientos Este<br>Aitcho / Barrientos Oeste<br>Mapa Barrientos /Aitcho<br>Tablas deTextos para mapas Barrientos (Isla Aitcho) |
| WP065 | RCTA 10 | SAR-WG: Recursos en bases antárticas para apoyo terrestre ante situaciones de emergencia: inclusión en el SEII | Argentina | | | | | |
| WP066 | RCTA 5 | Informe del Grupo de Contacto Intersesional sobre Cooperación en la Antártica | Chile | | | | | |
| WP067 | RCTA 7 | Informe de los copresidentes del taller sobre el desarrollo de un plan estratégico de trabajo de varios años para la RCTA, Bruselas, Bélgica, 20-21 mayo 2013 | Australia<br>Bélgica | | | | | |

| Documentos de Información | | | | | | | | |
|---|---|---|---|---|---|---|---|---|
| **Número** | **Puntos del programa** | **Título** | **Suministrado por** | **I** | **F** | **R** | **E** | **Adjuntos** |
| IP001 | RCTA 4 | Informe del Observador de la CCRVMA en la Trigésima sexta Reunión Consultiva del Tratado Antártico | CCRVMA | | | | | |
| IP002 | RCTA 4 | Informe de la Organización Hidrográfica Internacional | OHI | | | | | |
| IP003 | RCTA 4<br>CPA 5 | Informe anual de 2012 del Consejo de Administradores de los Programas Nacionales Antárticos (COMNAP) | COMNAP | | | | | |
| IP004 | RCTA 4<br>CPA 5 | Informe anual para 2012/13 del Comité Científico de Investigación Antártica (SCAR) | SCAR | | | | | |
| IP005 | RCTA 13<br>CPA 11 | The Southern Ocean Observing System (SOOS) 2012 Report | SCAR | | | | | |
| IP006 | CPA 5 | Informe del observador del CC-CRVMA en la decimosexta reunión del Comité de Protección Ambiental | CCRVMA | | | | | |
| IP007 | CPA 13 | Estado de la Gestión Ambiental de Japón en la Antártida en relación con a las prácticas de otros Programas Nacionales Antárticos | Japón | | | | | |
| IP008 | RCTA 9 | Annex VI of the Protocol on Environmental Protection to the Antarctic Treaty: United Kingdom's Implementing Legislation | Reino Unido | | | | | UK Antarctic Act 2013<br>UK Antarctic Act 2013 Explanatory Notes |
| IP009 | RCTA 13 | Principales actividades realizadas en materia antártica por la República Bolivariana de Venezuela 2010-2013 | Venezuela | | | | | |
| IP010 | RCTA 15 | Presentación del libro infantil: "la aventura de un osito polar perdido en la Antártida" | Venezuela | | | | | |
| IP011 | RCTA 13 | Video divulgativo de las relaciones de cooperación antárticas entre la | Venezuela | | | | | |

| | | | | | | | | |
|---|---|---|---|---|---|---|---|---|
| | | República Bolivariana de Venezuela y la República de Ecuador | | | | | | |
| IP012 | RCTA 4 | Informe presentado a la Reunión Consultiva del Tratado Antártico XXXVI por el Gobierno Depositario para la Convención para la Conservación de las Focas Antárticas de acuerdo con la Recomendación XIII-2, Párrafo 2(D) | Reino Unido | | | | | |
| IP013 | RCTA 11<br>RCTA 16 | Antarctic Treaty System Information Exchange Requirements for Tourism and Non-Governmental Activities | Nueva Zelanda | | | | | |
| IP014 | RCTA 10 | SAR-WG: Incidentes de búsqueda y salvamento en la región del Mar Ross: 2004 - 2013 | Nueva Zelanda | | | | | |
| IP015 | CPA 5 | CCAMLR MPA Technical Workshop | Bélgica | | | | | |
| IP016 | RCTA 12<br>CPA 12 | Status of the fluid in the EPICA borehole at Concordia Station: an answer to the US / Russian Inspection in 2012 | Francia<br>Italia | | | | | |
| IP017 | RCTA 15 | El plan científico antártico argentino: una visión para el mediano plazo | Argentina | | | | | |
| IP018 | RCTA 17 | Reporte de las recientes actividades de bioprospección desarrolladas por Argentina durante el período 2011-2012 | Argentina | | | | | |
| IP019 | RCTA 13<br>CPA 11 | 1St SCAR Antarctic and Southern Ocean Science Horizon Scan | SCAR | | | | | |
| IP020 | RCTA 11<br>CPA 9c | Antarctic Site Inventory: 1994-2013 | Estados Unidos | | | | | |
| IP021 | CPA 8b | Initial Environmental Evaluation for the Construction of Inland Summer Camp, Princess Elizabeth Land, Antarctica | China | | | | | |
| IP022 | RCTA 17 | An Update on Status and Trends Biological Prospecting in Antarctica and Recent Policy Developments at the International Level | Bélgica<br>Países Bajos | | | | | |
| IP023 | RCTA 10 | SAR-WG: Summary | Estados | | | | | |

| | | of International Search and Rescue Activities Associated with an Aircraft Incident in the Queen Alexandra Range, Antarctica | Unidos<br>Italia<br>Nueva Zelanda | | | | | |
|---|---|---|---|---|---|---|---|---|
| IP024 | CPA 8b | Progress of the Jang Bogo Station during the first construction season 2012/13 | Corea RDC | | | | | |
| IP025 | CPA 8b | Mitigation measures of environmental impacts caused by Jang Bogo construction during 2012/13 season | Corea RDC | | | | | |
| IP026 rev.1 | CPA 9a | Management Report of Narębski Point (ASPA No. 171) during the 2012/2013 period | Corea RDC | | | | | |
| IP027 | CPA 11 | Korean/German Workshop about Environmental Monitoring on King George Island | Corea RDC<br>Alemania | | | | | |
| IP028 | CPA 10a | Colonisation status of known non-native species in the Antarctic terrestrial environment (updated 2013) | Reino Unido | | | | | |
| IP029 | CPA 11 | Remote sensing for monitoring Antarctic Specially Protected Areas: Progress on use of multispectral and hyperspectral data for monitoring Antarctic vegetation | Reino Unido | | | | | |
| IP030 | RCTA 13 | Japan's Antarctic Research Highlights 2012–13 | Japón | | | | | |
| IP031 | CPA 10c | Use of hydroponics by national Antarctic programs | COMNAP | | | | | |
| IP032 | RCTA 14<br>CPA 7 | Cost/energy Analysis of National Antarctic Program Transportation | COMNAP | | | | | |
| IP033 | RCTA 13<br>CPA 9d | Analysis of National Antarctic Program increased delivery of science | COMNAP | | | | | |
| IP034 | RCTA 14<br>CPA 7 | Best Practice for Energy Management – Guidance and Recommendations | COMNAP | | | | | |
| IP035 | CPA 10a<br>CPA 9f | The non-native grass Poa pratensis at Cierva Point, Danco Coast, Antarctic Peninsula – on-going investigations and future eradication plans | Argentina<br>España<br>Reino Unido | | | | | |
| IP036 | CPA 6 | Clean-up of the construction site of unused airstrip "Piste du Lion", Terre Adélie, Antarctica | Francia | | | | | |

| | | | | | | | | |
|---|---|---|---|---|---|---|---|---|
| IP037 | RCTA 13 | Opening of Halley VI Research Station | Reino Unido | | | | | |
| IP038 | RCTA 12<br>CPA 12 | Report of the Joint Inspections undertaken by the United Kingdom, the Netherlands and Spain under Article VII of the Antarctic Treaty and Article 14 of the Environmental Protocol | Reino Unido<br>Países Bajos<br>España | | | | | Inspection Report |
| IP039 | CPA 9d | Intersessional report on the provision of guidance material to assist Parties to take account of wilderness values when undertaking environmental impact assessments | Nueva Zelanda | | | | | |
| IP040 | RCTA 4 | Informe del Gobierno Depositario del Acuerdo sobre la Conservación de Albatros y Petreles (ACAP) | Australia | | | | | |
| IP041 | RCTA 4 | Informe del Gobierno Depositario de la Convención para la Conservación de los Recursos Vivos Marinos Antárticos (CCRVMA) | Australia | | | | | |
| IP042 | CPA 8b | To discovery of unknown bacteria in Lake Vostok | Federación de Rusia | | | | | |
| IP043 | RCTA 5 | Implementation of the new Russian legislature "On regulation of activity of the Russian citizens and the Russian legal entities in the Antarctic" | Federación de Rusia | | | | | |
| IP044 | RCTA 10 | Joint Investigation Report of Breaking of ice barrier at Leningradsky Bay in April 2012 (Russian & Indian Antarctic Programmes) | Federación de Rusia<br>India | | | | | |
| IP045 | RCTA 12<br>CPA 12 | Report of Russia – US joint Antarctic Inspection. November 29 – December 6, 2012 | Federación de Rusia<br>Estados Unidos | | | | | US/Russian Fed. Inspection Report |
| IP046 | CPA 9f | Report of the Antarctic Specially Managed Area No. 6 Larsemann Hills Management Group | Australia<br>China<br>India<br>Federación de Rusia | | | | | |
| IP047 | RCTA 10 | New infrastructure facilities of the Russian Antarctic Expedition | Federación de Rusia | | | | | |
| IP048 | CPA 8b | Permit for the Activity of the Russian Antarctic Expedition in 2013- | Federación de Rusia | | | | | |

| | | | | | | | | |
|---|---|---|---|---|---|---|---|---|
| | | 17 | | | | | | |
| IP049 | CPA 8b | Results of studies of subglacial lake Vostok and drilling operations in deep ice borehole of Vostok station in the season 2012-2013 | Federación de Rusia | | | | | |
| IP050 | RCTA 10 | SAR-WG: Cooperation between Australia's search and rescue and Antarctic agencies on SAR coordination | Australia | | | | | |
| IP051 | RCTA 10 | SAR-WG: Overview of search and rescue conventions and international guidelines applicable to the Antarctic | Australia | | | | | |
| IP052 | RCTA 14<br>CPA 5 | Ocean Acidification: SCAR Future Plans | SCAR | | | | | |
| IP053 | RCTA 12<br>CPA 12 | Inspection by Germany and South Africa in accordance with Article VII of the Antarctic Treaty and Article 14 of the Protocol on Environmental Protection: January 2013 | Alemania<br>Sudáfrica | | | | | Inspection Report |
| IP054 | RCTA 11 | Data Collection and Reporting on Yachting Activity in Antarctica in 2012-13 | IAATO<br>Reino Unido | | | | | |
| IP055 | CPA 10a | Final Report on the Research Project "The Impact of Human Activities on Soil Organisms of the Maritime Antarctic and the Introduction of Non-Native Species in Antarctica" | Alemania | | | | | |
| IP056 | RCTA 13 | On planned activities of the Republic of Belarus in the Antarctic | Belarús | | | | | |
| IP057 | RCTA 13 | Foundation of Austrian Polar Research Institute (APRI) in April 2013 | Austria | | | | | |
| IP058 | CPA 8b | Terms of Reference of the Initial Environmental Evaluation (IEE): Reconstruction and Operation of Ferraz Station (Admiralty Bay, Antarctica) | Brasil | | | | | Terms of reference Ferraz Station |
| IP059 | RCTA 10<br>CPA 11 | Update to Vessel Incidents in Antarctic Waters | ASOC | | | | | Antarctic vessel incidents.kmz |
| IP060 | CPA 9d | Mapping and modelling wilderness values in Antarctica: Contribution to | ASOC | | | | | Mapping and modelling wilderness values in Antarctica |

| | | CEP's work in developing guidance material on wilderness protection using Protocol tools | | | | | | |
|---|---|---|---|---|---|---|---|---|
| IP061 | RCTA 7<br>CPA 3 | Human impacts in the Arctic and Antarctic: Key findings relevant to the ATCM and CEP | ASOC | | | | | Appendix to Human impacts in the Arctic and Antarctic |
| IP062 | RCTA 14<br>CPA 7 | An Antarctic Climate Change Report Card | ASOC | | | | | |
| IP063 | RCTA 10 | SAR-WG: An Antarctic Vessel Traffic Monitoring and Information System | ASOC | | | | | |
| IP064 | RCTA 17 | Biological prospecting and the Antarctic environment | ASOC | | | | | |
| IP065 | RCTA 14<br>CPA 7 | Black Carbon and other Short-lived Climate Pollutants: Impacts on Antarctica | ASOC | | | | | |
| IP066 | RCTA 10<br>CPA 11 | Discharge of sewage and grey water from vessels in Antarctic Treaty waters | ASOC | | | | | |
| IP067 | RCTA 11<br>CPA 11 | Management implications of tourist behaviour | ASOC | | | | | |
| IP068 | CPA 6 | Reuse of a site after remediation. A case study from Cape Evans, Ross Island | ASOC | | | | | |
| IP069 | RCTA 14<br>CPA 7 | Update: The Future of the West Antarctic Ice Sheet | ASOC | | | | | |
| IP070 | CPA 6 | Environmental Damage Repair: Disassembling of Ferraz Station, Admiralty Bay, Antarctica | Brasil | | | | | |
| IP071 rev.1 | RCTA 13 | Romanian Scientific Activities proposed for Cooperation within Larsemann Hills ASMA 6 in East Antarctica – Plan for 2013-2014 | Rumania | | | | | |
| IP072 | RCTA 4 | Informe del Gobierno Depositario del Tratado Antártico y su Protocolo de acuerdo con la Recomendación XIII-2 | Estados Unidos | | | | | Lista de recomendaciones/medidas y sus aprobaciones<br>Tabla del Estado del Tratado Antártico<br>Tabla del Protocolo del Tratado Antártico |
| IP073 | CPA 9f | Antarctic trial of WWF's Rapid Assessment of Circum-Arctic Ecosystem Resilience (RACER) Conservation Planning Tool: initial findings | Reino Unido<br>Noruega | | | | | Map 1: Landform heterogeneity<br>Map 2: Primary productivity |
| IP074 | CPA 9a | Deception Island Specially Managed | Argentina<br>Chile | | | | | |

| | | | | | | | | |
|---|---|---|---|---|---|---|---|---|
| | | Area (ASMA) Management Group Report | Noruega España Reino Unido Estados Unidos | | | | | |
| IP075 | CPA 8b | Initial Environmental Evaluation for Establishment of the Ground Station for Earth Observation Satellites at the Indian Research Station Bharati at Larsemann Hills, East Antarctica | India | | | | | |
| IP076 | CPA 11 | Report on the accident occurred to an excavator vehicle at Mario Zucchelli Station, Ross Sea, Antarctica | Italia | | | | | |
| IP077 | CPA 12 | Italy answer to the US / Russian Inspection at Mario Zucchelli Station in 2012 | Italia | | | | | |
| IP078 | RCTA 10 | 31ª Operación Antártica (OPERANTAR XXXI) | Brasil | | | | | |
| IP079 | RCTA 5 | Strengthening Support for the Protocol on Environmental Protection to the Antarctic Treaty | Australia Francia España | | | | | |
| IP080 | CPA 8b | First steps towards the realization of a gravel runway near Mario Zucchelli Station: initial considerations and possible benefits for the Terra Nova Bay area | Italia | | | | | |
| IP081 | RCTA 10 | SAR-WG: SAR coordination case study – helicopter incident in Australia's search and rescue region, October 2010 | Australia | | | | | |
| IP082 | RCTA 13 | Advancing technologies for exploring subglacial Antarctic aquatic ecosystems (SAEs) | SCAR | | | | | |
| IP083 | RCTA 13 CPA 13 | The International Bathymetric Chart of the Southern Ocean (IBCSO): First Release | SCAR | | | | | |
| IP084 | RCTA 10 | SAR-WG The Mandatory Code for Ships Operating in Polar Waters (Polar Code) – Update from the Perspective of Search and Rescue | Estados Unidos | | | | | COMSAR 17 recommended text for Chapter 10 Communications |
| IP085 | RCTA 9 | Norway's Implementing Legislation: Annex VI of the Protocol on Environmental | Noruega | | | | | |

| | | Protection to the Antarctic Treaty and Measure 4 (2004) | | | | | | |
|---|---|---|---|---|---|---|---|---|
| IP086 | RCTA 11 | Informe sobre flujos de visitantes y de buques de turismo antártico que operaron en el puerto de Ushuaia durante la temporada 2012/2013 | Argentina | | | | | |
| IP087 | RCTA 11 | El turismo antártico a través de Ushuaia. Comparación de las últimas cinco temporadas | Argentina | | | | | |
| IP088 | RCTA 11 | Áreas de interés turístico en la región de la Península Antártica e Islas Orcadas del Sur. Temporada 2012/2013 | Argentina | | | | | |
| IP089 | RCTA 10 | SAR-WG: Apoyos efectuados por la Estación Marítima Bahía Fildes ante situaciones de emergencia en la Península Antártica Año 2012 | Chile | | | | | |
| IP090 | RCTA 10 | SAR-WG: Incendio y hundimiento del pesquero "Kai Xin" | Chile | | | | | |
| IP091 | RCTA 10 | SAR-WG: Normativa Internacional sobre Búsqueda y Salvamento Marítimo en el Área Antártica | Chile | | | | | |
| IP092 | RCTA 10 | SAR-WG: Convenio entre las Autoridades Marítimas de Chile y Nueva Zelanda para los Servicios de Coordinación de Búsqueda y Salvamento Marítimo | Chile<br>Nueva Zelanda | | | | | |
| IP093 | RCTA 10 | SAR-WG: IAATO Information Submitted Annually to MRCC's with Antarctic Responsibilities | IAATO | | | | | |
| IP094 | RCTA 10 | Presentación de la nueva Base Antártica Brasileña | Brasil | | | | | |
| IP095 | RCTA 10 | Instalación de los Módulos Antárticos de Emergencia | Brasil | | | | | |
| IP096 | RCTA 10 | Demolición de la Base Antártica "Comandante Ferraz" (EACF) | Brasil | | | | | |
| IP097 | RCTA 11<br>CPA 9c | Report on IAATO Operator Use of Antarctic Peninsula Landing Sites and ATCM Visitor Site | IAATO | | | | | |

| | | | | | | | | |
|---|---|---|---|---|---|---|---|---|
| | | Guidelines, 2012-13 Season | | | | | | |
| IP098 | RCTA 11 | IAATO Guidelines for Short Overnight Stays | IAATO | | | | | |
| IP099 | RCTA 4 | Informe de la Asociación Internacional de Operadores Turísticos Antárticos 2012-13 | IAATO | | | | | |
| IP100 | RCTA 10 | SAR-WG: Joint Search and Rescue Exercise in Antarctica | Chile<br>IAATO | | | | | |
| IP101 | CPA 7 | IAATO Climate Change Working Group: Report of Progress | IAATO | | | | | |
| IP102 | RCTA 11<br>CPA 9c | Barrientos Island Footpath Erosion | IAATO | | | | | |
| IP103 | RCTA 11 | IAATO Overview of Antarctic Tourism: 2012-13 Season and Preliminary Estimates for 2013-14 Season | IAATO | | | | | |
| IP104 | RCTA 5<br>CPA 13 | Colombia en la Antártida | Colombia | | | | | |
| IP105 | CPA 5 | Informe del Observador del CPA a la XXXII Reunión de Delegados del SCAR | Chile | | | | | |
| IP106 | RCTA 4 | Informe de la Coalición Antártica y del Océano Austral | ASOC | | | | | |
| IP107 | CPA 11 | Centro de Investigación y Monitoreo Ambiental Antártico, CIMAA: Avances en el monitoreo de calidad de agua y oportunidades de cooperación | Chile | | | | | |
| IP108 | RCTA 13 | El Programa Científico Chileno y su Expedición 2012/13: Colaboración internacional | Chile | | | | | |
| IP109 | RCTA 10 | SAR-WG: Decimoquinta Versión de la Patrulla Antártica Naval Combinada entre Chile y Argentina | Chile<br>Argentina | | | | | |
| IP110 | RCTA 13<br>RCTA 5 | Development of Malaysia's Antarctic Research Programme since acceding to the ATS | Malasia | | | | | |
| IP111 | RCTA 16<br>CPA 9f | Gestión de Zonas Antárticas Especialmente Protegidas: permisos, visitas y prácticas de | España<br>Reino Unido | | | | | |

| | | | | | | | | |
|---|---|---|---|---|---|---|---|---|
| | | intercambio de información | | | | | | |

| Documentos de la Secretaría | | | | | | | | |
|---|---|---|---|---|---|---|---|---|
| **Número** | **Puntos del programa** | **Título** | **Suministrado por** | **I** | **F** | **R** | **E** | **Adjuntos** |
| SP001 rev.2 | RCTA 3 CPA 2 | Programa y calendario de la XXXVI RCTA y XVI Reunión del CPA | STA | | | | | |
| SP002 | RCTA 6 | Informe de la Secretaría 2012/13 | STA | | | | | Anexo 3: Contribuciones recibidas por la Secretaría Antártica 2012/13<br>Decisión 4 (2013) Anexo 1: Informe Financiero 2011/12 auditado<br>Decisión 4 (2013) Anexo 2: Informe financiero provisional 2012/13 |
| SP003 rev.1 | RCTA 6 | Programa de la Secretaría 2013/14 | STA | | | | | Decisión 4 (2013) - Apéndice 1: Informe provisional para el ejercicio fnanciero 2012/13, Presupuesto para el ejercicio financiero 2013/14, Presupuesto proyectado para el ejercicio financiero 2014/15.<br>Decisión 4 (2013) - Apéndice 2: Escala de contribución 2014/15<br>Decisión 4 (2013) - Apéndice 3: Escala de salarios 2013/14 |
| SP004 | RCTA 6 | Perfil del Presupuesto Quinquenal 2013-2017 | STA | | | | | Perfil del Presupuesto Quinquenal 2013 - 2017 |
| SP005 | CPA 8b | Lista anual de Evaluaciones Medioambientales Iniciales (IEE) y Evaluaciones medioambientales globales (CEE) preparadas entre el 1 de abril 2012 y el 31 de marzo de 2013 | STA | | | | | |
| SP006 | CPA 9a | Situación de los Planes de Gestión de las Zonas Antárticas Especialmente Protegidas y las Zonas Antárticas Especialmente Administradas | STA | | | | | |
| SP007 | RCTA 14 CPA 7 | Medidas adoptadas por el CPA y la RCTA con base en las recomendaciones de la RETA sobre el cambio climático | STA | | | | | Table with tracked changes |
| SP012 | CPA 2 | CEP XVI Summary of Papers | STA | | | | | |
| SP013 rev.1 | RCTA 1 | Summary of papers Legal and Institutional WG | STA | | | | | |
| SP014 | RCTA 3 | Summary of papers | STA | | | | | |

| | | | | | | | | |
|---|---|---|---|---|---|---|---|---|
| rev 1 | | WG Operational matters | | | | | | |
| SP015 rev 2 | RCTA 11 | Summary of papers Tourism WG | STA | | | | | |
| SP016 | RCTA 10 | Summary of papers SAR/WG | STA | | | | | |
| SP017 | RCTA 1 | ATCM XXXVI Summary of Papers | STA | | | | | |
| SP018 | RCTA 1 | List of Registered Delegates | STA | | | | | |

| Documentos de antecedentes | | | | | | | | |
|---|---|---|---|---|---|---|---|---|
| **Número** | **Puntos del programa** | **Título** | **Suministrado por** | **I** | **F** | **R** | **E** | **Adjuntos** |
| BP001 | CPA 9b | Antarctic Heritage Trust Conservation Update 2013 | Nueva Zelanda | | | | | |
| BP002 | CPA 8b | Assessing the vulnerability of Antarctic soils to trampling | Nueva Zelanda | | | | | |
| BP003 | RCTA 10 | The Third Antarctic Expedition of Araon (2012/2013) | Corea RDC | | | | | |
| BP004 | RCTA 13 | Scientific & Science-related Collaborations with Other Parties During 2012-2013 | Corea RDC | | | | | |
| BP005 | RCTA 13 | CRIOSFERA 1 - A New Brazilian Initiative for the West Antarctic Ice Sheet | Brasil | | | | | |
| BP006 | RCTA 13 | The Importance of International Cooperation for Brazilian Scientific Research in Antarctica during summer 2012-2013 | Brasil | | | | | |
| BP007 | RCTA 13 | Scientific Results of Brazilian Research in Admiralty Bay | Brasil | | | | | |
| BP008 | RCTA 10 | Enhancing Australia's Antarctic shipping and aviation systems | Australia | | | | | |
| BP009 | RCTA 10<br>CPA 10a | Australia's new Antarctic cargo and biosecurity operations facility | Australia | | | | | |
| BP010 | CPA 9f | Update on Developing Protection for a Geothermal Area: Volcanic Ice Caves at Mount Erebus, Ross Island | Estados Unidos<br>Nueva Zelanda | | | | | Mandatory Interim Code of Conduct for Mt Erebus Ice Caves |
| BP011 | RCTA 10 | Personal and social safety works at Vernadsky station during the season 2011/2012 | Ucrania | | | | | |
| BP012 | RCTA 13 | Research at Vernadsky station in pursuance of the State Special-Purpose Research Program in Antarctica for 2011-2020 | Ucrania | | | | | |
| BP013 | RCTA 10 | Operación Rescate del yate "Mar Sem Fim" | Brasil | | | | | |
| BP014 | RCTA 13 | SCAR Lecture: "Probing for life at its limits: Technologies for the exploring Antarctic subglacial | SCAR | | | | | |

| | | ecosystems" | | | | | | |
|---|---|---|---|---|---|---|---|---|
| BP017 | CPA 9e | Antarctic Ocean Legacy Update 1: Securing Enduring Protection for the Ross Sea Region | ASOC | | | | | |
| BP018 | RCTA 15 | III Concurso Intercolegial sobre Temas Antárticos, CITA 2012 | Ecuador | | | | | |
| BP019 | RCTA 13 | Programa de Cooperación Internacional en la Investigación Antártica Ecuatoriana (verano austral 2012-2013) | Ecuador | | | | | |
| BP020 | RCTA 4<br>CPA 5 | The Scientific Committee on Antarctic Research (SCAR) Selected Science Highlights for 2012/13 | SCAR | | | | | |
| BP021 | RCTA 4<br>CPA 5 | Antarctic climate change and the environment: an update | SCAR | | | | | Antarctic climate change and the environment: an update |
| BP022 | RCTA 15 | Examples of educational and outreach activities of the Belgian scientists, school teachers and associations in 2009-2012 | Bélgica | | | | | |
| BP023 | RCTA 13 | Conmemoración del vigésimo quinto aniversario de la primera expedición científica del Perú a la Antártida y Realización de la XXI ANTAR (verano austral 2012-2013) | Perú | | | | | |

# 3. Lista de participantes

# 3. Lista de participantes

| Participantes: Partes Consultivas | | | | |
|---|---|---|---|---|
| **Parte** | **Tratamiento** | **Contacto** | **Función** | **Dirección de correo electrónico** |
| Alemania | Sra. | Boecker, Frauke | Asesora | frauke.boecker@diplo.de |
| Alemania | Sr. | Brink, Josef | Delegado | brink-jo@bmj.bund.de |
| Alemania | Sr. | Crocker, Brian | Asesor | bcrocker@borekair.com |
| Alemania | Sra. | Fabris, Rita | Asesora | rita.fabris@uba.de |
| Alemania | Dr. | Gaedicke, Christoph | Asesor | christoph.gaedicke@bgr.de |
| Alemania | Sra. | Guessow, Kerstin | Asesora | kersin.guesow@bmbf.buud.de |
| Alemania | Dr. | Hain, Stefan | Asesor | Stefan.Hain@awi.de |
| Alemania | Dr. | Herata, Heike | Representante en el CPA | heike.herata@uba.de |
| Alemania | Sr. | Hertel, Fritz | Asesor | fritz.hertel@uba.de |
| Alemania | Sra. | Heyn, Andrea | Delegada | Andrea.Heyn@bmbf.bund.de |
| Alemania | Dr. | Holfort, Jürgen | Delegado | juergen.holfort@bsh.de |
| Alemania | Dr. | Kohlberg, Eberhard | Asesor | eberhard.kohlberg@awi.de |
| Alemania | Dr. | Lassig, Rainer | Suplente | 504-RL@diplo.de |
| Alemania | Dr. | Läufer, Andreas | Asesor | andreas.laeufer@bgr.de |
| Alemania | Sr. | Liebschner, Alexander | Delegado | alexander.liebschner@bfn-vilm.de |
| Alemania | Sr. | Lindemann, Christian | Delegado | christian.lindemann@bmu.bund.de |
| Alemania | Sr. | Lorenz, Sönke | Jefe de delegación | 504-0@diplo.de |
| Alemania | Sr. | Mengedoht, Dirk | Asesor | dirk.mengedoht@awi.de |
| Alemania | Prof. Dr. | Miller, Heinrich | Delegado | heinrich.miller@awi.de |
| Alemania | Dr. | Ney, Martin | Jefe de delegación | Martin.Ney@diplo.de |
| Alemania | Dr. | Nixdorf, Uwe | Delegado | Uwe.Nixdorf@awi.de |
| Alemania | Dr. | Vöneky, Silja | Asesora | silja.voeneky@jura.uni-freiburg.de |
| Argentina | Sr. | Adad, Gabriel Carlos | Asesor | sism@ara.mil.ar |
| Argentina | Sr. | Bunge, Carlos | Delegado | bng@mrecic.gov.ar |
| Argentina | Sr. | Conde Garrido, Rodrigo | Delegado | xgr@mrecic.gov.ar |
| Argentina | Sr. | Figueroa, Victor Hugo | Asesor | vfexplorer@yahoo.com |
| Argentina | Min. | López Crozet, Fausto | Jefe de delegación | digea@mrecic.gov.ar |
| Argentina | Dr. | Marenssi, Sergio | Delegado | smarenssi@dna.gov.ar |
| Argentina | Dr. | Memolli, Mariano A. | Representante en el CPA | drmemolli@gmail.com |
| Argentina | Sr. | Monetto, Marcelo | Asesor | mjmonetto@hotmail.com |
| Argentina | Sra. | Ortúzar, Patricia | Delegada | portuzar@dna.gov.ar |
| Argentina | Min. | Pérez Gunella, Sergio | Delegado | sperezgunella@hotmail.com |
| Argentina | Sr. | Rodríguez Lamas, Ezequiel | Delegado | rzq@mrecic.gov.ar |
| Argentina | Lic. | Vereda, Marisol | Asesora | marisol.vereda@speedy.com.ar |
| Argentina | Sra. | Vlasich, Verónica | Delegada | vla@mrecic.gov.ar |
| Australia | Sra. | Boyd, Denise | Asesora | deniseboyd2000@gmail.com |
| Australia | Dr. | Fleming, Tony | Suplente | tony.fleming@aad.gov.au |
| Australia | Sr. | Harper, Scott-Marshall | Delegado | scottmarshall.harper@dfat.gov.au |
| Australia | Dr. | Jabour, Julia | Asesora | julia.jabour@utas.edu.au |
| Australia | HE Mr | Lewis, Duncan | Delegado | gaile.barnes@dfat.gov.au |
| Australia | Sra. | Macmillian , Christine | Delegada | christine.macmillian@amsa.gov.au |
| Australia | Sra. | McIntyre, Heather | Delegada | heather.mcintyre@dfat.gov.au |
| Australia | Sr. | McIvor, Ewan | Representante en el CPA | ewan.mcivor@aad.gov.au |
| Australia | Dr. | Miller, Denzil | Asesor | denzil.miller@development.tas.gov.au |
| Australia | Sr. | Mundy, Jason | Delegado | Jason.Mundy@aad.gov.au |
| Australia | Dr. | Riddle, Martin | Delegado | martin.riddle@aad.gov.au |
| Australia | Sr. | Rowe, Richard | Jefe de delegación | Richard.Rowe@dfat.gov.au |
| Australia | Dr. | Tracey, Phillip | Delegado | phil.tracey@aad.gov.au |
| Bélgica | Sr. | André, François | Representante en el CPA | francois.andre@environnement.belgique.be |
| Bélgica | Sr. | Chemay, Frédéric | Delegado | frederic.chemay@environnement.belgique.be |
| Bélgica | Sr. | Hubert, Alain | Asesor | ah@polarfoundation.org |
| Bélgica | Sr. | Mayence, Jean-François | Delegado | maye@belspo.be |

| Participantes: Partes Consultivas | | | | |
|---|---|---|---|---|
| Parte | Tratamiento | Contacto | Función | Dirección de correo electrónico |
| Bélgica | Sra. | Mirgaux, Sophie | Delegada | sophie.mirgaux@milieu.belgie.be |
| Bélgica | Director general | Moreau, Roland | Jefe de delegación | roland.moreau@environnement.belgique.be |
| Bélgica | Embajador | Otte, Marc | Presidente de la RCTA | marc.otte@diplobel.fed.be |
| Bélgica | Director general | Régibeau, Jean-Arthur | Delegado | jean-arthur.regibeau@diplobel.fed.be |
| Bélgica | Dr. | Segers, Hendrik | Asesor | hsegers@naturalsciences.be |
| Bélgica | Director | Touzani, Rachid | Delegado | touz@belspo.be |
| Bélgica | Dr. | Van de Putte, Anton | Asesor | antonarctica@gmail.com |
| Bélgica | Sra. | Vancauwenberghe, Maaike | Delegada | maaike.vancauwenberghe@belspo.be |
| Bélgica | Sr. | Verheyen, Koen | Delegado | koen.verheyen@diplobel.fed.be |
| Bélgica | Sra. | Wilmotte, Annick | Suplente | awilmotte@ulg.ac.be |
| Brasil | Sra. | Bassoi, Manuela | Delegada | manu.bassoi@gmail.com |
| Brasil | Sra. | Boechat de Almeida, Barbara | Delegada | barbara.boechat@itamaraty.gov.br |
| Brasil | Sr. | Catanzaro Guimarães, Hilton | Delegado | hilton.catanzaro@itamaraty.gov.br |
| Brasil | Comandante | Corrêa Paes Filho, José | Delegado | josepaes@hotmail.com |
| Brasil | Dr. | Gonçalves, Paulo Rogerio | Delegado | Paulo.goncalves@mna.gov.br |
| Brasil | Dr. | Leal Madruga, Jaqueline | Delegada | jaqueline.madruga@mma.gov.br |
| Brasil | Comandante | Leite, Márcio | Delegado | marcio.leite@secirm.mar.mil.br |
| Brasil | Sra. | Schneider Costa, Erli | Delegada | erli_costa@hotmail.com |
| Brasil | Contralmirante | Silva Rodrigues, Marcos | Delegado | silva.rodrigues@secirm.mar.mil.br |
| Brasil | Comandante | Teixeira, Antônio José | Delegado | ajvteixeira@hotmail.com |
| Brasil | Ministro | Vaz Pitaluga, Fábio | Jefe de delegación | dmae@itamaraty.gov.br |
| Bulgaria | Sr. | Chipev, Nesho | Representante en el CPA | chipev@ecolab.bas.bg |
| Bulgaria | Sr. | Ivanov, Tsvetko | Delegado | Tsvetko.Ivanov@bg-permrep.eu |
| Bulgaria | Sr. | Mateev, Dragomir | Asesor | dragomir.mateev@gmail.com |
| Bulgaria | Prof. | Pimpirev, Christo | Suplente | polar@gea.uni-sofia.bg |
| Bulgaria | Sra. | Popova, Anna | Delegada | anna.popova@mfa.bg |
| Bulgaria | Sr. | Yordanov, Yordan | Asesor | agen_i@yahoo.com |
| Bulgaria | Embajador | Zaimov, Branimir | Jefe de delegación | bzaimov@mfa.government.bg |
| Chile | Sr. | Cariceo Yutronic, Yanko Jesús | Delegado | ycariceo.12@mma.gob.cl |
| Chile | Sra. | Carvallo, María Luisa | Delegada | mlcarvallo@minrel.gov.cl |
| Chile | Sr. | Ferrada, Luis Valentín | Delegado | lferrada@ssdefensa.cl |
| Chile | Sr. | Foxon, Javier | Delegado | jfoxon@minrel.gov.cl |
| Chile | Coronel | Guajardo, Claudio | Delegado | guajardo.antartica@gmail.com |
| Chile | Sr. | Labra, Fernando | Delegado | cgamboa@minrel.gov.cl |
| Chile | Coronel | Madrid, Santiago | Delegado | smadrid@fach.cl |
| Chile | Sra. | Navarrete, Gloria | Delegada | cgamboa@minrel.gov.cl |
| Chile | Dr. | Retamales, José | Suplente | jretamales@inach.cl |
| Chile | Sr. | Sainz, Manuel | Delegado | msainz@fach.cl |
| Chile | Coronel | San Martín, Guillermo | Delegado | gsanmartin@emco.mil.cl |
| Chile | Sr. | Sanhueza, Camilo | Jefe de delegación | csanhueza@minrel.gov.cl |
| Chile | Sr. | Sepulveda, Victor | Delegado | vsepulveda@armada.cl |
| Chile | Sra. | Vallejos, Verónica | Representante en el CPA | vvallejos@inach.cl |
| Chile | Sr. | Velasquez, Ricardo | Delegado | rvelasquezo@dgtm.cl |
| China | Segundo Secretario | Kong , Xiangwen | Asesor | kong_xiangwen@mfa.gov.cn |
| China | Sr. | Qu, Tanzhou | Asesor | chinare@263.net.cn |
| China | Sr. | Qu, Wensheng | Jefe de delegación | qu_wensheng@mfa.gov.cn |
| China | Sr. | Wei, Long | Asesor | chinare@263.net.cn |
| China | Funcionario del Programa | Yang, Lei | Asesor | chinare@263.net.cn |
| China | Sra. | Yu, Xinwei | Asesora | chinare@263.net.cn |
| China | Sr. | Zhang, Tijun | Asesor | chinare@263.net.cn |

| Participantes: Partes Consultivas | | | | |
|---|---|---|---|---|
| **Parte** | **Tratamiento** | **Contacto** | **Función** | **Dirección de correo electrónico** |
| China | Sr. | Zhuo, Li | Asesor | zhuoli@msa.gov.cn |
| Corea (RDC) | Dr. | Ahn, In-Young | Representante en el CPA | iahn@kopri.re.kr |
| Corea (RDC) | Dr. | Choi, Chang-yong | Asesor | subbuteo@hanmail.net |
| Corea (RDC) | Director | Chung, Kee-young | Jefe de delegación | weltgeist@gmail.com |
| Corea (RDC) | Dr. | Kim, Yeadong | Delegado | ydkim@kopri.re.kr |
| Corea (RDC) | Dr. | Kim, Ji Hee | Asesora | jhalgae@kopri.re.kr |
| Corea (RDC) | Sra. | Kim, Yunok | Asesora | kimyunok@gmail.com |
| Corea (RDC) | Prof. | Lee, Dr. Woo-shin | Asesor | krane@snu.ac.kr |
| Corea (RDC) | Sr. | Lee, Seung-wook | Asesor | SWLEE2006@Korea.kr |
| Corea (RDC) | Sr. | Seo, Young-min | Delegado | ymseo05@mofa.go.kr |
| Corea (RDC) | Dr. | Seo, Hyun kyo | Delegado | shkshk@kopri.re.kr |
| Corea (RDC) | Dr. | Shin, Hyoung Chul | Delegado | hcshin@kopri.re.kr |
| Corea (RDC) | Sr. | Yang, Seoung-jo | Delegado | ysj102msw@korea.kr |
| Ecuador | MSc | Cajiao, Daniela | Asesora | danicajiao@gmail.com |
| Ecuador | Sra. | Jijon, Rosa | Asesora | rosajijon@gmail.com |
| Ecuador | Sr. | Maldonado, Jorge | Delegado | jmaldonado@mmrree.gob.ec |
| Ecuador | Capitán | Olmedo Morán, José | Jefe de delegación | pinguino.olmedo@yahoo.com |
| Ecuador | Comandante | Pazmiño, Pablo | Asesor | pipm467@hotmail.com |
| Ecuador | Sra. | Serrano, Mariana | Delegada | mserrano@mmrree.gov.ec |
| España | Sr. | Catalan, Manuel | Representante en el CPA | cpe@mineco.es |
| España | Sr. | Muñoz de Laborde Bardin, Juan Luis | Jefe de delegación | juanluis.munoz@maec.es |
| España | Sr. | Ojeda, Miguel Angel | Delegado | maojeda@cmima.csic.es |
| España | Sra. | Puig Marco, Roser | Asesora | pruigmar@gmail.com |
| España | Sra. | Ramos, Sonia | Delegada | sonia.ramos@mineco.es |
| Estados Unidos | Embajador | Balton, David | Delegado | baltonda@state.gov |
| Estados Unidos | Sr. | Bloom, Evan T. | Jefe de delegación | bloomet@state.gov |
| Estados Unidos | RDML | Brown, Peter | Asesor | peter.j.brown@uscg.mil |
| Estados Unidos | Sra. | Cooper, Susannah | Suplente | cooperse@state.gov |
| Estados Unidos | Sra. | Dahood-Fritz, Adrian | Delegada | adahood@nsf.gov |
| Estados Unidos | Sr. | Edwards, David | Delegado | david.l.edwards@uscg.mil |
| Estados Unidos | Sra. | Engelke-Ros, Meggan | Delegada | meggan.engelke-ros@noaa.gov |
| Estados Unidos | Dr. | Falkner, Kelly | Delegada | kfalkner@nsf.gov |
| Estados Unidos | Sra. | Hessert, Aimee | Delegada | hessert.aimee@epamail.epa.gov |
| Estados Unidos | Sr. | Israel, Brian | Delegado | israelbr@state.gov |
| Estados Unidos | Dr. | Karentz, Deneb | Asesora | karentzd@usfca.edu |
| Estados Unidos | Sra. | Landry, Mary | Delegada | mary.e.landry@uscg.mil |
| Estados Unidos | Capitán | Martin, Peter | Delegado | peter.f.martin@uscg.mil |

| Participantes: Partes Consultivas | | | | |
|---|---|---|---|---|
| **Parte** | **Tratamiento** | **Contacto** | **Función** | **Dirección de correo electrónico** |
| Estados Unidos | Sr. | Naveen, Ron | Asesor | oceanites.mail@verizon.net |
| Estados Unidos | Dr. | O'Reilly, Jessica | Asesora | jessyo@gmail.com |
| Estados Unidos | Dr. | Penhale, Polly A. | Representante en el CPA | ppenhale@nsf.gov |
| Estados Unidos | Sr. | Rudolph, Lawrence | Delegado | lrudolph@nsf.gov |
| Estados Unidos | Sr. | Stone, Brian | Delegado | bstone@nsf.gov |
| Estados Unidos | Sra. | Trice, Jessica | Delegada | trice.jessica@epamail.epa.gov |
| Estados Unidos | Sr. | Watters, George | Delegado | George.Watters@noaa.gov |
| Estados Unidos | Sra. | Wheatley, Victoria | Asesora | vewheatley@gmail.com |
| Federación de Rusia | Sra. | Antonova, Anna | Delegada | avant71@yandex.ru |
| Federación de Rusia | Sra. | Bystramovich, Anna | Delegada | antarc@mcc.mecom.ru |
| Federación de Rusia | Sr. | Gonchar, Dmitry | Jefe de delegación | dp@mid.ru |
| Federación de Rusia | Sr. | Kremenyuk, Dmitry | Delegado | d.kremenyuk@fishcom.ru |
| Federación de Rusia | Sr. | Lukin, Valery | Suplente | lukin@aari.ru |
| Federación de Rusia | Sr. | Masolov, Valerii | Delegado | pom@aari.ru |
| Federación de Rusia | Sra. | Molyakova, Marina | Delegada | dp@mid.ru |
| Federación de Rusia | Sr. | Pomelov, Victor | Delegado | pom@aari.ru |
| Federación de Rusia | Sr. | Tsaturov, Yuri | Delegado | tsaturov@mecom.ru |
| Federación de Rusia | Sr. | Voevodin, Andrey | Delegado | pom@aari.ru |
| Finlandia | Sr. | Kalakoski, Mika | Asesor | mika.kalakoski@fimr.fi |
| Finlandia | Sra. | Leisti, Hanna | Asesora | hanna.leisti@fmi.fi |
| Finlandia | Sra. | Mähönen, Outi | Representante en el CPA | outi.mahonen@ely-keskus.fi |
| Finlandia | Sra. | Naskila, Annika | Suplente | annika.naskila@formin.fi |
| Finlandia | Sra. | Valjento, Liisa | Jefa de delegación | liisa.valjento@formin.fi |
| Francia | Sr. | Babkine, Michel | Delegado | michel.babkine@pm.gouv.fr |
| Francia | Sra. | Belna, Stéphanie | Representante en el CPA | stephanie.belna@developpement-durable.gouv.fr |
| Francia | Dr. | Choquet, Anne | Delegada | annechoquet@orange.fr |
| Francia | | Dalmas, Dominique | Representante en el CPA | dominique.dalmas@interieur.gouv.fr |
| Francia | Dr. | Frenot, Yves | Representante en el CPA | yves.frenot@ipev.fr |
| Francia | Dr. | Guyomard, Ann-Isabelle | Delegada | ann-isabelle.guyomard@taaf.fr |
| Francia | Sr. | Guyonvarch, Olivier | Jefe de delegación | olivier.guyonvarch@diplomatie.gouv.fr |
| Francia | Sr. | Lebouvier, Marc | Representante en el CPA | marc.lebouvier@univ-rennes1.fr |
| Francia | Sr. | Mayet, Laurent | Delegado | laurent.mayet@diplomatie.gouv.fr |
| Francia | Sr. | Reuillard, Emmanuel | Delegado | emmanuel.reuillard@taaf.fr |
| Francia | Embajador | Rocard, Michel | Delegado | laurent.mayet@diplomatie.gouv.fr |
| India | Dr. | Bhat, Kajal | Delegada | bhatkajal@yahoo.com |
| India | Dr. | Mohan, Rahul | Delegado | rahulmohangupta@gmail.com |
| India | Dr. | Rajan, Sivaramakrishnan | Jefe de delegación | rajan.ncaor@gmail.com |
| India | Dr. | Sharma, R K | Delegado | rks@nic.in |
| India | Dr. | Tiwari, Anoop | Delegado | anooptiwari@ncaor.org |
| Italia | Embajador | Fornara, Arduino | Jefe de delegación | arduino.fornara@esteri.it |
| Italia | Sr. | Frezzotti, Massimo | Delegado | massimo.frezzotti@enea.it |
| Italia | Ing. | Mecozzi, Roberta | Delegada | roberta.mecozzi@enea.it |

| Participantes: Partes Consultivas | | | | |
|---|---|---|---|---|
| Parte | Tratamiento | Contacto | Función | Dirección de correo electrónico |
| Italia | Dr. | Tamburelli, Gianfranco | Delegado | gtamburelli@pelagus.it |
| Italia | Sra. | Tomaselli, Maria Stefania | Delegada | tomaselli.stefania@minambiente.it |
| Italia | Dr. | Torcini, Sandro | Delegado | sandro.torcini@enea.it |
| Japón | Sr. | Hasegawa, Shuichi | Delegado | SHUICHI_HASEGAWA@env.go.jp |
| Japón | Prof | Motoyoshi, Yoichi | Delegado | motoyoshi@nirp.ac.jp |
| Japón | Dr. | Suginaka, Atsushi | Jefe de delegación | atsushi.suginaka@mofa.go.jp |
| Japón | Sra. | Takeda, Sayako | Delegada | sayako_takeda@nm.maff.go.jp |
| Japón | Sr. | Teramura, Satoshi | Delegado | satoshi_teramura@env.go.jp |
| Japón | Prof. | Watanabe, Kentaro | Delegado | kentaro@nipr.ac.jp |
| Japón | Prof | Yamonouchi, Takashi | Delegado | yamanou@nipr.ac.jp |
| Noruega | Sra. | Askjer, Angela Lahelle-Ekholdt | Delegada | angela.askjer@jd.dep.no |
| Noruega | Sra. | Eikeland, Else Berit | Jefa de delegación | ebe@mfa.no |
| Noruega | Sra. | Gaalaas, Siv Christin | Delegada | scg@nhd.dep.no |
| Noruega | Sr. | Guldahl, John E. | Asesor | john.guldahl@npolar.no |
| Noruega | Sr. | Halvorsen, Svein Tore | Delegado | sth@md.dep.no |
| Noruega | Sra. | Ingebrigtsen, Hanne Margrethe | Delegada | hanne.margrethe.ingebrigtsen@jd.dep.no |
| Noruega | Sra. | Johansen, Therese | Delegada | therese.johansen@mfa.no |
| Noruega | Sra. | Korsvoll, Marie Helene | Delegada | mhk@md.dep.no |
| Noruega | Sra. | Njaastad, Birgit | Representante en el CPA | njaastad@npolar.no |
| Noruega | Sr. | Solberg, Stein | Asesor | stein.solberg@jrcc-stavanger.no |
| Noruega | Sra. | Strengehagen, Mette | Delegada | mette.strengehagen@mfa.no |
| Noruega | Sr. | Svanes, Tønnes | Asesor | tonnes.svanes@mfa.no |
| Noruega | Sr. | Winther, Jan-Gunnar | Delegado | winther@npolar.no |
| Nueva Zelandia | Sra. | Dempster, Jillian | Jefa de delegación | Jillian.Dempster@mfat.govt.nz |
| Nueva Zelandia | Dr. | Gilbert, Neil | Suplente | n.gilbert@antarcticanz.govt.nz |
| Nueva Zelandia | Sra. | Kendall, Rachel | Delegada | rachel.kendall@mfat.govt.nz |
| Nueva Zelandia | Sr. | MacKay, Don | Delegado | don_maria_mackay@msn.com |
| Nueva Zelandia | Sra. | Newman, Jana | Delegada | j.newman@antarcticanz.govt.nz |
| Nueva Zelandia | Sr. | Sanson, Lou | Delegado | l.sanson@antarcticanz.govt.nz |
| Nueva Zelandia | Sra. | Stent, Danica | Delegada | dstent@doc.govt.nz |
| Nueva Zelandia | Sr. | Williams, Andrew | Delegado | andrew.williams@mfat.govt.nz |
| Nueva Zelandia | Sr. | Wilson, Dave | Delegado | david.wilson@martimenz.govt.nz |
| Países Bajos | Prof. Dr | Bastmeijer, Kees | Asesor | c.j.bastmeijer@uvt.nl |
| Países Bajos | Sr. | Brandt, Patrick | Asesor | Patrick.Brandt@minbuza.nl |
| Países Bajos | Sra. | Elstgeest, Marlynda | Asesora | marlynda@waterproof-expeditions.com |
| Países Bajos | Sr. | Hernaus, Reginald | Asesor | Reggie.hernaus@minienm.nl |
| Países Bajos | Sra. | Kock, Hetty | Delegada | hetty.kock@minienm.nl |
| Países Bajos | Prof. Dr | Lefeber, René J.M. | Jefe de delegación | rene.lefeber@minbuza.nl |
| Países Bajos | drs. ir. | Martijn, Peijs | Asesor | m.w.f.peijs@mineleni.nl |
| Países Bajos | Sra. | Nachtegaal, Anja | Delegada | anja.nachtegaal@kustwacht.nl |
| Países Bajos | Sra. | Noor, Liesbeth | Asesora | l.noor@nwo.nl |

| Participantes: Partes Consultivas | | | | |
|---|---|---|---|---|
| **Parte** | **Tratamiento** | **Contacto** | **Función** | **Dirección de correo electrónico** |
| Países Bajos | Sr. | van Baren , Pieter | Asesor | xxx@xxx.nl |
| Países Bajos | Drs | van der Kroef, Dick A. | Asesor | d.vanderkroef@nwo.nl |
| Perú | Sra. | Bello, Cinthya | Delegada | cinthyabch@gmail.com |
| Perú | Sr. | Del Aguila, Oswaldo | Asesor | odelaguila@embaPerú.be |
| Perú | Embajador | Isasi-Cayo, Fortunato | Asesor | fisasi@rree.gob.pe |
| Perú | Embajadora | Velasquez, María Elvira | Jefa de delegación | evelasquez@rree.gob.pe |
| Polonia | Sr. | Dybiec, Leszek | Delegado | Leszek.Dybiec@minrol.gov.pl |
| Polonia | Dr. | Kidawa, Anna | Delegada | akidawa@arctowski.pl |
| Polonia | Sr. | Kułaga, Łukasz | Delegado | lukasz.kulaga@msz.gov.pl |
| Polonia | Sr. | Marciniak, Konrad | Delegado | konrad.marciniak@msz.gov.pl |
| Polonia | Embajador | Misztal, Andrzej | Jefe de delegación | Andrzej.Misztal@msz.gov.pl |
| Polonia | Profesor | Symonides, Janusz | Delegado | januszsymonides@poczta.onet.pl |
| Polonia | Dr. | Tatur, Andrzej | Delegado | tatura@interia.pl |
| Polonia | Sra. | Wieczorek, Renata | Delegada | Renata.Wieczorek@minrol.gov.pl |
| Reino Unido | Sr. | Burgess, Henry | Representante en el CPA | henry.burgess@fco.gov.uk |
| Reino Unido | Sra. | Clarke, Rachel | Delegada | racl@bas.ac.uk |
| Reino Unido | Sr. | Dinn, Michael | Delegado | medi@bas.ac.uk |
| Reino Unido | Sr. | Downie, Rod | Delegado | rhd@bas.ac.uk |
| Reino Unido | Sra. | Fawkner-Corbett, Isabelle | Delegada | Isabelle.Fawkner-Corbett@fco.gov.uk |
| Reino Unido | Sra. | Fothergill, Clare | Delegada | Clathe@bas.ac.uk |
| Reino Unido | Sr. | Hall, John | Delegado | jhal@bas.ac.uk |
| Reino Unido | Dr. | Hughes, Kevin | Delegado | kehu@bas.ac.uk |
| Reino Unido | Sr. | Khan, Akbar | Delegado | akbar.khan@fco.gov.uk |
| Reino Unido | Sr. | McKie, Roland | Delegado | Roly.McKie@mcga.gov.uk |
| Reino Unido | Sra. | Rumble, Jane | Jefa de delegación | Jane.Rumble@fco.gov.uk |
| Reino Unido | Dr. | Shears, John | Delegado | jrs@bas.ac.uk |
| Reino Unido | Sra. | Taylor, Victoria | Delegada | victoria.taylor@fco.gov.uk |
| Sudáfrica | Sr. | Blows, Jared | Delegado | jblows@samsa.org.za |
| Sudáfrica | Sra. | Dwarika, Yolande | Delegada | DwarikaY@dirco.gov.za |
| Sudáfrica | Sr. | Gordon, Mark | Representante en el CPA | mgordon@environment.gov.za |
| Sudáfrica | Sra. | Jacobs, Carol | Representante en el CPA | cjacobs@environment.gov.za |
| Sudáfrica | Sr. | Janse Van Noordwyk, Christo | Delegado | JanseVanNoordwykC@dirco.gov.za |
| Sudáfrica | Sra. | Malefane, Nthabiseng | Suplente | malefanen@dirco.gov.za |
| Sudáfrica | Sr. | Modiba, Patrick | Delegado | modibap@dot.gov.za |
| Sudáfrica | Dr. | Mphepya, Jonas | Delegado | jmphepya@environment.gov.za |
| Sudáfrica | Embajador | Nkosi, Mxolisi | Jefe de delegación | nkosin@dirco.gov.za |
| Sudáfrica | Dr. | Siko, Gilbert | Delegado | Gilbert.Siko@dst.gov.za |
| Sudáfrica | Sr. | Skinner, Richard | Delegado | Rskinner@environment.gov.za |
| Sudáfrica | Sr. | Smit, Johnny | Delegado | johnnys@atns.co.za |
| Sudáfrica | Sr. | Valentine, Henry | Delegado | hvalentine@environment.gov.za |
| Suecia | Embajadora | Ödmark, Helena | Jefa de delegación | helena.odmark@foreign.ministry.se |
| Suecia | Sra. | Selberg, Cecilia | Representante en el CPA | cecilia.selberg@polar.se |
| Suecia | Sr. | Tornberg, Henrik | Delegado | henrik.tornberg@polar.se |
| Suecia | Sr. | Widell, Lars | Delegado | lars.widell@sjofartsverket.se |

| Participantes: Partes Consultivas | | | | |
|---|---|---|---|---|
| Parte | Tratamiento | Contacto | Función | Dirección de correo electrónico |
| Ucrania | Sr. | Fedchuk, Andrii | Delegado | andriyf@gmail.com |
| Ucrania | Dr. | Lytvynov, Valerii | Jefe de delegación | uac@uac.gov.ua |
| Ucrania | Sr. | Tereshchenko, Artur | Asesor | uac@uac.gov.ua |
| Ucrania | Sra. | Tereshchenko, Zoia | Asesora | uac@uac.gov.ua |
| Uruguay | Lic. | Abdala, Juan | Representante en el CPA | jabdala@iau.gub.uy |
| Uruguay | Min. Dr | González Otero, Alvaro | Jefe de delegación | alvaro.gonzalez@mrree.gub.uy |
| Uruguay | Sr. | Lluberas, Albert | Suplente | alexllub@iau.gub.uy |
| Uruguay | Dr. | Vignali, Daniel | Asesor | dvignal@adinet.com.uy |

| Participantes: Partes No Consultivas | | | | |
|---|---|---|---|---|
| Parte | Tratamiento | Contacto | Función | Dirección de correo electrónico |
| Austria | Minister plenipot. | Hack, Norbert | Suplente | BRUESSEL-OB@bmeia.gv.at |
| Austria | Dr. | Sattler, Birgit | Suplente | birgit.sattler@uibk.ac.at |
| Austria | Embajador | Schramek, Karl | Jefe de delegación | BRUESSEL-OB@bmeia.gv.at |
| Belarús | Sr. | Filimonau, Uladzimir | Delegado | vladivaf2010@mail.ru |
| Belarús | Sr. | Gaidashov, Alexey | Delegado | alexis_33@inbox.ru |
| Belarús | Prof. Dr. | Loginov, Vladimir F. | Delegado | nature@ecology.basnet.by |
| Belarús | Sr. | Rahozin, Ihar | Jefe de delegación | depzam@pogoda.by |
| Canadá | Sr. | Sadar, Kamuran | Jefe de delegación | kamuran.sadar@ec.gc.ca |
| Colombia | Sra. | Barrios, Lina María | Delegada | linambarrios@dimar.mil.co |
| Colombia | Brigadier General | Forero Montealegre, José Francisco | Delegado | gordoforero@hotmail.com |
| Colombia | Sr. | Higuera, Javier | Delegado | javier.higuera@cancilleria.gov.co |
| Colombia | Sra. | Mikan, Sandra Lucía | Delegada | sandra.mikan@cancilleria.gov.co |
| Colombia | Sr. | Molano, Mauricio | Delegado | mmolano@minambiente.gov.co |
| Colombia | Capitán de Navío | Molares Babra, Ricardo | Delegado | ricardomolares@yahoo.com |
| Colombia | Sra. | Pelaez, Carolina | Delegada | carolina.pelaez@cancilleria.gov.co |
| Colombia | Sr. | PONGUTA, Nestor | Asesor | nestor.ponguta@cancilleria.gov.co |
| Colombia | Capitán de Navío | Reyna, Julian Augusto | Delegado | oceano@cco.gov.co |
| Colombia | Embajador | Rivera Salazar, Rodrigo | Jefe de delegación | rodrigo.rivera@cancilleria.gov.co |
| Colombia | Sra. | Alba Marina, Lancheros | Personal | albamla@hotmail.com |
| Cuba | Sra. | Viera Gallardo, Yudith | Delegada | oficome4@embacuba.be |
| Grecia | Dr. | Gounaris, Emmanuel | Jefe de delegación | d01@mfa.gr |
| Hungría | Ministro | Balogh, Andras | Asesor | albalogh@MPA.GOV.HU |
| Hungría | Sr. | Gergely, Balazs | Asesor | balazs.gergely@mfa.gov.hu |
| Malasia | Prof. | Abu Samah, Azizan | Suplente | azizans@um.edu.my |
| Malasia | Dr. | Hamzah, B.Ahmad | Asesor | bahamzah@pd.jaring.my |
| Malasia | Sr. | Ho, Koon Seng | Delegado | ksho@mosti.gov.my |
| Malasia | Sra. | Jayaseelan, Sumitra | Delegada | sumitra@mosti.gov.my |
| Malasia | Dr. | Mohd Nor, Salleh | Asesor | salleh.mohdnor@gmail.com |
| Malasia | Prof. | Mohd Shah, Rohani | Asesor | rohanimohdshah@yahoo.com |
| Malasia | Dr | Yahaya, Mohd Azhar | Jefe de delegación | drazhary@mosti.gov.my |
| Mónaco | S.E.M. | Fautrier, Bernard | Asesor | bfautrier@gouv.mc |
| Mónaco | S.E.M. | Tonelli, Gilles | Asesor | gtonelli@gouv.mc |
| Mónaco | Del. | Van Klaveren, Céline | Suplente | cevanklaveren@gouv.mc |
| Mónaco | Sr. | Van Klaveren, Patrick | Jefe de delegación | pvanklaveren@gouv.mc |
| Portugal | Dr | Xavier, José | Asesor | jxavier@zoo.uc.pt |
| República Checa | Sr. | Bartak, Milos | Asesor | mbartak@sci.muni.cz |
| República Checa | Sr. | Galuška, Vladimír | Jefe de delegación | nmgv@mzv.cz |

| Participantes: Partes No Consultivas | | | | |
|---|---|---|---|---|
| **Parte** | **Tratamiento** | **Contacto** | **Función** | **Dirección de correo electrónico** |
| República Checa | Dr. | Kapler, Pavel | Asesor | kapler@sci.muni.cz |
| República Checa | Sr. | Prošek, Pavel | Asesor | prosek@sci.muni.cz |
| República Checa | Dr. | Smuclerova, Martina | Suplente | Martina_Smuclerova@mzv.cz |
| República Checa | Sr. | Venera, Zdenek | Representante en el CPA | zdenek.venera@geology.cz |
| República Eslovaca | Dr | Hana, Kovacova | Delegada | hana.kovacova@mzv.sk |
| Romania | Sra. | Badescu, Adina | Delegada | adina.badescu@roumanieamb.be |
| Romania | Dr. | Cotta, Mihaela | Delegada | mihaelacotta@yahoo.com |
| Romania | Sr. | Puie, David | Asesor | david.puie@coleeurope.eu |
| Romania | Embajador | Tinca, Stefan | Jefe de delegación | olivia.toderean@roumanieamb.be |
| Romania | Sra. | Toderean, Olivia | Suplente | olivia.toderean@roumanieamb.be |
| Romania | Dr. | Toparceanu, Florica | Delegada | florisci@hotmail.com |
| Suiza | Consejero Sr. | Beltrametti, Siro | Suplente | siro.beltrametti@eda.admin.ch |
| Suiza | Attaché | Charlet, François | Delegado | francois.charlet@eda.admin.ch |
| Suiza | Embajador | de Cerjat, Bénédict | Delegado | benedict.decerjat@eda.admin.ch |
| Suiza | Dr. | Dürler, Reto | Jefe de delegación | reto.duerler@eda.admin.ch |
| Suiza | Prof. em. | Schlüchter, Christian | Asesor | schluechter@eo.unibe.ch |
| Turquía | Sr. | Tabak, Haluk | Delegado | takbam@takbam.org |
| Turquía | Sr. | Türkel, Mehmet Ali | Jefe de delegación | takbam@takbam.org |
| Turquía | Sr. | Türkel, Ebuzer | Delegado | takbam@takbam.org |
| Venezuela | Dr | Barreto, Guillermo | Jefe de delegación | despacho.barreto@gmail.com |
| Venezuela | Capitán de Corbetas | Carlos, Castellanos | Delegado | luispibernat@gmail.com |
| Venezuela | Sr. | Fernandez, Franciasco | Asesor | frangollen@gmail.com |
| Venezuela | Lic. | Gilberto, Jaimes | Delegado | gilbertojaimes@gmail.com |
| Venezuela | Capitán de Fragata | Javier, Méndez Guerrero | Delegado | luispibernat@gmail.com |
| Venezuela | Capitán de Navío | Luis, Pibernart | Delegado | luispibernat@gmail.com |
| Venezuela | Dr | Sira, Eloy | Delegado | esira@ivic.gob.ve |

| Participantes: Observadores | | | | |
|---|---|---|---|---|
| **Parte** | **Tratamiento** | **Contacto** | **Función** | **Dirección de correo electrónico** |
| CCAMLR | Dr. | Jones, Christopher | Representante en el CPA | chris.d.jones@noaa.gov |
| CCAMLR | Dr. | Reid, Keith | Asesor | keith.reid@ccamlr.org |
| CCAMLR | Sr. | Wright, Andrew | Jefe de delegación | andrew.wright@ccamlr.org |
| COMNAP | Sra. | Rogan-Finnemore, Michelle | Jefa de delegación | michelle.finnemore@comnap.aq |
| SCAR | Dr. | Badhe, Renuka | Delegada | rb302@cam.ac.uk |
| SCAR | Prof. | Chown, Steven L. | Representante en el CPA | steven.chown@monash.edu |
| SCAR | Prof | Kennicutt, Mahlon (Chuck) | Delegado | m-kennicutt@tamu.edu |
| SCAR | Prof | López-Martínez, Jerónimo | Delegado | jeronimo.lopez@uam.es |
| SCAR | Dr. | Sparrow, Mike | Jefe de delegación | mds68@cam.ac.uk |
| SCAR | Prof. | Wadham, Jemma | Delegada | j.l.wadham@bristol.ac.uk |

| Participantes: Expertos | | | | |
|---|---|---|---|---|
| **Parte** | **Tratamiento** | **Contacto** | **Función** | **Dirección de correo electrónico** |

| Participantes: Expertos | | | | |
|---|---|---|---|---|
| **Parte** | **Tratamiento** | **Contacto** | **Función** | **Dirección de correo electrónico** |
| ASOC | Sr. | Barnes, James | Jefe de delegación | james.barnes@asoc.org |
| ASOC | Sra. | Barrett, Jill | Asesora | j.barrett@biicl.org |
| ASOC | Sr. | Bauman, Mark | Asesor | mbauman@ngs.org |
| ASOC | Sra. | Benn, Joanna | Asesora | jbenn@pewtrusts.org |
| ASOC | Sr. | Bodin, Svante | Asesor | svante@iccinet.org |
| ASOC | Sr. | Campbell, Steve | Asesor | steve@antarcticocean.org |
| ASOC | Sr. | Chen, Jiliang | Asesor | julian@antarcticocean.org |
| ASOC | Ms. | Christian, Claire | Asesora | Claire.Christian@asoc.org |
| ASOC | Sr. | Hajost, Scott | Asesor | scotthajost@yahoo.com |
| ASOC | Sra. | Kavanagh, Andrea | Asesora | akavanagh@pewtrusts.org |
| ASOC | Sr. | Keey, Geoff | Asesor | geoff.keey@gmail.com |
| ASOC | Sr. | Leape, Gerry | Asesor | gleape@pewtrusts.org |
| ASOC | Sra. | Mattfield, Donna | Asesora | donna@antarcticocean.org |
| ASOC | Sr. | Nicoll, Rob | Asesor | robertanicoll@yahoo.com |
| ASOC | Sr. | Page, Richard | Delegado | richard.page@greenpeace.org |
| ASOC | Sra. | Pearson, Pam | Asesora | pampearson44@gmail.com |
| ASOC | Dr. | Roura, Ricardo | Representante en el CPA | ricardo.roura@worldonline.nl |
| ASOC | Sr. | Tak, Paulus | Asesor | ptak@pewtrusts.org |
| ASOC | Dr. | Tin, Tina | Asesora | tinatintk@gmail.com |
| ASOC | Sr. | Tsidulko, Grigory | Asesor | grigory@antarcticocean.org |
| ASOC | Sr. | Werner Kinkelin, Rodolfo | Asesor | rodolfo.antarctica@gmail.com |
| IAATO | Dr. | Crosbie, Kim | Jefa de delegación | kimcrosbie@iaato.org |
| IAATO | Sr. | de Keyser, Marc | Asesor | marc.achiel@gmail.com |
| IAATO | Sra. | Haase, Janeen | Delegada | jhaase@iaato.org |
| IAATO | Sra. | Hohn-Bowen, Ute | Delegada | ute@antarpply.com |
| IAATO | Sra. | Holgate, Claudia | Representante en el CPA | cholgate@iaato.org |
| IAATO | Sr. | Inman, Michael | Asesor | MInman@HollandAmerica.com |
| IAATO | Sr. | Rootes, David | Suplente | david.rootes@antarctic-logistics.com |
| IAATO | Sra. | Schillat, Monika | Delegada | Monika@antarpply.com |
| IAATO | Sra. | Vareille, Isabelle | Delegada | ivareille@ponant.com |
| IUCN | Sra. | McConnell, Martha | Jefa de delegación | martha.mcconnell@iucn.org |
| OHI | Sr. | Ward, Robert | Jefe de delegación | robert.ward@iho.int |
| OMM | Sr. | Ondras, Miroslav | Jefe de delegación | mondras@wmo.int |
| OMM | Sr. | Pendlebury, Steve | Suplente | stevefp@bigpond.com |

| Participantes: Secretarías | | | | |
|---|---|---|---|---|
| **Parte** | **Tratamiento** | **Contacto** | **Función** | **Dirección de correo electrónico** |
| Secretaría del País Anfitrión | Sr. | Marsia, Luc | Secretario del País Anfitrión | luc.marsia@diplobel.fed.be |
| STA | Sr. | Acero, José Maria | Suplente | tito.acero@antarctictreaty.org |
| STA | Sr. | Agraz, José Luis | Personal | pepe.agraz@antarctictreaty.org |
| STA | Sra. | Balok, Anna | Personal | anna.balok@antarctictreaty.org |
| STA | Sr. | Davies, Paul | Personal | littlewest2@googlemail.com |
| STA | Sra. | Guretskaya, Anastasia | Personal | a.guretskaya@googlemail.com |
| STA | Dr. | Reinke, Manfred | Jefe de delegación | manfred.reinke@antarctictreaty.org |
| STA | Sr. | Wainschenker, Pablo | Personal | pablo.wainschenker@antarctictreaty.org |
| STA | Prof. | Walton, David W H | Personal | dwhw@bas.ac.uk |
| STA | Sr. | Wydler, Diego | Personal | diego.wydler@antarctictreaty.org |
| Traducción e Interpretación. | Sr. | Barchenkov, Alexander | Personal | project@itamalta.com |
| Traducción e Interpretación. | Sra. | Beauvez, Ingrid | Personal | project@itamalta.com |
| Traducción e Interpretación. | Sra. | Bocharova, Elena | Personal | project@itamalta.com |

| Participantes: Secretarías | | | | |
|---|---|---|---|---|
| **Parte** | **Tratamiento** | **Contacto** | **Función** | **Dirección de correo electrónico** |
| Traducción e Interpretación. | Sra. | Castell, Monica | Personal | project@itamalta.com |
| Traducción e Interpretación. | Sra. | Daletchina, Dina | Personal | project@itamalta.com |
| Traducción e Interpretación. | Sr. | Dodon, Oleg | Personal | project@itamalta.com |
| Traducción e Interpretación. | Sra. | Dusaussoy, Chloe | Personal | project@itamalta.com |
| Traducción e Interpretación. | Sr. | Fermin, Marc | Personal | project@itamalta.com |
| Traducción e Interpretación. | Sra. | Hamdini, Nadia | Personal | project@itamalta.com |
| Traducción e Interpretación. | Sra. | Henkinet, Laurence | Personal | project@itamalta.com |
| Traducción e Interpretación. | Sra. | Hourmatallah, Hind | Personal | accounts@itamalta.com |
| Traducción e Interpretación. | Sra. | Ignatova, Evgenia | Personal | project@itamalta.com |
| Traducción e Interpretación. | Sra. | Janybek Kyzy, Elmira | Personal | intergov@itamalta.com |
| Traducción e Interpretación. | Sr. | Klevansky, Anton | Personal | project@itamalta.com |
| Traducción e Interpretación. | Sra. | Koreneva, Julia | Personal | project@itamalta.com |
| Traducción e Interpretación. | Sra. | Lantsuta-Davis, Ludmila | Personal | project@itamalta.com |
| Traducción e Interpretación. | Sra. | Leyden, Gabrielle | Personal | project@itamalta.com |
| Traducción e Interpretación. | Sra. | Niang, Anna | Personal | project@itamalta.com |
| Traducción e Interpretación. | Sra. | Ooms, Anita | Personal | project@itamalta.com |
| Traducción e Interpretación. | Sr. | Titouah, Rachid | Personal | corporate@itamalta.com |
| Traducción e Interpretación. | Sra. | Tomkins, Marion | Personal | project@itamalta.com |
| Traducción e Interpretación. | Sr. | Van Delft, Jozef | Personal | project@itamalta.com |
| Traducción e Interpretación. | Sr. | Zingale, Ricardo | Personal | project@itamalta.com |

www.ingramcontent.com/pod-product-compliance
Lightning Source LLC
Chambersburg PA
CBHW051341200326
41521CB00015B/2580

* 9 7 8 9 8 7 1 5 1 5 5 9 2 *